国家出版基金项目
NATIONAL PUBLICATION FOUNDATION
2011—2020年国家
古籍整理出版规划项目

八股文話

三

龚笃清　龚昊　乌媛　编著

岳麓書社·长沙

总　目

上编　著述

第一册

第二册

第三册

第四册

下编　杂著

第五册

第六册

学海堂集

（选卷八）

〔清〕阮元　辑

导读

《学海堂集》系清代著名学者阮元在两广总督任上，组织学海堂诸生编纂刊印的，在学界颇有影响。

清嘉庆二十二年（1817），阮元在广州创立了驰名天下的学海堂书院，选诸生中务实学者肄业其中，得士极盛。据著名学者容肇祖考证，学海堂共招收专课肄业生十六期，共三百六十多人，为国家培养了大量人才，其中文史精英居多。

阮元充分利用学海堂精英荟萃的优势，召集学堂师生编纂了一批经史著作，《学海堂集》即是其中一种，其卷八则是以“四书文源流考”为题的五篇同题文。

这五篇同题文的来由，阮元在其《四书文话序》中说得十分清楚。其云：“唐、宋诗话多文话少，而明以来四书文话更少。非无话也，无纂之者也。余令学海堂诸生周以清、侯康、胡调德纂之，诸生共议，分二十四门编之：一原始，二功令，三格式，四法律，五体裁，六命题，七程文，八稿本，九选本，十墨卷，十一社稿，十二元灯，十三名誉，十四考核，十五师承，十六风气，十七兴废，十八流弊，十九起衰，二十假借，二十一咎毁，二十二谈薮，二十三轶事，二十四五经文。虽未甚精详，然已积卷帙矣。录成二部，一存粤东学海堂，一携归江南。盖江南遗文旧说，为岭南所无者尚多，俟再令家塾子弟补成之。”可惜这两个抄本都已经散佚无存了。

看到诸生在编纂《四书文话》时的热情，以及他们在搜集四书文话资料时所获得的知识，为了让他们的知识梳理系统化，很有可能是阮元以“四书文源流考”为题，叫他们每人写作一篇探讨八股文起源、定制、发展、演变历史的文章。这些文章写成后，挑选出郑灏若、梁杰、杨懋建、周以清、侯康等五篇最佳者，汇刻为《学海堂集》第八卷。

在中国历史上，特别是明、清时期，谈论八股文起源及其演变的人及言论很多，但多拘限于某个时代，或某个侧面，或某种作法，对整个八股文的起源及其发展演变历史作具体剖析研究的几乎没有。而“四书文源流考”这个题目一出，就逼着写作者去广泛搜集资料，认真细致地加以梳理、分析、比较、研究，然后根据各人的学养及研究的程度，分别将八股文的创立、发展、演变史描述出来。这中间自然有粗细、精疏、准确不准确之分，然而被选刻的这五篇文章，都突破了前人的种种局囿，或长或短，或详或略地将自己所把握、所理解的，从宋、元至明、清的八股文发展轨迹都较为准确地勾勒了出来。这在八股文史上是破天荒的头一遭。虽然限于篇幅，其观点不能展开，只描画出一幅剪影，但八股文所应具备的元素其中都有，这就为后人作进一步研究提供了线索或角度。

在这五篇同题文中，最有价值的当属郑灏若、杨懋建、周以清、侯康四篇。梁杰一篇，虽也述及八股文全史，但是从整体而论，具有概述性，却缺乏写史应有的细部，故读来只有八股文史的一副框架。

郑灏若则对八股文起源及在明代创制、发展、变化的全过程作了详细的论述。并对历代八股文名家，以及八股文的选本、稿本一一加以介绍，让人对八股文的时代特点及其盛衰一目了然。

杨懋建只简述八股文之起源，而集中笔墨对明代八股文的创制、发展、变化过程加以阐述。其中既有对不同发展阶段的确立划分，又有高屋建瓴的文体特点综述；既有画龙点睛地对文体文风依时而变的描述，又以具体的有特点、有代表性的作家的文风简析作例证，从而较好地将明代八股文在不同阶段的发展、演变状况描述出来。此文还在最后比较了汉、唐、宋、元以论、策、诗、赋取士与八股文取士的优劣，对八股文取士予以充分肯定，表明了作者对八股文旗帜鲜明的态度。其缺憾在于对清代八股文阐发过简。

周以清主要是从文体及其变化的角度入手，对八股文的发展演变历史进行了探讨阐发，这就触及到了八股文的本质问题，因而较其他几篇同题文更有深度。周以清依文体和作法所产生的变化来对明代八股文分阶段进行评述，以不同阶段的名家不同风格来作佐证，真实地反映了明代八股文发展演变的进程。该文对有影响并自成一家的八股文名家作法的承继和发展脉络进行了阐发，这是此文的独到之处。周以清不仅从选本与稿本的角度来评判八股文的盛衰变化，还对著名选家予以介绍，并对有独到见解的名家及其名著给予评述，这也是他人所未涉及的。出于避免臧否人物之嫌，作者未对所处朝代的名家名作予以评价，故于清代八股文的发展演变几付阙如。

侯康从八股文又名帖括来探讨八股文的源流，将八股文的源头上溯到唐代，再从帖括与经文关系的演变来揭示八股文内容的变化，从而触及了八股文的根本。然后又剖析文体的变化及其构成元素即八股的形成予以阐发，并对文体正、变的过程给以描述，这是该文独到之处。清代八股文只从选本的角度涉及，因乾隆皇帝诏令方苞以“清真雅正”为标准选编《钦定四书文》，并颁行全国，以此作为写作、评判八股文的准则，这是乾隆以后八股文的模式，当时尚无异议，故侯康以之塞责。

收入本书的《学海堂集》卷八，据清道光五年启秀山房刻本校点录入。

（龚　昊）

学海堂集卷八

四书文源流考

郑灏若

四书之文，原于经义，创自荆公。荆公因神宗笃意经学，请兴建学校，苏轼非之。他日又言：学者专意经术，庶几可以复古。于是改法，罢诗赋帖经墨义。士各占治《易》《诗》《书》《周礼》《礼记》一经，兼《论语》《孟子》。每试四场，初大经，次兼经大义，凡十道。后改《论语》《孟子》义各三道。元祐四年，罢试律义，专立经义、诗赋两科，皆各试《语》《孟》义二道。此则四书文所由昉也。第史只言《论》《孟》命题，不及《大学》《中庸》。有之，当在南渡以后。《宋史·选举志》：朱子常为私议，欲罢诗赋而分诸经子史，时务之年，诸经以子午卯酉四科试之，皆兼《大学》《论语》《中庸》《孟子》义一道。议虽未上，天下诵之。

元太宗时，耶律楚材请用儒术选士，从之。《元史·选举志》：九年，诏命术忽解、刘中以论及经义、词赋分三科，考试诸路。仁宗皇庆二年，中书省臣奏科举事，专立德行明经之科，乃下诏及条目颁行，出题亦用四子书。《元史·选举志》：考试程式，蒙古、色目人，第一场经问五条，《大学》《论语》《孟子》《中庸》内设问，用朱氏《章句集注》，其义理精明、文辞典雅者为中选。汉人、南人，第一场明经、经疑二问，《大学》《论语》《孟子》《中庸》内出题，并用朱氏《章句集注》，复以己意结之，限三百字以上。

后至元统，稍有更益，而其大要，俱仍旧制。

明初即置国学，每月试经书义各一道，诸生应试之文通称举业，四书义一道，二百字以上，经义一道，三百字以上。取书旨明晢，不尚华采。其命题专取四子书及《易》《书》《诗》《春秋》《礼记》五经，遂为定制。《太祖实录》：洪武三年八月，京师及各行省开乡试。初场四书疑问、本经义及四书义各一道，京师以《大学》"古之欲明明德于天下者"二节，《孟子》"道在迩而求诸远"一节，合为一题，问二书所言平天下大指同异。此即宋时之法。宋宁宗庆元四年，以经义多用套类，父子兄弟相授，致天下士子不务实学，遂命有司，六经出题，各于本经摘出两段文意相类者，合为一题，以杜挟册售伪之弊。

八股之法，《明史·选举志》以为太祖与刘基所定。仿宋经义，代古人语气为之，体用排偶，通谓之制义。顾亭林则以为天顺以前，经义之文不过敷衍传注，或对或散，初无定式，成化以后，始为八股。成化二十三年会试《乐天者保天下》文，起讲先提三句，即讲乐天四股，中间过接四句，复讲保天下四股，复收四句，再作大结。弘治九年会试《责难于君谓之恭》文，起讲先提三句，即讲责难于君四股，中间过接二句，复讲谓之恭四股，复收二句，再作大结。每四股之中，一反一正，一虚一实，一浅一深，亦有联属。二句、四句为对，排比十数对成篇，而不止于八股者。其两扇立格，因题本两对，文亦两大对，则每扇之中，各有四股。其次第之法，亦复如之。故今人相传，谓之八股，若长题不拘此。先以破题，次以承题、原起。《日知录》曰：发端二句，或三四句，谓之破题。大抵对句为多。此宋人相传之格，实本之唐人赋格也。下申其意，作四五句，谓之承题。然后提出夫子为何而发此言，曾子、子思、孟子皆然，谓之原起。至万历中，破只二句，承止三句，不用原起。篇末敷衍圣人言毕，自摅所见，或数十字，或百余字，谓之大结。明初之制，可及本朝时事。以后功令益密，恐有借以自衒者，但许言前代，不及本朝。万历之后，大结止三四句而已。

当神宗改法之时，命中书撰大义式颁行，王安石遂命吕惠卿、王雱等为之。眉山三苏出其古文之余，遂与临川抗。其后陆九渊、陈傅良、汪立信、文天祥相继而起，要亦不过本之经术，斐然成章。虽不至如明经、墨义粗解章句，而其于八股格式尚未周备。是以洪武四年会试，犹先经后书，书只《孟子》疑一篇而已。自时厥后，踵事增华，方孝孺、黄子澄倡之于前，胡俨、解缙继之于后，法律渐密，体制渐开，三百年间以之取士。故凡壬午甲申之忠义，四珰三案之气节，削藩监国之权变，大礼国本之议论，莫非制义中所得士。后人徒嗤八股为腐文陈调，是亦过高之论矣。顾国运因人而替隆，文格亦随时为更变，是非得失，可得言焉。

明初诸君，文多散佚。永乐时登第者，则有于廷益谦、薛敬轩瑄。读其英风飙发之作，知其效忠贞；读其醇正无疵之文，知其传理学也。

正统间，商文毅辂、陈白沙献章、岳蒙泉正、王石渠恕蝉联鹊起。及丘琼山濬教习国子，人才蔚兴，乙未主试，冠南宫者文恪王鏊，魁大廷者文正谢迁，师表之任，不綦重哉？其时李西崖东阳屡任文衡，振起之功，亦复不少。故罗一峰伦、章枫山懋、林亨大瀚、吴匏庵宽诸人，皆云蒸雾蔚，炳耀一时。然称为斯文宗主者，则首推文恪，虽文正之清刚古朴不让文恪，究不若其体臻纯粹也。善乎俞桐川之言曰：前此风会未开，守溪无所不有。后此时流屡变，守溪无所不包。理至守溪而实，气至守溪而舒，神至守溪而完，法至守溪而备。宜千子艾南英、大力章世纯、维斗杨廷枢、吉士钱禧辈之奉为尸祝也。

至弘治庚戌，钱鹤滩福南宫第一，因而王钱并称，然其文则已衣被天下矣。

考成、弘两朝会元，文多名世。其后惟董中峰玘可与二家鼎足而立，论者谓守溪长于议论，鹤滩善于刻画，中峰则游行理窟，自成大家，非他人所可及，亦非识者莫能辨。故王、钱文易读，中峰文难读，王、钱体正大，中峰格孤高。王、钱之后衍于荆川唐顺之，终明之世，号曰元灯。中峰以后，其传遂绝，三百年间，无问津者。

洎乎正德，邹谦之守益清微淡泊，陆冶斋釴绚烂茂美，皆不愧名元。荆川隽于嘉靖己丑，遂冠绝诸家。盖其于经史子集无不贯通，而皆不以入文字，故品独高绝。昆湖瞿景淳以精确冲夷，别树一帜，合诸守溪、鹤滩、荆川三人，因有四家之目。第其派极于宣城，遂为世诟。顾其文内坚凝而外浑厚，未可少也。乃世之喜方山薛应旂者，又退钱而进薛，谓其文如金出冶，如玉离朴，在鹤滩之右，是又嗜好有酸咸之殊矣。

溯自成化，文体大备，而后顾东江清以高峻称，李空同梦阳以峭洁称，唐子畏寅以方正称，罗迂冈文叙以简贵称，王阳明守仁以醇茂称，顾文康鼎臣以端严称，杨升庵慎以光芒称，舒国裳芬以气节称，汪青湖应轸以宏大称，季彭山本以精谨称，崔东洲桐以坚洁称，罗念庵洪先以深远称，诸理斋燮以淡隽称，嵇川南世臣以老辣称，海刚峰瑞以光怪称，莫不分道扬镳，各森壁垒。

及乎嘉靖之季，此道寖衰，古法荡析。于是，茅鹿门坤以其名贵，王方麓樵以其精采，周莱峰思廉以其潇洒，陶朴庵泽以其遒炼，王荆石锡爵以其廓大，许敬庵孚远以其茂畅，相与维持之，犹未能振复也。自震川归有光崛起，力挽颓风，使天下人复见宋人经义之旧，厥功茂焉，世以中兴目之，岂肤言哉？其后胡思泉友信相继而起，二人皆本经术，出以浩气，举王唐以来蕴蓄而不泄者，至此而发扬殆尽。呜呼盛矣！

隆庆时，江陵柄国，葵阳黄洪宪、定宇邓以赞素所受知。辛未之试，抑葵阳而元定宇，又复刊其行卷，程式天下，抑何谓也？是科之后，文归正雅。乃至万历一变而为凌驾，再变而为芜秽。狂澜既倒，是所望于大力者。其间如孙月峰鑛之安适，赵侪鹤南星之矫异，冯具区梦祯之恬静，非不矫矫出群。而西江一榜同列之邹泗山德溥以冲夷胜，万二愚国钦以简括胜，汤若士显祖以名隽胜，叶永溪修以精醇胜，究亦不能为中流之砥柱，吁，可惜已！太仓主试，深厌平易，力求峭刻之文，又适当丙戌风气升降之会，钱季梁士鳌因之获隽。故俞长城曰：季梁于地为歧路，于天为闰统，举斯言也，可以窥一时风气所尚矣。及石篑陶望龄矫其时习，于是尚凌驾者衍其法便成俗法，尚斫削者衍其调便成俗调。虽有董思白其昌、郝楚望敬、吴因之默、顾开雍天埈、孙淇澳慎行、黄贞父汝亨、许钟斗獬、张君一以诚、方孟旋应祥、顾瑞屏锡畴、石季常有恒、王房仲士骕辈，或主高简，或主警卓，或取峭削，或主振拔，或主淳厚，或主幽奥，或主简炼，或主古腴，皆不足以驻峻陂之马，其亦世运使然也。

天、崇之间，文体败坏已极，一时转移风气，豫章诸君之力居多。陈大士际泰文最奇横，如苏海韩潮。章大力幽深劲鸷，如龙蟠蛟起。罗文止万藻清微澹远，如疏雨微云。杨维节以任缠绵精采，如剑气珠光。至于千子，则所谓公输运斤，指挥如意，师旷辨音，纤微必审者也。他如曹峨雪勋、黎博庵元宽、陈素庵之遴、包宜壑尔庚、徐思旷方广、钱吉士诸家，皆能上接王、归之法，不愧名家大家之目。若夫文湛持震孟、黄石斋道周、凌茗柯义渠、金正希声、杨维斗廷枢、左萝石懋第、陈大樽子龙、黄陶庵淳耀诸君子，皆见危授命，大节凛然，其人固已炳耀千秋，宜其文之卓越一代也。大抵天启之文深入而失于太苦，崇祯之文畅发而失于太浮。有明三百年文运，始终有如此者。

史称归有光少工举业，与胡友信、杨起元、汤显祖先后齐名，配以王、唐、薛、瞿，称为八家之文。八家者，其亦动物之麟凤、植物之兰桂也矣。

至若稿本、选本，抑又不同。稿本主于寿世而流于沽名，选本始于法程而流于射利。当宋之时，犹然经义其体，与论相似，古人往往编入文集，可仪堂选本谓于杨诚斋遗集得制义三首是也。

有明以后，体格渐变，与他文迥然不同，于是工此者皆别为一集。成、弘之际，稿之富者首推守溪、鹤滩、中峰三家。后至嘉靖间，惟荆川足与比盛。其教学里中有教学文，为吏部有吏部文，为中丞有中丞文，皆随时编定。《戒庵漫笔》曰：荆川中会元，其稿是无锡门人蔡瀛与一姻家同刻。及乎昆湖崛起，操觚家遂以王、钱、唐、瞿为四大家稿。方山视学两浙，有薛夫子之称，浙人爱其文，又去鹤滩而益以方山为四。方山中会魁，其三试卷常熟门人钱梦王以东湖书院活板印行。其后许敬庵亦足与王、唐相颉颃，究不若归震川为富有也。玉茗堂稿以六朝之佳丽写五子之邃深，宜其一时纸贵。石篑、思白，作者奉为圭臬，至今犹二家并行。万历壬辰，吴中文运大兴，《辨真八艺》《太乙山房稿》并行于世，松陵开雍，号称双绝，瑞屏文稿，有容雅者为诸生时作，有简炼者为翰林时作，虽以题次编辑，识者自能辨之。

启、祯而后，家数尤多，稿本竞出，缀学之士往往以两家并称。如曰章罗，谓世纯、文止也。曰金陈，谓正希、大士也。曰钱黄，谓吉士、陶庵也。是诸稿本未易悉举，皆足以传诸奕祀，嘉惠后侗。然或以四家称，或以两家著，虽稿本也，实亦邻于选矣。

明季社事既兴，非名下士无有过而问者，其间派别尤为泾渭。于是诸君子竞刊其文，播之远近，以待招邀者之采择，岂非联声气、沽名誉哉？史称万历末，场屋文腐烂，南英深疾之，与同郡章世纯、罗万藻、陈际泰以兴起斯文为任，乃刻四人所作行之世，世人翕然归之，称为章罗陈艾。此数人者，其亦龙门之史，少陵之诗，宜乎至今瓣香勿替也。已选本则仿于房稿程文，其意盖在于程式天下，转移风气。

房稿之刻，自万历壬辰《钩元录》始，旁有批点，自王房仲士骕选程墨始。至乙卯以后，坊刻有四种：曰程墨三房主司及士子之文，曰房稿十八房进士之作，曰行卷举人之作，曰社稿诸生会课之作。顾亭林谓一科房稿之刻有数百部，皆出于苏杭。某谓房稿虽多，犹不足与社稿敌。盖自熹宗之朝，阉椓秉成，东林闭讲，锡山马素修世奇勃然兴起，是非邪正悉寄于澹宁居一集。

戊辰之后，社事大兴，欲以昌明泾阳之学，振起东林之绪。于是天如张溥、介生周钟有复社《国表》之刻，彝仲夏允彝、卧子陈子龙有《几社会义》之刻。《国表》一编，意主广大，尽合海内名流，其书盛行，即戊辰房稿，莫之与媲，因有二集之刻。《会义》则主简严，止于六子杜麟徵、夏允彝、周立勋、徐孚远、彭宾、陈子龙，故未能风行。先是，周、徐已有《古今业》一书，因其利于小试，已为松江首推，及庚午榜发，彭、陈获隽，《会义》遂不胫而走，由二集以至七集，声应气求，竟与复社并峙。然其脍炙人口，终不若金沙名山业也。迨至贝锦含沙，几成党祸，社局亦因之少息，乃其流风余韵犹有存者。是以《求社会义》《几社景风》以及雅似堂、赠言社、昭能社、野腴楼、《东华集》接踵而兴。其间或为衣食之谋，《社事始末》曰：西铭虑暗公先生艰于家食，乃议以选政归暗公，而秉文一选出焉。或从坊贾之请，则亦流于射利矣。维时陈百史名夏有《五十大家》之刻，一时鸿文巨制，囊括无遗，不惟示后学以先型，亦足以传诸人于不朽。至如艾选千子、钱选吉士，尤为风动一时。艾与徐方广思旷选定待一编，比户弦诵。钱与杨维斗廷枢选同文一录，海宇向风。则转移风气，不诚赖此耶？

某尝慨夫有明之初，以儒士掌文衡、柄国政，后之登朝陛者，鲜有不由科目。延于末年，门户之见兴，朝局亦因之大变，娄东丧母，西铭病殂，会吊会葬皆及万人。而周之夔以《国表》二集选其时艺一首，遂致伏阙上书。八股所关，良非细故。虽其后忠义之士轶乎前朝，谓为三百年养士之报，究何益哉！是以尚论者谓其全属空言，毫无实用，既非经传，复非子史，故其书汗牛充栋，皆为目录家所遗。第国家既以设科，其书亦未可尽废。《明史·艺文志》总集类载《经义模范》一卷，不著编辑者姓名，王廷表序称得之于杨慎，似即慎所辑，凡宋人经义十六篇。原其始也；《四书程文》二十九卷，著其法也，此外绝不多见。我朝《四库全书目录》亦著录《经义模范》，谓存之以见八比初体。又载《钦定四书文》四十一卷，其中分明代四集、国朝一集，去取之精，超前轶后。盖我朝文治昌明，英才间出，刘克猷子壮应运而兴，熊钟陵伯龙乘时并起，王迈人庭峭刻奇拔，戚价人藩出晦而光，李石台来泰铸镕经史，张尔成永祺力追正嘉，唐采臣德亮万顷波涛，陆圆沙灿丰神淡宕，郭水容溶高古博雅，张素存玉书大雅雍容，章云李金牧变化离奇，赵明远炳超越流俗，李厚庵光地精诣纯粹，颜修来光敏升天入渊，韩慕庐菼别开生面，金縠似居敬沉郁幽远，孙莪山勷气机圆妙，方桐城舟古盎拔俗，皆足与前代作者后先媲美。至俞长城《百二名家文稿》，多者稍事删汰，少者全行入选，是虽选本，几与稿本无二矣。自宋及明，足以百数，国朝止二十人。蔡寅斗因而继起，有三十家之选，首于储欣，终王之醇。金坛七子，宜兴六储，各登其三，岂非严于所择哉？七子之中，自以罕皆王步青为最，所编《八法》一集，由初学以及成材，循序渐进，诚所谓良工心苦者。然占毕之士奉作楷模，莫若《钦定》一编，盖是书为方苞奉敕编辑，大旨凛遵圣训，一以清真雅正为宗。苞于此中，亦称三折肱者，故分朝编次，使学者得溯其相承相变之源流，宜其存之《四库》，永为士林矜式也已。

四书文源流考

梁　杰

天下之事，惟无所为而为者，乃可以不朽。宋王介甫作新法，当时之人，岌岌不可以终日，而为四书文开其先，乃更数世，历六七百年而不废。其所撰诸经新义，列之学官，用之取士，天下靡然皆王氏之学，其力亦巨矣。南渡禁革，遂罕有过而问者。而四书之文，缘之而起，学者舍此，几似无书可读。创之者非耶？因之者是耶？

习之积者不移，利所在者偏重。其初本论体之小变，特专以四书语命题，其源盖出于唐之帖经墨义。北宋以前，《大学》《中庸》尚在《礼记》。唐试经义，未立《孟子》，而以《礼记》为大经。治诸经者，皆兼《孝经》《论语》，亦有以书语为论题者，如《颜子不贰过论》皆其滥觞也。至代言口气，八股对仗，虽备于前明，其实南宋杨诚斋、汪六安诸人已为之椎轮，至文文山则居然具体。而文山之文存于世者，或疑赝作，盖不可得而辨也。

有明一代，用之科目，天下之士，竭才尽气，毕力以从事于此。盖自汉、唐千有余年以来，鼓箧读书之规模气象，至是一变，而时文之法日以密，体亦屡迁。景泰、天顺以前，浑朴未开。隆庆、万历以后，风气渐降。其间巨手，未可指屈。约而综之，王守溪造其极，归震川振其绪，金正希持其终。他若于廷益之忠节，陈白沙之理学，薛方山之史才，唐荆川、茅鹿门之经济，杨升庵、季彭山之婞雅，出其余技，皆胜专门。

自古天之生才，惟在极盛之朝与兴亡之际。孝宗在位，君明臣良，故昌明博大之制兴。神庙怠荒，国事日坏。熹怀相继，遂以沧胥。故志微噍杀之音作，虽应制干禄之言，非尽由衷，而心声所应，皆潜与运会转移于不觉，正希佥事文节并峻。其时又若黄陶庵、陈卧子者，皆秋霜皎日，其文直颉颃于西江之四隽五家，遂以结明代时文之局。而刘念台、黄石斋诸公，又不以此论也。西江之派既盛，精裁鉴者推艾千子，时与钱吉士称选家之最。

时文之道，与他著述异。鲁壁之经，汲冢之策，丹枕之鸿烈，胡卢之《汉书》，古则愈贵。时文云者，既以逢时，时过则菁华既竭，褰裳去之。而新科墨刻，且汗牛充栋而来，与之代兴矣。诗赋盛于唐试之作，诸家集虽间存一二，而《艺文志·集部》宁载俳谐、传奇、笑林、杂说，惟试律之诗，官韵之赋，绝无专书著录，则史体宜尔。时文设科，与彼何异？而尊之者以为代圣贤立言。朱子曰：诗赋却无害理，经义大不便，分明是侮圣人之言。宋时经义，即已如彼，使闻者不知语出朱子，鲜不以为怪妄。

康熙初，圣祖仁皇帝谕内三院九卿，废时文，用策论。不数年而廷臣奏复，善夫苏子瞻之议贡举文字，谓虽知其无用，而祖宗以来莫之废者，以为设法取士不过如此也。明代作家有抡元之诀，有决科之式，有坐关三年者，有闱稿五易者，有七作平常、遍粘四壁者，有首艺甫成、呕血满地者。诸君皆君子也，其心果止为代圣贤立言乎？况其下者乎？然知其不过如此，而竟莫之能废者，何也？众楚人咻之，则求其齐语不可得。置之庄岳数年，则求其楚语又不可得。习之说也。上以孝取人，则勇者割股，怯者庐墓。上以廉取人，则敝车羸马，恶衣菲食。利之说也。如此，则不收于《艺文志》也宜。故曰：天下之事，惟无所为而为者，乃可以不朽。

四书文源流考

杨懋建

自宋熙宁四年，始用王安石之议，罢词赋，专用经义取士，而四书文以昉。元初以论赋取士，后乃一以经学为本。皇庆中置经问，内以《论语》《孟子》《大学》《中庸》出题设问，悉遵朱子《章句》《集注》。明初设立文武二科，与荐举、岁贡三途并用，三年大比而宾兴之。其后独以进士为重，试进士者经义与策论兼用，经义即踵用元人经义、经疑，而以比偶行之。国初尚仍旧制，康熙三年，会试改用策论。七年七月，诏乡、会试复以八股文取士，遂为永制矣。

自有明以来，攻此艺者欲宣九夏之声，必足三冬之用。排次八比，商丰约而折衷。对偶双行，会神情以抒写。文因势异，体以时迁，各有所长，即各有其蔽。

自洪、永以迄化、治，百余年中，皆恪遵传注，体会语气，墨绳谨守，尺寸不逾。所谓浑浑噩噩，太璞不雕，而简要亲切有精彩者为贵。其直写传注，寥寥数语。及对比改换字面，而意义无别者，其蔽也。至正、嘉，作者始能以古文为时文。融液经史，使题之义蕴隐显曲鬯，光华发越，气格深严，为明文之极盛。而气息醇古、实有发挥者为贵。其规模虽具，实理无存，及剽袭儒先语录、肤壳平衍者，其蔽也。嘉靖末造，流于冗蔓，熙甫起而振之。隆、万人规方为员，兼讲机法，务为灵变。虽巧密有加，而气体茶然，故气质端重、巧不伤雅者为贵。其专事凌驾，轻剽促隘，虽有机趣，而按之无实理真气者，其蔽也。

日趋软调垂三十年，萎败已极，天、崇诸家出而扫除之。穷思毕精，务为奇特，包络载籍，雕镂物情。凡胸中所蕴而欲宣者，皆借题发挥。故其名家之杰特者，融经传而抒性灵，雄奇奥衍，郁勃淋漓，可兴可观，光气不得泯没。其至者直凑单微，几令圣贤神气謦欬如闻。思力所造，涂径所开，实多前辈所不能到。其余杂家，则偭弃规矩以为新奇，剽剥经子以为古奥，雕琢字句以为工雅，书卷辞气虽丰富，而圣经贤传本义转为所蔽蚀者，亦复不少。

我朝定鼎，文运天开。变险肤为笃雅，化杂乱为深纯。守洪、永以来之准绳而加以变化，探正、嘉作者之义蕴而挹其精华，取隆、万之灵巧，天、崇之恢奇而去其轻浮险谲，兼收众美，各名一家。张、熊、刘、赵诸公应运而兴，贾茂董醇，共炉而冶。

仁皇帝御宇六十一年，久道化成。康熙四十五年二月，上亲定殿试卷。寻陈廷敬奏会元尚居易首篇文一千二百余字，文亦不佳。向来乡、会试作文不得过六百五十字，所作违例，应行黜革。从之。考官皆获罪有差，而文风实大振于庚戌、壬子之后。迨至二方、连茹、经畬、巳山诸公出，而导扬盛轨，鼓吹休明，如日中天已。

先皇帝登极之初，化承累洽，治普同文。一时风格清华，蔚然深秀。夫文有外心，易滋浮蔓。丙午以后则真赝相参矣，乃于壬子之秋，严谕黜浮，至乙卯而廓清文体，痛扫陈言。是以纯皇帝建元丙辰，越明年，戊午乡、会两试，名墨如林，古所未有。逮甲子之后又稍冗长，丁卯、戊辰之间，敕谕正之。盖物大者致饰，外强者中干，时势使然，允宜通变。于是明诏屡颁，特严磨勘。自乙酉至今，渐还醇质。观文化成，茂矣美矣。此历代文体递变之源流也。

间尝取诸家之得失论之。明文盛自化、治，王守溪为时文正宗，隆、万中胡思泉等皆演其派者也。正、嘉有归、唐为大家，而天、崇之江西社及嘉鱼、嘉定，皆宗其传者也。

化、治以前，如永乐已丑杨慈之墨为明文始基，一代作者，正变源流，具在笼罩。其文炳蔚，确有开国气象，故应传诵艺林。商素庵高古跳脱，亦能包括一切。王阳明谨遵朱注，有豪杰气象，亦少具儒者规模。

高言固不止于众人之心也，气盛辞坚，已为嘉靖作者嚆矢。邵圭洁文游扬静致，读书人吐属，故应尔也。罗圭峰发解之文，破题如破的，亲切有味，化、治前不多得也。

顾讲化、治先辈法者，遇有总提侧注处，辄谓非当年体制。不知文章相承变，必有一二作者微见其端绪，后人大畅厥旨，因以成风。当时罗素轩曲折发挥，雄气奔放，不独兼正、嘉作者气势之排宕，并有隆、万名家结构之巧密矣。李怀麓剪裁之妙，实开隆、万人门户。其顺题直叙，气骨苍浑，乃隆、万人所不能造。可见后人之巧，皆前人所已经。先辈亦非不欲为正、嘉以后之文，特风气未开，作者尚少耳。

王守溪文层次洗发，由浅入深。题蕴既毕，篇法亦完。此先辈真实本领，后人虽开阖照应，备极巧变，莫能接武也。有时兴至之作，实理内充，大气包摄，发扬蹈厉，具龙蛇盘辟之概，殆欲举正、嘉、天、崇人而包之，守溪盖无所不有也。

钱鹤滩气骨风格在王守溪之外，峣然而秀出。至唐荆川代兴，而后天下乃不道王、钱。钱吉士谓明文天顺以前为盛，化、治为衰，朱太素谓时文之坏自王守溪始，过矣。但有时股分而意义不殊，或股头意义不殊，股尾忽又分两柱，则先辈局于风气处耳。

正、嘉之间，名手辈出，归、唐皆以古文为时文。唐则指事类情，曲折尽意，使人望而心开。归则精理内蕴，灏气流转，使人入其中而茫然。盖由一深透于史事，一兼达于经义也。以古文为时文，自唐荆川始，归震川又恢之以闳肆，实能以欧苏之气，达程朱之理，而吻合于当年之语意。其议论则引星辰而上也，其气势则决江河而下也，其根本则稽经而诹史也。文之疏达者不能遒厚，矜重者不能优闲，惟震川兼而有之。

尝论震川文有二类，皆高不可攀。一则醇古疏宕，运《史记》、欧、曾之义法，而与题相会。一则朴实发挥，明白纯粹如道家常事，人人通晓。自有震川之文，制艺一术，可以百世不湮。观杜诗可知其志节慷慨，观震川文可知其心术端悫。故曰即末以操其本，可八九得也。夫《三百篇》语汉魏人用之，即是汉魏人气息。汉魏人乐府六朝人用之，即是六朝人音节。观守溪、震川之用经语，各肖其文之自己出者，不可悟文章有神乎！化、治前辈对比，多词异而意同。乃风气初开，文律未细，虽归震川犹有时不免。震川文或有直写语录者，亦当年风气使然。观嘉靖诸科墨卷可知，隆庆以后乃不复，然不可从而仿效，亦不必从而为之辞也。

归、唐之外，如茅鹿门讲八家古文之法，深得古文疏逸处。其制义惟取清空流利，首尾一气旋转，但落笔洒然而少沉实坚峭处。顾自谓大方之文，与俗眼迥别，其实乃顺时而众所易晓也。

许敬庵坚重遒密，乃嘉靖盛时风格。

瞿浮山未离化、治矩矱，而不使力，不使机，亦时文家正派。易方为员，则已渐为谈机法者导夫先路矣。况其文之高者，不过贴切通畅，殊未远时文家数。当时以并王、唐，未为定论也。

诸理轩文体方而义备，不复效先辈之含蓄，已开胡思泉蹊径。在归、唐外自树一帜，非瞿、薛二家所能肩随也。

王元美于古文未免务为炳炳烺烺，而制艺则清真健拔，绝无矜张之气。

李于鳞只可在白雪楼中摹盛唐格调，制艺一道非所与闻也。

王遵岩时文意义风格，无大过人处。以曾治古文，故气体尚不俗耳。

文体随时递变，而必有导夫其先者。周思兼、陆树声辈，于正、嘉中开隆、万之渐者也。

隆、万人纤巧太过，胡思泉理真法老，神旺气充，布局亦宏敞。而观其稿中朴老扶疏之作，股法次第相承，题义尽而文事亦毕者，已不可多得。盖古文疏宕之气，先正清深之韵，几难复见矣，思泉所以追归、唐而不及也。

汤若士以妍炼擅场，文情闲逸，顾盼生姿，无事钩章棘句，而题之层折神气毕现。

董思白书画名家，其天分绝高，自是才人笔路。

许钟斗老炼而近俗，亦间有气骨清真，平淡中自得变化者。

大抵正、嘉先辈皆以义理精实为宗，故隆、万能手复以神韵清微取胜。其含毫邈然，固足沁人心脾。然专主气脉通贯，每用倒提总挈之法，于语气究难吻合。如林齐圣《设为庠序九节》题文，虽自可诵，而其回环映带，则纯乎隆、万时趋矣。此古法之变也。

自万历己丑，陶石篑以奇矫得元，壬辰踵之，论者遂议其开凌驾之习。其实文章之变，随人心而益开。至于任意武断，概用倒提，故为穿插，于题则有字而无理，于文则有巧而无气，纤佻诡谲，邪态百出，亦不得尽以为创始者之过也。

天、崇间名公林立，议论纵横，英华毕泄。金正希灵变深沉，扩之以清明广大。陈大士豪迈恣肆，出之以肃括谨严。两雄虎踞矣。黄蕴生风追熙甫，奋笔而扫榛芜。陈卧子颜抗东乡，入社而谭魏晋。后来之杰也。当是时，援儒入释，理境危矣。则有大力之清刻，文止之幽深，回澜砥柱，而或者以不利场屋少之，鄙矣哉!

凡文之暴见于世，久而不湮者，必前所未有，后可为法。前此理题文多直用儒先语以诂之，至陈、章辈出，乃挹取群言，自出精意，以相发明。故能高步一时，至今终莫之逾。

正希先生相闻其手抄《史记》，跪而读之，昼夜不辍。盖不至不知太史公之为先生，而先生之为太史公不止。《史记》如是，其他可知。及其为文，则人呼之而不应，以其深心出以厚力。其不朽也，虽万古可也。其文凡言心性，言忠孝节义，生民疾苦，衰俗颓薄，有心者读之，必自惭且惧，且感且奋。盖性体清明，语皆心得，故诚能动物也。且前辈文之属对，取其词意相称，特具开合浅深流水法而已。惟正希属对参差离奇，或前屈后直，或此俯彼伸。每于人转折不能达处，钩出精意。不独义理完足，即一二虚字不同处，亦具有深趣，不可更移。此等境界，实前人所未辟也。

陈大士每遇一题，必有的义数端，为众人所未发。然非湛深经术，不能举其要，非文律深老，不能施之曲、得其当。大士博极群书，一心两眼，痛下工夫，而实有所得，故取之左右逢其源。讲机法者不能如其茂密，矜才气者不能及其横恣也。但其长篇精神，多结聚两比，余者当分别观之。相闻大士才甚敏捷，日能构十数艺，故尔字句间有不修饰处。而真气鼓荡，小疵固不必掩。

自隆、万高手于全章数节题文，不过取其语气之流贯耳，至天、崇名家，然后于题中义理一一融会，纵笔所如，而题中节奏宛转相赴，时有前后易置处，亦不得以倒提逆挈目之。一由专于时文讲法律，一则从古文规模中变化也。此诀陈、黄二家尤擅胜场，而陈之视黄，则有粗细之别，以所造之域有浅深也。

金、黄二家之文，言及世道人心，即能使读者义理之心油然而生。盖非研究经史，则议论无所根据。非有忠孝仁义之至性，虽依仿儒先之言，而不足以感发人心。是知言者心之声，不可以为伪也。

章大力启未发之覆，达难显之情。他人即能了然于心，及布于纸墨，终不能如其昌明坚确。故大力理题造极之文，颇有陈大士所不能到者，惜不多得耳。评家云文贵峻洁，然不能流转变化则气脉不长。

罗文止往往才不逮意，故视其文了无可悦，且多直致无回曲，所以不及金、陈。然亦有探微抉奥，出之以明快，而近于陈、章者。盖义不苟立，辞不苟设，其沤涑淳沃之功不可及也。

艾千子身操文柄，其文每理格精苍，变化合度。但清明疏畅之作，稿中不多得耳。

总之，江西五家，每遇一题，必思其所以然之理。胸中实有所得，然后以文达之。故有醇有驳，而必有以异于众人。陈、章理制多深微而简括，黄则切实而周详，故品格少逊。陈、章天分绝人，黄则人功可造。陈、章志在传世，黄则犹近科举之学。论者谓惟艾之天分有限，然其清古之文，风味犹胜于陈、黄，则读书多、用功深之效也。

江右、云间，径涂迥别，复、几两社，皆学魏晋。然隆、万人往往得六朝人风神，其隽永可谓有正始遗风。复社诸人，虽藻丽而风神不逮矣。几社之文，多矜怪奇、务藻思，用此为西江所诋。惟陈、夏二稿，时有清古雄直，不可刊灭之作。良由至性所郁，精光自不能掩，要之陈、夏之才实颉颃魏晋。观大樽少时抗颜东乡，晚乃与大士相得，故文亦改其浓缛，而稍似临川。

本朝王伊人、周宿来之学陈、夏，帅兰皋、周力堂之学章、罗，皆能各得其乡先辈真衣钵。盖理本无二，而浸润于古籍，亦同故辙。迹未尝不可分，亦未尝不可合，其气骨皆宛然可想见也。惟周介生文稿，刻于阳羡蒋氏者七百余篇，太近墨体。至如王茂远嫌多排偶，而韵致色泽自佳。

谭友夏文如其诗。其论诗惟取灵隽，而家数则小。其为文隽永，足以药痴肥。然评者谓其虽穷极工巧，往往入于晦僻，非所当学也。

徐思旷比于诗之王、孟、储、韦，思径清澈，字字入人心脾，可以觉愚砭顽。其笔峭削秀异，于金、陈、章、罗外别辟一境，亦可谓能自树立者。惜浑灏雄迈往往不足。

项水心论文，议者或病其揣摩场屋，立格稍卑。然其文则笔快如刀，虽不逮金、黄诸公之醇，而可惊可喜，诚有如宫詹所自言者。

罗式昭亦守法度，亦有波澜。而以视黄蕴生之大气鼓铸，自然凝合。陈卧子之古光流溢，不假设色者，已不可同年语。况正希、大士之神化乎？此固文章之有差等也。其在百廿名家中，若文，若包，若钱，外此若马，若黎，若蒋，莫非参之太史以著其洁，翘然而可观。

文至天、崇，诚为郅隆极盛，蔑以加已。昔自赵梦白借题以摹鄙夫之情状，天、崇诸家效之，·时门户及吏治、民情皆可征验，足使观者矜奋。但结文之局阵，而使题之节目曲折由我，不复由先正老法，则自隆、万已然，不得复以相訾议也。

制科之文，至隆、万之季，真气茶然矣。故金、陈诸家，聚经史之精英，穷事物之情变，而一于四书文发之。义皆心得，言必己出，乃八股中不可不开之洞壑也。有自谓得化、治矩矱，极诋金、陈者，亦过矣。要而论之，有明一代，皆以精华果锐之力为之，前有王、唐、钱、薛、诸、归，中有胡、王、陶、董，后有金、陈、章、罗、黄、艾诸家，皆一代之典型，制义之正轨也。

夫经义取士，虽始熙丰，然吉光片羽，固已无多。鱼目燕石，亦复不少。如坊刻王介甫、苏子由、陆子静、陈君举、文文山、辛稼轩、杨诚斋、汪六安诸经义，或作论断体，或代语气，皆后人伪托耳。百廿名家稿并皆论列，果不谬于先河后海之义欤？且夫文因势异，体以时迁，非有提唱宗风者维持旋转其间，损过益绌以几于正，窃恐趋向一偏，旁骛而非理，荡越而非法，变本加厉，作者且不自知其然也。是则转移风气，必先别裁伪体。昔艾千子负盛名时，泛舟吴越间，以文贽者如云，总束而庋于几。每当风日清美，纵棹明湖，酒酣兴至，开卷评乙。出其甲者特置之尾艇，侦者走报各家，曰某某文中选矣。贺者倾闾，不翅登第。夫东乡一老诸生，毅然以文章自任，裁成振作，一时风气遂为所移。此其明效大验也。

国朝诸老如俞可仪、储在陆、何义门、汪遄喜、汤予明、王罕皆诸公，选本论理论法，备足以转移风会。

伏读《钦定四书文》收前代之文凡四百八十六首，国朝之文凡二百九十七首。别其相承相变之源流，按其可兴可观之实际，合递变者而衷之于理，总不同者而要之以法。矩矱绳尺，择精语详。士之怀椠挟管，摛华掞藻者，嗅其气息，望其规模，莫不优而游焉，餍而饫焉。有法皆彰，无美弗备，又非引绳削墨者所能窥测矣。

昔王安石之改诗赋试士，为经义也，似乎尊经复古，实欲使天下从己。东坡上疏论之，有云：自文章言之，则策论为有用，诗赋为无用。自政事言之，则诗赋、策论均为无用。然自祖宗以来，虽知其无用而莫之废者，设法取士不过如此。矧以诗赋为名臣者不可胜数，何负于天下，而必欲废之？此亦第为王氏新学献规耳。诗赋之华，不若策论之实。策论之杂，不若经义之纯。荆公之所学非也，所言则是也。夫自乡举里选废而科目兴，汉、唐以来，舍科目更无取人之法。膺诗赋之选者此人，膺策论之选者亦此人，即欲为乡举里选茂才异行，亦不外此人，反不如以经义取士，学者犹得以穷经为业，而注疏之学亦因以不废。况夫少成若天性，习惯成自然，穷年枕藉，而出之以精心果力，其卓者足以明经，其醇者足以载道。岂徒发名成业而已哉？是在乎学者之无自卑己。

四书文源流考

周以清

制义之兴始半山。半山之文体有二：其谨严峭劲，附题诠释，则时文之祖也。其震荡排奡，独抒己见，则古文之遗也。宗古文者，流为周、归，终于金、陈。宗时文者，流为王、钱，终于杨、艾。

四书之文，临川创之，而即始于嘉祐之朝者也。或为制义，亦称帖括，即唐帖经。亦称经义，即唐墨义。顾唐人帖经，犹今默写经书，无文词之发，非制艺比。今之制艺，排比声调，裁对整齐，即唐人所试之律诗、律赋。貌虽殊而体则一也。经义代圣贤立言，其义理同于传注，其矩矱同于古文。宋人如刘安士诸人皆以入集，而吕祖谦编《宋文鉴》，亦载张才叔《自靖人自献于先王》一篇以为程式。

经义本代圣贤立言，然自荆公存文十篇以迄颖滨存文四篇，类皆独摅伟论，不沾沾于代古人语气。其代古人语气者，自绍兴杨万里始。如《国家将兴　二句》文讲下用“以为”二字。至董思白《论文九诀》，其第五条：一曰代，谓以我讲题，只是自说，故当就当时作者之口，代写他意中事，而法备矣。至明永乐，于忠肃公则又全篇入口气矣。如《其心休休焉至有利哉》等篇是也。

经义之文，流俗谓之八股。股者，对偶之名也。顾荆公所作尚矣，所作皆散体，如东坡《先进礼乐论》。即天顺以前亦不过敷演传注，或对或散，初无定式。其定为八股之法者，则实始于成化以后也。《日知录》曰：成化二十三年会试，《乐天者保天下》文起讲先提三句，即讲乐天四股。中间过接四句，复讲保天下四股，再作大结。弘治九年会试，《责难于君谓之恭》文起讲先提三句，即讲责难于君四股。中间过接四句，复讲谓之恭四股，再收二句，复作大结。

八股之法，截本题为两截，每截作四股，每四股之中一反一正，一虚一实，一浅一深。其两扇立格，则每扇之中各有四股，其次第之法亦如之。故谓之八股。若长题则不拘此，亦有联属二句、四句为对，排比十数对成篇，而不止八股者。然其法虽始于明，而南宋杨诚斋今存文三篇、辛稼轩今不存所造已与今体同。杨万里《国家将兴　二句》文，起二股截上向转出下句，已开成、弘截讲之法。中用一反一正，已开隆、万开合之法。大抵经义之法，至明而大彰，而宋人实已开其端矣。陈君举《保民而王》文，一比保民，一比王用截讲法，已开明人之先。俞长城曰：宋人作经义，亦有纯从虚字着眼者。如陈傅良《亦可以即戎矣》文，从"亦可"二字探出圣人佳兵不祥之旨，非止斋不能有此远识。汪立信《躬自厚　一节》文，确实纯正，清彻细净，绝似成、弘集中。近时举业《天下有道　二句》文，精神内结，光彩外射，绝不似明初文字。文山《愿比死者一洒》之文，顺题气，按题位，已开明人风味。

明自洪武乙丑，逮建文之末，其间刘、方、黄、解诸君子皆有传文。然卒不多觏者，非徒风气之古，亦由靖难兵起，散佚者多之故也。

永乐、宣、正之间，若黄子澄、许宽、岳正、邱琼山、李东阳辈，其文简古，一以正大洁净为宗。明初流传诸作，乃制艺之初轨。与陈傅良、杨万里所传不异。迨薛文清、顾东江诸人出，始有体制风韵之可观。洎守溪、鹤滩后先接武，而时文之法大备，则又为时文之大宗也。俞长城曰：前此风气未开，守溪无所不有。此后时流屡变，守溪无所不包。理至此而实，神至此而完，气至此而舒，法至此而备。于理学为贤，于文章为圣，于六经为臣，于诸家为祖。

至谢迁、顾鼎臣、唐伯虎辈，或以严谨为主，或以纡徐为度。而罗伦之雄气奔放，李梦阳之一气排奡，已开正、嘉作者门径。

嗣是而唐荆川、茅鹿门、胡思泉诸子，体求其正，亦不愧为制义之的。惟归震川以古文为时文，则又大家之极轨也。他如瞿景纯、薛应旂，虽与王、唐并称四家，而易方为圆，渐为谈机法者导先路矣。且夫学者开风气者也固陋，济以文明靡丽，反于朴实为正、为变、为敛、为纵，若循环然。能预识所在而力开之者，则为豪杰之士。

正、嘉末年，文尚冗长。自江陵主试，首拔邓、黄，巨制鸿裁，卓然一代，可谓文运中兴。俞长城曰：先辈作长题，不用提掇照应，然或失之直。万历中年，以提掇照应为工，失之太曲。求其调停古人，斟酌文质者，庶几隆庆如周若金、黄懋忠乡墨不趋于古，未入于时，可以为法。

隆庆改元而后，去繁芜以归雅正，至癸未而冲淡极矣。陶石篑首倡宗风，力求遒炼，己丑遂冠天下。然自己丑以后，尚凌驾者为俗法，尚斫削者为俗调，皆由石篑开之，则又体格之一变也。万历中年，鲜艳尖隽，色胜而味薄，惟辛未至癸未诸名家，能于平淡疏宕中见古逸，深得欧、曾神法，即盛唐与中、晚之分也。俞长城曰：万历末，文体靡丽，佛经语录尽入于文。黎博庵以《史》《汉》大家倡之，进于六经。辛未以后，渐入于时，一变而为凌驾，再变而为芜秽。狂澜既倒，不能复回。顾其间亦有自辟门径，而号称名家者。若胡有信、沈一贯之庄重不佻，若赵南星之峭拔，顾泾阳之清和，与方孟旋之奥异，皆自成一体，不与时为升降。他如汤显祖、杨起元、许獬等，尚圆美而逞才华，要其体裁，皆归肃穆，则亦无忝于以文名家者也。

逮至天、崇而体败坏极矣，理不及成、化，法不及隆、万。赖有正希、大力、文止、千子、大士、黄蕴生、杨以任、陈卧子辈起而振之。其所为文或以思力胜，或以识议胜，或以典老胜，或以妙悟胜，或以峭折胜，或以幽隽胜，或以才情胜。体格不同，以之上接王、归，皆可与诸大家并垂不朽。若黄道周、凌义渠、杨廷枢、陈素庵、徐思旷、钱吉士辈，亦可谓不染时趋，卓然杰出者矣。

盖尝综而论之，时文之道，惟视理气为盛衰，而不以时代为升降。唐之诗，初盛中晚屡变而异。然一二有志之士，卓立其间，不必谓初盛之尽优于中晚，而强中晚之必为初盛也。文至金陈，如诗至李杜，然皆出晚季。故明诗可以初盛中晚论，而明文不可以初盛中晚论也。时文之道亦然。洪、永流传诸作，乃制艺之初轨，与陈傅良、杨万里所传不异。自是而后，化、治之文浑噩，正、嘉之文简古，隆、万则专工乎法，天、崇则悉骋乎才。嘉靖以前讲理法，隆庆时讲机法，天启以后讲议论。此则文体之随时递变，可因时而稽也。至破题、承题、原起、大结诸体格，逮万历而悉改其旧，则其名虽同，而实有不同者矣。《日知录》曰：发端二句或三四句，谓之破题，大抵对句为多。此宋人相传之格，即本唐人赋格。下申其意，作四五句谓之承题。然后题出夫子、孟子、子思及曾子诸子等为何而发此言，谓之原起。至万历中破止二句，承止三句，不用原起。篇末敷演圣人言毕，自摅所见，或数十字，或百余字，谓之大结。明初之制，可及本朝时事。以后功令严密，恐有借以自衒者，但许言前代，不及本朝。至万历中，大结止三四句。

有明之以稿本传者，自于忠肃公始。忠肃与文山立德立言旷世合辙，故百二十名家稿以文山殿宋之终，而以忠肃冠明之始。搭题吊挽之法始于万历末年，先辈无是也。于忠肃《不待三　二句》文无吊挽恶套，而自不逾题位，乃为得法。继而正统则有陈白沙、白沙之文多自得之趣。王恕等四家。制义以机法胜者自王三原始。景泰则有琼山，俞长城曰：叠作八比，一直到底，绝不杂乱，此一法也。每下二比接句，即上二比住句，愈复愈妙，不见重叠，又一法也。琼山《学如不及　一节》文已见此法矣。天顺则有东阳等诸家。至成化间，守溪一兴，稿传文四十七篇。文法大备，俞长城曰：下半篇纯应上半篇，此守溪家法。《嗜秦人之炙　一节》文在者也下、然则上，忽然插入正意，以下叠用开合，已开无数法门矣。《恭敬者　二句》文前虚两股，为呼而呼处在股末，后实两股为应，而应处在股末三句。此敖清江所谓一句四股题格，项瓯东所谓急语呼应格也。艾千子曰：昔人摹仿史迁叙事，但能见之古文词耳，今乃见之时文，此开辟来文章一变局也。其《奔而殿》文即反射旁衬之法也，其《食不厌精　一章》文即时文古体也，其于参差者整齐，如《太师挚适齐　全章》文。整齐者参差，凡逆顺、虚实、缓急、开合诸法无不备具。俞长城云：《爱之能勿劳乎》，此法开储、唐之风。至柱意，对比每高于出比，此处可悟文法。《是尚为能充其类》文，急口顺下，却逐字逐层清出，衍十四比，顺逆断续，文甚短而波澜甚长。明于此法，文境不穷矣。彼林亨太、稿中文谈理真实，而行之以繁重纡曲。吴匏庵文春容大雅，不动声色，文之以养胜者。诸稿本，一览而众山小矣。

顾成、弘两朝，其以文传世者惟守溪、鹤滩、钱鹤滩、唐伯虎皆恃才任达之人，而其文皆根学问。中峰三家。守溪长于议论，鹤滩善于刻画，中峰则游行理窟，自成大家。王、钱而后，传衍荆川，中峰以后，则三百年鲜有能问津者。中峰神骨绝似昌黎。外此而顾东江之高峻，顾鼎臣之豪迈，王守仁之原本韩、欧，陈百史曰：先生之句醇字核，法律细密，庆、历家派兆于此。杨维斗曰：一句一转，一转一意，此法先辈所无，自王守仁开之。唐伯虎之根柢学问，其源委可立溯也。

迄正德时，邹守益转折轻圆，本守溪家法，而舒缓详尽，已开昆湖一派。汪应轸理精局大，为震川、思泉开先。季彭山恪守传注，谨严法度。嗣是而荆川代兴，为王之的传，而金针尽度。钱吉士曰：荆川之文似东坡。张罗峰曰：荆川冲雅典则，力追成、弘风度。俞长城曰：荆川文法，律本王守溪而运以唐宋人雄壮之气。凡文两扇中作一纽遥对，始自荆川。自外若薛方山、周介生曰：方山文无数转接，笔复峻削，法脉当自王荆公集中来。俞长城曰：方山文贯通六经，光芒焕然。又曰：方山是理斋、震川一路。诸理斋、理斋之文不俗。其集中好立双柱，层翻叠折，逐段分应，又似不经意。其法本之守溪，而化为疏散之笔者。嵇川南、文之参差者易乱，惟川南善用此法，非熟周秦之文不能也。方山义实，理斋法奇，川南神逸。茅鹿门、周介生曰：鹿门得欧、曾之遗法。瞿昆湖、昆湖之派极于宣城。袁太冲、文气厚衍，在南丰、考亭之间。二溪、方山能密而不能疏，理斋能疏而不能密，二溪兼之。二溪文是莱峰一派，气味纯似昌黎。周莱峰、世言莱峰之文宗眉山。嘉靖末，文尚博大切实。莱峰自立门户，汪洋潇洒而不尚诡异，震荡纡回而不贵丽浓。俞长城曰：莱峰稿中粗豪者多，精细者少。吾录其文，必择其无弊者。陶朴庵、理斋、鹿门、莱峰、震川并称古文，然皆近唐宋。求其简而直，典而核，道炼而峻洁，得秦、汉之神者，其陶朴庵乎？海刚峰、文崛强不屈，自成一家。求之宋人经义，庶几近之。王荆石诸君子，取古人之简朴张皇而恢廓之，真大家也。亦咸得以自名一家。而究其以古文为时文，使天下复见宋人经义之旧者，则惟震川之功，独称茂焉。震川深于制义，力挽颓风。守溪善用偶，震川善用奇。临川而后，守溪时文之开山也，震川时文之中兴也。震川宗法在钱，而理实过之。观其高古则秦汉也，其疏畅排宕则唐宋八家也。而其法律精严，于题位不溢不漏，则又为时文之大宗，而实嘉靖来文章一大关键也。俞长城曰：跌宕磅礴，看似散行，细玩乃见其股法之变，震川能之。后来惟正希深得其妙。凡承题不复破题，起讲不复承题，是古文佳境，惟震川能之。

传至隆庆，胡思泉、邓定宇、黄葵阳三家鼎峙。顾思泉之文原本经术，出以浩气，家数颇似守溪。而评家又谓黄有意于奇，邓无心于巧。故世之习时文者圆融正当，即号定宇一派。吕氏矫之，复以葵阳为胜。要之邓以度胜，黄以骨胜，彼二公实皆文章正轨也。俞长城曰：定宇文步骤法律丝毫不乱，黄之神骨当是江陵嫡派。孙月峰高浑老到，善学西汉之文。其局法气度则逼真邓、黄矣。夫文至月峰乃古今升降之关，讲局讲度于此始备。学者要在万选文字，当以月峰为法，庶几高下共赏矣。他若赵南星、文高视阔步。冯具区、文老朴似守溪，浑厚似震川。顾泾阳、文气冲雅，在庐陵、颍滨之间。万二愚、文简而又简，一以当百，盖轻捷如史公，凝炼如班椽，庆、历名家中自立门户者。汤若士、择理精醇，出之名隽。以六朝之佳丽，写五子之邃奥。吐属隽妙，并称汤杨。张西江、制义搜抉微细，穷极窅渺，出入《檀弓》而泯其迹，文中旷境也。顾瑞屏、文有二格。为诸生时，其文容雅，为翰林时，其文简炼，皆可名家。石季常辈，高古腴炼，秦汉下无是书也。类皆各自名家。而说者谓泗山以冲夷，二愚以简古，义仍以名隽，其理解精醇，机法绵密，则叶永溪为最焉。固当时所称西江四隽，缺一不可者也。永溪《视其所以　三句》文深得圣人观人之法，看题握要，已开己丑、壬辰风会之先。至杨起元妙悟精洁，以禅入儒，自龙溪诸公始。以禅入制义，自杨贞复始。然间有妙悟，精洁之篇非时人可及。故归、胡以雄博深厚称大家，而贞复与之颉颃，其得力有不可没也。钱季梁精实简贵。有承先启后之象，其文不愧成、弘。董思白讲宾主八法，自成一家。其文机调用事，开软媚虚滑一路。郝京山骨力筋节，绝不板滞。京山负实学，每遇一题，快精神，穷要领，凿凿无所隐护，纯以骨力筋节用事而不板滞。此其所以变化也。吴因之咀咏白文，不寻章句。因之文有二格，一以空奇，一以典重。目以时文之宗，不其伟哉！顾或者谓松陵、开雍二公作文自出机杼，皆得力于看书者。然松陵善驾驭，开雍善剖决，松陵之才大，开雍之思深，则合辙之中不无殊轨焉。而孙淇澳之简洁高古，上逼《左氏》，则又深得《春秋》之旨者也。

夫葵阳、贞父、二黄称制义正宗。顾葵阳矜贵警卓，词意相称。贞甫精峭而意胜于词，似在葵阳之上。故自万历末年，或尚圆融，或尚诡异，惟贞甫结构严密，有弘、正名程之风，而又济以隆、万之神韵，彬彬乎质有其文矣。细看是平淡文字，而对偶中参差处令人不觉。故神明于成、弘之法者，贞甫是也。陶石篑曰：辟径开畦，人推钟斗。汤若士曰：同安学王、钱，王、钱之秘至同安而尽泄。

王、钱妙于不尽，而钟斗妙于尽。其文道炼古腴，人不厌其尽也。若气凛矩，正上绍成、弘，则君一之功居多。而方孟旋之善学中峰，幽奥坚古，质而弥文，中峰而后得此并峙。王房仲之善学宗伯，则又万历一代之稿本，其源委法律，可历观不爽矣。

天启以来首推大力，幽深沉鸷，沈何山、韩求仲、张受先皆重之。俞长城曰：《八佾舞于庭》篇断制严明，揣摩曲当，气体高而密，与王文恪《季氏富于周公》篇参看，见先辈法律相宗，格调变化处。次则有文湛持、所著制义，激昂感愤，有澄清天下之志，是陶石篑一派文字。其奇峰突出，浩气孤行，则文山手笔也。黄道周、艾千子、千子文无一语不原本经传，却不用一经传语。补题之妙，皆王、钱旧法，而东乡集其大成矣。凌若柯诸人。文情辞悱恻。而罗文止之清微澹远，则又豫章诸家之尤美者也。

且夫制作必有其源流，而尚论当分其派别。启、祯而后，李太青学先辈而枯，陈百史摹大家而浮。其斟酌古今调和文质者，必推莪雪。莪雪奋起明末，振万历、天启芜秽之习，而入之妙悟，出之风雅，辅嗣之名理，右军之文章，兼擅其胜。精确朴茂，得西汉之神。金正希崛起为雄，力追古初。俞长城曰：为文幽深矫拔，骨力风神为启、祯之冠。其识见议论，在希文、君实之间，其气体坚凝，则又绍成、弘处者也。陈大士变通先辈，自为面目。杨以任幽深峭拔，纯似正希。陈大樽清奇冷隽，大樽文在万历初年是郭青螺、赵侪鹤一辈，而一扫热闹境界，有类震川、刚峰。摹宋人经义之作，尤崇祯所罕觏者。艾东乡至云间，抗颜南面，大樽以少年与之争。陈主议论，艾主理学，艾主秦汉，陈主魏晋，互持不下。大樽熟悉史传，取精于《八奸》《五蠹》《说难》《孤愤》诸篇，又运以魏晋风藻，故足自名一家。大樽集中其辞华鲜丽，魏晋也。其气势疏快，唐宋也。其义理精实，则秦汉矣。陈素庵之洗尽铅华，崇祯丁丑夸多斗靡，涂面饰貌，不见文章真面目。素庵之文可与王宗贯、岳蒙泉并传矣。包宜壑之峭拔摇曳。几社好读《文选》，七子皆然。然多用骈丽，惟包尔庚有峭拔之笔，摇曳之致。至钱吉士则直取王之法，取唐之品，取归之气，而集其成。俞长城曰：予读有明一代制艺，独取四人。独辟宗风，浑涵一切，王守溪也。洁静精微，不动声色，唐荆川也。宏博变化，至详极备，归震川也。取王之法，取唐之品，取归之气，而集其大成，钱吉士也。此又各家稿本之源委法律所在，而论文者所得按籍而稽也。

明之操选政者，以艾东乡为最。艾东乡负盛名，时泛舟吴越间，以文贽者如云，总束而度于几。每当风日清美，纵棹明湖，酒酣兴至，开卷评乙，出其甲者特置之艇尾。侦得走报各家曰，某某文中选矣。趋贺者倾闾，筵宴累日，于时与选者，几如登第之荣。而东乡一老诸生，毅然以文章自任，裁成振作，一时风气，遂为所移。其所选《文定》《文待》诸书，与《闲在》并传。大纲既举，众目具张。黜富强而归于王，辨禅墨而宗于圣。究周秦议论之失，斥汉唐训诂之浮。后则杨维斗偕钱吉士选《同文录》，一代风气皆其论定。今其所选评仍散见于《百二十名家》中。而稿本之存者，在永乐则有于谦等二家，于谦、薛瑄。在正统则有商辂等四家，商辂、陈献章、岳正、王恕。在景泰、天顺则有丘濬、李东阳等二家，成化、弘治则有罗伦等五家、钱福等八家。成化时，罗伦、林翰、吴宽、王鏊、谢迁。弘治则钱福、顾清、李梦阳、唐寅、伦文叙、王守仁、董玘、顾鼎臣也。正统则唐龙等七家并峙，唐龙、邹守益、杨慎、汪应轸、季本、崔桐、陆釴。嘉靖则唐顺之等十八家齐驱。唐顺之、罗洪先、薛应旂、诸燮、稽世臣、张元、茅坤、瞿景淳、袁福徵、孙楼、王樵、周思兼、陶泽、海瑞、胡定、王锡爵、许孚远、归有光。而胡友信等三家之著于隆庆，胡友信、邓以赞、黄洪宪。孙鑛等二十四家之著于万历，章世纯等六家之著于天启，万历时，则孙鑛、赵南星、冯梦祯、杨起元、顾宪成、邹德溥、万国钦、汤显祖、叶修、张寿朋、钱士鳌、陶望龄、董其昌、郝敬、吴默、顾天竣、孙慎行、黄汝亨、许獬、张以诚、方应祥、顾锡畴、石有恒、王士骕等。天启则章世统、文震孟、黄道周、艾南英、凌义渠、罗孟藻也。曹勋等十四家之著于崇祯，曹勋、黎元宽、金声、杨廷枢、左懋第、杨以任、陈大士、陈之遴、包尔庚、陈子龙、金堡、黄淳耀、徐方广、钱禧。按之百二十名家稿中犹有传焉者也。

或者曰制义之道有三：曰理，曰才，曰法，三者缺一不可。不知理不醇无以运其法，法不正无以见其才。法有万变而旨归一定，其大要以如题位置为主，无鹘突，无凌躐，无叠床架屋，无节外生枝。总期神明于反正、开合、起伏、顿挫之间而已。汤若士曰：文字起伏、离合、断接而已，极其变自熟而自知之。唐荆川之文，开合一法足以尽之。昔人论荆川文惟一开一合。先生闻之，谓平生苦心，被一语道尽。而韩求仲盛推同安，则又惟以机化法，以法化机二语。逮茅鹿门《论文四则》、曰认题、布势、炼格、中彀。董华亭《论文九诀》，曰宾、转、反、斡、代、翻、脱、擒、离。以及郭青螺、其论文有单题、两扇、三扇、四扇长题、一句分两截、前后照应、两句作一句、反题等式。吴因之诸君子，类皆贯通乎法律之中，以独操选政。而先辈论文，复有字法、句法、篇法、股法等式。武叔卿有《文诀》二十三窾：一曰法。法有四，即字法、句法、篇法、股法也。则法律固尺寸不逾，而又论文所宜亟讲也。唐荆川曰：文章家循墨布置，自有专门师法。若夫守其法而不拘于法，不拘于法而仍密乎法，则又有神而明之，存乎其人者。归震川文置身题外以写题中，绝去时文束缚之苦。陈百史曰：言先辈者但知一概挨讲，一字不逆之为顺，不知一句逆之为顺，不知通局逆之为顺，皆未深于先辈者也。俞长城曰：先辈遇叙事题，小讲必直起。今人必加一冒，去古人远矣。制艺至成、弘大家，元气浑灏，势取直捷，转处无形。王文恪《齐景公 二段》文则如珠走盘而不出于盘，圣于此法矣。

《艺文·集部》目录中，其论经义之文有二：一曰《文说》凡一本，元陈绎曾所著也。原本久佚，今从《永乐大典》录出。盖延祐复行科举，以此为程试之式。然绎曾受学于戴表元，虽论科场之文，亦不失先正典型也。一曰《作义要诀》凡一卷，元倪士毅所撰也。皆当时科举经义之体例，虽拘于程式，不足括文章之变，然所论皆足为后来八比之龟鉴也。顾二书皆论制义之条例，而所传文曾不之见焉。惟《经义模范》一篇，所载宋人经义凡十六篇，其传四书之文自此始。凡一卷，不著编辑者姓名。王廷表序称得之杨慎，似即慎所辑也。凡宋人经义十六篇，存之以见八比之初体。逮至《钦定四书文》出，凡四十一卷，内阁学士方苞所选辑。括其全于化、治、隆、万、正、嘉、启、祯诸大家，于前明则以化、治为一集，正、嘉为一集，隆、万为一集，启、祯为一集。而复以国朝总其成，国朝文自为一集。实为作者之渊薮。而或者曰文至前明，美矣备矣，其稿本、选本流传不少，《百二十名家》中，明之以稿本传者合之凡九十有三人。而集部曾不一及，何也？盖制义之道，于宋倡其风，自荆公为制艺之祖，而所流传者又有苏颍滨、杨万里、陆九渊、陈傅良、汪立信、文文山等六家。岳武穆有文八篇，今已不存也。有明极其盛，而实自国朝集其成。《百二十名家》中，已有一十九人。

《钦定》一书，窥其阃奥，得其精华，而清真雅正一遵圣训，学者诚于此书玩索而有得之，已足以登古作者之堂，而各家选本直可以一举而空之矣。

四书文源流考

侯　康

四书文今谓之帖括，帖括二字始于唐。唐制，明经、进士二科，以刘思立奏皆帖经，进士以诗赋取，故但帖一大经及《尔雅》。明经以经义取，则于九经之中，随所习而帖之。此外兼帖《孝经》《论语》《尔雅》。帖既通，口试经问大义十条。宏文、崇文二馆生，亦皆帖《孝经》《论语》。其时《大学》《中庸》杂在《礼记》中，《孟子》亦杂在诸子中，未尊为经，故但帖《论语》。尊《孟子》，自杨绾始。绾于宝应二年上疏言：明经但记帖括，请于所习经取大义，听诸家之学，每问经十条，对策三道，以《孝经》《论语》《孟子》兼为一经。议卒不行。然是时帖经之法，只令全写注疏，无词意发明，与今举业绝不类。

宋仁宗嘉祐二年，增设明经，试法多如唐制，问义亦及《论语》。

神宗熙宁四年，用王安石议，更定科举法，罢诗赋、帖经、墨义，士各占治《易》《诗》《书》《周礼》《礼记》一经，兼《论语》《孟子》，每试，初场本经，次兼经大义凡十道。试义者须通经，有文采乃为中格，不但如明经、墨义，粗解章句而已。经义之兴始此。

哲宗元祐二年，更科场治本经义二通，《语》《孟》义各一道，皆在第一场。于是《语》《孟》义益重。绍圣罢诗赋，建炎复诗赋，而经义则一成而不变矣。

经义今虽仍帖括之名，实非沿帖括之体，其体当是沿于唐宋之问大义。盖问大义虽粗解章句，然亦略有发明，较胜于帖经之徒取记诵者。观杨绾请废帖括，而但问大义，杨绾之意，欲人通诸家之学，非仅解章句也，然其体则一。亦可概见。《明史·选举志》谓，明初之文，取书旨明晢而已，不尚华采。《日知录》亦谓，天顺以前，经义不过敷演传注，是以无异于解章句。

元制，竟易为本经疑、四书疑，则尤与问大义相类。明初洪武三年，开科尚有四书疑问与四书义并行，以《大学》“古之欲明明德于天下者”二节，《孟子》“道在迩而求诸远”一节，合为一题，问二书所言平天下大指同异。此事《明史·选举志》不载，见《日知录》。至十七年复行科举，定程式颁行，遂废四书疑问不用，而专用四书义矣。

自熙宁立经义，如王介甫、苏眉山父子、陆子静、陈君举、文文山辈，皆有传文，或疑其半出伪托。刘安礼集内有经义十七篇，皆当时程试之作。《宋文鉴》亦载张才叔《自靖人自献于先王》一篇。大略皆似论体，与东坡《孔子从先进》《观过斯知仁》《君使臣以礼》诸论无别。惟杨诚斋传文三首，汪六安传文五首，与今体略同，亦不知其果出于真否耳。

至代古人语气则起自明初，乃明太祖与刘基所定，见《明史·选举志》。然杨诚斋《国家将兴必有祯祥》文点题后用“以为”二字起，至于《治国家　二句》文点题后用“谓”字起，似此体已滥觞于南宋，但其文则仍多用后世事。至于《治国家　二句》篇末并有梁惠、齐宣等字，盖因未著为定例，故字句间不能画一。明虽著为定例，而徐孚远《禄之去公室　一节》及陈际泰《晋文公谲而不正　二句》文则通篇纯用断制，偶一为之，不可为训，至收处皆用己口气。《日知录》云：篇末敷演圣人言毕，自摅所见，或数十字，或百余字，谓之大结。明初之制，可及本朝时事，以后功令日密，恐有借以自衒，但许言前代，不及本朝。至万历中，大结只三四句。又《明史》：天启二年，钱谦益典试浙江，所取举人钱千秋卷七篇，大结迹涉关节。是明文皆有大结，而今诸稿中存者甚少，岂以其圣贤言外之意故删之耶？

八股之法，《明史》亦谓定于太祖、刘基。《日知录》则谓，天顺以前之文或对或散，初无定式，八股始自成化以后。因举成化二十三年会试《乐天者保天下》文，弘治九年会试《责难于君谓之恭》文为证。然成化前已有用八股者，于忠肃《不待三然则子之失伍也亦多矣》文、王宗贯《知者乐水　一节》及《乡人皆好之　一节》文之类，皆八股格也。《日知录》又谓有两扇立格者，原注谓题本两对，文亦两大对。则每扇之中各有四股。此亦不始于成化，如商素庵《父作之子述之》文是也。

且排偶亦并不自明始。杨诚斋《国家将兴　二句》及《杨墨之道不息　二句》文，已有四股。至于《治国家　二句》文有六股，汪六安《天之方蹶　二句》文有四股，《与谗谄面谀之人居　二句》及《天下有道则政不在大夫》文有六股，《至躬自厚而薄责于人　一节》文则居然八股矣。然则八股之法殆开于绍兴、淳祐，定于洪武，而盛于成化以后者乎？

有明制义，体凡屡变。自洪、永至化、治百余年中，皆恪遵传注，体会语气，以理法为尚。正、嘉一变，而尚气格。隆、万再变而尚机法，启、祯三变而尚才情。此其大略也。而其中有首创宗风者，有振起衰靡者，有畦径独辟者，有方轨并行者，可得而详著焉。

明初文虽简古，而杨慈《武王缵太王王季文王之绪　一节》文，气象炳蔚，已包一代作者正变源流之法。至刘、方、黄、解及于谦、薛瑄、陈献章、商辂、岳正、王恕、李东阳辈，则犹然浑噩，然自此后文体已渐险怪。《明史·丘濬传》：时经生文尚险怪，濬主南畿乡试，分考会试，皆痛抑之。及课国学，尤谆切告戒，反文体于正。《王鏊传》：少善制举义，后数典乡试，程文魁一代，谓《百姓足君孰与不足》《邦有道危言危行》等篇。取士尚经术，险怪者一切屏去，弘、正间文体为一变。按：鏊为丘琼山乙未所取冠南宫士。是科程与元墨俱超前绝后，宜其宗派同出于正也。是时人文蔚起，与守溪相后者高峻如顾东江，醇谨如王阳明，清刚雄劲如罗一峰，春容尔雅如吴匏庵，峭洁高寒如李崆峒，端严简肃如顾未斋，恬静安闲如邹谦之，光明俊伟如汪青湖，慎重坚茂如崔东洲。而与守溪并称者则有钱鹤滩，然守溪高古精深，非鹤滩可及。故荆川出而人称王唐，不复称王钱。荆川始以古文为时文，震川继之，而加以闳肆，诚有如《明史》本传所云湛深经术者。自是胡思泉代兴，雄深博大，而有明一代制义遂卓然共推王、唐、归、胡。

荆川以后，思存以前，有瞿昆湖、薛方山。旧称王、钱、唐、瞿为四大家，浙江人去鹤滩而易方山，世未有非之者。方望溪则谓昆湖文高者，不过贴切通畅，殊不远时文家数，当时以并王、唐，未为定论。又谓诸理斋于归、唐之外能自树立，非瞿、薛二家所能肩随。昔人评理斋文不衫不履，外物遗人。进理斋而退瞿、薛，未始无见。

至茅鹿门亦当时一大宗，固城推重之，欲驾震川之上，未免过当。方望溪评鹿门文清空流利，俞长城评鹿门文古雅温醇。合此二者，可以得鹿门矣。

举业之盛，于斯为极。论者以明文比唐诗，国初如初唐，成、弘、正、嘉如盛唐，正谓是也。自是文体少衰，渐趋凌驾。自万历己丑陶石篑以奇矫得元，而壬辰踵之，世遂以凌驾之习首咎吴因之。然讲机法者势必至此，亦非独二人之咎也。

隆、万之季，芜秽弥甚，而其尤悖理者，莫如用释、老语。以禅语入文自杨起元始，以庄子入文自李春芳始。艾东乡《皇明今文待序》曰："制举业中始为禅之说者谁与？吾姑为隐其姓名而又详注其文，使学者知以宗门之糟粕为举业之俑者自斯人始。"

即指杨贞复也。又曰："嘉靖中姚江之书虽盛行于世，而士子举业尚谨守程朱，无敢以禅窜圣者。自兴化、华亭两执政尊王氏学，于是隆庆戊辰《论语》程义首开宗门。"按：是科主试者即李春芳。首题《子曰由诲汝知之乎　一节》程文破云："圣人教贤者以真知，在不昧其心而已。""真知"二字出《庄子·大宗师》篇及《列子·仲尼》篇。自是举业所用无非释、老之书。《明史》载万历十五年礼部言："国初举业有用六经语者，其后引《左传》《国语》矣，又引《史记》《汉书》矣。《史记》穷而用六子，六子穷而用百家，甚至佛经、道藏摘而用之，流弊安穷？弘治、正德、嘉靖初年，中式举业纯正典雅，宜选其尤者刊布学宫。因取中式文字一百一十余篇，奏请刊布，以为准则。时方崇尚新奇，厌薄先民矩矱，以士民所好为趋，不遵上指也。"《日知录》又载，万历三十一年礼部尚书冯琦上言："自人文向盛，士习寖漓。始而厌薄平常，稍趋纤靡。纤靡不已，渐骛新奇。新奇不已，渐趋诡僻。始犹附诸子以立帜，今且尊二氏以操戈，惟《南华》、西竺之语是尊是竞。语道既为踳驳，论文又不成章。请坊间一切新说曲议，令地方官杂烧之。生员有引用佛书一句者，廪生停廪一月，增、附不许帮补，三句以上降黜。中式墨卷引用佛书一句，勒停一科，不许会试，多者黜革。"二十八年礼科摘湖广举人董以修四书义有"无去无住、出世住世"语，罚停五科。上从之，自此稍为厘正。然旧染既深，不能尽涤。观此二疏，可见文体之败坏。至启、祯间，虽数申诡异险僻之禁，下卒不从。论者所以有中晚唐之喻也。然是时文之杰出者正自不少。隆庆辛未，江陵首拔邓、黄，皆制义正轨。万历癸未，西江四隽一榜并列，邹泗水以冲夷，万二愚以简炼，汤若士以名隽，叶永溪以精醇。时开雍、松陵又号吴中双绝。松陵尝谓，今人为文，不能自出机杼。开雍自云，特标独得为宗。观二公之言，可知其得力处。他如许钟斗、张君一、方万旋、王房仲，或遒炼胜，或淳正胜，或坚古胜，或峭厉胜，皆一时之秀也。而其尤著名者，则莫如启、祯之金正希、黄陶庵、江右四家、几复两社。

正希集有明二百余年文字之大成，无美不备，有目共赏。而妄人评本犹时，病其涉禅机，杂权术，指驳太苛，非也。

陶庵文史称其原本六经，一出以典雅。然则今人但推陶庵史学，及赏其崇论宏议，皆非知陶庵者也。

艾千子疾场屋腐烂，与同郡章大力、罗文止、陈大士以兴起斯文为己任，乃刻四人所作行之世。世人翕然归之，称为章、罗、陈、艾。见《明史》本传。今观四人集，大力隽杰廉悍，文止清微澹远，大士则如风发泉流，兔起鹘落，千子老朴处几欲过章、陈。而或讥其杂驳枯燥，亦诚不免在四家中文似较逊，而名最高，持论亦最刻。

复社为张溥、杨枢等所结周介生为之长。尝自携《经翼》诸选，比之咸阳国门之书，千子力讥贬之，语在《明文定》中。然以文论，则介生气体阔大，骨力平庸，诚非豫章之敌。

几社创自陈、夏，附者尤众。其学好读《文选》，务怪奇，矜藻思，用此为西江所诋。千子至云间，抗颜南面，大樽以少年与之争。艾主理学，陈主议论，艾主秦汉，陈主晋魏，互持不下。虽论者多轩艾轻陈，而陈、夏二稿要时有清古雄直之作。包宜壑亦几社中人，而文情摇曳，亦不囿于习气者。惟徐孚远、王光承辈未见能胜耳。

数家之外，传者尚夥。高苏生之精廉，钱吉士之醇确。凌茗柯、徐思旷失之寒瘦，而幽静欲绝。黎耳庵、项水心失之纤仄，而新警绝伦。谭友夏文如其诗，边幅较小，而隽永足以药痴肥。盖启、祯作者，雕刻情状，发泄英华，虽有晚唐之喻，实制义中不可不开之境界也。

此一代文格递变之源流也。明代选本如苏苞九《甲癸集》捃摭之多，至一百二十四种。黎淳《国朝试录》六百四十卷，辑成化以前之文，丘濬为序。《四书程文》二十九卷，亦明初举业成式。以上二种见《明史·艺文志》，《四书程文》不载选者姓氏。艾千子有《明文定》《明文待》两选，周介生有《经翼》诸选，杨维斗偕钱吉士有《同文录》之选，一代风气多所论定。

国朝选者，指不胜屈。俞长城《百二十名家》为最，备其所持择不名一格，每人各序出处、简端，皆忠义文章之士，其人品佥壬者不与焉。用功甚巨，用心甚深，张希良谓其以史法论文。五百年之文，即可以当五百年之史，然不若《钦定四书文》为规矩准绳之极则也。分为四集，录文四百八十六篇，皆以发明义理、清真古雅为宗。而仍各体皆备，俾读者高下在心，各随其力之所及与性之所近，诚有如圣谕所云后学之津梁、制科之标准者矣。

按：《明史·艺文志》仅载黎淳《国朝试录》《四书程文》，及杨慎《经义模范》一卷。载宋人经义十六篇。《钦定四库全书目录》亦只载《钦定四书文》及《经义模范》，诗文评内有元陈绎曾《文说》一卷，倪士毅《作义要诀》一卷，则是论科举文之体例程式。而诸选本、稿本皆不著录，岂非以制义代圣贤立言，其体至尊，故宁阙无滥与？又况源探星海，则众派知所趋；乐奏钧天，则群音可以废。《钦定》一书固已撷作者之精华，尽群言之义蕴，熟读精思，一编已足，又未始非所以一士子之心志，而戒其贪多务得之反流于杂也。

附：四书文话序

阮　元

唐以诗赋取士，何尝少正人。明以四书文取士，何尝无恶党。惟是人有三等，上等之人无论为何艺，所取皆归于正。下等之人无论为何艺，所取亦归于恶。中等之人最多，若以四书文囿之，则其聪明不暇旁涉，才力限于功令，平日所诵习惟程朱之说，少壮所揣摩皆道理之文。所以笃谨自守，潜移默化，有补于世道人心者甚多，胜于诗赋远矣。

唐、宋诗话多文话少，而明以来四书文话更少。非无话也，无纂之者也。余令学海堂诸生周以清、侯康、胡调德纂之，诸生共议，分二十四门编之：一原始，二功令，三格式，四法律，五体裁，六命题，七程文，八稿本，九选本，十墨卷，十一社稿，十二元灯，十三名誉，十四考核，十五师承，十六风气，十七兴废，十八流弊，十九起衰，二十假借，二十一咎毁，二十二谈薮，二十三轶事，二十四五经文。虽未甚精详，然已积卷帙矣。录成二部，一存粤东学海堂，一携归江南。盖江南遗文旧说，为岭南所无者尚多，俟再令家塾子弟补成之。

时甲申冬日。

四书文法摘要

〔清〕李元春　撰

〔清〕刘维翰　刘文翰　摘录

导读

《四书文法摘要》是由清代李元春撰述，其门人刘维翰、刘文翰摘其要目而成的一种简介八股文作法的著述。

李元春（1769—1854），字仲仁，号时斋、桐阁主人，朝邑（今陕西大荔）人。他学宗程朱，深研经典，于理学颇有造诣，讲究诚敬，力主践行，系为一方敬重的学者，故迭主潼川、华原书院。他对晚明王阳明心学所造成的后果及其对理学的冲击迭有批评，对乾隆朝兴起的考据学对理学的瓦解颇有微词，这都表明他的为学宗旨。

李元春博览群书，为声闻一方、颇有名气的藏书家，储书数万卷。他讲学不止，著述不辍，有《桐阁文集》等数十种，《四书文法摘要》只是其中的一种，且是由其门生摘录其有关八股文作法的要诀而成。

《四书文法摘要》有上、下、后三编，将清代初期至乾、嘉时期的八股文作法一一列出要点，可谓网罗殆尽。

上编讲八股文的基本作法与要求。在第一条，作者便把“审题命意”“篇章句字”“起承转合”列为八股文作法的“三纲领”，随后则按此三个方面分别列目讲述八股文的基本作法。而每列一目，必将当时已有的各种方法简述于下。如“审题命意”所属的“审题”即列六法：“辨题体。审题旨。究题理。玩题气。从全章着想。从全部着想。”即先从题目本身进行多角度探究，再从全章考虑，最后将其置于宏观角度来分析其与各方面的关系，才能算做到了审题。“命意”则有四法：“题面意。题心意。上下四旁意。分前中后意。”即“命意”要从表面到内蕴，再到上下四旁、前中后探究题之旨意，然后才能总括出文章之主旨。

在“篇章句字”纲下分“篇法”“章法”“对股法”“句法”“字法”五目，每目下详列该目作法要决。如“句法”目列出十种方法：“短句。长句。刚句。柔句。整对句。疏散句。叠句。回环句。运调。调声。”前八种是就其句式即句子的外在形态而言的，且是两两相对的四组。后两种则是从声调而言的，因八股文讲究声调和谐。又如“字法”，讲所用实字要求：“实字要的切，要响亮，要有来历。”所用虚字则要活动。还要讲平仄调和。

八股文要求在正文部分以及起讲、股内都要起、承、转、合，这是一种基本要求，故在“起承转合”纲，分设“起”“承”“转”“合”四目，每目分列作法要诀。如“承法”目中这么说：“承即接：有直接，有陡接，有紧接，有缓接，有遥接。”“转法”目则为：“转入题中。转掷题外。小转。大转。暗转。径转。叠转。”所谓直接，即与上句意相联相合。所谓陡接，系非接上句意而突冒一句，其意却与题意相合。所谓紧接，即所承之句与上句意紧密相衔。所谓缓接，即所承之句与上句意不甚紧密。所谓遥接，则为承接之句意系与起句相隔较远的章旨中来。这种只摘作法，不加诠释的做法，在当时的环境中当然无大碍，因凡写八股文的人都会学习作法，这些名词术语自可领会。但对于今人而言就如读天书，非有诠释则难窥其堂奥，望文生义则往往谬以千里。故应寻有关八股文作法之例证来琢磨弄懂它，方能真正弄通八股文。

至于“反正”“宾主”“开合”“浅深”“虚实”“详略”“顺逆”“明暗”这“八条目”，及“提束”“呼应”“照应”

“伏应”“含申”“分总”“断续”“抑扬”“顿挫”“跌宕”“擒题”“点题”“醒题”“用典”“白描”等，都是八股文的基本作法，各目之下，均有多种作法要诀或作法要求。

此作的下编则分题型来讲述各自的作法。与上编的编排法一样，以题型来分目，各目系以作法要诀或作法要求。下编共有五十一种题型，亦即分为五十一目。

八股文是一种命题作文，其题目必须从《四书》《五经》中摘取章、节、句、字来充任。由于摘取方式的不同，便形成了不同的题型。如从书中摘取一个句子为题，这种题便叫单句题；从书中摘取一个句子而将其上半截截去只留下半截为题则称截上题，反之，若截去下半截只留上半截为题则称截下题。

明代初期，所出题均为《四书》《五经》中整节、整章经文，至少也是几句意义完整的经文，这便叫大题。但《四书》《五经》这个试题库中可作为大题的资源有限，故经过全国的会试，各省的乡试，府、州、县的小试，学道（学政）的岁试、科试等名目繁多的各种考试，可出大题的资源很快用尽，此后便只得重复出题，这就给猜题以求幸进者提供了可乘之机。加上雕版印刷术的不断进步，刊刻程文、范文等优秀之作极为便利，为剿袭大开方便之门。于是八股文史上久禁不绝的猜题剿袭弊病便出现了。取巧者只要猜上一些考题，再背熟此题之范文，下到考场，若碰上猜中之题，只要将背熟之文誊抄上卷，即可取中。这就是李贽所讥嘲的，只要熟读时文几十首，下场即可取中功名之谓。但此举严重地破坏了科举考试的公平公正，也造成了投机取巧，不读经史，只读时文之风气。为杜绝此弊，经多方探索，便采用了改变摘取经文方式来出题的办法，即将一个句子或截上或截下；或将一个句子截上或截下后与下一节，甚至隔章之文相搭，形成所谓的截搭题；有的只摘一个实字为题，叫枯窘题。如此等等，既不违背八股文题必须从《四书》《五经》中摘取的基本原则，又大大增加了出题的数量，且摘取的方法变化莫测，让猜题者猜不胜猜，可大大减少猜题命中的几率。

随着时间的推移，风气的恶化，猜题剿袭的手段愈加高明，于是新的题型有如今天电脑中的防火墙也越来越多，令猜题的难度越来越大，所以各种闻所未闻的题型都出现了。此作中所列的五十一种题型，尚未包括名目繁多的截搭题。

由于不少题型是割截经文，随意截搭组合而成的，这就与经文的原有含义及程朱传注对其思想的规范有了很大差别，有的还会造成与原经文及传注相反的可能。这就大大背离了统治者欲以八股文传输儒家正统伦理价值观的初心。且作这种偏题、怪题一般人是徒唤奈何，不知从何下笔的。为了使因割裂经文而流失的正统观念找补回来，并使作文者知这种题要如何着笔，各种题型便都规定了各自的作法。这便是下编以题型列作法的原由。

由于单题是八股文题目的基础，又难作，故在下编对单题的破题、承题、起讲、领脉（即入题）、提比、中比、后比、束比、结尾都列单目讲述各自作法。而其他题型就只针对该题型的特点讲述作法，因其基本作法与单题同。如“截上题”一目只讲了“纳上文于本题”“倒找上文”二法，因题既截去上截，在作文时必须找补截去部分的意旨以完题意，故必“纳上文于本题”，或倒回去找补截去的意义。这样做，重点突出，对于初学者来说，有易于领会、易于揣摩的好处。

至于后编之纲目，是从总体上对八股文的写作与评判提出的要求和标准。如“清”“真”“雅”“正”四字，是从清初以后逐渐形成的评定、衡量文品的标准，以每字为一目，具体标示其衡量之准则。如“清”字有三个方面的衡量标准：“意清。辞清。气清。”要做到这三个方面，则“要在心清”。只用十字，便将品量“清”的标准与方法均明白托出，可谓高明之至。“雅”字则讲了两点：“自经书出则雅。识见超则雅。”这既是衡量“雅”的标准，也是做到“雅”的方法：文章内容出自经书即是雅，换言之，要想做到雅，其内容必须根据经书。

“文品杂说十八”则从十八个不同方面、不同角度来讲述衡量八股文文品的标准及欲达此标准的作法。

“余论十二则”简述写作八股文应注意的地方。

《四书文法摘要》是对清代中期八股文作法的梳理与总结，从其上、下编中所列八股文作法之繁琐，并与明代相比较，可知至清代中期八股文作法日繁，约束日甚，文体日敝，风气日漓。在种种作法制约下，试场制艺大都循题敷衍，于经义罕有发明，已失去其稽古穷经、类能推究本原，和阐扬义理，以造就、选拔通经致用之材的初心。这样的八股文必然衰败是可以预见的。这也是此作的另一作用，可启发人们对八股文命运的深入思考。

清道光十五年（1835），朝邑刘氏刊印了李元春所辑之《青照楼丛书》，将《四书文法摘要》附于其末，本书即据其校点录入。

（龚　昊）

《四书文法摘要》引

吾师时斋夫子选评《丛书》，皆取最切于学人者，于末入武叔卿《举丛卮言》，以举业人人所日讲也。然吾师有《四书文法三编》，吾党久奉为圭臬，而尚苦繁多，不尽可记忆。刻《丛书》既成，与弟文翰并摘《三编》要目附之，可与叔卿所论参观矣。

刘维翰谨识。

四书文法摘要

上　编

三纲领

审题命意。篇章句字。起承转合。

审题六法

辨题体。详题旨。究题理。玩题气。从全章着想。从全部着想。

命意四法

题面意。题心意。上下四旁意。分前中后意。

篇法八

整。散。整、散兼。立胎。布势。血脉联贯。骨节灵通。前后匀称。

章法四

或股，或段，意有层数，或两层，或三层，间或四层、五层。

气有歇数，或二歇，三歇，四歇，五歇。

疏密相间，大小相错。

对股五法附

立柱。翻转。层次。流水。活对。

句法十

短句。长句。刚句。柔句。整对句。疏散句。叠句。回环句。运调。调声。

字法三

实字要的切，要响亮，要有来历。虚字要活动。平仄要调。

起法五

直起。陡起。引起。按题大概起。另起。

承法五

承即接：有直接，有陡接，有紧接，有缓接，有遥接。

转法七

转入题中。转掷题外。小转。大转。暗转。径转。叠转。

合法二

合即落：有骤落，有徐落。

八条目

反正。宾主。开合。浅深。虚实。详略。顺逆。明暗。

反正法四

先反后正。亦或先正后反。全反题意。借反作正。

宾主法九

通篇为宾主。四股为宾主。两股为宾主。一股、一段有宾主。一句、二句有宾主。主中主。宾中宾。宾中主。主中宾。

宾有十

宾即衬：有正衬，有反衬，有虚衬，有实衬，有对面衬，有侧面衬，有进一步衬，有退一步衬，有高一层衬，有低一层衬。

开合法二

宾主多用之叙事，闭合多用之议论，有大开大合，有小开小合。

浅深法五

先浅后深。先深后浅。浅深相间。题理浅者，说入深际。题理深者，出以浅语。

虚实法五

先虚后实。先实后虚。虚实相间。虚者实之。实者虚之。

详略法四

题理重者，宜详。题理轻者，宜略。人详我略。人略我详。

顺逆法六

通篇有顺逆。一股、一段有顺逆。顺从题首起，煞题尾。逆从题尾起，煞题首。顺起逆接。逆起顺接。

明暗法七

通篇有明暗。一股、一段有明暗。前明后暗。前暗后明。明起暗煞。暗起明煞。明修暗渡。

对用杂法十

提束。呼应。照应。伏应。含申。分总。断续。抑扬。顿挫。跌宕。

提束法六

有前提后束者。有前无提而后束者。有后不束而前提者。整笔提束。散笔提束。随便提束。

又提法三

界缝中提振。长题空中全提。因一节提数节。

呼应法四

通篇有呼应。股、段中亦有呼应。题中有呼应。题外亦有呼应。

照应法四

呼应在语气，照应在意义，四法亦如呼应。

伏应法四

照应法多用明，伏应法多用暗；照应多有意，伏应多无意。四法与呼应、照应同，要皆须有变化，乃不落蹊径。

含申法二

通篇前含后申。一股、一段上含下申。

分总法六

于题有分总。于文亦有分总。题具数层，可分亦可合。题虽一层，可合亦可分。或题分，而联之使合。或题对，而分之使散。

离字二法附

离即分，专以离言，一离题意，一离文势。离题意，上言“分”已尽之。离文势，则忽然掷笔题外，此董思翁所言，最是文章家奇情。

断续法三

断续须用插笔，或前后叙事，忽插入议论；或前后议论，忽插入叙事；或言此事、此意，忽插入别事、别意。

抑扬法二

欲扬先抑。忽抑忽扬。

顿挫法四

顿有二，停顿、整顿。挫有二，挫其意、挫其气。

跌宕法二

以彼层跌此层，跌似衬而势较紧。有一跌必有一宕，宕如开，而语较活。

单用法二十五

描写形状。栉梳题义。挑剔题字。推原题根。铺叙题面。凭空结撰。证佐有虚实。推广。叠进。脱卸。洗刷。翻驳。代说有全代、有略代。斡补。敷衍。咏叹。折笔。押笔。双搓笔。蝉联笔。走笔。拖笔。复笔。闲笔。省笔。

擒题法三

明擒。暗擒。擒主脑。

点题法六

浑点。拆点。反点。正点。借点。补点。

醒题法二

醒题意。醒题字。

用典法四

用字择古雅，不隐僻。用语要运化，或直用其句，或连用数句，宜确切工对。用故实，有正意，有旁意，有宜明，有宜暗，皆须死事活用。典礼题，考据详明。

白描法二

或通篇用之。或一、二处用之。

下　编

单题破法六

或首句破题面，次句破题意。或首句破题意，次句破题面。或两句拆破题面，而藏题意、题神。或明破。或暗破。亦或间用反破。

单题破、承备诸法

顺破则逆承，逆破则顺承，反正、宾主、开合、明暗诸法酌用之。

单题起讲法九

明擒题字。浑按题意。承上入，不用再领。从本章远脉入。从他处借径入。借映题字入。领题神入。提题中要害立案。从题外立案。

单题领脉法九

起讲落处带领。特领。折入题意。折落题字。喝起题神。就上文点出题字。领下，另作提笔。无上文，亦用提法。不领上，别用入题法。

单题提比法六

承上脱卸。就题虚笼。清出题字，留后面发挥。拆开全题，先发前一层。先作开势。借宾陪入。

单题中比法

发挥题面。发挥题心。加小段、小股，运化中间。

单题后比法四

发旁意。发余意。起处与中比一片。落处使下文可接。

单题束比法二

一比束前半，一比束后半。一比束通篇，一比起下。

单题结尾法四

结本旨。寻去路。落下顾本题。别作掉弄。

截上题法二

纳上文于本题。倒找上文。

虚字冠首截上题三

扼实字，以虚字合。顺承上者，虚字顺出。从上转落者，虚字逆折。

截下题法三

题前从旁偷下。题中从空含下。题后或正或反逼下。

虚字冠首截下题法二

逆探下文，取虚字之意。别用虚字，助虚字之神。

截上下题法二

用意，从本句讨出上下。用法，有衬、垫、提、空、煞、足。

虚字冠首截上下题法二

如“虽”字题，前半截讲实字，后半以“虽”字合，一法也；通篇实，取“虽”字神理，末合下点，一法也。

虚冒题法三

虚能映下。实不犯下。下文层层照到。

结上题法四

结通章者，镕铸通章。结一节者，镕铸一节。结一节兼结通章者，前半镕铸一节近义，后半镕铸通章全旨。出结上字面，视其顺逆。

两截题法四

分两虚、两实。上挈下，下顾上。主重一截。前重者亦留，发于后截。

两截长题法二

联贯有详略。变化在虚实。

三截题法三

如题为局。随势照顾。亦多着意后路。

滚作题法三

相承对说。串说。互说。

相因题法三

一滚作。两截作。化为对作。

两扇题法八

如题板对。各扇中藏股。两扇藏纽。两扇略加头尾。头尾略发总义。化大为小。化两为三。互击互衬。

裁对两扇题法三

短者伸之。长者缩之。对仗工稳。

多句抽出两扇题法二

处处互击。别用意义绾合。

两扇分轻重题法三

两扇加纽。两扇衔接。化两不拘。

三扇题法九

如题三扇。前总提，后总发，中分三段。前段略变，后二段确对。前二段确对，后一段略变。拆题，以意分配，错综阐发。团拢全题，镕成一片。剂三为四。互衬。散行。

四扇题法七

如题四股。化四为三。化四为两。变股。合作。互击。散行。

段落题法十

段少者挨讲。段多者分配。首段贯下数段。末段纳上数段。

以中间截开上下。首句与末句遥对。前总提，后总发，中分还。变股。互映。合发。

顺纲题法六

按目发纲。别发纲总义。作目带纲。中间拆发分配。按目总发以归纲。题有下文总说者，文不用总发。

倒纲题法四

倒挈纲于目，前虚领。作目用轻递。归目于纲，总发。题截上领句者，于上文之下笼目虚挈。

浅深相应题法三

首中俱腾虚。深处必多发。浑发亦一法。

横担题法五

前注。中贯。后抱。化中于首尾。轻首尾，只重发中间。

全章长题法七

提纲挈领。剪裁烦简。线索穿插。上下牵搭。前后类叙。随机点次。辨别一人、数人语运用。

割截长题法九

辨两截、三截。截全节者，如全章长题式。截一、二句者，如割截短题式。两截者，中间虚渡。三截者，中间实发。清首尾。钩挽。映带。消纳。

割截短题法八

起讲串说，对说。钓，先尾后中。上映下虚，下带上实。中作势凌驾。挽，先首后中。势不宜缓。意不宜单。结不遽落下。

偏全题法五

上全下偏者，以意义留下。上偏下全者，侧本位补上。留下患实，亦患虚。补上患连，亦患倒。或化割截为一滚。

连章题法七

或如两扇，三扇，四扇。或如段落。或如割截。扼一章为主。易遗处亦可为主。

记叙题法六

记事立案者，如虚冒。记事无论者，可实发。记言者，拆发实字含下，而以“曰”字暗合，至末始点。叙事视叙者之情态，亦视上下。无论者，可夹议论。有论，虽夹论，亦腾虚。

论列题法二

上论因下列发者，可如相因题，一滚作。上论犹有意义者，可如顺纲，略截作。

问答题法四

问语略作一截。答语重发。问答夹缝绾合断论。化作两扇。

援引题法八

起讲取正意。先点后发。截出者，题中觅间，间中关照。全出者，不便直点，随点随做，随做随点。或全空中摩荡，探取下文，至末总点。或先引后断，点过所引，带定发断语。或先正意后引者，以正语为主，引语只作证佐，而前路亦须预埋。不宜更有援引。

比兴题法五

比题不宜夹入正意。说喻意即见正意。兴题正喻互见。正意亦于喻中透出。明喻题，说正意用喻意字面。

反正两种题法五

反题先正。正题先反。反题上下有正面者，不得正说。正题上下有反面者，不得反说。反揭题，参活笔。

过脉题法三

题前翻弄作势。正面略作现成描写。后路空中发论取神。

覆述题法三

意有疑而覆述者，宜在题前作势。意未尽而覆述者，宜在题后推衍。上有正文而覆述者，少发正文，详发覆语。

叠句题法二

分呼合题面。流连见神情。

比肩题法四

抽出数句者，交击互衬。抽出下句者，伴上定本位。抽出上文者，偷下定本位。亦有不伴上、偷下，而自以意义切合者。

半体题法四

以半面见全神。承领一面。上句偷下句，不得预摄。下句合上句，不得顺说，亦不得竟似倒说。

代语题法二

其人有此意而代为语，当得其心。其人无此意而代为语，当推其情。

写照题法二

题面与意不同，写面。藏意。

理致题法三

平日见理明，则说得亮。推之世情，则说得新。又当参以语妙。

典制题法二

旁征典实者，要绚烂而不可有堆砌意。正考典实者，要明确而不可有注疏气。

攻辨题法二

直穷到底。如闻其声。

俚俗题法二

俗不伤雅。写虚不写实。

游戏题法二

不用庄语。兼有谐情。

人名题法二

旁设以取下意。从名字生情照下。

咏物题法二

顾旨须灵。用典忌滞。

枯窘题法二

添题字以求展。立题外以求宽。

后　编

国朝定文品四字

清。真。雅。正。

清有四

意清。辞清。气清。要在心清。

真有五

题中理真。题外理真。当身体验则真。推之世情、物理则真。提空议论则真。

雅有二

自经书出则雅。识见超则雅。

正有二

守题之正。变不失常。

文品杂说十八

一曰近切，旁意皆题所应有，正意必他不可移。二曰精深，辨于毫忽，刻入底里。三曰博大，搜出多义，运以全力。四曰明快，深入显出，见得到，说到出。五曰浑融，不挂漏，不散乱，不露痕迹，不作自注。六曰高超，入手置身题上，通篇墨不着纸。七曰跳脱，笔笔换，多在转接用意。八曰新警，陈言务去，语多不经人道。九曰圆熟，己见为熟，人见为新。十曰老炼，反华就实，炼气归神，一语抵人千百。十一曰紧，读上句则下句已起，全在接缝斗笋处。十二曰奇，在立格，亦在词意。十三曰秀，意思深隽，调度安雅。十四曰雄，须有气势，或通篇，或一气数语。十五曰劲，力足则不软，着意多在实发，挺接、挺转、硬煞皆是。十六曰活，不作十成死语，用意、立格亦然。十七曰妙，文章本天成，诸法熟，随手自有妙处。十八曰趣，不由恒径，极常题能作异样文章。

余论十二则

文章不外五端：曰典、曰理、曰法、曰气、曰神。善为文者，笔外有笔。文章根于性情，而本原在心，故心术须端。文不从体行来，必不真，亦无取乎为文。为文宜择正大题，在场屋则不能拘。前人作过题，发挥已尽者，不必作；犹有余意未尽，或意未合者，可另为之；或系命题，而前人有佳作，亦须跳出圈子。窗稿与墨卷当以一律看。文有得之兴会者，有得之苦思者，兴会须养，苦思须励。文不外叙事、议论两端，而议论尤要，议论须知提空，提空须知拆题。文章全在多作，多作则病痛自知，火候自到。文最不厌改，古人往往终身改之未定也。得一题，或改，或频为，须成一篇文方好。

制义丛话

〔清〕梁章钜　撰

导读

《制义丛话》是梁章钜从群籍中辑录各种八股文史料，按时间先后加以分类罗列，且时加评述而编撰的一部书，是现存保留八股文研究资料最为完备的著述，具有很高的学术价值。

梁章钜（1775—1849），字闳中，一字茝林，晚号退庵，福建长乐人。少勤学，十四岁入福州鳌峰书院。十七岁为县学生员。清乾隆五十九年甲寅（1794）科乡试中举。屡应会试而不中，屡败屡战，终于嘉庆七年壬戌（1802）科中进士。嘉庆十二年（1807）主讲南浦书院。嘉庆二十一年（1816）入京，考取军机章京。嘉庆二十三年（1818）入值军机章京。道光元年（1821）任制仪司员外郎、通礼馆纂修。次年，出任荆州知府。两年后升淮河兵备道。道光四年（1824）署江苏按察使。次年授山东按察使，第二年调江苏藩台。这几年年年升官，可见道光帝对他器重有加。他在江苏为官八年，曾四次代理巡抚，政绩斐然。道光十五年（1835）任甘肃藩台。次年授广西巡抚兼署学政。道光二十一年（1841）曾带兵到梧州防守，并增兵浔州、南宁，运送大炮支援广州防务。同年，调任江苏巡抚，并署理两江总督兼两淮盐政。曾带兵至上海，会同提督陈化成部署抗英，组织宝山、上海、川沙、太仓、南汇、嘉定等地兴办团练，严密设防，使英军敛迹。次年，以病辞官。先后寓居扬州、浦城、温州。道光二十九年（1849）病逝。

梁章钜有文学才华，九岁学作诗。成进士后，在南浦开藤花吟馆，与乡里名流作诗唱和。嘉庆二十年（1815）学诗于翁方纲，次年入宣南诗社。他论诗恪守儒家“温柔敦厚”之说，被翁方纲视为最后一位有成就的入室弟子，认为他“手腕境界迥异时流，又最笃守余说”，“虚衷雅怀，往复商榷，愈唱而愈高，盖不名一家而能奄有诸家之长”（《退庵诗存题词》）。其五、七古取材奥衍，用笔生健，用险韵而控制自如。近体亦质实不佻，功力纯正，但与翁方纲一样，诗味不多。对试帖诗研究很深。著有《藤花吟馆诗钞》《退庵诗存》《试律丛话》《南浦诗话》等书。

梁章钜能文，通掌故考据，其《浪迹丛谈》《续谈》《三谈》《退庵随笔》等笔记体文，至今犹有文史考据价值。《称谓录》《巧对录》《三国志旁证》《论语旁证》考证确当，颇受欢迎。他先后写作、编撰过五十多种书籍，可谓著作等身。

梁章钜在嘉庆、道光以后的八股文坛颇有影响。他出生于一个有家学渊源的八股文写作世家，用他在《制义丛话·例言》中的话说，是“吾家自前明中叶至今，一脉相传为郡邑庠生十余世”。目濡目染，从咿呀学语即感受到了八股文的气息。他熟读经史，十二岁即学作八股文，所师从的多为八股文写作与鉴赏的名家高手。故他从小即在揣摩墨卷技巧，写作手法，审题诀窍，价值评价等方面，具有很高的眼界与识力，评文论文有着犀利而独到的眼光。

正因为梁章钜对八股文了解很深，研究得透，所以他的八股文具有合乎时代规范的特点。认题准，解析精，说理透，一本经文和传注，虽也有新见，但绝不会有违背经注之处。在写作方法上，能不拘守一格，而以寻求最佳的说理论事方式为归依。故其文皆写得流畅、生动，正、反、开、合运用得纯熟自如，气韵流转不滞。有了这两条，梁章钜的八股文便呈现出醇厚精辟，畅达明通的风格，在当时也名闻远近。

其编撰之书中用力最勤，搜罗最富，影响最广的当属他勾辑群籍，精心编撰的《制义丛话》。

梁章钜在《例言》中说，他编撰此书是因为看到有文话、诗话、词话、赋话，“惟制义独无话。非无话也，无好事者为之荟萃以成书也”。而他在应试、掌书院讲席长达十八年中，“未尝一日舍制义不讲”，“结习愈深”。故在辞官养病时，全力成就此书，“笺记滋多，因略为部分成二十四卷，考证旧闻，触发新意，或亦有裨于举业”。即是说，他编撰此书，目的是要记下八股文产生、发展、变化的轨迹，讲授其中的经验、体会、心得，以资鉴取，“于以范围后学之步趋，启牖时髦之神智”，“有裨于举业”。

全书可分为四个部分。

第一部分是从卷之一到卷之十一，以时代先后为序，以丰富的资料编排出从宋代到清道光前期八股文的发展变化史。

卷之一、二、三为总论，将与八股文的功令格式、宗旨源流有关的言论按时间先后辑录编排，使人懂得八股文的文体、功令起于何时，为何会产生，目的何在等核心问题。

卷之四、五、六分别辑录记叙明代初期、中期、晚期八股文中体式与内容之特点及其变化情况的文字，引述各时期八股文大师、名家、高手的事例，并以各种名作阐析作佐证。

卷之七为清顺治朝的作者及其佳作的辑录。因为清初文人辈出，八股文承明末之优长，挟铁血之锋芒而去其弊病，故八股文在这时呈现出高华、沉实的特色，有不少人是“开国规模，实远驾明初洪、永诸家之上”，意义深远，梁章钜便不惜给其整卷篇幅来介绍。

卷之八、九依先后次序辑录了从清初至道光之间二十八位名臣巨公的八股文，结合身世经历来剖析其作品的特色，“用彰我国家人文之盛”，也记录、彰显了八股文对铸造士人灵魂所起的作用。因为这些人“无不工制义者”，是因八股文好才走入仕途，并在仕途上干出一番事业才获此盛誉的。

卷之十、十一辑录了从康熙至嘉庆也涉及道光朝的八股文各流派代表人物的见解、主张、影响及作品。而对作为清代八股文坛主流意识形态派“清真雅正”的作家作品予以重点推介，以彰显“清真雅正”屡变不离其宗的正确性，也使后学者懂得“才力随人而具，风气逐时而开，不必为家数之分、门户之别而标新领异，要使学者各随其性之所近而得所取资”。

第二部分从卷之十二到卷之十五，是记述八股文史上的夺元轶闻及如何遵经守注的事例。

卷之十二专讲从明代起八股文坛就趋之若鹜的为夺得解元、会元、状元而形成的元度、元派、元脉、元诀、元灯观念及各种遗闻轶事。作者“汇而录之，以增制义之佳话，以发作者之文心”。

卷之十三、十四、十五专门辑录真正做到了遵经守注的人和文，以昭示其方法。八股文要从《四书》《五经》中摘取题目，以朱熹的《四书章句集注》为宗，违反了这两条即为离经叛注，即为不合式。“然圣贤之义蕴日绎之而不穷，文人之心思亦日浚之而不竭，其有与《章句》《集注》两歧而转与古注相符、于古书有证者”，以及“有格局岸异、见解奇特，与旧时讲章迥异者”，应如何看待，如何正确处理呢？这三卷就收录了各种对题目经文、格式及传注理解不同却能正确解决的人与文之例证，“一以翼传注之阙遗，一以新学者之耳目”，以使后人掌握遵经守注的理念与方法。

第三部分从卷之十六到卷之二十一，是采辑福建省及梁章钜家族中的八股文之佳篇俊句及渐被人忘记的八股文高手的轶事。

其中卷之十六、十七收录的为福建省乡耋遗芳，师门旧制；卷之十八、十九为梁章钜的同门益友平日相互切磋之作及寒门无后之士可传之文；卷之二十、二十一收录了梁章钜祖、父、伯叔父、同辈及儿孙辈之作。

第四部分从卷之二十二到卷之二十四，搜辑八股文坛琐事，讲述冒子作法，考订旧闻。其中卷之二十二讲八股题目的由来、制取方法、审题要诀；卷之二十三记叙八股文破题、承题、起讲这三个最重要元素的定义、作法及其中足资谈艺的轶闻趣事；卷之二十四以脞词、谐语别作杂缀。

从以上内容简介中即可知道，《制义丛话》以上下七百年为经，以各个历史时期的八股文大师、名家及名作之分析，各种文坛要事、趣事、琐事为纬，构建出一部以资料梳理而成的八股文史。从北宋至清代道光朝的史料，按年代先后，一件件罗列在我们面前而构建的这种异类八股文史，虽然其体例尚欠严密完整，也没有清晰的表述，只摆资料与看法，但保留了不少原已失传的重要资料，故其价值是不可低估的。书中不少资料对历代八股文作者及其写作特点进行过记叙、归纳与评判，对历代八股文的变化做了描述，其中有其他人作的，更多的是梁章钜本人写的。这些分析、评判、描述大多客观公允，特别是对他亲历、亲见过的八股文坛的人和事的评价，体现出他与官方保持高度一致的八股文观和时代特征，更是研究清代中叶八股文史的第一手资料，特别宝贵。

品味全书，可以清楚地看到如下几个特点：

一、资料丰富，辑亡存佚。

梁章钜原本对史料、掌故的收集有极大兴趣，在编撰此书时，他旁搜远绍，或凭自己及亲友的记忆，所存抄本，或从各种八股文选本、笔记、文集等近百种典籍中采集到的八股文名作，或传播人口的破题、承题、起讲及股、段达四五百篇、节之多，涉及的八股文大师、名家、高手有三百多位。其中许多八股人物及文章，因资料的损毁，现已难知其情，甚至已经湮没，但有不少在该书中得以保存。这不仅具有八股文史的价值，也对研究历史人物、文学史、社会学有很大作用。例如胡天游，他既是个八股文高手，又在诗、古文方面有很高造诣，但他的八股文集已经失传，而在该书中就收有其八股文片断及时人对其八股文特色的评介，这对确定其在文学史与八股文史中的地位与作用无疑是一种福音。

二、排比有序，处置得法。

收入该书中的所有资料，都是按年代先后依序排列。述及某个人物时，又把有关该人的所有材料集中在一起；在讲及某个事件，如讲乡、会、殿试的解元、会元、状元时便将这类资料按年代先后排列在一卷之中；对某个专题，如讲八股文题时便把有关题目的制作、审题等方面的资料集中在一处再排列。这样做，眉目清晰，极便研究，更便于读者对各种说法加以比较、分析，从而得出正确结论。

三、分析精当，评点到位。

书中引有大量八股文名篇、佳股、俊句。对这些引文，书中先分析它产生的历史条件与背景，介绍它的写作特点及作法，然后再出现引文。在引文之后必会引用考官、名家对它的评点，说及它的优长及不足所在。最后会有梁章钜发表的评价。读者通过对名篇、佳股、俊语的再阅读，再评判，便可发现他们的分析与评点虽简略却精当到位，往往一语中的。这是因为评判者都是经八股文深深浸染过的，有许多人和事又是他们亲见亲历亲闻过的，故理解准确，又深入浅出，从而造成了以简练出精当的评点效果。

书后的“题名”部分，将自北宋至清道光年间八股文坛的大师、名家、高手一一列出，加以其字号与简历，特别是一些资料已近湮灭的人物也得以留存，给后世研究者以极大便利，真是功德无量。

收入本书的《制义丛话》，系根据清咸丰九年广州重刻本校点录入。

（龚　昊）

制义丛话目录

序

唐、宋以诗赋取士，似专尚浮藻，然名卿往往出其中。有明改用制义，则托体甚高，盛衰升降，前人已言之。逮本朝初，屏除天、崇险诡之习，而出以浑雄博大，蔚然见开国规模，如熊次侯、刘克猷、张素存其最著也。康熙后益轨于正，而李厚庵、韩慕庐为之宗，寻桐城二方相与辅翊，以古文为时文，允称极则，外若金坛王氏、宜兴储氏，并堪骖靳焉。雍正、乾隆间，墨艺喜排偶，而魄力芒厚颇难猝办，择其醇者即独出冠时。至嘉庆，当路诸臣研覃典籍，士子竞援僻简，以希弋获。近稍厌弃，又未免渐趋萎弱。盖二百年来文之迁变大概在斯。天下必能自竖立卓尔不磨者，乃不受转移于风气，否则，骛乎此，复艳乎彼，驰逐东西，迄无一效。譬之驾车未熟，屡易轭衡，势将颠蹶。甚且摹仿旧调，填砌字数，肤饰庸滥，徒具形而无君形者存，致议者以制义为诟病，不知特末流之过，岂制义之本如是哉！

长乐梁茝林中丞急思救正，爰有《制义丛话》之辑。考往昔制义未兴，杂说家多作诗话或词话。洪容斋《四六丛谈》，仅属骈体而他不及。唯元陈绎曾《文说》，因延祐复行科举，示程试之式。倪士毅《作义要诀》，指陈诸弊，足资龟鉴。君书实沿厥例，前叙掌故，后缀琐事，中数门撮举心赏之文，撷其菁华，开其奥窔。欲求精于理，深于意，伟于辞，殚于经术，学者苟由是探而究焉，可以传世，可以荣世，洵乎其宜奉枕中之秘矣。独是君甫冠得乡荐，未壮而登第，涉场屋非久，与老师宿儒沉浸其间者异，中岁扬历，更乏余暇，乃所论直凑单微，切中肯綮，遂觉天吴、紫凤度尽金针，用是知君之学，殆触处贯通也。愧余于此道殊疏浅，但廿年讲席，文过目不下累万，亦未敢掉以轻心。今承命制序，聊献刍言，并质诸当代君子。

道光二十三年岁在癸卯春正月，年愚弟泾朱琦撰。

自宋熙宁间以经义取士，至明初遂著为功令。制义与诗赋代兴，由来尚矣。厥后法律益精，体格益备，专门名家代不乏人，稿本、选本之刻汗牛充栋，于经、史、子、集外别立一门。前明三百年中，奇正醇驳，因时迁流，难以更仆数。我朝文治蔚兴，作者辈出，迄于今，风气亦屡变矣，而设科取士之法，五百年相沿未改。重之者曰制义代圣贤立言，因文见道，非诗赋浮华可比，故胜国忠义之士轶乎前代，即其明效大验。轻之者曰时文全属空言，毫无实用，甚至揣摩坊刻，束书不观，竟有不知史册名目、朝代先后、字书偏旁者，故列史《艺文志》制义从未著录。是二说也，皆未尽然。

夫制义之重也，有重之者；其轻也，有轻之者，非制义之有可轻、有可重也。自有制义以来，固未有不根柢经史、通达古今而能卓然成家者，若他书一切不观，惟以研求制义为专务，无惑乎亭林顾氏谓八股盛而六经微也。窃尝怪当世之士，童而习之，弋科名、跻膴仕，及询以制义之源流正变、盛衰升降，则茫然不知所云，又何论根柢经史、通达古今耶！然欲明乎源流正变、盛衰升降之故，非荟萃群言，勒为一书，无由溯其源而导其轨。昔挚仲洽《文章流别》久已散佚不传，传者刘彦和《文心雕龙》为最古，所言文章利病穷极微妙，千古论文之书莫精于此。宋以后，诗话日出，独鲜文话，至论制义者，更绝无其书。曩阮相国云台师，尝令粤东学海堂诸生辑《四书文话》，未成书。今大中丞梁茝林先生辑《制义丛话》二十四卷，凡程式之一定，流派之互异，明宗旨，纪遇合，别体裁，考典制，参稽史传，旁及轶事，与夫诸家之名篇隽句，无不备载。盖博采广撷以成斯编，非专于制义中研求者比也。岂独有裨举业，实于源流正变、盛衰升降之故，一览了然，足以知人论世，俾承学者知制义非专为弋科名、跻膴仕之具，其为功岂浅鲜哉！

道光癸卯夏四月，海宁杨文荪谨序。

制艺之兴，其人心之不容已者乎？汉取士以制策，其弊也，泛滥而不适于用；唐以诗赋，其弊也，浮华而不归于实；宋以论，其弊也，肤浅而不根于理。于是依经立义之文出焉，名曰制义。盖穷则变，变则通，人心之不容已，即世运升降剥复之自然也。士人读圣贤书既久，各欲言其心之所得，故制义者，指事类策，谈理似论，取材如赋之博，持律如诗之严，要其取于心，注于手，出奇翻新，境最无穷。心之所造有浅深，故言之所指有远近；心之所蓄有多寡，故言之所含有广狭，皆各如其所读之书之分而止。吾故曰制义虽代圣贤立言，实各言其心之所得者也。自有明以来以制义取士，迄今盖五百年。萃五百年之英才，悉其聪明才力，研精殚思于八比之中，各出其学以相胜，而又列科选俊，分省程材，此亦如天之风云、地之花木、山之烟岚、海之潮汐，固有彼此殊状，月异而岁不同者，非有人会而萃之，溯源流、别支干、搜轶事、辑异闻，安能使五百年之才人精神辞气、谈笑诙谐毕露于后人耳目之前哉？

闽中梁茝林先生以阮文达公《四书文话》属草未成，乃作

《制义丛话》二十四卷，权舆于宋代，美备于前明，极盛于本朝，抉其菁华，综其同异，如贯珠，如纂组，其用心盖亦勤矣。忆道光己亥秋，国霖奉命典粤西乡试，时先生以大中丞抚粤，撤闱后接对旬日，见先生神采嶷然，如深林高山，不可遥测，笺牍唱酬，词翰俱美。时新筑五咏堂于独秀峰下，先生邀往宴饮其中，以梨园小部相随，又同游风洞、李园诸胜，登陟谈谦，终日无倦容。筵间持筹亲为诸宾客理觞政，霖每饮必举六七十觥，先生顾而豪之，因出其所著《文选旁证》《退庵诗集》相示，见其博洽精深，成一家言，又见所著《退庵随笔》《楹联丛话》，则又如读《谈苑》《摭言》诸书，日与熙朝耆旧相赠答。窃谓著作如此，足以传矣，孰知又有此一编，含英咀华，标新领异，为五百年来才人所日习之而未尝一道之者耶。

华樵云刺史以其旧板毁于扬，重为梓行于广州，出钞本相示，亟为怂恿以速其成。顾回思霖之得见先生，越今已二十年，闻先生之下世亦将十年矣，睹斯一编，犹如与先生论文说诗于青罗碧玉间也。

咸丰九年岁次己未长至日，书于羊城西郭之梦苏斋，蜀东江国霖。

例　言

文之有话，始于刘舍人之《文心雕龙》，诗之有话，始于钟记室之《诗品》，降而宋王铚之《四六话》，近人毛奇龄之《词话》，孙梅之《赋话》，层见叠出，惟制义独无话。非无话也，无好事者为之荟萃以成书也。余自髫龄应举，为弟子员者四年，为乡贡士者八年，通籍以后，掌书院讲席者六年，未尝一日舍制义不讲，虽所诣殊浅，而结习愈深。自辞官养疴，端居多暇，日月既积，笺记滋多，因略为部分成二十四卷，考证旧闻，触发新意，或亦有裨于举业，庶不遽招覆瓿之讥云尔。

《四库全书》中所录历代总集、别集，至为详晰，而于制义，惟恭录乾隆初方苞奉敕所编之《四书文》四十一卷，此外时文选本及各家专集一概不登。然功令格式、宗旨源流，乃时时见于他书及士大夫之口，分别义类，采撷菁英，于以范围后学之步趋，启牖时髦之神智，亦制义之准绳也。凡辑总论为首、二两卷。

宋王半山始作制义，《宋史》本传中无此语，不知起自何时，近人所见，则俞桐川《百二十名家选》首卷所录而已。然俞所录又止王半山、苏颍滨、陆子静、陈君举、汪六安、文信国六人，而北宋刘安节集中有程试经义之作，又朱良矩《经义模范》亦载宋张才叔、姚孝宁、吴师孟、张孝四人经义，并元代倪士毅、王充耘，亦各有经义程式，皆未之载。是于此事原始，亦尚语焉未详。惟俞选已家有其书，人所共晓。今姑仍其目，就六家而评骘之，别为一卷，以著制义之权舆焉。

制义始于宋而盛于明，自洪、永以逮天、崇，三百年中体凡屡变，亦犹唐诗之分初、盛、中、晚也。今就所闻见，有话可传者，辑明初作者为第四卷，明中叶为第五卷，明季为第六卷。

国初文运鼎新，文人辈出，而论制义者，人人口中惟曰熊、刘，不知先熊、刘而开山者有人，偕熊、刘而骖靳者有人，或以沉实胜，或以高华称，开国规模，实远驾明初洪、永诸家之上。因辑顺治初作者为第七卷，以为我朝制义之冠冕云。

国朝名臣多由科目出身，无不工制义者，而安溪李文贞公、长洲韩文懿公为之眉目，此外事业、文章一以贯之者，实不乏人。今就国朝以逮道光间，按前后论次之，用彰我国家人文之盛。至名臣之目，非私家所敢定，今以已逝而得谥者为断，此后勋业彪炳、著作宏富者，尚望后起者续为巨编，则制义一道，且将与国史相系矣。所录凡二十八家，为第八卷、第九卷。

国朝自康熙以逮今兹，中间制义流派不无小异，而清真雅正之轨则屡变而不离其宗。盖才力随人而具，风气逐时而开，不必为家数之分、门户之别而标新领异，要使学者各随其性之所近而得所取资。因录康、雍间作者为第十卷，乾、嘉间作者为第十一卷，道光间英俊甫出，附见一二焉。

前明宦途，非由进士出身者不贵，而进士一科，非得元者不荣，故举世趋之若鹜，至有元度、元派、元脉、元诀、元灯之目。惟我朝文字大都博大昌明，远轶前轨，嗣又恪遵圣训，以清真雅正为宗，士大夫遂不复注意讲此。然遗闻轶事时时间出，亦颇有类于前明者，汇而录之，以增制义之佳话，以发作者之文心。非必上以是求，下以是应，使寰宇中应举者群然争之，而自昧其立言之本旨也。是为第十二卷。

昔人论作史者须兼才、学、识三长，余谓制义代圣贤立言，亦须才、学、识兼到。自元代定制，科举文以四子书命题，以朱子《章句》《集注》为宗，相沿至今，遂以背朱者为不合式。然圣贤之义蕴日绎之而不穷，文人之心思亦日浚之而不竭，其有与《章句》《集注》两歧而转与古注相符、于古书有证者，未尝不可相辅而行。兹并就所见次之，其有格局岸异、见解奇特，与旧时讲章迥异者，亦间附焉，一以翼传注之阙遗，一以新学者之耳目，不求备也。是为第十三卷、第十四卷、第十五卷。

吾闽制义，自前明即有名家，如蔡介夫、周莱峰、田钟台、傅锦泉、李九我、许钟斗、吴青岳、苏紫溪诸家，久已旗鼓中原，余近辑《闽文复古编》，已详为甄录。我朝之李文贞公直接前徽，已录为此集名臣之冠，兹但就乾隆以来名篇俊语，以次采撷。时代愈近，气味愈亲，乡耋遗芳，师门旧制，尤钦钦在抱，寤寐不忘。凡录吾乡作者为第十六卷、第十七卷。其同门益友平昔互相切磨之作，与夫单寒枯槁之士有应以文传人者，皆欲过而存之，因附缀于后，为第十八卷、第十九卷。

吾家自前明中叶至今，一脉相传为郡邑庠生十余世，盖日与制义为缘者三四百年。国初以迁海之禁，由长乐徙居福州，经荡析之余，遂至先代旧文不留片纸。今惟从先大父天池公及先考资政公暨诸伯叔父，下逮群从辈遗文有话可述者，敬谨编录，而间附拙稿数篇，以存吾家制义之梗概云尔，非敢自炫也。是为第二十卷、第廿一卷。

古今辑诗话者，于标举名篇俊语之外，必兼以考证旧闻，网罗琐事，则制义话亦宜仿此。制义之命题著于功令，其破、承、起讲亦具有格式，其间旧闻琐事，皆足为摛华之助、谈艺之资。兹辑命题各事为第廿二卷，破、承、起讲诸事为第廿三卷，而以脞词、谐语别作杂缀，是为第廿四卷终焉。

从来著述家，每嫌斥举作者之名，故或举其字，或举其官，或举其谥，并有单举其郡县者，谈制义者亦往往如此。夫巨公老宿，仕履人所周知，如赵侪鹤与高邑同称、王荆石与太仓并举可也，若邓以赞但称新建、汤宾尹但称宣城，能无费人寻讨乎？乃如俞桐川《百二十名家》之卷端题名下仅附其字，韩求仲《程墨文室》之卷端题名下仅纪其科，自是而徐存庵之《岭云编》、王巳山之《所见集》各仿之，而于里贯、仕迹一概阙如，殊令承学者末由知人论世，大为恨事。今就集中所有之人，各为考其仕履、字、谥，其著述有关于制义者，皆详列之题于卷终，并家集中讳号、仕履，亦另附于后，使读者一览了然，亦制义家之创格，后人或可仿此而为之也。

制义丛话卷之一

《四库全书总目》云：《经义模范》一卷，不著编辑者名氏。前有王廷表序，称嘉靖丁未访杨升庵于滇，得《经义模范》一帙，乃朱良矩所刻云云。所录凡宋张才叔、姚孝宁、吴师孟、张孝四人经义，共十六篇。其弁首即才叔《自靖，人自献于先王》一篇，吕祖谦录入《文鉴》者也。时文之变，千态万状，愈远而愈失其宗，亦愈工而愈远于道。今观其初体，明白切实乃如此。考吴伯宗《荣进集》，亦载其洪武辛亥会试中式之文，是为明之首科，其所作亦与此不相远，知立法之初惟以明理为主，不以修词相尚矣。康熙中，编修俞长城尝辑北宋至国初经义一百二十名家，然所录如王安石、苏辙诸人之作，皆不言出自何书，世或疑焉。此集虽篇帙寥寥，然犹可见经义之本始。惟《刘安节集》载有经义十七篇，亦北宋程试之作，此集未载，或偶未见耳。

又云：《作义要诀》一卷，元倪士毅撰，皆当时经义之体例，明以来科举之文实因是而引伸者也。是书所论，虽规模浅狭，未究文章之本源，然如云第一要识得道理透彻，第二要识得经文本旨分晓，第三要识得古今治乱安危之大体。又云长而转换新意，不害其为长，短而曲折意尽，不害其为短；务高则多涉乎僻，欲新则类入乎怪；下字恶乎俗，而造作太过则语涩，立意恶乎同，而搜索太甚则理背。皆后来制义之龟鉴也。

又云：《书义矜式》六卷，元王充耘撰。充耘以《书经》登第，此乃所作经义程式也。自宋熙宁四年始以经义取士，当时如张才叔《自靖，人自献于先王》经义，学者称为不可磨灭之文，吕祖谦编次《文鉴》，特录此一篇以为程式。元仁宗皇庆初，复行科举，仍用经义，而体式视宋为小变。综其格律，有破题、接题、小讲，谓之“冒子”。冒子后入官题，官题下有原题，有大讲，有余意，亦曰“从讲”，又有原经，亦曰“考经”，有结尾。承袭既久，以冗长繁复为可厌，或稍稍变通之，而大要有冒题、原题、讲题、结题，则一定不可易。充耘即所业之经篇，摘数题各为程文，以示标准云。按：前明科举，初场试四书文三篇、五经义四篇，故尔时有七篇出身之目。间有合作五经卷以见长者，故又有二十三篇之目。前明以五经卷中式者，洪武二十三年黄文史试南畿，兼作五经题以违式，取旨特赐第一，免其会试，授刑部主事。天启丁卯乡试，颜茂猷以兼作五经义取中，崇祯甲戌会试，又以五经卷成进士，皆吾闽人。而继此者，丁丑则有江西揭重熙，己卯则有山东宋瑚，癸未则有浙江谭贞良、冯元飚，江南赵天麒。入本朝，尤指不胜屈。如顺治乙酉山东乡试，法若真以全作五经义赐内阁中书，准其一体会试。康熙丁卯顺天乡试，海宁查士韩及吾闽侯官林文英，壬午顺天乡试，又有庄令舆、长策二人皆以兼作五经违式，特疏以闻，得旨俱着授为举人，准其会试。嗣后兼作五经文者不必禁止，旋着为令，各省于定额外，加中五经二人，于是习者益众，各省以此中式者益多。而王渔洋《分甘余话》所记直隶、陕西等省至有以五经卷抡元者，且雍正丙午江南乡试，徐景曾以五经卷中副榜，亦蒙准一体会试，此尤出于常格之外也。至乾隆辛未科，始停五经中式之例。

又云：《钦定四书文》四十一卷，乾隆间内阁学士方苞奉敕编。明文凡四集，曰化治、曰正嘉、曰隆万、曰启祯，国朝文别为一集，每篇皆抉其精要评骘于后。卷首恭载论旨，次为苞奏折，又次为凡例八则，亦苞所述，以发明持择之旨。盖经义始于宋，《宋文鉴》中所载张才叔“自靖人自献于先王”一篇，即当时程试之作也。元延祐中，兼以经义、经疑试士。明洪武初，定科举法亦兼用经疑，后乃专用经义，其大旨以阐发理道为宗。厥后其法日密，其体日变，其弊亦日生。有明二百余年，自洪、永以迄化、治，风气初开，文多简朴。逮于正、嘉，号为极盛。隆、万以机法为贵，渐趋佻巧。至于启、祯，警辟奇杰之气日胜，而驳杂不醇、猖狂自恣者，亦遂错出于其间。于是启横议之风，长倾诐之习，文体盭而士习弥坏，士习坏而国运亦随之矣。我国家景运聿新，乃反而归于正轨。我皇上复申明清真雅正之训，是编所录，一一仰禀圣裁，大抵皆词达理醇，可以传世行远。承学之士，于前明诸集可以考风格之得失，于国朝之文可以定趋向之指归。圣人之教思无穷，即于是乎在，固非徒示以弋取科名之具也。故时文选本汗牛充栋，悉斥不录，惟恭录是编，以为士林之标准焉。按：雍正十年，始奉特旨晓谕考官，所拔之文务令清真雅正，理法兼备。乾隆三年，复经礼部议奏，应再饬考试各官，凡岁、科两试以及乡、会，衡文务取清真雅正，以为多士程式。乾隆十四年，复奉上谕云：“国家设科取士，首重者在四书文，盖以六经精微尽于四子书，设非读书穷理，笃志潜心，而欲握管发挥先圣之义蕴，不大相径庭乎？我皇考有清真雅正之训，朕题贡院诗云‘言孔孟言大是难’，乃古今之通论，非一人之臆说也。等因。钦此。”是清、真、雅、正四字，代圣贤立言者非此不可，宜乎圣训相承，规重矩袭，永为艺林之矩矱、制义之准绳矣。

康熙七年，礼部题覆左都御史王熙一疏，内开康熙元年以前乡、会试系做八股文章，二月、八月内，因上谕：“八股文章实于政事无涉，自今以后，将浮饰八股文章永行停止，惟于为国为民之策论、表、判中出题考试。钦此。”自甲辰改制科后，历丁未至康熙八年己酉，礼部题定，嗣后照元年以前例，仍用八股文章考试。奉旨：“依议。”

乾隆九年，礼部议覆兵部侍郎舒赫德奏称：“科举之制，凭文而取，按格而官，已非良法。况积弊日深，侥幸日众。古人询事考言，其所言者，即其居官所当为之职事也。今之时文，则徒空言而不适于用，且墨卷房行，辗转抄袭，肤词诡说，蔓衍支离，以为苟可以取科第而止，实不足以得人，应将考试条款改移而更张之，别思所以遴拔真才实学之道。”等语。谨按：取士之法，三代以上出于学，汉以后出于郡县吏，魏晋以后出于九品中正，隋唐至今出于科举。科举之法，每代不同，而自明至今则皆出于时艺。科举之弊，唐赵匡所谓“习非所用，用非所习”者是也；时艺之弊，则今该侍郎所陈奏是也。圣人不能使立法之无弊，在乎因时而补救之。苏轼有言：“得人之道在于知人，知人之道在于责实。”盖能责实，则虽由今之道而振作鼓舞，人才自可奋兴。若惟务徇名，则虽高言复古而法立弊生，于造士终无所益。今谓时文、经义等为空言剿袭而无用者，此正不责实之过耳。大凡宣之于口，笔之于书，皆空言也，何独今之时义为然？且夫时义取士，自明至今殆四百年，人知其弊而守之不变者，非不欲变，诚以变之而未有良法美意以善其后。且就此而责其实，则亦未尝不适于用，而未可概行訾毁。何也？时义所论，皆孔孟之绪余、精微之奥旨，未有不深明书理而得称为佳文者。今徒见世之腐烂抄袭以为无用，不知明之大家如王鏊、唐顺之、瞿景淳、薛景旂等，以及国初诸名人，皆寝食于经书之中，冥搜幽讨，殚智毕精，始于圣贤之义理，心领神会，融液贯通，参之经、史、子、集以发其光华，范之规矩准绳以密其法律。虽曰小技，而文武干济、英伟特达之才，未尝不出乎其中。至奸邪之人、迂儒之士，本于性成，虽不工文，亦不能免，未可以为时艺咎。若今之抄袭腐烂，乃是积久生弊，不思力挽末流之失，而转咎作法之凉，不已过乎？至于人之贤愚能否，有非文字所能决定者，故立法取士不过如是，而治乱兴衰初不由此，更无事更张定制为也。所奏应无庸议。按：是时鄂文端公当国，力持议驳，制艺得不废者，文端力也。

《元史·选举志》云：考试格式，蒙古、色目人，第一场经问五条，《大学》《论语》《孟子》《中庸》内设问，用朱子《章句》《集注》，其义理精明、文辞典雅者为中选。汉人、南人，第一场明经、经疑二问，《大学》《论语》《孟子》《中庸》内出题，并用朱子《章句》《集注》，复以己意结之，限三百字以上。按：此即顾亭林炎武《日知录》所云四书疑与今制义之体稍异。然今制义专用朱子《章句》《集注》实始于此，其限字之令亦始于此也。又按：明初科举成式，四书义每道二百字以上，经义每道三百字以上。我朝顺治二年，定四书文每篇不得过五百五十字。康熙二十年，议五百五十字恐词意不尽，若不限字恐又相沿冗长，嗣后限六百五十字。乾隆四十三年，始定乡、会两试及学臣取士，每篇俱以七百字为率，违者不录。长短得中，至今遵守，洵不可易之定式也。

《明史·选举志》云：科目沿唐宋之旧，而稍变其试士之法，专取四子书及《易》《书》《诗》《春秋》《礼记》五经命题试士，盖太祖与刘基所定。其文略仿宋经义，然代古人语气为之，体用排偶，谓之“八股”，通谓之“制义”。按：杨诚斋有“国家将兴，必有祯祥”文，点题后用“以为”二字起，又“至于治国家”二句文，点题后用“谓”字起，似代古人语气实始于此。又排偶之体，北宋时已有之，《宋史·选举志》载：大观四年，臣僚言场屋之文专用俪偶，题虽无两意，必欲厘而为二以就对偶，其超诣理趣者，反指以为淡泊。请择考官而戒饬之，取其有理致而黜其强为对偶者，庶几稍救文弊。

毛大可奇龄曰：世亦知试文八比之何所昉乎？汉武以经义对策，而江都、平津太子家令并起而应之，此试文所自始也。然而皆散文也。天下无散文而复其句、重其语，两叠其语言作对待者，惟唐制试士改汉魏散诗而限以比语，有破题、有承题、有领比、有颈比、有腹比、有后比，而后结以收之。六韵之首尾即起结也，其中四韵即八比也。然则试文之人比视此矣。按：钱竹汀大昕曰："宋熙宁中以经义取士，虽变五七言之体，而士大夫习于排偶，文气虽疏畅，其两两相对犹如故也。"亦与毛氏意同，若昆山吴乔以代人口气比之元人杂剧，则过矣。

顾亭林曰：经义文，流俗谓之"八股"，盖始于成化以后。股者，对偶之名也。天顺以前，经义之文不过敷演传注，或对或散初无定式，其单句题亦甚少。成化二十三年会试《乐天者保天下》文，起讲先提三句，即讲"乐天"四股，中间过接四句，复讲"保天下"四股，复收四句，再作大结。每四股之中，一反一正，一虚一实，一浅一深。其两扇立格，则每扇之中各有四股，其次第之法亦复如之，故今人相传谓之"八股"。若长题则不拘此。嘉靖以后，文体日变，问之儒生，皆不知八股之何谓矣。按：杨诚斋《国家将兴　二句》文及《杨墨之道不息　二句》文皆有四股，《至于治国家　二句》文则有六股。汪六安《天之方蹶　二句》文有四股，《天下有道则政不在大夫》文及《与谗谄面谀之人居　二句》文各有六股，《躬自厚而薄责于人　一节》文则竟有八股。是其体实沿自宋，而定为程式则自明始耳。

先大父天池公《书香堂笔记》云：前明制义，每篇之后多有大结。本朝陆清献亦尝论大结之不可无，汉、唐以下之事皆可借题立论，随题可以缀入。明之中叶，每以此为关节，后因文日加长，此调渐废。至我朝康熙六十年，始悬之禁令。乾隆十二年，编修杨述曾忽有复用大结之请，大学士张廷玉等奏驳，以为若用大结，未见有益而弊窦愈起，断不可行，其议遂寝，至今遵守。按：唐翼修彪《读书作文谱》云：辛卯，江南《君子学道则爱人》笪重光墨后幅入子游口气，选文者抹其文曰："下有'小人学道'句，圣人口气未完，不当即入子游口气。"庚子《志于道　三句》墨卷，选文者谓前幅可合发，后幅不当合发，须三股径住乃能留下句余地，否则"游于艺"句续不上矣。噫！误矣。予观《左传》及《史记》，不惟篇末多断语，如"诸侯会于申"篇，中幅忽于疏解经旨口气中插入"君子谓宋左师善守先代，子产善相小国"二句，"会于宋"篇忽于疏解经旨中插入"仲尼使举是礼也，以为多文辞"，此皆断语也。《史记·屈原列传》"人君无智愚贤不肖"一段，《孟荀列传》"昔武王以仁义伐纣而王"一段，皆突地插入断语。又尝观经筵进讲书之法，每讲一书毕，必证以三代以后事，或证以当日时事以为实据，令人主知书与事合一之理，庶几不至书自书、事自事也。又宋时王安石经艺体裁，后幅必入实事作证。如此为文，方显得士人实学。夫制艺为排偶、词章称为帖括也久矣，后幅略入学人口气以为证据，犹能使学人留心实学，考究经史，且前半破、承以断语起，后竟不以断语相应，有头无尾，成何体裁？今必使作文者皆顺口气到底，令无学者得以文其空疏浅陋，不惟不知古今文之体裁，且将使学人竟不必多读书矣。国家用人，亦何贵此无实学之士子哉？按：唐氏此论显与功令相违，而其理则甚足。唐氏所辑《读书作文谱》，全书皆不免兔园册陋习，惟此条典实可取，言人所不能言，因附登之。

方望溪苞曰：制义之兴所以久而不废者，盖以诸经之精蕴汇涌于四子之书，俾学者童而习之，日以义理浸灌其心，庶几学识可以渐开，而心术群归于正。伏读圣谕，国家以经义取士，人心士习之端倪呈露者甚微，而征应者甚巨，故风会所趋，即有关于气运。良由经义代圣贤立言，自非明于义理，挹经史古文之精华，虽勉焉以袭其形貌，而识者能辨其伪，过时即湮没无存。其间能自树立各名一家者，虽所得有浅深，而其文具存，其人之行身植志亦可概见，使承学之士能由是而正所趋，是诚圣谕所谓有关气运者也。

李文贞公光地《榕村语录》云：文字不可怪，所以旧来立法，科场文谓之清通中式。“清通”二字最好，本色文字，句句有实理实事，这样文字不容易，必须多读书，又用过水磨工夫方能到，非空疏浅易之谓也。

又云：做时文要讲口气，口气不差，道理亦不差，解经便是如此。若口气错，道理都错矣。

又云：房书坊刻始于李衷一，可谓作俑，坊刻出而八股亡矣。如人终日多读经史，久之，做出古文自有可观。若只采几段《左》《国》，数篇韩、柳，手此一编以为样子，欲其能作古文，得乎？

又云：某初次会试，将所作时文就正于乡前辈王耻古命岳，就中一篇批云“骨节尚大。”某请此批是优是劣，答云：“骨节大不得，脉络一线，谓之单微，无庞然而大之状。知道单微便能密细，粗大不是好消息。”此论大妙。

又云：文章先求通顺了，其火候有时，岂能强所未至？但世有一种人，从心里放逸昏惰，志气不立，其先时聪明才华尽有可观，到后来渐渐消亡，实是可惜也。

汪稼门督部志伊曰：王阳明言士君子有志圣贤之学，而专求之于举业，何啻毫厘千里。然中世以是取士，士虽有圣贤之学、尧舜其君之志，不以是进，终不能行其道于天下，则其术不可以不讲也。近方望溪言：“韩昌黎尝云文无难易，惟其是而已。”李翱又云：“创意、造言各不相师，而其归则一。”即昌黎所谓是也。文之清真者，惟其理之是而已，即翱所谓创意也；文之古雅者，惟其辞之是而已，即翱所谓造言也。此即今举业行文之要术也。按：督部不工制义，此乃述前人之言，故节录之。

方望溪曰：明人制义，体凡屡变。自洪、永至化、治百余年中，皆恪遵传注，体会语气，谨守绳墨尺寸不逾。至正、嘉，作者始能以古文为时文，融液经史，使题之义蕴隐显曲畅，为明文之极盛。隆、万间兼讲机法，务为灵变，虽巧密有加，而气体苶然矣。至启、祯诸家，则穷思毕精，务为奇特，包络载籍，刻雕物情，凡胸中所欲言者皆借题以发之，就其善者可兴可观，光气自不可泯。凡此数种，各有所长，亦各有所蔽。故化、治以前有简要亲切而又有精彩者，亦有直写传注寥寥数语，及对比改换字面而意义无别者。正、嘉而后，有气息醇古实有发挥者，亦有规模虽具精义无存，及剽袭先儒语录肤廓平衍者。隆、万为明文之衰，有气质端重间架浑成者，亦有专事凌驾轻剽促隘，虽有机趣而按之无实理真气者。至启、祯名家之杰特者，其思力所造、涂径所开，或为前辈所不能到，其余杂家则偭弃规矩以为新奇，剽剥经子以为古奥，雕琢字句以为工雅，书卷虽富，辞理虽丰，而圣经贤传本义转为所蔽蚀矣。

韩文懿公菼曰：往有谒予，以举业文宜何从，予曰在读书耳。人胸中有数百卷书，其威仪进退必有可观，即笑言吐属亦要非俗物。书之益人如是，岂独能文已乎？

杭大宗世骏曰：制义特文之一端，而吾以为在诸体中立言最难，而深造政不易，抉经之心，执圣之权，非沉潜乎理训，周悉乎世故，曲折乎文章之利病，童而习之，有白首不能涉其津岸者矣。才辨锋起，切而按之，有毕世不能适其条贯者矣。何也？能文之士多，而见道之士少也。

管韫山世铭曰：前人以传注解经，终是离而二之。惟制义代言，直与圣贤为一，不得不逼入深细，且《章句》《集传》本以讲学，其时今文之体未兴，大注极有至理名言，而不可以入语气，最宜分别观之。设朱子之前已有时文，其精审更当不止于是也。

又曰：时文之境地，常若有域焉以限之，未易言深造也。惟苦心强力之至者，岁引月伸，晨摩夕荡，迟之又久，而此域始豁然以开，则举身之所遭值，目之所俯仰，耳之所听受，莫非吾文之所取资，而字理行间，仍各视其所养之浅深以为厚薄，非可以一蹴而几也。

张惕庵甄陶《四书翼注》论文云：《大学》释“止善”一章，首引《商颂·玄鸟》诗以影“止”字，正如破题；次节引《小雅·缗蛮》之诗点出“知”字，如承题；三节引文王作个至善标准，如开讲；“淇澳”节乃“明明德，止至善”之实，“前王”节乃“新民，止至善”之实，正如两扇时文，此亦天造地设为制义开先格调。且不第此也，如《论语》“季氏将伐颛臾”章、《孟子》“见梁惠王”章、“王立沼上”章、“好乐”章、“文王之囿”章等类，中间或具三股格，或具两股格，今之制义无不与之暗合。其余《左传》及秦汉、唐宋诸大家文，默示制义格式者不一而足，人特忽而不察耳。俞长城尝言文章之运天附人而开，非人代天而作，岂不信哉！

阮芸台师曰：唐以诗赋取士，何尝少正人？明以四书文取士，何尝无邪党？惟是人有三等，上等之人，无论为何艺，所取皆归于正；下等之人，无论为何艺，所取亦归于邪。中等之人最多，若以四书文囿之，则其聪明不暇旁涉，才力限于功令，平日所诵习者惟程朱之说，少壮所揣摩者皆道理之文，所以笃谨自守，潜移默化，有补于世道人心者甚多，胜于诗赋远矣。按：此吾师所自作《四书文话序》，已刻入《研经室集》中，而其实《文话》尚未成书。余以道光丙申入觐京师，曾向师乞读此书，师曰："此书初稿有两本，一存扬州家塾，一留广州学海堂。君此去广西，可就近索阅耳。"适余草创《丛话》亦已具初稿，急欲得吾师书印证之，先后函托广东林少穆督部、乔见斋廉访、张南山郡丞就近录副，讫不可得，均云学海堂中并无此稿矣。辛丑移抚吴中，旋以引疾就医邗上，乃得从吾师借观所存家塾稿本。凡分二十四门，援据浩博，间有余稿中所未及采入者，因穷旬日之力，目营手缮，计增入余稿者十之一二。惟余稿不细分门类，专标举名篇俊句，旁及琐闻谐语。义例既定，与吾师所纂面目稍异，固不妨两行其书也。

冯定远班《钝吟杂录》云：人于其所业，当竭一生之力为之，毋求其便者，必为其难者。吾少年学举子之业，教我者曰此敲门砖也，得第则舍之矣。但猎取其浅易者，可以欺考官而已，远者、高者不足务也，必无人知则蹶矣。后从魏叔子先生见缪当时先生，二先生之言曰："欺人者，欺之以所不知也。尽天下之人，方竭才力以为举业，谁不知者？而子欲欺之以浅易，子其困矣。"始知向来之误也。农必为良农，贾必为良贾，工必为良工，至于士人之业乃欲为不良者，抑何心也？

何义门焯曰：合天下聪明才辨之士治一事，得之则身显名立，不得则身晦名没，然而无一精者，未之闻也。穷毕世之力攻一艺，父兄勉其子弟，师劘切其徒，然而无一长者，亦未之闻也。至于阅三百有余岁，英雄豪杰树功名，钓禄位，举出其中，而谓是为卑卑不足道，果通论乎？自元以八比取士，明踵其事，以至于今，推而褒之者十九，薄而贬之者十一。至国初，毛子大可贬之尤深。然如明之王文成、于忠肃功业赫赫照人，虽三代大臣何以远过，而其进身皆不出八比，又可薄而贬之乎？尝取而譬之，《学》《庸》《语》《孟》犹日月之著明，朱子之注则测时之表也。名士之为时文，则又因表之时而细为之，画其刻、详其分者也。非天之有日月，则表无所施；非表之明时，则分刻亦无所施。故先正之文有足羽翼经传者以此耳。

陆清献公陇其曰：先辈作文，必择明白正大之题，虽虚缩亦不屑为，以圣贤精义不在此也。至所谓搭题，则又与虚缩不同矣。虚缩题虽非精义所在，然犹是圣贤口气，可以渐求其精义，若搭题则并非圣贤口气矣。语势各不相蒙，强而合之以为题，于是作者不得不穿凿附会以成文，其有害于人心、学术不小。朱子于《学校贡举议》尝痛论之曰："今日治经者既无家法，其穿凿之弊已不可胜言，而主司命题又多为新奇，出举子之所不意，于所当断而反连之，于所当连而反断之，务欲无理可解，无说可通，以观其仓卒之间，趋附离合之巧，其为经学贼中之贼，文字妖中之妖，又不在家法之不立而已。"夫朱子岂无谓而诋之如此哉？其所忧者远矣。今学者未有主持风气之权，既不能必主司不出此种题，亦当知此为先儒所深病，而不以穿凿附会自矜，庶几中流砥柱也。如"壹戎衣　六句"题是言武王缵绪之事，"末受命　句"是言武王暮年不及制作以起周公之事，并非缴上文明其不得已也。今因出题者连上文，作者便以此意成文，虽于理无碍，然此处立言本意，则风马牛不相及也。

徐存庵越《岭云编》所录，上自洪武，下讫昭代己未，不下三千篇，其自作纪略云："文章之名曰程文、曰墨卷、曰房书、曰行书、曰社稿，是以其人与其人之时异之，其实未有殊也。在未遇曰社稿，一遇则曰行书，再遇则曰房书。墨卷之不同于房、行书，有福慧鬼神相其成，功令衷其是者也。程文之不同于墨卷者，力为矜式，不骋才，不炫美，而一以书旨题情为式天下者也。”此数语于制义之源委最为简明。

冉蟫庵觐祖曰：高明之人，多厌时艺为无用而欲废之者。余谓今之人无不读经书者，率以为时艺之资耳，不为时艺则不读经书矣。是知时艺为经书之饩羊也，顾可废哉？按：此言虽浅而殊有关系，制义之不可废，科名中人类能言之，然从无此论之深切著明者。

王耘渠汝骧曰：世之诟病时文者，谓其气体之非古耳。若得左、马之笔，发孔、孟之理，岂不所托尤尊而其传当更远乎？愚故谓有明制义，实直接《史》《汉》以来文章之正统也。

顾端木咸正曰：昔之文盛未极也，而甚难；今之文盛极矣，而反易，何以故？夫射不难稽天而难贯虱，御不难驰陆而难蚁封。昔之作者，微心静气，参对圣贤，以寻丝毫血脉之所在，而又外束于功令，不敢以奇想骇句入而跳诸格。当是时，虽有绝才、绝学、绝识，冥然无所用之，故其为道也难。今之作者，内倾膈臆，外穷法象，无端无涯，不首不尾，可子，可史，可论策，可诗赋，可语录，可禅，可玄，可小说。人各因其性之所近，而纵谈其所自得，胆决而气悍，足蹈而手舞，内无传注束缚之患，而外无功令桎梏之忧，故其为道也似难而实易。且昔之读书者，自六经而外，多读《左传》《国策》《史记》《汉书》、汉唐宋诸大家及《通鉴纲目》《性理》诸书，累年莫能究，而其用之于文也，乃淡淡然无用古之迹，故用力多而见功迟。今之读书者，只读《阴符》《考工记》《山海经》《越绝书》《春秋繁露》《关尹子》《鹖冠子》《太玄经》《易林》等书，卷帙不多，而用之于文也，无不斑斑驳驳，奇奇怪怪，故用力少而见功速。此今昔为文难易之故也。

吴兰陔懋政曰：要作好时文，全在读书。今之为父兄者，乐子弟之速化，读《四书章句集注》后，随意读一二经并《古文观止》《古文析义》数首，即授以时文、帖括，使之依样壶卢，侥幸弋获。或有笔性英敏者，遇试题得手，亦遂掇巍科以去。然根柢浅薄，终身不复能自振拔，况又未必能弋获耶？吾浙中近数科，如壬申题必须三《礼》，壬午题必须《周易》，本科题必须《左传》，此断非枵腹人所能架空了事者。子朱子云："早知穷达有命，悔不十年读书。"按：此六朝沈攸之语，朱子曾述之耳。世之十年读书者多矣，然毕竟所读何书，夫与其寝食于兔园册子中，口沫手胝，讫无领悟，何如移此工夫向经传寻讨，更得源头活水耶？

李雨村调元《制义科琐记》云：郑汉林选八宗师考卷，文体不拘一格，而理真词达，以有清气为宗。少时见馆师案头各有一部，近日训徒者多不知有此编，而恶劣选手、牛鬼蛇神堆积盈几，可怪也。八宗师者，辽东高渭师江西考卷，铜仁张元臣江南试牍，韩城张廷枢江南试牍，遂宁张文端江南考卷，曲阜颜学山浙江考卷，休宁汪棣园八闽采风录，大兴薄聿修湖广试牍，海宁许时庵江南试卷。

阮吾山葵生《茶余客话》云：明坊间时文刻本，兴于隆、万间。房书之刻，始于李衷一十八房之刻。自万历壬辰《钩玄录》始，旁有批点。自王房仲选程墨始，厥后坊刻乃有四种：曰程墨，则三场主司及士子之文；曰房稿，则十八房进士平日之作；曰行卷，则举人平日之作；曰社稿，则诸生会课之作。

梁曜北玉绳《瞥记》云：《金史》章宗明昌元年，令举人程文所用故事，考试官或遽不能忆，误失人材，可自注出处，出题亦于题下注其本书。此善法也。前辈言八股盛而六经微，恐不尽然。特以今之所习谬种流传，大抵因陋就简，赴速邀时。二句见

《唐书·薛谦光传》。欲除文弊，当行此法。题注出处，免却多少揣摩，载籍极博，虽通人不能尽观，且试人优劣亦全不系是也。按：李肇《国史补》云："建中初，金吾将军裴冀曰：若使礼部先时颁示天下，曰某年试题取某经、某年试题取某史，至期果然，亦劝学之一术也。"此说似亦可仿行之。

张惕庵曰：王耘渠选《明文冶》，风行一时，然已尽破前人之法。曩时何义门选《行远集》，其指归悉本阎潜丘。李安溪前后选诸集，皆徐坛长、何义门所手定。方望溪选《四书文》，其总批、线批皆由兵曹邮寄周白民改定，然后出示同馆。蔡芳三选《三十家》，亦白民汰易其大半。前辈于选事慎重若此。昔杨升庵慨古文之废，论举业之弊曰：士罕通经，徒事末节，五经、子、史则割取碎语，抄节碎事，章句血脉皆失其真，有以汉人为唐人、唐事为宋事者，有以一人析为二人、二事合为一事者。曾见考官程文引制氏论乐，而以制氏为致仕。又士子墨卷引《汉书·律历志》"先其算命"作"先算其命"，书坊刻布，士子珍为秘宝，转相差讹，殆同无目人说词。宋人自尊其宋，曰本朝家法与三代同，过前代者五事。今人亦云本朝家法与三代同。宋人云汉有七制、唐有三宗、本朝有四圣，成化中有殿试策袭用"本朝有四圣"字，称前代为本朝、前君为四圣，与三家村学生称人父为家父何异？薛方山误以胡安定为朱子门人，钟伯敬以朱子与王无功相酬答，有明时文名士学殖浅陋至是，此与近日磨勘诸生称唐之王阮亭、宋之白乐天者何异？唐时有书生不知近代事，因谈骆宾王曰某见其孙，李某竟谓骆宾是诸王封号，亦是类也。

阎百诗若璩《潜丘札记》云：顾亭林尝言："万历以前，八股之文可传于世者不过二三百篇，其间皆无一字无来处。"偶为门人讲吴化事君数一节，文中有謇、谔二字。"謇"字出《离骚》，"谔"字出《史记·商君传》，合用"謇谔"二字，又出陆机《辨亡论》。今意欲集门墙多士十数人委之，将先正文字注解一二十篇，以示后学读书作文之式。除事出《四书》不注外，其各经、子、史、古文句法一一注之，必如李善之注《文选》方为合式。按：阎百诗初交何义门，时年二十四岁，与议论时文，欲将有明名家制义其中错解题、误用事者尽标出为一帙，凡数百条，谓此乃代圣贤立言，岂且有使别字、用讹事者？义门击节叹赏，归而抄撰制义为《行远集》，悉如百诗之旨。义门曰："必如是，方见制义之难也。"

《书香堂笔记》云："钱唐桑弢甫调元有评选明人制义二十篇，天、崇文十篇刻入《天崇欣赏集》，隆、万文十篇则传本尚稀。大抵皆评语极繁，笔舌互用，一字一句无不抽阐，每多至数百言，颇能使读者心开而目明，手舞而足蹈。其实于制义之源流正变，代圣贤立言之本旨，尚无所发明，不过取便应举者之揣摩而已，故大雅弗尚焉。钮松泉曰：此论极为精确。桑弢甫选天、崇文，上选十篇外又有次选若干篇，如正希之"仁者必有勇，见利思义"二句、"足食足兵"一章、"以为贤乎"二句，大士之"学而时习之"一节、"因不失其亲"二句、"自行束脩以上"一节，陶庵之"见义不为"二句，皆取利于场屋，而于先正理法均未发明。如陶庵文及"荡荡乎民无能名焉"黎作，选家俱以无实际訾之。惟其时及门受业者获隽凡数十人，故朱楼树《欣赏集》备录之。

黄梨洲宗羲辑《明文海》四百八十二卷，其三百七卷至三百十三卷皆录各家时文之序，共七十八首。今考各家，文多已湮没不传，惟借此书所载之序，略存梗概而已，因尽录其目于左云：刘绘《醒泉窗稿序》，陶望龄《汤君制义引》，汤显祖《王季重小题文字序》，方应祥《顾九畴选义引》《庄尚之北游草引》，黄道周《汪明府制义跋》，倪元璐《黄石斋史公宦稿序》《杨伯祥太史稿序》《吴澹人庶常别言序》《吴来之进士近艺序》《刘钜溟解元近艺序》《简臣周侯未焚草序》《范裒生近业序》《萧尔重盆园草叙》《祁止祥稿序》，陈仁锡《昭华琯叙》，胡允嘉《时艺存元选序》，郑之玄《自序》《涂淡生制义小序》，张采《陈大士稿序》，文德翼《过云将匡山小草序》《李石守文稿序》《金稚鹤文序》《皇明功令翼序》《观文大社序》，魏呈润《黄熙伯稿序》，黎遂球《李笃侯窗稿序》，姜周《陈耆仲近艺序》《代耕编序》，曾异撰《王有巢文叙》《徐文匠制艺序》《四书论世自叙》《王有巢裒帖序》《龙虎吟序》《旅誓叙》《庚午程墨质叙》《癸酉闱牍抄叙》，冯元扬《诗经鼎来叙》《刻因是编序》《陈昌基时文序》，陆符《时文易题辞》《时文易书后》《董笔公文稿序》《且就篇序》《二江山中稿序》，娄坚《张伯隅稿序》《吴江沈祖钧选钩玄录序》《易经程墨文选序》，李流芳《徐廷葵燕中草序》，顾大韶《题华林社草》《书十八房后》，沈守正《许子逊先生全稿序》《胡休复手评诗义序》，文德翼《巢端明文稿序》，艾南英《王康侯合并稿序》《戊辰房书删定序》《吴逢因近艺序》《王承周四书艺序》《王子巩观生草序》《前历试卷自序》《金正希稿序》《陈大士近稿序》《朱咸一近艺序》《黄章丘近艺序》《四家合作摘谬序》，章世纯《半舫斋稿序》，罗万藻《王子云制艺序》《孙硕肤制义小序》《李小有制艺序》《庚辰房书衡序》，陈弘绪《甲戌房稿辨体序》，徐世溥《同人合编序》《蔚社亭序》，傅占衡《壶山集序》《魏氏兄弟制义序》《晁次柳余草序》《清溪会业序》，尹民兴《任雪柯青风轩艺序》。

厉樊榭鹗谓：何樟亭太史维熊家藏社稿及房、行书最多，凡为文五万余篇。后择其尤雅者千首有奇，都为一集，颜曰《天铿》，意在阐发幽潜，尚艰剞劂，深以为憾。其令嗣太旃复拔其沉博绝丽者若干篇，名为《龙辔集》先梓以行。“龙辔”者，用班孟坚《答宾戏》中语也。今《龙辔集》之名，时文家已不能尽识，语以《天铿》则更不知所谓矣。

先资政公《四勿斋随笔》云：蔡芳三寅斗选《本朝三十家》，采摭略备。吴兰陔议之，谓浙中如徐笠山、陈句山，江西李穆堂、周力堂、冯夔扬诸公，曾未之及，以为侈江左而薄邻材。按：蔡氏仿俞氏《百二十名家》之例，每家之前各冠以小序，自储欣以下凡三十人，中有徐廷槐，即徐笠山也，不知吴兰陔何以云尔。然据何飞凤《十二家精选》，则此书尚非芳三原本也。

王巳山步青有《塾课分编》八集及续集，其自序略云：余老于研田，与生徒口讲指画，后先五十年。凡所课读，必相其材、视其候，不敢以意漫尝，庶几其有成就。今且屏迹课孙，爰汇集诸选小题之文分为八集，初一曰《启蒙》，道其源也；次二曰《式法》，正其趋也；次三曰《行机》，畅其支也；次四曰《参变》，博其趣也。自是按之愈深则为《精诣》，恢之弥广则为《大观》；绚烂之极归于平淡，是为《老境》；谨严之余溢为奇怪，是为《别情》。凡兹八集，等级分明而指归自一。按：八集义例最为简明，便于举业。翁覃溪师尝语余曰："凡初入塾者，读文以王巳山《塾课》八集为最善，学字以欧阳信本《醴泉铭》为最善。"凡我学侣当谨记之。

翁覃溪师曰：余于乾隆己亥秋典江南乡试，闱中判牍尾作四律云："采芳庐阜廿年心，淡泞空蒙寄远襟。借问岩泉无结构，如何山水有清音。踌躇妄叹千秋畏，怅望孤情一往深。不是文章烟月语，典谟俨若帝天临。""梦里巉岩石骨青，移文欲问草堂灵。巳山字岂元夷简，阳羡茶非陆羽经。薪火谁能传既烬，巾箱几见睹真形。天机刻露诸前辈，不独沧洲怨鹤铭。""雄奇更要选和平，果否声音足性情。原委隶蝌韩八代，纵横礼乐汉诸生。山中老宿还风气，江上秋空又雨声。多少津梁停畜在，他时几个可施行。""敝帚毫锥等自怜，忍将长物笑寒毡。兔园马肆成何用，麟角牛毛敢望传。九谷膏腴非下地，六经日月正中天。相期闭户深追琢，莫遣菑畬付石田。”此四诗，盖深感于宜兴储氏以经术为文，而金坛王氏尽举看题窾郤以示学者，学者不能深体而实践之，为可憾也。然近时高才博学者，又多矜言文境超诣，于巳山义法，耻复受其绳墨。此则贤智之过，不流于荡检逾闲不止。故愚尝谓：“往日言时文者不甚留意于注疏，恒伤固陋，而近日稍知看注疏者，又高谈汉学，喜驳宋儒，此学者之大患也。”

制义丛话卷之二

李雨村曰：乾隆四十四年顺天乡试，首题为“子曰毋”，放榜后，金坛于相国敏中孙德裕中式举人。时方驻跸热河，德裕以大臣子弟例得赴行在谢恩，上令将闱中诗文默出呈览，谕左右大臣曰：“虽大致尚属清顺，但首篇内‘朝廷自有养贤之典，何臣子偏为过激之词’，又‘今日之粟，非出之于家，国家无以报功，而臣下实为多事’等句，俱与传注不合。朱注：‘孔子为鲁司寇时，以思为宰。’是思乃孔子家臣，九百之粟即夫子所与，非受禄于鲁国，更非颁禄于周室也。朝廷之语，鲁国尚不足以当之，而况夫子之家乎？又有‘夫子行芳志洁’语，非六经所有，而以拟孔子更觉不伦，此实认题不真及遣词不当之故，但恐通场类此者不免。而今年乡试揭晓，实当木兰秋狝回跸热河之时，闱中十魁卷例不先行进呈，朕无由得见。因命军机大臣取闱中所刻前十名签呈，则首名破题即有‘尊国制所以重君恩’之语，其他如‘以功诏禄，禄以驭富，朝廷诏糈之典，国家之体制垂焉’，‘上尊政体，下广国恩，计功诏禄，国典攸关，御廪之颁，天家之饩’等句，十名中不可枚举，即其中偶有叙及为宰者，亦未切实发挥，均未能体会正解。设场中所取之文俱理精义足，而于德裕独以朕词幸获，何难独治其罪？若其他字句或有可疑，并无难严究其有无情弊。兹闱中所取之文大率如此，自不能专治于德裕一人。若因于德裕而兼及众人，朕又不肯为已甚之举。嗣后作文者各宜体认儒先传说，阐发题义，试官阅卷亦当严为甄别。若再不能仰体朕意，必令将此等庸陋词句悉行磨勘，毋谓朕不戒视成也。”洋洋乎！圣谟使天下士子、考官一齐颜汗矣。

戴菔塘璐《藤阴杂记》云：自己卯严磨勘之条，顺天停科四人，亦有幸免者，有诬指者。壬午勘卷，某摘一用社稷镇公子卷，应议。裘文达公充大磨勘官，心疑非杜撰，归第问公子麟，对以句出《国语》。客有以出《左传》对者，命立取书以证，果出《左传》，遂长跪而几受责，时麟已官编修矣，自是勘卷不敢妄加指摘。庚寅，顾天骏五十外中举，题为“孟公绰　节”，用“国狗之瘈”句，为大磨勘指出停科。安得有文达虚心，查《左传》而救之？

乾隆甲戌科会试，首题为“唐棣之华至未之思也”，场中士子有用“肠一日而九回”句者，上以言孔、孟言不应袭用《汉书》语。先是，派方苞选录《四书文》颁行，至是令再颁礼部、顺天府各于外帘存贮，俾试官知衡文正轨，并严重磨勘，着以下科为始，磨勘诸卷俱于卷面填写衔名。二十四年，尚书秦蕙田进呈磨勘顺天等省试卷，第四名边向禧文有“饮君心于江海”之语，上曰：“揆其用意，不过如饮和食德，常言而芜鄙杂凑，遂至不成文义，此岂字句小疵？虽不宜以一语摈弃，亦何至滥厕前茅，着将该士子及主考官一并交议。”随议边向禧罚停会试五科，主考官夺俸。

乾隆四十年，议覆程景伊磨勘许士煌试卷，内首题既入成汤语气，复引用《周易》爻象及《泰誓》书词，其援引错谬，非寻常累句可比，应罚停殿试三科。奏上，改为罚停二科。按：是科首题为“苟日新”三句，是盘铭词，故入成汤语气。

乾隆四十五年，议结江南乡试第一名顾问第一场三艺纯用排偶，于文体有关，且恐易开浮华之渐，况三艺俱用排偶，场中易于辨识，并不必再用字眼关通，更易滋别项情弊，将该举人罚停三科，考官议处。又五十五年，奏准第一名朱文翰第三艺内有“寸衷鼍没孤行”之语，虽出《尔雅·释诂》，实非古句全文，制义自有制义之体裁，犹之墨卷楷书不得兼写篆隶，似此搀杂难字，不但文体非宜，尤恐暗藏关节，不可不防其渐。

乾隆六十年乙卯会试，总裁为窦东皋侍郎光鼐，副为刘侍郎跃云、瑚祭酒瑚图礼。榜发，会元为归安王以铻，二名即其弟以衔。时和珅与窦不协，欲借以倾之，遂摘两名闱墨中并有“王道本乎人情”语以为关节。上阅进呈卷，见一二名皆弟兄，亦心异之，及观会元《参也鲁　句》文有“一日万几，思兼四事”语，以曾子未为帝王，不应用人君语，抑置榜末。申饬主司阅文老悖，且天下人才众矣，何以兄弟联名居首。降窦以四品休致，刘、瑚各夺四级。及殿试拆定进呈卷，则状元乃王以衔也，始为释然，且谕廷臣曰：“此亦岂朕之关节耶？”

嘉庆十三年，有御史黄任万奏请续选《钦定四书文》以正文体。奉上谕：“制义一道，代圣贤立言，本当根柢经史，阐发义蕴，不得涉于浮华诡僻，致文体驳而不醇。自乾隆四年《钦定四书文》选，凡前明大家、名家悉按其世代裒次，而于本朝文之清真雅正者，一并采列成编。选择精严，理法兼备，操觚家自当奉为正鹄。乃近科以来，士子等揣摩时尚，往往摭拾《竹书》《路史》等文字自炫新奇，而于经史有用之书，转未能潜心研讨，揆之经义，渐失真源。今该御史奏请厘正文体，固为矫弊起见，但折内所称欲另选近年制义以附《钦定四书文》之后，此则尚可从缓。试思近时能文之士，求其经术湛深、言皆有物者，未必能轶过前人，即广征博采，亦恐有名无实。是惟在典司文衡之臣悉心甄别，一以清真雅正为宗，而于引用艰僻以文其固陋，专尚机巧以流入浮浅者，概屏置弗录，则海内士子自各知所趋向，力崇实学，风会日见转移，用副国家振兴文教至意。钦此。”又二十年，有学政姚元之奏请饬禁坊刻《四书典制类联》及《四书人物类典串珠》等书，奉上谕：“士子研经稽古，于五经三传自应诵读全书，融铸淹贯，发为文章，方足以觇学识。乃近多抄撮类书，剿袭摭拾，冀图诡遇，不可不严行饬禁。嗣后坊间如有售卖删本经传及抄撮类书者，着该学政随时查禁，责令销毁。如岁、科考拔生童等，有仍将此类联钞录者，即摈弃不录，以正文风而端士习。钦此。”按：此二折皆为士习文风起见，而圣人一予一夺，权衡至当，诚非浅学所能窥矣。

顾亭林曰：五经无“真”字，始见于老庄之书。《老子》曰：“其中有精，其精甚真。”《庄子·渔父》篇云：“孔子愀然曰：敢问何谓真？客曰：真者精诚之至也。”《说文》：“真，仙人变形登天也。”后世相传乃与假字为对，与老庄之言真者微异其旨矣。宋讳玄以真代之，故庙号曰真宗，玄武七宿改为真武，玄冥改为真冥，玄枵改为真枵。《崇文总目》谓《太玄经》为太真，则犹未离其本也。至隆庆二年会试，为主考者厌五经而喜老庄，黜旧闻而崇新学，首题《论语》曰“由诲汝知之乎　一节”，其程文破云：“圣人教学者以真知，在不昧其心而已。”始明以庄子之言入之文字，自此五十年间，举业所用无非释、老之书矣。又曰：嘉靖中，姚江之书虽盛行于世，而士子举业尚知谨守程、朱，无敢以禅窜圣者。自兴化、华亭两执政尊王氏学，于是隆庆戊辰《论语》程义首开宗门，此后遂浸淫无所底止矣。按：此两条所论甚精微，殆难与浅学语，然代圣贤立言者则不可不知也。

《书香堂笔记》云：今士子稍知读书者，辄有厌薄举业之心，此大误也。试问善读书者，有过于朱子、程子者乎？朱子之言曰：“世间非是科举累人，乃是人累科举。若高见远识之士，读圣贤之书，据吾所见，而为文以应之，得失置之度外，虽日日应举亦不累也。居今之世，使孔子复生，亦不免应举，然岂能累我孔子耶?”又程子之言曰：“或谓科举事业夺人之功，是不然。试于一月之中，十日为举业，余日即可为学，但人不志于此，必志于彼，故科举之学不患妨功，惟患夺志耳。”二贤之言切近如此。

《四勿斋随笔》云：宋孙元忠朴尝问欧阳公为文之法，公曰：“于吾侄岂有所惜？只是要熟耳，变化姿态皆从熟处生也。”又云：欧阳公每为文，既成，必自窜易，至有不留本底一字者。或一文成，则书而粘之于壁，每日出入观省，必删增其数字。故相传作《昼锦堂记》，初稿起语甚多，后乃是仕宦，为将相，富贵归故乡，旋经七八易稿，最后乃于两起语增两“而”字。又欧阳公答徐秘书云：“所寄近著尤佳，论议正宜如此著撰。苟多他日，更自精择，少去其繁则峻洁矣。然不必勉强，勉强简节之则不流畅，须待自然。”又苏文忠告孙莘老曰：“作文无他术，惟勤读书而多为之自工。世人患作文字少，又懒读书，每一篇出即求过人，如此少有至者。疵病不必待人指摘，多作则自见之。”又公与侄书云：“凡文字须少小时令气象峥嵘，采色绚烂，渐老渐熟，乃造平淡。其实不是平淡，乃绚烂之极也。汝只见爹伯而今平淡，一向只学此样，何不取旧日应举时文字看，高下抑扬，如虎蛇捉不住，当且学此。”又朱子言：“傅安道常言文章有笔力，有笔路，笔力到二十岁许便定了，后来虽进亦相去不远，笔路常做便开拓，不做便荒废。”按：以上数条皆宋人论作文之法，似与制义无涉，然作制义之秘诀实不外此，不可不知也。

又《曲洧旧闻》中载黄鲁直于相国寺得宋子京《唐史稿》一册，归而熟视之，自是文章日进。此无他，见其窜易字句与初造意时不同，而识其用意之浅深也。按：此亦可悟时文必须删润，始臻美善。昔曹子建之言曰："世人著述，不能无病。仆尝好人讥弹，其文有不善者，应时改定。"白乐天之言曰："凡人为文，私于自是，不忍割截，必待交友有公鉴无姑息者，讨论而削夺之，然后繁简当否得其中。"二公皆雄于文者，其言如此，然则作时文者亦可知所从事矣。

胡燮斋调德曰：唐以前，无专以文为教者，至韩昌黎《答李翊书》、柳柳州《答韦中立书》、老泉《上田枢密书》《上欧阳内翰书》、苏颖滨《上韩太尉书》，乃定文章指南。程海沧谓，昌黎《答李翊书》与老泉《上欧阳内翰书》特相似，昌黎云："惟陈言之务去。"老泉云："尽烧其曩时所为文数百篇。"老泉所烧，即昌黎所去者，但老泉则作而又焚，昌黎则直是先焚而后作矣。昌黎云："处若忘，行若遗。"老泉云："端坐而不动，读之七八年"。昌黎云："昭昭然白黑分矣。"老泉云："胸中豁然以明。"昌黎云："汩汩乎来矣。"老泉云："浑浑乎来之易矣。"昌黎云："其敢自谓几于成乎？"老泉云："犹未敢以为是也。"对举言之，无不相类如此。操觚之士，苟好学深思，心知其意，制义之金针不即在是哉！

李文节公廷机《举业琐言》云：四书题目千变万化，而行文者总不越规矩二字。今有后生小子，早掇巍科，虽未谙规矩，然未尝不由于规矩之内，特其质美暗合，自不察耳，未可以侥幸之功，而废制胜之术也。然规矩二字亦自有辨。今人只糊涂认成法为规矩，不知规取其圆，矩取其方，故文艺中有著实精发、核事切理者，此矩处也；有水月镜花、浑融周匝、不露色相者，此规处也。今操觚家负奇者，大率矩多而规少，故文义方而不圆，此犹春、夏、秋、冬各执一时，而终囿于太和元气之内也。故魁文多矩，而元文多规，元文大都从锻炼得来，不得糊涂看去，泛泛然以为无奇也。

陆清献公《三鱼堂集》中有《示子帖》云：方做举业，虽不能不看时文，然只当择数十篇时文，看其规矩格式足矣，不必将十分全力尽用于此。惟读经，读古文，此是根本工夫。根本有得，则时文亦自然长进矣。

瞿昆湖景淳曰：幼习举业，只是胡做，如是十余年，学既不成，试每不利。一日偶读《庄子》，云："风之积也不厚，其负大翼也无力；水之积也不厚，其负大舟也无力。"恍然悟为文之法，遂屏去笔砚，调息凝神，一意涵养性灵，以培其基。闭门静坐三月有余，自此试笔为文，便觉轻新流逸，迥然出群。既而屡试冠军，联捷乡、会，而阅吾文者无弗称善。甚矣！静之为功，大也。

王文简公士禛《池北偶谈》云：予尝见一布衣，盛有诗名，而其诗实多有格格不达处，以问汪钝翁，汪云："此君坐未解为时文故耳。"时文虽无与于诗古文，然不解八股，则理路终不分明。近见王晖《玉堂嘉话》一条云："鹿庵先生言，作文字当从科举中来，不然而汗漫披猖，是出不犹户也。"亦与此意同。按：此论实确不可易。今之作八韵试律者，必以八股之法行之，且今之工于作奏疏及长于作官牍文书者，亦未有不从八股格法来，而能文从字顺，各识职者也。

施愚山闰章曰：文风之盛衰，上关乎国运。恭逢国家全盛之时，当有光昌俊伟之文。大抵风气须尚高明，理体要归醇雅。夫文之八股，犹人之四肢也。今或起讲一直说尽，无复虚冒，是开口而脏腑具见，病一也。提比笼罩冠冕，方有气象，今或强作掀翻，散行一段，头目颠斜，病二也。虚比往往径删，反从中股后出题，咽顶不贯，病三也。中股宜实而虚，宜正而反，宜全发而忽半截，无复起、承、转、合，心腹空虚，病四也。后幅忽作二大股，或又加二小股，股大于腰，指大于臂，病五也。夫耳目易位，西子无所逞其妍；榱栋倒施，输般无所用其巧。读书好古之士，范我驰驱而蹊径自别，至于全章一节，剪裁顿挫，方见古人手笔，愿具眼者一振之。按：此所论俱系制义正格，惟论后幅之病，则名家往往有之，不足以为病，分别观之可矣。

虞山苏苞九翔凤选启、祯文，始于甲子，终于癸未，名《甲癸集》。其自序一篇切中时弊，不可不读。知其弊而反之，作文之秘要在是矣。序云：文运之坏也，有三大病、三恶习、三毒种焉。恶习未去，大病不治也；毒种不除，恶习不去也。何谓三大病？一曰僦，窭人子不能自置所居，赁市廛而处焉，一有不合，迁徙随之，虽五都之市皆经托足，而终无一椽之植、一瓦之覆。今之文士亦然，一房、行出科律也，一考卷行蓍蔡也，目览手披，口吟心识，荏苒三年，竟无所验，复舍其故而新是图，终身奔走于其中而茫然不知所有，故曰僦也。一曰窃，穿窬者盗人之衣裳而服之，不能择其短长；盗人之金玉而玩之，不能知其贵贱。苟示于人，无不窥所由来，而为捕者所获。今之文士亦然，其批阅时艺，不论其合章旨，得题神，明书义，而但思取其意，采其词，及拈题握管，捧西子之心，拟优孟之貌，非不连篇累牍，而问其理出何经，事由何史，所采者谁家议论，所本者谁氏折衷，则不知也。而旁观者皆知其为他人残羹余液，虽有善者不能盖焉，故曰窃也。一曰奴，厮养之于所主也，行止屈伸，惟其所使，嘻笑怒骂，悚息待命，役役终身不能自主。今之文士亦然，每科房、行、墨卷出，录其卑腐者曰此科甲传钵也、元魁续灯也，精描新样以几一得，佣其耳目，囚其心志，仰他人之鼻息而承其余气，此亦隶人也，故曰奴也。而其病成于三恶习。古人之文，取神、取骨、取理、取气，字句其后焉者矣。然取朴老不取繁艳，取简洁不取淫浮，取典雅不取卑靡，取名贵不取庸陋，取古劲不取柔媚，赖以吐圣贤之语气，而显其须眉也。今则弱其骨，揉其腰，低其声，多其红粉以取媚于人，使圣贤口中绝无壮彩。苟有引经据史，出风入雅者，时眼不能句读，反曰不利场屋而删之、改之。且有因一二句、一二字而弃长篇者，何其自陋陋人也。此字句之恶习也。古人之文，或深醇谨厚，或排荡纵横，或典贵高华，或清空爽亮，体各不同而重在器局，未有以机调胜者，题中虽有虚字，皆于实处得神。今则外不求名理，内不求性情，腹笥枵馁，口舌乘权，以虚挑为灵，以吸后为韵，以轻扬佻巧为工。通篇播弄，无非者也之乎；满纸机锋，尽属然而虽未。间有沉溺未深者，闻高明之论，欲大变其所为，而庸妄人复倡陋说以锢之，谓南北风气不同，乡、会体裁各异，闻者复废然返矣。此机调之恶习也。文无奇正，止有是非，古人之文，看题既真，用笔不苟，学力富，识见确，思路精深，词锋英爽，虽堂堂八股，迥异寻常。譬如人身然，耳、目、手、足犹是也。而岐嶷俊伟，则望丰采而惊之，若以五官四肢易位为异，则见者以为鬼物矣。今之作者不然，每遇一题，必问何格，整者散之，散者整之，应分不分，应合不合，以凌驾出奇，以割裂取胜，不知筋骨已乱，头足倒施，其背于程式者远矣。此格局之恶习也，而其习又成于三毒种。文运盛衰，大由主考，小由学使，北闱之壬子、乙卯，山东之戊午，以一科振数十年之弊，以一省起天下之衰。江南称文章渊薮，自己酉、壬子典试者失其所取，而戊午以前，督学诸公所录皆下士，酿成今日之陋。刘木斋力挽狂澜，拔幽滞于前茅，置时髦于末第，而江南之文渐有起色，此其大验也。名儒夙学，出阅者之识力，推学者之攻苦，定己之见以论文则不为文章所惑，就文之所至以取士则不为意见所拘，故能识异才而收实学。今者未窥堂奥，滥得科名，即秉衡文之笔，取其腐烂则曰醇正，取其浅薄则曰清真，取其散乱则曰变化，取其痴肥则曰博大，取其苟简则曰老成，取其随题平叙则曰得法脉。考官以取士子，士子复为考官，展转波靡，罔知底止，此取士者所传之毒种也。昔先君子之教不肖也，四书既完，即继以五经、《左》、《国》、《史》、《汉》、唐宋诸大家，以先正小题为殿。故予小子虽才质下乘，而幼时笔墨即不近庸俗，此非一先生之言也，凡为父兄师长者皆然。迩来之所见异是，曰文者士之羔雁，姑与寄焉，何必深求于是。初明章句，熟记停当时文数十首，谓道在是，经史诸书弗问也。即昔哲名稿，读之而不得所解则弃之，未尝深思研虑以求其故。故其教子弟也，以直解说约为宗风，以房、行、考卷为正业，良才美质，其不为沉锢而闭塞者寡矣。夫有司之前列何当有无之数，穷年而守青毡，其术已不验，而复误人子弟，断其读书种子，故曰庸师杀人甚于庸医，此父兄师长所传之毒种也。成、弘之间，士不知有时刻，箧中止有经史、古文、先儒语录，故作文者自书所见，不假借于人。至后世而选家接踵矣，然求仲、千子、羽皇、素修、维斗、巻阳、介生、百史诸先生所选者，皆足阐发微言，羽翼大义，为后学津梁。未如今日之非腐词烂语不录，非平腔熟调不收，锢人之耳目于浅陋，荒人之心志于秽芜，若此其甚也。癸丑以后，金、陈诸先生各出所学，各成品格，气象万千，不可比拟。而选家拘所见，以丹黄存其平正，而奇隽者删焉，使天下曰诸先生者，所仰望而不可攀跻者也。而其文止如是，则益安于固陋而不返，此操觚者所传之毒种也。予故悯焉，而有是选也。或曰不成、弘、隆、万而启、祯者，何也？曰治痼疾者，投参苓先投金石，参苓之力宽，金石之力迅也。文之在明，犹诗之在唐也。初唐浑穆，盛唐昌明，中唐名秀，至晚唐而忧时悯俗之意，发而为言，感激淋漓，动人也易。洪、宣之文，初唐也；成、弘、正、嘉之文，盛唐也；隆、万之文，中唐也，皆参苓也。启、祯则晚唐矣。诸君子以六经深其义，以《史》《汉》广其气，以宋儒端其范，以兵、农、礼、乐之志明其用，以得失是非之故大其识，以参观典藏长其悟，以博览杂记益其慧，固与先正所尚略同。而其时庙堂之上，门户相角，妇寺擅权，忠良戮辱。作者感末运之陵微，抒所怀之愤激，故其质坚刚，其锋锐利，三百年元气发挥殆尽，此起衰金石也。然而服是剂者，亦难矣。盖名理精于江右，经术富于三吴，而谈经济、论性情皆擅其长。大力之沉挚，千子之谨严，文止之修洁，正希之朴老，大士之明快，彝仲之精实，卧子之爽亮，陶庵之恺切，伯祥之古奥，维节之孤峭，长明之幽秀，二张之典丽精硕，欧、黎之淡远清微，登颠造极者指不胜屈。而其所言者，大之化育阴阳、兴亡治乱、纲常名教、性命精微，小之及鸟兽草木之情、饮食居处之节，凡三才所有，无不晰其神明，得其情状。故不通六经本末者，不能读也；不熟诸史得失者，不能读也；不深于周、程、张、朱之语录以得圣贤立言大义者，不能读也；不审于春秋战国之时势以得圣贤补救深心者，不能读也；不遍观于诸子百家以悉其纵横变幻者，不能读也；不推于人情物态以辨其强弱刚柔、悲喜离合之故者，不能读也。不然，仍以字句求之，以为不合于今日有司之程而惊异焉，譬之狗彘遇饮食之腐败者而甘之，设有膏粱则不知其味矣。吾愿学者无以狗彘故习，而污先哲名文也。

陆清献公曰：成、弘以前之文，叙题面处多，发所以然处少，而题意已显然于题面之中；成、弘以后之文，发所以然处多，叙题面处少，而题面亦跃然于题意之内，两者不可偏废也。

瞿昆湖曰：作文须要从心苗中流出，初时觉难，久之自易，盖熟极自能生巧也。今之后生，专去翻阅腐烂时文，以为得法，抑知吾有至宝不去寻求而取，给他人口吻以为活命之资，真可叹矣。更有一题到手，辄取旧文以为式样，初时以为省力，不知耳目增垢，心志转昏，自家本来灵性反被封闭不得透出，即能成文，亦平庸敷浅，不足观矣。

唐翼修曰：前辈制艺之法有六位。六位者，曰顶、曰面、曰心、曰背、曰足、曰影。顶位者，题前也。题前有一层者，有二层者，有在上文者，有在本题者。知题有顶位，则文有来历，前半不患无生发矣。面位者，题之正面，不烦言而解者也。心位者，题之所以然也。知题有所以然，则当求其所在而搜剔之，斯理境深入不落肤浮矣。背位者，题之反面也。从反面挑剔，逆取其势，则正面愈醒矣。足位者，题之后一层也。知题有后一层，必宜于后幅补之，而题意始完也。影位者，题之对面与旁面也。影在对面，描写其对面；影在旁面，描写其旁面。知题有影位，则题中题外不患无生发，且有离奇境界也。凡题不必六位皆全，而四五位则在所必有，能就四五位阐发尽神，即有佳境矣。

王耘渠论文有四字诀：一曰鲜。此一字全在落想时，须将题中所有数见不鲜意境极力扫去，然非故求新异之谓，只将题目看得透，说得醒，则用意遣词自然，如时花美女，鲜艳动目。反此则为蔫而已，人之恶蔫而喜鲜，最易明也。一曰先。此一字全在出笔处，须将章旨、题旨或承上，或冒下，或本题，眼目所在最要紧处，开口喝明，以下逐节提阐，俱要争先一步，使阅者望而知我之为健将，自然人皆避舍，一鼓而登。若着笔平慢落人之后，纵有是处，被人掩却矣。一曰铦。此一字虽亦在出笔处，然通体命意遣词，俱要从锐利一路运用，得锋芒四射，令阅者惊心爽目，自足使万夫辟易，人马应弦，反此为钝。夫考试谓之文战，天下岂有持钝兵而可入战阵者乎？一曰仙。此一字则非凡人所能强求，但将前三字揣摩成熟而加之以酝酿，进之以变化自然，如飞天仙人脱尽尘埃。然此境终不敢为庸才言，聊备一说而已。又论初学入门，一曰清，清楚而不模糊也；一曰醒，醒豁而不晦闷也；一曰紧，紧密而不松懈也；一曰警，警策而不庸弱也。按：于光华谓清、醒、紧、警四字，不独宜于小学，由小试至于乡、会墨，又推而至于策论、古文，无不皆然。而近人所称典、显、浅三字，则恰为初学之阶梯也。

何义门曰：焯于壬午初识陶子师元淳，请问作文秘诀。子师曰："要活。"焯退而观己之文，则一篇之中血脉不贯，不活也；一股之中直下无转，不活也；一句之中实字沓用，不活也。然好为无实驳杂之戏，不能致力于此艺，惟日以子师语存之于心。癸亥四月，以事留白下，因渡江至浦口访刘大兄无垢，骑驴行田畔，野风忽来，顾见田中麦浪，其光油然，因悟天地之文皆从一动生出，证以子师"活"字之旨，恍然有得矣。

唐翼修曰：文有一意分出两层者，如黄陶庵"敬事而信"题文，推此心以敬国家之大事，推此心以敬国家之小事；吴国华"在下位不援上"题文，上援我而我援之，上不援我而我援之之类是也。有一意翻出两层者，如魏光国"孰能一之"题文，以无论诸侯王实竞且争，无间诸敌国实应且憎；宋学显"丹之治水也愈于禹"题文，以禹治难而丹治易，禹治远而丹治隘，分股作翻之类是也。有一层衬出两层者，如萧士玮"邹人与楚人战"题文，后幅臣见今人之所欲类此，臣见今人之所求似此，分股衬贴之类是也。知此三法，则凡题到手自不患窘缩矣。

章钜少侍先资政公课为时文，遇两股平列题间用雨扇格，必蒙训饬，且使另作，谓如此则谋篇布局都无所用其心矣。及通籍后，犹屡侍纪文达师谈艺，偶及科举文字，师曰："凡两段、三段平列题，名家多作两大扇、三大比，我辈无此真实力量，似不宜轻效之，科举场中尤所不宜。凡两段平列题亦不宜平分到底，必须以起结绾束之，方有精神。即如本年会试首题为'人君止于仁　两段'，凡作两大扇者，皆余所不喜。记得汝闱卷系以八比平分到底，王研农学士必欲置之魁列，余以文字虽佳而颇乏结构，故抑至一百名外，学士常以为恨，有长评纪之。"按：余少时闻孟瓶庵师持论亦是如此，后阅张惕庵先生《国朝文范》中评语亦云："两扇文字最难见好，以其洞见底里，索然无味耳。"甲子河南"十目所视　二句"，壬申云南"知者乐水　二句"，辛卯贵州"晋文公谲而不正　二句"，凡两扇文字俱不中，予皆亲见之，每以举示朋徒，谓良工不示人以璞也。

纪文达师曰：文之清真者，惟其理之是而已；文之古雅者，惟其词之是而已。依于理以达其词者，则存乎气。气也者，各称其资材，而视所学之浅深以为充歉。欲理之明，必溯源六经，而切究乎宋、元诸儒之说；欲词之当，必贴合题义，而取材于三代、两汉之书；欲气之昌，必以义理洒濯其心，而沉潜反覆于周、秦、汉、唐、宋大家之文。兼是三者，而后能清真古雅，言皆有物也。

《四勿斋随笔》云：举业家于前明先正之文，须平心静气，领会其所以可传之处。卫壮谋《文行集》尝言："世于先正之文，多视为不合时宜，斥之不读。近见有全写孙九芝先生《伐冰之家》篇，游泮第一者。"又康熙间，广西元墨有全写金正希先生作者。然则先正之文，宜其流传至今不衰矣。

苏苞九曰：余录《甲癸集》，其中间有背谬者，恐误后人，亦不可以不辨。如吴青岳《道之以政　全章》，开讲中有曰："古之主术一而已，至于后世浸以多端，曰政、曰刑、曰德、曰礼。"夫尧舜之世，未尝无政、刑、德、礼，但古今来道之齐之者，各有所尚耳，此四者岂因后世多端而出乎？且德、礼尤不可云多端也，古人除此所云主术者何在？且所云一者何物乎？此不可不辨者也。来元成《孟武伯问子路　全章》，有曰："毋论日月之至原，无当于终食之不违。"彼且与之无违，而吾何从而知之？夫果无违，断无不知之理。"三月不违"章，岂圣人作揣摩诳语耶？又曰："无论万念之密，自不胜一念之偶疏。"彼且惧其或疏，而尚示人以可知哉？夫惧其或疏，已便可知了，何曰不可知也。后又曰："三子各见其长，则兵、农、礼、乐之会，无不享仁人之功。"仁尚在，未知何以享仁人之功哉？此不可不辨者也。陈百史《子游为武城宰　一节》，其开讲有曰："以治天下之道治一身，则可以不失于为士矣。"夫天下之事，无不以小征大，以治一身之道治天下则有之，若以治天下之道治一身，吾不得其解。行不由径，非公不至，何尝有治天下之道在内耶？此真大言欺人也。且此题要前半篇先点灭明，后半篇方可虚虚咏叹。题面若藏过灭明，则所说者何人？所言者何事？此作于后股犹不出灭明，但曰此何人乎，殊失位置，最开近来恶习，此不可不辨者也。陈卧子《禹吾无间　一节》，其后股曰："用财者，治乱之所系也；制礼者，敬忽之所分也。"夫无间盖言德也，精一既传之后，故得无间之实。饮食衣服虽就外边说，其用意甚微，用财、制礼二义，何其粗也。且此皆指大圣人一身说，开讲曰"俗之纯杂由此异"，题内从无此意，此不可不辨者也。黄陶庵《吾自卫反鲁　一节》中有曰："九夏，金奏也，不可易以箫管。新声，笙奏也，不可易以镈钟。《思文》歌于郊社，先以角，不先以宫；《清庙》歌于禘尝，先以宫，不先以角。"此谬之甚者也。即今之俗乐亦不至以丝竹代金石，以徵羽易宫商，况古乐乎？又曰："《鹿鸣》《鱼丽》，象宗庙朝廷之治也，必奏之堂上。《南陔》《由庚》，象庶民万物之治也，必奏之堂下。《肆夏》诸诗歌于庙中者，天子以享元侯，则《颂》不殊《雅》。《四牡》诸诗歌于燕享者，二《南》亦与同列，则《雅》不殊《风》。"当时之错乱，固或如斯，但夫子无权，何能以匹夫之意，而使天子、诸侯无不奉行，如三家歌《雍》，岂因夫子正乐而遂已其事乎？所云得所者，不过补其残阙，序其失次也。先生亦误认如此，后世益不知所从矣，此不可不辨者也。王茂远《所

谓大臣者 二句》，其文中有曰：“屈唐虞之臣而事三代，彼且悄然不欲，曰非我主也。”夫皇、夔、伊、旦其才德不相上下，岂皋、夔事汤、武，即悄然不欲乎？如此说则置伊、旦于何地！又曰：“君欲爵一人，非大臣不敢爵；君欲杀一人，非大臣不敢杀，则曰吾道在是。”夫道中之作用甚大，爵赏其一也，欲以此作正讲，则偏而不全矣。此不可不辨者也。黄君讳家瑞之《君子敬而无失 二句》，其通篇全是解劝安慰语，殊失题意。夫吾辈遇朋友有骨肉之忧，仅仅解劝安慰之者，泛交也。若有关切者，必与之商量周旋之法、挽回之道，决不以泛语答之，况圣贤乎？此题实有周旋挽回作用在内。下文之意，盖言如此行去，虽四海皆兄弟，而同气不待言矣。若云四海皆兄弟，何必借兄弟为兄弟，则圣贤教人疏弃骨肉置之度外，必无此理，此不可不辨者也。冯君讳文伟之《子适卫 全章》，此题圣贤留心天下，借卫事立论，非专为卫也。作文者仅可于股尾、篇终，指点卫事作波澜耳。不然，竟于开讲直指卫事，一篇到底，亦有偏锋可采，已非方家举止矣。若两头俱开说，仅于中间插入一股，无此体裁，此不可不辨者也。李君讳耿之《盖均无贫 三句》，无论其篇中所载“老成瞻言百里，常合终始而其为图；帝王容保无疆，亦合物我而为之虑”，其词句庸俗宽泛，阅之欲吐。且此题专重“均”“安”“和”三字，寡贫无倾，只须股尾一带，此作上下呆讲，殊失重轻，此不可不辨者也。王君讳玉藻之《无求备于一人》，其文中有曰：“即磬管而笙瑟之不习，戈殳而决拾之不习。”夫士大夫之家，用一干办之仆，尚不至卑琐如此，况朝廷用人乎？又曰：“无求备于一人，则无求备于人人可知也。若求备于一人，则必求备于人人又可知也。”将“一人”二字看死了，此不可不辨者也。钱希声之《是故君子戒慎乎其所不睹 二句》，其文中有曰：“于其所及意者而图之，又有不及意者以败之，未足见洗心之密也。于其所及觉者而防之，又有不及觉者以间之，未足见存诚之至也。”又曰：“至此犹无斁焉，则真无有斁焉者矣；至此无敢慢焉，则真无有慢焉者矣。”皆俗腔陋调，甚污笔墨，此不可不辨者也。吴梅村之《文武之政　二句》，其开讲曰：“君不贵无稽之听，而必敬其祖宗；臣不陈非圣之书，而必择其美善。”提比又曰：“臣不敢以久远荒略之言，塞臣子对扬之责。又不敢以阙略不完之理，虚吾君下访之诚。”即犯开讲之意。中股又曰：“删《书》断自唐虞，然而邈矣”。非即提比中所云“久远荒略”者乎？“学礼托于杞宋，然而微矣。”非即提比中所云“阙略不完”者乎？犯而又犯，此不可不辨者也。沈君讳应旦之《君臣也　五句》，其文有曰：“天生人而畀之父。”夫畀人以子则有之，畀人以父，无此理也，阅之可发一笑。且此题五段各有实义，不宜牵合，而此文每一段中必插入四件，盖由力量不足不能实发，故作纤巧态耳，而实宾多于主，题中正面精实处反多遗漏，阅者以为纵横则非也，此不可不辨者也。宋其武之《忠信重禄　四句》，其提比有曰：“先立于无欺者，务开之以不自菲薄之路。相临以宽简者，必予之以油然乐易之懷。”其中股有曰：“发念之始，非谓其至微。准诸此以登明堂，而三百六十属之心，于以共见矣。”皆浮泛体面语，于题义甚远，而人以为冠冕而采之，此不可不辨者也。荆石筠之《放勋曰　五句》，此题已是引古，而其文不明见于经传，学者犹疑之，而文中复造作古语曰：“咨尔司徒，使行风俗，宣明德，化万民，孝子悌悌，贞妇顺孙，日以众多，惟尔之能！”是戏中戏也，此不可不辨者也。其余可辨者尚多，而此数篇者，尤时贤所传诵而楷式者也，故辨之不得不亟，以此类推可耳。按：苏苞九此言非刻深之论，明眼人当自知之。学者于读文时，不按诸理法而徒赏其声情，则有但知其美而不知其恶者矣，余故亟为述之。

制义丛话卷之三

《书香堂笔记》云：考论制义，本应断自前明，然自俞桐川长城有《百二十名家》之选，托始于北宋诸公，则不得竟置大辂椎轮于不问。俞桐川谓制义创自王安石，方望溪则谓制义昉于吴才叔，皆北宋人也。今考吴才叔《自靖，人自献于先王》一篇，见吕东莱所编《宋文鉴》，而俞桐川所录王荆公文数篇，则不知所据何本。盖荆公创立制义，原与论体相仿，不过以经言命题，令天下之文体出于正，且为法较严耳。然当时对仗不必整，证喻不必废，侵下文不必忌。自后人踵事增华，文愈工而体愈降，法愈密而理愈疏。而俞氏又以禁侵下文为是，工对仗、废证喻为非，强生分别，则未见其确也。夫连上犯下，不过科举格式，不能不遵，试问圣贤立言之初，何尝有此界限乎？至文之有对仗，则本阴阳、奇偶之理，不能偏废，无论汉、晋以来文人无不讲此，即四书五经中对偶之句，层见叠出，时代愈近则其词愈妍，其势使然，岂得专绳之制义？且如王荆公《浴乎沂》题文中有“牛山陨泪，朝邑回车”语，杨诚斋《至于治国家》题文中有“日转棠阴，风清榆塞”语，当时初体，又何尝不工于对仗乎？若文之用证喻，则亦周秦以前即有之，但既严格律，自不能不稍择雅驯，必如王荆公作《知者动，仁者静》题文云“譬有二贾，一则既富，一则知富之术而未富”等语，则岂得谓之与题义相比附哉？

《四勿斋随笔》云：俞桐川所录百二十名家，于有宋存七家，一为王半山安石，一为苏颍滨辙，皆在嘉祐朝；一为杨诚斋万里，在绍兴朝；一为陆象山九渊，在乾道朝；一为陈君举傅良，在淳熙朝；一为汪六安立信，一为文文山天祥，皆在淳祐朝，大约亦就所见而甄录之。即如朱良矩所录张才叔、姚孝宁、吴师孟、张孝四家文凡十余篇，俞录皆未之及，而俞录所存七家之文，又不言所出何书，故纪文达师颇疑之，于编纂《四库全书总目》中微露其意。然学者自为论文起见，但取其初体具在，足资考论，固不必别事深求也。

俞桐川曰：制义之兴，始于王半山，惜存文无多。半山之文，其体有二，或谨严峭劲，附题诠释；或震荡排奡，独抒己见。一则时文之祖也，一则古文之遗也。宗时文者，流为王、钱，终于汤、艾；宗古文者，流为周、归，终于金、陈。夫奇偶配合乃成天地，正变乘除乃成古今。道术源流，人才升降，物各有两，惟文亦然，半山兼之。呜呼！新法之行，败坏宋室，贻古今口实，而经义一道，行之五百年而不变。乃知文章之运，天附人而开，非人代天而作也。学者穷年皓首而不达于天人之故，其孰能与于斯。

李文贞公曰：王安石、陈傅良的八股，似对不对甚古，所谓八股宗者，不可不看，如诗有古歌谣之类是也。

俞桐川曰：三苏皆有四书文，而颍滨独富，亦其体之冲夷澹泊，有以近之。盖经义与论同原，论以才气胜，经义以理法胜。颍滨之文亦论也，而理较醇、法较密，则论也，而实为经义之祖焉。钮松泉曰：颍滨《臣事》《民政》诸策，正当以读时文之法读之。

又曰：杨诚斋制义仅得三首，而秦汉之雄劲，晋魏之藻丽，合成巨观，后人鲜有及之者。诚斋志节文章独高千古，单词只字传为世宝，乃当日指陈时事洋洋千百言，听之者如聋如聩。家居二十年，闻北方用兵，感愤而卒。此与温公之梦中国事，宗相之大呼渡河，同一鞠躬尽瘁，何宋室之多忠臣也。

谢甸男震曰：今人偶见章云李、王农山文，相与动色，诧为奇诡，而不知制义创自宋人，此派亦自宋人开之。如杨诚斋传文仅有三首，而《国家将兴》篇中有“狴犴绿草、俎豆春风”、“狼烟塞红、榆关柝静”等句，至于《治国家》篇中有“日转棠阴、风清榆塞”、“边塞不鼓、烽燧不烟”等句，《杨墨之道》篇中有“苔侵鲁壁、烟横尼山”、“骥失而驽、马失而蟆”等句，陆象山评为价压机、云，香薰班、马，宜非时俗眼所能识也。

郭韶溪龙光曰：世诋陆象山之学为其近禅耳。夫禅学之患，在虚无寂灭，率天下于无用也。今考象山生平志在复仇，谈兵精妙，片言折狱，民畏如神，有体有用，岂禅学所能尽？所存制义数首，清空辨析，如其所学，是可传矣。

朱梅崖仕琇曰：陆象山《好学近乎知　句》文，起手云：“圣人之言，有不待辨而明者，自后世言之，则有不可不辨者。”就此立意，劈分两比，大抵以不待辨者还题面，以不可不辨者驳后世之俗学。此是陆子尊德性之本旨与朱子牴牾者，其文笔奇快处，可为俗儒针砭。学问之道无他，节文亦同此微旨。至《里仁为美　句》文云：“自为之，不若与人为之；与少为之，不若与众为之。”则真所谓以古文为时文矣。

俞桐川曰：裁六经题以为制义，独重于科目者，为其明义理、切伦常，实可见诸行事，非若策论之功利、辞赋之浮华而已。有宋家法远胜历朝，至于光宗失其纪矣，间于谗谤而父子忤，夺于嬖宠而夫妇乖。陈君举先生傅良以儒生争之，虽所陈不尽见用，而义理、伦常赖以不坠矣。先生工于制义，所传几三十首，于宋文最富，读之足以见先生所争不负所学。而有明以来，壬午、甲申之忠义，四珰、三案之气节，削藩、监国之权变，大礼、国本之议论，皆能原本经术，见诸施行，而亦君举诸公有以倡之也。制义所关顾不重耶？

《书香堂笔记》云：宋人制义之近时者，莫如陈止斋。其经籍纷纶处，已开后人门径。《不以人废言》文云："浅近之言，帝舜犹必察；小人之箴，盘庚不敢伏。"《保民而王》文云："论成汤之王者，不观于万邦咸怀之日，而观于子惠困穷之初；论文王之王者，不观于三分有二之时，而观于不侮鳏寡之始。"《斯远暴慢矣》文云："礼义以为干橹，人自干橹之也；忠信以为甲胄，人自甲胄之也。"此等文皆不似初体，然其绚烂犹在词句间，惟《吾从众》文入手云"俗若可违，宜不可违"，则从《曲礼》"从宜从俗"句化出；末段云"圣人之从违，以宜不以众"，则从左氏"善钧从众"句化出，真所谓取熔经义自铸伟辞者矣。又《游于艺》文中有云："解牛之技，其中有道；削锯之功，其中有神。"《犯而不校》文中有云："抽刀断水，只以自劳；举梃击空，适以自困。"《顺受其正》文中有云："豹死于饿虎，段死于内热。"则更溢及子部，录此以见作文总要读书耳。

俞桐川曰：六安汪先生立信文而且武，忠而且智，所传御元二策，虽伯颜犹为心折，详《宋史》传。而况举朝忠义之俦乎？贾似道，细人也，好山水，溺酒色，嬉戏斗胜，如是而已。而先生与书言及舆榇，似乎过激。逮乎奔走江汉，瞻望淮泗，求一死地而不可得，始则罢官，终则致命。奸臣虽死，何足偿其万一哉！今先生传文数首，皆感慨时事之言，未知似道见之作何状。要之，传书且不悟，何论制义哉！

孟瓶庵师曰：汪六安《天之方蹶　二句》文末段云："嗟嗟，食人食者事人事，抱重任者怀隐忧。人臣分义，虽崇卑无论，苟秉钧当国，而乃声色为娱，狗马是好，深谋密计不闻于己，疢疾药石复挠于人，是豺狼当道，又安狐狸之问乎？故曰：

大厦将倾，非一木之力；大国将倾，非一人之功。”又曰：“相臣得而后万国理，吾于泄泄之诗，重有责于相臣焉。”此直斥贾似道，危悚剀切，如闻唾骂之声。又《与谗谄面谀之人居》文云：“国有大兵而虏寇猖獗，所恃以无恐者虎贲干城，而彼习为谗谄面谀之庸谈，卒所以益之疾而增之忧。国有大祲而流离载道，所恃以无患者保障茧丝，而彼好为谗谄面谀之回邪，卒所以阶之祸而梯之乱。此不惟鸿休泰平不可期，而且粗安小康不可得矣。不惟寖衰式微不可救，而且身弑国亡不可言矣。”此则直接《板》《荡》二诗，不止如贾生之痛哭而已。

俞桐川曰：文文山传文只有《事君能致其身》《箕子为之奴》《愿比死者一洒之》数首，率皆忠义之言，且其体已近明人，似当日未应有此。既而疑其赝作，然文实一律，卓然成家，无论真与不真，固不忍弃也。武林王君殿扬为余言及友人箧中有岳武穆文八首，余拜求索之不能得，今王君死矣，武穆文不知何往？而文山独传，乃知传人之有传文，亦有幸有不幸也。

谢退谷金銮曰：文信国公《事君能致其身》文云：“不为不忘沟壑之志士，则为不忘丧元之勇夫；不为杀身成仁之仁人，则为舍身取义之义士。”此四句当与《正气歌》并传，非信国公不能作此语。所谓惟其有之，是以似之。

胡变斋曰：文章因乎气运，即古文亦有周、秦、汉、八代、唐、宋之分，况在时文，能不随世代为升降？故汪六安《躬自厚一节》文，评者谓清微细净，确实纯正，绝似成、弘集中举业之作。文文山《愿比死者》文，评者谓顺语气，按题位，已开明人风味，此所谓有开必先也。

制义丛话卷之四

《书香堂笔记》云：录前明制义者，自以洪武乙丑科分宜黄子澄元墨为第一篇文字，解大绅学士批云："庄重典雅，台阁文字。"徐存庵曰："时未立闱牍科条，行文尚涉颂体，而收纵之机，浩荡之气，已辟易群英，况此为文章之始，自应首录，以存制义之河源也。"按：首题为"天下有道则礼乐征伐自天子出"，文云："治道隆于一世，政柄统于一人。夫政之所在，治之所在也。礼乐征伐皆统于天子，非天下有道之世而何哉？昔圣人通论天下之势，首举其盛为言。若曰天下大政，固非一端；天子至尊，实无二上。是故民安物阜，群黎乐四海之无虞；天开日明，万国仰一人之有庆。主圣而明，臣贤而良，朝廷有穆皇之美也；治隆于上，俗美于下，海宇皆熙皞之休也。非天下有道之时乎？当斯时也，语离明，则一人所独居也；语乾纲，则一人所独断也。若礼若乐，国之大柄，则以天子操之而掌于宗伯；若征若伐，国之大权，则以天子主之而掌于司马。一制度，一声容，议之者天子，不闻以诸侯而变之也；一生杀，一予夺，制之者天子，不闻以大夫而擅之也。皇灵丕振，而尧封之内，咸懔圣主之威严；王纲独握，而禹甸之中，皆仰一王之制度。信乎！非天下有道之盛世，孰能若此哉？"按：各选本多以刘文成公基《敬事而信》题文为有明一代制义之祖，然是初体之尤者，其提一"机"字以为敬之原，衬一"势"字以为信之影，究未精的，故舍彼录此。

洪武丁丑会试，有春榜，有夏榜。春榜中式五十一人，北人无登第者。太祖命儒臣再阅落卷，取中六十一人为夏榜，世称是科为“春夏榜”，又为“南北榜”。春榜主试者为茶陵刘如孙学士三吾，有《天下有道则礼乐征伐自天子出》程文，杨维斗廷枢评云：“下云政不在大夫，篇中专举歌雍颛臾，见古人手眼之妙。”今《岭云编》传本云：“以言乎礼乐也，则其典掌于宗伯，惟天子得以行之，是以大礼与天地同节，大乐与天地同和，而僭轨物于私家之堂者，无有也。”以言乎征伐也，则其法掌于司马，惟天子得以命之，是以四征所以纠弗庭，九伐所以正邦国，而谋干戈于封域之中者，无有也。自系后来将“歌雍颛臾”字面酌改，更觉浑然。其机调与黄子澄作一同，其直射下文诸侯、大夫而不为侵下，亦可知当日格式尚宽也。按：洪武十七年，通政使茹瑺荐公年已老矣，太祖喜其应对详慎，除学士。懿文太子卒，太祖意在文皇，公疏曰：“皇孙年富，世嫡之子，子没孙承嫡统，礼也。”遂立建文为皇太孙。寻上所著《存心录》，再上《省躬录》，为前明理学名臣领袖。录其文所以存一代之正气也。又按：洪武、建文间十余年，乙丑、丁丑、庚辰三科会试皆出此题。信乎丘琼山先生之言曰：“国初试题皆取经书中大道理、大制度，系人伦治道者，出以试士，故当时题目无多，士皆专心于大且要者，用功有伦序，得以余力及他经子史也。”此论实足遵守，然此十余年后，以通儒硕学宜接踵而出矣，而实不多见，则又何也？

杨维斗廷枢曰：姚道衍广孝有《所谓诚其意者　二节》文云：“诚意之功在独，非慎不可也。夫不慎独则意得欺之，此君子而小人也。盖闻明德以天下为体，然每为天下之念所昏，圣经以致知言诚意，而求端于格物，此有深意焉。夫所格者何？物也。若曰一人明德耳，何为天下国家之皆贯其间，则必有为人一念欺吾初心，是与小人之不格物者一也。如何修身然后齐治平皆在其间，又有求人一念并欺我知，是与小人之不能致知者一也。凡好恶发于赤子之真，皆可通之天下，此圣贤之意，亦帝王之意，自慊也。凡好恶为天下而饰，即非赤子之真，此杂霸之意，即盗跖之意，自欺也。虽以圣人、帝王而不能无杂霸之心，即不能无盗跖之心，故君子必慎其独也。慎之何？如时时格物，则时时知致矣。小人惟致知格物之间，略有不慎，而求之天下圣人、王者，方持大鉴以照心中之盗跖，而天下之盗跖皆入其鉴，此小人之所以不免也。嗟乎！小人亦误求之天下之间，而失之于先后焉者也。其害如此，可不慎哉！惟慎，故格物致知，格物致知正慎也。此明明德也，诚意者可不知哉！”按：广孝本吴中僧，名道衍，字斯道，有道士席应真者，精兵家言，与道衍居近，奇其人而秘授之。人少知者，独吴人王行异之，曰：“是未逢时耳，万户侯何足道哉！”寻以僧宗泐荐选侍燕邸，靖难之谋，皆自道衍发之。篡立之后，乃使复姓，赐今名。世子为皇太子，授太子少师，封荣国公，然迄未改服。命监修《永乐大典》，上礼之，呼为少师而不名。赐之第不居，卒于萧寺，年八十有五。初，道衍为高启北郭十友之一，所著名《独庵集》，没后吴人合刻其诗文曰《逃虚子集》，后又掇拾散佚名曰《类稿补遗》，其清新婉约，颇存古调。然与严介溪《钤山堂集》同为儒者所羞称，是非之公，终古不可掩。如此此外，又有《道余录》二卷，持论尤无忌惮。《姑苏志》曰：荣国著《道余录》，专诋程、朱。荣国亡后，其友人张洪谓人曰：“少师与我厚，今死矣，无以报之，但每见《道余录》辄为焚弃”云云，是其书之荒谬，虽亲昵者不能为之曲讳也。当洪武中，道衍尝以通儒书僧试礼部，入格，不愿为官，仍赐僧衣，事见《明史》本传。此作殆即试于礼部之文，存此以见明初仕途之广，而道衍英杰不醇之气，亦借是可想见矣。

李文贞公曰：时文名句与诗词不同，要从性命道理上出。《中庸》缵绪节，时文皆讲成三王统绪未成，至武王才了得三王之志，竟似周家父子祖孙累世欲暗干天位者然，岂非大悖？不知缵绪者言能修德行仁，不堕基业，到得天与人归，壹着戎衣便有天下，故虽以臣伐君而不失显名。“壹戎衣”句非结上文，乃起下文，重壹戎衣，不重有天下，惟明初杨慈文是如此发明，大有关系，所以八股不可轻忽。按：吾乡莆田杨惠叔中永乐辛卯会试第二名，有《武王缵太王、王季、文王之绪》闱墨，方望溪最称之，以为此明文始基，一代作者正变源流之法，靡不包孕，其文炳蔚，确有开国气象云云。此评允矣，然尚不及李文贞之论推勘入里，能使人心开目明。至章大力评云：“股而拆之，无非是方。篇而合之，无非是圆。”钱吉士评云：“转接间只用一二字，有力无迹，其高在此。”皆不关痛痒之枝词。而何义门之四言赞语更属不伦不类，王巳山备载之《程墨所见集》中，可谓无识。惟巳山评云：“题本无重显名义，文却拈此作中间关键，制胜出奇，前后为之一振。”则真说着此文肯綮，与李文贞意交相发明。但余三复此文，其中间数语云：“夫以臣伐君，宜若失其名也。然人皆知其为应天顺人之举，而无利天下之心，则武王之名于是而益显。”巳山所称即此，文贞所指亦即此。然通篇仅此一截制胜，其前后际实与文贞之语不相应，惜文贞不就此意自撰一艺也。又按：吾闽《通志》称惠叔甫选庶常即卒，年仅三十，有文集五卷，今传文仅此一篇，余为亟录入《闽文复古编》。

俞桐川曰：自洪武乙丑逮建文之末，其间刘、方、黄、解诸君子皆有传文，然率不多觏，非独风气之朴，亦由靖难兵起，散佚者多也。永乐十九年，于忠肃始成进士，其文略盛。今所传只四首，或论相业，或谈兵事，或诛佞讨奸，每篇可当古文一则。文如此，亦无羡于过多矣。忠肃古文列之《三异人集》，时文独成家。惟其文英风劲节跃露楮间，杀机已见，亦不必怨群小也。夫文山有忠肃之志而功不克成，忠肃有文山之功而志不见复，皆千古遗恨。然而立德立言，允文允武，旷世合辙。余故以文山殿宋，以忠肃冠明，比而录之，谅九原亦为称快尔。

又曰：功业称其科名难已，功业称其科名而加之以文章，难之难者也。有宋举三元者三人，俱为名臣，而文鲜有传者。亦越有明洪武时有澜伯黄观，正统时有文毅商辂，皆三冠群英，然后世知文毅而不知澜伯，岂非以文之有传有不传耶？文毅既定大计，与忠肃齐名，复辟后，几罹祸而得脱，辨明夺门，昭雪忠节，人主悔悟。故人谓文毅生平，前有以安社稷，后有以格君心，不谓之大臣不可也。读其文者，其必知所取法矣。

明《贡举考略》云：建文元年，南昌胡俨充湖广考官，得杨溥卷大异之，题其卷上曰："必能为董子之正言，而不为公孙之阿曲。"世以为知人。然《考略》中不载是科何题。按：《岭云编》载杨公所作"顺天者存至仁，不可为众也"题文一首，未审即闱墨否也。

俞桐川曰：每诵吴匏庵宽稿，舂容尔雅，不动声色，文之以养胜者。及考先生传，始困于试事，终阻于仕路，而闻宠若惊，见辱不怒，生平之养亦验于文。方孝肃太后议祔庙，时廷臣不能决，公独请别宫，诏可。孝宗之所以为孝，公实成之。人臣之功莫大于成就君德，观公之议礼典核，斟酌人情，司马、欧阳亦当拱手避席，而卒屈于相位。谢文正公荐公不得，至拂衣而起，公独当之泰然。夫文正荐贤之诚、文定处己之淡，其道并行不悖，文之并传又其余也。

张惕庵曰：记得王孺饴题吴匏庵《道不远人　章》文尾云：

"闻前辈谓，公拈笔时，云樵和尚来谒，公告以题，云樵曰：'即吾佛慈悲法门也。'公顿悟禅机，援笔立就。"今阅此作，乃圣门论仁亲切正旨，必以之依傍禅学，恐非也。

俞桐川曰：制义之有王守溪，犹史之有龙门、诗之有少陵、书法之有右军，更百世而莫并者也。前此风会未开，守溪无所不有；后此时流屡变，守溪无所不包。理至守溪而实，气至守溪而舒，神至守溪而完，法至守溪而备。盖千子、大力、维斗、吉士莫不奉为尸祝，而或讥其雕镂，疵其圆熟，则亦过高之论矣。运值天地之和，居得山川之秀。夹辅盛明，大有而不溺；遭逢疑贰，明夷而不伤。于理学为贤，于文章为圣，于经典为臣，于制义为祖，岂非一代之俊英，斯文之宗主欤？

又曰：成化乙未廷试，王文恪已居第一，商文毅忌之，易以谢文正。故时人嘲之曰："文让王鏊，貌让谢迁。"今观文正所作，清刚古朴，不入时艳，独惜其少耳，何尝让文恪哉？方逆瑾用事，时群邪项领，众正侧目，在廷之士咸受摧抑，文正独秉介石之操，翩翩去位，不俟终日，文恪亦未尝不去，但稍后于文正耳。古人出处进退，同一不苟如此，又何必于文字较短长哉？

李文贞公曰：或问王守溪时文笔气，似不能高于明初人，应之曰：唐初诗亦有高于工部者，然不如工部之集大成，以体不备也。制义至守溪而体大备。某少时颇怪守溪文无甚拔出者，近乃知其体制朴实，书理纯密，以前人语句多对而不对，参差洒落，虽颇近古，终不如守溪裁对整齐，是制义正法。如唐初律诗平仄不尽叶，终不如工部声律密细，为得律诗之正。

艾千子南英曰："学问之道无他，求其放心而已矣"，此题作者之病，多谓学问之道只一求放心便了，不知孟子、朱子之意，是言学问许多道理，都是为求放心，语气毫厘千里，惟王方麓樵、林亨大瀚文得之。林作稍杂先辈蠢拙语，如"体验益真，鸡犬无所放；考索坚定，鸿鹄不能移”是也，当分别观之。按：鸡犬是本题，上文鸿鹄是他章语，不知作者何以并举。评者亦第以为蠢拙，岂当日文律尚未讲及此乎？林公为吾闽闻人，开三代五尚书之门风，倡“学得吃亏”之庭训。俞桐川称其文谈理真实，而行之以繁重纡拙。盖笃行之风，百世下犹可想见也。

《四勿斋随笔》云：“君子之所为，众人固不识也”，此不识与上文知者、不知者是一是二，从来无人理会，惟吾乡林文安公文云：“苟于此而不去耶？则失去就之宜。苟于此而遂行耶？则显君相之失。故行不遂行，必得不致膰而后行；去不苟去，必俟其微罪而后去。使君相之失既泯于无形，而在己之行又托于有。故其见几之明决既如彼，而用意之忠厚又如此，是岂众人之所能识哉？故当时不知者以为为肉而去也，其知者以为为无礼而去也。以为为肉者，是以私心窥圣人，而其行止之微意，谁则知之；以为为无礼者，是以浅见测圣人，而其迟速之深情，谁则识之。”寥寥数语，将知不知与不识分际，暗中划清，而“君子之所为”五字自然醒豁。评者但云直引上文，更不着讲题，是了义文无剩法，犹未道着此文窾要也。按：此文为俞桐川选中所无，惟韩求仲文室中有之。

《明史·丘濬传》云：时经生文尚险怪，濬主南畿乡试，分考会试，皆痛抑之。及课国学生，尤谆切告诫，返文体于正。按：廖道南谓举业尔雅，自丘文庄知贡举始。文庄之能转移文运，又何减于欧阳永叔耶？

张惕庵曰：《女以予为多学而识》章制义极多，自罗洪先、薛应旂、诸燮，逮近人沈德潜诸君，皆是腐烂时文，不能窥圣人分际，惟王守溪作略见大意。李安溪评云：“古人之学，皆是以心地为本。圣人固是以一心涵万理，学者亦当涵养其心，以为穷理之源。”一言破的，无复遗义矣。

钱吉士禧曰：论文者首成、弘，而当时前后典文如徐时用、丘仲深、吴原博、李宾之、谢千嵩、王济之、张廷祥诸公，有厌古喜新，生心害政之忧。故其取士刊文，必以明经合传为主。所传诸程墨，凡理学题必平正通达，事实题必典则浑厚。明体达用，文质得中，彬彬称绝盛者，诸君子挽回之力也。

俞桐川曰：钱鹤滩福少负异才，科名鼎盛，文章衣被天下，为制义极则。世之所谓才者，倾倚偏驳，奔放纵横，其气外轶，其理内绌，虽足以惊世骇俗，然率不能久。鹤滩之文，发明义理，敷扬治道，正大醇确，典则深严，即至名物度数之繁，声音笑貌之末，皆考据精详，摹画刻肖，中才所不屑经意者，无不以全力赴之。成名之故，岂偶然哉？

徐存庵曰：钱鹤滩《乡党》题文甚多，如“席不正不坐”，能见圣学内外合一处，然尚为他人所易，及“勃如战色”前半虚摹有法，“上如揖，下如授”看题精凿，诸选家无不盛称之。然题枯小，犹易着笔也。惟“非帷裳，必杀之”最难下笔，如以上下分句作题，亦尚有躲闪挪移、借宾得主处，整整六字，不侧不溢，非先生中二比之详核，鲜有不阁笔者。按：鹤滩此题文中幅云：“朝祭之裳贵乎直方，故正幅如帷，虽费而不及奢也。自此之外何所取义，于正幅而为是奢且僭耶？于是省为削幅而以齐视要，上则杀乎其下矣。如帷之幅要齐同广，故襞积就要，虽华而不及靡也。既用削幅，何所设施，夫襞积而为是靡以混耶？于是旁无襞积而要有杀缝，亦襜如其下齐矣。杀其幅而不嫌于前后之联裂，昭其俭也，先王之制无之，不敢增也。杀以缝而取给于前后之联属，贵其完也，先王之制有之，不敢缺也。”大意总重在别于公服，不专在省费，言之娓娓，后人自不能出其范围。又按：前明小说载，鹤滩以此题试于文宗，初出场，其父令背诵所作，鹤滩即以破题应曰：“服之不衷，身之灾也。”其父大喝一声，拂衣而去。鹤滩知为误解，急易一篇呈于塾师，师决其必前列，及揭晓遭黜，师大不平，后穷其故，始知之，或此文即所急易耶？

江慎修永曰："非帷裳，必杀之"，是《乡党》明深衣裳与帷裳之制不同处，此题传文，惟钱鹤滩一义。然古人读书不细，考古不精，亦有不可不辨者。帷裳与深衣裳有大判别者，朝祭之服，衣与裳皆不连，深衣及长中等衣，则衣裳相连，所以制度各别，此文不能提清，一失也。帷裳用七幅，前三后四，见《仪礼·丧服记》郑注；深衣裳用六幅，裁为十二幅，以应十有二月，见《深衣》篇，此文亦不能疏明，二失也。《深衣》篇云："完且弗费，善衣之次也。"谓深衣以十五升布为之，可衣而易有耳，此文乃误解，谓杀缝前后联属，为贵其完，杀幅斜裁分裂，为昭其俭，看作必杀是省费之意，因谓帷裳用正幅，虽费而不及奢，虽华而不及靡，此绝非当杀不当杀之原由，三失也。深衣用杀者，在裳两旁之衽，以布二幅交解为四幅，其余幅仍用正幅，不交解，《玉藻》所谓"衽当旁"，郑注云"衽谓裳幅所交裂"是也。此文但混言杀幅，通篇不见一"衽"字，则不知所杀者在何处，四失也。文中有"削幅"二字，似典雅，此出《仪礼·丧服记》，彼文云"凡衰外削幅，裳内削幅"，盖古者布幅阔二尺二寸，缝时每边减去一寸以为缝，即今人缝衣幅边折去少许是也。"削"字虽亦解为"杀"，与"必杀"之"杀"大不同，彼是幅边杀去一寸，此是裳衽之幅对角交解，乃不考其义，以削幅当此经之"杀"，五失也。深衣裳与帷裳本有别，使当时无异制，则可不必记矣，言夫子必杀，即知当时有不杀者矣。裳必上狭下阔，不杀如何能就要？盖当时深衣裳亦有用襞积者，是以旁衽不斜裁，余见今人制蓝衫亦有为此制者。此文于前半云："及周之衰，家各殊俗，下裳之贱，孰不忽易之乎？帷裳之外，孰能检察之乎?”亦知有变制意矣，而题后不能发明，则前半意无收煞，所谓殊俗者，果若何而殊耶?六失也。或云先辈寿世之文，非可轻议，则是为先辈所愚。或又云时文何必过求深，则视时文真为敲门砖，非为圣贤明经义，自待亦不厚矣。

俞桐川曰：顾东江清洁己奉公，恬淡乐道，故其文亦有高峻之风。凡在科第者，以受知大贤为荣，以识拔多才为隽，一不可得，况于能兼。东江登贤书，主司为王文恪；捷南宫，主司为李文正。及丁丑礼闱，拔得伦、舒、崔、汪诸君子，并有名当世。师弟渊源，可谓极盛而已。复能以文章配之，所以光前而裕后也。

又曰：唐子畏寅风流放达，玩世不恭，竟以此得祸。方宸濠将反时，聘子畏为谋主，子畏既不得志，势若可就，乃托为清狂，遂免于难，大节懔然如此。世顾取其文而遗其节，何也?余读子畏制义，方严正洁，近于老师宿儒，盖玩时不恭非子畏之本心也。风流放达所以待流俗，方严正洁所以待圣贤，圣贤少而流俗多，则子畏隐矣。陈眉公继儒曰：唐子畏初为诸生，纵酒放怀，时人或非笑之，唐曰：“若闭户经年，取解首如运掌耳。”后弘治戊午果举省元。

俞桐川曰：闽粤古之僻壤也，其中率多望族，侯官林氏三代五卿，南海伦氏父子四元，中土莫之及也。林氏之盛，始于亨大瀚；伦氏之盛，始于迂冈文叙。今读二公文，亨大郑重古朴，故其福厚；迂冈高洁简贵，故其名高。子孙蕃盛，亦积累教诲之所致。然其兆未尝不见于文章，必谓才人多穷，难为继起，是亦言之过激已。伦文叙弘治己未科会状，子以谅正德戊子解元，以训正德丁丑会元，是合父子三人为四元也。

又曰：言道学者绌风流，言风流者绌道学，皆惑也。陈白沙先生倡学东南，为世儒宗，吾疑其文必方正严肃、确不可犯。今诵其集，潇洒有度，顾盼生姿，腐风为之一洗。吾固知人造其绝者，未尝不有所兼也。道学绝者兼风流，吾求其人合其文，其陈白沙乎？风流绝者兼道学，吾求其人合其文，其唐子畏乎？

又曰：读于忠肃公《不待三》篇，见守京师手段；读王文成公《子哙不得与人燕》篇，见擒宸濠手段。按：言为心声，真经济气节人，即制义可以觇其概，不当仅以帖括目之。今考忠肃公《不待三》至亦多矣，文一讲上下团结，题蕴已该。其辞云："且国家之倚重者有二，遇战斗则用介胄之士，遇绥靖则用旬宣之臣，故兵法严则士夺勇，吏治肃则官效职。人君以驭兵之法驭臣，则吏治精矣；人臣以死绥之义死职，则官职当矣。"后幅云："一失伍则执而论之有司，何至于再？再失伍则缚而戮之于社，何至于三？盖有死无犯，军之善政也；信赏必罚，国之大经也，此大夫之所素明也。今子莅官以来，所谓奉职循理者安在，其于怠事不啻再矣，岂士以贱刑、官以贵贷耶？由子旷官以来，所谓省愆讼过者安在，拟之以失伍亦既多矣，岂士不致于再、官不惮其多耶？"文成公《子哙不得与人燕　二句》文，尤如法吏断狱，愈转愈严，其辞云："今夫为天守器者，君也；为君守侯度者，臣也。名义至重，僭差云乎哉！故燕非子哙之燕，天子之燕也，召公之燕也。象贤而世守之，以承燕祀，以扬休命，子哙责也，举燕而授之人，此何理哉？恪恭而终臣之，以竭忠荩，以谨无将，子之分也，利燕而袭其位，罪亦甚矣。尧、舜之传贤，利民之大者也，哙非尧、舜，安得而盗其名？舜、禹之受禅，天人之从之也，之非舜、禹，安得而袭其故？夫君子之于天下，苟非吾之所有，虽一毫而莫取也，况授受之大乎？于义或有所乖，虽一介不以与人也，况神器之重乎？夫以燕之君臣而各负难逭之罪如此，有王者起，当伐之矣。"

又曰：艾东乡批王文成公《子哙不得与人燕》文后云："古

文须长短句法相间，此文纯用短句，非法。”按：此文如此批论，东乡之拘迂极矣。即以文论，将《尚书》《周易》皆不得为古文乎？按：查初白慎行《敬业堂集》载，弘治二年浙闱中见三巨人，传为异事。及宸濠之变，胡端毅公世宁以臬司首发其奸，孙忠烈公燧以巡抚死难，王文成公乃以巡抚手擒渠魁。三人同举此科贡士，同任此非常事功，孰谓制义之不可以得士耶？

又曰：新建之学，衍于正、嘉而盛于隆、万。季彭山本师承阳明，著书数百万言，皆行于世。夫宗阳明者，其说不能无弊，而大旨归于心得，是以可传。然终不以入时文，时文必宗考亭，考亭正宗也，象山旁支也。彭山制义恪守传注，谨严法度，阳儒阴释之语，无能涉其笔端，与口谈考亭而文词浮诞者相去远矣。孝友性生，文武兼长，逆拒宸濠，与阳明相应，人生在三，事之如一，其文行岂有遗议哉？

制义丛话卷之五

《四勿斋随笔》云：孔子见行可之仕，所以异于际可、公养者，全在一“见”字。正德甲戌，唐心庵皋墨云：“夫子于此，藏之于见舍也久，而行之于方用之始，此其机焉，见之乌可以不乘？求之于隐居也素，而用之于方亨之时，此其兆焉，见之乌可以不决？”又云：“上陵下替，国之患也，不用则已，苟有用我，将使上下顺而无陵替之患，不于桓子之往而谁往乎？政颓俗靡，国之弊也，不试则已，苟有所试，将使政俗美而无颓靡之弊，不于季氏之行而谁行乎？”前二比为“见”字扼要，后二比为“于”字摹神。以老手运老法，自是先民法程。按：唐皋，歙县人，家甚贫，襟怀洒脱，才思敏捷，文不加点，若中有所改动，即别构一篇。少负才，自以为必售，及屡困场屋，时人嘲之曰：“徽州有个唐皋哥，一气乡闱走十科。解元收拾荷包里，其奈京城剪绺多。”皋闻之志益壮，自署斋壁曰：“愈读愈不中，唐皋其如命何？愈不中愈读，命其如唐皋何？”后四十六岁，中正德九年甲戌状元。此事见《制义科琐记》，而“愈读愈不中”四语，吾乡无不熟在人口，且习以唐皋为吾闽人也。

又云：今人遇典实题，辄以考核为长，不知前明即尚此风气。如正德戊辰邵锐《夏后氏五十而贡　节》，后二比云：“夏人之贡法，固以十分之一为常数也。商制则于公田七十亩之中，以十四亩为庐舍，每夫实助公田七亩，并私田七十亩为十分而取其一，则虽轻于什一，是亦不过什一也。周之乡遂，固用贡法以为常例也。而都鄙于公田百亩之中，以二十亩为庐舍，每夫实耕公田十亩，并私田百亩为什一分而征其一，则虽过于什一，是亦不越什一也。”黄贞父曰：“经制题不可杜撰，不可浮着。如此作是老算手，是真作家。”

林于川雨化曰：唐荆川顺之精于制义，有自为诗云：“文入妙来无过熟，书从疑处更须参。”此荆川自道其所得也。荆川有极巧之文，而其实不过是极熟。如《不揣其本而齐其末　两节》，叠下两比喻，一反一正，文气流走不齐。荆川制作两扇时，使之齐中用两语递过，通篇读之，又只似流水不齐文法，此所谓巧从熟生也。文云：“且夫两物相形而高下异焉，所以辨其高下者，未尝不兼本末而较之也，故寸木之与岑楼，其高下至易知也。今也不复揣其下之平，而但取其上之齐，是寸木固可使之高于岑楼矣。今论礼者，不究其本而必曰礼食亲迎而已；论食色者，不究其本而必曰饥死与不得妻而已，是食色固可使之重于礼矣。任人之说，似亦无足怪者。虽然，此特自其一偏而言之耳，而非所以道其常也。何者？两物相形，轻重异焉，所以辨其轻重者，未尝不等其轻重而较之也，故金之与羽，其轻重至易知也。今以一钩金之寡，而较一舆羽之多，而谓足以概金羽之轻重也，岂理也哉？今论礼者，不量其多寡而必曰礼食亲迎而已；论食色者，不量其多寡而必曰饥死与不得妻而已，如是而谓足以较礼与食之轻重，又岂理也哉？任人之论，其不可也明矣。”俞桐川谓此等作法，成、弘、正、嘉间多有之，隆、庆以后则绝响矣。

徐存庵曰：艾千子谓唐荆川《武王缵太王、王季、文王之绪　二节》题文，最脍炙人口，然吾终病其“时中”“无忌惮”等语。盖作《中庸》者，子思也；言武周者，夫子也；引夫子称武周之言以证《中庸》者，子思也。安得夫子言时，遂知有分章照应之《中庸》，遂以“时中”等字分别武周乎？陈百史亦谓荆川之文，鹿门推为本朝第一，其步骤格律无可复议，而尤欲天下人细观艾千子诸评，知圣贤语中不相假借如此也。

俞桐川曰：唐荆川先生教学里中时有教学文，为吏部时有吏部文，为中丞时有中丞文。好学深思，至老不倦，文之传也宜哉！及考先生捷南宫时，年甫弱冠，主司见其文坚老，疑为宿儒，然则先生之文亦由天授，不尽关学力也。

又曰：薛方山应旂贯通六经，发而为文，如金出冶，如玉离璞，光芒焕然。又精于史学，《宋元通鉴》《昭代宪章》，皆有功当世。嘉靖乙未已拟第一，偶让石城，然后世论文者，必以方山为首。三主棘闱，甄别士类，声称藉甚。至其视学两浙，严而有礼，多士有“薛夫子”之号。旧称王、钱、唐、瞿为四大家，浙人去鹤滩而易以方山，世未有非之者。

徐存庵曰：石城许仲贻谷与方山，同为蔡鹤江所得士，所著诸稿士林争购藏之。其《礼之用　全章》题文，通篇全用“也”字，精神声吻，引人入胜。文云：“今夫礼也者，本天而出之者也，其体至严，不可得而易也；然因人情而为之者也，其理至顺，不可得而强也。是故礼之用也，非取夫矜持之太过也，优而游之，而行之以安舒，夫然后可以得其情，非取夫执守之太拘也，安而行之，而处之以闲暇，夫然后可以尽其意，此其为可贵焉者也。然而匪独今也，古人之已试焉者也。古之先王，其道非一，礼其大者也；其用非一，和其贵者也。是故严而能泰也，和而有节也，尽善尽美，准之百代可行矣。观其细行不遗也，大德不逾也，至中至正，达之天下皆然矣。夫可贵则可行，顾有和而不可行者，是岂礼之罪哉？吾独尤夫用礼者耳。盖有见于从容，以为礼尽在是矣，乃溺而不止，无制度以节其淫；有见于安详，以为礼可行矣，乃流而不返，无节文以约其荡。一于淫则礼废，发之而病于政也；一于荡则礼荒，出之而害于事也。是失其贵者也，是忘其美者也，其不可行者宜也。是知可行者此和也，因礼以求和，从乎天者也；不可行者此和也，外礼以求和，循乎人者也。古之用礼者由前，今之用礼者由后，世之究礼者，其亦知所辨而已。”

王陆亭大经曰：薛方山《追王太王、王季　二句》题文，以德、以功、以世次、以法、以统、以庙食，分疏精确，艾千子所谓“八字经”也，后来名家俱不能出此范围。

董文敏公其昌曰：王文恪、邵北虞皆有《五就汤、五就桀》文字，若以纵横逸宕论，邵作似胜，但文恪小讲云：“择君而事者，智士之所以定其交也；委心不变者，忠臣之所以介其守也，而伊尹则有不必然者。”便高出邵公几等。何则？此题真种子要在何必同，而邵却单做伊尹五就，虽词章挥霍，已离于宗，故不得为大家。己卯石昆玉《舜亦以命禹》墨卷承即云：“道至于中，则不宜有所异也。”以后云：“中之上，本无所加，而圣人又何所加于此中之上乎？”此是题中真种，擒得此，不必照顾“亦”字而未尝非“亦”字矣。萧会元“如有王者”破云：“无近功者也。”一篇主张不出此三字。魏昆溟破云：“志其盛也。”便自走。作此全在有识。

朱梅崖曰：“夫子为卫君”章，今人但知储中子文为合作，而不知许敬庵孚远文高出其上，此时代为之，不可强也。后比云：“假令夷也违父命，而齐也悖天伦，虽窃国为诸侯，不可一日安于臣民之上；夫惟伯遂其为子，而叔遂其为弟，故弃国如敝屣，可以浩然存于天地之间。”只写夷齐而卫事自见，通幅亦极安闲极恬静。方望溪言后来名作俱不能及，岂虚语哉？

又曰：许敬庵《肫肫其仁》文云：“圣人不能分所有以与诸人，而为之联属，为之维持，以通天下为一身者，圣心之仁，流衍而无息也；圣人亦非能强所无以行于世，而需之匡济，需之曲成，以合万物为一体者，至诚之仁，沦洽而无间也。”此题境象深微，极难下笔，此文则清切纯懿，中边俱澈，所谓理熟则词自快，非浅学所可几也。

林樾亭乔荫曰：少承庭训，令熟读罗念庵洪先《后生可畏》文，云：“使能志以帅气焉，远大之承，固可预期于今日；苟其进而不已焉，高明之极，难以限量其将来。”谓能使人神旺。制义之足以移人，此类是也。

俞桐川曰：黄山谷有言：“士大夫百病可医，惟俗不可。”旨哉斯言！诸理斋燮之文，倾敧偏侧，游衍散漫，无意于工而不诡于理，后人搦管摹之，愈摹愈远，非文不及理斋，乃俗病之不可除也。昔人评理斋文曰：“不衫不履，物外遗人。”求理斋者，当求其所以不俗之故，则几矣。

《书香堂笔记》云：题理有最难解者，明乎郊社之礼、禘尝之义，何以便有治国示掌之功。方望溪先生但谓“从理一处打通，则分殊处自贯”，第亦空言之，未见其发为文章也。惟诸理斋文云：“明乎郊社之礼，则能事天如事亲；明乎禘尝之义，则能事亲如事天。吾知知化则善述其事，穷神则善继其志，而天下之民胞而物与者，无一非吾之所当仁、吾之所当爱，而吾之所以仁而爱之者，自不容已也。虽曰天下之物，分不能以皆齐也，然所殊者分也，而所以一之者理也。推亲亲之厚，以大无我之公，以不忍人之心，行不忍人之政，则天下可运于掌，而况国乎？”原评云：“天地祖宗，是自吾身推而上的；天下民物，是自吾身推而广的。上头高一层，则下面阔一层。如只推到父母处，则旁阔只是兄弟，父母生兄弟者也；推到祖宗，则旁阔便有许多族姓，祖宗生族姓者也；如推到天地，则旁阔便包得民物在其中，天地生民物者也。人不孝于父母、祖宗者，安能爱兄弟族姓？不孝于天地者，又安能仁民爱物乎？若真能事天地、祖宗、父母，则必能以天地、祖宗、父母之心为心，此治国所以如示诸掌。虽王、钱做此，意思不出此，却明目张胆言之。”按：自有此文、此评，而此题之理始出。惟行文不单不偶，自系当时初体，非今日举业家所宜仿，此前人所以有“不衫不履”之评也。

《四勿斋随笔》云：前明叶东园经嘉靖癸卯巡按山东，作乡试“无为而治　一节”题程文，大结内有“继体之君，未尝无可承之法，但德非至圣，未免作聪明以乱旧章”等语，世宗见之大怒，以为讥讪，逮讯毙于杖下。文字痛快之极，其受祸乃至于此，亦明哲之所讥矣。

俞桐川曰：昔人评酒，辣为上，苦次之，酸次之，甘斯下矣。得此意者，可以评文。夫文所以甘，理不足而和其颜、柔其骨、饰其貌也。理浅而故深之则酸，理平而故奇之则苦。若理足则达，理尽则止，直而不支，横而不溢，是之谓辣。辣者始则可畏，久则可爱；甘则食之易饱，弃之易饥。故不善学者之好时文，犹之不善饮者之好甘酒也。南嵇川世臣文境甚奇，而尽于辣之一字，知味者当自得之。

徐存庵曰：凡作圣人寄慨题，其意中之所有不可无，无则学者之见不能窥见深远也；意中之所无不可有，有则学者之见非复圣人之蕴含也。如“射不主皮　节”题，归震川承云：“夫风俗之变而不可反也，举射之一事而趋于力焉，圣人能不因礼文而有感也哉？”此圣人意中所有也。如金正希破云：“即射以观古，其所以成天下之才者大矣。”则圣人意中所未有，而推其言亦可以通之者也。后来全卫公文至有曰：“骊山之役无能角技而救其君，繻葛之师无能逞材而射其臣，倘尽摄于竹书木简之下，顾安得有完君王哉？”词意险甚谲甚。庚辰徐印台文又以“科”字为设科之科，其小起即曰：“且后世文武之途出于二，故有刚满则劲、秀满则柔之忧。”盖胜国末年，令天下生员习射，故有以文字迎合当涂，而不自顾其支离如此。惟罗念庵文云：“此可见先王之虑天下也诚远，度必不以力导天下，而长乱人之志；先王之防天下也甚微，实则欲以礼持天下，而驯君子之心。不然，既已射也，而何以不主皮也？此不可不深长思也。”此数语该备后人无数嚣张之议，实足以涵盖诸家。按：徐健庵先生此题去路云：“嗟乎！礼乐废而厉军实者，谁克致文德之雍容？政教堕而弃本治者，并难奏武功之赫濯。吾惟望古慨然尔。”又有一感慨，文虽佳，亦未必圣人意中所有也。

吾宗梁宅之吏部怀仁尚志好学，甫经通籍，即赴修文，所著有《国朝君臣年表》《读史日抄》及诗文数百首，今皆不可考。少时读其嘉靖己丑会墨《孔子圣之时者也》文中幅云：“仕惟其时，不必待天下之清也；止惟其时，不必任天下之重也。先事之机泯于无，而至虚之应通乎有，其一元气之流行矣乎？久也以时，无穷日之力也；速也以时，无三年之淹也。固我之私忘乎内，而神明之速运乎内，其一天地之气象矣乎？”后幅云：“学孔先夷，定其守也；学孔先孟，辨其志也。”皆超凡入圣语。

卫壮谋廷琪《文行集》云：王任用，字汝钦，太仓人，弇州先生族孙。试久不利，益治经术。嘉靖丁未会试，揭晓日无报捷者，自分复刖，疾视其稿曰：“文如此，何以得售？”既知在第二名，复取稿视之曰：“文如此，何以不元？”闻者绝倒。按：是科题为“固天纵之将圣　二句”，王汝钦破题云：“圣人者，天厚其德，而兼通乎艺者也。”考是科会元胡目门正蒙破题云：“贤人论天厚圣人以德，而有以兼乎艺也。”评者遂谓王破用“兼通”二字，不如胡破只用一“兼”字妙。愚谓此亦强生分别，皮相之见也。王作后幅云：“是知夫子之所以异于人者，非多能也，圣也；夫子之所以为圣者，非人也，天也。天生人而厚于圣人，天生圣人而厚于夫子，非子贡知足以知圣人，不能为此言也。”此数语清空如话，题妙毕该，恐非元作所能及也。

俞桐川曰：胡二溪定隽于嘉靖之季，文尚博大，其势固然。而间出其朴淡之笔，则屈曲变化，致不可测。余尝谓薛方山文能密而不能疏，诸理斋文能疏而不能密，惟胡二溪兼之，文虽不多，可以传矣。

又曰：赵高邑南星赋性刚介，不能容物，悲时悯俗、恶佞嫉邪之旨，尽发之于文。其漠视江陵，急攻呈秀，不以权贵易守，不以奄寺骫法，丹心再剖，听如充耳，削官未已，加以谪戍，著书明道，至死不回。入山二十八年，出见士习卑谄，慨然太息。申屠嘉之折辱邓通，汲长孺之面责张汤，未足以拟其直也。当先生登第时，主司梦大鹤飞下，乃得公卷，故号侪鹤。今观其文行，可不谓鸡群鹤立者欤？

朱梅崖曰：赵南星《非其鬼而祭之谄也》文，最得圣人言表之意。或以为为江陵元辅病，时朝士并走群望，而作亦非无因。中间四比云：“世之可以富人、可以贵人者，亦已尊而奉之矣，而富贵之未至意者，其乏冥助耶？祭以祈之，而逢迎之态何所不备。世之可以困人、可以苦人者，亦既柔而下之矣，而困苦之未祛意者，其有阴祸耶？祭以禳之，而颠蹶之请岂所忍闻。自下而干上，是之谓僭，僭之所不敢避，乃足以效其诚；有废而私举，是之谓乱，乱之所不敢辞，乃足以明其敬。”如此勘“谄”字，可谓入神之笔，淋漓喷薄，极文字之豪矣。

徐存庵曰：赵公南星《非其鬼而祭之　二句》题后大结云：“借灵宠于有位，既以谄鬼者而谄人；求凭依于无形，又以谄人者而谄鬼。吾不意世道之竞谄，一至于此。”陈百史以为中有所感激为此论者，是也。又曰：“使骄且吝”章是泛论有才者不宜骄吝，不专主在大臣身上说，举周公者以多才之人言，非以作相之人言也。赵侪鹤文云：“以为天下之人皆莫己若也，类夫乘贵而倨肆者然；惟恐天下之人或与己若也，类夫专利而纤啬者然。”刻画“骄吝”二字甚切，其不泥定周公说尤超。

方望溪曰：春秋以前，强臣专政者有之，鄙夫横恣者尚少，秦汉以下乃有祸人家国者。圣人智周万物，早洞悉其情状。赵侪鹤生有明之季，怵心蒿目久矣，故于《鄙夫可与事君》文言之，至为深痛。文云：“夫人之所患在此，则其所悉智力图之者必在此。未得而患得，则彼一匹夫耳，摈而不用已耳，亦何能为者。苟其既得而患失，则内怀无穷之欲，而外乘得肆之权，负乘以致寇，众所不能容也。而得之自我者，必不肯失之自我，则于事何所不为？折足而覆悚，上未必弗觉也，而受之于君者，必不肯归之于君，则于人孰不可忍。不攻之，恐为国家之蠹；必攻之，则为善类之殃。缓去之，恐滋蔓于方来；骤去之，则祸成于一旦。盖至是而斯夫也，非向之所云鄙夫也，乃天下之大奸大恶也。无论他人不意其至是，而斯人之初心亦未料其至是也。然患失则未有不至是者，夫鄙夫而可与事君，则天下有不患失之鄙夫耶？以人事君者奈何忽诸。”按：鄙夫之患，至明季而烈，古以杜诗为诗史，此可当时文史矣。

朱梅崖曰：《齐景公有马千驷　章》文，方百川所作最著人口，而不知赵侪鹤文沉痛过之，如云：“天道神而莫测，昏庸者富厚，仁贤者饿死；民心愚而至公，富厚者与草木同朽，饿死者与日月争光。有志之士，将何从焉？”似此慷慨激昂，不减屈原《天问》。

俞桐川曰：冯开之梦祯会场前作文稿凡五易，卒冠南宫，刻苦慎重，以求必售也如是。既授庶常，旋请假归，补职十年，又复乞罢官，止翰林，悠然自足。夫古人重科名而轻爵位，重科名所以验其学，轻爵位所以励其守。开之居馆中，遇江陵子无加礼，江陵抑之，欲使别署。张蒲州备致悃款，乃留史职。方明之盛时，天下固犹重翰林哉！

袁了凡黄曰：冯开之作文，深构妙想，寂如老禅，常至呕血。有两三日方得一首，人诘其故，曰："不如此，场中不得力。"又闻孙月峰与人会文，终日不成一字，曰："未得文机，姑置之，不可纵吾手。"噫！二公之于文精矣。良工心苦，人谁知之？

俞桐川曰：以禅入儒，自王龙溪诸公始也；以禅入制义，自杨贞复起元始也。贞复受业罗近溪，辑有《近溪会语》一书，故其文率多二氏之言，艾东乡每以为訾。乃文之从禅入者，其纰缪处固不堪入目，偶有妙悟精洁之篇，则亦非人所及，故归、胡以雄博深厚称大家，而贞复与相颉颃，其得力处固不可诬也。贞复尝入侍经筵，崇志勤学，几于醇儒，又以扶丧哀毁，感寒成疾，近于笃行，其可议者独在文耳。然披沙得金，凿石成璞，宝光自著于宇宙，乌得以一家之论掩之哉？

又曰：东林之党，首推顾泾阳宪成。泾阳著述炳于天壤，卓然儒者之言也。夫尚刚介者严于绝物，崇浑厚者过于藏身，相激不已，至于相倾，末流之祸，在初念应不及此。今读泾阳文，平正通达，不尚诡异，其性情固可想见。彼四十余年雌雄争持不已，固非先王之所喜哉！

徐存庵曰：何义门《行远集》以顾宪成《行有余力 二句》文冠其首，评云："端文公议论风节，在万历士大夫中，若面之有眉，其发解南畿，亦甫逾弱冠耳。以其文为压卷，使黄小知所忻慕，或可代宵雅肄三之义也。"

张惕庵曰："如用之则吾从先进"，"如"字不是虚字，作"若"字解。张文忠居正程文云："习俗易以移人，古道乘其所好，世固如此，若我用之则愿从焉。"正合语气。

郑苏年师曰：张江陵一生相业，最以综核见长，于“生财有大道”节程文足觇其概。讲下云“盖天地本有自然之利，而国家本有惟正之供”二语，已见大意。中幅云：“勤以务本，而财之入也无穷；俭以制用，而财之出也有限。以无穷之财供有限之用，是以下常给而上常余，虽国有大事，而内府、外府之储，自将取之而不匮矣；百姓足而君亦足，虽年或大祲，而三年、九年之蓄，自可恃之以无恐矣。”顾开雍评云：“一生服炼，借题吐出，精光奕奕，如对其人。”真知言也。

王耘渠曰：此题与“先进于礼乐　全章”题，震川先生皆有名作在前，高古深厚，作者无能为役，独江陵二程与之抗行几二百年，其余名墨都降一格矣。

纪文达师曰：张太岳杂著中，有论周初礼乐尚质一条。隆庆辛未主会试，以“先进于礼乐”命题，即用其意作程文，文字虽佳，亦未免偏论也。

俞桐川曰：余向录邹东廓先生文，以为不缘饰，不雕刻，气和而畅，情淡而深，有元家之度。泗山德溥其后也，为文冲夷逸宕，克绳祖武，昔人所谓家学渊源，不信然乎？然东廓以第一名成进士，泗山几得之，旋又复失，若是衣钵之不可恃也。当时论泗山文者驾于晋江，必曰邹李，不曰李邹，则余之逸晋江而存泗山，非一家之私论矣。

陈百史曰：邹泗山与李晋江，名位相伯仲，文亦相似，而泗山文境尤高妙。《是故君子有大道　节》，言忠信，但言精神志虑日周于天下，言骄泰，但言精神志虑不在于天下。淡而深，约而该，后人为之，累牍不能尽矣。其作《孟施舍之守气又不如曾子之守约》文，亦愈轻浅愈深彻。此二句，宋时点本二“守”字皆一读，朱子谓守约者，言守得其要，非以约为一物而可守也。泗山文中“无烦思神，无烦虑方”，是从“守”字说到约处，若以“约”字当一实落字义，便于孟施“守约”二字说不去，此先辈之善于认题也。按：泗山，江西安福人，与李九我齐名，号曰邹李。万历癸未会试第二，丙戌改编修，上修改历法疏，其略曰：“臣稽自古历法，由黄帝讫秦凡六改，由汉高讫汉末凡五改，由魏文讫隋末凡十改，由宋太祖讫宋末凡十改，由金熙宗讫元凡三改。窃迹前事而疑今历之不能无差者四，如正统十四年历冬夏至昼夜六十一刻，及正德九年八月、十三年五月日食分秒舛谬之类，皆当及时厘正，以授人时。古者太史，每岁之正，必命中考，今奈何至二百余年而难一修举哉?”疏上，中外钦服。

俞桐川曰：曩时嗜万二愚国钦之文，简而又简，一以当百，是庆历名家中能自立门户者，曾遗书张长史云：“二十年来，文运卑靡，名公巨卿矫以浩瀚，则又苦无绳尺。自今以后，当救浮滑以精深，返蔓延为简炼，如万二愚者其选也。”长史答书云：“子文骨力似二愚，惟气局稍舒耳。”余不敢自信，后果为主司识拔。乃考二愚传，则贤书第二，南宫第九，与余名次适符，若是乎余文真似二愚也。顾二愚官御史，日论时政，劾墨吏，风节重于举朝，而余非言官，在馆五年，居里十年，一无建白，徒以科名比之，每展卷辄爽然自失矣。

又曰：汤义仍显祖《玉茗堂制义》，择理精醇而出之以名隽，以六朝之佳丽，写五子之邃奥，足以自名一家。登第以后，有所忤而出吏，忽黜忽陟，不竟其用，然而世高其节。独其填词之作近于纤浓，取悦市人，贻讥识者，是可惜也。

阎百诗曰：“父为大夫　八句”题，惟汤若士文足与传注相辅而行，文云：“今夫葬用爵，生乎由是，死乎由是者，所以之死也；祭用禄，不及其生，犹逮其死者，所以之生也。是故诸侯而世其贵也，有诸侯之礼相世焉，必不肯降而自卑；庶人而世其贱也，有庶人之礼相世焉，必不敢引而自尊。然则周公之所以别嫌疑也，必于大夫、士矣。故葬以大夫，祭以大夫，父子世为大夫者而后可也。使父为大夫而子则士焉，爵隆则葬从而隆，大夫卒于其官有加礼焉，非故引而进之也；禄薄则祭从而薄，士得考其大夫有常食焉，非故禴而用之也。葬以士，祭以士，父子世为士者而后可也。使父为士而子则大夫焉，则葬以安士之常而难为上矣，祭以安大夫之常而难为下矣。何者？死者之爵命于君，君在斯为之臣，而非敢以所贱事其亲也；生者之禄出于子，父在斯为之子，而非敢以所贵事其父也。”

《书香堂笔记》云：汤若士《父为大夫　八句》文，尽用孙百川之意，独补出诸侯、庶人二义，遂据百川之上，前人所谓绝好文字，只在本章白文中也。方望溪先生亦谓太史公增损《战国策》有高出于本文者，非才气能胜，以用心之细也。汤文之过于孙作亦然，而余尤爱其小讲云：“且礼以终始人道之节，而屈伸其无已之心，其分莫明于葬祭。葬者藏也，所以藏而安之也，不于其分则不安；祭者食也，所以食而享之也，不于其分则不享。忍亲于不安、不享，非孝也，于是乎有制焉。”老干无敌，而题之精缊已该，非时手所能企及，亦当驾孙作而上之。

徐存庵曰：汤临川《不有祝鮀之佞》文后段云：“在朝廷而不佞，难以终宠，即侪党之间，不佞不足以全其身；处怨敌而不佞，难以巧全，即骨肉之际，不佞不足以全其爱。”此数语，发挥末流情弊痛决极矣，然以代圣言，恐失之过也。

陈东桥应元曰：相传前明万历庚辰科题为“不能死又相之”，有钱某者既脱稿，隐几假寐，见一古衣冠丈夫，自称管子，正容告之云：“君文通场所无，不患不隽。然握拳透爪，使我无地自容，若能改去数语，我当助子成元。”钱笑曰：“余文向不加点，元可不得，文不可改也。”须臾惊寤，揭晓竟无名，迨阅落卷，则讲下“既为纠也臣，则宜为纠也死，既不为纠也死，亦不宜为桓也相”四句，房考于每句皆以“也”字断读，批“费解”二字摈之。按：是科有钱槚闱墨，讲下正此四句，并无房考黜落之事，或另有一钱姓而误衍为此谈欤？

侯官张廷彝经，在嘉靖间经略东南，扫平倭寇，王江泾之捷，为东南战功第一。时赵文华视师，迟三日始到，驰书欲专其功，公于先一夜奏捷，赵衔之次骨，嗾其党以冒功劾之，弃市，江南士民哭声震天。后数年，冤亦旋白，赐谥襄愍，《明史》有传。吾乡余田生先生甸亦为撰传，则在修《明史》之前。有《张半洲诗集》，而文集未见。余仅从《甲癸集》中得其制艺一篇，题为《禹吾无间　章》，起讲云：“今夫为君者，天逸之以圣人之位，而其所经营者，又有百倍于人之事，故图大者略细微，谨小者缺美备，古今感慨之所由也。”后二比云：“开天之主，制度非其所不足，恐一有侈其美盛之意，即非所以昭法则于子孙，禹惟躬持节俭，而以时修庶人之行，虽一节之微，亦视为天心物力所关，而不敢过享乎崇高，讵得议其尽饰也哉？平成之后，忧勤非其所不能，恐一有偏于节损之心，亦非所以称显庸于奕祀，禹惟崇尚典章，而以身尽开创之规，虽一端之见，亦懔为帝命民情所系，而不敢稍存其谦让，有不服其宏远者哉？”按：此文全篇已录入《闽文复古篇》，始知储中子此题文家弦户诵，其源盖出乎此。

阎百诗曰：艾千子评张小越元《或问子产　章》文云：“闲间开说，似《史记》三小传。”汪钝翁驳之云：“《史记》两人合传，如廉、蔺，范、蔡之类；三人合传，如田、窦、灌夫之类；甚至十一人合传，如酷吏之类，无有不穿叙者。其他如孟、荀，如屈、贾，如刺客、滑稽、佞幸之类，无事可穿，则用文章联络之。若一篇中，每人闲间开说者甚少，后进读书当自出手眼，万勿随人脚跟也。”

俞桐川曰：艾东乡于文首推归震川，继又以茅鹿门为上，二说相持未定。要之，震川文固涵盖一世，而古雅温醇，鹿门亦不相下也。鹿门贯通经籍，善抉古人之奥，以龙门为师，以韩、柳、欧、苏为友，于明之古文则取阳明，时文则取荆川，余无当意者。昔阳明擒宸濠，荆川破倭寇，皆以文武全才有功当世。而鹿门之治粤西与大名也，兵法精妙，出奇制胜，亦有王、唐二公之风。然则鹿门所取，非仅文词已也，唯其有之，是以似之。凡师友古今者，当以鹿门为法矣。

王耘渠曰：瞿昆湖景淳《天子一位　六节》文，炼格炼意，不着一词以障其间，故格整而意自圆，意密而气愈浑，使昆湖文尽如是，何愧大家？惜其趋向圆美，过于成熟，以会元为风气之归，使后人揣摩利便，遂于斯道别成一小宗。嗣之为月峰、具区犹可也，降至霍林、求仲，则于圆熟中益之以芜秽之词、庸靡之调，而为此道诟病者，遂波及先生矣。

余在鳌峰书院肄业时，掌教者为孟瓶庵师超然。师本吾乡名解元，乾隆己卯科《事君敬其事而后其食》元墨，及门诸生无不能背诵如流者。文见后十六卷。师曰：“此题前后名作如林，余文亦不过时墨熟调，何足讽诵。君等独未见前明瞿昆湖先生之文乎？此余少所熟读在口者，幸在风檐中未袭其一字，而实不能不袭其意耳。今为君等诵之，自知拙文之瞠乎后也。”文云：“臣之事君，自一命而上，孰不有事之当为者乎？是事也，所以熙帝之载也，存乎臣者也。亦孰不有食之当得者乎？是食也，所以恤臣之私也，存乎君者也。其小而为服休之臣也，其事虽小，亦必有难尽者，亦必思任使之，未称而精白以承之，翼翼乎惟惧事之或忝而已矣；其大而为服采之臣也，其事愈大，尤必有难尽者，则必思付托之，未效而俨恪以图之，兢兢焉惟恐事之或旷而已矣。上之求不负吾君也，而非求以自利也，虽曰君之诏禄因吾事之上下，然吾惧食之浮于人，而不惧人之浮于食，则亦靖共尔位可矣，而他又何知焉？下之求不负所学也，而非求以肥家也，虽曰君之受糈视吾事之繁简，然吾方以素食为耻，而不以得禄为荣，则亦无旷庶官足矣，而他又何计焉？”按：似此檃括群言，似淡而实浓，似轻而实重，岂时墨所能相提并论？然此在当日，亦尚是揣摩科举文字，虽未离化、治矩矱，而易方为圆，已渐为谈机法者导乎先路，吾党正当先熟此以立其根基也。

俞桐川曰：少时见海忠介拟墨三首，心嗜之，以其违俗，故墨选阙如也。继观公集，又得数艺，文虽怪，然自成一家矣。忠介为人绝不识揣摩为何事，故文亦然，崛强不屈，自适己意，而得成孝廉，筮仕二十年，复赐进士，遇亦奇矣。世儒见忠介文，必狂走，以其违俗。夫文而违俗，不过不遇而止，未若人之违俗，可以得祸也。然忠介又何尝不遇，人自不肯学耳。人且不肯学，况肯学其文哉？按：卫壮谋曰：励学斋题海忠介公有《安社稷　三节》文后云：“先生清风劲节，名重天下，制义不事揣摩，亦自成一家言，屡蹶公车。隆庆辛未会试，时先生已官佥部，出抚应天，拟四书程文三篇，得上闻，遂赐进士，此文其一也。”

《明史·文苑传》云：归有光，字熙甫，昆山人。嘉靖十九年举乡试，八上春官不第。徙居嘉定安定江上，读书谈道，学徒常数百人，称为震川先生。四十四年，始成进士。有光制举业，湛深经术，卓然成大家，后德清胡友信与齐名，世并称归胡。友信博通经史，学有根柢，明代举子业最擅名者，前则王鏊、唐顺之，后则震川、思泉。思泉，友信别号也。

方望溪曰：化、治以前，先辈多以经语诂题，而精神之流通、气象之高远，未有若归震川者。如《大学之道　一节》题文，历用“昊天曰明，及尔出王；昊天曰旦，及尔游衍”“人心惟危，道心惟微”“立爱惟亲，立敬惟长”“始于家邦，终于四海”“道有升降，政由俗革”“惟皇建极，惟民归极”“会其有极，归其有极”“知至至之，知终终之”各语，皆如其意之欲出此，可悟文章之有神。即如三百篇语，汉魏人用之即是汉魏人气息；汉魏乐府古诗，六朝人用之即是六朝人音节。震川之用经语，亦当作如是观。

徐存庵曰：周莱峰《礼之用　全章》文，一往奔放，如万斛泉涌，然毕竟是篇礼论，即蒋楚珍、黄陶庵诸作，亦失之纵肆，惟归熙甫为合作。熙甫年六十成进士，振正、嘉之衰，开隆、万之盛，谓之文字中兴，非过也。然其功名蹇滞，抑郁不快，文字中实征此象。学者究心性命之业，必得熙甫之全体，方为大雅学者。驰心功名之路，可以舍其声也，必不可并略其骨力也。

汪尧峰琬曰：先正之文皆有授受渊源，独归震川少年负盛名，其古文词取径于庐陵，举业取径于眉山，与时迥别，以是晚售。袁了凡尝极言其不遇之故，古今文果有不同耶?

卫壮谋曰：钱础日跋张选《祭如在　全章》文云：“世宗不亲祭享，先生发愤上疏，引孔子‘吾不与祭’为说，上震怒，命杖八十，折三棍而怒未释。当晚绕殿走，制《祭祀记》，中有云：‘某引语曰吾不与祭如不祭是矣，独不曰父母惟其疾之忧耶?’先生还家抱病不平，因作此题文，以鸣忠孝至意云尔。”

贺耦耕长龄曰：李长吉谓笔补造化天无功，故作文莫妙于斡旋。嘉靖壬子科应天乡试，首题“君子不可小知而可大受也”。他人讲“不可小知”，只随题讲去，若谓君子于细事全不理会，孙溥卷则云：“故以一事之尽善，而谓其为君子焉，吾意君子不如是之隘也；以一事之未尽善，而谓其非君子焉，吾意君子不如是之浅也，果可以小知乎哉？”遂以弁冕群英。

钱吉士曰：“尧、舜率天下以仁”，作者多铺张“如天好生”等语，惟福建郑普嘉靖辛卯墨云：“不以天下私嚣讼之人，不以天子阙九族之爱，其使斯民之日习而安者，仁之外无余教也。怨不藏于谟盖之后，敬日积于载见之时，其使斯民之渐摩而入者，仁之外无他术也。”单就齐家说，最合。按：郑普，南安人，辛卯举人，壬辰进士。

张惕庵曰：时义至嘉靖末年芜靡极矣，陈公栋出而振之，其文含华于朴，字字清新。嗣是如田钟斗之冲恬，邓定宇之风逸，若一辙焉，以陈公为之倡也。

《书香堂笔记》云：作制义者，有题理，有题神，人皆知之。而每题各有题之形貌，文亦必与之相称，而后为肖题。如胡思泉《笃恭而天下平　句》文云：“陶熔于礼乐之中，而其相揖让也非为名分，相歌咏也非为性情，熙熙然各通于圣人之性而莫之知也。渐摩于刑政之外，而其为善良也非出于感格，无颇僻也不待于裁成，陶陶然相遇于圣人之天而莫之识也。”方望溪先生谓此文非徒入理深厚，并与题之形貌亦称，真知言矣。又云：制义之诀，由疏而密易，以疏为密难。以疏为密之诣力，非名家不能到。如胡思泉《天地位焉，万物育焉》文云：“以清以宁，天地之故态也，若不赖于君子建中之功然，至于三光明焉，五岳奠焉，谓非成位乎中者之有其人，不可得也。以生以息，万物之常理也，若不赖于君子导和之力然，至于民不夭札，物无疵疠，谓非茂对其间者之有其人，不可得也。”似此出笔甚轻，着题甚重，人以为疏，我以为密，浅学者岂易语此乎？

《四勿斋随笔》云：言者心之声，古今诗文往往能自肖其人，制义则言之尤畅。如前明山阴徐文长渭，狂士也，其作《今之矜也忿戾》文云：“其视己也常过高，而身心性情之际，每怀不平；

其视人也常过卑，而亲疏远近之间，鲜能当意。义利之辨未尝不明，但其所见者自以为义，而谓天下则皆利也；是非之故亦未尝不悉，但其所执者自以为是，而谓天下则皆非也。此非直浑厚惇大之体无所望也，好胜不已，而其势必至于争矣。”按：此文直是文长自作小传，可见狂士并不讳疾，特自知其疾而不能自医耳。文长九岁能属文，十岁仿扬雄《解嘲》作《释毁》。为诸生时，提学薛方山异之，置第一，判牍尾曰：“句句鬼语，长吉之流也。”少保胡梅林纳之幕府，命作《白鹿表》，世宗大赏之，旬日间传诵殆遍。为古文辞，语必惊人，茅鹿门、唐荆川皆师事焉。少保被逮，文长虑祸及，遂发狂，引巨锥刺耳深数寸，不死。为人猜而妒，杀其后妻，坐法系狱，以援者力获免。晚岁绝谷十余载，积书数千卷，斥卖殆尽。常自言“吾书第一，诗次之，文次之，画又次之”，识者许之。陶石篑曰：“吾乡文士，著名者前惟陆务观，后惟徐文长。”袁中郎曰：“有明以来，一人而已。”

徐存庵曰：李廷机，字九我，又字尔张，福建晋江人。癸未会试第一，廷试第二，后以礼部尚书拜东阁大学士。前明祖制，闽人不相，相之自公始。在政府六月，疏凡四十余上，俱不报，遂乞休。所作《事君数　一节》文，评者曰：“作此题者，或回护君友，或尚论时变，皆鳞爪耳，惟九我此之文方得本题正面。”

陈百史曰：李九我先生起于晋江，一时游从者皆海内知名之士。其所为文，大者及于古，小者亦高出时体。先生立朝，丰采严毅，不可干以私。乃观其文，温厚和平，有作者之风。太史公疑张子房为壮夫，而有不然者，人可易知也哉？

《四勿斋随笔》云：李文节公文纯从大处落墨，虽短篇而气体宽博有余，如《今天下车同轨至吾从周》题后二结比云：“盖车书礼乐之大化方流，故举域中之人，而莫不各安愚贱之分；文武成康之世泽未泯，故以素王之圣，而不敢有慕殷夏之心。”高华语能使全神振动，亦足以征位业也。又《事君数　节》后二结比云：吾不谓事君可以无谏，独惜夫诤臣受辱，则逆耳不进于前，徒为谄谀者地耳；吾不谓朋友可以无规，独惜夫直交既疏，则苦口不聆于耳，难免善柔之比矣。”如此蕴藉，方与圣言相称，不知俞桐川《名家制义》中何以逸之。

李文节《遇诸涂》题文云：“当其瞰亡而拜，夫子之权亦微矣，顾能瞰之于其家，而不能瞰之于其涂，意者君子之待小人常疏，而于阳货之来，固无暇以其逆亿之私心，为之预避耶？当其拜而不遇，货之计亦穷矣，顾不遇之于其家，而竟遇之于其涂，意者小人之伺君子常密，而于夫子之出，得无以其瞰亡之故智，为之揣摩耶？要之，与其为及门之见，而使得从容于燕接之间，何如为道涂之遇，而仅与交臂于仓卒之顷，此圣人所以终为善遇小人也。”艾千子谓舒碣石全章文有云：“令货遇于家，计所欲者当不止此。”即原本晋江“与其为及门之见”数语，而顾瑞屏以宾道、主道衍成全篇，又不及碣石之蕴藉矣。

何义门曰：钱继山允元与李九我相善，九我既冠南宫，贻书论文，劝继山脱尽陈言，务令发挥精透为主。越三年，而继山亦几几得元，九我真益友也。

俞桐川曰：余选万历癸未文，邹泗山以冲夷，万二愚以简古，汤义仍以名隽，至于理解精醇、机法绵密，则叶永溪修为最。当时称“江西四隽，缺一不可”，至言哉！胜朝三百年，江右文风极盛，“翰林多吉水，朝右满江西”，明初已诵之。及其季也，罗、陈、章、艾树帜豫章，震动海内。然世知读四家之文，未知读四隽之文。四家人各为科，四隽一榜并列，且面目各殊，有家无派，故明文莫盛于江西，而江西莫盛于癸未，亦制义中葵丘之会也。

又曰：张鲁叟寿朋制义，搜抉微细，穷极窅渺，出入于《檀弓》《考工记》而泯其迹，文章中旷境也。世之工揣摩者，率尚富丽，质之鲁叟，背驰甚矣。而鲁叟竟传徒以终，宦途不遂，足迹遍天下，口授生徒，慨然以神仙自命，何其志之超也。古人文虽性成，亦有触而发。少陵不奔窜，何以有纪行诸诗？子厚不贬逐，何以有柳州诸记？使鲁叟优游庙廊，黼黻盛治，纵作述千古，亦不能尽发其幽奇瑰异之致于制义间。穷而后工，岂不信乎？

又曰：盛集近王，中集近霸。王之道正大和平，霸之道幽深奇诡。隆、万，中集也。然癸未以前，王之余气；己丑以后，霸之司权。盖自太仓先生主试，力求峭刻之文，石篑因之，遂变风气。是故丙戌者，王、霸升降之会也。丙戌鲜有名家，独钱季梁士鳌精实简贵，有承先启后之功焉。

吴和庭观乐曰：少时肄业鳌峰书院，值课文日，孟瓶庵师以“鬼神之为德　节”命题，遍阅诸生所作，无一惬心者。师因举隆、万间方大美文相示，则莫不相悦以解。余之知用力明文，盖自是始，因谨识之。如云：“溺于虚无者，不可以言鬼神，凡日星之所以著，江河之所以流，昭然于俯仰之际者，皆是也；涉于怪异者，不可以言鬼神，凡万汇之变蕃，人事之作止，纷然于日用之间者，皆是也。原其德之体，则根乎天地阴阳之性存焉，盖至健至顺之性，有自然而不容强者，夫是以无为而成化也；究其德之用，则感于屈伸动静之机乘焉，盖一往一来之故，有相推而不能已者，夫是以错出而有常也。使天地间一息无鬼神，则所为鼓其出、鼓其入者，孰效其功而覆载生成？何以无偏而不举之处？使人事中一息无鬼神，则所为迭而起、循而生者，孰为之宰而废兴成毁？何以有动而必应之机？是故焄蒿凄怆，其偶出为灵奇者，在众人皆见为非常，而不知正，此理之发著；震动恪恭，以致严于屋漏者，在圣人实见其情状，而无时非天命之流行。其德之盛也，乃其理之实也。然则鬼神之德即中庸之道，而何容索之于隐哉?”寥寥三百字，而经子之奥旨、儒先之精言，悉具其中，真后学法程也。

俞桐川曰：世称吴因之默作文，不看时艺，不寻讲章，咀味白文，移晷始成一艺。有持文就正者，必掩卷问何题，子作何解，有疑义云何，如是再三，而文之肤陋已见。尝谓剪彩为花，其花不肖，播种栽花，其花自生，公之作文似之；以火烛物，其烛有限，以镜待物，其待无穷，公之衡文似之。按：因之一字言箴，又字无障，吴江人。万历壬辰，蜀中陈元忠于陛主会试，有善衡文之誉。未放榜时，诸生即曰：“陈公为总裁，吴因之当魁天下。”榜发，果第一。海内望公秘笈，公先出辨真义八首示人，纸为之贵。授京秩，官至银台。止无仕态，每独坐至夜分，日抄讲义一章，后人比之周濂溪云。

《四勿斋随笔》云：“以约失之者鲜”，此圣人下学上达功夫，若说得过高，便走入老聃一路矣。吴因之文云：“以能约者，而才足以济，则敬畏之意亦足以善用其所长，固不患乎侈肆而多才以损其智；以能约者，而才不足以济，则谨慎之心尤足以维持其短，亦不患乎无能而意广以益其愚。”又郝京山敬文云：“天下事未有不由轻动而失者，我常处其静，而百为之集，可以坐观其趋避从违之方；天下事未有不由轻先而失者，我常居其后，而万感之交，可以徐察其是非臧否之理。”又方孟旋应祥文云：“心不精不能约，不大亦不能约也；气不降不能约，不强亦不能约也。”汇而观之，正徐存庵所云：“取益者，不独文章之道矣。”

俞桐川曰：红丸之案，自孙淇澳慎行倡之，可谓谨严矣。光宗大渐，疾已莫支，咎固不在红丸。但方从哲身为相臣，职司保辅，人主有疾，杂药误投，是以赵盾之不治蛊，加以许止之不尝药，律以弑君，不为不当矣。余观淇澳先生文，简洁高古，上逼左氏，盖深得《春秋》之旨，不徒以其貌也。

制义丛话卷之六

王耘渠曰：邓文洁《礼乐不兴则刑罚不中》文，实实能从礼乐不兴内讲出刑罚不中之故，深厚尔雅，无一语书生气，却无一语宦稿气。前朝诸公之于此道，其精神实有足以不朽者。或谓八股终有废时，断不然也。按：文洁文讲下云：“礼乐所以饰治，刑罚所以惩奸。然惟极辨之朝，钦恤于五用；亦惟大顺之世，尽心于一成，两者相反而相为用也。”是先从正面写出相因之理，后幅云：“刑之属数千，罚之属亦数千，非娴于节文而平于好恶，必不能有伦有要而详其丽于法之中；或上刑而适轻，或下刑而适重，非观其会通而融于拘挛，必不能惟齐非齐而权其比于法之外。要之，出乎礼即入乎律，降典与播刑非二物也，故礼之坏也，其究即刑之淫也；喜之中节为和，怒之中节亦为和，用乐与用刑同此心也，故乐之崩也，其究即刑之滥也。”又从刑罚中想出礼乐精蕴，真是融贯六经之文。

俞桐川曰：庆、历间，浙中有二黄，嘉禾黄葵阳洪宪、武林贞父汝亨，并堪为制义正宗。葵阳文矜贵警卓，词意相称，贞父较精峭而意胜于词，似在葵阳之上。

《四勿斋随笔》云：黄葵阳作《季文子三思 节》文，不泥说道理，只就谋国上讲，恰合书旨，其小讲云：“古今得失之故，皆起于人心之思。顾其得也，以沈机亦以果断；其失也，以轻发亦以迟疑。”中幅又云：“国家有大计，惟断乃成；社稷有令图，惟敏斯集。”此数语乃千秋之龟鉴，不仅为此题发也。按：葵阳尝主顺天戊子闱，谓正文体必先端士风，疏陈六事：一曰去浮靡，二曰止奔竞，三曰明是非，四曰禁佞谀，五曰禁党锢，六曰禁清议。万历初，与赵定宇太史同忤江陵，葵阳先定宇辞归。丁丑江陵夺情，定宇以抗疏廷杖，葵阳时已家居，尝曰：“定宇俟其失节而攻之，予先于盛时而避之，定宇固焦头烂额之客，而予实曲突徙薪之人。”盖自喜其见几明决，断不为三思者所窃笑矣。

郑苏年师曰：读隆、万时文，由淡而浓，而其淡处愈有味。黄葵阳《君子和而不同》文，措语虽淡，而树义却极精深，如云：“天下国家之事，本非一人之意见，所得附和而强同者，惟平其心以待之而已矣；天下万世之道，本非一己之私心，所能任情而强和者，惟公其心以应之而已矣。”前比是大程子之于荆公，后比是朱文公之于陆、陈，言皆有物，不知者但以为淡也。又云：“非其道也，独见独行，举世非之而不顾，虽或不谐于众，实则相济以为和，此君子之所以不同也，其心与迹易知也。如其道也，公是公非，与众共之而不违，即使自混于俗，不过顺应以为和，此君子所以和而不同也，其心与迹难知也。”此于和同互异之处，确然得其指归，遂能将君子心事、学术全身写出，而卤莽读者亦鲜不以为淡矣。

“耕也馁在其中矣，学也禄在其中矣。”旧说但言学中有禄，故食不必谋，惟杨贞复起元文偏言学中有禄，故谋道者易兼谋食，虽似翻案，却是的解。文云：“所以养有道之士而为所学之验者，此禄也；所以杂谋道之心而为所学之累者，亦此禄也。盖既有得禄之理，益不可有得禄之心。一有得禄之心，则是学也，乃谋食之精者耳，是以君子而兼小人之利也，耻孰甚焉。”如此逼起下句，更为警切。其实非翻案，只就旧说斡进一层耳。

孟瓶庵师曰：“动乎四体”，须兼贤知愚不肖说，惟黄贞父文说得最亲切，如云：“贤知者，动之为德机；愚不肖者，动之为妄形。”又云：“四体者，官之所止，而动则神行，神行则官从，而顺逆判于俯仰之际；四体者，气之所布，而动则志壹，志壹则气随，而得失著于静躁之间。”方望溪谓：“义本左氏内外传，于造化之机、人身之故，皆能确然道其所以然。”是也。

俞桐川曰：古文之尽，莫如欧阳永叔；时文之尽，莫如许钟斗獬。万物始而含孕，继而发荣，终而烂漫，其必趋于尽者，势也。惟善用尽者，足以持之。永叔之文尽矣，而骨力峭拔，风度委折，使人不觉其尽；钟斗之文亦尽，而遒炼古腴，人又不厌其尽也，钟斗其时文中之永叔乎？东乡、固城评钟斗文，皆嫌其尽，汤若士独曰：“同安学王、钱，王、钱之派至同安而尽泄。夫学王、钱者，非学其简朴也。王、钱妙于不尽，钟斗妙于尽。钟斗以尽学王、钱之不尽，亦犹永叔以尽学史公之不尽。是故善学前人者，未有过于二公者也。”

王耘渠曰：孙月峰先生手评经史古文，何啻万卷，惟《子张问十世 章》文，波势雄奇，足征所自，而他作多不称此，反开软熟法门，元墨尤劣，何也？

徐存庵曰：嘉靖以前，文以实胜；隆、万以后，文以虚胜。嘉靖文转处皆折，隆、万始圆，圆机，田、邓开之也，后渐趋于薄矣；嘉靖文妙处皆生，隆庆、万历始熟，熟调，汤、许开之也，后渐入于腐矣。

阎百诗曰：顾朗仲谓《孟子》“仁者无不爱”二句，原以急亲贤为急当务，故下节只说不知务，可见论仁即是论知，无二项也。此等须融会章旨，始得其说。按：何义门曰：何待看下节，上云“当务之为急”，此云“急亲贤之为务”，语脉正相承。故许钟斗二句文起讲云：“善治天下者，则莫不有所务矣，而当务之急孰急如亲贤，此非知者不能知也，亦非仁者不能行也。盖自古称至仁，固从大知中出也。”

方望溪曰：“夫子使仕，开曰吾斯之未能信”，注：“斯指此理而言。”明明是仕之理，本无可疑，程子“已见大意”，谢氏“不安小成”，则又于开未信处推原其蕴如此。后人因当日未尝明指出大意谓何，小成谓何，妄谓妙在不直说破，其于“斯”字之旨，竟似禅语机锋矣。董思白文云：“期月而可，三年有成，圣人之信也，使必如圣人之信而仕，则天下之仕者亦寡矣，而开乃将进取焉；或以果艺，或以礼乐者，诸子之信也，使能如诸子之信而仕，则开之于仕也亦庶几矣，而开殊难自慊焉。”于“信”字能实实指出，却即在人人共读之四书中，何等直截显易乎？

曾禹门奋春曰：泰伯之让商、让周，讫无定说，作者遂语多骑墙，惟董思白文硬靠让商说，讲下云“泰伯而有周之国，即可以有商之天下”二语，已探骊得珠。惜中间分比语意，多犯合掌之病，若后幅云：“盖吾于泰伯之让，以其有让之功，是以见其有让之心也，由后事以推之者也；人于泰伯之让，以其无让之迹，是以并忘其让之名也，由时事而论之者也。故吾必曰泰伯商之让王也，非周家让国之世子也。”语殊倜傥，宜艾千子以雄浑亟称之。按：孙忠烈燧文云：“泰伯之心，惟泰伯自知之；泰伯之事，亦惟泰伯能为之说。”无得而称，更直截了当。又有黄海岸者文后大结云：“考泰伯之于吴，其卒也无子，则天固不欲伯之为周后哉？然而此泰伯之志也，当其去位之时，固不愿有后于周矣，不然，东宫元子胡为舍天下而逃哉？”数语亦奇。

韩求仲曰：董思翁戊子、己丑间，每袖吴道光文三十余首，早夜诵之，以为得乎宗门。前辈眼力固是迥异，恨无从觅吴之佚稿，今仅存《事孰为大　二句》题文一首。

董华亭所论诸字诀，皆足为后学津梁，惟“离”字不甚允。

张侗初有云："题本如此，文却如彼，离而不出乎宗，所谓意与题相生，不与题相迫，解此方知'离'字妙用。"万历庚辰科会试，次题"素隐行怪　全章"，场中卷讲至末节，却似"君子依乎中庸"对"遁世不见知而不悔"，虽一串做，总有痕迹。惟刘廷兰文云："故君子之依乎中庸也，择之也精，而依之以为知者，不惑于似是之非；守之也一，而依之以为行者，不淆于他歧之惑。由是而遁于世焉，吾安之而已；由是而不见知于人焉，吾弗悔而已。"乃深得"离"字之趣也。

王乔松锡龄曰：万历间，魏士为光国作《公曰告夫三子者》题文，追写逼真；当使哀公色赧，又当泣下。中后数比，口角尤为逼真，如文中云："告之而三子以为可，不必问寡人之可也，先发后闻无害也；告之而三子以为不可，不必问寡人之不可，左提右挈在彼也。子大夫诚能调停三子以必伸请讨之志，无患寡人之不从矣，寡人固惟三子之命是听矣；子大夫不能调停三子以必伸请讨之志，无恃寡人之易与矣，寡人固非三子之命不行矣。意者先君后臣，而故先我之告于三子耶？则子大夫之高谊也，寡人所不敢当也。意者尊君抑臣，而故后三子之告于我耶？则子大夫之失计也，三子恐不乐承也。"按：此与项水心"何必读书"文同一尖薄口吻，然仲子心中未必有水心许多计数。项文见末卷。而权臣耳中怎当得士为如此冷语乎？

梁省吾葆庆曰：陶石篑评汤霍林文云："世之评文者，类言好丑而莫言内外，子独以内外分好丑，可谓发千古未发之秘。盖外膏内枯，文之下也；外枯内膏，文之上也。昔坡老好渊明之诗，以为质而实绮，臞而实腴。且曰："佛言食蜜，中边皆甜，人能分别其中边者，百无一也。"文之内外，其能辨之者寡矣。汤君之文，所谓外枯而内膏，似淡而实美者。"呜呼！此不但评霍林文，直石篑先生自述其文矣。王巳山曰："自万历己丑石篑以奇矫得元，而壬辰踵之，遂以凌驾之习首咎因之。其实文章之变，随人心而日开，于顺题成局，相沿已久之后，变而低昂其势，疾徐其节，亦何不可。”

俞桐川曰：忠臣之文多发越，孝子之文多深沉。读方孟旋文，幽奥坚固，质而弥文，殆有至性存焉。其生平少孤养母，久困场屋，比得一第，其年已晚，犹陈情吁请，哀毁致丧，是终其身皆孝亲之日，宜其文之深沉而可诵也。徐存庵曰：孟旋，浙之西安人也。丙午魁应天，至丙辰韩若愚得其卷，拟本房第八，忽叫绝，定为首卷。填榜日见为孟旋，语人曰：“得百少隽，不如得一老方。”故缪西溪曰：“由前摸索，无心发千年之矿；由后矜赏，偏喜添云水之庄。”传为佳话。

林畅园师曰：前明文字，即尚设色，如方孟旋《夫子至于是邦 章》文中段忽云：“述九德于虞箴，则谟明弼谐之励翼，合听之风所由隆也；观六典于《周官》，则刚克柔克之时用，访道之忱所自彻也。”张尔公病其填砌，陈百史喜其韵高，惟徐存庵云：“此二小比，是先生出调逸响，如《出师表》中忽入亲君子、远小人两段文字。”可谓善于论文，实开时贤一门径也。

俞桐川曰：神庙倦勤，坚冰渐长，士心郁结，见于文章，率皆忿激粗厉之音。惟顾瑞屏锡畴文清而善入，婉而多风，故草堂诸选亟称之。然瑞屏文有二体，为诸生时其文容雅，为翰林时其文简炼，皆可名家，而后者尤至矣。按：瑞屏为礼部侍郎史继偕所器重，尝谓人曰：“予教习庶吉士二十三人，瑞屏亭亭玉立，异日明廷羹醴也。”授检讨，后以疏击魏阉夺官。崇祯改元起用，敕曰：“当阉氛火烈，党锢飙兴，愚夫首濡，智者舌噤，尔独义形于色，情见乎词，美厥青缃，居然白简，是应擢尔宫僚，以风百尔。”遂洊至礼部侍郎。瑞屏有《季氏旅于泰山》会墨，深文峻笔，当与击阉疏并传。盖手拈此题者，多斥其僭妄之罪，而瑞屏独揭其自危之心。起讲云："大凡奸雄必听命于鬼神，而豪强必殚情于祷媚。"二句已立铁案。后幅云："其心盖曰得罪于君，犹可逃也；得罪于神，不可逭也。吾隆岱宗之祀，而从前汰侈之孽，悉冀于一旅消之，由是则君有所督过而无妨也。民之怨兮，犹可协也；神之恫兮，甚可虞也。吾举望秩之仪，而向后炽昌之势，悉冀以一旅迓之，由是则民有所觖望而亦不顾也。况在鲁公，视朔不告，既灌不虔，何有于泰山？有其代之，岂反为幽冥之所弃？且在泰山，时巡已废，肆觐已虚，何有于旅？有其举之，谅必为山灵之所歆。此季氏之隐也，惟其自危已极，故假此以自禳耳，奈何徒以其僭而责之？"徐存庵评云："以纵为束，以出为入，以无干事为切证。读此一过，石闾、介丘间当不复车马骈填。"

《四勿斋随笔》云：名人制义，有说得精实赅括者，便可作座右铭。如万历间李愚公若愚《弟子入则孝　节》文，中间收束四句云："盖宽为之途，而使其力量事事有所余；复密为之程，而使其精神息息有所注。"教者、学者能事，尽此数语矣。又袁中郎宏道此题入手云："且天下未尝乏才也，自蒙养之道弗端，而人才敝于童习时矣。是以今之子弟，多以日用伦常为卑，则远骛其力；而间以不娴文词为耻，则又专用其功，非训也。"徐存庵曰："专攻文辞尚不可为训，今者总角抱书、老生把笔，闾巷间不能多见，而裙屐之流且遍寰中，奈之何哉！"

俞桐川曰：王房仲士骕学董宗伯者也，宗伯备乎五福，而房仲艰于一遇，岂非命哉？方宗伯名盛时，陈眉公附之诗文，遂播四海。房仲学过眉公，而名反不逮。余观宗伯文丰润秀逸，其体圆；房仲文峭拔矜厉，其体方，岂圆者易合而方者难遇耶？

徐存庵曰：邹泗山《修身则道立　一节》万历癸未会墨，格法本董中峰玘《凡为天下　一节》程文。顺治辛卯邓元昭江西程文，又从泗山脱化而出。陆雯若谓："前辈文章必有所本，晚出愈工，后来居上，每每如此。但不可对题抄套，买椟还珠耳。"

阮吾山曰：夏涂山日瑚幼为名诸生，一日夜归，遇县尹孙肇兴于道。左右以夜行执之，不跪，对以会文归迟，遂以草呈。孙于马上读之不数行，大惊曰："即发矣，即发矣！以此取科名如拾芥耳。"因叩其居，不远，遂就书几更为指点，且曰："如此破法不得元。"索笔为易一破而去。是秋孙为同考官，得涂山卷，欲元之，主者置第二。此天启丁卯也，至辛未遂中探花。

天启乙丑科"伯夷、叔齐饿于首阳之下"，叶绍袁闱墨通篇只还他"饿"字，并不说是饿死，极有斟酌。当时谭友夏元春论此题云："景公贵为诸侯，而止曰有马千驷，削其贵而存其富，若曰此乌足贵也，是富人而已矣；夷、齐饿死首阳，而止曰饿于首阳，高其饿而讳其死，若曰此何尝死也，即饿夫何伤焉。"读书得间，与叶作正相发明。

阮吾山曰：任香谷宗伯兰枝常言，其乡有老宿丙先生者专心制义，自总角至白首，凡六十年手不停批，皆褒讥得失之语。老不应举，乃举生平评骘之文分为八大箱，按八卦名排次。其乾字箱则王、唐正宗也；坤字箱则归、胡大家。降而瞿、薛、汤、杨以及隆、万诸名家连次及之，金、陈、章、罗诸变体又次及之。其坎、离二箱则小醇大疵，褒贬相半；其艮、兑二箱则皆历来传诵之行卷、社稿及岁科试文，所深恶而丑诋之者也。书成后，自谓不朽盛业，将传之其人，举以示客，无一肯阅终卷者。数年后，益无人过问焉。一日有后生叩门请业，愿假其书，先生大喜，欣然出八大箱，后生检点竟日，乃独假其艮、兑二箱而去，先生太息流涕者累日。任宗伯犹及见其人。

韩湘帆师抡衡曰：章大力文，人皆服其笔之刻，吾独服其理之深。如《君娶于吴为同姓　二句》文，非参天人之秘蕴，具制作之精心者，不得道其只字。其词云："且先王于合之甚者，皆求有以别之。别之而为合，故其合也，固而能久，异而后事同，睽而后志通，此其义乎？然而为义不止于此，天地阴阳之气，皆以异类相求，异气相益，而至以一本之亲通其情昵，则有美尽之忧；人道礼义之治，常使疏不至离，亲不至渎，而至以燕亵之私讲于骨肉，则有道苦之害。其在太古之时者，其取义精，盖智足以辨微，故所详者专于阴阳之际，同德者为同气，同气者同姓，异德者为异气，异气者异姓，同姓虽远不通婚姻，异姓虽近不避婚姻，故同为黄帝之子而著姓之殊，所以然者，纪异德以别所生之气也，古道然也。其在中古而后者，其据义显，盖其智不足以及微，故所辨者专于礼义之严，为正姓以统远，远者行饮食，为庶姓以统近，近者议服数，男子则称氏以别贵贱，女子则称姓以别婚姻，故有买妾不知姓则卜之文，所以然者，本所从以厚男女之别也，周道然也。"此于题前衍出半幅，议论翻空出奇，全为周公制礼以前，补阐出偌大道理，以免越礼者之借口，此有功世道之文，宜仇沧柱以为制义以来未曾经见也。按：后幅云："系子于吴，是夺吴宗也，以鲁之故而使吴不有其姓，非吴之所受也；且系子于吴，是又夺宋宗也，以鲁之故而使宋不得正其姓，非宋之所受也。于其存而称之曰孟子，讳君恶也；于其没而书之亦曰孟子，讳国恶也。曲为君讳，曲为国讳，于臣子之义得，而为其所讳者，其谓之何哉？"陈大士评云："上下千古以尽其理，出入题中以究其情。"盖合此文前后幅而论之。

"譬之宫墙"，宫是宫，墙是墙，子贡语原只侧卸到"墙"字。其"宗庙之美、百官之富"与"室家之好"，都在宫里分别，与墙无干。惟其宫有不同，故其墙有高卑之异。今人辄将宫、墙混合，一如墙之尺寸，即关圣贤之分量，岂非误欤？章大力文云："人畜美以自实，而有余不足之数相与差也，此宫之说也；亦标形以接物，而可测不可测之间亦相与差也，此墙之说也。求之于宫，而赐与夫子有余不足之实，可相方而得之；求之于墙，而赐与夫子可测不可测之情，亦可相方而得之。”如此认题得未曾有。

俞桐川曰：明有达官往肆中，见豫江右四家文者，问以何用。其人答云：“其文高耳。”达官曰：“高而不售，安用之？吾所取者，富贵福泽之文也。”其人废然而去。然章大力售以辛酉，最奇而最先售。甲子而艾千子售，丁卯而罗文止售，庚午而陈大士售，彼富贵福泽之文亦未必其尽售也。大力文幽深沉鸷，一溪一壑皆藏蛟龙，不崇朝而云雨及天下，故沈何山、韩求仲、张受先皆重之。吾不知达官之论文果胜三先生否耳。达官者，忘其姓名，亦不必问其姓名也。

又曰：明自嘉、隆以后，殿元鲜得其人。熹庙改元，廷臣思获国士，咸推文湛持震孟，榜发中外称庆。夫身为诸生而名震朝野，可见当时士大夫尚留心人物，而方正峻洁之士不至终遭摈弃也。湛持既仕，即上疏直言，伊川经筵，考亭崇政，庶足相拟。至于始击逆阉，终忤奸相，旋起旋蹶，然东山高望，何尝不在人耳目间。读所著制义，激昂感愤，有澄清天下之志。卒掩于鄙夫，猷不得展，娼疾之臣恶可与同中国哉！

张惕庵曰：“‘夫子至于是邦也，必闻其政’，只须浅浅看。”陆稼书先生谓：“邦之治乱安危必闻之，俗之贞淫奢俭必闻之，君臣之淑慝臧否必闻之，先世之典章制度必闻之，此是不知不觉自然到耳根来。故端木子下一‘得’字，语言妙天下矣。”文湛持先生文云：“以邦君之敬信而卒不能用圣人，夫非限圣人，限衰周也；邦君不能用圣人犹知敬信圣人，夫非露人情，露人性也。”说得透彻之极。

俞桐川曰：黄石斋先生道周大节千古，文字其余也，诗传、古文传又其余也。所刻《骈枝集》，唾弃勿屑，至与郑庶常相对噱笑，先生若不欲以时文传也。然即以时文论，骯脏崛强，不顾世俗，此岂从来制义之所有哉？

黄石斋先生最精《易》理，所著《三易洞玑》一书，至今学者无能穷其底蕴。其作《加我数年　节》文，即专就《易》之《大过》立义。盖《易》称《大过》云“大者过也”，并不作过失解。先生文云：“无咎之难也，其道进于天矣。夫人何以无过，求之于《易》，圣人犹将终身焉。曰庶免其大者矣，夫子盖观于《大过》而叹也，曰：‘《易》之道，微矣哉！’盖《易》为大过而设也。凡物之静，不能无动，动而后吉凶生焉。其体大者，动而过以大；其体小者，动而过以小，而人皆不自知也。夫《易》独何由而知之乎？《易》以体大而入小以居，《易》以体动而恒静与游，《易》以一无所知而人谋鬼谋众知以生。吾今而知过之不可以免也，学之不可以已也，《易》之与吾身终始也。”后幅云：“由是而观天下，安得有大过人之情，大过人之才，大过人之事？情处小则不感，因而无之，乃得与天下游于几；才处小则不争，因而无之，乃得与天下安于故；事处小则不乱，因而无之，乃得与天下享其自然。夫吾之有大过，则吾初不学《易》以至此也，夫仲尼其有悔心乎？”顾纵远评曰：春秋时，圣人只合隐，凄凄皇皇，有多少过错处，非圣人不能冒险而行，非圣人不能履难而免。他人所视为圣人惊天动地者，正圣人隐隐自悔于中者也。假年学《易》，其有遁之思也乎？方孟旋文云：“‘过乘乎化之不齐’七字，便是石斋先生一生遭遇。先生只无咎之难也，一破便是终身体认矣。”吕瞻望文末云：“吁！不言小过者何？盖小过，过也；大过，颠也。圣人之所忧患者大，则其得过者必大，而非大不择小之说也，他日孔子曰：‘罪我者，其惟《春秋》乎？’则知圣人之所以忧矣。”此数句大与石斋文有所发明。按：奇杰之文，语亦与相称。录此以开拓学者神智，非示人好奇也。

艾千子有《推恶恶之心》题文，是入县学试作也。自记云："是年予入县学，与府学同题，予置第二，而评语珍赏，似胜于首卷。府学首名则吾友罗文止，次陈大士，次章大力，次易白楼应昌，从来学使得人之盛，未有如骆台晋先生也。"

王巳山曰：天启甲子科，艾东乡先生诚中流一砥柱也，而乡墨多不满人意。其首艺《君子坦荡荡　一句》题文，于注中循理，故常舒泰之旨尚欠切实研寻，而清刚之气游行自在。在万历末造，实有救纤医俗之功，不可没也。又起中叠用"而此心"，固已句调犯复，或矮屋中不暇自检，而论者必从为之辞，则好奇少过矣。其三艺《欲有谋焉则就之》，墨评家谓其只演得一出《雪夜访普》，与孟子当日语意全不合。然英杰之概，自不可废也。

《明史·文苑传》云：艾南英，字千子，东乡人。好学无所不窥。万历末，场屋文腐烂，南英深嫉之，与同郡章世纯、罗万藻、陈际泰以兴起斯文为任，乃刻四人所作行之世，世人翕然归之，称为章、罗、陈、艾。

俞桐川曰：艾东乡少负异才，倡其同志为四大家稿，名动海内，而朴质坚辣，三家皆莫及之。盖精严如钱吉士，犹逊一筹，而况霍林、求仲之伦乎？遭时丧乱，跋履间关，同时名士狼籍载路，而公独视死如归，游说万端，终莫之屈，不愧为笃信好学、守死善道者矣。

林畅园师曰：艾东乡尝言，近日作文，以《〈关雎〉乐而不淫》首为第一。文后自跋云："此依毛传作也。所谓淑女，指三夫人、九嫔以下。后妃思贤求佐，而发为词气又如此和平，可谓得性情之正，当时文王刑于之化可知。时文牵来扯去，只是后妃得则许多宗庙、社稷、治平等语，以为如此方是乐而不淫，不知文王何故专靠后妃做圣贤也。”按：经解不必尽然，而文则简老端凝，不得不推为作者。

李雨村曰：崇祯甲戌榜后，艾千子领遗卷，知落项水心房，首篇止句读四行而罢。艾遂序刻其七艺，大意谓：“士子三年之困，不远数千里走京师，而房官止点四行，弃置不顾，此岂有人心者乎？”刊本四出，项声誉顿损，大恚恨。至癸未，项资阶已深，不应分房而强谋入帘，以雪甲戌之耻。因阴授名士关节，荐之榜首，是年艾不与试。未几国变，项与其门人周介生钟节败身辱，流离道路，相继受戮，而艾以一老孝廉受命成仁焉。

艾东乡有应试文，自叙云：“余以童试受知于李养白先生，其明年春为万历庚子，始籍东乡县学。迄万历己未，为诸生者二十年，试于乡闱者七年，饩于二十人中者十有四年。所受知郡太守凡三人，所受知督学使者凡六人。于是先后应试之文积若干卷，既删其不足存者，而其可存者，不独虑其亡佚散乱，无以自考，又重其皆出于勤苦忧患、惊怖束缚之中，而且以存知己之感也。乃取而寿之梓，而序所以梓之之意曰：嗟乎！备尝诸生之苦，未有如予者也。旧制，诸生于郡县，有司按季课程，名季考；及所部御史入境，取其士什之一而校之，名为观风。二者既非诸生黜陟之所系，而予又以懒慢成僻，辄不与试。独督学试者于诸生为职掌，其岁考则诸生之黜陟系焉，非患病及内外艰，无不与试者。其科考则三岁大比，县升其秀以达于郡，郡升其秀以达于督学，督学又升其秀以达于乡闱。不及是者，又有遗才大收以尽其长。非是涂也，虽孔、孟无由而进，故予先后试卷尽出是二者。试之日，衙鼓三通，虽冰霜冻结，诸生露立门外，督学衣绯坐堂上，灯烛围炉，轻暖自如。诸生解衣露立，左手执笔砚，右手持布袜，听郡县有司唱名，以次立甬道，至督学前。每诸生一名，搜检军二名，上穷发际，下至膝踵，倮腹赤踝，至漏数箭而后毕，虽壮者无不齿震悚栗，以下大都寒冱，不知为体肤所在。遇天暑酷烈，督学轻绮荫凉，饮茗挥箑自如。诸生什伯为群，拥立尘坌中，法既不敢扇，又衣大布厚衣，比至就席，数百人夹坐，蒸薰腥杂，汗流浃背，勺浆不入口。虽设有供茶吏，然率不敢饮，饮必朱钤其牍，疑以为弊，文虽工，降一等。盖受困于寒暑者如此。既就席命题，一以教官宣读，便短视者；一书牌上，吏执而下巡，便重听者。近废宣读，独以牌书某学某题，一日数学，则数吏执牌而下。而予目短视，不能咫尺，必屏气询旁舍生问所目。而督学又望视台上，东西立瞭望军四名，诸生无敢仰视四顾，离立倚语者，有则又朱钤其牍，以越规论，文虽工，降一等。用是腰脊拘困，虽溲溺不得自由，盖所以絷其手足便利者又如此。所置坐席，取给工吏。吏大半取渔所费，仓卒取办，临时规制，狭迫不能舒左右肱。又薄脆疏缝，据坐稍重，即恐折仆。而同座诸生常十余人，虑有更号，率十余座以竹联之，手足稍动，则诸座皆动，竟日无安境。且自闽中一二首学重怀挟之禁，诸生并不得执砚，砚又取给工吏，率皆青刓顽石，滑不受墨，虽一事足以困其手力。不幸坐漏痕承檐所在，霖雨倾注，以衣覆卷，疾书而毕，其受困于胥吏之不谨者又如此。比阅卷，大率督学以一人阅数千人之文。文有平奇虚实、烦简浓淡之异，而督学之好尚亦如之，取必于一流之材，则虽宿学不能以无恐。高下既定，督学复衣绯坐堂上，郡县有司候视门外，教官立阶下，诸生俯行，以次至几案前跪而受教，噤不敢发声，视所试优劣，分从甬道西角门而出。当是时，其面目不可以语妻孥，盖所为拘牵文法以困折其气者又如此。至入乡闱，所为搜检防禁、囚首垢面、夜露昼曝、暑暍风沙之苦，无异于小试，独起居饮食稍稍自便。而房师非一手，又皆簿书狱讼之余，非若督学之专静屏营，以文为职。而予七试七挫，改弦易辙，智尽能索。始则为秦汉子史之文，而闱中目之为野；改而从震泽、毗陵成、弘正大之体，而闱中又目之为老；近则虽以《公》、《穀》、《孝经》、韩、欧、苏、曾大家之句，而房师亦不知其为何语。每一试已，则登贤书者，虽空疏庸腐、稚拙鄙陋，犹得与郡县有司分庭抗礼。而予以积学二十余年，制义自鹤滩、守溪，下至弘、正、嘉、隆大家，无所不究；书自六籍子史、濂洛关闽、百家众说，阴阳、兵律、山经、地志、浮屠、老子之文章，无所不习，而顾不得与空疏庸腐、稚拙鄙陋者为伍。入谒上官，队而入，队而出，与诸生等。每一念至，欲弃举业不事，杜门著书，考古今治乱兴衰，以自见于世，而又念不能为逸民以终老。嗟乎！备尝诸生之苦，未有若予者也。古之君子有所成就，则必追原其扬历勤苦之状以自警，上至古昔圣人昌言交拜，必述其艰难创造之由，故曰逸能思初，安能惟始。予虽事无所就，试卷亦鄙劣琐陋，不足以存，然皆出于勤苦忧患、惊怖束缚之中。而况数先生者，又皆今世名人巨公，予以一日之艺附弟子之列，语有之："知己重于感恩。"今有人于此，衣我以文绣，食我以稻粱，乐我以台池鼓钟，使其读予文，而不知其原本圣贤，备见古今道德性命之所在，予终不以彼易此。以其出于勤苦忧患、惊怖束缚之中，而又以存知己之感，此试卷之所为刻也。若数科闱中所试，则世皆以成败论人，不欲尘世人之耳目，又类好自表见，形主司短长，故藏而匿之，终不能忘其姓名。驹儿五岁能读书，将分识而使掌之，曰此某司理、某令尹为房考时所摈也。既以阴志其姓名，且使驹儿读而鉴，鉴而为诡遇之文以逢时，无学乃父之拙也。"

林畅园师曰：今人好用《竹书纪年》，有遭涂抹者，不知前明王元趾敏耆已用之。《〈康诰〉曰作新民　两节》文云："间尝实溯积累所由，则公刘迁国于豳，在夏癸甲子之年；亶父自豳迁岐，在小乙二十有六祀”云云。则风气之开久矣。

郑苏年师曰：《明文小题选》中，有杨椒山先生《王勃然变乎色》文，云：“暴国之势，尊君而抑臣；骄主之心，好谀而恶直。”极似先生愤时口吻。惟陆稼书先生曰：“此系苏州文学尤钿作，钿字洵美，才名甚盛，屡试不第。尝感时事，借杨椒山名作此文，见尤展成《西堂杂俎》二集。”按：卫壮谋辑《明人文行集》，有杨公会墨《禹思天下有溺者　一节》文，乃嘉靖丁未科三十八名也。

又曰：《五山志林》载，陈岩野先生少应童子试，学使者命题“幼而不逊弟，长而无述焉”，先生与彭忠愍曜并录入庠。既十余年，同案生八九十人，无一登贤书者。先生谓忠愍曰：“是岂原壤为祟耶？”乃以刍为原壤像，为文祭之，沉于江，是年忠愍得举。越三年，先生授兵部主事，以拜官日就鹿鸣宴，人以为荣。已而与忠愍同死国事，以忠节著。其未经禳除者，卒无一人通显，其事大奇。原壤为圣门故人，不应作祟，或有凭之者乎？

“郑声淫”，朱子即以《郑风》言之，误也。夫子言“郑声淫”耳，曷尝言郑诗淫乎？前明钱振光文云：《雅》《颂》之外，十五国之风备矣，乃吾独曰放郑声者何？岂谓其《遵路》乎，《同车》乎，《扶苏》乎，《蔓草》乎？此其诗也，非其声也。如以其诗也，则卫亦有《新台》，亦有《桑中》，而不掩其康叔、武公之德；齐亦有《东方》，亦有《南山》，而不改其带河表海之风。惟论其声也，则郑独称淫焉。凡阴阳之相和者，不谓之淫，惟郑声则阴纵而阳不能止，初出之而婉丽，再出之而靡漫矣，使人耳失其聪者此也；凡性情之相参者，不谓之淫，惟郑声则情流而性不能闲，一闻之而恍忽，再闻之而骀宕矣，使人心失其主者此也。”似此刻画声字，而“淫”字义自透，于题已足，乃接两比复云：“故不惟《遵路》淫，《同车》淫，即《缁衣》

之好贤，《羔裘》之美饰，亦犹之乎淫也，其声使之然也。虽以《关雎》《麟趾》之篇，使郑人按律而歌之，岂有温柔敦厚之遗哉？不惟《扶苏》淫，《蔓草》淫，即《鸡鸣》之勤修，《东门》之寡欲，亦犹之乎淫也，其声使之然也。虽以文王《清庙》之什，使郑人秉籥而奏之，岂有庄正和平之响哉？”似此发挥得愈痛快，愈还不出理来。虽前人极赏之，不敢随声附和也。

制义丛话卷之七

俞桐川曰：凌茗柯先生义渠从孙钰尝为余言，先生为谏垣，例当入直。甲申元夕，怀宗夜出，步至午门，直宿者皆去，独先生留。翌日擢廷尉卿，先生由是感激，三月遂以节殉。呜呼！一夕之遇合，而下怀知己之感，上获国士之报，社稷虽亡，君臣之间不为不遇矣。吾读先生文，情辞悱恻，发乎不自已之衷。盖忠义本自性成，不以爵赏而始劝也。若士君子遭时得志，既蒙一顾之恩，而不图千里之效，闻茗柯先生逸事，可不知所愧哉？

何太旃维熊曰：凌茗柯《礼之用，和为贵》文云："真莫真于孺子，耦俱而无所统，不移时而竞矣，此以知意之真，不如礼之伪也。耳目心思，谁非撄斗之具，舍此不贵，而极坦易处有危情。挚莫挚于居室，鲜腆而无所防，不移时而惫矣，此以知情之厚，不如礼之薄也。血气嗜欲，日有攻取之缘，释此不贵，而极酣适时皆苦趣。盖和如饮食自甘，亦必水火相调而本味始出；礼有真荄如结，更得枝叶扶缀而精神愈生。"似此心花结撰，无一语经人道来，大士、正希犹且合手让能，何况余子？平居品论，国朝文推刘克猷，足盖诸巨公之长。而清悟文字，要须放赵明远出一头地，其法乳实出茗柯，渊源所渐不可没也。

郑苏年师每令予读茗柯先生《勾践事吴》文，谓可以开拓心胸。其后二比云："自古女戎常独胜，即今三方挫衄之余，一洗风华之旧，而穷巷幽姿，何以绝世而独立，斯亦天道之未可深言者也；自古忠佞不同朝，当此君臣相悦之时，已佐小人之焰，而三言投杼，安在元老而壮猷，斯又人事之不必再计者也。”出比西子、对比子胥，此吴越故事何人不知，而独出以沉郁悲凉，淋漓激切，俞桐川所谓绝似唐人吊古诗也。又后二比云：“极则有必反之机，安知目前之分衣给食听命于人者，他日时会可乘，即欲老我于海滨而不得；满则有必倾之势，安知目前之作威作福逞志于我者，他日事机一失，即欲托我之宇下而无从。”尤能将狠心辣手曲曲写出。

李雨村曰：崇祯庚午应天乡试，主司姜燕及先生曰广得章淳卷，首题为《举直错诸枉　一节》，读至“其人本来如是，所谓直也”句，悚然曰：“如此卷不可以坐阅。”遂立诵之，置第四名。

徐存庵曰：沈去疑几崇祯辛未进士，有《布缕之征　全章》，文中一段云：“夫民也，财力皆愿自效，拮据亦所不辞，尽而征之，讵敢言怨？所最苦者，既已殍、既已离矣，有司课民而不应，罪乃在民；司农课吏而不应，罪又在吏。朝廷以为此故额也，官府亦曰此故额也，指饥寒为不谋朝夕之愚夫，坐流亡为不事生业之游手，孰悉其故而痛其伤者哉？由是观之，缓不缓之际，亦危矣。”荆石筠曰：“成法之所以害民者，以污吏奸胥借功令二字，行其贪暴，一草一木皆足殃民，尺帛寸丝俱能破产，虽深山穷谷，何处可免征徭？去疑洞悉古今之通弊而为言，然在当日已如斯矣，孰知其更有甚焉者乎？”

又曰：记得癸丑闱墨一小起云：“且为人主者，以一人养天下，因而以天下养一人。此情也，而法立焉，传至后世，其情隐矣，但知有法耳。是故衰世无他患，君曰奉公，臣曰守法，而民之害已有不可胜言者矣。”又包长明文曰：“法重命轻，官尊物贱。因循既久，或不意其如斯；功令所科，或明知其至是。”竟是警时吏碑碣。江陵相公无大失德，只以额赋完欠分数为考成，使天下有司尽爱功名，不爱百姓，自万历朝始，其末路遂至如彼甚矣。君子之存心，不可不慎也。

俞桐川曰：昔艾千子与章大力、陈大士树帜豫章，吴中忌之，为驳四家文以解二公不悦，故四家之交合而不终。杨维节以任与五隽为友，四隽死，维节哭泣不已，建祠购田，由是淡于仕宦，与二公相去远甚。盖大力、大士以气胜，气久则衰；维节以情胜，情久则固。三人交谊已见于文，余观维节全稿，缠绵切挚，君臣父子间三致意焉，然则不求进取，尚当别有所见，岂仅为九原数友哉？

徐存庵曰："为政以德，则无为而天下归之"，玩一"则"字，是"无为"二字形容居所，非讲德也，故程注加个"然后"二字。后之作者，只因紫阳添出"不见有为之迹"一句，遂错将无为认作说德矣。杨维节破、承云："政有自然之势，问之主德而已。盖为政者之如辰居星拱也，其自然之势矣。顾不以德，而可恃其如是耶？"如此代注疏方是。

《四勿斋随笔》云：吾乡何元子楷有《古周易订诂》，人皆知其经学之深，而不知其制义之工，亦一时劲手，中天启五年进士。钱吉士曰："子丑间文艳绝一时，今陨已久矣，惟元子之苍坚，至今未凋也。"可想其概矣。按：何元子有天启甲子顺天墨艺，《自天子以至于庶人　两句》题，后二比云："吾且以其理识大学焉，壹之修身，韦布不妨讲尧舜之道，盖行之可还斯世于三代，明之亦可俟王者于将来，本之所持至精也。假令学有异修，则潜与飞何以皆为龙德所统。吾且以其量识大学焉，壹之修身，庙堂更可握宇宙之机，盖君子借之以贻谋，小人承之以寡过，本之所垂至备也。假令修或殊学，则锡与保何以共为皇极之归。"纯是经籍之光，而不改其苍坚之度。其第三艺《周虽旧邦至谓也》，错综周事，杳渺离奇，尤足为艺林矩矱。

孟瓶庵师曰：前辈言钱吉士禧《临大节而不可夺》文专为张江陵而作。当时神宗不念顾命之勋，而剥其裔，反其政，国势大坏，疆圉日棘，故吉士借此题痛切言之，云："一人之权，一国之所眈眈也，慷慨任事而以为树功，婉转用几而以为避谤，一人揽其权，而人人揣一用权之路。于是有小臣者，无端而痛哭，无端而太息，思夺其顾命之权，而若臣不顾也。彼不以为揽权之日，而以为临大节之日，其精诚且不必吁先君，而宁夺于旁观之弹射。一人之意，一国之所惴惴也。政在图新而以为纷更，人惟求旧而以为朋党，一人行其意，而人人据一用意之私。于是有大臣者，忽焉而中忌，忽焉而旁挠，思阻其行权之意，而若臣不顾也。彼不以为行意之时，而以为临大节之时，其斡旋亦不必傍成格，而宁夺于同列之调停。"按：其时有作江陵诗者曰："门户尽时公论定，封疆危日相才难。"持平之论，当与此文参观，所谓知人论世也，不然且不知是题何以作是语矣。

钱吉士曰：有作《君子胡不慥慥尔》篇，中比用"尔"字煞尾，以为文章神韵全在中比押字，此陋识也。圣贤之言摘为题目，不过欲使学者究心义理耳，故题止一句，文衍八股，取其能发圣贤之意，非欲其摹拟字句也。若徒泥字句，则八股何为者耶？果如所言，则题止一"尔"字，中股何用两"尔"字乎？况"尔"字之下又有后股、束股，是亦不可以已乎？如丁未"君子之仕也，行其义也"元魁文，中股亦用两"也"字煞，为主司所击节，选家所大赏。今试阅之，文中两"也"字与题中两"也"字果相合否？倡此言者，似是而非，又不幸袭之而效，误人久矣。不知文贵明理，理既明，则于圣贤语气自无不合，倘必之还之、乎还乎、者也还者也，彼题之无虚字结尾者，又将用何字贴合哉？

俞桐川曰：弃之而惜，取之而不惜，非文之美也；弃之而不惜，取之而惜，斯文之美也。弃之而惜，取之而不惜者，其美外见，故弃之则屈其才，取之则称其量也。若夫美之内藏，骤阅不解，久而愈出，故弃之不见可惜，迨乎取之而又惜也。罗文止于丁卯受知于倪鸿宝、沈青屿二先生，鸿宝曰：“吾失大士而后文止，咨嗟累日。”青屿曰：“文止、左严均入吾彀，上下先后或不为文止病。”是皆以不元文止为惜也。然丁卯以后，终困公车，人亦莫以失文止为惜，岂非取之而惜，弃之而反不惜者耶？

阎百诗曰：何义门《行远集》中有李光元《生之者众　二句》文，前半幅云：“王者非能生之也，天下皆生之者也，不众则其源隘矣，故有九职之任焉。徒以耕，天下犹有不耕之民，非众也，必三农而下，所以各自为职者，孰非开不竭之源；各以职，天下犹有失职之民，非众也，必臣妾而外，所以相与执事者，孰非攻自然之利。”后半幅云：“内官自九御而下则异数也，此其食而不制甚于冗员，吾不以宠，故加比拟之号，而内食者寡矣；外官自九品而外则幸位也，此其食而无功甚于墨吏，吾不以恩，故拜权宜之爵，而外食者寡矣。”义门评云：“上句据天官之九职，下句据冬官之九室，其文既烦简不同，难于属对，故化去两扇旧局。”艾千子则尽直三农而下，臣妾而外，内官九御，外官九品诸句批曰：“生之食之，其人甚多，独举此则隘矣。”噫！九职自三农而下，凡园圃、虞衡、薮牧、百工、商贾、嫔妇、臣妾以及无常职之闲民皆在矣，故曰“以任万民”，犹可谓之隘耶？大司徒颁职十有二于邦国都鄙，先郑解则加九职者三事，后郑解则加四事。然学艺、世事、服事，非生财之人不知。千子所谓甚多者，又何人耶？《国语》“内官不过九御，外官不过九品”，韦宏嗣注：“《周礼》：‘内有九室，九嫔居之，外有九室，九卿朝焉。’”此引“匠人营国”文也。先郑解九室，如今朝堂诸曹治事处，六卿三孤为九卿，则举九品而三百六十属统，是正《集注》所谓朝无幸位者矣。况又兼妇官言之，并详《集注》所略，岂其隘耶？千子习见同时不学之徒用经往往舛错而已，实亦未尽穷经之功，遂并集矢于前辈学有根柢之文，多见其不知量耳。且归太仆一节文中，亦有自“三农生九谷”，以迄“闲民转移执事”之语，千子独不敢批为隘，岂非但凭耳鉴，以名之重轻为文之是非者乎？

俞桐川曰：曹峨雪勋奋起明末，振万历、天启腐烂芜秽之习，而入之于妙悟，出之以风雅。辅嗣之名理、右军之文章，兼擅其胜，虽欲不传，其可得乎？甲辰以来四十年间，会元无可录者，李太青学先辈而枯，陈百史摹大家而浮，斟酌古今，调和文质，断推峨雪矣。

又曰：黎博庵先生元宽先督杭州关务，左挟簿书，右操国史，不自居俗吏，故视学下车之日，士林翔舞。遇试期，士子以文试质，即面定轩轾，商榷切劘，宛如家人父子，坦率和易。有一生请曰规例求宽，先生答曰：“本道元宽。”其善诙谐、能容人如此。当万历之末，文体靡秽，佛经、语录尽入于文，先生以《史》《汉》大家倡之，进于六经，然后浙人翩然群思学古。忌者中公，夺官之日，诸生遮道请留。道备尊亲，学兼文质，彬彬乎与薛方山媲美矣。

《四勿斋随笔》云：凡读先辈文，须择其可以开拓心胸者方于后学有益，如曹峨雪《敬鬼神而远之》文中二比云：“试思孝子之于亲，视膝视杖犹虑有轶敬焉，迨以鬼神事之而举废有时，远之及于三年矣，且远之及于五年矣，岂圣王忍为之疏阔哉？盖观于岁月之间，一日之内，即生成作息，犹不能不相其候，而知神之与人交，有未能数数然者，义所制也。试思仁人之于天，出王游衍犹惧有遗敬焉，及其鬼神事之而贵贱有等，远之不及境以外矣，且远之不及户以外矣，岂圣王敢为之越绝哉？盖观于庶类之生，五官之用，即视听持行，犹不能不守其域，而知人之于神覞，有未能一一邀者，义所裁也。”评者云：“借天、亲二义，实实讲出所以当远之故，伟思高谈，真足发人才慧。”

刘念台先生宗周正气嫉邪，孤忠自许，每持简趋朝，即引身而退，席不暇暖，去就毅然。其作《柳下惠为士师　节》文，固已自况矣，其前幅还他“三黜”云：“岑鼎何器，鲁君欲以赝，惠必以真，鲁君于是乎黜之。爰居何物，臧孙以为吉，惠以为凶，臧孙于是乎黜之。大袷太庙何事，僖公，闵公兄也，继闵公而立，夏父弗忌欲跻之，惠以为不祥而谤之，夏父弗忌于是乎黜之。”惠之黜遂至于三云。其后幅还他“枉道”云：“惠之父，无骇是也，附庸极何罪帅师入之，父未尝不教子枉也；即惠之母实生跖焉，跖日杀不辜，肝人肉，聚党数千人，横行天下，是母亦未尝禁子枉也。处惠之父母者可以枉，处惠之父母之邦者亦可以枉，而惠宁逍遥泽畔，不忍为咿喔龌龊之人，即一时义，亦必实事求是。”如此可想见其刚方之概，孰谓明文纯取虚机乎？

阎百诗曰：《集注》以法语、巽言作对，而正文与字之神不出，惟左萝石懋第文云：“言也者，所以匡救人也。人之流于失者或有万端，而我之匡救之者止持一法，则其势必穷，于是法语之言不得不巽以与言之，而言者之心亦大非获已矣。”还出正文与字，于理始足。

俞桐川曰：杨维斗于庚午荐贤书，馆阁争致之门下，虽终不遇，而名藉甚。为文直追守溪，唐、瞿以下蔑如也。尝偕钱吉士选《同文录》，一代风气皆其论定。吉士死于兵，维斗亦相继而没，可谓上不负君，下不负友者矣。

陈六扆廷训曰：杨维斗《学而时习之》文云：“学有或失则多者，此广侈泛涉以为多也。夫弟子之谊而有成人之规，象数之陈而有精义之入，习之者不移其途，而所习则已进乎其解矣，故时而习之则多，而非骛博之谓矣。学有或失则寡者，此因陋就简以为寡者也。夫百行之美而存乎一行之征，万物之义而视乎一物之格，所习者不改其故，而习之者则已变乎其说矣，故时以习之则寡，而非无闻之谓矣。”此为学字真谛，抉经之心，却又清空如话，幽讨极至，真当与大士、文止割据三分。

林畅园师曰：崇祯甲戌闱中，文湛持得首卷，决为陈大士，请作元。邻房项煜欲会元出其门，亦指一卷为杨维斗，相持不肯下。湛持曰：“但愿眼明耳。果维斗作会元，大士即第二，岂不极盛乎？”遂让之，及拆项卷，乃李青也，唱次名果陈际泰，满堂哄然，颂湛持法眼。项面黑，向称“项黑”，至是有“项黑得李青”之语。按：李青，字太青，金坛人。有《古之欲明明德于天下　节》文，极为陈百史所赏异，谓：“文至此可为千万人共见，在会元中亦不让石篑矣。”小讲云：“且所谓明明德者，兼新民、止至善而为言者也，故以无所不明为量，而以各有所明为功，则知先要焉。”后结云：“古之人惟知天下国家之明在身，故先修其身，以为明明德于天下之地；古之人惟知身心意知之明在物，故必格其物，以为明明德于天下之原。”此真名元手笔，项水心亦可谓具眼也。

俞桐川曰：黄陶庵先生馆钱牧斋家，日阅邸报，见朝政得失、时事废兴，作为文章皆本经济。既成进士，犹嗜学不衰，国步既移，即以身殉，遂成一代完人。故吾谓有制义以来，他人可言者未必可行，惟陶庵可行；他人能言者未必能行，惟陶庵能行。癸未一科，名士如林，而皆出于浮饰，大节既堕，文亦鲜传。惟陶庵发于至情，体于实践，故身名并烈。昔人云举业不患妨功，惟患夺志。若尽如陶庵先生者，则励志莫如文，又何患乎？

王耘渠评黄陶庵文云："世之诟病时文者，谓其气体之非古耳。若得左、马之笔，发孔、孟之理，岂不所托尤尊，而其传当更远乎？愚故谓有明制义，实直接《史》《汉》以来文章正统，得先生文悬之为鹄，其亦可以无疑也夫。"

林畅园师曰：陶庵馆于钱东涧家，为钱所重，然心非其所为，故作《见义不为》及《鄙夫事君》两文以刺之，所云："巽懦出于性生，则虽学问经术本异庸流，而举平日之所知所能，尽以佐其浮沉之具；畏葸积于阅历，则虽醇谨老成不无可取，而因此日之一前一却，遂以酿乎篡弑之阶。"当时以此文为酷肖东涧之为人，时东涧名正盛，而先生预知其晚败，醇儒之远鉴如此。

方望溪曰：黄蕴生文，较金、陈、章、罗气质略粗，而指事类情，肝胆呈露，精神自不可磨灭。又曰：金、黄二家之文，言及世道人心，便能使读者义理之心勃然而生，故知言者心之声，不可以伪为也。如《见义不为无勇也》篇与《人而无信 章》篇，皆脍炙人口，而"见义"篇尤卓炼。先生致命遂志与陈、夏诸公同，而平日立品尤过之，不依门户，不逐声气，盖方正恬淡之性自天授也。是文大抵感甲申陷贼诸人作，却皆题所应有，故非霸才。

阎百诗曰：余初晤陆元辅翼王，语其师黄陶庵《曲肱而枕》之文。余曰："凡字有体有用，如枕上声，体也、实也；去声，用也、虚也。此题《集注》云枕去声，奈何通篇俱作实物解乎？"翼王曰："题虽去声之枕，而文以上声之枕伴说，似亦无碍。"余曰："只缘承题云'至曲肱以为之枕'，点题云'称此而为枕，则枕必以曲肱矣'，知其通篇俱错认此字耳。"朱兰坡珔曰：阎百诗议陶庵以"枕"字即为荐首之物，至谓其不识字。窃谓一字分两音，一虚一实，乃后人所为，岂孔子时已有周沈四声之别耶？况实字原可作虚用，如戴《记》丧国之社屋之，《史记·伯夷传》左右欲兵之，扬子《法言》言子胥抉目东门曰眼之，正与此枕之文法相同。其余经史中，实字虚用者甚多，百诗通人，似不应为此语也。

又曰：黄陶庵《以防求为后于鲁　一节》文，起讲云："昔之臣，有得罪以死而仍为之立后者，叔牙是也；有得罪以奔而亦为之立后者，臧纥是也。是两者皆成于季氏，而武仲之事则尤有可论焉。"可谓能自断案。然按公孙敖以淫奔，而鲁人立文伯，文伯者名穀，敖之长子也，犹可解曰此成之于襄仲也。若叔孙侨如出奔，齐召叔孙豹于齐而立之，非季文子乎？臧昭伯从公伐季氏不克而出奔，乃立臧会，非季平子乎？只缘起讲尺幅太狭，不容多说，如《春秋》之属词比事，可以历历陈之，故仅取上二事。又黄陶庵《郊社之礼　二句》文，中比云："郊之礼有二，正月行之为祈谷，十一月行之为报本。"按：仲夏之月，大雩帝，非又一祈乎？季秋之月，大飨帝，非又一报乎？不皆于郊行之乎？参以陈用之言，古岁祭天者四，《诗序》云："夏祈谷于上帝。"又曰："丰年，秋冬报。"春祈谷，《左传》所谓"启蛰而郊"是；夏祈谷，所谓"龙见而雩"是；秋报，《月令》所谓"季秋人飨帝"是；冬报，《周礼》所谓"冬日至，于地上之圜丘"是。凡此正祭也，二为陶庵之所及，二为余之所补。对比云："社之礼亦有二，后土之祭在北郊，社稷之祭在国中。按：王为群姓立社曰大社，王自为立社为王社。王社所在，先儒或谓在大社之西，或谓在籍田，参以陈用之言，王与诸侯之社皆三，其二社所以尽祈报之诚，其胜国之社所以示鉴戒之理，是社亦有四，二为陶庵所遗。想当日陶庵博雅，岂反不记忆及此？只缘中比尺幅有限，故只得各以二事立义，亦其体使之然也。善乎魏冰叔之言曰："八股之法，病在于排比有定式。夫一题之义理，有博衍数十端，然后足以尽之者；有举其一端，扼要而无遗者。今必勒为排比，则是多端者不可尽而得，其一说而毕者，必将强为一说以对之，又必摹其出比之语，斤斤然句栉字比而不敢或乱。以之而译圣经贤传，其陋可知矣。”

徐存庵曰：崇祯壬午南闱《臣事君以忠》题文，纯是商声，自系气运使然。所异者卢幼哲、陆集生，词稍和平，便无意味，至采臣玉弼，竟多不祥语矣。惟陶庵此篇文，前幅光明古峻，全无臣道忠言格套，入后则直书所学，束句云：“正本清源以养其学，致命遂志以尽其才，昊天上帝以矢其诚，日星河岳以达其气。”更不殊文山之《正气歌》矣。按：文中有云：“未有一日之报，而先以百年养之，未有手足之劳，而先以心膂待之。”尤为痛心之言，恐戚价人当望而却步也。

又曰：黄陶庵《守望相助》文中二比云：“凡守者聚而处，望者散而布，聚之则苦其多也，散之又苦其寡也。今即平日之什伍联缀者，弯弧击柝而互生其形势。此为彼守，不必仰食于所守之家，故不厌多；彼为此望，不必身践其所望之处，故不嫌寡。是耰锄棘荆之间，而俨然有旗鼓之节矣。凡守者来而距，望者往而伺，彼来则恐其力不敌也，我往则恐其情不得也。今即平日之耦俱无猜者，献禽馌兽而训习于险阻。以八家为一家，守而实则自为守，故其力悉敌；以八家为一家，望而实则自为望，故其情悉得。是苧蒲褦襶之下，而森然有部勒之风矣。”评者谓其指画精详，有实实经济在，可以保甲，可以筹边。器识如斯，惜乎未得展其用也。

郑苏年师曰：《子贡欲去告朔之饩羊　章》文，陶庵作似在大士之上，在其本集中亦是高一格文字。后半幅云：“鲁诚无腆，然使日封一羊而弃之，于事胡伤？国诚后亡，然使岁取一礼而废之，于时何望？吾与赐为人臣子，得无于此少踌躇乎哉？”似此沉郁清疏，读之可歌可泣，岂得以帖括目之？

黄陶庵文有指切时事，最为雄快，如《〈秦誓〉曰如有一介臣　四节》文中云：“今自中主以下，其心皆知有子孙之当安，与黎民之无罪者也，究其所为，则一切不然。彼有以小察为知人之明，以多疑为御下之术，以吝惜诛赏为善核名实，以杂用贤奸为能立制防，其弊也，上下狐疑，枉直同贯，此不仁之一道也；则又有以忠蹇弼亮之人为奸慝，以阴贼佞邪之人为忠良，以公论为必不可容，以众智为皆莫已若，其弊也，群邪项领，方正戮没，此不仁之又一道也。”论者以为神、光、熹、怀四朝实录总序，其于邪正消长、治乱倚伏之机，不啻烛照而数计矣。

《四勿斋随笔》云：阎百诗谓黄陶庵《桃应　章》文，后四小比云：“盖以一夫之命，为轻于天子父之命者，此三代以下之论，非所施于上古；以父子之乐，为不如有天下之乐者，此豪杰以下之情，非所出于圣人。法申于宫禁，则人不可妄杀，而海内刑措矣；亲重于天下，则力无所不竭，而大孝锡类矣。”以为从此看出以天下养养之至来，为真经术文字。按：“以父子之乐，为不如有天下之乐”二句，毕竟碍理，非可以比较豪杰、圣人，不知陶庵文何以出此，而阎氏又何以赏此也。若阎氏所赏“曾子养曾皙”两段文云：“盖至请所与而惧可知也，惧中馈之不洁，而亲以为不必颁；至问有余而喜可知也，喜馂食之和甘，而亲以为有可共。则疾应之曰有而已，不必其果有余也；亲以为有余，是即有余也。”则真入神之语矣。

张惕庵曰：《小弁》之诗，实平王之不幸，人伦之大变，舍怨字别无以自处，岂反谈笑而道之？高叟之固，自不待言，但平王并非孝子，与舜天渊之隔，此诗亦宜臼之傅所为，非自出胸臆也。黄陶庵文云：“平王之孝可议，《小弁》之诗不可议。”圣人复起，不易斯言。又《凯风》传云：“美七子能慰母心，以成其志也。”鲁曾煜谓以七子言语触犯其母，欲弃之大归，其子惶恐作诗自责，其母复安其室。明人徐时进文云：“寒泉依其在浚，黄鸟怀以好音，安知不悔于厥心。”亦主此说。故云过小，盖此母并未改适也。

俞桐川曰：包宜壑尔庚于几社中，文最平实，陈、夏诸君屡讥之，乃刻苦砥砺，格遂一变。盖几社七子好读《文选》，然多用于骈俪，惟宜壑有峭拔之笔，摇曳之致耳。世人朗诵宜壑文数过，竟不能解，所谓过门大嚼之夫，与之烹清茗、食橄榄，徒觉烦苦厌人。知味之难，自古叹之。惟韩慕庐海内宗匠，生平最赏宜壑文，可以定宜壑矣。

又曰：几社名士首推陈卧子，卧子天才迅发，好上下古今，切合时务而敷以藻艳，《国风》好色，《小雅》怨诽，可谓兼之。艾东乡至云间，抗颜南面，惟卧子以少年与之争。东乡主理学，卧子主议论，东乡主秦汉，卧子主晋魏，互持不相下，至于攘臂。要其独主所见，不肯雷同，诚艺林盛事也。壮而力学，悔其少作，则东乡亦为称道勿置。申酉兵起，卧子致命，东乡亦殉难。入闽千里契合，故曰君子同归而殊途，一致而百虑也。

徐存庵曰：陈卧子之文，深于先秦、两汉，其为气也雄健实胜。《伐柯　一节》题文，清腴隽永，温恂孺以释氏桃花、庄生秋水喻其妙谛。予读其文，毕竟是雄健本色。

俞桐川曰：怀宗初服，国是渐非，文亦不振。金正希崛起为雄，力追古初，为文幽深矫拔，为启、祯之冠。身为儒臣，慷慨论列，既已告归，复感愤殉国。文章最高，忠义最烈，可谓无憾者矣。论者诮正希好禅学，其败也，为僧所愚；又好谈兵，卒亦死于兵。呜呼！狂澜既倒，大厦将倾，非一手一足之烈。君子竭力致命，惟其志耳，若夫成功，则天也。正希近佛，阳明亦近佛，正希好兵，鹿门亦好兵，有废有兴，成败之间岂可以论豪杰哉？

方望溪曰：金正希《德行颜渊　一节》文，脍炙人口久矣。往者李厚庵尝谓中二比义实浮浅，以拟诸贤，非伦也。其后肤学增饰其词，遂谓李氏深恶金、陈之文，以为乱世之音，此篇实无一字是处。不知《史记》之文，显悖于道者多矣，而呜咽淋漓，至今不废也。昔贤谓鲁《论》乃曾子、有子门人所记，在二子胸中自无此等拟议，至其门人追记诸贤之在难而寄以感愤，亦无大悖。此文立义虽粗，然生气郁勃，可以涤俗士之鄙情，开初学之思路，故为辨而存之，以警夫道听涂说者。

张惕庵曰："从其大体为大人"句，金正希文分在上、在下，语极警悚："在上之大人宵旰以为勤，人以为自奉之薄，而精一危微已判人禽于方寸之地；在下之大人安饱无所求，人以为不堪之忧，而动心忍性已决生死于忧乐之关。"又"心之官则思"句，只是论心之职守，"思则得之"二句，方分不失职、失职两层。艾千子文"以理治气，行乎感应之途而无差；以性驭情，握乎明聪之宰而不乱"，此"心之官则思"正面语，极有分寸。

王巳山曰：崇祯戊辰，金正希《身修而后家齐　三句》魁墨，运掉极奇变，而部勒极森严，直是通身神骨。惜入后作意掉捥，忽入数目字较量，此则弄巧入纤，好奇成凿，不得以先生故从为之辞。而近人往往慕效此种，是又丑人之矉其里矣。今节录其后幅文云："学易眩于物数之多少，故亲睦之事，族且以九；平章之事，姓渐以百；协和之风，方更以万。孑孑一身，无虑孤以处耶？岂知学莫大于彝伦之咸备，今立人之身即全其五，户庭之内已尚见三，朝野之地聊复存二。荡荡天下，不过类而广之，将学是务，乌得无差等哉？"

金正希《足食足兵　章》文，盖天盖地，同时能与之匹敌者，惟杨维节一篇，而意旨各别。维节破题云："系政于民而不得已之时，乃可为也。”已另具一手眼。讲下云：“顾此民也，足非旦夕之可足，信亦非旦夕之可信也。造物蓄息数十年，而我之经纶与之会耳。不然，生我丧乱之余，宁以不得已听民乎？古者天不畀纯，犹借百姓为存亡，岂无道以处此？祖宗休养数十年，而我之经纶可一新耳。不然，置我否闷之所，宁以不得已之民归君乎？古者仓卒受命，遂许吾君以驰驱，岂无道以处此？”后幅云：“所以圣贤举事，虽措手万难，而必不以无可奈何之说，轻于一掷；虽小信不用，亦断不以衰世苟且之法，与之漫尝。然而智计之士谈及去兵去食而色变者，何也？生死之说乱其中也。夫子断之曰：‘自古皆有死，民无信不立。’明乎此，夫然后可以足兵、可以去兵，可以足食、可以去食，而政无不可为矣。”王耘渠曰：“此看明子贡两问，是于未能全备三者之时，商其缓急，‘去’字犹云丢下那一项，先字犹云该重在那一项，非是原有三项时裁去那一项之谓。夫子之去兵、去食，以所去明所先，正是施为次第。末二句打穿后壁，更无辗转，归重‘信’字，不单黏去食说。”维节所见与正希划然两样，而浩气伟词，工力悉敌。《论语》一日在天壤，金、杨二文并当翼经而行也。

阎百诗曰：昔韩昌黎言，凡为文辞，须略识字。若今人之作时文，何须识字，但取热闹以悦观者之目足矣。如“见而民莫不敬”句，《集注》：“见，音现。”见，显也，露也，与相见之见，音义都别。而金正希此题文明云：“天下时入而见天子焉，天子时出而见天下焉。”竟认作“相见”字解，可乎？按：“见”字作两音，亦后人所分，与百诗议陶庵“曲肱而枕之”正同。然现乃俗体，古并无此字，必以为显露，则君之于民不识何者为显露也。且观下二句说言、说行，似金文亦未可厚非也。

俞桐川曰：陈大士产于贫家，常借邻人书读之，不受师傅，卒成大家。其学无所承藉，一览数行，手口耳目并用，质甚奇；

日构数十艺，作文盈万，才甚捷；变通先辈，自为面目，法甚高；为诸生时所作文，遍天下士大夫皆愿与交，名甚震，此宜速得志于天下矣。乃老而始遇，盖知其为大士，文虽拙亦工；不知为大士，文虽工亦拙。当时无论知不知，皆不知大士者也，安得尽如文湛持之巨眼乎？

阎百诗曰：少读陈大士《君取于吴为同姓　二句》文云："人主之令，有所行有所不行。曰必无敢为显言之攻，此令之必行者也；曰必不敢为微言之刺，此令之必不行者也。于是一国之中，有吴孟子之号矣。"孟子，昭公所自为称也。冠"吴"于孟子之上，则非昭公所自为称也。后读孔颖达疏《左传》："《论语》谓之吴孟子，是当时之言有称吴也。"乃知陈大士文实本于此。

徐存庵曰：科目之法，必欲书生而兼习天文、地理、律历、兵刑，无所不通，虽大贤亦有所不能。陈大士《无求备于一人》题文云"求全才势必至于无才"，是也。盖苛求非所以用人，兼理亦非所以任政，说到恕以收人才之用，即宽以存为政之体，两边并到，方能周至不偏。

黄璧庵曰：崇祯甲戌科会试，首题《其行己也恭　四句》，时陈大士先生卷出文湛持先生房，一见决为大士，与项水心力争会元不得，置第二。榜发果然，咸惜之。项误以李太青为杨维斗，人皆嘲之。今按：陈文末二比云："夫恭与敬，事之相合以为理者也，君子以己事君，而得其所行之大，使无兢业之心为主于内，将为人臣者之大节已乖；抑惠与义，事之相济以为功者也，君子得君以治民，而见其所行之实，使无竞绒之用矫拂其间，则为人长者之精神不备。"四句串合，有精思，有大义，不比他墨浑话。至中四比填实事切子产，与李太青同，然李作揣摩太过，未免近于绵密圆熟，不如此作之高足阔步，目空一世也。

名手遇合之文，必有一种不屑人知之意，惟深于此道者得之。

顾麟士曰：大士非字，乃其化身。先生才思敏练，闻有以疑义质先生者，辄口占以示，即未成章，或二股，或四股，每多精义，后遂集为《四书读》，稿中往往有前后足成之者。如《齐人伐燕　二章》文，直全载《四书读》中，但无破、承耳。盖先生当日止作口义一通，而其文之出没纵横遂至于是。

徐昭史曰：陈大士先生《充类至义之尽也》文凡五篇，前后诸作鹏骞猊抉，想穷天际，不可端倪。惟第二篇按理揆情，剖析精当，文之最醇者。向误刻萧伯玉名，今从藏稿正之。按：王巳山亦云："笔力瘦硬，自是先生本色，不容混入他家。先生一题数义者尽多，独此五义，当是同时兴到之作，可使读者细讨古人文心不竭，意境如辘轳之相引。家翁林以此为直接长沙《过秦》三论、柳州《西山》八记，分之则一篇自为首尾，合之则数篇自为首尾，而选家分离乖割，后学不睹其全，没却前人苦心矣。"

何太旃曰：时文之快且多，无如陈大士《四家稿》，所录才及三四百篇，《五家稿》广所未逮，亦不满六百篇。王巳山太史订《天崇十家》，增未刻稿几十篇。近周君汝和梓未刻稿三百余篇。余从王介眉觅得明文古文数十种，暨余家所藏若干，逐一检校，又得三十余篇，皆天盖楼及王、周二刻所不载者。盖大士才如江海，顷刻万变，又数十年，气运推移，故心思笔力亦随之而异。《五家稿》所录浑脱直到古人，王选则较清微矣，周选或专取平近矣。计大士稿之见于人间世者，仅及一千余篇，其蠹烂于梁间者，不知凡几。然有明执牛耳如震川、思泉诸先生传世之作，亦不能多于大士，其余声华藉甚，不旋踵求其勺沛不可得。时文世界甚隘，而大士独得留千余篇，未可为不幸矣。

《明史·文苑传》云：陈际泰，字大士，临川人。父流寓汀州武平，生于其地。家贫，不能从师，又无书，时取旁舍儿书，屏人窃诵。从外兄所获《书经》，四角已漫灭，且无句读，自以意识别之，遂通其义。十岁于外家药笼中见《诗经》，取而疾走，父见之怒，督往田，则携至田所，踞高阜而哦，遂毕生不忘。久之返临川，与艾南英辈以时文名天下。其为文敏甚，一日可二三十首，先后所作至万首，经生举业之富，无若际泰者。崇祯三年举于乡，又四年成进士，则年六十有八矣。按：陈大士《太乙山房稿》有自序一篇，足以觇大士为人为文之概，《明史·文苑传》语即从此出，不可不读。而时文家乃罕有知之者，因特录之。其言云："先大人西园先生生泰时，年四十三矣，爱泰特甚。及泰受室为人师，或就浴，犹为洗背。顾禁泰苦读，曰："此间小儿才读下《孟》，即走从举业。三婢顾瘦弱，自劳苦为。"三婢，泰小字，从女，贱者之称，以老年得子，故贱之甚、爱之甚也。泰家贫不能师，先生又不时得馆，又不忍使其子以读自苦，泰曰："恒苦形，可以佐贫，亦可以养心。苦形，儿不苦也。"取薪山中，拾粪道上，与其所教徒角逐争先，每一人兼两人之入。暇时取书于无人处偷读之，而苦于无书。八岁时从姨兄罗汝士得《书经》，四角皆漫灭无稜，而中顾无点，凡不可句者以意看注得之，凡字不可识者以意切声得之，二者至今用之不谬。十岁，一日侵晨走五六里，至迎峰叔家，从药笼中搜甘草啖之而得其《毛诗》本，如获天球，然妒其子见夺，因窃藏袖中携归，婶氏呼"三婢吃早粥"，去不顾也。父见袖中物，索得之，大不怿："儿又忤我矣，大窝口看秧去。"携之住田所，田左倚丛蔚，右为高岸，下防飞鸟食谷种也，而顾左防虎，因踞右之高田，坐石上，并其诗遍读之，从"关关"至"寝成孔安"，凡二十遍。十日秧出水，试覆卷暗诵，略皆上口，复日侵晨，至叔家置药笼底，叔与叔子尚不知也。是年冬月，从族舅钟济川借

《三国演义》，向墙角曝背观之。母呼食粥不应，呼午饭又不应，即饥，索粥饭皆冷，母捉襟将与杖，既而释之。母或饭济川，问：“舅何故借而甥书，书上载有人马相杀事，甥耽之大废眠食。”泰亟应口曰：“儿非看人物，看人物下截字也，已悉之矣。”济川不信也，试挑之，如流水。十四岁则代父管蒙馆，自此遂住馆。一日复从济川借《残唐传》，济川初不知别有《汉书》《唐书》，以为《残唐》即是也，回札云：“当今天子重文章，足下何须诵汉唐。”时居深山，朋友无有习文章者，问济川云：“舅，文章何等也?”曰：“墨卷。”归，问父墨卷何等书也，父为大言自靳曰：“予无书不读，未识所谓墨卷者。”问钟美政乃得墨卷所由名，授之以郭青螺先生所选八十一篇，讽之如儿女说话。尔后凡写家信与寻常客子书皆用八股法，然泛观之，未尝知有所谓破、承者。一日见郝鹿野《说书序》云：“破、承者，行文之冠弁。”因知文有破、承，取八十一篇覆之，果然。自以其意为文，得二寸许，不自信又自喜也。二十岁馆乾上，丘先生一敬问其主人翁：“是中有可共谈者乎?”主人翁曰：“吾家小儿师陈生可使也。”因呼共饮。丘，故上杭诸生推博雅者，而泰聪明之名早已达其耳。以经史诸书试泰，泰辄累幅不休，曰：“子真异人，然奈何但为目治，而不手治乎?”盖讥泰不为文也，而不知泰固为文也，因出其箧中所云二寸许者共观之，丘因舌挢而不能下，约次年共为社会。次年丘果馆洋背，泰亦移馆罗坑，相去不二里而近，题至文往，及乎午饭者少矣。然从丘先生诸富儿，以其粟傲予曰：“江西小儿，何足言哉!”偶至其处，则用以试其手搏仆之地，予故不往，先生亦不以文归。积数月，先生留之宿，先生就浴，泰从先生席下得先生手录百余篇，皆天下名士之文，泰文二十篇在焉，而署其下乃曰程子。以程易陈，讳莫如深，所以杀诸富儿之妒也。归临川祖居，本房甚贫，不能具饘粥，而得族侄湛泉公与其二子文学洪谟、洪范。既免饥寒，因得侍聂一舆先生。先生故名宿，凡毛伯、文止登翼，虽为童子，皆其所指名。谓湛泉曰：“君家痴叔，固应与毛伯诸君子并驾争先也。”就邑师沧孺袁公试童子。则已冠童子，是岁为庚子。与毛伯、文止、大力、千子并为诸生，似逆旅之人，不及温和，然其业并以嬴出，为道而不相谋。泰文凡数变，然其意皆以一己之精神，透圣贤之义旨为宗，而所独得者乃在分股。前人定为八股者，言之不已而再言之，明为必如是而后尽也。若每股合掌，则四股可矣，何必八股哉？而病不止此也，将并其一股而忘之，何者？对股与出股一字不同，对股既严，而后出股不苟，若二股一概而同之，则出股无论接句，即开头一句已苟无思矣，此并一股而忘之之说也。然不合掌又非于题外求不合掌也，一字不移，是八寸三分头巾，随人可戴也，病又不在世俗合掌下。必明于此，而后文始刻，始高，行文之手始快。至于微远以取致，博奥以取理，所谓加务善之而所要不存焉。凡为文而使人得效之，已非立言之本，而效之在肤与效之逾量，又非也。

方望溪曰：凡文之暴见于世，愈久而不湮者，必前未有比，后可为法理。题文前此多直用先儒语以诂之，至陈、章辈出，乃挹取群言，自出精意与相发明，故能高步一时，终莫之逾也。

《搜玉集》云：陈大士子孝威、孝逸，并有文采，庚子随父应邑令张采决科，半日各得七义。采贻书张溥，击赏之，刻大士临场新艺，以孝威兄弟半日七义附焉。大士旋举是科乡试，尝与友言：“威、逸二儿颇好学能文，俱可一日十余义，天之迟弟如此，殆将以取偿之道寄诸儿，而未敢必也。然而老秃翁所借以娱暮齿者具是矣。”甲戌登第，家报云：“威、逸二儿可勉励攻苦，兄弟俱有隽才，不宜自满自弱，失上天所以予之之意，与老父所以望之之心。曲体我怀，好行其德，学做好人，勤俭雅慎，助成老父一个贤乡绅。决不可大言大语，美衣美食，为所不当为也。"孝威有《痴山集》，孝逸有《壶山集》。李石台刻大士《已吾集》、附威、逸集于后。孝逸又搜辑章、罗遗稿以传。尝语傅平叔曰："大力、文止二先生文，若不遇逸为之拾遗补佚，不几如王叔度有行无文耶?"

林畅园师尝以王柳潭自超时文授余，为言柳潭举崇祯壬午乡试，癸未成进士，选庶常。甲申后遁归，隐于僧寺，而文稿盛行于时，虽熊钟陵亦不免袭用其语。康熙间，先辈云："王柳潭文不满五十篇，而本朝借以成进士者三百余人。"其见重于时如此，即方望溪选《十家文矩》亦不遗之。自金坛之派行，而柳潭之焰始衰矣。

又曰：王柳潭文，人但赏其才气横溢，而不知其清夷淡折处最足移人。如《君使臣以礼　二句》文，起比云："天子有什伯庸众之才，高居黄屋，其身已足为臣下之所畏，与人共事而使人畏，不可也。祖宗本自有法，出之郑重人则畏矣，出之不甚郑重人愈畏矣，古人有感于堂陛之间也。许人以父母之身，慷慨而来，其心已足为天子之所疑，终身事人而使人疑，不可也。性情本所自有，出之吝惜人乃疑矣，出之不甚吝惜人愈疑矣，古人有慨于北面之文也。"一重一掩，所谓深人无浅语矣。

俞桐川曰：干将铸剑，其妻莫邪自投炉中而剑成。夫剑，小技也，夫杀其妻，妻乃自杀，不惜其生以精其技，古人之专也如是。闻戚价人于壬午闱中，漏下数刻，呕血数升，仅成首艺，故其墨直驾陶庵而上。阅其全稿，率皆性命以之。故予谓价人之文，亦犹莫邪之于剑而已。

徐存庵曰：戚价人作《学而时习　全章》，文末云："若此者终身终古为之，其诣不必竟也；一人一日为之，其候即有验也。未至不能举，似已至又难名，言学者自得之而自信之而已。"

如此数言，非实有体认人不能道，似又不专从刻苦中来者。

孟瓶庵师曰：戚价人文促音急节，未改几社遗规，惟《臣事君以忠》篇切响坚光，实足以式浮振靡。此篇为崇祯壬午闱艺，相传在矮檐中苦思结构，至于咯红满壁而不自知，果为房师来元成所赏，作者、识者一时争叹服焉。按：徐存庵谓戚价人此题文中有云："禹、皋、伊、旦，中晚即无此数人，此道自在天壤。"对比云："诚意正心，今日即不列王庭，此事自盟学问。"初读之警拔非常，细加研审，遂见语病。夫圣贤何代不生，朝廷之上岂不讲学？即如春秋之末有孔子，战国之际有孟子，何得直断之曰"无此数人"，又曰"不列王庭"乎？存庵此论，似刻而未可重非，操觚者能加慎重，至此自不敢轻易下笔，亦精益求精之法也。

林畅园师曰：德清章云李金牧之文，惊才绝艳，而不为时辈所推，乃抱其文稿入空山，对丛冢骷髅诵之，既不能应，则痛哭曰："已矣乎！吾文微但人不知，即鬼亦不识也。"后俞长城选入《百二十名家》，而云李之名始显，至乾隆间而盛行，操觚家无有不读其文者。自金坛之派行而云李遂微，几于烟消烬灭，然间取而诵之，光焰自万丈也。檀吉甫尝言："时文家习熟陈腐之理语，几于撑肠拄腹，云李之文一入，定有蹙破菜园之梦，宜其为人所吐弃。然推倒一世之智勇，拓开万古之心胸，终不可废也。"斯持平之论矣。

郑苏年师曰："临事而惧，好谋而成"二语，时文家多能切实发挥，亦时有名理，而最惊心骇目者，无过章云李数行，如云："何道不本圣贤，我心敢不兢惕；何事不因君父，我心敢不靖共。鬼神伏于人心，不召之则不至；阴阳杂于血气，不聚之则不神。"似此设想，皆从周秦诸子分来，非耳目近玩也。后来望溪文似尚说未到此。

阮吾山曰：史道邻阁部殉节时，尚无嗣息。雍正初，邓东长宗伯钟岳督学江左，试日有童生史姓，年四十余，其祖名可法，询之则忠正公孙也。盖督师赴扬，寄孥白下，有孕妾于沧桑后生一子，延史氏之脉，因家焉。邓公遍询诸老生，对无异词，及阅其文，疵累百出，邓公曰："是不可以文论。"录入邑庠，而刻石署壁以记其事，俾后之视学毋凭文黜陟。故史生得以青衿终，而家亦稍裕焉。天之祚忠节不绝其后，洵非偶然也。

先叔父太常公《芝音阁杂著》云：千古之奇文，必待千古之奇人发之。诚系其人之胸襟本领，非寻行数墨所可几也。即如"若圣与仁"章，作者但能肖圣贤之心，善言学问之意足矣，而史道邻阁部独出手眼，凿凿言之，不谓之奇人、奇文不得也。其词云："圣人不欲终圣仁之统，而与弟子共留之焉。盖圣仁以夫子为终，非以为诲衍之，将弟子而后更谁学之乎？尝闻能受人益易，无受天损难，是故全乎人不若全乎天，然而全乎天曷若全乎己？天下事必自我操之则四海无功，不自我深之则百年无学。圣人于此，以己之学救弟子之穷，即以弟子之学救圣仁之穷，由此道也。若夫子，非当世所共尊为圣仁而愿学之者哉？然圣仁之统虽以夫子为终，而学人之修实以夫子为始。使其尊圣仁而孤处焉，无论凡庸退避，将疑绝学之穷；或极学力攀援，究致统绪之绝。夫子所以观一身、观天下而急以为诲，为弟子告也，就圣仁之欲竟者借为诲以续之，而至极之理始不即于孤，且圣仁之已见者得为诲以新之，而日变之途愈莫穷其致，是徒谢圣仁之名，而退然不胜也哉！极神化于一往，则愿想所至，即是他人争赴之阶；而偕遵涂于不知，则过续相生，亦谁不在变通之内。夫子固曰吾与天下后世相质于无穷者，此岂敢一念云尔？今试静而思焉，乃知圣仁之事虽经屡迁，而志力终于无已，即圣仁之人不必相接，而脉理自可相生，但使此岂敢一念，日往日来则群圣之气得，一人鼓倡而统绪可尊也。且百世之心从吾党，遍启而隐微俱动也，公西华能无爽然于不能学也哉？得其所谓不能者，则圣仁也，为诲也，俱往复于无端，而圣仁之统，其不自夫子而终也夫。”徐存庵评曰：“通篇立意，原以开辟自任，有矢口即足千秋之概，而实按之，又复义理精确，此数百年来人物精英灿著于尺幅中者。其声调、气味、骨性、笔路，无一不似黄石斋也。”

阎百诗曰：《聘礼》：“记：辞多则史，少则不达。辞苟足以达，义之至也。”世皆不知“辞达而已矣”句实出于此。李腾芳《辞达而已矣》文云：“彼千夫并虑而一语忽得，其乐可以忘忧；若万变盈前而毫发有碍，其忧甚于废食。”亦名言也。

俞桐川曰：徐思旷方广制义采不夺目，声不震耳，诵之如含雪咀梅，寒香之气沁入心脾，此固难为知之，惟艾东乡深赏之。数十年来，因东乡而遂有录思旷文者，实皆不知思旷者也。

阎百诗曰：徐方广《女安则为之　节》文结尾云：“噫！吾由是而知纵有大无道之事，不能胜天下之安之者矣。”直说到楚太子商臣曰能一辈人上。

王耘渠曰：徐思旷文以灵隽胜，人或谓在正希、大士之上，然精能之至，反造疏淡，实有金、陈所未诣及者。如《子谓仲弓　节》文云：“夫以骍角之故，而谓犁牛亦足以荐歆，可不可也？则以犁牛之故，而谓骍角亦因而获吐，可不可也？”艾千子评以为使我掩卷思之终日不能已，盖笔墨之痕，至是而尽化矣。

徐存庵曰：方密之以智《何谓知言　一节》题文，后四比云：“一时皆喜为新论，而将来遂传为异书，一人倡而百家并起，其心亡，其发不觉也；学士惊慕以为美谈，国家动信以为要术，大纲失而凡事皆谬，其害甚，其言愈炽也甚。或明知其有害而附和之，且驾言圣人为不足道焉，吾恐天下后世，有敢以邪说为经者矣；甚且明知其非圣而好尚之，又借言圣人本与之同焉，吾恐天下后世，有群以异端为师者矣。”按：康熙间，湖广有朱方旦者，聚徒横议，造《中说补》，谓中道在两眉之间，山根之上，自诩前知，出入军营以决人休咎，大江南北多所蛊惑。华亭王鸿绪得其所著《中质秘书》，乃上疏劾其诬罔君上、悖逆圣道、摇惑人心三大罪，始逮治伏法。当方密之作文时，此孽早已萌芽，后二比切中陷溺一辈之隐，文字所关讵不大哉？

又曰："饭疏食"三句，非若清旷飘渺，害马去而世事捐，如一部《南华经》也。"不义而富且贵"二句，非若大丈夫得意之余，回头寂寞，如半枕黄粱梦也。拈此等题，当寻圣贤真正学问，看先辈实落揣摩。崇祯庚辰，孙淡一自一文起句云："今夫贫贱岂易处哉？千古惟宜富贵之人而后可以处贫贱也。即富贵岂易处哉？千古惟能贫贱之人而后可以处富贵也。"数句便是格言。万历状元张君一以诚破题云："圣心有真乐，自可以轻天下之遇矣。"二语便是题解。

又曰：邵二泉宝时文，俞氏《百二十名家集》所未载，余录得《子路有闻　全节》文云："贤者闻善，欲遂必行之，心先怀不给之惧，盖闻善必行，子路之志也。有未行焉，则于其继闻者，能无惧于怀也哉？昔者子路之在圣门，有兼人之资，有斯行之勇。讲道论政，上闻善言于师；考德问业，下闻善言于友。远而典籍之所闻，皆为善之资；微而刍荛之所闻，皆进善之地。朝闻之，朝行之，其心慰矣，然而拟议之间，允迪或稽于宿诺，宁无未能者乎？夕闻之，夕行之，其心慊矣，然而举措之际，实践或违于聪听，宁无未能者乎？事几虽未遇也，而每患日之不足；时势虽未遑也，而尝耻躬之不逮。黾勉方勤而惓惓于念虑者，惟恐其复有所闻焉，非不乐于闻也，力不称乎其心，后闻之洊至，将前闻之益壅也；刻励方切而惴惴于思维者，惟恐其后有所闻焉，非不喜于闻也，才不副乎其志，新闻之继来，将旧闻之益滞也。闻而不尊，惧有损于高明；知而不行，惧有累于光大，子路之为人固如是乎?”评者谓短兵相接，如许变化，制义之可传赖此。

项煜文爽利有余，蕴藉不足，喜之者虽多，而余雅不欲举业家学之，亦因人而薄其文也。有《东野堂稿》，汪钝翁叙云:“余闻诸父师，当明神宗之季，吾吴朱孝介先生文望甚炽，以乡进士家居教授，户外之屦恒满，项宫詹仲昭，其高弟子之一也。每科试之岁，诸生以私课奉教于朱先生，先生辄决之曰某当售，某当速售，某某决不售。秋榜发，无不验者。独喜宫詹所作，以为绝伦，每一篇出，必传示诸生，为之吟赏不已。未几，而宫詹岁、科两试俱第一，遂联取科第以去。由是宫詹之文名大噪，而朱先生知文之名亦益著。今宫詹遗稿具在，论者恒疑其怪怪奇奇，至比诸诗中之李贺、文中之樊宗师，不知其问学有根源，词语有根柢，类皆得之先辈大家，非若后生晚进束书不观者比也。抑余舅氏徐文靖公，亦游孝介之门，与宫詹同学。天启甲子秋，宫詹既捷，而文靖被黜。文靖虚心请益，孝介默然，久之乃曰:“子所业非不如某也，惟某文较有新色耳。”文靖跃然而去，甫三年，亦联取科第。最后文靖请告在里，其诲诱琬辈者，犹持新之一言，盖先辈论文如此。

前明张西铭先生，最推重周介生钟时义。余尝觅其稿读之，则瑕瑜不相掩，文后宋侍御、钱青臣各评语，亦毁誉并下，然终因其人而不重其文。吴懋政选《天崇百篇》，评云:“通阅周介生全稿，气体阔大而骨力甚平，后来庸熟墨卷滥觞于此。”则并其文而诋諆之。邹乾一序至比之《剧秦美新》，尤可叹也。

《同文录》云:林子野先生垒稿仅二十篇，其自序尚以为有不存者，所见如此，文安得不传?按:子野，吾乡福清人。志节峻厉，为胜国完人。草书入颠、素之室，时文不多见，其二十篇稿，访之里中，讫不可得。惟《甲癸集》有《道之以政　章》一篇，后二比隽永深折，如披异书，余已录入《闽文复古编》。

张惕庵曰："季子不得之邹，储子得之平陆"，惟明人汪青湖应轸文说得明晰，文云："为任处守，主君不在，正四邻窥伺之秋；恩信未孚，暂时守国，乃衅起萧墙之日。此时礼贤之意虽勤，亦不可越国。储子任非处守，本不甚关轻重；位居国相，正宜屈己下贤。况平陆又在境内，非越境私交也。"艾千子云："先辈于此等题，亦从经济揣摩而出，凡读书、作文可以类推。"

"叶公问政"章，所谓近说远来，只是效验，不言设施，必是楚有苛政，不悦于民，故以此告之。言近者说，则远者自来，略侧卸乃得。明人徐麟高作此题文，竟以楚疲其民以蚕食中夏，故因叶公之问以止之，以争郑县陈指来远之事，不知方城、汉水之内已有不说者。子胥覆楚，白公作乱，是其证也。

"自反而不缩""自反而缩"，"自反"二字有战战兢兢之象。前明熊鱼山时文云："吾人羞恶之心最明，不直之际，有人辱我、詈我，犹自可堪，惟有人敬我、畏我，反不觉泚然汗下，无地可以自容；吾人方正之心独健，理直之际，有人附我、和我，犹自气平，惟有人摧我、折我，遂不竟奋然欲前，无刻可以少缓。"说"惴褐宽博"与"千万人吾往"两面，极其透切。

又曰：明人曹石霞，名士也。作《鲁欲使慎子为将军》文，以鲁为齐弱久矣，本不敢觊觎齐地，值燕昭王复仇，乐毅下齐七十余城，鲁于此时欲乘衅而动，取南阳之地。其说恰中情理，盖慎子亦非愚无知者，齐若无衅，岂敢妄动？至于后来乐毅奔赵，齐地尽复，田单破燕之后，率强兵责取南阳，鲁将何以御之？小人谋国但见目前，往往如此也。按：石霞，名允昌，麻城人。崇祯己卯解元，癸未进士。洪文襄曾檄致军中，佯狂谩语，醉吐洪茵，又以诗诮之，乃遣归。

又曰：许行一人即有徒数十，陈相、陈辛接踵而至，若远方又复闻风慕义，则尽滕民之田，不足以处之。滕君好虚名，滕民受实害，井田断不可行，不待其词之毕矣。明人时文有云："楚欲灭滕，滕行仁政，民心固结不可解。则环而攻之，难以取胜，特使许行为奸人以阻之，陈相兄弟为其所愚也。"此说得之。

杨芸士文荪云：黄陶庵《鄙夫可与事君也与欤哉　全章》文，说者以为刺某公而作。吕念恭瞿良亦有是题文，专就"与"字发论，文云："有人焉，具经营一世之才略，而惜其误用于身家；有转移君国之机权，而惜乎但知有富贵。自世言之，重臣也，才相也。自吾言之，鄙夫也。其得也，良史讥之，清流喟之，而与之者未尝与其荣，其得而终不无失也。当时罪之，后世监之，而与之者且与同其败，则奈何同立一朝，同事一君，而代他人受诟哉？由是知世有乱臣，非其志与为乱也，极庸臣之态而遂以成乱臣之谋；世有党臣，非其心与为党也，安具臣之名而不觉受党臣之目。可无戒哉，可无戒哉！"真目击心痛之言也。

又曰：天下惟胥吏最难安顿，后世上自公卿，下至守令，总不能出此辈圈禶。刑名簿书出其手，典故宪令出其手，甚至于兵枢政要，迟速进退，无不出其手，使一刻无此辈，则宰相亦束手矣，皆由安顿不得其法。差役、雇役，议论纷纭，迄无良策。读《孟子》"周室班爵禄"一章，于庶人在官者言之至再至三，知圣贤之用意深切，三代之致治，未尝不由此也。海盐彭仲谋孙贻《耕者之所获　一节》题文中有云："吾筹之，其汰禄乎，田溢矣，病吏奈何，且病吏则文而舞也；其府禄乎，食夥矣，耗国奈何，且耗国则牟而蠹也。莫若等其食于农夫，而计其获于耕者。"后比有云："是以天子南面而萧然忧贫，苟以农夫之上、中、下次之，则魁武而文无害者，尽驱之南亩，是管仲乡遂之遗也；是以吏豪于乡而田富不事，苟一以耕者之九人、八人、七人、六人、五人之食制之，则抱牒而食于公者，尽辟其闲田，是公刘彻粮之法也。"于古今制度错综言之，可谓深达治体。

朱春门篪曰：近读季元仲世熊《寒支集》中载有丘义所作《之其所哀矜而辟焉》文。按：丘义，字明大，汀州之宁化丘坊人。崇祯末，补弟子员。甲申后，义不就试，其父诘之，对曰："世代既变，人心亦变，即文字亦变。以前文应今试，徒取黜辱，无益也。"父曰："不必言遇合，但功令严耳。"义乃就试，题为"之其所哀矜而辟焉"，督学闻公阅而判曰："文心如此，何必应试？"除名免责。榜揭而诸生哗然，取原卷争相传写，一时纸贵，义以詈诸生而名益噪。其文云："当可哀可矜之世，必无不哀不矜之人；世有辟于哀矜之人，必世有不胜哀矜之事也。今夫无怙无恃，哀之至也。乃至宗庙丘墟、鼎社迁改，哀又过之。《诗》所谓'哀恫中国，且赘卒荒'是也。更取父母之遗体而毁伤之，取圣王之冠裳而灭裂之，哀哉，'维今之人，不尚有旧'哉！鳏寡孤独，矜之至也，乃至天潢沟壑、宫阃泥涂，矜百倍之。《诗》所谓'爰及矜人，哀此鳏寡'抑未矣，更取匹耦而秽乱之。夫鳏而妻不寡，取耄倪而仆隶之，父独而子不孤，哀哉，'倬彼昊天，宁不我矜'哉！乃哀未毕也，而和悦继之，髡钳之不为辱，呼蹙之不为愤，即屠门覆祀不敢仇也；矜未毕也，而安乐继之，谓他人父而忘其孤，谓他人夫而忘其寡，他人不子不妻，而奴婢之不悔其贱也。此之谓失其本心，故曰哀莫大于心死，而形死次之。吾哀夫当哀而不知哀者，又哀夫已不能自哀而反哀他人之哀者，又哀夫己不哀而反禁人之哀者，又哀夫恣胸行臆挤人于可哀可矜而自为愉快者，又哀夫助虐相淫陷万家于可哀可矜而仅奉一人欢笑者。盖至此而荼毒攒心，无可告诉，徒饮痛衔恤而已，岂非之其所哀矜而辟乎？"按：此目击崇祯末年情事，借题以抒其愤激之心，异人异文，宜于寒支有默契焉。又按：提学道闵公名度，字裴卿，浙江乌程人，前明进士。其料理此生，亦可谓宽严并济矣。

制义丛话卷之八

纪文达师曰：国朝制义，自以刘黄冈、熊汉阳、李文贞、韩文懿为四大家。其继起足称后劲者，断推桐城方望溪。乾隆初，奉敕录前明及本朝四书文，以桐城总其事，仰见圣人知人善任，后有作者弗可及矣。顾黄冈、汉阳、桐城皆萃毕生之精力，始得专门名家，而安溪、长洲二公则以名臣而兼工此事，尤为其所难。且长洲本以制义受知通显，后亦专以文章报国。惟安溪以经文纬武之略，际喜起明良之朝，道学、政事、文章一以贯之而出，其绪余以为制义，亦复能涵盖一世，润色千秋，其本领又应在长洲之右矣。至同时名流辈出，盖有不受诸家之范围者，或以经术胜，或以笔仗雄。国初规模，令人不可方物，选本俱在，又岂前明洪、永诸公所可同日而语也哉？

王巳山曰：我朝于顺治乙酉开科取士，诸墨皆深醇苍劲，浑然一开国规模。如顺天贺公应旌墨，实以精气，纬以英思，从前选本胥录此为开国首篇。后来多有逸之者，今覆按之，自足式靡，不可废也。

孟瓶庵师曰：往时选家评论本朝时文，首推熊钟陵，次及刘黄冈。惟俞长城录《百二十名家文》，以刘觉岸思敬冠熊、刘之前，谓觉岸文幽深峭拔，自开生面，似不在钟陵之下。采芝堂十九首乃其自订，心得神会，难以告人，宜选家之见遗云云。余终不敢以为然也。

张惕庵曰：前辈刘觉岸文，以有若盍彻之对，为兴鲁之策，大是妙论。夫无故而言减赋，在三家必以为不便，且反生其疑心。若乘此年饥之际，下片纸哀痛之词，复从前维正之额，将使境内欣欣如出汤火，民心聚于下，主权尊于上。季氏何待翦除，叔孟何烦裁制？盖民皆君民，则用皆君用矣，又何论足不足哉？惜乎哀公之不能也。

胡燮斋曰：《日知录》引陈后山《谈丛》，言荆公经义行，举子专诵王氏章句而不解经义，荆公悔之曰："本欲变学究为秀才，不谓变秀才为学究也。"岂知数百年之后，并学究而非其本质。此法不变，则人才日至于消耗，学术日至于荒陋，而五帝三王之天下，将不知其所终。余谓亭林先生此言，并非欲因噎废食也。何义门《行远集》跋亭林《且比化者　二句》题文，谓可与文集中《齐四王冢记》并读，以时文论，亦逼真鹤滩殿撰也。亭林先生初名绛，其少作即熟精经学，见推于孙若士、宋上木、钱吉士诸选家，然后生罕有知者。甲戌之冬，华阴王丈山史来吴中，以所定先正制义示焯，始得见五篇，敬录此作，庶来者知通天地人之谓儒，亦从举子时早定根柢耳。观义门跋语，则亭林非不工时文者，工时文而痛诋时文若此，彼盖疾夫借圣贤之言为梯荣钓宠之术，转相摹仿，愈趋愈下，遂发此过激之论耳。

俞桐川曰：左氏内外传载史臣之言甚博，史伯论周室兴亡，史墨论龙见，观射父论重黎，内史过论神降，皆援古证今，确然可据。盖三代史官无不博物，至司马公网罗百代，抵牾已多，班、范而下仅志一朝，且遑遑不足，古今人不相及如此。国初刘克猷应运而兴，其文融贯六经，而更长于论古。惟年之不永，著作罕传，设天假之年，则胜朝纪载一夔已足矣。余既嗜先生之文，而更读其廷对之策，开国规模，议论凿然。然则先生可传不特以时文，而惜乎未竟其用也。

《四勿斋随笔》云：前明廷对之策，率用骈体旧调。国初开科，傅以渐首魁天下，亦仍其习。至顺治六年己丑科，上始临轩亲策，制曰：“从古帝王，以天下为一家。予自入中原以来，满、汉曾无异视，而远迩百姓犹未同风，岂满人尚质，汉人尚文，习俗或不同欤？抑音语未通，意见偶殊，畛域尚未化欤？今欲联满、汉为一体，使之同心合力，欢然无间，何道而可？要言可行，不用四六旧套，予将亲览焉。”刘子壮对曰：“臣闻人君致治，在力行不在多言，人臣进言，与其文毋宁其质。夫帝王以天下为一家，则满、汉皆一家也，然朝廷虽无异视，而百姓不能不异也，即满人、汉人亦不能不相异也。百姓之所以异视者何也？边防之外，愚懦之民见一满人则先惊之矣，又有挟之为重者以相恐。其实满人之与汉人未尝不相爱也，处事未尝不明，守法未尝不坚，居身未尝不廉也。而小民预有畏怯之意，虽其极有理之事，尝恐不能自直于前，则其势不能以卒合。而又时当革命之初，民重其生，是以虽有相爱之诚而不敢相信，虽无相陵之意而先以自怯，此百姓之所为异也。满、汉之不能不相异者何也？满人有开创之功，其权不得不重；满人有勤劳之绩，其势不得不隆。汉人虽处尊贵之位，其力固不敢相抗，其志固不能必行也。其中自专者，未免轻汉人为善狡、为朋交；其中自疑者，未免惧满人之多强、之多势。是以有怀而不能相喻，有才而不能自尽也，此满、汉之相为异也。今欲去其异而同之，臣谓满人尚质，以文辅之；汉人尚文，以质辅之。其以文辅之者，设满学焉，或于国子监，或于教习、庶吉士，使读《四书》以通其理，观《通鉴纲目》以习其事，限为岁月以考之，则可以知奉教之人即为他日守法之人，又可以察其才之所堪，以为选授之地。其朴者教之礼数以知谦让，通之市易以知义利，同之好恶以达其意，通之交游以习其情，日渐月积，至于化而相忘之矣。其以质辅之者，凡在官以实事责之，如选授之公，于所选之人参举多少知之；钱谷之慎，于所掌之务出入清慎知之；司教者，于风俗美恶、人才盛衰察之；典戎者，于民生安扰、盗贼平定察之。监司以属吏奉法、举劾当可为考，有土田开垦、民人归业为课。凡在民以实心责之，如往来，毋以其少文而畏其难近；如事理，毋以其好胜而惧其相侵；如贸易，毋疑其贪狠而设为冒欺；如居处，毋厌其鄙固而多所弃远。如是则习俗虽不齐，道德同之也；音语虽未通，气类习之也；意见虽偶殊，义理达之也。一文一质，方将变通古今，转移造物，而何所不化之畛域哉？抑臣所祈者，愿复古日御便殿之制，令大臣如唐虞君臣之论道，取章奏面相议订，谏官仍得于仗下封驳，则上下情通，满、汉道合，中外权均；宰相不仅以奉行为职，卿贰不仅以署纸为能，则中心隐微皆可告语，而海荒万里如在目前。此古和衷之美也，又何远近百姓之风之不可同欤？”黄冈时文为本朝弁冕，而此策亦开国有数文字，读黄冈时文者，不可不兼读此也。

张惕庵曰：国初文章巨公，壬辰之唐、戚，犹己丑之熊、刘也。熊文宽博，似董江都；刘文雄俊，似贾长沙。熊历官至少宗伯，督学畿辅，有贤声。今幽、冀间言学政能振兴多士者，首推汉阳，次安溪也。刘终于殿撰。戚得第后不与馆选，授陕西县令，前任亏官帑，戚为所累，羁狱中十余年。唐以御史巡视陕西茶马，至甘州脱左骖，赎之乃得归。唐文凌纸怪发，似韩昌黎；戚文幽挚沈刻，似柳柳州。一修一促，一亨一屯，与前贤亦复遥遥相对也。

俞桐川曰：有明之季，文体芜秽，晦冥蒙翳，与运相符。丙戌、丁亥，草昧渐开，至于己丑，主司既执先正法律衡天下士，名公硕儒起而应之，熊钟陵先生其较著者也。昔艾千子之论文也主理，钱吉士之论文也主法，而狂澜既倒不能复回。先生主试两浙，督学京师，乃取艾、钱诸选发扬鼓励，于是天下向风，典型如故，一人之力也。夫楚地江汉会同，雄风甲天下，而己丑为最盛。黄冈古博纵横，收前代之终；钟陵简老苍茂，开本朝之始。科名伯仲，海内具瞻，可谓一代之景星庆云矣。

何二山忠相曰："周公成文武之德"题，熊、刘文并脍炙人口，王巳山谓刘不如熊，储中子又谓熊不如刘。余谓以骨采论，自黄冈更苍坚；以针对言，则汉阳较浑切，相去亦未至一舍。储中子尝目熊文为生杂，杂或不免，生于何有乎？两公全集具在，刘生熊不生，杂则刘多熊少，熊输刘一个坚字，刘输熊一个浑字，或足当汝南月旦评也。

熊钟陵《雍也可使南面　章》文中二比云："盖简有从敬出者，有不从敬出者。从敬出者，心术正而纲纪立，法去其太甚，令戒其矫诬，天下见有荡佚之乐，而人君常以丛脞为心，此上世之所以治且安也。不从敬出者，性情偏而制防隳，百官有跛倚之容，庶民有流湎之行，朝廷日享无事之福，而天下皆以多事为忧，此后世之所以危且乱也。"按：此二比最为后人所摹仿，几于口沫手胝而不嫌其滥，所谓终古常见而光景常新也。张惕庵《国朝文范》谓此篇文雄杰纯乎晁、董，英发逼真贾傅，从容整暇，以行所无事。出之此，有神相之，以开昭代人文，非人力也。唐翼修《读书作文谱》谓先生在前明试不利，丙戌、丁亥间，入西山静坐一年，精神开朗，乃连作文百篇，出试遂魁天下。此篇水到渠成，定是场前连作百篇之艺。按：合此二说，则此篇定当取其全首读之，以寻其用意布局之妙，后人但心摹手追此二比，尚未免买椟还珠也。

阎百诗曰：熊次侯《一介不以与人　二句》文，谓上句成物，下句成己，出比尤佳。其词云："人必自忘其廉耻，而后谓他人之廉耻不足惜与者无几，悔悟之余，遂令无以自处，非所以成物也。惟道与义可以服人，留一物而羞恶辞让之心留于人心者无尽，虽欲与之而有所不能矣。”

郑苏年师曰：熊钟陵《怀诸侯则天下畏之》文云：“盖法立知恩，原非以忠厚开末大之渐；故德威惟畏，亦不假刻深为震叠之谋。”京江相国尝口诵不置，此亦如刘克猷《迩之事父 两句》题文：“《小弁》之伤，其怨慕可比之大舜；《卷阿》之志，其赓歌不异于皋陶。”四语最为李文贞公所嗟赏也。

吴兰陔曰：墨诀在炼，而炼句不如炼气，炼气不如炼神。熊钟陵《汤之盘铭 章》会墨，从熟读金正希《所谓平天下 节》文得来；韩慕庐《所谓平天下 章》会墨、金德嘉《圣人治天下 四句》墨，皆从熊钟陵《汤之盘铭 章》墨化来。可见习举业家于前人文字，亦必有心摹手追之二三十篇，读本固不在多也。

又曰：华亭王农山广心虽成进士，而未登仕版。年十八应府试，以《上下与天地同流》题文冠其军，其惊才绝艳，早发如此。传稿瑰奇古艳，几社流风至是而极。沈归愚宗伯谓其经义雕镂襞积，特为骈体，而韵语疏畅条达，不以律拘，贤者固不可测。然如《比及三年 三句》题文，又何尝不疏畅条达乎？乃华亭王氏盛极一时，而以制义传者独农山也，可易言制义乎哉？按：农山文自以《缗蛮黄鸟》篇为绝调，今之学尤、王派者，皆但能袭其貌，而不能得其神也。

俞桐川曰：少读王迈人先生庭文，峭刻奇拔，远于流俗，意谓人亦似之。及长而谒先生，则恭俭若怯，乡里称长厚，绝无异人者。后闻先生好浮屠说，再阅其文，亦似深于黄老，恍然曰：此所以为迈人也。夫二氏之学，皆贤智之过为之，以退为进，以晦为显，弗父何之伛偻，晏平仲之浣濯，观者以为谨慎，而不知其柔胜刚、朴胜华，默制一世之人而人不觉也。呜呼！以先生之学问文章，苟无执雌守下之术，乌能入浇漓之俗而无患哉？

张惕庵曰：王迈人先生《学而时习之　节》文云：“大都为学者，必先明于所习之事，则可以课时，世皆以其事为诵读，吾不谓弗是也。一日之时，得无有怠缓乎？一月之时，得无有遗忘乎？一岁之时，得无有旷失乎？无之，则其力之用者深也。《诗》、《书》、礼、乐之内，事多可程之功，俄而疑者以明，殊者以贯，是其效也。为学者，又必深明乎所习之理，则可以尽时，世皆以其理为性天，吾不谓弗是也。目非是无欲见，时虑有不见乎？耳非是无欲闻，时虑有不闻乎？口非是无欲言，时虑有不言乎？无之，则其体之安者素也。食息病患之余，理无可间之实，因而遇者以陈，过者以化，是其妙也。由是而悦有可言矣。一物也，浅而求之见其形，深而求之得其情，更深而求之遇其性，深于性情之际则恬愉生焉，先此者恬愉之不生，浅也，吾学之患浅而时习深之，性情又何遁乎？且人自孩提以还，其去性情也日久矣，久则思之而悲，见之而加喜，其悦也，又岂为无因之合者乎？一事也，骤而服之惊其常，渐而服之安其变，又渐而服之几其化，渐于变化之涂则委顺形焉，先此者委顺不能形，骤也，吾学之恐骤而时习渐之，变化又安归乎？且人自贤智以下，其去变化也甚远矣，远则望之而疑，至之而若慰，其悦也，又岂为妄觊之获者乎？”前二比出比以“日知所亡”节为注脚，对比以“食无求饱”节作注脚。后二比出比是以知而好、好而乐为境界，对比是以立、不惑、知命、耳顺为节次，而隐用《庄子》徐无鬼对魏文侯语为机趣，无一句非实语，无一句非妙谛。陈临川作去此尚远，何况余子。又曰：先生与汉阳、黄冈二先生同登己丑进士，文望亦如鼎足。熊深于经，刘深于史，先生则酷嗜子书，他作精峭处，纯是荀卿、韩非，此独脱洒逍遥，如与庄周、惠施相遇于濠梁也。

孟瓶庵师曰：王迈人文境幽峭，莫过《知之者不如好之者一节》文云："天壤之间，有此三者之人，将谁长？夫见长亦恒见短也，其人而知，视愚则长，曰否也，抑不如好；其人而好，视怠则长，曰否也，抑不如乐。人方色然自矜，患于不自知，迨旁观断之，两形而不爽，此甚不如，此又甚不如也，闻之而其人惝然失也。百年之内，有此三者之时，将奚待？夫无待亦仍有待也，其时而知，不复待疑，其可已乎，曰未也，犹不如好；其时而好，不复待劝，其可已乎，曰未也，犹不如乐。时方沾然窃喜，意恒不更进，迨境过思之，阅久而不同，此甚不如，此又甚不如也，溯之而其时瞠乎后也。"出比不如从旁人看出，对比不如从自己觉得，意亦犹人而笔则幽绝，操觚家不可不知有此境也。

俞桐川曰：江之潮，来自海门，其白如线，倏忽奔激，坤轴俱震，须臾而退，泰若无事。他如瞿塘之峡，积石之门，非不倒注险绝也，然彼则有常而勿惊，此则不测而可骇，故观水有术，莫奇于潮。八家文以韩为潮，以苏为海。所谓海者，汪洋泛滥，无所穷际耳。至于潮，来不知其所由，去不知其所止，鱼龙瓦石挟之以行，清浊混合而人不厌，是以昌黎似之。余于壬辰得奇文三家，戚价人藩峭刻陡立，瞿塘之峡也；李石台来泰雄浑浩荡，积石之门也；至于唐采臣德亮突兀无端，万斛并涌，是其钱江之潮乎？善于取势，其境更怪，潮、海一源也。逆则为潮，顺则为海，百川学海而不至于海，固不足为采臣讥矣。

又曰：以经为经、以史为史，吾闻之矣；以经为史、以史为经，制义中未见之也。工于制义者，于经明著其理，于史暗征其事，大士、陶庵皆然，盖未有经、史合一者。惟李石台先生熟于六经而运以史识，故辟畦开径，微显阐幽，令读者惊魂荡魄，所谓以经为史、以史为经者，于先生见之矣。

张惕庵曰："泰伯至德"章，让商、让周皆非正解，只是让国耳。蒋德峻文云："青宫自以采药行，则寝疾不为易嗣悔，此姬宗之太史，莫由执简而争；惟伯初不以父命为词，则季自不以天伦为愧，此商室之逸民，未及祔心而计。"专就让国言，最为亲切。

又曰：安乐、忧患，只论心，不论事。柏蕴高谦作《生于忧患，死于安乐》文云："处安乐而不忘忧患，即安乐何尝不生？处忧患而犹思安乐，则忧患亦断无不死矣。"此梵志翻作袜法，极为爽快，若云"忠臣孝子，生气懔懔，虽死犹生；淫昏之辈，行尸视肉，虽生亦死"，尚是歇后一层。

杨芸士曰：少司马海宁杨以斋先生，讳雍建，以拔萃贡入太学。时黄冈、厚庵、曹公为少司成，讲明理学，方以文章鼓吹后进，而拔贡入太学者，咸知名之士相聚于京师。公与邓公廷罗、夏公长泰，两孙公承恩、一致，薛公鼎臣、潘公世晋、方公兆及陆公舜、叶公灼棠、李公铭、彭公珑、管公文华为怀远堂之会，共相砥砺。少司成月课诸生，十数公辄雁行前列，他人不能与也。一日试，所私相谓曰："吾等更互前后，不相上下，今日须一决胜负，各以第一自期，有能得之者，吾等推事之。"日夕，诸生以次出，而十数公列坐庑下，伸纸沉思，笔不妄下。曹公使觇之，还报曰某某也，公曰："是皆平日能文之士。"命移入御书楼，给官烛，具酒肴，曰："盍各尽所长。"既罢，曹公不能置甲乙，于是以八人者各为第一，而标置题目，如古奥第一、博雅第一之类，先生为高大第一，时相传为盛事。

又曰：中允杨晚研先生，讳中纳，以斋先生长子也。少受业于黄梨洲、朱竹垞两先生，湛深经学，尤精于《易》《春秋》，文章古茂博赡，如《奢则不孙　一节》《请野九一而助　三节》诸作，选家所采，迄今脍炙人口。康熙辛未，登二甲第一名进士。

时主礼闱者为京江张文贞公、泽州陈文贞公、安溪李文贞公、新城王文简公，皆一时硕望也。先生以右中允视学江南，所取如宜兴储大文、任启运，栗阳任兰枝，金坛王步青、曹鸣，上海曹一士，咸负当世重名。储大文、任启运之“宗庙之礼所以祀乎其先也”、王步青之“其使民也义”诸篇，家弦户诵者，皆先生《江南课士录》中所刻也。

阮吾山曰：龚芝麓尚书宏奖风流，喜延致海内知名士，岁暮各赠炭资。马甸臣世俊下第时，无以卒岁，袖文谒公，公读《而谓贤者为之乎》篇“数亡主于马齿之前，遇兴王于牛口之下”、“河山方以賄终，功名复以賄始”等句，泪涔涔下，曰：“李峤真才子也。”赠金八百，并延誉之，明年辛丑，遂中状元。所谓“八百孤寒齐下泪”者，尚书足当之矣。

俞桐川曰：《南华》《楞严》，古文中逸品也，能拟之而传者谁欤？万历之末，异学横行，二氏浮词尽入文字，理既不实，语又不驯，不师其意而师其词，未有能传者也。夫《南华》之美在奇变，《楞严》之美在妙悟，有是二美，而原本于经、史，折衷于程、朱，然后可传。陆圆沙灿得之，是以淡宕而神不薄，高古而肤不盈。圆沙为前朝名士，少年同学尽登巍科，丁酉乡荐得而复失，遇亦穷矣。当时主司收罗物望以厌人心，圆沙为魁，可谓至明。然使以圆沙之文而暗投道路，纵有巨眼，亦孰能而辨之哉？

《四勿斋随笔》云：乾隆甲寅恩榜，余家大儿及两犹子并得隽。首题为“贤者识其大者　三句”，儿辈闱艺，皆自不慊意，而极艳称魁墨之佳丽。按：是科魁墨词条富丽，兴高采烈之作累牍连篇，实可接丙午、戊申两科之盛。余既遍阅之，乃晓儿辈曰：“尔等文固无足观，即所刻魁墨亦尚是时路文字，不足以为法程。忆吾乡乾隆壬申科，亦是此题，闱墨不尚词采，专取过脉，神理似尚高此科一层。我少时读陆圆沙此题文，似蹊径全不如此。此篇各选本中皆有，而尔等均未肄业及之，已可赧颜，试读其文，恐更不免汗流浃背也。”

《寄园寄所寄》云：壬辰，予与胡道南、沈禹玉会试，共寓都城峨眉寺，予语道南曰：“‘参乎’全章题曾揣摩否？”道南曰：“未也。”时已三月初六，将进闱矣。道南晚作此题文，止三百余字，予为评骘讫，语之曰：“予一时未能收束。作短篇，不能与兄再作同门也。”及至小寓同坐炕上，予偶云道南昨作《参乎 章》文好甚，同人取阅，而禹玉注目多时，予谑之曰：“君欲抄其文耶？何阅之久也。”既入闱，果遇此题，予与道南、禹玉卷俱在王公舜年房内，道南中式，批予落卷有“人患才少，君患才多”语，禹玉已得复失，阅其落卷，即次题“参乎”全抄道南新作，因雷同而黜。道南初谒房师，即云：“场中两卷俱好，惜二题重复。”邻房李公云：“既抄时文，何不两弃？”王公云：“必中其一，心乃安。”李为拈阄，乃得胡而弃沈。予曰：此有天道存焉，喜以文请教人及好抄人文者，均当以是为戒。

孟瓶庵师曰：长洲尤展成侗以惊才绝艳之笔，率多游戏为文。其所作《临去秋波》时义，虽流播禁中，实不可以训。世所传诵各篇，多以侧艳见长，亦是别调，不得谓之正宗。惟《舜有臣五人而天下治》篇，只还他序事之体，而奇情壮采，实足以推倒一世豪杰，开拓万古心胸，当是《西堂全集》中第一篇文字，不仅为制义绝唱也。如中后四比云：“惟五人可兼千百人，故禹作司空而垂属焉，契作司徒而夷、夔属焉，皋陶作士而龙属焉，罔不集群策为舜辅，是以稷、契为尧弟，尧不得而臣，益、皋陶为禹相，禹不得而友，悉以五人归之舜有，虽欲少一人，不能当其时。府事聿修，而或司水火，或司金木，或司土谷，则治理所由康也。惟五人不异一二人，故禹治河而稷赞之，禹出师而益赞之，禹昌言而皋陶赞之，罔不协一心为舜弼，是以梼杌为禹父，比之三凶，浑沌、穷奇为稷、契犹祖，列于四罪，独以五人私之舜有，虽欲多一人，不能追其后。《虞书》既成，而或著《禹谟》，或著《皋谟》，或著《益稷》，则治绩所由奏也。所异者，后世之臣不过卿相，而舜之臣皆帝王之器，禹及身而王，契十三传而王，稷十五传而王，益、皋陶几王而后不失为通侯，天地生才，若合数代天子为一代天子之佐；所异者，后世之臣多由他族，而舜之臣皆一姓之宗，禹与舜同祖昌意，皋陶与舜同祖颛顼，稷、契与舜同祖轩辕，益虽赐姓嬴而系本出于姬氏，祖宗生才，若养数世子孙供一世子孙之用。”此种文字，自非才子不能为，乃选本有嫁名为沈以曦而莫知辨正者，良可笑矣。

檀吉甫曰：尤展成先生《士见危致命》题起比云：“朝廷廉耻之风，半销于肉食，故逢掖之意气直驾公卿，使遭危急存亡之秋而优游养望，则当年草庐歌啸，何取侧弁而哦忠孝之经。草野游侠之行，或成于笑谈，岂庠序之风流不如闾巷，使处倾侧扰攘之际而隐忍偷生，则他日史册讥评，安能俎豆而入名贤之传?”重按：士字一层，乃尊题首之法，先生跌宕于文史极矣，而犹谨于文律如此，后人则一笔略过矣。此二比时常讽诵之，可以化伧音而跻雅昶，吴下学者以此调比于慢整衣冠云。

陈畏民岩曰：“子谓仲弓”一章，断无圣贤当面骍角其子而忍于犁牛其父之理，故朱子独曰：“此论仲弓尔，非与仲弓言也。”蔡虚斋曰：“夫子当时原不曾一字染着仲弓。”故康熙中许时庵作此题文云：“天地之生材，不拘于世系，故富贵不皆贤嗣，而贫贱反多间出之英；圣贤之自命，不问乎流俗，故君相岂必知心，而神明自有不爽之鉴。”仇沧柱谓本题不露正旨，作文全用喻言，是也。以此坊民犹有执父之诗文，名为“老犁牛篇”者。夫父自名其篇，以媚其华贵之子，父可知矣。子以父自名老犁牛之篇，而遍走长安，曾不自省，尚可为有人心乎？宜造物戮辱之有不忍言者。由是观之，学者临文，一句一字，必应从天理人伦中慎重而出，不然，言者心声也，识者进而考其衷矣。

俞桐川曰：国初自己丑以来，返朴还淳。至于庚辰，名家林立，然尚标新领异，出奇制胜，独张尔成永祺力追正、嘉，归于醇雅。五十年来，文体不致溃裂，则尔成之力为多矣。

又曰：沈宪吉受祺与钱吉士共选《同文录》，吉士将死，以其稿授宪吉，及吕晚村征先代文，宪吉授以吉士稿及己文，晚村并录而传之。二公传先代文而即以自传，宪吉传吉士之文而己文亦赖以传。然宪吉不深于文，亦不能传人之文。今读其稿，其旨精，其法严，与吉士相敌，宜其与吉士并传也。

前人谓俗传闵子故事，不知其有无，其情事语句俱鄙俚，必非春秋时纪载。学者固不得以此论闵子之孝，然世间后母之不慈者固多，而极恶不可感化者亦无几，只是为子者未必能尽其道耳。记得温宝忠母家训一条云："中年丧偶事小，正为续娶费处，前边儿女先将古来许多晚娘恶件填在胸次，这边新妇保婢唆教自立马头起来，两边闲杂人占风望气，弄去搬来，外边无干人听得一句两句，只信歹不信好，真是清官判断不开。然则如之何？只要做家主的立身端正，用心周到耳。"国初程扶埜定鼎《孝哉闵子骞 节》文讲下云："今天下之人子，孰不曲恕于父母也，顾亦有不曲恕于父母者，曰以异母故。夫有异母而子即以为异吾母，异母之色笑不如吾母之谴谪也，异母之谴谪不如吾母之怒杖也。子以为异吾母，母亦以为异吾子，母以为异，父亦行将自异矣。受母之咎，因而获父之咎，昆弟见父母之不爱，亦不克恭厥兄矣。若异母咎之，父独怜之，昆弟见父之致爱，益与母阴图之恐后矣。若为子者几微，未免于悁恚，不敢怫母而窃议昆弟，昆弟怒，母亦怒，家有讼言，外人不谙纤悉，则概以为不孝矣。幸哉，闵子骞也！孝乎父以及母，母不能以微赞乎父，友于昆弟以孝于母，昆弟不能以微赞于母，父母安之，而宗党以为善全异母、昆弟间也，家与宗党而如一矣。夫宗党有偏吾闵子者，亦有偏于闵子之母及昆弟者，今则交誉之矣，讵德怨之可得而分哉？孝乎父以及母，母以为前子不异吾子，友于昆弟以孝于母，昆弟以为吾之孝不逮兄之孝，父母乐之，而乡闾以为善事异母、昆弟间也，家与乡闾而从同矣。夫乡闾有虑伤闵子之孝者，有虑伤母及昆弟之慈与友者，今则咸韪之矣，讵爱憎之或得而殊哉？"评者云："淋漓痛快，将世间翁妪儿女、姻党乡邻琐曲情状一一画出，令伤心人读之，声泪俱尽，能细心体贴力行，又当快然得个养身立命处，此裨益世间孝子悌弟不小，莫轻轻作时文念过也。"

费筠浦淳曰：国朝四大家以诗雄者，惟施愚山闰章有时艺。世传朱竹垞不知时文，为人短视，有以时文谒者，辄睨而置之。愚山则工时文，《父母其顺》篇尤为当时传诵。

蔡芳三曰：高斧文炳年十四五时，酷嗜周秦诸子，为文便沉深刻挚，既而思益锐，笔益坚，精意结盘，自成轮囷离奇之况。又闻斧文馆吕城时，一艺未就，夜骑驴走郊外，仰天构思，比晓则已过丹阳四十里矣，其出之艰苦如此。

王巳山曰：幼时闻老辈述陈石书先生言，主司阅其前艺尚未之奇，至《孟》艺《以不忍人之心　二句》文起比云"忍人积强，不忍人积弱；忍人善信，不忍人善疑"等句，击节惊为独创，覆阅遂魁其房。可见作文易于语言，安得使人豁目？

林畅园师曰：颜修来光敏素不解看时文，所为文皆苦心经营，得自创造，不从诵读来。《齐》《战》《疾》三字各有一篇，皆脍炙人口，而《战》字后二比尤高唱入云，足觇实学真气。文云："天道有舒而无惨，古今来已不胜生齿之繁，故五帝鸿功皆利济乎万世，而不能垂衣裳以莅版泉、涿鹿之师，则天为之也。”对比云：“人情有合而无睽，天壤间几无容尊俎之地，故三王烈祖皆拜扬于一堂，而不能保子孙无南巢、牧野之事，则人为之也。”此等大心思、大议论，读之无有不击节者。惜入后其势渐平，不获与汤潜庵“天下抑邪与正”二比并论耳。

徐健庵乾学曰：“学而”首章，必以首节为重。彭燕人宾破、承云：“学无所不宜，圣人反覆而叹明之也。夫悦乐不愠而成为君子，学亦至矣。夫子若曰吾以告天下之学者，固有此境耳。”翁铁庵叔元破、承云：“聚天下自得之境于学，故学焉而不容已也。夫悦也、乐也、不愠也，此尽乎自得之境也。然而不学者不知也，故君子亦终始于学焉耳。”铁庵文又云：“吾观天下有游心物外者亦能悦乐，放达自恣者亦能不愠，然皆有所倚焉。无所倚则伤之者至矣，孰如吾学之优游涵泳，不期然而然者乎？”称心而谈，尤为浩浩落落，独摅其中之所得也。

李文贞公曰：“知者乐水”章，是论知仁之德，不是论知仁之人，从来作文者多草草了事，惟坛长作体认分明。按：徐坛长，名用锡，宿迁人，安溪入室弟子。作“知者乐水”节文，中幅云：“今夫动静者，山水之质也，而乐水、乐山者体之，虽动静本属相因，而各顺其本然者以自遂，则心无累而道不穷，心有主而性常定者，于是乎在矣。今夫乐寿者，动静之符也，而动者、静者征焉，虽乐寿不必不兼，而各如其自然者以为应，则精义入神而天机自发，至德既固而纯气弥凝者，于是乎在矣。”此于动静、乐寿，只用直接以山水，义蕴已足于前两比也，亦缘大注将知仁本义都于乐水、乐山内写足，下动静、乐寿体效对举，更不费辞，此文即体此立格。王巳山曰：“或疑此文似重发首截不合体要者，此无论寻行数墨，抑亦不善读注矣。”彭南畇侍讲定求为康熙丙辰会状，次年丁巳即典顺天乡试，文望甲于南中。其座主李坦园相公尝拈其文句以询徐健庵乾学曰：“‘虚而恃其有余，不若实而勉其不足’，此似前明名家制义语，忘却何人何题。”健庵輾然曰：“此吾乡彭访濂《盖有不知而作》文小讲中句也。”旋询之韩文懿公，亦然。李文贞公闻之曰：“此所谓文章有神交有道也。”一时传为佳话。

程春庐同文尝语余曰：“今人作《季文子三思 节》文，或专就论思言，或以为惜季文子，皆非也，此直是刺文子耳。鲁政之逮大夫，实自文子始，其所为三思者，皆为培植家门，弁髦公室之计，故夫子微词以刺之，惜无人专就此意为文，以存其实也。”余曰：“记得康熙中陈介眉锡嘏有此文，痛快淋漓，似与尊指吻合，俟寻得当共为欣赏耳。”兹于《岭云编》中录出，惜春庐墓有宿草，不能并几而谈也。其词云：“夫文子之忠于鲁者思为之，而其不忠于鲁者三思为之也。再之一言，固以定思者定其人欤？且古今之臣品有二，志在社稷者忠也，志在身家者奸也。若春秋之贤者，多参忠与奸用之，彼其小心凝密，未尝非出于社稷之谋，而不能不兼为身家之计，故或谅其忠，或指其奸，其论若未有定焉。若三思后行之，季文子亦至是而可定矣。夫文子之仕鲁也，国人望之，邻国称之，以其忠耳。呜呼！文子果可为忠臣乎哉？不讨贼，不出奔，不致死，其忘君也；不视朔不言，初税亩不言，作丘甲不言，其窃位也。诸郓之城强鲁也，以强己邑，归父之逐报公子也，以报己怨；齐侯之赂定公也，以定己位；晋人之盟备齐也，以备己讨，其营身自便而假公事以济其私也。故论者谓鲁之弱，三家为之，而季氏之罪浮于孟叔；三家之逼，季氏首之，而行父之罪不下武、悼、平、桓也，此孰非其思之不忠致之哉？然则文子之思，不足为大忠，将为大奸耶？是又不足服文子也。夫文子之蒙议于世者，特以季氏之家耳，逐公者季之孙，立孤者季之父，周旋三世以来，非无念及子孙之事，而咎其谋于首僭则亦非；抑文子之见议于天下者，多以仲之弑耳，季新秉政则不能为季友，恶未成君则不能为惠伯，执政廿年以内，非无不忘富贵之心，而甚其恶于党逆则不受。盖行父明智人也，宣、成再相而国无动摇，其思未尝非有功于君也，特积思所致，一念为其君，复一念为其身，则君父之谋多为己之恩怨所掩，而心迹既著，虽有一二备豫之智，适以为疑，使再度而以义断焉，孟蔑之勤、穆叔之恪，岂是过哉？行父谨畏人也，齐、晋日逼而岁无加兵，其思未尝非有造于鲁也，特过思所致，本念及于鲁，复转念及于季，则宗社之计半为家之利害所摇，而形势既成，虽有终身华国之风，终为可议，使再审而以理制焉，宣叔之怒、匠庆之讥，何自来哉？”仇沧柱评云：“以出入忠佞之间，为文子一生定案，非融会全部《左》《国》，不能洞达情事如此。”

山阴胡稚威天游，雍正己酉浙江副榜，乾隆丙辰荐举博学鸿词。博极群书，才情横厉，诗文奇崛古奥，多僻典异字，读者猝不能晓。制义世不经见，余搜得《余映录》一册，凡五十余篇，中有《质诸鬼神而无疑》一作，一千四百余言，陆离光怪，如读岣嵝禹碑。又《比及三年可使有勇》一作，仅二百言，慷慨指画，足以觇其才略。《不以六律不能正五音》中二比，一云乐之精与礼配，一云律之数与《易》准，其论甚精，能发明微奥。其十二岁所作《卒之东郭墦间》一艺，已极奇肆。十三岁所作《疾》一字题文，有云：“疾之文从乎矢，来无向而中人甚疾；疾之事甚乎病，动屡变而其伤实多。”中间形气、食色二比，制论尤精，盖自少时即不肯作一庸语也。按：前明姜士昌作《凤兮凤兮 一句》文、姜云龙作《毋》字一字文，皆十二岁。我朝京江张文贞公有《益者与》题文，亦十二岁所作。

制义丛话卷之九

《四勿斋随笔》云：乾隆二十四年奉上谕："有明决科之文，流派不皆纯正，但如归有光、黄淳耀数人，皆能以古文为时文，至今具可师法。国朝人文蔚兴，前如熊伯龙，后如李光地辈，并根据理要，而体裁自见闳整。至若张照等之步趋李光地，亦知仿佛先民矩矱。等因。钦此。"谨按：安溪李文贞公相业为我朝之冠，其制义亦是我朝领袖，已奉宸褒，士林无复异议。盖公文元气浑穆，名理湛深，直可度越汉阳、黄冈、长洲诸公，何况余子。即如《邦君之妻　节》文云："自其称于宫庭者言之，君称之则曰夫人，成乎妇道也；夫人自称则曰小童，未忘乎女道也。《春秋》之法，天子逆则书后，而归则书女，先尊王命而后通其谦也；诸侯逆则书女，而归则书夫人，先谨女节而后成其贵也。自其称于邦国者言之，邦人称曰君夫人，尊君则尊夫人也；称诸异邦曰寡小君，为君让则为夫人让也。《春秋》之法，其生也则书夫人，盖臣子之恒言，是邦人自称之之辞也；其葬也则书小君，盖列国之来会，是对异邦而称之之辞也。至于异邦人称之，则亦与国人无异焉。《春秋》之法，与国之君敌吾之君，与国之大夫敌吾之大夫，故其于夫人犹是也。在君则严于宗庙之主，率国人以尊其配，是以天下济而光明；在夫人则守乎宫闱之谊，示国人以不敢耦君，是以月几望而大吉。"自记云："三段俱断以《春秋》之法，王荆公所谓'断烂朝报'者，枉读一世书耳。"

方望溪谓自有此文，便觉前此名作不过时文家数，用此见立言贵自树立，虽制义亦然也。

俞桐川曰：李厚庵先生于书无所不通，经史、性理、天文、兵法皆默识其理，而实可见诸行事。帖括其绪余，然亦有过人者。世人为文，采今之华，袭古之意，斯已至矣。先生更熟于语录，使孔、曾、孟、周、程、张、朱千古印证不爽，盖不作帖括观也。先生稿未尝行世，予于白下张子照人处得而录之。初读不见可喜，久乃愈旨。盖先生之学问文章，俱在管窥蠡测之外矣。

何义门曰："民之所好好之，民之所恶恶之"，"平天下"一章只此二句是正面文字，余皆推波助澜，申明此节而已。李安溪先生此节制义有云："清心以问下民，下无不达之隐；推恩以保四海，众无不遂之生。"似此文章，言语与政相符，真读书人自有怀抱，与众不同也。

张惕庵曰：国初制义以安溪、望溪二先生为极则。安溪有《舜发于畎亩　二节》文，于天人相与之际说得极精采，又为安溪集中出格之文。后二比云："不特近世功名之徒穷而自奋，而帝臣王佐之才亦若假灵于冥默者，以是知天命之性，堕于气质之中，虽上智亦必变动而光明；不特叔季遭遇之难士多侧陋，而唐、虞、殷、周之盛亦有播弃于幽遐者，以是知大业之起，生于藏器之深，虽明时亦以迍难而启圣。"此等文，使抑塞磊落者读之心虑怵惕，犹觉洪音琅琅响齿牙间也。

又曰："故龙子曰"节，似为甘食悦色而又自暴自弃者说法，故由足之屦引到口之所嗜、耳目之所好，于易牙之于味尤反覆详言之。易牙先得我口之所嗜，我于刍豢则知悦之，圣人先得我心之所同，然偏于理义独不知好，曰我无此作圣之才，有是理乎？李安溪先生于此题有文二篇，其一以圣人、凡人形性皆一，小体之类既同，岂有大体不同？人心之所同，然同于圣人，则性善可知。其二却以“其性与人殊，若犬马之与我不同类也”两句为大关键，言犬马不特性与人殊，气质亦与人殊。沐猴被以衣冠，则裂而去之；西施、毛嫱，人见之属目，鱼、鸟见之远引；飨海鸟以太牢钟鼓，则瞑眩悲忧，不食而死。如是而曰心之然否不与人同宜也，气质陷之也。人则不特性与圣人同，即气质亦与圣人同。易牙圣于味，师旷圣于音，我得而食之、听之；圣人圣于义理，我独趋而避之不过，自暴自弃，岂其性与人殊哉？议论透辟之极，因节录之，以见看书须超其象外，乃得之环中，不必株守一说也。按：安溪原文与此不同，其大意则仿于《庄子》，惕庵先生以《庄子》之说疏通之耳。

朱梅崖曰：李文贞公尝论《颜渊季路侍　章》，将圣贤相隔分量分为广狭者固非，而以有待无待言之尤谬，只在三“无”字、三“之”字分别耳。自觉有憾之意而能到无憾处，自觉有伐施之根而能到无伐施处，便是贤人地位，无私之至，纯乎天理。尽人之性，尽物之性，而无所容心焉，则非圣人不能与于此矣。按：文贞此章文云：“天地无心，以生物为心，至于一物而各具一天地之心，则天地之心见矣；圣人无情，以生人为情，至于一人而各得一圣人之情，则圣人之情亦见矣。是故无憾、无伐、无施也，有私心而无之者也；安之、信之、怀之也，全天理而顺之者也。”数言之间，气象见焉。前所云云，即此篇自跋语也。

又曰：李厚庵先生髫年丁乱世，匿迹穷山，只带一部《十三经注疏》，日夕研究，其意欲自比于许白云、金仁山之流。后来遭遇，其成就乃在真西山、许鲁斋之上，此则初心所不料也。其《岁寒然后知松柏　句》文，乃其自述抱负，然只是向里说，略不张皇。“知”字破题云：“圣人思守道者，而托物以喻意焉”，已见大旨。中比云：“松柏于是时非能独荣也，不凋焉而已，枯菀随化而坚贞可久，则若见其常荣焉，如松柏之有心，古所以喻独行守礼之士者，其以此夫；且松柏之阅岁，亦非不凋也，后凋焉而已，旧葎未谢而孙枝已继，则若不见其凋焉，如松柏之茂，无不尔或承，古所以喻守先待后之人者，其以此夫。”按：郑康成笺以承为相承无衰落，朱子疏通之曰：“松柏非是叶不凋，但旧叶将落，新叶已生，继承相接续而已。”此与《中说·立命》所谓“续而不坠谓之继时”者，义正相协。此文以《易·剥》上九及《孟子》“守先待后”语作注脚，而笔笔中锋，遂为此题第一文字。

又曰：“君子远庖厨”一语，仁之至，义之尽也。厚庵先生文云：“天地之心，无息不流，以日月所至为荣枯；人心之量，无所不周，以耳目所及为先后。”见、未见之精义尽于此矣。

何雨崖飞凤《李文贞公稿题辞》云：“公文不当以时文论，吾家二山弟于今时文百不一当意，语及公即慑伏。又与其亡友彭晋函约，种种文境胥可扫，独榕村不可扫，宜隐用其义法而显化其面目。”是言也，乃李氏座下客之砭石，而凡苦其质木望而避去者，真可一扫之矣。

又曰：凡文须将题做死乃可传。所谓做死者，一题恰受此一篇文字，前人说不着，后人袭不来，则题之精气尽而不啻死矣。李安溪理题、方朴山小题，庶足当此。

李文贞公尝语人曰：某向作《学而时习之》文，有某友为涂乙数次，某皆即时改定，每改一次，毕竟觉得好些。最后复问某友云尚有宜改处否？友曰：似宜拈出性字。盖由时习而说、而朋来、而乐，凡学之事皆是如此。必提出性字，方是吾儒之学。故朱注曰：“人性皆善。”又曰：“以复其初。”拈出此字，则次节以善及人、三节成德之名皆有着落矣。如此议论，实为精透，然非再四讲切，何由得闻此义乎？

《四勿斋随笔》曰：李文贞公知兵又好讲学，酷似王阳明先生。其团结乡勇抗耿逆，以此受知，洊跻卿相，亦与阳明相似，所不同者，笃信朱子耳。公中康熙庚戌进士，前此时文陋劣，油滑相尚，可不学而能。京师无名子有绘八股图者，作瞽者八人，或题诗，或作字，或鉴赏古玩，或品评法书、名画与调琴、弈棋，言作八股犹此八瞽者无知妄作也。朝论耻之，遂废八股，以论策取士，是康熙癸卯、甲辰、丙午、丁未乡、会试也。至己酉，以士人渐知实学，复制义，庚戌会试人才特盛，如徐乾学、陆稼书、仇兆鳌、赵申乔、张鹏翮、徐元梦、张伯行、邵嗣尧、王掞、李振裕，皆卓然为名臣。次科癸丑，韩文懿公遂冠南宫，文运大兴，迄于今弥振矣。

蔡芳三曰：海内论文家群推安溪为成、弘正宗，不知安溪于宋五子书搜择融浃，而又能自在流出，故卓然称大家。彼不善学者，舍本趋末，专以枯萎为成、弘，成、弘果如是哉？蒋廉州篁亭幼读宋儒书，嗜如日用饮食。既得安溪先生指授，屏迹贮书楼三十年，凝神养气，静如木鸡，不必规矩刻画安溪，而神动天随，理脉吻合，试杂诸榕村藏稿中，有莫能辨其同异者。已闻廉州年十二时应童子试，学使者猗氏邵公阅其文，惊异之曰："他日必以文章名世，以其辞达理举，如我同年友安溪李公也。"后果得安溪正传，此见前辈知人之哲。

沈阳范忠贞公承谟总督吾闽，殉耿逆之难，大节与常山、文山诸公比烈，而制义亦精诣入神，极似李文贞公。如《予欲无言一章》题云："今夫言也者，圣人所以明道也。顾耳目之前，何者非道？所见端之处，神而明之，存乎其人而已，言固不能尽，不言固不能隐也，二三子盖徒以言观夫子矣。子曰夫道而必于言乎本，为道而有言，岂以言而遗道？二三子而不于予求道也者，虽言，非显也；二三子而于予求道也者，虽无言，非藏也。

子殆欲无言矣乎？斯言也，子盖虑小子之徒述其言，而不能因言见道也，乃子贡遂疑夫子之不言何述，是终不能会道于无言也。子曰所谓无言者，正以道无待言耳。今夫天则何言哉？天载固无声也，天命自不已也。仰而观之，四时受气于天者也，寒往暑来，夫有行焉者矣。俯而观之，百物受形于天者也，群分类聚，夫有生焉者矣。无时而不然，无物而不有，天命固不已也，天载自无声也，天何言哉？而谓道必以言显哉？此予所以欲无言哉！吁！使子贡而有见于无言之皆道，则于予之言必不徒以言尽矣。”似此洁净精微，虽成、弘、正、嘉名手无以尚之。我朝文运初开，沈阳风气尚朴，而公所诣已如此，信乎名贤之不可测也。

武定李文襄公之芳有武功，王渔洋先生称其忠、勇、智三者兼备，而不知其作制义亦具大识力。为诸生时，《百姓有过　二句》文，为钱清溪先生所激赏。按旧说，百姓有过，只如万方有罪之例，不知武之徇河誓师与汤之称天罪已不同。此题自应从《泰誓》，蔡传引《广韵》云：“过，责也。”谓民皆有责于我，谓我不正商罪云云。况朱注于此处不另作解，亦谓《商书》原有解耳。公文独能将《泰誓》三篇词意贯入篇中，毅然而变时说，意义深厚，词采精卓，固知命世奇才非偶然也。破、承题云：“考周王受过于百姓之辞，而知周之所以王也。夫惟百姓之怨纣者深，故其归过于武王者切，然则徇河之誓，武又乌能已乎？”中比云：“受之罪莫大于黎老之播弃，而正其播弃之罪者，不能不责夫一人也。商先王养士以来，币聘者有人，梦卜者有人，亦曰贤士大夫吾尊显之，凡以加惠于万方百姓耳。而今且剥丧贼虐之无已也，元元其何所托命乎？观夫历数递传，不敢忽于帝臣之简在，则知继其后者，不得任独夫之屏弃以谢我嘉师也已。受之罪又莫大乎罪人之昵比，而正其昵比之罪者，不能不望我一人也。商先王定制以来，风愆之有箴，官刑之有儆，亦曰佥壬之流吾摈斥之，庶无贻害于群黎百姓耳。而今乃逋逃渊薮之自若也，蚩蚩其何以自安乎？观于先朝受命，惟致儆于有罪之不赦，则知绍其统者，不得听戎商之祟长以累我苍生也已。”徐存庵曰：《书》词上文原就汤说，故可拈商先王作据也。”公之制义他无所见，惟此一篇存《岭云编》，因亟登之。

桐城张文端公英，康熙癸卯乡墨最为人所传诵，然《仲尼祖述尧舜　一节》文，中间分疏祖述宪章，上律下袭，四比字字精实，选者、读者无不注意于此，而不知其骊珠独探处，实在入手及去路也。起讲云：“且道在天下，固无往而不寓矣，若夫综其成以为功者，则不得不推立极之一人，故隆举其大端而已得其全量。凡广言之为至诚、天地，虚拟之为圣人、君子者，皆可以仲尼之一身备之。”起比云：“道非自仲尼而始，必有其创垂者，故仲尼之学不可窥，所可窥者在帝王相传之要；道惟赖仲尼而立，尤必有其范围者，故仲尼之学不可见，所可见者在高深协赞之中。”结比云：“若此者道在一人，而溯之古帝以正其传，考之今王以观其备，仲尼所以旷今古而立隆；抑道在一身，而崇而效之与于穆同其功，卑而法之与奠丽同其体，仲尼所以等崇卑而合撰。”如此则题旨既明，题蕴复透，看似平易，实则精深，方是老手不可及处。

张惕庵曰：桐城张文端公《爱之能勿劳乎　二句》文云：“优容而家有象贤，赓歌而朝无阙政，此亦天下不能数觏之遇，初不欲为人父、为人臣者慕此名也。世之令子、贤君，未必尽成于天性，亦所遇之多淑耳，谁非用此爱与忠者，而可不深长思也哉？教不先而子克家，臣非直而君明圣，此亦天下至不可幸之事，更不欲为人子、为人君者受此名也。世之慈父、忠臣，岂求遽谅乎其隐，亦其心不可解耳，谁其受此劳与诲者，而可不深长思也哉？”方望溪评云：“此二比，仁义之言蔼如，鄙浅之夫不能作，亦并不能读。此所谓‘公诚之心形于楮墨’，岂小书生描头画角者所能？”按：“公诚之心形于翰墨，足以知其人之意理而有补于当世”，此陈寿上《诸葛丞相故事》表文也。文端公贤相，故望溪摘此二语赞之，读此知作文、评文莫看作容易。

仇沧柱兆鳌曰：“君子而时中”句须分两层看，《章句》“有君子之德”，以平时戒谨恐惧，存养于未事者言之也；“而又随时以处中”，以每事详审精察，致慎于临时者言之也。“时中”亦有两意，如一日之间，每应一事，各随时以处中，一义也；亦有同一事，而今日如此为中，明日如彼又为中，亦必随时以处中，又一义也。张文端公文云“天下必无不君子而中庸者，亦必无君子而即能中庸者”，已将题中“而”字醒出。中两比云：“识高万物之上，则其审时者精，盖中不可豫定也，有一时即有一中，昔之所是而后或以为非矣，前之所否而今或以为可矣。君子澄心平气，所兢兢于夙夜者，既自立于清明广大之途，而时至事起，复以宁静之衷度之，与时而偕行，非拟时而求肖也，吾服其研几之裕矣。力贯万事之中，则其趋时者捷，盖中不可姑待也，时至而中与俱至，时往而中与俱往，使将迎于未然则先时而躁矣，使迟疑于既然则后时而缓矣。君子主敬存诚，所凛凛乎操存者，既自处于坚强贞固之地，而物来顺应，更以化裁之道出之，中即时所因之理，而时即中所乘之机也，吾尤服其涵养之纯矣。”题蕴毕该，而弼亮大猷已在个中，此岂可以寻常文字读之？

孟瓶庵师曰：高华矜贵之文，非金华殿中人不能道其只字。闻国初长洲宋文恪公德宜《考诸三王而不缪　二句》文，结比云：“礼乐定本朝之尚，而梓材丹雘，俨若禹、汤、文、武相聚，而成惇大之观；聪明作元后之符，而久大亲功，更合上清下宁同体，而宏参赞之事。”此系公顺治乙酉科闱艺。初出闱，其师即决其必售，且指此数语，卜其他日定跻台鼎。时吴江金文通公之俊为总裁，闱中亦极赏此数语，谓："他日当传我衣钵也。"

徐存庵曰："老者安之　三句"题，洪武丁卯程文，及正统戊辰刘叔温先生珝俱各说得出天地气象，然尚朴略无文。崇祯间墨义，去疑、九一诸公各有所长，俱未全体纯粹，惟受先墨足称应制鸿文。至于房、行中文字，求其与圣人分际不失尺寸者，陶石篑之后则陈午亭而已。按：泽州陈文贞公廷敬《午亭文编》风行海内，其制义不多见。徐存庵所言，指其顺治戊戌科会墨也。承题云："夫老者、朋友、少者，人之尽也，安之、信之、怀之，各思其所以然之故，则得圣人之志矣。"要言不烦，而题蕴已尽。中幅云："旷观天下，胡为乎得所者之不多见哉？或亦天地之气之薄也，而天地不任其咎也。生人之理本乎天，而赖人以成其务，故理有克尽，非于天有所加；理之不尽，即于天有所损矣。睹兹高下散殊，其能无意哉？或亦帝王之职未全也，而帝王不专其咎也。因人之事操于王者，而亦人事有其权，故事之克详，固于王者有所承；事之不详，宜于王者有所补矣。念昔唐虞三代，其能恝然哉？"此等见解、议论，固非燮理阴阳人不能也。

《四勿斋随笔》云："子在川上曰"节，注末云："愚按：自此至终篇，皆勉人进学不已之辞。"此即正注"欲学者时时省察"意，亦即程注"是以君子法之"意。前明作者只顾发挥程注"与道为体"四字，而遗却勉人正旨。惟我朝昆山叶文敏公方蔼文，全就学者体道之功，指点亲切。如云"逝者川也，所以逝者道也。川无时不与道为体，而日著坎止之恒；人无时不与道为用，而反昧日强之业"，自是此题真诠。后比"形至而气必至，气至而理必至"，为"不舍"二字搜根，亦是精理名言。

长洲韩文懿公，字慕庐，人多不解其义，惟俞桐川以意揣之曰："文有骨干，有风神，无风神则怒张，无骨干则靡弱。藏骨干于风神，唐、宋以来，庐陵欧阳公一人而已。我朝惟韩慕庐先生以超世绝俗之才，起衰式靡，其文直追庐陵，孤洁淡漠而出之以和易，盖人似其文，庐陵亦然。”非特慕其文，且慕其人，先生其即今日之庐陵乎？

俞桐川谓：韩慕庐先生《所谓平天下》元墨熟在人口，而《孟武伯问子路　章》文，当是场前拟元之作。张惕庵谓俞评极是。何以见是场前拟作？盖字字磨洗，却只一气呵成，此水到渠成、瓜熟蒂落之候，能文家到将中时，定有此等境界。大开大合，亦与《平天下　节》元墨一样手笔。按：此文中二比云：“盖仁之取数至多，即一念之足相及可托之不穷，一事之足为功亦赖之甚溥。而况三子者，挟有为之具，乘得为之时，亦可以静一国于兵车、会盟之间，使必以不可知者绝之于仁，则空疏无据之学，反得托其从容讽议之习以相高，而世遂无以收儒者之实效矣。然仁之为道甚远，即功盖天下而未惬一心之安，名足千古而可指一时之隙，假使有方于三子者，挟有为之具，乘得为之时，当更可以措一世于兵农、礼乐之大，而遂以其可使者信之于仁，则道德精微之地，皆得挟其功业文章之余以相蒙，而世亦无以见吾儒之实学矣。”按：此张评所谓“大开大合”也。然俞、张俱是论文，而不知其析理甚精，落墨甚大，能使圣人观人、用人之义蕴毕该，此所以为大家之文，不当仅以寻行数墨了之。

李雨村《淡墨录》云：自明末制义之衰，至我朝韩慕庐先生而翕然一变淡滑之习，康熙十二年癸丑会试、廷试俱第一。会榜揭后，上宣取韩菼朱墨卷览之，称主司得人，即授编修。是年冬十一月复召菼至起居馆，作《太极图说》，传谕悉呈平日窗稿，遂以刻本五十篇进。召至宏德殿命讲《大学》，毕，问：“平日所作尚多？”时馆师学士熊赐履代奏曰：“闻尚有三十篇，以题目小不敢进呈。”上曰：“不妨都进来。”其三篇即乡试墨卷也。

张惕庵曰："用之则行，舍之则藏"，两"则"字心无系累，乐行忧违，并无一毫意必固我也。若云"用之有可行，舍之有可藏"，则语既涉夸，为义反浅。韩慕庐文并无经纶展布及泉石优游字面，只云"任人事推迁，只如性分之素；参神明之变，不争气数之权"，人多不解其何以不实发行藏正面，惟方望溪先生云："实发便非此题神理。"

《四勿斋随笔》云：国朝制义，自以韩慕庐宗伯为第一。世言方望溪以古文为时文，以时文为古文，余谓宗伯以时文、古文合为一手，望溪所不逮也。闻雍正初，云南督学蔡嵩上海人，康熙癸未进士奏陈时文以黄淳耀为宗，请刊示士子。上曰："朕殊不以为然。"复奏请以唐顺之易之，而添入本朝熊伯龙、韩菼二人，上曰："此二人文名固不待言，但古人已往，后人尚有偏私之论，何况本朝人物耶？汝自为之犹可，不便批定也。"谨按：乾隆十七年二月奉谕旨："故礼部尚书韩菼种学绩文，湛深经术，其所撰制义，清真雅正，实开风气之先，足为艺林楷则，从来未邀易名之典，着加恩追谥。"寻议，奏准，谥文懿。盖宗伯以文字受知如此。自易名之典定，得不推为昭代第一人乎？

游彤卣光绎曰：康熙中，有笔帖式胡里者奉旨特往从韩慕庐先生学为文，先生为精选前明程墨百篇授之，正变源流一一阐发，惜此选本今未之见。嘉庆间，先生之玄孙家裘辑先生少作及入泮文字十余首梓行，亦世所罕见。如《绿竹猗猗》《可使制梃》《固将朝也》各小题，皆足浚发后学之心思，不可废也。

钱梅溪泳《履园丛话》云：长洲韩文懿公，家故贫，能力学，性嗜酒，有李太白风。其为文也，原本六经，出以典雅。为博士弟子员时，以欠粮三升为奏销案黜革，旋冒籍嘉定，入学后又以攻讦除名。应吴县童试，题系"狂者进取　一句"，或云"其在宗庙朝廷　一句"邑宰见其文，以为不通，贴于照墙，不录。时海寇作乱，公家居娄门，为驻防屯兵所据。公既无居，益落魄不偶。适昆山徐健庵尚书来苏，方夜寝，有门生候于门者，争诵公之文以为笑柄。徐闻之，急问公之姓氏，曰："此文开风气之先，真盛世元音也。"次早即延见，引入都，援例中北闱乡榜，遂以会状连捷，可谓千古知己矣。

蔚州魏敏果公象枢骨鲠敢言事，读《寒松堂集》中奏议，具见知人之明，措事之当，事上之诚，无一不出于天性。尝见制义选本，公所撰《法语之言　三句》题文，汪尧峰评云："直方大，如先生之为人。"起比云："如药石之苦口，其剂量损益皆有成理可凭，欲人尝之以已疾，而非刍豢肥甘仅以适口；如蓍蔡之告繇，其善败倚伏皆有后事可验，欲人视之以趋吉，而非滑稽曼衍聊以解嘲。"中比云："举丹书之铭，必曰吾且怠胜而不主敬；诵《无逸》之训，必曰吾欲谚诞而不为勤，虽悍人亦不敢者何也？名义所关，不难以束其血气，特恐其屈之非真屈也，真屈则伸矣。语以图易思艰，而曰吾乐江湖之溃；语以慎终如始，而曰吾甘鸩毒之怀，虽愚人亦不为者何也？利害所迫，亦可暂醒其昏迷，特恐其悟之非真悟也，真悟则觉矣。"张惕庵曰："如此简切开朗，犁然有当于人心，所谓言有物、行有恒也。"亦真能知公者矣。

俞桐川曰：一代之兴，必有文章之士，经术、理学传其家，以华其国。盖故国、世家相为表里，汉有扶风，宋有眉山，亦越有明伦氏父子相继而冠南宫，李氏兄弟同榜而魁多士，是皆黼黻治平，名闻海内。我朝甫定，江南文运丕振，张公选先生以风度典则首荐贤书，而礼存、素存、惕存相继而起。由子及孙，于是天下论制义正宗者必推京江，而切实正大，尔雅温醇，则素存先生文尤著。夫文人少达，造物忌才，独至京江，若有取之不竭者，前后重光，伯仲继美。而素存先生且夹辅盛朝，平章天下，盖文与福兼，其遭遇又在古人之上矣。

林畅园师曰：京江张文贞公文最脍炙人口者，《不患无位　一节》题末比云："不受朝廷不甚爱惜之官，亦不受乡党无足重轻之誉。"评者以为隐然一状元宰相影子，固也，然不若"子适卫"章末比云："天下大利必归农，故富始耕桑而次工贾；天下礼治行于贵，故教先公族而后庶民。权轻重以布之，一国之中皆其无憾于君师者矣，而尚疑王道之寡效哉？什一者先王不敝之法，故君之富亦藏于民；孝弟者斯民天性之同，故家之教可通于国。准人情而导之，一国之中皆其服习于仁义者矣，而尚疑儒术之迂疏哉？"此纯儒气象，经国规模兼而有之，当为京江集中第一篇文字也。

郑苏年师曰：张素存先生《如得其情　二句》文末二比云："喜心生于任法，任法则以苛察沽直声，而民命其缓焉者也，其人每当综核之朝，得幸全其爵禄；哀矜生于爱物，爱物则以宽大培国脉，而民命其急焉者也，其人虽无过人之誉，常食报于子孙。"仁人之言，可当官箴读也。

《石鼓斋杂录》云：顺治丁酉科场大狱，因尤侗著《钧天乐》而起。时尤侗、汤传楹高才不第，乃隐姓名为沈白、扬云，描写主考何某尽态极妍。三鼎甲为贾斯文、程不识、魏无知，亦穷形尽相。科臣阴应节纠参，殿廷覆试之日，不完卷者锒铛下狱。吴汉槎本知名士，战栗至不能握笔，审无情弊，流尚阳堡。惟张文贞公时方十八岁，从容抒写而出，公辅器度，固自不凡也。

睢州汤文正公《见善如不及　全章》文后二比云："天地抑邪与正之心虽昏乱而不能尽泯，故生民之秀时出之以持风教之衰，若夫天民大人拨乱世而反之正者，必先有一代之事功、数百年之平治，而后生是人焉以会之，虽彼苍亦有不容轻假者矣；圣贤侧身修行之道苟愿学而皆有可循，故自好之儒常慨然以为吾身之任，若夫可潜可见运造化而生于心者，非《诗》《书》所能启牖、师友所能辅成，而常无所挟焉以造之，则人力固有不能强齐者矣。”方望溪先生评此文云：“俯仰古今，深究天人之理，落落浩浩，而题中义蕴包举无遗，平生志事于斯可见。”余谓公为我朝人物第一流，此文亦当为制义第一篇。记得陈厚甫钟麟言，昔有士人夜行憩于树间，闻一人暗中对语，其一曰：“君欲何往?”其一曰：“适将往某村办事，为正气所阻不得入，奈何?”士人疑为疫鬼，因急行至某村侦之，别无所觉，惟闻一破屋中有朗诵汤公《见善如不及　章》文后二比者，反复数遍而未已，因悟所谓正气者即指此。是年时疫流行，远近殆遍，惟某村无恙云。然则公此文可抵文山《正气歌》矣。

张惕庵曰：汤潜庵先生《君子不可小知　二句》文云：“受以才，尤以识，君子驭兼才于定识，而经营一世之才愈藏，经营四海之才愈显；受以识，尤以心，君子运通识于澄心，而措置一物之识弥敛，包举万物之识弥开。则见有无不受以为大矣，功可受过，誉可受谤，独信可受众疑，夫且问知乎，而况以小隘之乎？则又见有不受以为大矣，议不受名，任不受功，约束不受文法，夫且问小乎，而必以知概之乎?”通篇皆浩浩有得，落落不群，此尤其警策处，读之如见朱子在云谷精舍饮酒微酣，吟诸葛公《出师表》、陶征君《归去来辞》，声振林樾之概。先生由潼关道以裁缺引疾归，从孙钟元征君讲学百泉山，刻苦如庠序弟子，人忘其四品大僚也。会征博学鸿词，蔚州魏公环溪询人才于王阮亭，阮亭曰：“他人荐人论文艺可矣，公必须荐文学德行如汤斌者乃相称。”魏公敬诺。先生由是入翰林，扬历中外，洊登九列，学术、政绩为海内所宗，不知先生之得行其志由于环溪、阮亭。司马公云“天下不多管仲之贤，而多鲍叔之能知人”，岂不信哉？

孝感熊文端公于康熙初年，首劾内大臣鳌拜辅政自专情状，鳌拜伏辜。因进讲宏德殿，上述道德，下道民隐，无不竭尽表里。官侍郎时，又上万言疏，所敷陈者皆二帝三王之道，深蒙嘉纳。有《颜渊问为邦　全章》制义，云："且为治而欲崇论闳议，创业垂统为万世规，使进不兼古人之所隆，而退反蹈古人之所溺，则曷称隆轨哉？与治同道罔不兴，当求其所至善；既成之功俾勿坏，毋狃于所可安。礼备乐明，而复加以清心寡欲，则治道已全于此矣，说在夫子之告颜渊也。以彼备天德王道于躬，修己治人，有伦而有要，故不复详其条目，而第举百王不易之大端；又生圣帝明王之后，人存政举，纲举而目张，而惟恐中于几微，堕万世无弊之常道。"其后二比云："尧之命舜曰执中，舜之命禹曰精一，皆郑重于几康之内，而立纲陈纪反略而不言，以制度之非以悬虚拟也，若生数朝之后而揽其全，即揽数朝之全而综其盛，我敬天而羲和授历，我行地而莱薛攻车，我成俗以化民而弁师整冠、后夔执籥，帝三而王四莫以加于此矣。开明堂而治之，无作聪明以乱旧章，无狃近功而轻王道，即治法以为心法，虽与圣同功可也。《泰》之九三曰平陂、往复，《否》之九四曰有命、畴离祉，反覆于倚伏之理，而持盈履盛已备乎其中，以芽糵之必从极盛生耳，若守数圣之法而得所师，仍守数圣之心而知所诫，缵旧服而思仪狄之疏，反商政而惕风愆之制，被繁露而抚薰弦则思《书》陈敬胜，《谟》儆怠荒，宣欲而蔽聪莫以干其纪矣。箴几杖以严之，音或听而忘倦有所不甘，言或逆于汝心必求诸道，畏勿畏而休勿休，虽与天无极可也。"按：徐健庵先生此题文以风格擅场，此则程、朱讲筵之献纳，谆谆恳恳，文肖其人，名臣大儒鸿篇，岂时文家所可同日语哉？

林畅园师曰：高安朱文端公轼，理学名臣，壁立万仞，而所为制义乃如朱弦疏越，清昶移人。《古之人修其天爵　二句》文，尤耐人吟讽，想见名儒胸次，江深九里、海深十里也。中后四比云："古之时，风俗厚而教化兴，膴仕赫奕之荣不纷于其念，夙夜之所严者，聿修厥德而已，然修之愈深则求之愈急，宣三德者有家，敬六德者有邦，备九德者惠畴而亮采，人爵之高下，无一不与天爵之等级相符。说者谓此非明扬之事，而阴骘维皇之事也，则举其重而轻者不能离也。古之时，选举清而清议重，揣摹弋获之说不中于其心，朝夕所考究者，笃行不倦而已，然行之益力则播之益速，月吉而书其道艺，岁终而考其贤能，三岁而兴其三物、六行，人爵之迟速，无一不与天爵之初终相赴。说者谓此非拜献之心，而吾儒正谊明道之心也，则立其大而小者不能夺也。然而古人无容心也，车服者国家之公器，今必指姱修为左券，则《诗》《书》亦亵而不珍，古人澄怀浩落，方将托深旨于知希，而理数不诬，自赴之如影响；是则古人无容讳也，学问者平治之先资，今必目衡泌为高踪，儒术亦滞而无用，古人托业《诗》《书》，原亦储经纶于坛席，而辉光所被，即拔之以声华。"方望溪评云："日晶玉洁，光焰万丈。"岂虚誉哉？

湘潭陈恪勤公鹏年以清操闻丁朝，三黜三进，不易其守。其康熙辛未会墨《非其义也　四句》题后段云："如其义也，如其道也，一介不以与人而即谓之吝，反是而为，非义非道，则与之而有不伤惠者乎？如其义也，如其道也，一介不以取诸人而亦谓之矫，反是而为，非义非道，则取之而有不伤廉者乎？盖尹不于取与争大小，而但于取与争道义，一介之取与不为大，一介之道义则不为小，尹所为视小如大也；尹不于道义分多少，而但于道义分是非，一介之道义不为多，一介之非道非义则不为少，尹所为视少如多也。"凛凛风裁，于兹可见。闻康熙中时巡江南，致仕大学士张文端公进见，上问江南廉吏，文端以公对。复问公为人，对曰："鹏年吏畏其威而不怨，民怀其德而不玩，士式其教而不欺，廉其末也。"可谓深于知公者矣。

新城王文简公士禛为本朝诗家领袖，不以时文名。余仅读其会墨两首，则名贵与其诗同。如《诗可以兴　七句》文，后结二比云："盖人惟不知《诗》之益系乎此耳，诚知《诗》之益系乎此，而深固可念，浅亦可思，即《由庚》《华黍》，或等于鲁鼓、薛鼓之无文，而咏叹流连，皆可通元音于六艺；抑惟不知益之备存乎此耳，诚知益之备存乎此，而正直者宜《风》，宽柔恭俭者宜《雅》《颂》，即列国名卿，时亦赋《蟋蟀》《草虫》以见志，而节情饬性，更无殊'在坰'之四章。"又《考诸三王而不缪　二句》文，起讲云："力能创古今之奇，而必以前王为定；才足通气数之变，而必以两大为归。"后结二比云："夫监于有夏，监于有殷，古之人垂以为训焉，而君子之不缪顾如此，则道之隆也，道之所在，三王治其先，君子治其后，合三统以成三重，而知谟诰不必相袭，统以至人之学问而适见其同；乾道资始，地道代终，古之人效以为则焉，而君子之不悖固如此，则道之至也，道之所在，天地为其隐，君子为其著，合三重以立三才，而知坛圻所以报功，配以王者之功名而不以为僭。"安闲古雅如此，非湛深经学又精于时文之法者不能。时人以公之诗为爱好，然则公之文何尝不爱好乎？

张清恪公伯行云：漳浦蔡文勤公世远以明经饬行倡于闽海之间，以振道南之绪，时文亦见有作。在祖祠则有课，课其诸子弟者也；在东江则有课，合清漳十邑之杰者，而课之于芝山之麓也；在都门则有课，奉命分修《性理精义》，以其暇时构四书文也；在榕村则有课，侍安溪相国归里，相国之子弟奉为师资而有作也；在鳌峰书院则有课，海阳陈公以礼延致鳌峰讲学之余，课以制举业也。丁酉之冬，合订其前后稿属余论定。余谓言为心声，文以载道，道明则文益工，世之欲学文勤之文者，尚其以明道为心，躬行为要，肆力于古，毋徒守章句之末，则几矣。

刘大山岩曰：余在礼闱时见蔡闻之试墨，清淳之气溢为高古，二三场典赡根据，经生所不能道，尔时惊且喜曰："是何处宿儒？哀哉！其久服盐车中者也。"榜发则闻之也。闻之负理学文章之望，沈心斋先生视闽学时，尝梓其古文以行世。仪封张孝先先生以天下士目之，与之讲学鳌峰，修先儒书五十余种刊行天下。今移抚江苏，犹称道谆谆以为多士励。吾师安溪李先生，又以学行特荐之朝，闻之之名顾益著，而学日以宏，行日以修。世徒震于其名，而不知其时文之工，更可以起衰式弊有如斯也。闻之年方二十余，论著盈箧笥，顾不常为时文，所存不满六十篇，古健雄杰是其笔性，而要归则本之清淳，在中秘时所构尤为识者所推服云。

江阴杨文定公名时《待文王而后兴　章》文云："其为并圣人而兴乎？当吾世而有圣人，不必为帝也、为王也，仁义道德之旨，先得此心此理之同，人之所疑，我笃信焉，狂与狷皆可托布衣之位而树夹辅之勋，文诚在兹，固其所毅然独往者矣。抑其为代圣人而兴乎？去圣人之世而有我，无论时近也、居近也，《诗》《书》礼乐之传，实关吾性吾命之故，人之所谢，我力任焉，见与闻又可从私淑之余而作后学之倡，道苟未坠，尤其所奋然特起者矣。"公与汤文正公德业相仿，此文境酷似文正公《见善如不及　章》文，皆千古不朽之业。公受业安溪李文贞公之门，当日自公退食，师弟即以讲德辨惑为事，偶有独见，借题发之。闻此文有文定自记与文贞评语，颇奥不可猝晓，今不可得见矣。

张惕庵曰：箪瓢陋巷，不改其乐。"乐"字须认得真，好学是"乐"字之根，"乐"字正好学之实。若云不是乐道，亦不是乐贫，胸中自有真乐，是求深而适浅矣。杨文定真知道者也，作此题文只据周子《通书》乐道之说，李文贞、何义门皆深是之。《史记》“贫而乐”，原作“贫而乐道”也。按：杨文定文云：“嗜欲之起，其乘于形气者也，而天之所以命我者不存焉，回殆真知夫天之所命，实有独尊于万物者，而亹然独有乐于此，方觉其探之不穷，体之无尽，有进而不已，以复乎其量而已矣，庸知箪瓢陋巷之为困也，而入焉而改乎？丰啬之途，其遭于世境者也，而我之所以自立者不存焉，回殆真知夫我之所立，实有常伸于千古者，而悠然深有乐于此，方觉其无所息于百年，亦无容闲于终身，有为之不隋，以要其成而已矣，庸知箪瓢陋巷之为拂也，而久焉而改乎？”李文贞评云：“人但见周濂溪使二程寻乐处，而伊川告鲜于侁，又以所乐者非道言之，故须于乐字说得超妙。岂知《通书》解释颜子乐处注脚甚明，人何以读焉而弗察也？此中比便是见其大而忘其小，乐字有实际，即不改有真根、布帛、菽粟之文，不必道在迩而求诸远矣。”

平湖陆清献公，初名龙其，后易名陇其。由进士举博学鸿词，丁忧不赴，服阕补县令。时未议给养廉，官所需率给于民，公一介不取，茹脱粟，饮菜羹，妻以纺绩佐之。巡抚慕天颜大不喜，劾罢之。家居七年，为魏敏果公荐起原官，用卓异擢御史，与大臣力争捐纳不宜及道府，复罢归。康熙三十六年，忽奉特旨：“直隶提督学政着李光地去，江南提督学政着陆陇其去。”中外骇服九重知人之明，而公已先数月卒。至雍正二年，始从祀文庙，特赠内阁学士，补谥清献。生平学行具见遗书，其制义亦可传，如《达则兼善天下　句》云：“上而善夫君也，不以富强诬吾君而必以学术，故权谋术数俱所弗进，而诚意正心之理，所以感格于夙夜者必极其周，则君心渐渍于正大，而杂霸之习自此其日远矣；下而善夫民也，不以势分临吾民而必以性情，故苟且因循俱所弗事，而正德厚生之方，所以维持夫世宙者无所不备，则民心自归于荡平，而浇漓之俗，自此其日移矣。”以此代圣贤立言，所谓“惟其有之，是以似之”。

钮松泉曰：陆稼书先生《仁者虽告之曰　全章》题文，以龙比夷齐，荀息、召忽、孔父、仇牧俱指为从井救人，以翻驳本题而独着眼一“人”字，大指谓君父之间，虽从井亦何可不救，若泛而指之曰人则不必然耳。议论正大，实足补传注所未逮。此文坊刻绝少，偶从一友案头见之。

徐存庵曰：陆稼书先生有《王天下有三重焉　一节》文，自记曰：“先正传夏器作此题重‘王天下’三字，顾雪鸿作重‘有’字，张君一作特拈‘重’字，看来还拈‘有’字者为是。若止拈‘王天下’，只是制愚贱反古之意，不见不骄之意；若止拈‘重’字，则何王不重此三者，岂皆是不骄之君子？”

娄县张文敏公照书法为昭代之冠，实足上继赵吴兴、董华亭，故易名之典亦得文敏，不愧前后鼎足。其制义曾蒙高庙鉴赏，许其得李光地之传，而选家独鲜及之，其稿亦未得见。惟《加我数年　章》文最传诵于时，其讲下云：“吾之学《易》有年矣。《易》有不易之道，成能设位所以示其经；《易》有变易之道，参伍错综所以神其用。惟学之不已，则知夫八卦之中，皆以明至正之矩，因其不易者而固执焉，终始要于无咎，效法识其典常，斯进退存亡而不违其正；六爻之动，各有一至中之则，悟其变易者而时措焉，观察以会通，拟议以成化，斯行止动静而不失其中。吾不敢曰学如是固已足也，迟之数年以观学之成，虽未能神以知来，知以藏往，庶几乎心之所守不大违乎？我不敢曰《易》如是已无余也，历之数年以全《易》之用，虽未能处二而多誉，处五而多功，庶几乎身之所履不甚悖乎？可以无大过矣。以可致者尽乎人，毕其能事，尚孜孜于观玩之中；以未至者待乎天，过此以往，惟乾乾于朝夕之内。至哉《易》乎！吾殆终身焉耳矣。”王学舒云：“从来作此题者，每致挂一漏万，此独于原头上见其所以然，具有儒者气象。盖杂之榕村稿中，殆无以辨也。”张惕庵曰：“余尝作《仁也者人也　一节》文，说来说去，总欠融洽。后得张得天此题文，读其后二比云：‘盖仁而丽于人，则静以存之而道之全体立焉，动以发之而道之大用行焉，君臣、父子之交，各有其情义以为之纲维，夫固仁出之而人成之者也，此无内无外之道也；惟人而受夫仁，则涵之于天命之初而见道之一本焉，措之于成性之后而见道之万殊焉，动容周旋之类，各尽其精微以明其条理，夫又人运之而仁宰之者也，此有物有则之道也。’顿觉心开目明，现出此题实际。”

新城何端简公世璂《譬之宫墙　二节》题乡墨，以闲冷胜，在彼时为别调。而中后四小比云：“今夫赐有墙，是夫子之所裁成而造就之者也，吾夫子固日冀乎赐之渐积于高深而不能也，及肩焉已耳；夫子之墙，乃赐之所仰望而攀跻之者也，赐向者犹疑夫子或可以几及而不能也，其殆数仞乎？卑哉，赐之墙也！即其中而言之，其为室家之好也仅矣，仅云好也，即何足与天下共见哉？而无如其见之易何？峻哉，夫子之墙也！就其中而思之，所谓宗庙之美、百官之富者非乎？既富且美，即何尝靳人之见哉？而无如其见之难何？”前二比回互玲珑，后二比曲折尽致，可谓毫发无遗憾。而王巳山犹以入手宫墙并点，后只从墙上较量，更不回斡宫字，讥其疏脱，可谓固矣。白文本前言宫墙，后单言墙也。按：公以词臣出身，谥法例加“文”字，不知何以双用“端简”字，尝询之翰林老辈，亦无以应也。

歙县曹文敏公文埴工于制义，能以汤、许文律写归、胡名理，顾所作多不传，余但见其《刚毅木讷近仁》篇云：“天德中本有是浩然充塞者，此仁之以理伸也，而刚毅则不以气屈，夫从不屈者而直养之，斯气壮而理亦伸；天德中本有是肫然凝固者，此仁之以性定也，而木讷则不以情驰，夫从不驰者而静好之，则情淡而性亦定，故曰近也。彼夫无欲而不以刚名，无息而不以毅名，无伪而不以木与讷名，此盖中心安焉而尽泯矜持之迹，要难概责夫中材；若夫化其刚而不流于猛，化其毅而不病于拘，化其木与讷而不失于野，此则历久造焉而渐归粹精之途，当更乐观其成德。”精理名言，足以式浮振靡。

高邮王文肃公安国奉敕总纂《大清会典》，体裁精密，条理详明，上媲成周官礼，以大制作手笔敛为制义，宜足以压服士林。其雍正甲辰元墨题为《子张问仁于孔子至恭宽信敏惠》，讲中“所贵以实体之力，存其易放之心”二语，已抵人千百。后结二比云：“此五者统万物之情，约之于方寸之内，其小心推致，以既在物之理者，夫岂留几微之恍惚，听心之或存而或亡？由起念之初，以及于肆应之际，其旁皇周浃，以尽性量之全者，又岂有偶尔之操舍，任理之若无而若有？”针对子张语皆实际，沉深浑重，不但名元风格也。

孟瓶庵师曰：吾师金匮秦文恭公蕙田素不喜谈时文，每侍坐间有论及，辄以他语乱之。乾隆元年会试，题为“君子笃于亲节”，吾师墨艺有云：“远迩皆一诚之贯彻，衣冠言动之微，意念愈深，感孚愈挚也；上下皆一机之鼓舞，笙簧酒醴之际，感召甚易，响应尤神也。”又云：“根本裕则心志自移，人各亲其亲，人各长其长，三物六行之条，不必修闾师之制；精气运则畛域尽开，不独亲其亲，不独长其长，《周礼》周官之法，可行于上理之朝。”语语华赡，而通篇宽绰之容、和平之奏，虽老作家无以过之。吾师经术湛深，著述宏富，根深者实茂，理固然也。

又曰：金坛于文襄公敏中在乾隆间，相业隆崇，而不能尽协人望，以崖岸太高故也。然余以趋公备承延接，则深悉其慈祥之蕴，往往不求人知。因忆公《人皆有不忍人之心　三句》会墨中句云："是故静念乎乾父坤母之所生，而万物同原，于此心一体相关者，本自因人而给；乃深求乎推暨弥纶之所至，而庶政具举，与此心两相契合者，无弗即念而存。"落落数语，怀抱毕露，此谓称心而谈。其所以深结主知而善保终始者，即在此方寸间欤？

武进程文恭公景伊《少者怀之》文云："昌平之俎豆，渺若山河，而父老提携，宛然如昨，则依依角丱，谅有同心；四国之驰驱，几忘呱泣，而过庭诗礼，动辄关心，则渺渺诸孤，原无二理。"就夫子本人现身说法，可谓兴往情来，亦开后来一门径。按：程文恭由翰林历纶阁，仅作戊辰同考一次，并未出过试差，然甚多小门生，每对人自哂："一生惟能作太老师耳。"

桂林陈文恭公与同邑刘铁楼邑侯新翰，同登雍正二年癸卯广西乡荐。二人初不相识，适同号舍，首题为《吾之于人也　节》，刘读公文至后比云："以忠厚长者之道待人，则毁处于刻而誉处于厚，誉而必试，倘其无所试，犹然无所誉也，况其有所毁也；以扶奖人伦之责自任，则誉所以鼓其进而毁适以败其行，试而后誉，即其有所试，而终无所毁也，而又谁毁谁誉也。"击节大叫曰："元在此矣。"一号舍中尽惊，以为狂，已而公果领解，刘亦获售。洎将北上，刘诣公，讶其无行意，诘之，公曰："资斧无措，且俟下科耳。"刘曰："若新翰者虽百十辈，何关天下人才得失，惟读公文，决为商霖、周干，岂可迟留？"倾资付公而返，追之不顾也，公遂以是秋恩科成进士焉。

河间纪文达师与余家渊源最旧，自先大父及先资政公暨伯叔父及章巨兄弟辈，皆及门执业焉。章巨少侍先资政公，即熟闻文达师梗概。公尝语章巨曰：人但知我晓岚师以硕学鸿文笼罩一世，而不知其和易之德、通达之操，随地流露，实当于古名臣中求之。吾最爱诵其《所恶于前　四句》文，云："谋己而不谋人者，物之情，有害在前，前者思诿，有利在前，前者必趋，此亦居于至便也，而后者乃大非所便矣，吾于其隐忍不安者，知受抑者之隐忍不安，亦同此理，而一时之瞻望弗及，尽可为前事之师矣；乐胜而不乐负者，俗之习，后而欲前，急不能待，前而忽后，退不自甘，不免起而相陵也，而前者已不堪其陵矣，吾于其长虑却顾者，知所排者之长虑却顾，不异此情，而一时之迫蹙不安，亦可为前车之鉴矣。"时京师传诵此文，以为纪公特自写其生平，将来易名之典，非文和必文达也。按：此先资政公嘉庆初年家居时所记，至嘉庆十年，吾师果蒙赐谥文达，则先资政公所不及见矣。

大兴朱文正师自叙其时文稿云："今之学为举子业者，忽以饾饤难字剿袭逸书，相诧曰此朱派也，不知者又从而尤之，曰此流派之必当正者也。冤哉乎！我为牛马乎？忆予十一岁始学制义，十八成进士，遂舍去，了无所派也。越五十余年，出入中外，无暇及此，结习未忘。偶见猎心喜，乃悟时文即古文，古文即经解，何派之有哉？"余以壬戌朝考文字受知于文正师，非以制义也，乃亟欲读吾师制义，积四十年而不得。今春始得见毛伯雨副宪式郇所刊时文稿一帙，则又怵其高深，几有望洋之叹。儿辈辄以此帙相质，因就余见解所及，略举数处以示之，而已觉高不可攀矣。如《未有好义　二句》题文，小讲云："《大学》首章既发事有终始之旨，而于卒章申其说，曰君子欲明其明德于天下，将使天下之事无不措之而得其宜，所谓义也。如是而后无所不用其极，而知终终之可与存义矣。"中比云："下统乎臣而达乎民，道莫先于忠信，所谓自周有终相亦惟终者也。"对比云："事始于家邦而终于四海，道本通乎天命，所谓地道无成而代有终者也。"由首章'终'字落脉，以经注经，证佐天然，洵足补传注所未及。其自记云："偶以此题试学者，而'终'字说来总不关痛痒，向蓄此解，辄发明之，以备一说。"又《居是邦也 三句》文，自记云："此题铺张大夫、士，直是一则交游论，又或处处绾合喻意，未免喧宾夺主。总之于为仁一问如同隔膜，辄拈此以当笺解，非敢与经生较工拙也。"小讲云："圣门之有子贡，其智亚于颜渊，则其为仁必有不屑于等夷而独求全德之见也。故夫子以工之利器以善事者切指而广之曰：人不能离人而立于独，则苟有志于仁，虽成己之事而亦同人之功也，任取人之善而皆为己之学也。百工居肆以成其事，君子居邦以成其仁，其致一也。"其原题处实独具手眼。又《观水有术 二句》题中四比云："风上水而成涣，涣则澜生，然有不待风而潆洄无定者，无论正出仄出而静有动机，逝者如斯之叹，所以发于川上也，不舍昼夜，其斯为息之深深者乎？人决水而为湍，湍则澜涌，然有不待人而活泼无端者，无论与齐与汨而坎有中孚，水哉水哉之称，所以取于原泉也，酌彼行潦，安得此出之渊渊者乎？由此澜而浚畎浍以距川，则望海有期矣，洙泗之间支分派别，孰不思濯江汉以朝宗，而即此游目滥觞，已觉生机之莫遏；出此澜而回流波于既倒，则根源可问也，天一之精出同归异，孰则是证渊源于星宿，而即此流连一勺，已通消息于无声。"自记云："诠此题者，或推波助澜，汪洋浩瀚，是仍观海矣；或执澜为本，不知其为寻源竟委之线，则术字不出。圣人有始有卒，而中间千条万绪，皆可希圣。即小见大，方是此题界分脉络也。"戴文端师评云："澜字认得精细，术字方有着落。且由澜以求海之大，由条理以窥圣人之全，正是入道之浅深次第，与下节盈科、成章皆脉络贯通矣。"

国朝名臣得谥文正者，自睢州汤公、诸城刘公、大兴朱公三人外，近惟歙县曹公振镛承此旷典。盖曹公有特立之操，如寒松古柏，而严峻之中未尝不合太和之气。制义不多见，惟《所藏乎身不恕》一墨，已足觇其生平。讲下两比云："恕不自身而止，以类度类，以情度情，胥由我躬而放之皆准，此推己所以为恕也；恕必自身而始，欲立己立，欲达己达，惟即当体而感之斯通，此如心所以为恕也。"后比云："本一为仁之身，而不以仁施诸人，则只谓之不仁，而未可谓之不恕，不恕者身不仁而任己之训仁也；本非为暴之身，而日以暴临其上，则只谓之为暴，而未可谓之不恕，不恕者身行暴而偏欲以身禁暴也。"原评云："划削肤词，趣在法外，可谓善于论文者。"余独以为吐纳宏深，足以觇其所蕴，非可以时贤帖括概之。

山阳汪文端公廷珍器宇方严，神采古异，同朝多望望然畏之，而所作制义乃极圆美宜人。忆余家居授徒时，常拈公文以为门徒程式。如《请野九一而助　三节》题后二比云："其在先王之世，小都之田任县地，大都之田任疆地，而且乡大夫以下治六乡，遂人以下治六遂，以至载师、闾师，各供其职，是故咏《大田》者咸祝曾孙，歌《良耜》者乐从主伯，此古之君子、野人所以安也；迨至春秋以降，履亩税而法一变，田赋用而法再变，而且阡陌开而助法尽坏，地力尽而贡法亦增，以至头会箕敛，暴征其私，遂使秋霜春露凄怆者乏锜釜之供，夏雨冬寒逸谚者虑耰锄之色，此今之君子、野人所以困也。"此以时手摹古调，最为场屋利器，及余门者，人人能背诵之。时余未识公，但读公文而想望风采，及入礼部作公属吏，始知人与文之不相谋如是。按：余在部时，值道光二年举行京察，满州尚书文秋潭师已拟余上考，文端公意别有属，昌言于堂曰："梁君不过时文擅长，我了未见其政绩。"秋潭师曰："时文我所不谙，其政绩则我所熟见。"缘余日在军机处，例免再当本署差事，故此之所见，不必为彼之所知，文端公无以折其语，勉而后可。其实余前后在京师十余年，并无能文之誉，乃因靳其上考而转被以虚名，可笑亦可惭。故余于文端虽感荐剡之恩，而终不敢修拜举主之礼也。

德州卢文肃师荫溥久直枢廷，承旨书谕数十年，无不惬当上意者。凡章京拟稿，公必披隙导窾，笔舌互用，或删或润，至有原稿一字不留者，同直者无不让其能，即中外亦皆服其通敏。时郭兰石尚先主公家，余每与论及。兰石谓："此无他奇巧，惟熟于制义耳。"余曰："公之制义可得观乎？"兰石曰："公并无制义稿，亦从未见其涉笔，惟一论及此事，则娓娓忘倦。一日谈次求读公闱墨，公笑曰：'我朱卷久已无存，惟有两比，至今尚能记诵者。'则《女奚不曰》题中幅云：天下事理之至，局中或不能遂觉，而局外明焉，以我平时之诣力，当局几淡而相忘，而女从局外以参观，其所知必悉，乃猝然相接，竟未能直揭其真，我转不得不以局中追溯，而代筹局外之言也，夫女之所可对者，原不必故高其论也；吾人学问之功，事前或不及预知，而事后审焉，以我往日之操修，临事几习而不察，而女由事后以统计，其持论必真，乃偶尔相谘，竟未及明宣其蕴，我转不得不以事前阅历，而益系事后之思，夫女之所能对者，原不必竟艰于辞也。"昨见魏笛生以"体庄气逸"四字评此文，可谓惬当。余窃谓今日之润色鸿业，即此而具矣。"按：今日应制格式、奏议体裁以及官文书文字，若非以制义之法行之，鲜有能文从字顺，各识其职者。兰石之言，未为无见也。

余常与谢茱石学崇谈艺，茱石每通论壬戌同年生之制义，而最服膺宝应朱文定公士彦文。如《述而不作　一节》后二比云："言不登咎单谊伯之书，虽守缺抱残，讵足系闻知之统？而以我之述证老彭之述，则先后同符也。试思坤乾一册，何难别启苞符，《商颂》五篇，何难别垂声咏。而信而好者，实不敢自用其私心，则矢丹铅于九丘八索之间，知坠绪之虽微可续，而五百年薪传遥接，犹将于问老聃，问郯子，问苌宏，问师襄之外，而上溯师资。姓仅在豕韦诸稽之次，旁搜远绍，讵足开后觉之知？而以老彭之述导我之述，则渊源有自也。试思官先六太，礼详三百之遗，地列幽营，雅辨九州之数，惟信而好者，实不敢自我而废失。则广搜罗于教世教令之后，知下学之有开必先，而六百祀黎老未湮，犹得于若伊陟、若巫咸、若甘盘、若臣扈之余，而旁征文献。”盖老彭故实，只《大戴记》中数语可据，作者独靠定注中一“商”字，寻出许多陪客，遂成此花团锦簇之文。按：文定以朴诚受知遇，其平生诗文，亦皆主质干而不涉时趋，惟此作典赡风华，绝不类其生平木毅之概。而余尤爱其起二比云：“从来立言之垂，参立德、立功而不朽，使古人仍有未启之秘，则聪明自具，何必称高山仰止、景行行止之思？后世传闻既渺，与所闻、所见而异辞，使古人犹有待补之书，则创造自由，何必溯古曰在昔昔、曰先民而上？”弹丸脱手，竟如宋广平之赋梅花矣。

制义丛话卷之十

檀吉甫曰：自韩宗伯后而二方兴，皆游宗伯之门者。而百川早卒，望溪晚遇，惟朴山以别调孤行开一生面。其徒众极盛，四大弟子最著，谓陈星斋、杭堇浦、孙虚船、齐次风也。时以与王墙东并称，王氏诸少并佳，然虽极力标榜，终不能及淳安也。

何雨崖曰：方百川以太学生止，其凄神寒骨，已兆贫短折于文字间，然其气脉演逸浩漾，直接欧阳，而超轶之神，又若碧云卷舒，漫空无迹，非可以凄寒概之。其发声喟息，实怛然有忧天下之心，而题自与之称。经生若此，犹想见范希文做秀才时。天不永年，自作元命，踵思旷而并墙东，皆不阶科名而寿世，而世乃有艳心于草木之荣华者，岂不惑哉？

方百川《齐景公有马　二段》文，后比云："放怀今古之间，人之富贵贫贱于其中者，特须臾之顷耳，不独景公之豪盛而丰饶不能长留以自恣，即夷齐槁饿亦会有穷期也，快之须臾而已与有生同敝矣，忍之须臾而已与日月争光矣。君子所以不暇为众人之嗜好者，诚见乎其大，诚忧乎其远也。生人不朽之故，与所遭富贵贫贱之适然，亦曾不相涉耳。不独景公之湮没而无传非千驷足以相累，即首阳高节亦岂以饿显也，无可留于千驷之外者而千驷羞颜矣，有不没于饿之中者而饿亦千古矣。君子所以汲汲于后世之人言者，非喜乎其名，乃重乎其实也。"或各删去股末三句，音节愈高壮苍凉，余少时读本即无之。韩文懿所谓悲喜无端，俯仰自失，真善学《史记》之文者也。

檀吉甫曰：方百川《苟有用我者　一节》文云："横览七十二国之间，凡吾之所见而所闻者，其果何景象也？转而计之，其朝野皆可以严肃而清明，其民物皆可以从容而仁寿，独不得借手以告其成功，徒托之坐论而为旁观之太息，予亦安能恝而置之度外也？总历吾生少壮之时，凡所为若驰而若骤者，徒为是栖遑矣。回而思之，其志气方盛而于事无不可为，其日月甚长而于功无不可就，乃失之交臂而今将迟暮，欲期之异日且未知天命之何如，予又安能忍而与此终古也？"又《吾犹及史　一章》文云："夫我生之初，失治平已数百年矣，而遗风余俗，经十数王之所荡，而犹有一二之存，以此知文、武、周公之诒谋者远也；我生之后，不过上下数十年之间耳，而目见耳闻，遂至月异岁不同，而一旦一扫地以尽，以此知流失败怀之末流更烈也。"此合之《齐景公有马　二段》文，而百川之精神面目已具。后生小子读时文者，不可无此等文十数则烂熟于胸中，可以壮才气，可以树脊梁，所谓言既易知，感人又易入也。

又曰：韩慕庐谓方百川《子路宿于石门　章》文，深入无浅语，盖石门语意平夷，将荷蒉、桀溺语对看，便见此处悃款如知己，亦缘百川夙抱忧世心肠，不觉体贴到此。江西梁质人、宿松朱字绿以经世自负，议论横纵，百川对之常默息，退而曰："诸君子口谈最贤，非忧天下者也。"可知其志之所存矣。

张惕庵曰：荀卿子不知性却知礼，《史记·礼书》即全录《荀子》以成文者也。荀子言礼，以养人为本，其用在视听言动之间，盖言人之视听言动有礼，则可以养其性情，此正是"礼之用，和为贵"真解。方望溪先生酷好《荀子》之文，于此题文云："外无所致而中必餍，故劳苦恭敬，乃所以养安；苟近其物而情亦生，故仪节文为，乃所以适性。"说"和"字比诸家讲章为透切矣。

又曰："好行小慧"句向无确解。若说作奸犯科之事，非群居终日时所行。若说是任情放诞，如嵇康之锻炉，阮孚之蜡屐，和峤之倚囊，王戎之钻李，亦与章旨不合。此"慧"字自顶上"义"字来。方望溪文只作一气说下云："其言本道理所不载，而一纵一横，机之所触，亦若有意趣之可寻；其趣为他人所不知，而此唱彼和，论者莫当，亦自有聪明之独擅。盖不言先王之法言，自撰一副议论，如清言横议之类，即好行小慧也。"似有着落。

郑苏年师曰：方望溪《群居终日　节》文，起比云："业固精于各治者也，无故而处一堂，其神志已涣矣，而复外于名教以为乐，是以同恶而相滋也；时不可以再得者也，优游而多暇日，其出人不远矣，而复漫为鄙倍以相娱，是不独日力之坐耗也。"所言皆周秦诸子之绪余，而炼作时文，自异凡响。此文当为吾斋塾中座右铭，凡我学侣当敬诵之。

方望溪先生《子使漆雕开仕　节》文云："仓卒以就功名，皆后世苟且之行，而古人无是学也，不出户庭以终其身，而天地之变、万物之情，悠然在吾之心目，故一旦举而措之，而不啻行所无事也，苟临境而有踌躇，则其先固有不能自必者矣；慷慨以自期许，亦豪杰阔疏之病，而儒者不必然也，吾诚不欲苟于自待，则天民之行、大人之学，可默以自验其盈虚，虽师友之朝夕与居，而不必使知吾意也，特相就而商出处，则此中有不得不自明者矣。"按：二比意境与汤文正《见善如不及　章》文极相似，何雨崖所谓一世口流沫者，不虚也。惟何二山谓："四子书中，'斯'字无不紧蒙上文者，两其斯之谓，一谓切磋琢磨，一谓不降不辱；斯民也，斯礼也，一谓毁誉之人，一谓上祀之礼。此处'斯'字接上'仕'字，当日使仕不过一官一邑，漆雕氏亦只从这上见大意，何得滉漾其意以为高，恢张其言以为大?”盖一指还淳，一指望溪，虽其师亦未敢雷同也。此语实云开日明，可以质之来者。

方望溪先生集中有《行不由径　三句》题文两篇，首篇是对做，次篇乃截做。讲下云：“偃之未至武城也，武城之人盖传其行不由径矣，此偃之得于所闻者也。”后幅云：“偃也心仪灭明久，始犹不敢遽以所闻决其为人，及见其非公事未尝至于偃之室，而后断然信其为行不由径人也。”谢云墅评云：“起境逼窄，便已水尽山穷，以下转身乃得宽势。”按：此评固是度人金针，而此文用意之深，尚未说到。此文末段云：“嗟乎！世之言得士者，皆曰是尝往来吾室矣，不知能使入吾室者，即不能使其不为途人也，不然，胡灭明未尝至室，而子游津津然道之，以为己所得士哉?”自跋云：“余从宛平高素侯先生入京师，先生命勿与外通，而大司成新安吴公急欲识面，又召饮酒，余皆辞之。公因自访余于寓斋，余因高先生以谢曰：‘某挂名太学而部牒未过，以宾客见，义不敢也，以生徒见，又非所安，请稍俟之。’及秋闱毕，余始报谒，仍执不见之义。是题所以试教习诸生者，余偶拟作，篇末云云，实有知己之感，盖余名过牒时，公已归道山，竟未得见，跋此未尝不气结云。”安溪李文贞公评云：“层折上下，寓以感慨，真深知文，又深知望溪者也。”

望溪先生集中《兴于诗　三句》题文亦有两篇，文后自跋云：“海宁许公视学江左时，余在京师，公遗宛平高先生书，称为江东第一能文之士。还江南，谒公于澄江，未尝执诸生之礼，称为用后进所施于先达者。越日公招饮，使院同谒者闻之大骇，余乃自悔失礼，而公爱余益厚，居门下者乃莫能先焉。癸未榜发，公见韩城张先生，言闱中得旷九号卷，渊懿高素，有陶、邓之风，必海内老学，细叩则余文也，二场属对工者，尚能举其词。余时南归匆遽，未得继见。逾岁而公出理河，每见朋游必属曰：‘为我语方君，家贫亲老，乃为举世不好之文，以与群士竞得失，将以为名耶，抑何所见之小也？’今年入试礼部，乃易为严整明畅之体，盖感公相责之语，而自悔曩者辨义之未审耳。此篇乃临场揣摩之作，故并识之。”

檀吉甫曰：方望溪《先进于礼乐　章》，中二比云：“吾尝切而求之一人一家之事，其父兄之力勤而守约者，大都无所纷华，而子弟以风流相尚，遂渐觉先人之迂阔不近于人情，则夫上下数百年之间，其流失更可知也；又尝近而征之一乡一邑之间，其长老之谈笑而嬉游者，大率见闻皆古，而少年之润色为工，窃以为上世之衣冠不宜于大雅，则夫邦国朝庙之间，其变迁更可想也。”按：此先生庚午科遗卷也，深情绵邈，风韵绝高。是科刘北固领解，至己卯而先生亦领解，当时主文惟恐失知名士，而非以冥冥决也，故方望溪以《天人一理》元，按：康熙己卯元墨《吾未见刚者　一节》起讲云：“且夫刚者天德，而圣人重之者，以其一于理而不可动也。”陈介眉以《一匡天下》元，按：康熙乙卯元墨《子谓子产　一节》破题云：“学足匡时，举一人以风天下焉。”而俱为名元。朋友知已，息息相关，虽先辈名儒，未尝故拒之也。

赵谷士在田曰：《抗希堂集》中有《君子不器》题文中二比云：“吾于是而知先王之教所以成天下之材者，至深远也，凡可以为身心性命之益者无弗图也，凡可以为家国天下之用者无弗备也，至于纤悉繁赜之物，大受者所不必经心，亦使反覆求详焉而不敢废，至其材之既成，咨以谋而无所不通，试以事而无所不效，追论者以为上古之人才有天授焉而不可几，而不知先王所以成其材者，其教固如是也；抑圣贤之学所以自成其身者，为不苟也，沉潜高明可以任其质而不敢安也，道德术艺可以速其成而不敢迫也，即至天人身世之间所值者，已迫不及待，而犹迟回自试焉而不敢轻，迨其身之既出，大可以通天地之变，而细亦能屈万物之才，观听者以为夫人所挟持非关学焉而不可强，而不知彼之所以成其身者，其学固如是也。”按：此文为艺林所传诵，古今学术源流颇具于此，非望溪先生之胸次不能成此文章。近闻英煦斋先生壬子乡试闱墨《大学之道》题中间全录此二比，不过改换数字。大抵先生少读此文烂熟于胸中，风檐信笔直书，如同己出，无足深论。先生之经济文章为国桢干，原不以时艺为重轻，乃其门人魏笛生观察编梓《三朝玉尺文式》，辄以此文弁首，且评云：“闳深典雅，独冠儒宗，不仅有光斯集。”则失之未考矣。按：煦斋师《恩庆堂制义》亦及门曾昆圃主事斌所编，删去《大学之道》乡墨不载，而有《不患人之不已知，患其不能也》一篇，中两比亦直抄方作，惟“成天下之材”及“自课其身”，“材”字、“身”字皆改作“能”字，余则一字不易，又不可解矣。

张惕庵曰：方望溪先生以庚午科抡元，《先进于礼乐 章》文，至今熟在人口，以二三场触时忌，遂置之。房师为将乐廖莲山腾煃，以能赏此文知名于后世，内擢至户部侍郎。以举人出身，屡为会试总裁，亦异数也。先生自命甚高，有《古文约选》一书，于刘向、扬雄文皆为绳削，人或非笑之。然先生学问实未易窥测，视董、贾、韩、苏未知何如，元、明间文章家远不如也。康熙丙戌会试第四名，闻母病，不殿试，遽归。雍正八年，特恩授翰林院侍读。乾隆元年，擢内阁学士，晋礼部侍郎。生平荐扬贤俊，不啻口出，惟无实而奔竞及凭势利以树朋党者，颇为所不悦。然其人品如白圭振鹭，毁者莫能加也。敕修《三礼义疏》，同局者多宿学巨公，凡疑难处，必推先生裁定。尝以徐健庵先生《通志堂经解》卷帙太多，殚十余年之力，删其繁复，存其精要，以便披阅。书既成，力不能刊，有资郎愿以二千金为先生刊布，而列名为参订，先生不许。余在都中睹其事。心服之。及乾隆辛巳岁，掌教云南五华书院，言其事于总制菏泽刘公，刘公即捐五百金，且致书于直督方公问亭、山东臬司沈公椒园，二公皆先生弟子，亦各许五百金，欲蒇其事。而先生之子乃云此书近颇淆乱，须再校定，因而中止。盖哲嗣欲自刊行，不假人力也。余悼先生之书未能先布，因仿其意自辑一书，一百六十卷，较先生书仅三分之一，今朋徒所翻阅《正学堂经解》是也。评先生文，枨触旧事，附识于此。按：《正学堂经解》当时并未刻行，稿本不绝如线。近闻吾乡已为开雕，亦未知果否也。

何义门《乡人傩　节》题文云："将以救阴阳之沴，必吾之心正，而后二气亦顺而不违；将以绝地天之通，必吾之内直，而后百灵始退而听命。盖阼阶东上，是惟主人之位，傩者之威灵以主人为有无者也，主人践其位而不懈，则虽常职是修，独相感而有其实焉，即资吾未散之精气，驱彼既屈之游魂矣；室中先祖，亦有主人之道，先祖之精神以吾身为凭依者也，吾身尽主道而无斁，则偕五祀之属，咸相安而逢其吉焉，盖室神之德益盛，而非族之妖自衰矣。"自记云："《郊特牲》篇云：'乡人禓，孔子朝服立于阼，存室神也。'则注中后一说亦礼家相传之义，故兼用之。"按：孔注"恐惊先祖"、邢疏"此明孔子存室神之礼"，皆本《郊特牲》，即《集注》所谓"或说"，故何义门合用之。

孟瓶庵师曰：方朴山楘如《敝之而无憾　文》云："吾生缺陷之故，悉数正复难终，而成之与亏，计较偏明于财贿；吾友要约之言，逾时不知何往，而利之所在，方寸每自为萦回。"又云："夫物非其有，而不计吾之憾之，而率然敝之，此其人岂不磊磊明明也哉？谬附同声，何遽让友以独为君子，而友心自无，吾心自有，此委曲如琐之态，应自愧臭味之差池。且物本吾有，而不虑友之敝之，而坦然共之，此其心独不浩浩落落也哉？等此长物，岂当其敝而声价日增，乃昨日何公，今日何私，此二三其德之为，亦殊笑肝胆之楚越。”按：此文脍炙人口，其反覆推勘处，实能肖出贤者磊落心情。然闻朴山垂老犹健于文，鬻文金盈瓮，有一爱孙常在左右，拟以与之。已而瓮金亡，私问孙，孙不承，因疑他孙窃之，乃大恨，请道士上章咒之而爱孙死，朴山伤之，遂没。通人之蔽，至老而甚，读此文为慨然。孙且不免憾，况朋友耶？

章日炌《父母惟其疾之忧》题后二小比“罔极深恩”云云，可歌可泣，实为千古至文。此外名作如林，无不惊心动魄。近人汤海秋鹏连作四篇，篇各一境，亦字字从肺腑流出。此等文字，使凡为人子者日日读之，孝心未必不油然而生。而最激切动人者，莫如方朴山一篇，全力注“惟其”二字，入深出显。文云：“今夫人起居如故，偏耿耿而抱夫不虞，亦甚无谓，维父母亦以为无谓也，然且抑之而愈亢，驱之而复来，而夜寐夙兴，宛成一将信将疑之境，壹似阴阳人事之厉，中于吾子者偏多，而有其备者之卒不能无患也，而况乎漫无其备也，则忧心如或结之矣；康强之身，顾频频而问以无恙，是为不祥，维父母亦以为不祥也，是故貌亦未敢呈，言亦未敢显，而春冰虎尾，即寄诸载色载笑之中，壹似腠理血脉之微，窥之二人者偏审，而不之治者之将恐益深也，而又不知所以治也，则忧来不可断绝矣。往复相寻，疾会有间而接，而生于其心，则任小往大来，终无翼日乃瘳之候，盖匪疾以为忧，而恒忧以为疾，故初无间也，其情未有知所始，而自为父母以后，若性若习，乃顿觉绝虑而无迁；心术之动，忧每无方而感，而通于其故，则举服官战阵，要皆为遗体行殆之推，盖非疾亦其疾，而百忧止一忧，故转有方也，其情不可得而传，而自有父母以来，无古无今，乃几于一成而不变。是故帝与我九，我与尔三，古圣人鬻子之勤，至于魂梦交通，而止此养生尽年之义；所以水不能濡，火不能爇，古孝子藏身之固，极之神明不测，而始完辱亲亏体之防。”汤海秋第二篇云：“且夫未始生男，未始生女，此亦人生之不幸也，然而机之萌则忧方大矣，一坐作之弗谨而体已伤，一寒暑之弗调而气已杂，父母曰：嘻！恐遂不能含和饮粹于吾之腹中，浸淫而成疾焉，故疾在一时，此缘感而后入，疾在终身，则与生而俱来也；且夫有过而责，极怒而挞，亦父母之常态也，然而事既过而忧乃生矣，少年虚憍之情乐闻奖誉，平日娇痴之习不识威严，父母曰：嘻！恐遂不能忘羞释忿于子之意中，浸淫而成疾焉，故疾成于爱而纵，父母犹自白其无他，疾成于怒而激，父母则虽悔而余戚也。一室之内，时事乖违，其父母而多忧，则其子偏多疾；振古以来，人物凋谢，苟其子不能百年而无疾，则父母岂能一息而无忧？”又第三篇以父母分说对勘，如云：“一家之中，母常朴而父常精，故母之忧犹或待于形之溃，而父之忧乃独先于几之萌；一家之中，父常动而母常静，故父之忧犹有时而泄于外，母之忧乃无时而不结于内。浸假而父忧其子，复忧其母矣；浸假而母忧其子，复忧其父矣。”尤能无义不搜，其真切处皆房老可谙，而时文家却未经人道过也。

方朴山有《或问禘之说　句》文，世所称为六可疑者。文云：“夫禘盖有说焉矣。虽然，禘之失，说之者失之也。配之者惟以始祖也，此一说也。然周禘来雍而终之以亦右文母，商禘长发而乱之以实惟阿衡，又似广配焉而不限以祖也者。夫禘审昭穆，倘群庙之不兼，而昭穆何烦代序矣？举之必以五年也，此亦一说也。然考《明堂》之记则季夏六月以升歌，采献子之言则七月日至可有事，又似岁举焉而不限以年也者。夫禘并郊宗，苟旷年一殷祭，而郊宗何独频仍矣？于是有谓禘即郊者，故《尔雅》系禘于《释天》，似也，顾由斯说也，而《祭法》之所谓谛尝郊冥、禘尝郊稷者举不可通矣，且既以禘为郊，而复有禘小于郊之说，是傎也；于是有谓禘即祫者，故《春秋》书禘而无祫，是也，顾由斯说也，而《王制》之所谓天子祫禘、诸侯禘祫者举不可通矣，且既以禘为祫，而复有丧终吉禘之说，是舛也。而因以推之鲁祀周公以天子之礼，说者谓周公是康耳，则鲁之禘惟大庙，而如史所书禘于庄公、禘于襄公，此与周公复何关，胡为竟若赏延于世也，重之以宾用禘乐之文，而其说愈不可孤据；追所出于始祖之祧，说者谓所出无庙耳，乃鲁之禘为文王，而如史所书临于周庙、临于宗庙，则是文王固有庙，胡为不即于其庙禘也，例之以庙无虚主之义，而其说又难以径通，故夫子曰不知也。子尚不知，而后之说者顾知之耶？”自记云：“礼家聚讼，于是为甚，大抵后息者胜耳，究不辨其理之所在也。若欲相难，又似摭前人，因发此题，借以言其崖略，疑事勿质，恰有不知也句为归宗。”张惕庵曰：“自郑康成误读《祭法》，以禘大于郊，王肃辨之，疑城已破。注中所据，赵伯循注《大传》之文也。浙西有博学二人，毛奇龄、万斯大也，力言有祫无禘，赵伯循之说无据。朴山是其乡后辈，篇中意在左袒二家，其实不王不禘，礼之明文，何可改为不王不祫乎？朴山，浙之淳安人，学问奥博，登康熙丙戌进士，与望溪先生同年，称为二方。性介特，颇吝于财，为众所不悦。授直隶永济令，不数月，即为大吏所诬劾罢归，自是不复出，教授于乡。大学士梁公诗正，副都御史孙公灏，太常卿陈公兆仑，编修杭公世骏、梁公启心，庶吉士全公祖望，世所推为文章巨公，皆出其门下。其余以文学发名成业者，不可胜数。浙中人才数十年甲于天下，皆先生之力，后学不可不知。”

方朴山作《驱蛇龙而放之菹》文，但就一事，便能传出古圣人处物之精。制义中足以开发心思、增长笔力者，此类是也，而其妙处，不过在认真题字。凡手遇此题，但说得“驱蛇龙而放之”六字，朴山文只认真“菹”字而已。起讲云：“且天生人，复生物，而不妨并生害人之物者，为既已生之，自有地以载之，而与人无争也。地失其道，而害人之物乃与人同壤而为患。圣人者起，以治地之余治之，因土之宜以尽物之性，而如天好生之德亦卒无损焉。”后比云：“苟为涂之所经，而使蛇龙滋族以处焉则涂畏，夫菹则谁过而问也，大之非三江五湖之可通舟楫，小之非深厉浅揭之可便往来，其势阻而宅幽者，正蛇龙之窟也，驱之此，而蛇龙与菹得其性而相近，人与蛇龙异其道而不妨矣；苟有利之所在，而使蛇龙置身其间焉则利亡，乃菹则所弃如遗也，傍夫陆而非若园廛漆林之供岁收，滋夫水而非若涧溪沼沚之资采撷，其宽闲而寂寞者，殆蛇龙之巢也，放之此，而蛇龙不患于族大而难容，即菹亦无嫌于地荒而不治矣。等失禽之不诫，而阴以极之于所往，此为义之精；严非种之必锄，而实则反其所自生，此为仁之至，禹之治蛇龙以治水如此。”张惕庵曰：“尝闻刘洛阳健与丘琼山濬同在内阁，刘质直，不甚喜文士，目丘云：‘丘仲深有一屋散钱，却少索子。’丘回答云：‘公却有一屋索子，只少散钱。’闻者传以为笑。吾以二君皆语妙，譬如作文，胸无书卷，是不得散钱；有书卷而不能认题，是无索子。然果有一屋散钱，索子却非大难事，还是以读书为根本。如此文，非先生胸有书卷，即眼光如炬，亦不济事也。”

先伯父叶所公曰：程子谓，看一部《楞严经》，不如读一艮卦。盖释氏总欲却思以为静，圣学只是慎思而能静。却思之静，历物便碍；慎思之静，随事善应也。汪钝翁琬作《君子思不出其位》题文云：“有常定之思，位亦与之偕定，以一心应一事，思则能专致而精；有屡迁之位，思亦与之偕迁，以万境感一心，思则能兼谋而大。位处其易，或一思而得之，即当息吾神于宁谧之天，而思不烦他骛；位处其难，或百思而未竟，又当研吾虑于曲折之境，而思不暇外驰。”徐存庵曰：乙未夏山茹后二比，尤说得分明：“是故不穷思，不足以极思之变，而不专思，不足以明思之功，苟非所得为，虽用其思于至正，亦妄也；心有其官，见神明之无所不治，而位有其域，见履蹈之无可或疏，苟任意所适，虽逞其思于能兼，亦误也。”

何雨崖题王巳山稿云：巳山先生稿凡四出，初刻曰《王汉阶时文》，通籍后曰《敦复堂稿》。其《巳山先生存稿》则博陵尹公父子所校刊，最后曰《敦复堂存稿定本》，则先生亲授及门订存者也。岁己丑，虞山有扶乩者，先生降坛，时学使方校士，言自玉峰巡场回。问某某有名未，曰无之；某某如何，曰已取，案发果然。顷之去，而乩复动，称天下第四人，则义门老人也，来寻金坛王二，或求题小圃，书近自然，笔迹宛生前。夫生英而死神，此理之当，独先生行一而易称二，义门老人既居第四，则上三人为谁耶？何雨崖曰：王孙贾媚奥媚灶之问，近于诈呆，实是玩弄圣人，急以“不然”二字扫之，掌血棒痕并见。王巳山先生文云：“发声早已褫其气，若奋笔而严斧钺之威；片词深以慑其心，如举袂而麾侏儒之戏。”比例森然，以“阳货”章参看，觉彼尚婉而此倍辣也。

王箬林澍曰：古人文字，有以数篇为一篇者，贾生《过秦论》三篇，柳州《西山宴游记》以下八篇，分之则一篇自为首尾，合之则数篇共为首尾。如连山断岭，若即若离，而其中脉络，隐隐隆隆，自相缀属，不特《大雅·绵》九章一意相承，如苏颍滨所云也。时文则自王、唐以来，未有开此境者，惟陈大士《充类至义之尽》五篇，独出雄裁，直接贾论、柳记笔法。然自来选家分离乖割，知之者少。至吾叔巳山，独能不顾世眼，重振坠绪。《桃应问曰》四篇，各立主张，而断续中相为起伏，遂合成一奇文。呜呼！古法云亡，真文殆绝，其有不以吾言为吊诡者乎？

王巳山题张晓楼江稿云："故友张晓楼久擅文名，癸卯同词馆，晓楼出全稿委余别择。余后先乙其十之六七，两人相视莫逆也。丙午晓楼卒，余惧其文之散佚，为辑所尝评选者凡百有奇，叙而梓之，盖距晓楼下世已六年所矣。"又云："晓楼文，余既为论定，流传宇内矣。越十有数年，吾年友陈榕门抚江右，复得其未刻稿五十篇，属余刻其二集。余以集中尚有可不必尽存者，遂蹉跎数载。而榕门自移抚秦中，每书来，辄以相趣，乃为合订得文百五十有奇，数增原刻十之四。"又何忠相曰："巳山先生假还，携南城张太史稿以归，未梓也。会有请观者携去，寻匿之，易时更索，百方不应。先生肃衣冠三揖，哀请曰：'亡友以是属我，我懋弃之，无以见亡友于地下，尚其鉴我，悚惶待命。'其人亦感悔，以其稿归先生。"按：此巳山先生所辑《敦复堂定本》，合三集并行于世，所采文，计三集居十之七，初集、二集才十之三。又按：吴懋政言，庆元邓令君亦南城人，言晓楼家藏未刻稿有三千余篇，惜乎榕门之未尽得云云。此说尚有未尽，余巡抚桂林，所接晤榕门家后裔及其亲戚不下数十人，稔知榕门延晓楼在家课读，前后七八年，所作文极多。榕门择其精者付巳山梓行，其余尚有二三千篇，悉为族人所匿。每阅书院课卷，有极精警者，大抵皆晓楼遗篇也。

蔡芳三曰：晓楼文凡屡变，少时酷爱正希、文止，谓正希从最上一层摩空而下，文止从近里一着冥搜而出，吾愿两参之。继则学为隆、万，已乃规模弘、正，案头所置，惟《榕村藏稿》及义门《行远集》。有抡英涂子者，晓楼诤友也，谓晓楼曰："文无定体，要从一时心眼中实有所得，伸纸落墨自然浑成，安能斤斤效人作仆隶耶？"则大悟，嗣后题无大小，一以古大家神气行之，盖晓楼之文之变境如此。

何雨崖题储中子在文稿云：世之论经畬者曰坚，始则气格之坚，既则义理之坚。窃意后一境非安溪不能，坚于气体，信有之矣。盖实从班氏出也。王巳山先生与经畬同为诸生时，读储艺骤进，讶何以致是，曰："吾日读《汉书》。"问："全读耶?"曰："吾辈阅历处要多，得力处要少。"巳山深服其言，乃取《史记》诸传赞昕夕吮咀，别走一路。以故储多茂，王多逸，分量在伯仲间。

王耘渠曰：愚尝论文章之胜三端而已。名手之文率以趣胜，大家之文则以意胜，至以理胜而品斯极矣。金、陈诸公，胜乃在意，其余不过趣胜耳。理胜者自震川而外，未可多许。储在文《信近于义　二句》题文中二比颠扑不破，乃真能以理胜者，至其通体之古质庄严，则意趣兼擅，亦无不臻绝顶矣。文云："君子之信也，其原亦出于情，而情以义为断，情私而义公也，近义则情亦有以自坚；君子之信也，有时亦激于气，而气以义为衡，气粗而义精也，近义则气亦有以自壮。"

郑苏年师曰：储中子《夫子为卫君》文章后两小比云："空山之中，蔼然孝弟，九原可作，至今如见其心；生我之爱，比于仇雠，一息尚存，此中何以自处。"此八语沁人心脾，所不待言，而吾尤爱其前段两小比云："天地之纪必不可绝，故古人至奇之行，其理归于至常；神明之地必不可欺，故古人至困之时，其心有所至乐。"此八语真朴处，境地尤高。

陈研农义曰：储中子《孝哉闵子骞　节》文讲下二比云："人情少见则怪，而有帖然服者，道不越庸行而如有惊异之辞；末俗闻善则疑，而有释然信者，事非必身亲而不尽流连之慕。"又后二小比云："人生不过日用周旋之地，而孝子久于其侧，自觉其快然而无求；天下虽有勇悍难驯之夫，而孝子过乎其前，未尝不肃然而起敬。”按：此亦字字入人肝脾，经畬文世推“卫君”篇为冠，予谓此篇当驾而上之。

储在陆欣曰：礼执作《虎贲三千人》文，起讲云“七十万人”，中比云“犹之一人”，对比云“胜于亿万人”，后比云“可得数万人”，对比云“可得数十万人”，此亦见文字细密处。

何雨崖题王耘渠稿云：自韩长洲后，江左文派有三，得皖桐而高，得义兴而厚，得金沙而细，而莫细于墙东。墙东为文，以主敬为之干，虚实呼吸，黍分铢合，顾视他手胥成粗材。义门先生尝比之老曲师，穿齿抵腭，半字不迕，真善名状也。然墙东大节在拂衣避陕督，所著《墙东草堂记》，自伤轗轲，不能养母，盖令读者不能终篇云。

王墙东《周有八士　一节》文后二比云：“想当日耆寿考作人，我周养士之泽积数十传，而其风不替，故造物有余之气，间出其奇而得此乎？济济多士，生此王国，是《螽斯》《麟趾》之遗也；而至于今生才非乏，当周叔世之运多散于下，而其美弗彰，况一门竞爽之异，其为美谈可胜叹乎？无平不陂，无往不复，是《匪风》《下泉》之思也。”评者谓“太史公论赞后，此调久已绝响”，未免太过。此等腾挪已开时墨蹊径，不必以高论而反掩其佳文也。

有督学使者，考吴中十学，以十哲命题，论者皆以十题中惟冉伯牛最为枯寂。时王耘渠先生拟作，自以为仿佛云林画意也。其后幅云：“夫德有隐而可尚，行有闻而弥尊。盛德之人不求自见，往往以空留之姓氏，而流徽遗韵，独逸于知交叹赏之余；独行之士不讳数奇，往往以不幸之遭逢，而潜德幽光，倍永其俎豆馨香之报。又况乎得所依归，独邀神契。重斯人之握手，痛比祝予；思往事之关心，悲深同患。冉伯牛之为人，概可知矣，何借乎言行之表表而后为足多也哉？”妙即以枯寂还之，而烟波淡荡，转觉此中一字无有，正复含毫邈然。

制义有以单行之神，作排偶之体者。前明周莱峰、唐荆川实创此法，后鲜继者，惟王墙东《此谓身不修　二句》题文，实擅其妙，讲下云："有如好恶之辟，其蔽至于谚之所云，此而谓之身不修，其无辞矣，此而决其家不齐，不必问矣。然而彼方且顾其家而欲齐之也，不自谓其身之不修也；然而彼愈益忧其家而必且齐之也，正自以其身之不修也，而岂知其断断不可哉！何以言之？夫所谓齐者，必其一家之中，无亲疏长幼，美与恶一剂其平而秩然，而无所于紊；又必其一家之中，无智愚贤否，好与恶一禀吾范而帖然，而无所于争，则齐矣。今以不修之身为之，美恶以爱憎而淆，御人既无不爽之鉴，好恶以情欲而乱，在我亦无一定之衡，鉴之淆也则无所取法，而衡之乖也又无以服其心，于是其家之人，此亦一是非，彼亦一是非，纷纭变乱而迄不知其所裁，因而然其所然，不然其所不然，专擅改易而几不可以复制，而彼于此乃始汲汲乎齐之。以己之所谓美者，使之勉而就；以己之所谓恶者，使之革而迁。唯吾之所好，欲其徇焉，而莫之或违；惟吾之所恶，欲其远焉，而无敢或蹈。而其家之无所取法者自若也，相与上下于畸轻畸重之中，而参差之象，视诸其准，而群以为惑，则家既与身而相疑；而其家之心所不服者愈甚也，纷然出入于所左所右之内，而扰攘之状，逆于吾意，而积不能平，则身且与家而争胜。夫以相疑之心成争胜之势，大者乖戾日积而害至于不可知，小亦嘻嗃无度而闲卒于不能立，至是乃喟然曰家之不可齐，盖若此也。呜呼！岂家之不可齐哉？此谓身不修不可以齐其家，昭昭然也。"自记云："自成此篇后，欲以此法再作一两义，终不可复得，岂亦有数存焉耶？"张惕庵曰："次山能文章，可惋只在碎。此则愈碎愈妙，天机偶到，非可着力为之。"吴荆山曰："人皆知当如题反做，然只做了身不修则家不齐，终不能肖题。惟此曲曲传出，不可以三字生面，先辈于制义一道，认真如此。”

王耘渠曰：“何必去父母之邦”一句题，有四难。“何必”二字，实从枉道生出，稍离则题句无着，稍黏则截上不清，一也。父母之邦本不应去，而此之不去，却贴枉道上讲，情真话假，离即俱非，二也。上二句是正旨，此只是反掉，以足上文，然“父母之邦”四字不便闲抛，而直道根株，更难安顿，三也。和圣骨极嶙峋，词极婉约，刚柔调剂，笔墨之故，通于性情，四也。一老友命予作此曰：“是题非子莫能为。”予愧其意，为费经营，其炉锤入妙处，全在起讲三行以下，迎刃而解矣。蔡芳三曰：“诸王之文，宗派同而成就各异。渊翔淡永，耘渠高洁，篛林深厚，于唐、宋大家各有所近。若汉阶之冲夷，其在习之、六一间乎？”

林畅园师曰：任钧台先生深于经学，发而为制义，虽小题亦必用考据之法行之。如《不畜牛羊》题文入手云：“盖宾祭得用牛羊，自伐冰之家始，故不畜之戒，遂于是专属也。献子曰：‘物有所必备，守有所必严。’我周宣王中兴，其考牧之诗曰：‘谁谓尔无羊？三百维群。谁谓尔无牛？九十其犉。’于是嗜利者托焉，谓平天下者，且于牧事是务。曾是方为冰也，伐者即不得为牧也考，乃予诵《官箴》而知其严也。”中幅云：“王者之有天下，其政足以顺五行之气，而类万物之情。故雍州之产宜牛，冀州之产宜羊，物土之宜而布其利，何一非平天成地之规？季春而游诸牧，仲夏而别其群，顺物之性而遂其生，何一非对时育物之道？而畜之者殊不谓然也，谓有事而求诸甸牧，则牛之布千，羊之布百，何如执于牢者之牲牷肥腯，举无缺于供，且无事而考其孳生，则牛举其犊，羊举其羜，将岁计有余，而资脯饩牵愈不竭于用。独不思士之祀以特牲，饮以烹狗，宾祭之用不得以羊；大夫举以特牲，殷以少牢，得其羊者尚不得用牛。至伐冰之家，牛与羊始皆用之，以备物也，亦以励节也。乃殷以太牢矣，而问牛羊之胡来，不以为民力之普存，而以为曾孙之致力；宴有折俎矣，而问牛羊之何自，不以为甸人之献兽，而以为夫子之家禽。”张惕庵曰：《乡饮酒礼》“烹狗于东方”，陈祥道《礼书》云：“烹狗，士礼也。古礼上可兼下，下不得兼上，故卿大夫行饮酒之礼，亦烹狗也。”《礼·杂记》云：“上大夫之虞也少牢，卒哭成事祔皆太牢；下大夫之虞也特牲，卒哭成事祔皆少牢。”盖礼，卿大夫祭皆以羊豕，惟丧之祭则加等。《曲礼》云“大夫以索牛”，指丧祭也。殷祭，大祭也，本《公羊传》“五年而再殷祭”。“牛之布千，羊之布百”，布，泉布也，《周官》羊人职“牧人无牲则受布于司马，买牲而供之”，言牛值钱千计，羊值钱百计耳。中幅引据颇渊奥，故详注之。

又曰：任先生家贫好学，读书日盈寸，顾不工制义，迂晦翏辐，年四十余矣，尚困童子试。会其乡有富家延名进士为师，先生袖文恳阍人入求政。名进士见先生已老矣，谬赞之，先生求政益勤。乃密叩之曰：“君所为将游扬为觅馆地乎，抑或真求益也？”先生骇曰：“吾以真心求教，奈何卑视我如此？”名进士曰：“然则君之文无一是处，宜亟改之。”乃历指其文之病痛，示以先辈大家命意措词之秘。先生乃尽弃所作，如所授文律规仿之，居数月，文大进，入泮第一，学使者大嘉奖之。富家翁大怒，诃责阍人不许通先生。名进士见先生久不来，察其故，大不乐，遂拂衣归。先生又袖文往其家，时时请益，癸卯遂以经魁成进士，入史馆。为文不可无指授如此。予闻此事时为乾隆元年，先生以名翰林奉诏，承修三《礼》。至乾隆十八年，诏征天下通经学之士，如已故礼部侍郎蔡世远、宗人府府丞任启运者，先生名乃益著。使先生不遇此名进士，则文不能售。然非先有数百卷书在胸，即名进士亦不能使其速化，海内亦安知有任钓台先生者哉？故详述之，以励力学晚成者。

任钓台稿有自叙一篇，与陈大士稿自叙相匹，皆可作制义故实，因节录其概云：运幼产于范溪舅氏。岁未周，母指壁间字为训，翼日覆之，对亦以指，母喜，日为常。六岁归亳阳祖居，仅老屋数间，草砾环之。先父授徒于外，自所馆寄四子书，祖云岩先生课之。时祖止一孙，甚爱，恒剑负我，或绕膝嬉摩其顶，举古圣贤豪杰事相勖。祖故富于书，因紫云山一炬而烬。更遭难播徙，无片纸存。然道及忠孝事，则掀髯奋发，涕泗交颐。祖笑亦笑，祖泣亦泣，人谓祖老痴，运小痴也。九岁受《孟子》终，运饮泣不食。祖问故，运曰："焉能读然而、无有二语而不泣者乎？"祖曰："汝劣耶？"手指外注，言："程、朱去孟子千五百余岁，得绝学于遗经，今去朱子止五百岁，小子患无志，徒泣何益。"闻此语，乃如食作噎梗梗胸中。后渐受《诗》《礼》及诸古文。年十二，闻人就试以时文，于溧阳碧岭姑丈家得烂本试牍，学之积岁，草盈壁间。先父白诸祖，祖曰："果劣也。"然亦听自为。越二岁，祖捐馆，乃师从伯父希尹先生。伯父方严善讲论，顾多病，强半在床褥间，逾年亦卒。既无所得师，时走数十里或十数里，与诸习时文者角，不甚后人辄自喜，或胜之则益喜。旁及词曲、镌篆、百家、技术言，人谬许为能，益自喜。年十九，以文谒尹丈汉郭先生，先生直视运良久，曰："子类可教者。"历指其失，而蔽以一言曰："俗不可医。"当是时，心骨皆战，夙所自负悉丧之。先生授以何选庆历曰："以是濯秽，秽濯乃来。"一年曰："秽则已除，虽然，类掘穴觅鼠也。"又易以大士，次正希，次陶庵，次吉士，以上溯荆川、震川。每学一家及旬余，先生必喜曰："能变。"越月复诧曰："子如醉人，扶一边倒一边。"于学陈曰："使酒骂座。"于学金曰："又作道士步虚声。”于学钱曰：“学吴门骨董肆。”学钱止十日，曰：“更濯濯似老儒说经。”惟学唐最久，曰：“血战坚城下，不入则殉此城，然又不可劝汝退也。”既而曰：“文贵浑脱，若隽巧，若剽悍，若刻凿，皆害也。”又曰：“作文当无书不读，又须如不读一书。”余念无书不读，则焉能取向？所受《礼记》，句推节比十余年，略有得，遂庠于邑饩焉。又反覆十余年，成《礼记章句》，于时文但直书己意不求工，而金坛王太史虚舟及后村顾极推赏。耘渠因为余点定可存者几百篇，戒以宜务著书，勿以此耗日力。余又作《尚书内篇传》《外篇传》及《白虎通正讹》《竹书纪年证传》等书。癸卯，受知北平黄公、汉阳徐公，其相赏固在酸咸外也，而运年五十有四矣。回忆尹丈所云如不读一书者，究未之逮，况其他哉！迩年耘渠所点定稿已散逸，后村太史谓逸之终可惜，又合随行及门所有，决择得百四十首，付诸梓焉。

陈星斋先生兆仑甲辰乡墨题为《斯民也　一节》，先生于文后自记云：本房孟县薛仿山先生评云：“以字着力三代之君以之也，诸卷误看大注，只就民心本直说。似此不特理有渗漏，而神气亦与上文全隔矣。前明李九我文，当时早有异议，不意至今犹承其舛。是卷先虚后实，制局甚妙，而道理圆彻，才致淋漓，合陶庵、大士为一手。”原评如此。是科撤棘后，有同考某先生招予一见，且云：“尊卷固佳，然仿山得君甚苦，呈荐日主司极口嗟赏，但微嫌有数处语涉粗豪。”仿山遽云：“豪则有之，那得粗处？”座主黄冈先生怒，佯欲斥去，仿山乃手自批颊以谢，黄冈亦谢，即日取中。知己之感，曷其有极乎！初刻颇易去数字，今悉依原本，并志其事云。

卢道存文乾与余同会课，文专学陈星斋，于紫竹山房一集能背诵其十之七八。余尝问集中以何种文为上，卢曰：“全集皆佳制，而求其经经纬史、宜古宜今者，必推《见贤而不能举　一节》文为最。”后二比云：“推其踌躇再四之意，亦或谓不次之擢，亲贵并疑，不宥之刑，妻孥聚泣，而不知树一人贻百世利，祸一人贻天下福也，且举动之迟疾，贤不贤于以觇风旨也，众人遇我，豪杰不许以驰驱，姑息爱我，宵小生心于推輓，遂使当世之欷歔国是者，以为其举阴弃之，其退心系之，则中外望治之民，固未满志也已；原其徘徊却顾之迹，亦或谓新进纷更，当循资格，盛王宽大，不绝改图，而不知我不须之殷，彼无从殉我之急，我不制其命，彼且将剥我之肤也，且一日之用舍，贤不贤于此卜消长也，信义行于君子而恭敬未伸，乃激成高尚之轨，刑戮施于小人而根株未断，仍留于子孙之朝，遂使后世之凭吊兴亡者，以为某也忠，数岁不迁，某也诈，一蹶复振，则调停中立之说，抑又大谬也已。”按：此文包罗史迹，推勘恒情，可当用人龟鉴，不仅以制义目之。即论制义，而理足词达，高唱入云，亦是句山先生第一得意文字也。

王巳山题吴銮《不忮不求，何用不臧》文后云：“此题从上其由也与倡叹，而下与荷蒉之高咏，厉揭两言，同一声情，非他处上有诗云，下有找句可比。此中领会，须在有意无意之间，方为神妙。况去路两重都须关照，非嘉予情殷，子路何以有若将终身之诵；若赞扬极口，又奚为有何足以臧之箴？不浅不深，恰还题分，正复大难。是科诸墨不少名篇，颇似近于论体，亦由风檐寸晷，神气无暇推敲。又或硬拈用字翻腾，律以本注，何为不善，则用字岂可实拈？其弊由于明季两节题文，有云‘用焉而臧，足则不臧’，本自偶为纤巧，掉弄字面，而后人沿袭益甚，乃至场屋中借作救急之符耳。”按：此系丙辰江南乡试题，吴銮讲下提笔云：“不耻缊袍，吾且悠然有以觇由也。”闱中赏为神来之句。后两比云：“高明之体，益以旷达之胸，则俗情捐而真情溢露，推而极之喜怒哀乐之间，渊如也，天下亦无不可涉之津也已；灵莹之质，精以昭明之功，则嗜欲祛而天性周流，驯而致之仁义中正之域，湛如也，天下亦无不可登之岸也已。”体会题情，翛然远俗，真足压倒前人。

制义丛话卷之十一

檀吉甫曰：乾隆初，制义争尚秾缛，而周白民振采独以别调行，久困南闱。偶于试闱遇所自作即录之，房考斥以为此周白民先生之文，坐钞袭旧文摈之，一时传以为笑云。白民长身玉立，丁卯、庚午两科犹踏省闱，闻其衣冠装束异于众人，盖名重一时，官亦不能拘束之也。

蔡芳三曰：淮阴有曲江楼十子，皆能吐弃凡近，力宗豫章。王墙东尝曰："曲江楼中之周白民，一江西社中之罗文止也。"盖其倾倒尤至矣。余丁未客淮，与白民朝夕把晤，见白民每拈一题，收视返听，形如槁木。及其心凝形释，微吟数回，掷笔向空，从容离坐。盖白民静者也，以其静力通其静思，故文品之贵，雅与罗文止埒云。

周白民于《生之者众　四句》各有一篇，皆融贯《周礼》，自成切响坚光。而孟瓶庵师尤激赏"用之者舒"文，如云："事未集而物有主名，乃不致以见多生其侈，以九赋待九式，而此无可减，即彼无可增，此别而裁之之道也；事猝至而吏有成法，即不能以凭臆遂其私，分其职守而多为复逆，其当奉者不得违，不当奉者有所格，此慎以持之之道也。无六年之畜曰急，无三年之畜曰国非其国，惟岁入之必赢，斯天行之不害，以三十年之通计之，道固有以经其久焉；敛其财以待邦之移用，奠其录以待上之小用赐予，凡常数之所绌，则必有羡数之可补，以月要岁会之令考之，道固有以通其变焉。”王墙东评云：“如此方是经国远猷，视说成膳减双鸡、秣缩五马者，胸次何减天渊。”

杨芸士曰：海宁周松霭大令春，乾隆甲戌进士，官广西岑溪县，研经博物，著有《十三经音略》《尔雅广疏》《小学余论》《西夏书》《松霭类说》《辽诗话》诸书不下数十种，同年中王西庄、钱竹汀诸先生皆推重之。制义特其余事，然字字典雅，无一俗笔。所刻《松霭稿》只二十余篇，中有《间尝窃取程子之意以补之曰》一艺，可匹艾东乡《如鸟数飞》之作。又辛卯拟浙墨《诵诗三百　全节》题文，集十四经成语为之，亦从来未有之创格也。按：“间尝窃取程子之意以补之曰”文云：“观大贤之补亡，述而不作者也。夫取程子之意，补释格物致知之传，朱子于此何尝以作者自居哉？若曰自汉以来，拟经者颇众矣，广微笙诗六首，乐天《汤征》一篇，论者不免有师心自用之诮焉。盖文可由乎独创，而理必本诸前人，则演成说以补亡，宁得曰惟古于词必己出也？《传》之五章，盖释格物致知之义，而今亡矣。夫经之残阙失次者，岂独《大学》为然哉？赖后世诸儒不惮再三玩索，以讲明而切究之，俾绝学无虞湮没耳。若程子之于《大学》，更定古本，厘为经传，其疏解之功为最深，故于格物致知之义有两条，复有九条、五条，最称详备。间尝汇而观之，综而论之，寻其旨趣既无可疑，按其引称亦皆有据，反覆参稽之下，有以信其必然，因窃取大意以补此章。虽不能尽用其言，而义之不合者已鲜，学者读之则思过半矣。不然，又何敢犯不韪之罪，造无证之辞，漫自托于圣经贤传间乎？本天姿之高朗，加学力之沉潜，独抱遗经而多所创获，夫乃知程子之意即周子之意也，溯渊源于营道而来事之，注可废康成；擅一代之儒宗，留七分之文字，当时未重而积久弥光，夫乃知先师之意即程子之意也，欣亲炙于延平而捍御之，方堪讥君实。《中庸》本属完书，故但事分章而无烦补缀，特于《大学》发其凡；《孝经》尤为切要，故惟宜析传而不待补苴，惟于《大学》起其例。吾观伊川及门如蓝田、上蔡诸贤，其发明师说者，一传而失其真，几如七十子丧而大义乖矣。所以兢兢焉奉为鸿宝，罔敢陨越，绍洛学于将坠，复郰国之旧观，则愚私淑之苦心，庶乎其少慰哉！”又有《诵诗三百　章》文，乃乾隆辛卯科浙江乡试首题，松霭戏集成句为拟墨云：“以致用也，始可与言《诗》已矣。甚矣！诵《诗》三百，犹曰不能用也。夫如是又多乎哉？子言之：‘小子何莫学夫《诗》？《诗》可以兴，可以观，可以群，可以怨，迩之事父，远之事君，多识于鸟兽草木之名。’非天下之至精，其孰能与于此？曰备矣犹未也。我闻在昔王巡守殷国，太师陈诗以观民风，以周知天下之故，诗言志，歌永言，声音之道与政通矣。大司乐以乐语教国子兴、道、讽、诵、言、语，太师教六诗曰风、曰赋、曰比、曰兴、曰雅、曰颂。其为人也，温柔敦厚，《诗》教也。政贵有恒，辞尚体要，学于古训乃有获。盖为此也则得，不以多为贵乎？有人于此，简谓之毕，无敢不多，请诵其所闻，则思过半矣。必也分职授政，思其始而成其终，民情大可见，慎斯术也以往，为政不难，大夫受命不受辞，经营四方专之可也。歌诗必类，非法不言，维君子使。宜哉，可以观政矣！齐乃位，修乃事，受小国是达，受大国是达，若之何其释辞也；孙而说，决而和，辞曰非礼也敢，对曰非礼也敢，古之人由此其选也，则深于《诗》者也。不然，授之以政不达，使于四方不能专对，夫夫也，其犹正墙面而立也。与则是无，故其少不讽诵，矢诗不多，吾无望焉耳。今也，美士为彦，春诵夏弦，维其有之，是以似之，政乃不迷，听言则对，其殆庶几乎？或曰不学博依，不能安诗，故诗之失愚，我未之前闻也。由是观之，宵雅肄三，乃合乐，《周南》《召南》，是诗也，择用一焉，其益无方，而况乎多之为美？诚如是也，失于政，无以言，《诗》三百，无所取之，将焉用之，虽多亦奚以为以者不以者也，岂其然乎？虽然，神而明之，存乎其人，既习之，患其无知也。诵《诗》三百，不足以一献，此中知以上或失则多，盖有之矣。故说《诗》者，藏诸用。”此二篇皆芸士所谓创格也。才人之笔，固何所不宜哉？

檀吉甫曰：乾隆初，三状元稿盛行，惟吴颉云鸿有河朔少年风流自赏之概，沾丐于艺林者甚深。如《殷礼吾能言之》文云：“兵亦名礼，而享王陈挞伐之威；刑亦名礼，而歌舞示风愆之儆。礼该器物而龙旗扬十乘之华，礼备声容而磬管协九招之奏。”又云：“表正万邦者，服则仍其旧，盘则振其新；扬厉本朝者，政则反乎前，鉴则贻乎后。”皆真能取熔经义，自铸伟词。颉云所出甚微，而名乃大起，内行淳至，有古人风。使粤时，夫人随行，短小而面花，又有足疾，颉云尝以语人，士见伉俪之情，则杭人所传为卖豆腐家女不虚也。

汲冢《逸周书》叙述奇奥，足补今古文所未备。但今人于五十八篇，已苦聱牙诘屈，至此书每束之高阁。经卢抱经先生文弨重为参校梓行，洵足嘉惠来学。近始渐有爱奇嗜古者从事于此，不知乾隆初吴颉云已嗜此书。今所传《善继人之志》题文，可觇其概。时人谓杜征南有《左》癖，颉云乃有《汲冢》癖，要能以议论役其书卷，以骨干纬其精思，觉农山、石台风力去人不远。其词曰：“夫孝者何？云克继也。继者何？云有志也。虽然，至周家而难言之矣。胜国宗谗《逸周书·程典解》，当日岂无劝驾，而少庭未儆《大开解》，早传程典于三忠，可知九十载小心寅畏，即商王亦谅其无他，而生礼生仁《文儆解》，讵太息于我家之素有大志；乃末孙海灭，在酆甫集谋言《酆谋解》，而木主兴师，竟克廪台之三发《克殷解》，几似十三年养晦遵时，予小于自操其远虑，而乃祖乃父，方悼心于嗣孙之遏佚。前人执是说也，武周自有志耳，于前人何与焉？即所谓孝者何在哉，而不知夫人之志有甚难，而武周之继之者为甚善也。羑里、玉门之厄，当日几难霁暴主之颜，而王气已钟，则对檿柘、柽椐不无生感，此亦何俟肇我后人乎？且夫天苟兴周，必将有主，美人已暮，自不忍以西方一老亲观素质之旂《克殷解》，此时眷我两人有存此未了之衷者，而武周乃先意以承之。龙潜在渊，青宫严一饭；鹰扬在野，苍历奠三巫《克殷解》。迨至卜年卜世，初不缘遗命之遵；而抚国绥民《大聚解》，适成吾父忠孝两全之至愿，则九京亦可以慰心矣。海滨孤竹之来，昔人久已揭忠良之素，而贯盈早卜，则庆赤乌、流火弗待文传《文传解》，此亦何妨告尔多士哉？且夫天苟有命，任人自为，帝眷方隆，且不惜与梦分龄代衍嗣王之算，此时嗟予昆季有悬此为难言之隐者，而武周乃本意以逆之。庚辰读诏《文儆解》，无殊龙马于九三；辛亥陈书《世俘解》，忽断牛羊于六二。回思训度训常《度训解》《常训解》，非别有心传之语；而风摇羽敝，正完吾父后先各尽之本怀，则在天亦可以适愿矣。然而武周诚继，何以不继服事孝者，曰先王不愿行此志，而必并此志而讳之，翻似先王有觊觎天命之私，小子何敢也。今日之元黄轻吕《克殷解》，昔人睹此原自伤心，第自我行之，而天下不以疑往圣之忠，又复不以议新君之德，此固寝室弥留时所非，念不到此者，而盟师春日，蚤自矢言弗越，以假千百载神宗圣祖之灵。然而武周诚继，何以不继忧患孝者，曰先王不必明此志，而竟拘此志而失之，转令先王有弗奉维均之惧，小子奚忍也。当年之斧钺弓刀，今日袭焉自增神恫，惟于我体之，而父也丹心可告元王之祖，子也大凑无惭郊宝之书《作雒解》《武儆解》，此诚帝廷左右时所为，实获我心者，而息马华阳，不妨明告克承，以深亿万年圣子贤孙之想。是之为善，是之为孝也。”

王东溆应奎曰：张符骥良御、关上进凌云以同年谈艺，关以时艺极工，可追先辈。张曰："君文诚佳，但多排句，如点题用散亦可。"关良久曰："吾见《四书》多排句耳。"张因腹诵《学》《庸》《语》《孟》，果然，且悟不但多排句，亦多叠句也。

袁简斋枚雄于诗文，不愧才子之目，而时文尤健。乃谈举业者往往訾之，余以为此夏虫井蛙之见耳。余最爱诵其《宽则得众　一节》文，云："当缔造之年，天意苍茫，谓帝王之自有真，亦群雄所不服，乃数年而刻诈者败，又数年而失事机、违民情者亦败，后舞前歌而登封受禅者仅一人焉。夫用人不过爵禄，杀人不过兵刑，何足消磨豪杰哉？乃父老携杖而谈王风，史官援笔而为实录，不得不推本于豁达为怀，推心置腹，当机立断，正直无私，以为有此数大德，而当年足以王矣。在委裘之日，宝箓初膺，谓中兴之自有期，亦官家所乐闻，乃误于刑名法术者半，误于宦官宫妾者又半，风雨下通而馨香上奏者仅数君焉。夫前有祖宗之忠厚，后有子孙之经营，此际尤征学问哉！乃诏诰之事已颁，起居之注已定，莫不叹为法网何疏，嫌疑何寡，早期晏罢，嚬笑皆严，观其行此数十年，而太平不必问矣。"义蕴不必渊深，而是何意态雄且杰，岂寻行数墨者所能梦到？姑录此二比，以见一斑。又林畅园师告余曰：袁子才《巍巍乎其有成功　二句》文有云："元气厚，则山河凿焉而不伤；智勇深，则日星察焉而莫遁。"盖自有制义以来，未见有能作此语者。

袁简斋以文名天下，操觚家得其鳞爪者，率芥拾科甲以去。先生乃拂袖清华，翩然作宰，海内咸惜之。而先生乃心民瘼，雅不以夺我凤池为憾。盖泛滥百家，洞烛今古，固所以酝酿发挥，为政绩之原本者也。有《学而优则仕》题文，末二比云："岂无豪杰之流，不学而亦多事业，不知有才不学则仓猝立功，纯杂与古人分半，无才不学则奉行故事，功名与胥吏争长，君子以为不学而仕与不仕同，学而不优与不学同，故辞僚友而不疑，当大任而不动，其一仕也，上以报国家养士之恩，下以雪处士虚声之耻。岂无迂阔之士，信学而反多拘执，不知误以为优则得于野者，必失于朝，不待其优则贫于身者，岂富于国，君子以为吾甚爱学尝愿不优以留其学，吾尤爱仕尝愿不优以重其仕，故郑重以赴功名，即酝酿以成雷雨，其一仕也，大则竹帛表生平之经济，小则文章抒黼黻之英华。”字字怵心刿目，可为急仕者作箴规。

林畅园师曰：凌茗柯《句践事吴》文，后二比世所传诵，而近人钱唐沈雨斋㦗亦有此题文，后二比即本茗柯先生意而恢拓之，墨沈淋漓，直是真宰上诉天应泣。其词云：“玉门有藁首之诛，而文衣入侍，暴主且分以弓矢斧钺之威，可知女戎之兴即为倾国之券，圣人亦尝偶托焉以行权，句践其知之早矣，是故策士谁无人定胜天之识，而种、蠡之卿材，总不敌妇人之嚬笑，十七世披荆故业，至此直战胜于闺房衽席之间；西戎有拓地之图，而谗贿公行，良臣亦切夫剥床近肤之痛，可知权臣在内可卜大将无功，句践其审之熟矣，是故忠臣或有为虺为蛇之谏，而入室之戈有寄，即太阿之柄倒持，二十年薪胆焦劳，至此竟收功于步光缺卢之上。”按：此文中二比起处云“千古之大患在和议”，对比云“千古之大患在纵敌”，抵掌而谈，尤为惊心动魄，当与议国是者共读之。

郑苏年师曰：乾隆年间，学使按临长沙，以夹带多，不复搜检扃门。后以“百亩之粪”命题，令仆从遴卷以进，授以诀云：“但寻‘粪’字有用至五字者，摈之可也。”时有喻生名世钦，幼负名望，善以文言道俗情，援笔立就，于点题外不复赘题一字。其起比云：“洪荒之世，鸟兽溷而水土肥，故菽麦禾麻，但闻茀厥丰草，而神农之教遂不详后稷之篇；播种以来，树艺多而地气薄，必取精用物，乃能合德阴阳，故《周礼》之经遂以补

《豳风》之缺。”学使谓其雄健雅驯，遂置第一。按：王农山亦有此题文，中二比云：“粪有取于卉物者，《月令》之杀草是也，庶草性荣而多液，其蔓稼有才，其滋苗亦有质。夫惟春诎其萌，夏夷其秀，蕴积崇隆，土膏有不蒸郁者乎？即于今王制凌夷，薙氏之官不讲，而夏柞有歌，犹得循百亩而区其良瘠也已。粪有征于兽物者，地官之土化是也，物类气腥而善达，其变土有功，其扶苗亦有力。夫惟坟壤用麋，渴泽用鹿，润泽弥沦，嘉苗有不厌杰者乎？即于今周官板荡，草人之掌不修，而灌渍有书，犹得抚百亩而衡其勤怠也已。”典赡风华，似喻作又不足言才人之笔，岂得以题窘之？又按：“百亩之粪”，时文家往往以草化、兽化属缀，不知草人、薙氏不该不备，惟杭堇浦先生世骏文搜择融洽，包括草人、稻人、薙氏、柞氏，精心妙理，突过前人。如云：“动物以菇饮为能，而植物多以翕受为质。土膏之动，自下而上腾；而灌溉之施，必由表以达里。”又云：“众秽既积则膏液自流，故城市之所弃，皆田家之所珍；众朽所聚则精华自生，故既变之游魂，实为物之精气。”文之精妙至此，所谓倾群言之沥液也。

孟瓶庵师曰：张惕庵前辈尝言作典核题，以爽快为上乘，方于场屋有裨。欲举似成文一二以示学者，余因口诵近人吴翊夫《仁政必自经界始》文起比云：“先王未尝不惜天下之土，欲使万井之间无闲田，必使一井之外有余地，故膏腴可辟，不妨置之以为畛涂；先王未尝不惧天下之争，将令万夫之地不相离，先令九夫之地不相混，故耦比而耕，尤欲判之以明参伍。”惕庵喜曰：“非经界则井地不均，此独说得透切，笔亦简亮，不支可以为揣摩之秘矣。”

余初学为时文，颇喜读《墨卷万选》，先资政公甚不以为然。稍长，又随众肆口诋諆吴、田、马、李四家，公饬之曰：

“数年之中，或喜或不喜，毫无把握，如是何以为文？凡读墨卷，须分别观之，且如江南壬午吴珏《乡人傩　一节》文中云：‘游魂虽变，不能不屈于精气之充。’此等语，虽国初诸老宿何以过之，试问尔于此等题，能似此熔经铸词否？”余关口无以答也。按：此章注云“无所不用其诚敬”，已尽题理。吴井山文中二小比，即靠此义为开合，理趣横生，抡元盖以此。文云：“盖以一身协时序之宜，则顺受有常，必不希无妄之福，故而康而色，只凭好德以为权，而媚祷徒繁，虽寝疾不徇及门之请；而以一心达幽明之故，则感通无间，必别窥不显之微，故有报有祈，亦借由弭以立义，而磔攘方急，虽鄙俗亦关敬悚之神。”大凡文中著小比推宕，使机趣洋溢，揣摩家往往效之。壬子湖南蒋湘墉元墨亦用此法也。又按：是科第二名江筠，首艺精义凿出，似胜元作，今备录之。文云：“且礼缘情制，故世俗游戏之举，即先王政教之经，惟于礼观其会通，斯随在昭其僁恪，人以为岁时之征逐，其失也诬，而不知存一戏渝之思，即已违调燮之用，圣人惟是精意相流通已矣。今夫一心之敬，可慑百邪，夭札之为虞，原不待授权于戈盾，第此意难期诸愚贱，故黄金四目，特设其司于方相，以著阴疑阳战之形；二气之疵，辄生诸沴，禳除之可恃，亦已众著于里闾，第斯民久习为故常，故旁磔送寒，特申其命于有司，以正举典忘经之失。然则傩也者，亦安得而不敬乎？而若之何仅以戏视之也。轻心是掉，既无盛服之在躬，逐队方哗，遑知两阶之辨位，而吾乃以观夫子之于乡人。招弭者古之礼，即此帅隶而逐，犹存禬禜攻说之风，先型其曷敢玩也？且夫身之休咎，心实主之，惟昭事匪懈，斯求福之所以不回，苟返躬无萃而不涣之神，而欲为杂揉之往来助顺而去逆，造化所不能许也，古人桃弧棘矢，胥恃为呵护之灵，总之有所以祓除者在矣。睦姻者里之仁，方其索室偕来，实见洽比孔云之谊，厚意又何敢亵也？且夫心之诚妄，鬼能眮之，惟精气常凝，斯游魂不得而相犯，苟临事有弛而弗张之意，而欲借同侪之蹈厉匡救而弥缝，百物所不能听也，吾子上下神祇，每自信祷祠之久，夫固有所以纲维者在矣。临以朝服，重其礼也，而立于阼阶，则子之尽主道也。宾有辅主之义，而实视主意以为转移，本过从素熟之人，而为鬼物图画之状，保毋因面目之忽改，而致纵形骸自立以如斋，而后知驰逐中各宜循乎古意矣，耸群族之嬉娱以就一人之敛抑，则此日之亶诚周乎堂奥，而疵祲真无藏匿之区神；亦有为主之权，而必依主人以为比附，集突如其来之众，而作操戈入室之形，保毋以情事之可疑，而致惊陟降自阼之展敬，而后快庭户间固不失所凭依矣，凝室神之精爽以驱非族之妖氛，则尔时之禳斥合以幽明，而眚厉自见廓清之致。”盖江本艮庭先生之弟，家学有自也。

少时熟闻友人诵田玉《唐棣之华至未之思也》闱墨，中二比云：“千古忠臣孝子，只此精诚之念虑所结而成，乃或寄情绵邈而不欲明言，或寓意讴吟而不忘引咎，推其隐若，姑听人之相谅与相尤，及旷世感怀，而当年之默尔神伤，犹足动无端之慨叹者，至情至性，不可得而没也；人生密友良朋，亦非落漠之神明所伪而托，乃或愉色婉言以期曲谅，或正容庄论以示尢欺，探其心诚，不容人之识微而灼隐，及旁观推究，而当日之殷然慰藉，或仅同世故之周旋，虚意虚词，不可得而假也。”原评谓：“轻清如初炙簧，圆转如久调舌。”余亦诵而喜之，先资政公乃饬之曰：此二比文固佳，然须知其所由来。前明刘同人侗有《然则废衅钟与　三句》题中二比云：“天下破格之殊恩，为庸人所骇，故有目不欲睹，耳不欲闻，一经解释，未尝不称快一时而延之，每数十百年而莫之敢讥者，在有司以奉行为无过，至情至性，不得而动之也；国家习举之弥文，为末世所尊，故有措不关重，置不关轻，偶尔蠲除，岂遂谓陨越典型而争之，每数十百言而莫能喻止者，在流俗以汰革为更张，实心实政，不得而夺之也。”田文全套此调，几如书家之硬黄响搨，乃知文之佳者，无不自名家脱化出来耳。

乾隆初，以墨卷著名者，群推吴、田、马、李四家，谓吴珏、田玉、马国果、李中简也。四家中以马国果之文为最清矫。按：乾隆庚午顺天乡试题为《掩其不善　四句》，解元为陶。国果元墨刻露清醒，评者谓可续隆、万元灯。起讲云：“且天下未有生而为小人者也，彼以为有视之而不见者，而小人之术遂成；然以为有视之而不见者，而小人之术终败。夫使小人之术而果不败也，则天下无不善自匿之小人，而小人之操术为甚得矣。”伸缩自如，最合当时风气。中二比云：“即使机变之才，或可欺乎当世，而掩即其羞恶之真著，亦见秉彝之好，夜气犹存，已难免神明之内疚；而况诪张之态，即能矫于一时，而不善亦昭其跼蹐，善亦徒见其补苴，大廷相对，又奚逃指摘之纷来。”中权一折，前后骨节皆灵，闱中抡元以此。然实系马国果文为陶倩代耳，后事发，并罗重典。今选元墨者仍署陶名，故附辨之。

余于近人制义稿，最心折者二家，一为吴香亭先生玉纶，一为赵鹿泉先生佑。香亭先生稿中，覃溪师评语最多，皆深入其奥窔。如《本立而道生》题自记云：“本即孝弟，道即仁，理固如此。但一句题究宜浑言之，恐有碍于下文指点语气也，文于此颇费斟酌。”覃溪师跋云：“读此文时，不记前人有作，因破题首一句论道所由生，谓‘论’字似应改‘原’字。”一友人曰：“王巳山破题是‘原’字。”因检阅巳山文，则一起讲，落笔之妙，面面俱到，始叹前辈之不可及。既而读此文至后半云：“盖道不顺则不能生，本之立，所以章天下之大顺也；本不诚则不能立，道之生，所以通万物以至诚也。”为之卓笔起立，回视巳山文，尚不免一直泻去。如此精诣，安得不令人生畏。

余与陈石士侍郎用光、刘芙初编修嗣绾、李兰卿都转彦章日在苏斋谈艺，不甚及八股文，惟石士喜言之。一日问曰："近人作时义，每以包罗史事为长，而词句遂搀杂后世史迹，恐非所以代圣立言，必如何而后可？"覃溪师曰："刘舍人有言：取镕经义，自铸伟词。夫用经之词尚须自铸，岂有用史而遽袭其文者乎？"吾友吴香亭作《夫人不言　句》文云："君子之修词也，事无关于国计民生之大，而徒烦文以驰骤之，则虽别白异同，而只以供聚讼之端，固吾儒所深戒也，此其人虽有所言如不言矣；君子之救世也，事诚关于利害休戚之源，而不善说以曲喻之，则惟显斥力敌，而适以酿局中之成，又千古所同慨也，此其人虽有所言更不如其不言矣。"此两比包蕴无穷史事，而未尝不清空一气，镕冶浑然也。

林畅园师曰："祭如在，祭神如神在"，其理尽人皆知，而言之多未能深括，惟吴香亭先生文云："以气相属者，联之以至爱，而高曾祖父见其所见，亦见所不见；以分相临者，格之以至敬，而户灶门行不闻其声，乃如见其形。"翁覃溪先生谓，此数语直可作一则《礼经》注疏读是也。

吴香亭侍郎典浙江癸卯乡试，作《逸民伯夷叔齐　节》拟墨，不愧名程，一讲即得此题真种子。文云："尝思鲁《论》志孔子'作者七人'一语，其说统同，其名湮没而不彰。厥后《微子》一篇，大圣人欲明用世之道，而论列诸人，记者举所论者而类举之，并所未论者而附志之。此其人非必同于作者，而其数有适相符者，皆以逸民系之。"起比云："人之欲用世也久矣，世未舍而我藏焉，是隐也，世既舍而我藏焉，则逸矣，而惟无愧于逸者，乃超然于风会之间；世之需夫人也久矣，均是人也而民之，辨乎人之分也，均是民也而天之，尽乎民之量也，而有混迹于民者，窃穆然于商、周之际。"后比云："参之伍之错综之，所以显邻于高蹈而默挽乎颓风者，或以名传，或以氏传，或以国与谥传，而大都在或传或不传之间，于此见天下之山深林密逸其迹，而不逸其声者，固自有本量焉，而非伯夷、叔齐、虞仲、夷逸、朱、张、柳下惠、少连不得附于逸之列；大书特书不一书，所以本其意之所是，以行其心之所安者，其时不同，其地不同，其踪迹不同，而大都在或同或不同之际，于此叹君子之潜德幽光安于民，而亦有裨于民者，又各随分量焉，而若伯夷、叔齐、虞仲、夷逸、朱、张、柳下惠、少连犹自囿于民之中。”邱莲房学士评云：“题界清，题解的，题蕴有余，题神完足，六雅作逊此高浑多矣。”按：是科陈锦元墨脍炙人口，而非此不足以涵之。陈文见后十二卷。

“食不语，寝不言。虽疏食菜羹，瓜祭必齐如也”，此章本记饮食之节，忽缀此二节，作者非抛荒章旨，即难于安顿。“寝不言”句，惟赵鹿泉先生有此文，巧力兼到得未曾有，真所谓以我驭题者。文云：“简言而重祭，皆圣人节饮食之心也。夫言可已而不已，祭不可已而已，皆非饮食之正也，故食不语如其寝，食羹必祭如其齐。《乡党》记孔子饮食之节详矣，皆就其食不食之物言之也。然而圣人之心，无事不受，以节其节也。无物不动，以诚未易悉窥也，则莫若仍即每食而窥之。是故有交谨于食中者，类及焉，可得宁静之义；有特重于食先者，推极焉，益明淡泊之原。人之生，未能言语而先知饮食，迨其后，遂并杂言语于饮食之时，夫一喉舌之用，而方致择于外之所从入，旋致审乎内之所从出，则其情已太劳，曾食顷而莫能扪乎？而夫子则不然，诚念夫失口之《易》也，《需》受以《讼》，《颐》受以《过》，《噬嗑》受以《贲》，尺寸之肤有节宣焉。然则食不语，岂得为矫乎？而不特此也，寝亦朝夕之常，而或者偃息在床，犹喋喋而不已，子则兼绝之，以正阴阳而心自操其主，以调顺逆而气亦适其平。推斯意以尽君子慎言语、节饮食之心，其必无养小而失大也可知矣。故类及焉，以见子之食不语者有如寝。礼之初，始诸饮食而后有祭祀，迨其盛，因并寓祭祀于饮食之地，夫一口腹之需，而古常积其多以相贻，我第出所少以相报，则其文为已略，曾终食而遂可违乎？而夫子则必然。诚念夫造味之难也，燧以名皇，农以名帝，稷以名官，寻常之养见功烈焉。然则虽疏食菜羹必祭，岂得为亵乎？而不特此也，齐实致散之大，而或者豆笾不备，遂忽忽而若遗，子则独将之，不致不啬物以薄而如见古初，可荐可羞意以厚而无非明信，推斯理以体君子薄滋味、谨嗜欲之心，其必无忘俭而示奢也可知矣，故推极焉，以见子之虽疏食菜羹必祭者有如齐。”自记云：“对仗间颇具苦心。《路史》：‘子曰：君子无终食之间违仁。终食之仁，吾于食祭见之矣。’中间亦非妄凑也。”

翁覃溪师作诗古文皆以盘空硬语制胜，而作八股文独细意熨贴，含毫邈然。余最爱其《女得人焉尔乎》中后四比顿挫，焉、尔、乎三虚字迥在常人心眼之外，所谓深人无浅语也。文云：“以宰一邑者宏奖风流，非不有才俊之流，供给于期会簿书之顷，然而此人也而不可言得也，夫言事而析秋毫，论政而至日昃，邑庭非不赖此人，而仰承风旨而鬻权力者即伏其中矣，我所悬而需者，何等而猥漫以尝乎？则夫特出于风议声称之余者，所当别具心目也。以宰一邑者优游清暇，亦不乏投契之士，赏识于樽酒文字之间，然而此得也而非必其人也，夫出言而寤肺腑，握手而相征逐，邑庭亦安用此人，而习乘颜色而近比昵者即杂其前矣，我所殷相待者，何等而猥贸以充也？则夫独关于士习民风之大者，所当微寄精神也。而汝也，自从游洙泗之时泽身文学，久不欲以龌龊委琐之习，杂其芳情，则作吏以来任有攸属矣，声气非吾事，揄扬非吾心，直以交道有神，取夙昔服古之衷，而结象于一方之秋水，其与夫为吏而艳称有人者，异日谈也；况莅事兹土而后化着弦歌，久不愿与喧嚣驰骛之场，乱我心曲，则观政之具责有攸归矣，鸡犬可以恬，风草可以偃，惟是知人不易，从政化廓除之后，而决德于数顾之蓬庐，其可以副望而永式此邦者，今日事也。”纪文达师评云：“此于圣人言下之意固是应有，非比故意钩探下文，故是大家举止，时手无由梦见也。”

覃溪师云：“食不厌精，脍不厌细”注：“言以是为善，非谓必欲如是。”乃注解之体云尔。要之，以是为善自是正训。本文“不厌”非谓必欲如是，则恐后人误认，作此掉笔以醒人耳。作者须善会“以是为善”句而以注中掉笔。作文中开笔，与下数项若合若离，情味自得，而于圣人身分亦复描画得到。若徒用注中两语板分对比，则犹未知作文与说书之不同也。此题文中二比云：“天地清和之气，日流行于千品万汇之中，而九谷之良，百羞之粹，亦与造物者同分呼吸感召之微，假令常人而餍此，彼虽自弗知其故，而其所以培精而敛液者自在也，而况其在圣人也？性命醇微之理，时游寄于动静居处之内，而维嘉维旨，既戒既平，亦于敬身者兼有翕合关生之功，即使圣人而静处，虽不与世味相缘，而其所以养息而导和者自同也，而况乎其当食也？”说得极平等，极精实，如此看书，则《乡党》一篇处处贯通矣。

覃溪师又曰：《中庸》“所以劝亲亲也”，此“亲亲”二字，全与上“亲亲”字不同。此即题间，讲家于此句自来作亲之亲我解，然此节胪次九项皆以事言，不以效言，何独此句遂及亲之亲我？以愚意度之，似是传录时，因上段、下段皆有“劝”字，遂误多写一“劝”字耳。此以义理论之也。以文势论之，则四子书中凡“亲亲”二字，未有不以上字作虚字、下字作实字者，推之老老、幼幼、长长皆然，此处将上作实字、下作虚字，终是棘口。但旧解如是，学者禀承既久，岂敢妄增议论于其间？而作文者则不可以含混了事。吾师此题文入手云："且亲亲之名不必自上立也，自上亲下而名之曰亲亲，自下亲下而亦名之曰亲亲。然用上亲下之道，必驯致乎用下亲上之境，而其分始立，而其事始竟。自古言亲亲者或不乏，顾皆上有亲其下之名，而下未必有亲其上之实，是所云亲亲者，究入之未深也，臣则曰是无以劝之之故。"如此煞费苦心，而又济之以灵圆之笔，方见此题生面，真可当讲章读矣。

汪云壑殿撰如洋有《赵孟之所贵，赵孟能贱之》文，淋漓痛快，言之有物。盖殿撰以妙龄负时望，领乾隆庚子会、状，时年仅十八。值和珅当国，招揽名流以为重，欲罗致殿撰，殿撰拒之甚坚，因拈此题以见意。后二比云："故夫赵孟之所不能贱者，必其先之不为所贵者也，先入之根不深，斯后起之祸不烈，而骛于所贵者，则一往焉而已，古今来鬻权私室，大抵借恩威两济之说，以阴收物望于当途，姑无论加膝者之必坠诸渊也，即使终不复贱，而常抱此升沉不测之虞，以听命于一朝之喜怒，此亦非善为身谋者矣；且夫赵孟之所不能贵者，必有可贱视乎赵孟者也，我能挟其牢笼之概，彼岂得弄其颠倒之机，而心乎赵孟者，直自馁焉而已，古今来失宠权门，万不能引从前眷遇之隆，以稍冀挽回于末路，又无论一蹶者之终于不振也，即使贱可复贵，而我必从挫折身经之后，以几幸此故物之重还，则声价又自居何等矣。"余未得见殿撰，获交其少子寅禾编修世樽，为余言当时情事如此。岳岳丰裁，当与读斯文者共赏之。

《四勿斋随笔》云：前明程墨，自数名作外，其惬人意者殊不多得，至本朝而作者稍希。余于近今所传最服膺者，惟吴香亭先生《逸民伯夷》篇文已见前及刘乙资先生青照《敏则有功》篇而已。按：刘于乾隆己酉典吾闽乡试，首题为"敏则有功"，公则说刘拟墨，传诵一时。同典试者为陈春溆先生嗣龙，为之俯服，徐两松先生嗣曾亦赞不容口。二先生皆眼高于顶，素不轻许可人文者也。余谓全篇笔笔正锋，字字肃括，洵不愧为名程，而后二比尤逼肖熊汉阳，实足为举业家矜式，亟表出之。文云："创业之朝，世虽初平，制作迟回，而有待雄才自奋，刑赏独断而不疑。然而周章则败谋，偏辟则失众，非乂安之道也。一人首出，迅发等于风雷，正大侔诸天地，功则巍巍，说则皞皞，而一代之运数惟新。守文之世，宫府溺晏安之习，政每堕于因循，左右有牵制之私弊，遂流于反侧。然而废事则为厉阶，逆情则为怨府，此杌陧之象也。天子当阳励精，以求上理达顺，以召人和，功则可大，说则无疆，而奕祀之苞桑以固。"

管韫山世铭时文盛行于时，而偏晚达。乾隆甲午科《享礼有容色》闱墨，人人能言其事。详后第十三卷。而其次艺为《其次致曲》，亦为闱中所极赏。后二比云："非不知曲为偏数，诚为全数，其分量绝不相及。然析一诚以为天下之曲，即合万曲以全一己之诚，夫固不为二物矣。匹夫择术能精，而一艺之微，或以相窥于其本。循流溯源亦其理也，而况用之于学问哉？非不知致为始事，诚为终事，其功候若极相悬。然致即致其散殊之诚，诚即诚其一本之曲，夫更不分两域矣。童子胜衣就传，而幼仪之习，久将默牖乎其天。积小高大亦其物也，而况施之于择执哉？"刘文恪公评云："是卷为本房引绳排根，已屏不荐。余搜遗及此，怪其笔意醇古，读至次艺，亟语蔗林学士曰：'理窟中能为名士风流，必此间巨手也。'学士亦深然之。遂拔以冠。一经拆卷，乃知作者故余壬午分校京兆乡闱所得士。东坡恨失李方叔，余用此自多矣。为之快意者累日。"

余从林畅园师学作"述而不作"三句题时，喜为驰骋之文，贪用故实，据旧注以老彭为二人，敷衍老聃、彭祖遗事，颇觉烂然夺目。或嗤之曰："文虽可观，而于口气未合此题，重在上二句，不重在下一句也。”吾师笑曰：此题名作如林，固多轻带末句以为高雅，其实于题中语妙未尽出也。惟管韫山此题文末二比云：“老彭仕商之中叶，其时文字尚简，而搜罗或易为功，至于今而治乱兴衰又增数百年矣，事更两代而圣烈神谟之著，与高文典册以俱新生斯会者，应俯仰于前修之难续也。顾斯文所在，并世谁为旁贷之人，设竟玩愒因循，坐使载籍极博之精英。自余身而放失，即昔贤能无诮让我乎？且老彭享世之大年，其身闻见既多，而精力尤能为继，至于我而东西南北坐销数十年矣，道长半生而抱遗订坠之功，至车殆马瘏而始迫亲其役者，将咨嗟于来日之苦短也。然一息尚存，此业终无可懈之志，但使补苴掇拾，犹及耄老无能之日月。俾斯道以粗传，彼古人何遽遐弃我乎？”此独于下一句尽力发挥，如圣人新脱诸口，其神绵邈，其旨精深，非旷世逸才，恐梦不到此矣。

周星颉景益曰：管韫山《学而时习之　全章》文后二比云：“功修当不息之期，就令独行无徒，不以移其永矢，而闻声相思之雅，早共此油然之心，理与厥修以俱来，迨酝酿既深，而三二同志之余，苟不足与于斯道者，反若瞠乎其无见，非人之识有未逮，乃吾之所历日以不同也，夫亦欣然足以自慰矣。理道至厌心之会，则虽誉满天下，讵以怠其修能，而赏奇析义之欢，转幸此寂处之蘧庐，得交资而进业，设声华早耀，则与人家国之后，求所为卒于此事者，或恐恤乎其不遑，及此人不见知之时，而吾与朋之所造俱未有以限量也，曷不俯焉日以孳哉。”前比言不愠，即是说乐；对比言不愠，即是时习。作者七荐不售，意豁如也，而其文弥昌。观此二比，其所养可知矣，安得仅以文人目之。

近科墨评，有乾隆丁酉浙江孙洛如《设其裳衣》墨云：“上服曰衣，下服曰裳，衣固统乎裳也，而兹必析言之，一名一物，不嫌赘举而繁称，既言衣复言裳，亦以寓其缠绵郑重之心而已；

衣之义为阳，裳之义为阴，衣固先乎裳也，而兹偏逆数焉，颠之倒之，各以称名而取类，先言裳后言衣，亦以传其旁皇求索之神而已。曰其裳衣，援彼己之称以献其孺慕无知之状，此亦至戚无文、父党无容之例也；区主名之别以辨于庙制既修之时，此亦器从名、地从主人之例也。”四比各有妙义，才大心细，方能有此云锦奇观。

吾师阮云台先生，于乾隆丙午第一次乡试，即遇朱文正公主试，试题《过位　二节》，用江慎修新解，中式第八。丁未会试题“子路共之”两句，先生文以子路心服色举之言，见有雉遂共之，以验其必作，而雉果作，故破首句曰：“贤者无机心。”通篇皆如此说，以为必可抡元。中段引《尔雅》“鸟曰狊”证之，场中已荐已中，惟一座主问本房曰：“此卷引《尔雅》，查过否？”答以查之不得，因撤去。盖皆向《释鸟》内查，而未知此句在《释兽》末也。己酉会试，《点尔何如　五句》题，总裁王文端公已批中矣，先生又以此鼓瑟即《尔雅》之“徒鼓瑟”，文中用“蹇修”二字以衬徒瑟，磨勘时有人曰：“蹇修，媒也，与题无涉，应磨。”旁人曰：“此名士卷，未可磨也。”因止按《尔雅》“徒鼓磬谓之蹇，徒鼓钟谓之修”，若磨亦只可磨“蹇”字笔误耳。两次皆因《尔雅》受累，乃或累或不累，则有幸有不幸也。文后二小比云：“因是知点有退然自卑之意焉，三子操应世酬知之具，而点独未堪持赠也，故逊而靳其辞；且有歉然不足之意焉，三子负安世治民之才，而点乃别具蹇修也，故先以陈其略。”

吾师英煦斋先生未通籍时，受业于长沙唐陶山、华亭李静庵二君子。作时文清奇浓淡无不兼有，而一本诸理法，稽诸经训，卓然可传。今《恩庆堂制义》一集，家有其书。余所最服膺者，《季文子三思而后行　节》文，彻上彻下，于往古来今无不该括，虽方望溪文犹嫌其空写也。文云：“鲁先大夫季文子，汩于利害者也，亦撄于得失者也，迹其生平行事，类皆起于辗转计较之一心，则过于思者误之也，乃鲁之人初不论其所行若何，第仅传其三思而后行云。行莫大于正君父之经，自好名之心胜，则进欲整饬乎纲常，退又依违乎众志，于是周旋隐忍，而国事遂大不可言；行莫切于纾公家之难，自营私之心胜，则外欲尊崇夫国体，内复瞻顾其身家，于是虑远思深，而国势几不可复振。何居乎鲁之人，于三思之文子至今犹啧啧称道弗衰也？噫嘻！特不堪令我夫子闻耳。子闻之，既不欲附和其说，复不忍明斥其非，故第微言以警之，曰再斯可矣。盖天下事无问利害也，是非焉而已，始而思之，见以为是再思之，而果是焉则行，非是焉则止，而所以权衡此事者不已精乎？古大臣当国，直决于是非之介，而不参以利害之私，则惟思之止于其符而已矣；亦无问得失也，可否焉而已，始而思之，见为不可再思之，果不可焉则止，有可焉则行，而所以量度此事者不既审乎？古君子立朝，力持乎可否之交，而不淆于得失之见，亦惟思之不出其位而已矣。夫子斯言，为文子发乎，抑不独为文子发乎？夫夫子不与文子同时，乃闻往事而论断之，遂以立千古善思之准，君子曰是即《春秋》之微意也。”

余入直枢禁，即闻前辈中有两时文手，一为管韫山，一为陈厚甫钟麟。厚甫为余甲寅同年，辈分略后于韫山，文诣亦尚居其次，然喜谈时文，娓娓不倦。尝告余曰：“吾于‘君子疾没世’一节，欲以四意分作四艺：一就维世立论，谓以君子之实望天下，必以君子之名动天下；一就没世立论，谓生前之名不如没世之真，没世无名，斯真没世矣；一就称字立论，谓名者人所同，所异者称不称耳；一称字作去声读，谓名与实相副谓之称，名而不称，且至没世盗名甚矣，故君子疾之。”因索读其文，则屡以尚未脱稿辞。既余与厚甫别且二十年，偶得其刻稿读之，则四篇犁然具在，一如前说，尤爱其就没世立论一篇，中间四比，以著书作史、谥法、祀典作注，言之有物，更能推陈出新也。记余作秀才时，即闻郑苏年师告余，此题文陈星斋有三篇，篇各一意。今以《紫竹山房全稿》所载与厚甫作对勘，命意略同，但少称读去声一篇。厚甫盖亦习闻乡先达绪论，骋其心思才力欲与之角，不觉前贤之畏后生也。若张晓楼于《柴也愚　四句》题文连作五篇，则但求机局之变，而非意义之层出不穷矣。

陈厚甫掌广东书院，以“所以动心忍性，曾益其所不能”命题，诸生文有平列三扇者，必遭呵斥，悬为厉禁。值乡试闱题即此，凡书院肄业生笃信师说者，无不改头换面，相戒不作三扇，榜发无一隽。及阅闱墨，则无非三扇平列者，惟解元文以动忍与增益平对，后比云：“动忍以崇其德，增益以富其才。”稍合厚甫之说而已。闻厚甫因此气沮者旬余日，至欲辞馆他适云。

顾南雅莼曰：昔潘稼堂先生以布衣负天下名望，有某公作县令于浙，分校秋闱，虑失真才，潜约先生为助。闱中得许宗伯汝霖卷，谓得大苏骨髓，亟取之。后许屡困礼部试，至康熙二十一年，先生先以词科入翰林，时与分校，适遇某卷，复曰：“真大苏法嗣，殆即许生乎？”揭晓果然。近李云门前辈，壬子科为江南副考官，得余友陈稽亭文，赏其古法不逐时趋，及丙辰为会试总裁，复为其所赏，曰：“江苏文多沉博、圆美两种，此则非陈生不能作也。”文章气味之投合，竟如琥珀之拾芥、磁石之引针如是。按：陈稽亭先生讳鹤，元和人。立品孤介，为文力追先正，不兢时誉。壬子闱题为“舜有臣五人”二节，先生援笔立成四艺，今俱刊入稿中。丙辰成进士，官水部。性恬淡，不乐仕进，归而课徒讲学。尤熟于《明史》，不仅以制义擅名一时也。

刘溟珊大鼎曰：吴谷人先生锡麒有《见乎蓍龟，动乎四体》

题文，议论明快，非深于理者不能。如提比云“蔽于欲者，应乎无欲之物而明；通于思者，载乎不思之官而出”，后比云“人道形为天道，道以生象，象以滋数；天心契乎人心，心以帅气，气以运形”等语，于“见”“动”二字刻露精深，即使文止、大力为之未必驾乎其上，而其文不甚行世者，大都为其诗名所掩也。

林畅园师曰：歙县罗枚卜廷佐《书同文》题文，沉博绝丽，久已脍炙人口，而余尤心折其中权数语，可以开拓学者心胸。其辞云：“同不奇于强藩悍辟，而奇于天地阴阳，为晋元侯郁奇文于掌上，为宋仲子标毕质于生初，力能显洪蒙荒渺之神奇，而毓异钟灵，奇耦不殊于人世；且同不奇于诸子百家，而奇于飞潜鸣跃，火德当王，鱼篆先馨渭水，水精继统，麟书兆吐尼山，生亦等喙息跂行之蠢动，而争祥贡媚，体裁悉秉乎王章。”精义足以解颐，奇情足以折角，真所谓许真君琅函铁笈，所对锁处都非中界蛟螭也。

郑苏年师曰：时文家有偷格、偷意之法，不以剿袭论。今作墨卷者往往偷调，亦足动人，惟偷词则风斯下矣。有偷名文之调者，有偷时墨之调者，有好手能偷古文之调者，则鲜不倾动一时。若偷经典之调者，则少所概见。惟近人会稽陶层山阜《素以为绚兮何谓也，子曰绘事后素》题文，天机俊发，谈笑风云。昔昌黎作《毛颖传》，人谓以史为戏。此文运化《檀弓》，直是以经为戏。才人之笔，何所不有哉？文曰：“尝思读古人书，不可无解人也。惟解人而后能索解于人，惟解人而后能不烦言而解，是故贤者执两事而疑其浑淆，圣人即一事而析其始末，解人不当如是耶？所谓解人索解于人，则子夏既读倩盼之诗，而拘泥其所为是也。曰予壹不知夫文质之数，其无待于衰盛之运乎？夫既曰素矣，得已则吾欲已，不得已则吾欲以烂然者加之也。乃吾诵《诗》壹似重无烦者，而曰素以为绚兮，为素也谋者不宜与绚也计，为绚也计者不宜与素也谋，夫子删《诗》，岂若为弗闻也者，而置之、商之，意必使质者无失其为质，必并使文者无失其为文，若是其素也，不如不言绚之为愈也，若是其为绚也，不如不言素之为愈也，况以素之事当绚，则岂无以绚之事当素者乎？则病者乎，人之称斯绚也其谓之何，人之称斯素也其谓之何？《诗》过矣，《诗》过矣，一素也与哉！所谓解人不烦言而解，则夫子聆素绚之句，而分先后以晓之是也。曰予壹不知夫绘之用也，予欲去之久矣，情在于斯，其是也夫。夫既为绚矣之文而致文之无地，而不可为之文而致质之又无采而不可为，彼《冬官》一记壹似为此语设者，而曰绘画之事后素功，吾见绘之若黼者矣，见若黻者矣，见若章者矣，见若绣者矣，商也序《诗》，何不求甚解也者，而泥之、工之事，与其质不足而文有余，不若文不足而质有余，绘之言绚也，为素之后言之也，绘之言素也，为绘之先言之也，以为有无素之绚，则岂有无素之绘者乎？而可乎？夫诗人亦犹行绘之道也，甚哉《考工》之言似逸《诗》也，尔所谓其不然乎，其不然乎，第绘也与哉！”

乾隆辛卯，彭文勤公主江南乡试，首艺题为“子所雅言，《诗》《书》执礼”，所取前列，标新领异，无美不臻。丹阳胡鹤清应魁时在场中，初九日薄晚已成首艺，就题发挥，体势平正。覆阅之，以为无奇正。徬徨间，忽闻邻号生拍案呼曰：“文须不通不同，方可中耳。”胡君豁然省悟，遽弃原稿，另作新篇，以乐配《诗》，以《春秋》配《书》，以《易》配礼，初似强扭，《易》与礼尤难黏合。乃读其文，则自然凑泊，一似确有依据者。是科遂获隽，后成甲辰进士。首艺《知止而后有定 一节》，独用总发，亦通场所无。兹全录其乡试首艺，以见有书有笔，足以引人无限慧心也。文云：“昔夫子订六经以教万世，称绝业焉，其大义所在，固当为吾党讲明而切究之。乃稽其朝夕所常称者，言《诗》而不及乐，言《书》而不及《春秋》，言礼而不及《易》，其旨安在？今夫《诗》与乐相为表里者也，其入乐者则《南》《豳》《雅》《颂》，为四诗，其不入乐者则谓之徒诗，言《诗》而不及乐，则《诗》之义有未备，然而《诗》也者，乐之体也。歌咏所传，隐具自然之节，言乐不可该《诗》，言《诗》可以该乐，故子所雅言者在于《诗》焉。且夫《诗》之作也，发于性情，归于忠孝，极乎忧愁，幽思之变，终不失温柔敦厚之遗，君子学之，可以平其心焉。心平则气和，气和则易直，子谅之萌，油然以达，则第言《诗》而乐之精义存焉矣。今夫《书》与《春秋》相为终始者也，文侯之命，为平王之终，春王之记，为平王之始，言《书》而不及《春秋》，则《书》之绪有未竟，然而《书》也者，《春秋》之祖也。虞、夏、商、周，已备五朝之史，《春秋》纪其衰，不若《书》纪其盛，故子所雅言者在于《书》焉。且夫《书》之作也，上起唐虞，下及《秦誓》，览乎典、谟、训、诰之全，即可裕圣帝明王之略，君子学之，可以畜其德焉。德成则行尊，行尊则曲直是非之旨不辨自明，则第言《书》而《春秋》之精蕴昭焉矣。今夫礼与《易》相为统贯者也，物畜然后有礼，故礼安于履，嘉会足以合礼，故礼配乎亨，言礼而不言《易》，则礼之推行不著，然而礼也者，《易》之像也。有礼则安，无礼则危，吉凶悔吝之原，寓于动作威仪之际，故子所雅言者在于礼焉。且夫礼，庄敬其质也，揖逊其文也，大小必由，斯须不去，君子执之，可以定其命焉。命定则本诸日用，可达天地之微，观其会通，可尽神明之德，则第言礼而《易》之奥旨著焉矣。学者于此，由身心得力之地，以造于化神不测之区，本之《诗》以求其端，则言志永言即可与之言乐；参之《书》以大其用，则拨乱反正即可与之言《春秋》；守乎礼以束其躬，则夕惕朝乾即可与之言《易》矣。”原评谓

“每比前半通汉人之训诂，后半抉宋儒之精微”，亦知言也。

王惕甫艺孙诗古文词皆称健者，时义工力亦深。《渊雅堂制义》确乎可传，而独不利于春官试。嘉庆丙辰场后，余叔父九山公以王惕甫闱艺示余，决其必售。余再三读之，亦叹其惊才绝艳，自愧风檐寸晷中，万思不及此。既揭晓，乃与余同报罢。九山公告余曰：“惕甫卷已荐，为河间纪师所黜，有以此吓老夫，老夫不惧之，批且曰：“此殆缘首艺‘虽曰未学’分顶上四项，于‘贤贤易色’独用古注而不遵紫阳《集注》乎?”余欲再索读其稿而不获，而最醉心其三艺《不愆不忘　二句》题，后两比曾皆诵之不忘，其词曰：“今日者，树艺易而为瓜华，珌琫易而为冕藻，以昔年流火之裳衣，为此日郊天之龙衮，章之由于祖述者，事事疑非其旧，然康功、田功存以农之八政，司空、司徒载于典之六官，而命维新者，章由旧也；今日者，分陕易而为作洛，兔罝易而为鹰扬，以此日东山之蒙雨，为当年西郊之密云，章之由于宗功者，一一默移其旧，然吉人、吉士既有以施于冲子，庶狱、庶慎未可以戚我先王，而人惟旧者，章由旧也。”

余服官京师时，群推姚晋堂学塽为制义巨手，以为辇下无第二人也。时方从苏斋学诗，未暇求其文稿读之。一日与陈石士谈艺，石士手一纸示余，则《君子矜而不争，群而不党》题文，中二大比云：“夫矜者，古者之所谓疾也。君子而矜，必其不获已于矜者也。慨流俗之委靡，而为此刻厉之操，以力矫其失，虽与以争之名而不避。然矜非得已，而争非不得已，君子必不好为争，以自晦其所以矜之意。且夫世之恶君子之矜，而诋之为争者众矣，而君子又激之。其弊也，君子与小人争，小人亦与君子争，甚且君子与君子亦争，而后之以争为戒者，必尽去其矜而后已，是亦不善为矜者也。不争则可以矜矣，矜且不争，则君子所为不得已而有矜者，其用意固亦无恶于天下也哉！夫群者，圣人之所欲涣也。君子而群，必其不获已于群者也。感贤豪之聚处，而借此意气之孚，以同心共济，虽被以党之名而不辞。顾群非得已，而党非不得已，君子必不好为党，以自失其所以群之心。且夫世之恶君子之群，而毁之为党者众矣，而君子又启之。其弊也，君子以小人为党，小人亦以君子为党，甚且君子与君子又各为党，而后之以党为讳者，必尽去其群而后已，是亦不善处群者也。不党则可以群矣，群且不党，则君子所为不得已而有群者，其用心固亦不悖于圣人也哉！”余谓此说经之文，而于汉之党锢、宋之伪学、明之东林，源流利病，洞若观火，非前明大家及国初名手，那能办此？石士笑曰：“此姚晋堂作耳，君亦素闻其人乎？”余始信名下之果无虚，因急求其全稿快读之而录此篇，以志文字之缘所自始云。

嘉庆己未闱墨，首题为“是故君子有大道”三句，元墨似反较各魁为逊。第二名余朗山本敦文，脉理清真，笔情醇茂，尤堪涵盖一切。后二比云：“盖尝观唐虞三代之隆，而为世之君子勖焉，守精一而判危微，后世于是有传心之学，而三谟之纪绩特其文，本雎麟以行官礼，天下于是有至德之孚，而六典之陈书皆其迹，其于人道何如也？夙夜无自匿之神明，即仁义有不敢假，左右无或乖之嚬笑，即愚贱有不敢欺，德之既立，矩自弗逾也，则未尝不叹其治之有余古也。亦越自流失败坏以后，窃为世之君子惕焉，道德衰而变为功利，而井田、封建辄敢卑五帝而薄三王，典礼敝而变为机诈，而鄗黍、淮禾遂思托符瑞而希封禅，其于大道何有也？矜者乃以得妄，适足动论古之咨嗟，侈者必悔于终，已无解民生之凋敝，德之不修，矩于何设也，则未尝不伤其弊之有由来也。必忠信以得之，骄泰以失之，岂不足以皇然深思，决然定计也哉？”似此大力包举，两比如一比，又开时墨一法门矣。

己未次题为“曾子曰慎终追远”一节，余朗山文末二比云：“匹夫面垢为仪，固不敢同于杖而后起、扶而后起，而昊天难报之思，孰不同此罔极哉？侧闻圣天子引经复古有过寻常，几不敢援节哀顺变之文，下慰臣工之请吁，则行道之人，有不感而心恻耶？盖至读《蓼莪》者咸知陨涕，君子知其所由来矣。庶人鱼菽是荐，亦何敢同于太牢有献、少牢有献，而高曾规矩之思，孰不共此手泽哉？侧闻圣天子春露秋霜不胜凄怆，直不啻以赤子瞻依之意，上亲列祖之衣裳，则跛倚之徒，有不闻而心愧耶？盖至抚杯棬者如对先型，君子知其所自致矣。”按：此科此题，适当嘉庆四年大丧之余，此二比隐切时事，情文交至，中间侧闻一段，居然是颂扬体裁。原评谓：“惊风雨而泣鬼神，写尧思而抒舜慕，虽创格，实至文也。”又按：以颂扬入制义，前明即有此风气。记王巳山尝言，前辈苏紫溪称王文肃“《诗》云不愆不忘”节文为程文变格，“保治”二字用当年诏书中语，本题无此意，为前人所镌，实开后来借制义为颂扬，一切逢迎窥伺心术皆缘此起也。

吴棣华廷琛曰：近日闱墨，每多采而乏风骨。余最爱石琢堂修撰《皆自明也》文，后比云：“且也放勋之后，传之重华，景亳之先，监于夏邑，至绍闻衣德亲出自昭考之言，而兹皆不之及者何也？稽古之词约略焉，而不求其备，言尧则舜可知，言汤则禹可知，言文王则武王可知，此亦渊源授受之一证也；且也尧有都俞，而传心无训，汤有誓诰，而议道无闻，即官礼雎麟绝不载文王之语，而兹皆代言之者何也？单心之学宥密焉，而不尚乎辞，尧不言而史言之，汤不言而尹言之，文王不言而武王言之，此又君臣父子之一德也。”奇情壮采都从题外飞来，而恰是题中皆字本分语，此为才大心细。

吾师张兰渚师诚于乾隆庚戌成进士，其《皆自明也》文，相题立局，精确老当，迥不犹人，与石作同一出色。犹忆其文系立三比局，明一股，皆明一股，皆自明一股，承上文切定经义章旨发挥，股末三煞句“则以为明也有然，则以为皆明也有然，则以为皆自明也有然”，第三比着重“自”字，深得圣经对下章新民之旨，而格局为闱中所无，遂得抡魁。

张石洲瀛暹曰：闻乾、嘉之际，浙江举业家称其乡有三绝，谓吴谷人祭酒之诗、梁山舟学士之字、莫宝斋侍郎之制义也。近侍郎之子钟琪以所辑《来雨轩稿》见示，则侍郎之制义仅三十余篇。张石洲跋谓：“有旧所习见而未入集者，知所遗佚尚多，恐不能与《有正味斋集》《慕义堂帖》成鼎足之势耳。”

莫宝斋侍郎为余甲寅乡试同年，其甲寅闱墨首艺脍炙一时，余亦能默诵之。题为《周有八士　节》，中二比云：“溯人本乎祖之文，如高辛有八元、高阳有八恺，何妨援氏族以相推，然私自一家则积善之庆小，公诸一代则养士之报隆也，想当年后先兢爽，怏然于难兄难弟之间，但觉少一人则歉，而多一人则赘，造物若曲成其巧，以留千古之美谈，而振振公子、振振公姓、振振公族之衍祚于睢麟，更可想矣；论善则归君之义，如舜有臣五人、武有臣十人，似应举帝王以相统，然系诸一人明君臣之同德，推诸一世见宇宙之太和也，迄于今初度嘉名，炳然于大书特书之笔，但觉离之两美具，而合之四难并，彼苍特偶出其奇，以彰累朝之闲气，而公侯好仇、公侯腹心、公侯干城之烝髦于置兔，更无论矣。”按：此二比自然名贵，妙在做到恰好处。忆余与侍郎同官京师，时尝以旧稿互相质证。予谓此二比若删却股中“但觉”两语，则更落落大方。侍郎极叹服，引为文字知己。侍郎德性敦挚，必非面从。今其哲嗣所辑文稿，则此篇“但觉”两语仍存而未删，恐非侍郎之意。信乎诗文之贵，生前手定也。

贺耦耕中丞长龄与余同官相得，交谊亦最笃。余未识耦耕时，已读其《行己也恭　四句》题文，至今三十余年，犹能背诵。其后二比云：“吾窃就郑国之大夫衡之，伯有之汏远于恭，子孔之专远于敬，即至子皮之钟粟、邓析之竹刑，亦难言乎惠与义，得子产以相副，而官箴以肃，臣分以明，谤而诵者，一以为众母，一以为蛮尾，而于道要无歉也，则即以是救郑国之敝可也；且更即春秋之大夫计之，文子之退然得其恭，行父之有礼得其敬，推之赵衰为冬日、赵盾为夏日，亦各得其惠与义，有子产以兼全，而伛偻如闻三命，匪懈常切一人，推而暨者，不为火之烈，亦不为水之懦，而于道更无不宜也，则即以是维春秋之衰可也。”按：耦耕近抚黔中，百废俱修，土木之役皆使民自输其力，大有悦以使民，民忘其劳之风。兴建学舍，缮完庙宇，修浚城濠，疏通沟洫之举，见邸抄中者，岁无虚月。黔地本贫瘠，初不知其何以得此于民，每忆耦耕文中称子产养民，有“殖田畴则民利兴，游乡校则民气乐，所谓忠信之长”云云，宛为今日写照也。余与耦耕以京朝官，同时出守外郡，又同时擢行水观察。余权苏臬而耦耕来代，耦耕由臬擢藩而余又来代。余擢苏藩，耦耕移东藩，两人又互相代。耦耕旋移宁藩，又与余隔江而治。未几，耦耕以忧去，余亦以病归，同守田里者三年，又同日被召复出。迨耦耕由闽藩移直藩，旋擢抚黔中，同时余亦由甘藩移直藩，旋擢抚粤西。计直藩之授，皆以虚移而恰相代，而粤、黔封圻又复相接。合二十余年中，宦辙无有不同者，惟耦耕政绩远胜于余，诗文字亦无一不在余之上，而不获同官一城，资其教益，是则可为歉然者也。

余甲寅同年王仲瞿昙，抱负奇伟，于风角、壬遁之学靡所弗通，因有荐其能发掌心雷者，朝廷嫌其近于怪诞，斥不用。其所作制义亦有奇气，余尝记其浙闱乡墨二比，题为《夫子之墙　一节》，文云：“圣人以一身建百世之业，而非有畔岸也，宪章祖述，夫岂必与合宫、太室争道义之墉，而抑其崇者，伤其庳矣，定《礼》《乐》者一门，序《诗》《书》者一门，赞《易》象、修《春秋》者又一门，而不入不知也，问之美而不见也，问之富而不见也，寝如可画，徒杇宰我之墙，郭可负居，空陋颜回之巷，其瞽不已甚欤？圣人以一人教三代之英，而更无涯际也，成德达材，夫岂必与夏屋、灵台竞规模之壮，而眩其高者，耻其下矣，分德行者一门，分文学者一门，分言语、政事者又一门，而不入不知也，语以宗庙而无见也，语以百官而无见也，七十子之弦歌，未许孺悲入户，三千人之冠佩，仅闻仲路升堂，其矇尚可发欤？”按：此文在当时颇脍炙人口，文不必佳，而傲兀之概存此，乃如见仲瞿之为人。

壬戌同年吴棣华联登会状，胪唱日睿庙御制诗纪事，有名元之目。其元作传诵一时，人无异议，余尤爱其首艺末二比，至今能背诵不忘。文云：“是故求宁观成，所以达仁心之恺恻而美其功者，一则曰烝哉，再则曰烝哉，若以天下之宜为君者惟文王，而饮和食德之俦，已不胜舞蹈咏歌之意；即其出车命将，无弗本敬德以旬宣而述其事者，一则曰天子，再则曰天子，若以臣道之弗敢成者归文王，而天王圣明之戴，永矢于七年五伐之余。”此真刘舍人所谓“取镕经义，自铸伟词”者也，而朱咏斋同年则谓余闱墨此题中、后四比工力亦堪与棣华匹敌云。文见后第十七卷。

韩慕庐先生《孟武伯问子路仁　章》元墨，将“仁”字与三子之才打成一片。评者谓其析理甚精，落墨甚大，能使圣人观人、用人之义蕴毕该，可谓知言矣。惟吴棣华不喜其文，尝语余曰：“圣人于弟子问仁，惟颜子告以仁之本体，仲弓便只说得敬恕，此外则或举仁者之一事告之，或就浅近处指示之。盖仁之理无所不该，浅言之则心存处便在仁一边，深言之非三月不违者未易语此，故仁而不佞章曰‘不知其仁’，克伐怨欲章曰‘仁则吾不知也’，令尹子文、陈文子两日‘未知’，又曰‘焉得仁’，所谓‘罕言仁’也。此章一句‘不知也’，三句‘不知其仁也’，分明仁自仁、才自才，界限判然，才则可见，仁则不知，语意亦极斩截。作此题者，多将三子之才牵入‘仁’字讲，谓才亦从仁出，固是抬高身分，然按之理解，似未能体会微至，虽慕庐先生亦尚未见及此也。”按：棣华掌教紫阳书院时，有此题拟程，其后二比云：“小知大受之各有所当也，一才足录，一艺可庸，皆可与展四体之长而收一时之效，况三子之志在为邦者乎？必举绝诣以相期，则才全德备之士，古今曾有几人，而有猷有为者，转屈抑而未由树立，是亦非大夫下问之本怀也，而何弗称心而言也。器重道远之必待其人也，举莫能胜，行莫能致，必将殚终身之力以完所性之良，况三子之久闻圣教者乎？苟为原心于微渺，则日月离合之间，功候略堪其证，而量能任事者，或龃龉而病其迂疏，是亦非国家器使之急务也，而何容聒而与语也。”似此说理圆通，方合圣门宗旨，使慕庐先生见之亦当首肯矣。

顾南雅尝语余曰：《大学》中“尧、舜帅天下以仁”、“桀、纣帅天下以暴”，尧、舜、桀、纣不过举古来为人君者一仁、一暴以为榜样而已。今人作此题文，必切定尧、舜、桀、纣故实，运用纵极灿然，毫无是处。余于嘉庆辛酉会试，专就此意诂题，成一片清空文字。出场后，录示同人，佥皆决其必不中。榜后乃知出令叔九山夫子之房，闱中极赏余文，再三顶荐而终不得当。及余谒见，又盛蒙奖惜，余感之次骨，以为生平文字第一知己，曾献诗有“鹤终一舞答羊公”之句。次年虽与君同捷，其闱艺不及辛酉远甚矣。按：南雅诗文、书画皆迥不犹人，其立朝风采尤足以廉顽起懦。钱竹汀先生尝叙其时文云：“浩浩落落，直抒胸臆，不为阉然媚世之态，而光采自不可抑。”盖论其文，即肖其人也，即壬戌闱墨思精笔妙，亦见一斑。次题《道之以德节》，起比云："禁之勿为小人，与引之共为君子，其意同而厚薄分焉，天下惟意之厚者为不忍负耳，而此不忍负之心，遂足验天良于草野；法立而使之避，与身率而使之从，其情同而浅深判焉，天下惟情之深者为不能忘耳，而此不能忘之见，已足流教化于大同。"后比云："但见智者奋之于前，愚者化之于后，以为见责于国典犹可言也，见弃于圣人不可言也，有可弃之实而圣人不遽弃之，则尤不能安也，而愧悔之心交集矣；而且由愧悔而生勉强，由勉强而至自然，以为负罪于朝廷犹可言也，负疚于吾心不可言也，有省疚之明而吾心终益疚焉，则尤不能安也，而修能之念弥殷矣。"闻纪文达师得此卷，为之恬吟密咏再三不置云。

余抚桂林，既复建五咏堂，因就月牙池倡为放生会，与会垣僚属按朔望行之。或笑其迂，非儒家所尚，又或嗤其无益，以为放者不敌食者之多，余应之曰：此等议论原不必辨，今且不与之征古籍，但与之读时文可乎？且不与之谈名家之传文，但与之说广西之时墨可乎？记陈莲史方伯继昌领解之首艺，题为"子钓而不纲"二句，后比云："一人全之，众人餍之，其所息者几何？然人戕物而我不与，我育物而我并不与，此与物之相忘于我耳，数有难逭，以理生之，夫子只泯其意必之见而已矣。终古耗之，一日养之，其所济者又几何？然必吾心有余地，而后斯世有余物，此与物之相见以心耳，欲不可纵，以性节之，夫子只见为上下之察而已矣。"似此至理名言，恐时手梦不到此也。

道光己亥，余监临粤西乡试，首艺题为《爱之能勿劳乎　一节》。榜前有秀峰书院肄业生陈某以闱艺录呈，客有讥其晦涩者，又有笑其稚弱者。余初阅时，即觉其迥不犹人，覆阅之，始疑非时手所能办，姑以好语批奖之。既揭晓，乃知此文已拟元。数日后，因三卷雷同而置之，余私幸老眼之未昏，且喜闱中衡鉴之不爽也。然究不知此文所自来，因付儿辈钞存之，以俟识此道者共赏析焉。倘非平心静气，尚恐难索解人也。文曰："能尽乎爱与忠者，无爱、忠之名者也。盖劳似妨爱，诲似妨忠，而不知其适相成也，然则世之能爱且忠者有几人耶？曰夫人之心，既有所甚笃于其人而欲致之，岂乐匿其心而返其迹以相加哉？虽然，抱忠爱之忱而不知所用，被之空名而不敢辞者，比比是也。吾固知天下无情之事，皆情之所生矣。他人之子，其不肖也我听之，爱所不属也，故借子以立威。古来无是父，而初未尝引嫌者，固有不得已耳。他人之君，其失德也亦听之，忠所不存也，故借君以沽直。吾党无是臣，而正不欲避谤者，诚有无如何耳。能勿劳，能勿爱乎？爱之而不教，非爱也，即仅仅曰教，犹未极乎爱之至者也。能勿诲，能勿忠乎？忠焉而不诤，非忠也，即仅仅曰诤，犹未尽乎忠之量者也。世之溺于爱者，不忍言劳矣，迨乎慆心佚志之日萌，乃始翻然悔曰吾过矣，吾向也爱而今也劳矣，何劳之晚也。且歧爱与劳而二之，是去爱就劳也。而自问其所以劳，亦真无谓矣。世之误于忠者，不敢言诲矣，迨乎败度败礼之难制，乃始憬然悟曰吾过矣，吾向也忠而今也诲矣，何诲之晚也。且歧忠与诲而二之，是失忠得诲也。而还念其所以诲，亦太无辞矣。盖一日为父，则一日为爱子之父，而子劳而益，与子劳而无益，皆无容心也；一日为臣，则一日为忠君之臣，而君之用我诲，与君之不用我诲，皆未暇校也。故周旋顽嚚之间，或有恶之而劳者。而自孝子视之必以为慈父，谓果其不爱，胡为予我以劳乎？婉转身家之计，或有以欺为犯者。而自贤君视之必以为忠臣，谓果其真忠，岂有道以易诲乎？虽曰易子而教，而亦所以为劳；虽曰不合则去，而亦所以为诲。勿劳乎，勿诲乎，能乎，不能乎？"按：此文自余批发之后，颇喧传于众口，或疑为张晓楼遗文。今年以引疾寓居浦城，适增订此书，朱春门告余曰：此文乃乾隆初昆山王炳文作，见《考卷鸣盛集》。中有周力堂先生评云：“似往已回，如幽匪藏，曲曲传出，能勿神理。粗心人读之，方不解作何语。”又蔡芳三先生评云：“忠爱套语，累幅不休，于‘能勿乎’三字，岂有丝毫体认耶？婉转虚和，绝真绝淡，与魏丈篁中一作，皆前人所未有也。”炳文为鹤书兄哲嗣，从余游数月，与之言《左》《史》秘妙，辄有悟入处，余以慧业目之。会余以北上别去，每寄近艺进而益上，辄叹为锦囊中语。比余归，而果以呕心逝矣，可胜怆然。

乾隆江南癸卯沈清瑞元墨，脍炙人口，而不知第二名章世绳文，经术湛深，更在元作之右。其次艺《宗庙之礼　二句》文云：“且夫庙祭天子及始祖，诸侯及始封之祖，其实天子祭不以始祖而止。说者谓尊者统上宗之为言统也，始祖统高祖以下，而始祖之得统则必有所由来，虽不别立庙，皆得以宗庙概之，武周又有其礼矣。南郊以配天，太社以配地，事上帝即事皇祖。然祭郊禖弗无子，早致帝歆，谓高辛世妃生后稷，则后稷岂无父，特有部作家别子为祖。是以三代虽同出轩皇，而周诗仅略举克禋、克祀。衮冕以享先王，玉鬯以享先王，事列祖同事上帝。然奏夷则歌小吕，首享先妣，谓閟宫特立祭姜嫄，而姜嫄非无夫，特四朝隔世，其名不传。是以议家虽推帝喾，而周礼则浑称先王、先公。盖因其辽渺则为先因，为我周自出则为其先，武周乃复行宗庙之礼。夫庙制有废无立，周七庙亦至后世始备，武周开国时，祭祇及四亲庙与始祖耳。然周先有功德可指者为十四王，而其先实不止十四王也，窜狄迁豳之外，岂无保世守土？克绵宗祀以俟子孙，则自不窋溯台玺，虽其庙已祧，艰辛宜慰，皆当隆间祀之仪。况祖宗德厚流光，诸侯五庙虽以受封为祖，我周庶子分茅，亦得立周庙祭文王焉，岂周先兆春郊之瑞者在千百岁前，而子孙竟相忘千百岁后也？履武敏歆之年，早已锡祉开基，远贻帝命以宏家室，则自后稷推本生，虽其迹久泯，渊源有归，更宜崇追享之典。于是见武周所以推文王之敬先者备也，祖庙修而时食具，穆考尊祖之心已大然五世尚将即远。稷子不必望裸鬯，稷父岂必冀奉盛，而武周以为使文王中身成事，其牲币只及祖绀与后稷乎？则此礼乃王者之承颜审气于受姓之前者也。于是见武周所以推所尊之敬先者远也？思文颂而笃烈，称先王让善之情已大安，然群公半多就湮，主祏虽长留夹室，神灵岂尚尽陟庭，而武周以为使先王躬履至尊，其对越只在公刘与后稷乎？则此礼皆王者之萃涣合莫于毁庙之外者也，所以祀乎其先也。”严礼堂评云：“起难往反，四座莫能屈。解经不穷，戴侍中不得擅美于前矣。”韩宗伯云：“文必须如此做，庶几后来犹肯读书，信哉！”

制义丛话卷之十二

前明科举文字有元派、元脉、元度之目，甚至借释氏之语，美其名曰元灯。其实则文章家之别径，于古人立诚之本，载道之旨，杳不相关。顾风气所趋，上以是求，下以是应，遂增艺林一故实。至我朝文运昌明，士尚实学，此调不弹久矣，而琐闻逸事时时间出，亦足以资谈柄。因荟萃而次之，俾举业者知有此事，而不必专精致力于斯也。

《日知录》云：林文恪公材《福州府志》云："余好问长老前辈时事，或为余言林尚默志方游乡序为弟子员，即自负其才当冠海内士。然考其时试诸生者，则杨文贞、金文靖二公也。夫尚默当时所习特举子业耳，而杨、金二学士皆文章宿老，蔚为儒宗，尚默乃能必之二公若合符节，何哉？当是时也，学出于一，上以是取之，下以是习之，譬作车者不出门，而知适四方之合辙也。正德末，异说者起，以利诱后生，使从其学，毁儒先，诋传注，殆不啻弁髦矣。由是学者伥伥然莫知所从，欲从其旧说则恐或生新说，从其新说则又不忍遽弃传注也。己不能自必，况于人乎？是故射无定鹄则羿不能巧，学无定论则游、夏不能工。欲道德一、风俗同，其必自大人不倡游言始。"按：林尚默，吾乡闽县人，永乐壬辰进士，乡试、会试皆第一，殿试一甲第二名。

俞桐川曰：成、弘二朝会元，皆能名世文之富者，为王守溪、钱鹤滩、董中峰三家。王、钱之体正大，中峰之格孤高。

王、钱之后，衍于荆川，终明之世号曰元灯。中峰以后，其传遂绝，三百年来未尝有问津者。

又曰：先君子论抡元法云："荆川以前以高古精深胜，定宇以前以雄浑博大胜，以后则或取格局，或取神韵，各有宗派。"盖先君子潜心先辈，故评断严确如此。间取成、弘、正三朝元墨较之，程度不爽。独章枫山潇洒飘忽，开理斋、莱峰之先，邹东廓恬静安闲，为月峰、具区之祖，文与诸元异。

李雨村曰：唐荆川家居，薛方山上公车来别荆川，荆川曰："意君此去当作会元，但南京有许仲贻者，曾以窗艺相质，君往须防其出一头地也。"及榜发，许果得元，方山屈居第二。后方山提学浙江，试慈溪得向程卷曰："今科子必得元也。"及试余姚得诸大圭卷，谓向程曰："子不得元矣，有大圭在。"已而果如其言。

凌义远《名文探微》云：文家论元，譬之国家论相。吴起功多，不能不逊美于田文；廉颇气盛，不能不谢过于相如；梁公、莱公尤推人杰，不能不叹休容于娄、王二宰辅。名元之文亦然。大略始于识，终于养，次第于法，简要于意，佐之以风度，裁之以体格，决之以胆气，如是而已。顾世鲜伯乐，以模棱为浑融，以卑近为醇雅，以浮夸为博大，以板硬为朴老，则未尝历稽先正而深入名元之阃奥者也。制艺之盛，莫如成、弘，必以王文恪公为称首，其笔力高古，体兼众妙，既非谨守成法者所能步趋，亦非驰骋大家者所可超乘而上。钱鹤滩风骨不减守溪，惜文多小品，而微伤镂刻，其大题则寥寥数篇，已如彝鼎法物，浅学黜鹤滩而跻方山，岂识名元气韵品格哉？唐荆川之机法，自堪称祖称宗；瞿昆湖之涵养，亦复宜风宜雅。但荆川叙事得史家笔意，而腕力稍弱，昆湖则全乎时体，渐开宛陵一派。故尚论者欲平视之。然盛世之文醇乎其醇，正非宛陵以后所可及。荆川与昆湖相后先，一变圆熟而臻于精实，其修词巨丽，有台阁气象，微少淘汰耳。定宇、月峰醇雅博厚，元气浑然，允为隆、万之冠。《葵阳全稿》无一陈言，盖锤炼之极而不以修饰为工，诚修辞之体要也。具区有五易、七易稿，平时去取精严。故风檐挥洒，意思安闲，如不欲战。泾阳平中大雅，文兼古体，理本程、朱，气浃欧、曾，名冠东林不虚已。九我之文，无所不炼，无所不化，墨胜于稿。泗山则稿胜于墨，善用虚字为章法，开思白、霍林法门矣。会稽风规高峻，惜墨如金，然元品自冯而陶，则林泉洁清之致多，而廊庙升恒之气少矣。思白之文，珠圆玉润，气韵又复雅逸，其篇章结构，可谓规矩方圆之至，盖文品之入圣者。无障善于擒题竖义，以识为主，谢叠山所云小心、放胆兼而行之，拘士至今以为口实，殆未识捉刀人乃真英雄耳。霍林继起，意在镕无障之生而就昆湖之熟，惜其欲以人工夺天巧，抟捖之融、磨砻之粹，往往有余于法而不足于气，殆所谓文盛而朴将散者乎？然戊戌以后，罕见其匹，故论列元品，自守溪而下断自霍林止。其间弁南宫者十人，兼会、解者二人，冠全省者二人，惟泗山、思白名亚会元，如骖之靳。然二公窗艺粹然元品，故并附之。兹十六家者，堂奥各辟而渊源如一，以论相之法论诸公，则范围其中与趣轶其外者，皆瞠乎若后矣。

俞桐川曰：瞿昆湖先生景淳少负异才，试辄不利，日讽五科会元文，渐入大雅，乃冠南宫，元家衣钵所自始也。世之论文者，以高朴为贵，以圆熟为卑，昆湖之派极于宣城，遂为世所诟病。然吾观昆湖之文，择理精，树义确，而出之以冲夷之度。宣城亦然，间杂时语，故逊昆湖。昆湖何可少也？传言昆湖喜怒弗形，容貌渺小，而不阿权贵，大节莫夺，王弇州极称之。若其文内坚凝而外浑厚，亦如其貌。人不可皮相，文又可皮相乎哉？

汪武曹份曰：谈元派、元度者，谓始自石城。至昆湖而大，至定宇而神。其后有月峰、九我，至丙戌而始变袁宗道科，至己丑而更变陶石篑科，迄于壬辰而其派遂亡吴因之科。愚按：朱大复谓戊子开时文一脉，乙未许导其源，甲辰瞿衍其派，诚然定一时局。又谓学瞿者，易庸、易弱。窃尝以其说推之，以为谈元派、元度而失之者，多不免庸、弱之患，固不若学陶、学吴者之为愈矣。

钱吉士曰：万历癸未以前，会元墨卷多平淡之篇。平淡而兼深古，惟成、弘以上有之。正、嘉以来，或兼雄浑，或兼敏妙，或兼圆熟，各自成家，亦各有宗派，然皆有平淡之风。癸未以后，或太露筋骨，或太用识见，一时得之，似诚足以起衰懦、破雷同，然于平淡两字相去已远矣。久而厌之，复求平淡，则又以低腐为平，浅薄为淡，而三等秀才之文，骎骎乎有会元之望矣。

《广东通志》云：陈政，字宣之，番禺人。十五能文，有理致。正统六年辛酉，以《诗经》发解第一。是年琼山丘濬锐意首选，二场遇之，请诵所作，惊曰："解元属子矣，吾输子一筹耳。"遂不终场而去，揭榜果然。

何义门曰：正统戊辰会试，同考已置岳正于落卷，副总裁天台杜宗谧独惊其文，以为此吾辈人，遂占首选，非杜公则一时无以弹压海内，衡文者宜知之。按：是科题为"才难"四句、"耕也，馁在其中"二句、"今夫天"一节，主试者高穀、杜宁。

李雨村曰：成化乙未会试，主司丘文庄公濬，场中得王鏊卷，阅《孟》艺《周公兼夷狄驱猛兽而百姓宁》后比"被发而左衽"句曰："此非'弱肉而强食'不能对也。"阅之果然，遂置第一。

《文行集》云：嘉靖八年，张萝峰、霍渭崖两先生为会试主考，取中三百二十人。萝峰暮龄始第，惜积学不售之士，意元作必老成，拆卷见荆川先生年仅二十，讶以为奇。荆川为八大家之一，时称名元。按：是科题为“请问其目　六句”“惟天下诚，为能经纶天下之大经　一节”“孔子圣之时　一句”。

又曰：林春，字子仁，泰州人，中嘉靖十一年会元。是科学士张潮、郭维藩为主考，用尚书夏言正文体疏，诸刻意骋辞者悉摈不取，春举第一，时称为得人。按：张批其卷云：“布帛菽粟之文，必是笃行君子。”见《闲雁斋笔谈》。按：是科题为“大哉尧之为君也　一章”“行而世为天下法　二句”“谨庠序之教　二句”。

周晖《金陵琐事》云：嘉靖癸卯科，《论语》题为“仁者先难而后获，可谓仁矣”，尤英在场中大言曰：“过文中若用‘先其所难则易者可知，后其所获则失亦勿恤’四句，未有不中者。”开榜尤为解元，程文墨卷中皆有此语。按：《贡举考略》是科解元为昆山沈绍庆，非尤英也。此恐有误，姑存之。

《明文百家萃》云：傅夏器，福建南安人。久困公车，志愈锐，于制义日益讨论，技乃无匹。时章华阳分校礼闱，首荐公卷，大学士张文邦击节赏之，及拆号见公名，叹曰：“吾释褐时，耳传廷璜名，今其人犹在耶？非华阳荐之，又失之矣。”按：此嘉靖庚戌科，题为“子贡问君子　一章”“洋洋乎发育万物　一节”“既竭心思焉　三句”，主试者张治、欧阳德。

《广舆记》云：金坛曹大章，字一望，嘉靖癸丑会试第一。平日作文，每于最喧遝处伸纸疾书。尝曰：“必使我枯坐而后作文，岂场屋中有此静境？”按：此一良法，习举业者不可不知。

《文行集》云：嘉靖十五元，论者谓壬辰、乙未乃古今分别之际。胡之继瞿，风度相似，后此五元，瑜不胜瑕。乙丑会元陈栋，当浮蔓之余，以冲夷细密，颖然独见，当颉颃瞿、许。隆庆辛未，栋取隽邓定宇以赞，文章中兴，莫盛于此。按：胡正蒙为丁未会元，瞿景淳为甲辰会元。胡正蒙以后五元，则傅夏器、曹大章、金达、蔡茂春、王锡爵也。陈栋即继王后，是科题为“绥之斯来　二句”“人道敏政　一节”“《诗》曰天生烝民　一节”，主试者高拱、胡正蒙。

李雨村曰：嘉靖甲子顺天乡试，主考林对山先生偶患眼疾，不能阅卷，命人遍读所取卷，谓皆非解元。时题为“舜有臣五人而天下治”。寻落卷中得一卷，读至总提五人处云：“斯五人者，天生之而授之舜，非私舜也，将畀之以代天之工也；舜得之而分之职，非私五人也，特畀之以辅世之寄也。”瞿然曰：“此真解元也。”遂置第一，榜发为章礼。

俞桐川曰：禾中老者言，黄葵阳出会闱，自决第一。闻江右有坐关三年者，往叩其文，爽然自失，即定宇先生也。江陵于闱中拟议二公，因次艺抑葵阳，然葵阳不如定宇，不仅在是。评者云：“黄有意于奇，邓无心于巧，是谓得之。”读定宇传，所学在于能养。尝言《乾》之六爻，不难于飞而难于潜，生平出处进退皆以养胜。故知文之矜厉高卓，志在必得者，乃不如定宇者也。或曰：葵阳虽不元，而冯具区之获元，以熟读葵阳行稿所致，则其文固元家衣钵矣。

《文行集》云：文翼评周汝砺《子贡问政　一节》元文云：“吾邑报罢，解元捷后至，犹独步吟讽富强之国而已矣。”如此句何以不元？闻闱中定元亦以此。细思此句，真是高识，当时作者之自信，与主试者之赏识，俱不可没也。按：此隆庆丁卯应天题，主试者孙铤、王希烈。

《四勿斋随笔》云：嘉靖癸未科会试，李舜臣《尧舜之道不以仁政》篇元墨跋云：“局度宽然，辞亦丰润，较前此纯以义理筋骨胜者，亦少变矣。”又嘉靖壬辰科会试，林春《谨庠序》篇元墨跋云：“两大比造格严整，遂为庚午南闱所绝响。时会古今之变，令人为之怃然。”又隆庆丁卯科顺天乡试，庄允中《颜渊问为邦》篇元墨跋云："上芟嘉末穴蔓，下导万初名通。穆庙虽享国日浅，然建元之始，文风正盛，与南浙周、黄两元势争鼎足，未见避三舍也。"又是科浙江黄洪宪《忠焉能勿诲乎》篇元墨跋云："嘉末文怀公有志起衰，隆庆初，厘正文体，遂冠贤书。辛未第二人及第，乙酉典闽试，戊子典顺天试，改程拟程，上参弘、正矣。"按：此嘉、隆间元墨转换之迹，故汇著之。

《广东通志》云：杨起元，号贞复，归善人，少补邑弟子。隆庆丁卯，言官疏正文体，限字不得逾五百，起元素才富划华敦朴，遂首东粤。按：是科首题"定公问君使臣　章"，次题"《诗》云鸢飞唳天　一节"，三题未详。

《文行集》云：董太初题魏允中解元墨卷后云："懋权生平为文，好用典故。乙亥，郡守桂巽川先生试十二学题，懋权仍多用典故，巽川尽数涂去，置第二，缘此悟文机，一意淘洗。丙子春，县府试卷'如舜发畎亩，孔子仕鲁'，皆超超元化，若弄丸承蜩。场中一挥七篇，日暮即出。其文遂推倒一世，则巽川点化之功为多也。"

陈百史曰：万历丙子，顺天魏允中《夫子循循然　二节》元墨后幅云："当斯际也，岂不欲因文以从之，而夫子之道，则阐于文而超于文之外者也，无由以博也，无由以博而胡由以从耶？亦岂不欲因礼以从之，而夫子之道，则述于礼而妙于礼之先者也，无由以约也，无由以约而胡由以从耶？则信乎善诱之难为功，而回亦从容以俟之而已矣。吁！诱之未承也，而于道无所得，以无所得而见其难也；诱之既承也，而于道仅有所得，以仅有所得而益见其难也。"此等文字，看去平平无奇，而本色之外，绝无游气，今之高才所不能也。按：允中为万历四年顺天解元，题为"夫子循循然　二节""诚者自成也　二节""孔子曰操则存　二节"，主试者许国、何洛文。

《明史·魏允中传》云：魏允中为诸生，副使王世贞大器之。值乡试，世贞戒门吏曰："非允中第一，毋伐鼓以传也。"已而果然。时无锡顾宪成、漳浦刘廷兰并为举首负隽才，又称三解元。

张惕庵曰：万历甲戌会试题"学如不及犹恐失之"，孙月峰起讲下云："学勤斯及而自足，于及者终无及；学精斯得而自满，于得者终必失也。"韩慕庐谓当日以此数语定元。

《文行集》云：秀水冯梦祯，字开之，恂恂和易，览群籍多所独得。万历丁丑会试场中，数易其稿，主考张四维得其卷曰："此正、嘉盛轨也。"拔置第一。按：是科题为"何如斯可谓之士矣　三节""回之为人也　章""我亦欲正人心　节"，主试者张四维、申时行。

又曰：萧良有，字以古，汉阳人。年十五举乡试，数困公车，志在得元，益潜心制义，追随名师。师摘其文曰："头子重了。"良有豁然醒悟。万历庚辰，遂举会元。按：是科题为"如有王者　一章""素隐行怪　一章""智譬则巧也　一节"，主试者申时行、余有丁。

汪武曹曰：张侗初谓，文字于破、承内擒出一字为主宰，则通篇段段须照应之。邓定宇首篇"中"字、冯开之三篇"道"字，皆是此法，其他元卷无处不有。

陶篁村元藻《全浙诗话》云：陶文简应万历丙戌礼部试被黜，主司题其卷曰："七艺平平。"公遂发愤，于门户墙垣悉题"七艺平平"四字，刻意求警拔，以变其初。己丑闱作，遂极卓炼峻嶒，以会元自命。榜前赴正阳门关帝庙卜之，旁有人闻其祷语大惊，乃华亭董思白也，亦以会元自许者。索观公文，乃叹服，自谓不如。及榜发，公果第一，董第二。

储同人欣曰：前朝会元，自王太仓来，奄奄不振，虽盛名如邓、冯，能跳出昆吾派圈子乎？石篑先生独奋其风气，一拳搥碎，一脚踢翻，抗手太仓而欲出其上，何其勇也。

周栎园亮工曰：此江宁顾少宰邻初先生试南宫第一人易书之卷也，越今百数十年，后学某犹及见之。论先生文字之精美，久与科名并重，人人脍炙，无俟再评，独百有余年之间，风会所趋，有可以略观世变者。溯先生起家神宗朝，海内承平，一时风声文物，号为极盛，而相推为第一人之文，乃独简雅醇正如此，岂如今世操觚家驰骋华腴，竞为宕往之词而莫知其所止者乎？按：顾起元中万历二十六年戊戌科会元，题为“《诗》云穆穆文王　一节”“子贡曰我不欲人之加诸我也　一节”“且夫枉尺而直寻者　一节”，主试者沈一贯、曾朝节。

《文行集》云：许獬，字子逊，同安人。性警敏，好读书，虽寝食未尝废卷。为文根究诸儒之说，名重东南，万历辛丑冠礼闱。初，獬计偕堕泥中，有张举人某援出之，獬感其谊，以所拟《畏圣人之言　单句》题文示之，曰：“此余今科拟作，场中必命此题。积三年为之，得文八十首，任君择其一。”张阅竟，择其一篇，獬回视之曰：“此篇六十名外进士耳。惟破题露‘知’字者，乃会元也。”及入场，果命此题，榜发，獬果以破题露“知”字得元。张亦登第，名列八十五云。按：《百家萃评》谓许元墨破中照下拈出“知”字，得之王文恪《畏天命　三句》甲午元墨。盖先辈作文未有无本者，否则正犯今人侵下之禁矣。而《明墨弋评》则谓：“下文是不知天命，不是不知圣言，一破未是，且文中亦不曾理会知字”云。又按：《明文百家萃》谓主试冯琢庵善衡文，得许獬卷，曰：“今之许子逊，昔之王济之也。”遂举第一，盖即指破题露“知”字。然闱中即知为许子逊而敢于昌言之，恐于情事不近也。

俞桐川曰：张君一以诚未遇时，受知于华亭相国。相国决其文必元，既而登贤书不元，相国讶之。辛丑捷南宫，又不元，相国讶甚。及廷对果元，相国乃悦。夫相国决其元者，决之于时文也，廷对不取时文，虽得元，于相国何与？盖去奇就平，舍浓即淡，有包括群才之度，故决其可元，然则廷对即不元，君一之元自在也。陶石篑曰："辟径开畦，人推钟斗。若气淳矩正，上绍成、弘，君一之功居多。"然则君一虽不元，当时固以元目之矣。

《文行集》云：万历甲辰科会试，总裁朱赓、唐文献命题"不知命"三节，谕同考曰："定元必用三平格。"榜发，阅元文为杨守勤所作，是串讲，赓殊不自解，乃以第二名屠隆卷进呈。

焦礼堂循《北湖小志》云：扬州王铨部纳谏，字圣俞，生明嘉靖间。承文气卑弱之后，奋然有为，以六经为本，而浚以心思。时陶望龄、董其昌并以文振动一时，纳谏曰："董非陶匹，乃学陶久而与之为一。"万历癸卯陶主试应天，命题"《康诰》曰克明德　一章"，有张榜者以文名一时，自以为必得解元，预题灯曰："癸卯科解元。"八月十五夜走文德桥，闻有诵文者，张听之顿足，立毁其灯曰："吾不及此。"揖而叩之，则纳谏也。纳谏以《康诰》《周书》《太甲》《商书》《尧典》《虞书》，由周而商，由商而虞，篇内以溯言立义，卓然得未曾有。榜发，纳谏果得元。时同考官山阴王思任得卷，上之于陶，陶方构思作程文不就，见此卷大诧，以为一字一句皆己所欲出而代言之，曰："此天下士也，宜取以敦士习、振文运。"遂得元。按：陶石篑程文讲下云："由夫子而前，有文王也，武述之则以克明德称焉；由文而前，有汤也，尹志之则以顾諟天命称焉；由汤而前，有尧也，史赞之则以克明峻德称焉。"王圣俞小讲云："故吾以今稽古，以近溯远，知其说之有自来也。盖洙泗以前，先有帝王之学术；圣经未作，先有谟典之昭垂。有如《康诰》之言文也，曰克明德；溯之《太甲》之言汤也，曰顾諟天之明命；又溯之帝典之言尧也，曰克明峻德。”此汤霍林所谓层层梯上，而陶石篑所谓皆己所欲出也。

《寄园寄所寄》云：明朝制义，确有分两，作文、阅文者皆可操券而取。一人出闱，得意甚，自以为会元矣，偶夜散步，闻有误堕泥中者，大呼曰“谁来救会元”。其人急往挽之起，抵其寓阅文，果高一筹。曰：“真恨事，我第二矣。”已而榜发果然。又董宗伯思白将赴南宫，往辞其尊公，公叹曰：“儿入场须加意，我向决汝为元，今不稳矣，以吾前阅陶孝廉望龄文出汝上也。”宗伯谨受教。及入闱，“畜马乘”题聚敛句已重顿矣，忆其尊公言，欲驾陶上，复改之，已而场中定元，以董平发不及陶，遂置第二。又冯公梦祯会试年，有贵介子弟预购闱题，闻某公与某公议，但曰：“斗筲字，要之何用?”贵介子遂知为“行己有耻章”矣。冯亦知之，遂邀一契友入西山静养，半月得一破曰：“圣人与贤者论士，而其所重者可知矣。”得意甚，曰：“我会元矣。”已而出闱，遍讯同袍文，但闻其破，曰不及我也。榜发，果魁多士。又汤宣城宾尹读书山寺，有上科某会元来访传衣钵者，偶过其地，见汤方徘徊于寺廊下，忽疾走狂笑，大击寺钟无数。某公问之，则曰：“我适作一元文，乐甚也。”索观之，曰：“是矣，但未尽善。”因指其隙，汤大服，请教，遂以元脉授之，已而果得元。

阮吾山曰：有明墨牍，皆有程式相传，奉为元程。惟主司明眼拔尤，考官声名由是而起。计改亭谓洪、永会元十五人，宣德迄天顺会元十三人，皆非雕饰之文。成、弘十四人，章枫山懋、吴匏庵宽为冠，稍见法度，然未离乎朴也。正、嘉二十人，隆、万十八人，如唐应德顺之、瞿昆湖景淳、邓文节以赞、王文肃锡爵、冯具区梦祯、李文节廷机，其文之矩矱神明，若有相传符节，可以剖合验视。其时天下承平，士之起家非科目不贵，科目非元不重，闭门造车，出而合辙，作者与识者如针石之相投也。或谓吴无障默以偏锋伤气，汤霍林宾尹以柔媚败度，文运至此而衰。然启、祯八元，若曹勋、若吴伟业，又何减前人也。

郑仲夔耳新云：天启乙丑，闱中得华太史琪芳文，方置几案，忽有声如风筝从卷中起，亟展读之，大加赏叹，遂举南宫第一。是科文趋险极矣，而华独蕴藉渊博，不愧正始之音。按：是科题为“居敬而行简　二句”“高明配天　一句”“遵先王之法而过者　两句”，主试者顾秉谦、魏广微。

《文行集》云：谭元春久不得第，天启丁卯，李明睿主湖广秋试，谭举第一。明睿曰：“数十年积学不售之士，余以射覆元之，亦可以谢天下士矣。”按：是科题为“人臣止于敬　一句”“仁远乎哉　一章”“言必称尧舜　一句”，主试者李鲁生。

卫壮谋曰：有明八大家者，合吴县王鏊、武进唐顺之、常熟瞿景淳、武进薛应旂、昆山归有光、德清胡友信、归善杨起元、临川汤显祖而称也。而其后人之贤，唐有子曰鹤征，孙曰效纯，并举进士，效纯子献可亦能诗，献可三子又皆以制科有闻。瞿有子曰汝稷、汝说，孙曰式耜，汝说、式耜父子登甲科。薛有二孙，曰敷敬、敷教，曾孙曰寀，皆进士。归之季子曰子慕，孙昌世，曾孙庄。汤有四才子，曰士蘧、曰大耆、曰开远、曰开先，开远与归子慕皆举人。而王之季子曰延陵，承父荫为中书舍人，与瞿汝稷并以任子有名于时。按：八大家中王、唐、瞿皆起家会元，余五家皆进士，而杨则解元也。

俞桐川曰：万历甲辰以来，四十年间，会元无可录者。李太青学先辈而枯，陈百史摹大家而浮，斟酌古今，调和文质，必推曹峨雪。按：曹勋，崇祯元年戊辰科会元也。

《四勿斋随笔》云：崇祯辛未，太仓吴梅村伟业举礼闱第一，时枋国者为乌程温体仁、宜兴周延儒。吴为宜兴门下士，乌程嫉之，以蜚语上闻。适有内臣从宜兴案头取吴七艺直呈御览，怀宗喜之，朱批八字云：“昌宏博大，足式诡靡。”外论始息，故梅村文稿名《式靡篇》云。

王顾园方郕《重订历科元墨选》云：郜炳元《有德此有人》元墨，举止规模，真如太原公子裼裘而来，自令髯公短气，较洪武乙丑黄公墨气象，实有颉颃。至于词有烦简，调有古今不同，则时代为之耳。按：顺治二年乙酉科，顺天乡试题“有德此有人　一句”“上好信　二句”“在于王所至不善”，主试者朱之俊、罗宪汶。

何雨崖曰：顺治己丑科，熊钟陵自命为元而中第九名，意颇不平。或以闻之溧阳相国，因召先生试以十艺，皆有古名元笔意，尤不可及也。按：是科主试者八人，祁充、格刚林皆满洲人，范文程、李宪斗、宁完我皆汉军人，宋权河南人，洪承畴福建人，王文奎浙江人，溧阳相国即陈名夏也。

王文简公《渔洋山人文略》云：伊辟，字卢源，号翕庵，新城人，与母弟巘同学齐名。顺治初，邑人士倡为晓社，公兄弟为职志，人称二伊。戊子领山东解额第一，文传四方，乙未成进士。章皇帝留意人才，初破馆选分省，故例引见诸进士，改庶吉士三十二人。至公名，上顾左右曰：“此山东解元，有文名。”其受知如此。按：顺治山东戊子科题为“先行其言　一句”“王天下有三重焉　二句”“天下之民归心焉　一句”，主试者姚文然、李熊。

张文端聪《训斋语》云：曾与韩慕庐斋宿天坛，深夜剧谈。慕庐谈当年乡、会试时情事，乡试则有得售之想，场中颇着意，至会试、殿试则全无心而得会、状。会试场大风吹卷欲飞，号中人皆取石坚押，韩独无意，祝曰：“若得中，则自不吹去。”亦竟无恙，故其元作皆游行自在，无斧凿痕。按：韩公系康熙十二年癸丑科会元，题为“所谓平天下　一节”“樊迟问知　一章”“尽其心者　一节”，主试者杜立德、龚鼎孳、姚文然、熊赐履。

《茶余客话》云：康熙庚午江南乡试得人最盛，时同考廖腾煃得刘捷卷首荐，时元卷已定，主司欲置第二。廖不可，曰：“留来科作元。”遂摈落，而是科元即捷兄辉祖也。后数年，廖以御史典江南试，以书属辉祖授捷，为闱中物色计。辉祖星夜驰归，中途病阻，书不得达。廖入闱遍求捷卷不得，太息累日，及揭晓，捷已裒然举首矣。按：廖于康熙乙酉典江南试，而刘捷乃隽于辛卯，主试者左必蕃、赵晋也。此恐有误。

王巳山曰：康熙辛卯科，山西臧尔心《臣事君以忠》元墨跋云：“和平恺切，写出纯臣心事，通篇不作一激烈语，与崇祯壬午墨，有春气、秋气之分。”按：是科主试者为郭徽祚、万经。

《抗希堂稿》后评载姜橚云：己卯之岁，余与韩城张公廷枢知江南乡举，桐城方生为选首。榜揭之日，其乡人同声快之曰：“自顾泾阳先生举于万历丙子，而其盛再见。”且以为泾阳之文固多可传，而乡墨则年少才俊者皆可拟焉。惟方君沉浸酴郁，深于古人之意，尚非泾阳所能及也。按：是科题为“吾未见刚者　一节”“惟天下至圣至有临也　三句”“道则高矣美矣　一章”。

王顾园曰：康熙己酉，江南《君子之于天下也　全章》闱墨，通闱诸篇未有不用渡笔者，独牛奎渚元作竟住竟接，识力胜人百倍。交河苏夫子云：“闱中定元以‘无之而义生焉矣’两句，看来抡元高乎只在一二句上扼要争奇，余幅何关紧要耶!”按：此文两提比重顿君子，两小比还无适莫，下即接“无之而义生”句，所谓“竟住竟接”也。交河苏夫子者，指是科主试苏次公铨，副之者为东莞祁珊洲文友。

又曰：范光宗《子之武城　全章》元文，为康熙辛酉陕西闱墨，是科各省元墨，推山左孙子朱、江南胡孟行。子朱清矫，孟行疏老，得范君之雄脱，真鼎足矣。

韩文懿公曰：曾点暮春风浴一段，神理最难体会，作文者最难得恰好处。惟康熙辛酉科江南出此题，解元胡任舆文识解独超，会心自远。末段云："论者谓点之志，与夫子老安少怀之志微有合者，故亟与之。然而夫子当日惟是喟然嘉叹，至其所以与者，终未言其故云。"尤为得窍。春风沂水数语，久为高明者假托，遂入于禅，如吕与叔诗云："可怜曾点惟鸣瑟，独坐春风咏不休。"又云："终日孔门无一事，只输颜氏得心斋。"是又因程子吟风弄月之语，演为心斋之说。即程子之说，人已离其师承矣。至陆子静则云："说甚存诚主敬，舞雩归咏，自是吾夫子家风。"朱子晚年，有门人问与点之意，朱子曰："某平生不喜人说此话，《论语》自《学而》至《尧曰》皆是工夫。"故窃谓此题莫草草放过，乃后来学术异同一大根源也。此艺下意斟酌风度，闲远之中有矜饬之意，喟然一叹，不下一注脚，真得紫阳微旨矣。主司以此压卷，其于吾道亦有障百川、回狂澜之意乎？按：是科主试为冯懿生云骕、朱竹垞彝尊，前人相传竹垞先生不喜看时文，有示以时文者，辄睨而投之于几，而是科所录取皆名流，不但元墨之著称而已。又按：韩文懿只标举其末段，其实当行出色全在前后四比，如讲下二比云："勋业者，君相之遇合也，禹、皋、伊、旦当时若无此遭逢，岂遂淹没以终老？天壤甚大，倘必有所待而后抒怀，设所如不偶，将毕生无自见之期矣。景物者，达士之功名也，黄、农、虞、夏今日岂异此风期，安见熙皞之难再？人物依然，如其无所待而皆快意，将动与天游，任目前皆自得之致矣。"后二比云："性情之际，安往不得？忽然而值此时，忽然而思此人，忽然而娱此境，任耳目间之取携，而生平不尽啸歌之致，此其气象类不在三代以下也，将点狂也，不几于道欤？宇宙之故，安在可执？如必暮春而后为其时，必童冠而后为其人，必咏归而后为其境，自命旷观之高致，而寄情犹滞形迹之间，此其气象不过隐者流也，将点深也，不犹之乎浅欤？”

上海薛苇塘鼎铭尝以其乡先辈朱岵思先生锦《会元薪传》一编增注，以教学者。盖先生为孝廉时，论文素为人所重也，洎顺治己亥中会元，人因名其书曰《会元薪传》。其书语括词简，得注释而其旨益明，洵元灯也。

仁和胡绮园先生延以时文鸣，从游极盛，多掇科第去，而先生屡踬乡闱。盖自作则矜持过甚，不谐时眼也。乾隆庚子科浙题“乡人饮酒”一节，与先生同号舍者争以文就正，代为涂抹，改作六篇，清奇浓淡，篇各不同。最后自为已第七艺，无可别翻花样，乃以散体行之，遂获隽，而彼六人皆入彀，榜首即在其中，一时传为佳话。

檀吉甫曰：康熙戊午江南试题“抑为之不厌　三句”，是科中式者，前半总要点清“抑”字，故有谓宋衡卷讲下“吾于此抑亦有可自信者”，遂以此定元。不知宋之得元实不系此，徐健庵评云：“先辈论冯开之先生墨，闲闲徐徐，如不欲战，闱中极为叹赏。此文所以得元，应取其安闲是也。”按：是科题“抑为之不厌　三句”“诚者非自成己　二句”“民之为道也　二句”，主考者熊一潇、李回。

张铮《墨卷赏心集》云：康熙壬午江南乡试，第六名王式丹出张鉴兹先生房，先生是科分校南闱，于三千卷中最后乃得此卷，阅之即欣然荐元，谓此必名宿老手，且告主司曰：“我朝从无三元，今此卷得元，当必联捷会、状，三元开自此矣。”主司亦极首肯，谓此卷抡元无愧。乃考官有许君者，与主司陈公有旧，必欲元出自己，主司不得已，谓先生曰：“张年翁如让一元，房中多中官卷。”两名先生应曰：“即多中官卷，终不如得三元。”主司终徇许君意，位置此卷第六，榜发，果金陵名士。其后联捷会、状，主司见鉴兹常有愧色，此足见文章之有定价也。按：康熙江南壬午科题为“见贤思齐焉　一节”“诚者非自成己　一节”“劳之来之至如此”，主试者徐秉义、徐元梦。次年癸未科会试，王式丹为会、状，题为“大学之道　一节”“禹吾无间　一句”“原泉混混　一节”，主试者熊赐履、陈廷敬、吴涵、许汝霖。

林樾亭曰：康熙辛卯江南题“能行五者于天下为仁矣”，刘捷元墨云：“盖理未有不含于虚者也，然太虚之中，亦复何所不实，终日求理，见之事而纷然不合，是离理与事而二之，即离理与心而二之也，仁者以五者之事属吾心，即以行五者之心察吾理，但使吾心之理，合之天下之心之理，无或不然焉，则必非强吾心以邀天下，实因天下以证吾心矣。心未有不本于静者也，然静极而生，必有时而能动，终日求心，历之事而茫无所据，是事之不能快然于心，实心之不能充然于理也，仁者以五者之理实于事，而即以行五者之理密吾心，但使天下之事之理，返之吾心之事之理，无或不然焉，则可以质天下之事而无所乘，即可以完吾心之德而无所憾矣。”原评谓：“于‘心存理得’四字，原原本本，八面俱透，真从理窟中掉臂游行者。”按：是科主考为左必蕃、赵晋，即所传“左丘明两眼无珠，赵子龙浑身是胆”者。以此文弁冕多士，赵昼山眼力固不差也。闻是科通榜俱以贿鬻，得银数十万，以其半分总督噶礼。先期搜罗名下士十人，置之十魁前，欲以压服舆论，十名以外则皆巨族富商也。揭晓之夜，物议先已沸腾。开榜者从后至前，观榜者看至榜首仅剩十余名，遂一哄扯破，而不知前列之十人即在场扯榜者，乃悔之已无及矣。案既定，昼山伏诛，而左必蕃以目疾未阅文得免，盖一切关节皆昼山所为也。又闻昼山在狱中以术遁，正典刑者乃其替身。后十余年，吾乡里中有遇之者，须发皓然而神气如故，一瞬遂失所在，未知信有其事否也。

谢甸男曰：康熙庚子科吾闽乡试，余族祖谢古梅阁学道承卷已为房考斥落。至八月三十日，主考蔺顾斋先生惟谦搜遗卷得之，大加惊异，姑秘之不宣。首题“论笃是与　节”，先生将拟取之九卷杂以阁学卷，重录首艺各一篇作为十分，遍示各同考，令私加圈识，以凭定元。阁学文得三圈者八房，其斥落之本房亦在内，且最赏异其后二比，以为不知何房所荐如此好卷也。先生始以原卷视之，合座翕然称服，遂定元。兹录其后幅云：“浮夸者之不可许，无论也。正惟此质有其文之说，而侃侃者其不阿耶，恂恂者其唯谨耶，此中之厚貌深情，亦姑悬其品，以俟他日之论定已耳。所以文章不皆有德之士，名山岂尽可信之书。巧令之不可知，易见也。正惟此华实并美之内，语不泛而不浮也，气愈深而愈慎也，此日之聆音鉴貌，亦姑采其言，以为立论之不磨已耳。所以坐论非即起行之人，静言每多庸违之患。是知两存之见，不足以定人；而一日之间，何足以相士？君子者乎，色庄者乎，亦安得而知之哉！”主考原评云：“此题神味全在两‘者’字，含畜吞吐，有悠然不尽之味。场中多用大奸大佞、假忠假孝，无限粗浮血性语，不知买椟者已还其珠也。八月三十日，始于落卷败簏中搜得此卷，即喜其向两‘者乎’刻意取神，天然大雅，无丝毫陈熟之气，以此弁冕瓯越，庶风气借之一振也。”按：阁学字又绍，一字古梅，孝友、文章均是吾乡第一流人物，即以书法论，亦是八闽第一手。时与林佶人先生齐名，而精厚尚在佶人之右。尝官国子祭酒，擢内阁学士，国学生赴阙吁留，得旨兼管国子监课士之任，旋乞养归。著有《小兰陔集》，天爵、人爵可谓兼之矣。

《茶余客话》云：溧阳任香谷尚书典试江西时，题为“仕而优”二句。将写草榜，尚书曰：“诸卷文固佳，但皆仕学套语，西江大省，讵无遗派乎？”众谢以力搜无有。一房官进曰：“敝房一卷，几不可句读，却无仕学套语。”亟取阅之，即拍案击赏，定为榜首，曰：“此真西江派。”揭晓则周力堂学健也。先是，王检讨畴五视学江西，置力堂下等，士论哗然。至是乃大惭悔，揣摩其卷至再，迨回京分会试房得一卷，曰：“此亦西江派。”亟荐之，果力堂也，时论嘉王之能补过云。按：《熙朝新语》云：雍正癸卯江西乡试题为“仕而优则学　一节”，有周学健者，名士也，文思幽奥，房考张不能句读，怒而批抹之。归寝忽呓语，自批其颊曰：“如此佳文而汝不知，尚靦然作房考乎？”家人以为中风，急呼各房考视之，见所抹卷曰：“试荐之何如？”时正主考任宗伯兰枝阅之，惊曰：“此奇文通场所无，可以冠多士也。”副主考德公方假寐几上，伺其醒，告之。德问何字号，曰：“男字第三号。”德曰：“不必阅文，竟定压卷可也。”任问故，曰：“我寝方酣，忽见神贺我，汝第三儿子中解元矣。今果男三号，岂非验乎？”榜定后，众问张房考呓语故，茫然不知，若或使之也。此与《茶余客话》所载大同小异，而可互相补。惟周力堂闱墨则赏识者甚稀，其通篇用总发处，文心变幻，不可端倪，诚有非时眼所能骤解者。今节录之，以与深于斯道者共领之。文云：“盖事莫患乎浅而尝之也，仕学之理甚深，必吾力与之相等而后可以及之。夫理之递推而俟我也久矣，得其肤末而遽曰仕学，其可乎？我自顾吾力甚可与为始终，而无端断其后以图之，则力既缩而仕学之数复加舒，以缩较舒万无称也，而何由副焉？又莫患乎其分而给之也，仕学之理甚全，必吾量与之相周而后有以充之。夫理之遍设以畀我也久矣，举其一二而遂曰仕学，其有合乎？我自足吾量正堪与为弥纶，而忽然析其半以间之，则量少减而仕学之势复加多，以少予多百相遁也，而何能全焉？故仕与学其优甚难也，急在仕而即以缓其学者深仕力，先其学而即以后其仕者全学量，如是而两尽其分者在此矣，即所为交致于一者亦在此矣。何者？两尽其分而仕学可余以相及也，交致于一而仕学可益以相足也。夫向者百求其余而犹皇皇焉，觉仕愈困学愈急，而未之或慊，亦几愧矣，已而进焉，而微念此中甘苦，其偿我于寂者，固默喻而未敢举似，而乃有此一日也，夫乃可用吾仕学之余矣；向也日求所资而犹循循然，若仕未可知学未有定，而奚敢他及，亦良歉耳，既而足焉，而内顾此身志行，其益我于偏者，固对举而得其大全，而庶不虚此一日也，夫乃可足吾仕学之缺矣。故天下有以仕学者，然等学也而仕变焉，爱仕者因告以无宁弗学也，而已不爱仕也矣；天下亦有以仕学者，然均仕也而学异焉，厌学者因语以往从而政也，而愈不厌学也矣。何者？为其优，则后起者可连及也，而外益者亦宜急致也。”按：此文前半尚有蹊径可寻，入后则愈转愈深，几于解人难索。此时文家所不可不开之境，而元墨至此，亦真空前绝后矣。又按：是科次题为“夫孝者善继人之志　二节”，三题为“求则得之　全章”，主试者何世璂、任兰枝。

《四勿斋随笔》云：论禹、皋陶者，惟前明张太岳之言最好，其略云：“陆象山言，唐虞时道在皋陶，今观虞廷之陈谟献说，惟皋陶之言至为精粹。知人、安民二语，乃万世治天下之准则，以九德甄别人才，以率作考成，保泰守业，无一语不关治要。当时禹经理九州，十余年在外，宅揆之任必属之皋陶，故舜与之论道论治，其言独多，禹以迈种德相推，亦必有以服其心者。但皋陶赞襄左右，默运机衡，功在不显。而禹平成之绩，昭塞宇宙，故舜因天下之心以命之耳。”以此作禹、皋陶见知注脚，甚确。雍正癸卯会试，杨郢川炳《若禹皋陶　二句》题元墨云：“莫难于溯敬德之渊微，而在廷能隐衷之默喻；莫难于窥执中之纯懿，而同朝有一德之赞襄。”又云：“是以掌火教稼，盈庭各有专官，而断不敢以阐幽抉微者，借助于协恭之诸臣，则禹、皋之责自无可旁贷。源远流长，帝德决不终晦，而并不敢以绍往开来者，坐听乎后人之继起，则见知之统实自此而开。”似与张太岳之意遥遥相证。闻此卷进呈时，独奉御批云：“卓识名言，不独优于诸卷，即近科亦不见。”亦可谓极文字之荣矣。

朱兰坡曰：乾隆初，乡、会墨多冗长，惟丙辰科吾泾赵星阁先生青藜《君子笃于亲 节》会试元墨，独以短篇见矜贵。起讲首句云“今夫伦类悉太和所鼓也”，结句云“斯太和之盛也”，似非收场语。时同应试者里中叶君沃若读其文，戏曰：“星阁奈何不完篇？”及榜发，乃得元。讲下浑提二比云：“盖君子绥猷建极，不徒任之以事，而缠绵之至性，常流行于宫府一体之余；饬纪敦伦，并不敢委之以情，而宽大之常经，又必众著其休戚相关之故。”王巳山评云：“意到故神全，辞简故力厚，以此作元，而贪常嗜琐之徒犹有沾沾。然鼓其喙者，倘亦柳子厚所云劳甚者乎？”按：今墨卷选本，于结句后尚有数语，乃坊刻所添，非原本也。

乾隆丙辰乡试，吾闽蔡云从元墨最有名，题系“子贡问为仁章”，讲下二比云：“夫子贡在当时结驷连骑，与斯世士大夫交，固非独居而无徒者，其问为仁，岂复有孤陋寡闻之患哉？虽然，犹有虑挟质以游于世，耳目太宽，则聪明眩其性术。故不独所见少也，正恐所阅过多，而身心之受治者不洽，斯名存实失之几也。循望以采于人，延揽太广，则交游荡其性情。故不独所取狭也，正恐所予过赊，而隐微之借镜者不属，此损多益少之势也。”王巳山评云：“子贡不患无事友，所患非仁贤，此二比正取题之最切处。不必矜奇，自然出色，名元也。”

吾乡朱梅崖先生以古文名家，其应举制义，亦纯以古文之法行之，不肯稍降其格。乾隆甲子乡试，首场卷已为同考官所抹，以句读不清批黜。主考高邮夏芙裳太史之蓉校阅详慎，每遇同考以句读被斥者，必加意审视，读至次艺《保佑命之　二句》文，大加击节，遂定为元。讲末数语云："彼盖参诸五福之备，上下宪度之著明；而以求诸穆清不言，绵绵绳绳之垂眷，而道扬于勿替也。"此即同考所批为句读不清处。中后云："今夫常人之爱一人也，犹且愿其康宁，朝夕祝其寿考。而虑其行之差忒，牖之于前，助之于后，而致其有加无已之意，示亲厚也，况天之命君子而讵不然。是故跻堂称觥，民人之思，保君子也，天因以保之焉，尔游尔休，纯嘏是介，其保也命之所以巩也；献箴执艺，民人之思，佑君子也，天因以佑之焉，重光奠丽，迓衡四方，其佑也命之所以凝也。且夫渥诸前，倦诸后，是弃其勤也，其何以奏成功？基命者有绸缪之思，锡命者无敦复之祐，是不相称也，其何以劝修德？天于是又申之矣。盖皇天无亲，有时丁宁委至，若致其亲之之笃者，非天之有亲，而其人之自不可疏也，道隆则福祚亦从而隆，彼苍几不能以自主；抑上天无私，有时专挚邃一，若邻于私之之为者，非天之自私，正以行福善之公也，气盛则运会亦从而盛，人道遂于斯为有权。"原评云："郁然而深，旷然而明，忽整忽散，若断若续，纯以古气纬络其间，西汉遗风于斯未坠。"按：此等文字，若杂之前明元灯之列，虽明眼人几无以辨，而近时之盲试官不能识，固其宜也。

陈莲史继昌曰：杨清悫公抚粤西，时秀峰书院中得人最盛，所最赏识者，一为武缘刘灵溪定逌，一为全州蒋螺川良骐，以为二士必元。二人亦相交甚笃，相知甚深。乾隆甲子乡试，五月，刘以家事旋里，谓蒋曰："吾道远，必不及来应试矣。"蒋曰："若然，则受子之赐矣。"七月，刘忽至，蒋曰："子来幸甚，解元尚在此也。虽然，吾终不能为第。"二人遂挈书囊去。榜发，刘果元。按：是科首题为"行不由径，非公事未尝至于偃之室也”，元墨讲下云：“窃尝得自耳闻，征诸目见，识其梗概焉。”中段云：“行不由径，盖武城之父老子弟日与灭明居，日见其行，相与传之，而藉藉者遂入于偃之耳也。”末段云：“非公不至，此偃于每得见灭明之时，心识灭明行事，历历堪想者也，盖自是益信其为行不由径、人矣去路云。若夫乐私便之途，而但存急功近名之念、踵奔竞之习，而不惜伛偻磬折之劳，偃室中有此人，偃意中几曾有此人哉？”遥情胜致，全于数处出落见之，闱中抡元以此。其实全从方望溪先生成文出来，须知名手法程，其沾溉后人者不少也。方文见前卷。

蒋时庵元益自订年谱云：乙丑，三十八岁，是年始定三月会试，四月榜发，举会试第一。余素晓星平，自推禄命，利在东南禄马之乡，是岁为丙运乙年，庶几有合。而江右日者万长春以星盘限度俱佳，必当抡元。其人名重一时，必将有验。遂极意揣摩，场前所作浓郁入时，冀博一当。质诸胡太虚，曰：“文固佳，第闱中作此文者不少，似难与争锋，不若守其故我，清矫拔俗，或亦制胜之道。”余韪其言。初六，入内城，与陶叔载同小寓。维时承甲子之后，搜检极严。中翰入场，具公服，至是衣履与众同，而搜检亦如之。初九日，题纸下，题极闲冷，浓则不称，清乃肖题。既忆太虚之言，且体中受寒不适，遂率意一挥，日未下舂，三艺已就。随即录真经文，亦不假构思，信笔即书，凌晨而出，心窃自喜。四月十一日榜发，裒然为举首，座主为史文靖公、阿文端公、大司马茶陵彭公、少司寇嘉善太傅钱文端公也。房师仁和钱公呈荐，即取中，主司俱欣赏，少司寇尤称不去口，以为飘飘有仙气，列进呈第七卷。盖两钱师会试皆第七，仿古人传衣钵故事也。御览十卷毕，以第一卷文太缛，不如第七卷清真，御笔亲改第一。闱墨极为桐城张文和公、任宗伯师所许可，谓足息浮靡，而一时名流亦佥谓有瞿、邓宗风也。按：是科题为

“孰为夫子　三句”“人皆曰予知　四句”“于季桓子　三段”，蒋之房师为仁和钱屿沙琦。

孟瓶庵师曰：乾隆乙丑会元蒋时庵元益《孰为夫子　三句》文最著于时。王巳山评云：“摹神写景，闲闲徐徐，仿佛隆庆间田、邓诸公意度，亦道得著。”余最爱讲中二句云：“彼已若无余于情，此常若有余于意。”又夹缝二比云：“其在丈人或亦有所托之故，劳形以没世，辨种以终身，即此际之不辍耰锄，未可律以千里逢迎必当倾盖；而在子路则别有所见之深，面目非不情，语言弥可味，即此际之旁皇道左，宁敢以一时邂逅薄待同群。”此与题中一简一恭，相与于无相与处，摹绘尽神。座师钱香树先生所以赏为飘飘有仙气也。

《茶余客话》云：戊辰会试，鄂虚亭司马容安阅江南卷，已中定三十卷，又选其次者十卷暗藏枕下，以防意外更换。及进呈，前十卷内江南一卷，后场犯讳撤去，急命小胥取床头十卷来。十卷固亦自别高下，而小胥抱卷急趋，逾限而仆，仓皇甚，信手拾取以进。鄂公即取最上一卷置十名中进呈，钦定第一，即今仪部郎中郑前村忬也。按：是科题为“好人之所恶　一节”“子曰呜呼　二句”“鲁君之宋　二句”，主试者陈大受、鄂容安、蒋溥、沈德潜。

李雨村曰：乾隆癸未会试，正总裁为大司寇秦味经先生蕙田，副总裁为德定圃宗伯保、王白斋司马际华。初，宗伯阅余卷，即定为元。大司寇曰：“此卷大起大落，才气纵横，魁才非元才也，应置第二。吾江南人，例应取浙江卷充之。”宗伯力争，而大司寇坚执不回。至将揭榜前，同堂尚不知元卷为谁也。填榜日，大司寇突于靴里摸一卷曰：“此卷如题两扇，真会元格也。”遂以余置第二，而以孙效曾为第一人，时称“靴里会元”云。按：是科首题为“宁武子邦有道则知　二句”。

石琢堂曰：余姚邵二云晋涵中乾隆辛卯科会元，是科首题为“若臧武仲之知　四句”，是日忽文思涩滞，至夜半而首艺尚未成，心甚恍惚，忆前己丑科落卷内有“子在陈曰至狂简”后二比，似可移置，不暇修改而竟直抄之，聊以塞责完篇，并不妄思捷获。而主试者阅至此二比，遂句句叹赏，以为空中议论，通场所无，竟置榜首。先生学问素充，经经纬史，下笔千言，何至有枯索之时，而为帖括题所束缚耶？即或文思偶滞，亦何至抄录绝不相关之文字耶？乃竟以此得元，亦奇矣哉！

乾隆癸卯浙江乡试，解元陈锦《逸民伯夷叔齐　节》元墨后二比云：“大抵由皇而帝，帝而王，王而霸，五德本代兴。而民之名与天地无终极，则知为此称者，独与以默持世教之大权，惟七人乃有以尽之。而蚩蚩之氓何论焉。当日者，或贵胄而逃于民。或卑官而伍于民，或志乎耕，希乎圣，化行乎海，而皆等于民。推其隐，若不必为君、为相、为师、为友，而只宜为民也，则民之而已矣。太上立德，次立功，次立言，三者俱不朽。而逸之实虽父兄不及知，则知成此诣者，各自有万不得已之苦心，惟七人乃足以当之，而冥冥之踪不与焉。当日者，或仁让以全乎逸，或穷厄以安乎逸，或取其义，存其名，传其轶事，而偕归于逸。推其意，并不知有经、有权、有常、有变，而自成为逸也，则逸之而已矣。”按：此作渐近自然，有得心应手之乐，近科元墨似无能出其右者，然尚不及吴香亭先生拟程之高古也。

朱兰坡曰：近科元墨，以乾隆甲辰侯健融《知止而后有定全节》文为最正派。闱中原评谓：“后比内皇极、太极的是至善注脚。此由贯串诸书，故运古如自己出，非浅学所能强为也。”

乾隆癸丑会试“古者民有三疾　二句”题，桐城吴君贻咏于场后将首艺草稿起股自加密圈，旁批“二比可元”，藏之枕函中。时其子春麓侍御赓枚亦与试，窃视之，乃颇传于外。榜发，果第一。按：起股云：“太和者，天地之保合也，膺诞畀而不免气数之偏，则患中于身心，而刚柔胥可以召盭；理义者，圣贤之药石也，守中正而或有阴阳之毗，则道畸于喜怒，而情伪遂积以成私。”此二比固属元气浑然，而通体春容大雅，实有涵盖一切之概。评者谓可与陶、邓辈争烈，不虚也。

余甲寅同年杨蓉峰太守惠元尝往来一狐友，喜谈艺，于甲寅八月初语蓉峰曰：“入闱在即，君于五经题解可能记忆否？架上有《易经》拟题一本，曾肄业及之否？”蓉峰素重其言，因专取此本浏览一过，两日而毕。适书中夹有前人所作《九河故道考》一纸，因检置案头，反覆阅之，几能背诵。迨入场，第三题即“禹疏九河”也，遂不烦思索而就。榜后谒程兰翘师，语之曰：“子首艺盛有元度，次艺稍松，而三艺原原本本，足征学识，讲下补出逆河一层尤好，抡元实以此也。”

嘉庆辛酉福建乡试，首题“曾子曰夫子之道忠恕而已矣”。是秋发解者，浦城张陟庵翘也。先是，建郡科考曾试是题，郡中有老宿刘某夙负理学，以此题拔茅，张君则名列三等。迨乡试时，二人仍录前作以进，刘某不售，而张文冠多士。其中二比云：“人第见夫子因时而措，而惊其道之甚神，而不知夫子只全其心之所固然，还其心之所同然，即以贯乎类聚群分，而不过其则焉；人第见夫子顺物而施，而疑其道之曲当，而不知夫子即此中心而于己无所亏，如心而于物无弗慊，于以贯乎千汇万状，而不疑所行焉。”闱中取其字字精实，称为名元。信乎知遇之难，而文章之有定价也。按：陟庵未发解前一年，尝与邻邑王姓争山地，其祖母遗骸为王所掘毁，讼经两载，建宁太守左袒王，陟庵与其弟暖云大遭刑辱，合邑为之不平。乡试期近，陟庵犹拘囹圄，请出就试，太守不可，有为代请者，乃怒谓陟庵曰：“且看汝作今科解元去。”闻闱卷已遭房官涂抹，因主考寝中闻堂上有叹息声，披衣起，令各房搜遗卷以进，最后得陟庵卷，因定元。太守时为内监试，填榜之日大为气沮。后暖云于丁卯中式，陟庵之子廷书又于己卯中式，邑中遂传为佳话云。

钮松泉曰：道光庚子会元为浙人吴敬羲，相传其应本省乙酉乡试，首题“知者不惑”三句，拈“理”字作通篇之骨。甫出头场，以首艺呈其师，大遭疵诟，遂不终场，而闱中已拟作元，以不得二三场卷而止。批云：“雅健雄深，以二三场未到，不能录取，惜哉！”闻其师亦浙中名宿，可见巨眼决利钝，亦不必尽然也。按：此文墨选中评云：“理胜者运笔不灵，笔胜者入理不深，文独雅健雄深，兼有其胜。”可谓欣赏之至矣。然细按之实不见佳，其不惬于其师，未为过也。否则，不又可与钱湘舲、陈莲史鼎峙乎哉？

制义丛话卷之十三

《元史·选举志》载考试程式：蒙古、色目人，第一场经问五条，《大学》《论语》《孟子》《中庸》内设问，用朱子《章句》《集注》；汉人、南人，第一场明经、经疑二问，《大学》《论语》《孟子》《中庸》内出题，并用朱子《章句》《集注》，复以己意结之。按：此即顾亭林《日知录》所云四书疑与制义之体稍异，而后此制义专用朱子《章句》《集注》实始于此。今功令文字与朱背者即为不合式。然制义代圣贤立言，通儒之心思日出其有，实可与朱注相辅而行，而复于古有据者，固亦功令所不禁也。兹略就所见闻次第列之，其有墨守宋儒而滞及好为新说而支者，亦附辨焉。

周星颉曰：元崔君举为王夫与作《尚书纂传》序有云：场屋之士，决得失于一夫，承讹习舛而无所忌。然如舜、禹授受十六字，得徐景说演明之；立政任准、牧三事，因陈行之而正释者之误。长老皆言，渡江建学百年间，陈、徐二上舍始发先儒之不及，可见昔人场屋文字，未尝不以通经学古为高。今制义肇自前明王、唐、归、胡、金、陈、章、罗，以及本朝熊、刘诸大家，几于无奇不搜，无美不备。然文章体格有尽，而义理日出不穷，是以李厚庵、韩慕庐、方百川、望溪诸先生专于义理求胜，复能各开生面，卓然成家，而识力透到，往往补传注所不及。如韩慕庐《寒碧斋集》中《子闻之谓门弟子》文，见得圣贤实为下学正告，视大注“谦”字之义为深广矣。方百川《自知集》中《子路宿于石门》文，见得晨门是圣人第一知己，视大注“讥”字之义为高远矣。至李安溪《榕村藏稿》、方望溪《抗希堂稿》，此例尤多。程、朱可作，亦必急许其深于经法，而舍己以从之也。夫说经之家广为训诂，即有卓越之见，世恒束阁不观，莫若就人人共业之文，发挥搜剔，使圣贤未泯之蕴、儒先未启之局，如岭云山月，探之不穷，岂不于经传为有功，世道人心为有益，而制义将自兹不废哉？

孟瓶庵师曰：近日之雄于时文者，群推曹寅谷之升，而究其所以擅长之故，则惟是多读书而已。寅谷作“瞻彼淇澳　二句”题，自记云：“周世从《大学遵古编》，李日华序其咏《淇澳》诗，知文武心法乃在武公，及定为子思居卫之作，皆凿凿有据。”此通篇用意之所本也。又邵二云评此文云：“淇澳作二水名，菉竹作二草名，亦天然对仗。”按：《后汉书·郡国志》注引《博物记》云：“有澳水流入淇水。”《水经注》云：“肥水谓之澳。”《诗正义》引陆玑说云：“淇澳，二水名。”则与朱注“淇，水名；澳，隈也”之训两歧。《尔雅》：“菉，王刍。”注：“菉，蓐也。”疏引“菉竹猗猗”。《诗传》：“菉，王刍也。”正义引“终朝采菉”。《本草》云：“菉，一名盭草。”《尔雅》：“竹，萹蓄。”孙炎注亦引“菉竹猗猗”。《释文》引《韩诗》作“萹薄”。则与朱注“菉，《诗》作绿”之语相证。寅谷此文上下句皆作二物平叙，其点题两小比云：“淇或在沬东，或在泉右，余亦有时为驾言之游，而澳入于淇，即所为肥水者是，说者但谓崖内为澳，二而一之，非也；菉或为盭草，或名王刍，余亦有时为终朝之采，而薄别于绿，即所谓萹筑者是，说者但谓淇上多竹，异而同之，亦非也。”采用各书，铢两恰称，洵有是题不可无是作矣。

《楚书》曰：“惟善以为宝。”郑注《礼记》指观射父昭奚恤，孔疏兼引楚王孙圉事、《新序》昭奚恤事以并证之，朱注未有断语。曹寅谷《惟善以为宝》题文云：“君子观王孙圉‘惟善以为宝’之言，而知楚未可争也。顾或者谓此昭奚恤对秦使语，则不然。夷考当楚宣王时。其所列叶公子高、令尹子西则昭王时人。若司马子反则共王时人。至太宗子敖其人略无可考，且昭氏出于昭王，今乃与昭王之祖共王之臣比肩同列，不其谬欤？或又曰秦欲谋楚，王孙圉设坛西门，陈列名臣，秦使为之愯然罢兵，则却秦又王孙圉之事也。”自记云：“《新序》《说苑》皆出刘向手，然最讹缪。如谓晋文公与栾武子同时，晋平公与舅犯同时，晋灵公与荀息同时，楚屈建与石乞同时，而乐王鲋亦与叶公同时，其误不可胜诘。即如昭奚恤此条，按：在《新序·杂事》篇。明是蹈袭王孙圉之事稍改面目，而不自知其舛错四出也。”先辈作《楚书曰　一句》题文，仍兼注疏旧说，窃所未安，故附辨之。

何义门曰：王式穀《舅犯曰》题文，有“君母犹在”句，或疑其无据，不知惠公之入秦，穆姬属贾君焉。杜注以贾君为次妃，《正义》云：“言娶于贾则是正妃，杜言次妃，盖别有所见也。”则先儒已疑不能明，即谓献公夫人犹在，亦无害也。

石琢堂曰：帝廷五臣，惟庭坚不祀，若禹、若契、若稷，其后皆相继代兴，则益之子孙亦应有受命之理，百世可知，圣人以《秦誓》附《周书》之末，固知继周而王者必秦也。惟是益以烈山泽佐舜有功，其道用猛，故世世皆以猛济。读《诗》至《驷铁》《小戎》，而知秦之所以兴，则其主固不以戢干戈、櫜弓矢为贤也。先辈谓圣人录《秦誓》为嘉其能悔过，愚以为不然，因拈“《秦誓》曰”题成一艺以正之，云：“誓师于既败之余，识者知秦之将兴也。夫殽之师既败矣，而何誓之有？师败而誓之，殆有善持其后者乎？此秦之所以兴乎？尝闻《书》有十体，誓居其一，如《甘誓》《汤誓》《泰誓》《牧誓》《费誓》诸篇，大都布昭大国之声灵，申明元戎之节制，所以励士气而振军威。初未闻有三军败绩，将帅被擒，及其归而后誓之者，有之自《秦誓》始。且《秦誓》何为而作也？昔者穆公用杞子之谋将袭郑，郑人有备，遂灭滑而还。晋人要之，覆其师于二陵之间，只轮无反也。三帅俘囚，请而后免。及其归也，穆公于是作《秦誓》。君子曰：'此秦伯悔过之几也。'而吾谓不然。夫秦，将以力征经营天下者也，奚其悔是役也？秦晋败盟矣，然祸不自晋始也。潜师而袭郑，是为贪兵，贪兵不义；郑不可袭而移师于滑，是为愤兵，愤兵不仁。秦自出无名之师，而予晋以可借之口，意者秦其无人矣乎？虽然，莫谓秦无人也，当其秦师之出也，百里奚谏之，蹇叔又谏之，秦岂无人哉？知其不可而不能谏，则诸大夫之辱也；谏而不听，则君之过也。兵不可黩，敌不可召，怨不可构，衅不可开，谁为秦谋国者，乃致此丧师辱国之事哉？然则穆公宜悔者也。然吾谓穆公未尝悔者何也？穆公而果悔也，兵必自此戢矣，怨必自此释矣，胡为乎殽陵不捷，报以彭衙，彭衙不捷，报以王官，王官不捷，报以茅津。十年之间，兵连祸结，其端皆自秦发之，故曰穆公未尝悔也。其誓也，将以力征经营夫天下也。然则孔子删《书》而有取乎《秦誓》者何也？盖其事则非也，其言则是也。从来好胜之主，败则归过于用命之臣，曰此偾事者也；多忌之君，败则迁怒于始谋之士，曰此乐祸者也。况乎三帅受命袭郑而移于滑，有专命之愆；知晋之御师必于殽而不能备，有失律之罪，归而就戮，谁曰不宜？乃穆公矢言引慝，哀痛誓师，追思蹇叔之良谋，以明夫子之无罪。君子读《书》至此，未尝不叹穆公之贤而秦国之必大也。是故《车邻》仅录于风，而《秦誓》实登于史。圣人读其词，盖已卜其长有子孙相继为王矣。”王惕甫评曰：“此琢堂自著一论，乃曲与《书》旨相会，墨守讲章者亦办得此否耶?”

养亲同于犬马，圣言不当如是失伦，昔人辨之详矣。然非逐字还他着落，何以伸其所见乎？管韫山作“今之孝者”全节文云：“夫孝安得有今古之殊哉？乃吾观于人之相谓以孝者，而不能无慨于今矣。今之孝者，处贱则牵车艺黍，凡可代勤劬之事，虽憔悴而不言其伤；处贵则侍杖掖襦，凡可贻毳氅之安，虽侈费而不生其吝。呜呼！是为能养而已矣。夫言孝而惟取其能养，则岂特氓隶之愚夫、膏粱之庸胄，皆可以勉而能之，下而至于豨猃之从禽、骐骝之服驾，识指示发踪之意，尽交衢水曲之长，未尝不足以怡悦心神，畅舒肢体，即谓之皆能有养也可。而人之情，得百良犬马常不如得一贤子孙者何也？犬马事人以力，子孙事亲以心者也。夫以力者养也，以心者敬也，然则敬与养之分，辨之可不早乎？古孝子之敬其亲也，一息无不相通，意未起而先迎焉，有不待形声之著者矣，犬马即善知人意，苟非嗾之于前，策之于后，难遽收卢令、驷铁之功，而未可深求者，谓其气类之殊于我也，乃属毛离里，而亦比于非族之未可深求，亲心不已伤乎？古孝子之敬其亲也，百计无能满愿，豫已底而犹歉焉，有不解终身之慕者矣，犬马即深恋主恩，亦只乞怜摇尾，矜宠骄嘶，尚不及鹦语、猩言之巧，而得是已足者，谓其能事之止于此也，乃陟岵循陔，而仅安于蠢兹之得是已足，子心尚可问乎？故夫敬者所以别乎养也，如其不敬，则未知其为子之养亲乎，犬马之养人乎，而何以别乎?”自来不用《集注》作此题文者多矣，未有能如此之旁皇周浃者，所谓以时文为义疏也。

或谓“孔子曰子奚不为政”章，《集注》谓：“孔子之不仕，有难以语或人者，故托此以告之。”自来作文者皆未有的解，惟赵鹿泉先生一篇，考核严明，持议正大，遂为此章定案。其词云："昔者定公初年，孔子不仕，解之者曰昭无正终，定无正始也。又曰鲁大夫僭离于正道也，皆非也。夫父母之邦不可轻去，而迂阔之见，非以行道所贵乎？道之行，将使不正者反诸正，而徒执区区之义，托空文以自隐，其谓之何？盖孔子之不为政，非不欲为，不得为也。政者鲁之政，当是时为政者季孙意如，而孔子在下位，得为则为变也，不得为则不为常也，用之行，舍之藏，如是而已矣。或人乃曰子奚不为政？一若为不为子得自操之者。夫国有贤而不知，知矣而不用，君相之过也。往者管子有鲍叔之荐，是以能为齐；子产有子皮之委，是以能为郑。然则售待价，归待媒，先容者易合，暗投者终弃，其道固然。当公子宋立于季氏，既不获行一意、命一官，季亦未有悔祸心，不知求大贤以辅新政，孔子虽皇皇如，义无可诡遇，岂不家食而能吉乎？然而此意不可以明言也，言则彰君相之过，而乖居邦之义，不得已托之于《书》。托之于《书》之云孝，夫孝弟为生人之本，古君子成教于国，只自笃其天彝，有父母而拜跪之，有兄弟而后先之，乐有甚于趋朝在官者矣。成周极立政之隆，方冲人策遣重臣犹深原其门内。君陈惟得政，而成东郊之治；子惟不得政，而安素位之行，理固可以参观互见矣。家政、国政二之一之，岂虚论哉？独计吾孔子之刑于有家，非自今日始矣。又况五父抱终天之戚，孟皮有早逝之嗟，以云孝而非逮养，不过墟垄之依而已，以云友而非既具既翕，不过宗族乡党之周旋而已。又孰愈于出而图君，推吾孝以为一国之孝，推吾友以为一国之友，使鲁昌而王化洽也。乌有地非异国，人非高隐，征书之贲在庐，前席之咨方亟，而犹沾沾然曰是亦为政，奚其为为政之理者哉？是故孔子之不为政，不得为也，其责在鲁不在己，不可以明言而托之者也。夷考子之为司寇摄相事在定公十年，君之不正始犹是，季氏之强僭犹是，可以为于后，奚独不可为于前？后之为桓子召之，定公用之，是以沟昭公之墓，堕三家之都，后之不终，为桓子弃之，是以不税冕而行。观于此，而初年不仕之故益明矣。”

“天将以夫子为木铎”，《集注》谓：“天必将使夫子得位设教，不久失位。”管韫山曰：“‘木铎’二字是封人特笔，正为万世之圣人写照。若如常解，则门人记《论语》时言已不验，又何所取而著之于篇乎?”韫山作此题文，中二比云：“天殆默观乎今日之天下不可以常理与也，必待得斧柯而从事，其有补于滔滔者仅矣，惟一无凭借而空文垂世，已如揭日月而行，得天子荐举而措之矣，即世莫予宗，而所谓由则治，不由则乱者，无日不憬然于薄海之人心也，此亦穷变通久以来，特以创生民之未有者耳；天更深忧乎今日之天下不可以近功治也，就使及予世而东周，其收效于栖栖者晚矣，惟相与修明而素位匡时，不啻等百王而上，有圣人兴则而象之矣，纵时乎有待，而所谓天不变，道亦不变者，无在不赫然于终古之观听也，此又升降污隆之外，可以俟百世而无惑者矣。”评者谓：“言似深奇，理极平正，此以孟、韩注孔，非以帖括说经。”岂过誉哉?

石琢堂曰：圣人撙节爱养之意，非如佛氏慈悲。窃怪昔人作《子钓而不网》题文，必痛言网之不可为，然则羲后之为网罟，将谓孽自作俑乎?间拈一艺，以矫从来之误。其后四比云：“鱼之死于钓与死于网，等死耳，然网之获常丰，而钓之获常啬，子以为吾宁受其啬焉，为造物留有余之地；人之取以钓与取以网，等取耳，然网之得甚易，而钓之得甚难，子以为吾宁从其难焉，为生人节无厌之求。网罟之利创自庖牺，其事与耒耨同尊，盖杀物以为养，而圣人不以为暴，至于钓则事之变焉者也，我夫子岂必效后人之钓而欲废先世之网，惟自居于钓而听举世以网，以养其爱育之心而已矣；舟鲛之职列诸天府，其政又泽梁无禁，盖资物以为利，而圣人不以为贪，至于钓则又事之便焉者也，我夫子既不欲竭物之生而即不必专民之利，故自行其钓而在学者以为不网，以见其隐微之地而已矣。”

时文家于“齐一变　节”，多侧重变鲁说，然易似下二句题，与上二句殊难融洽。熟审题中两“鲁”字递接之意，似侧重变齐立论，不但壁垒一新，且为题绪结不解之缘也。乾隆丁酉彭文勤公主浙江乡试，首艺即“齐一变　节”，所录议论，笔力驰骤，魁伟之作不一而足。惟陆鼎金作侧重变齐，根据《左传》阐发其义，转似天造地设。文云：“圣人急于变齐之心，进鲁以激齐也。盖齐变犹未至道，则其当变愈急矣。子以至鲁愧之，而复以鲁至道诱之，进鲁乎乃以激齐也。今夫穷则变，变则通，谋国者类然。而强者每有所恃而不为动，夫自恃其强，几谓茶然，积弱者每变愈下矣。而一触夫崇王黜霸之素心，偏欲退强者而侪于弱，由是进弱者以底于纯，则矫俗之权即观时之识也，知此者始可论齐之变。夫元勋开国莫大于齐，懿戚建藩莫长于齐，学则武王之师，尊则邑姜之父，虽宗国如鲁，且不敢与齐等。齐先公简礼从俗，五日报政，周公叹曰：‘鲁后世，其北面事齐矣。’鲁地最近齐，鲁先君多娶于齐，自齐霸术兴，始败我于乾时，疆场之役至于今未已，鲁之弱齐为之也。观于康乐之来，而知鲁变则齐忌；观于汶田之复，而知齐变则鲁安，故变鲁不如先变齐。虽然，以变论二国，则齐自变齐、鲁自变鲁可也，变齐而止为昔日之齐、变鲁而且为昔日之鲁可也，而乃谓齐之变，必且取径于鲁而后归宿于道者何哉？人情于素所狎侮者，谓莫予敢竞也，一旦谓彼之所处我必变而得参位置焉，虽以平日骄矜之气，亦恧然而生惭；人情于素所欣艳者，谓远不能致也，一旦谓彼之所进我亦至而不过稍从容焉，虽以一时沮丧之怀，且毅然而思奋。夫鲁，齐之所素轻者也；而道，又齐之所阳慕者也。论齐而曰一变仅至于鲁，所以愧齐而激之使变也；论鲁而曰一变遂至于道，所以诱齐而激之使不一变也。夫齐可变矣，何以必至鲁也？不以富强自喜，斯朝有戒慎之心，不以机智相高，斯野有驯良之俗，舍其旧乃可图其新，此一变至鲁之说也。夫既至鲁矣，何以变即至道也？朝有戒慎之心，则九经可以具举，野有驯良之俗，则六行可以渐兴，思其艰即可图其易，此一变至道之说也。盖进我儇子臧之民而与入辟雍，不能也，不如示以从公之旃马也；驱俟着履发之众而与登明堂，不可也，不如训以君子之谷贻也。折齿之主知问名哀六年，而后父子之伦可正；舍库之贼知馈马哀十四年、昭十九年，而后君臣之义犹存。故道者齐之归，而鲁者齐之径也。齐犹能变，矧鲁之易易乎？然则进鲁所以激齐，而激齐正所以进鲁耳，吾安得谬为此说谀鲁、尝鲁而且误鲁也。”原评云：“考《春秋传》，自乾时之役以至清之战，鲁受侮于齐者不一而足。篇中齐变则鲁安、变鲁不如先变齐二语，奇情实为至理。论锋所值，一纵一横，快辟似玉局翁，奥峭似漆园叟。”

“加我数年，五十以学《易》”，注云“加”作“假”，“五十”作“卒”，此系刘安世语而闻自刘勉之者，《史记》中实未有“卒以学《易》”之语也。“卒以学《易》”四字本不辞，故邢疏仍以“五十”解之。郑苏年师以此命题课文，雅不欲人以“卒”字易“五十”字。余于讲下入题处云：“吾何以深加年之思哉？夫亦谓读书数十年，不能实收一书之益，则愧滋深也；治心数十年，不能粗求一心之安，则咎滋甚也。知非不敢信而随时，窃愿以自循；天命未易知而功修，必求其可据。我幸天假之年，其亦五十以学《易》而已。”吾师甚喜之，批云：“好在隐靠定五十说，而语气浑然，又不明背朱注也。”

“泰伯　章”让商、让周本无定解，即注中不从翦商数语，亦是后人悬断之词。仁山金氏尝言：“此章书朱子依古注修入，未及改正。”理或然也。惟金正希一篇，翻尽旧案，独标新义，可谓前无古人。其词云："至德之让，有不可得而称者也。夫伯之三以天下让，固千古不可解之事，圣人知其所以而曰至德也，人孰得而称之哉？今夫事固有出圣人之独见，而未一一明言者，千载后诚不必臆为说，而反以舛，如夫子之称泰伯是已。夫子于泰伯，不但称其德，且称其至，何以为至德，则不过曰三以天下让也。呜呼！以天下让遂云至德，则巢、由当与尧、舜并垂矣。盖让之不可及者，远之则有天下万世之心，故唐虞之禅可得而称；近之则全君臣父子之义，故服事之节、西山之操可得而称。若伯也者何以让哉？且让何以天下也，让天下何以三也？让则必有受之者，让以三必有相与辞而终乃不获免者也。商、周之际，万无相授之理，伯行而有国者季耳，衡以世及之典则伯也长，何可让；伯而能使圣人称至德，则固有余于治国，益何必让。为国祚计绵洪，更先卜其后人，则太王迁岐九十年而文王始生，季当是时固未始有神圣之嗣也。承父志于几先，不惮飘然长往，则季之贤既无以加于伯，而传幼全属私爱，古公肇基王迹，必不怀此败法乱纪之心也。夫子知其微，而却侯封乃曰天下，句吴一往乃曰三让，在圣人必有以称之，而吾与今之人皆民也，当时既不知，夫子复不言，又安得以庸人之腹度圣人，以千百载下横臆千百载前，哓哓然为之称哉？又况称其子而冤其父，漫为太王翦商之说哉？"按："三以天下让"五字确有不可解者，从来文字有强作解事者，真足喷饭矣。

《师挚之始，〈关雎〉之乱》文，王惕甫有两篇。首篇以《集注》训"始"字为在官之始，初无确据。夫子卒于哀十六年夏四月己丑，周四月，今之二月，以是论之，师挚适齐之事极迟，亦不过十五年夏秋之事。以哀十二、十三年为在官之始，则挚之在官首尾不及三年，古之乐官皆宿其业，恐无此事也。其文入手云："昔夫子之正乐也，相传问诸太史氏云，太史者挚也，盖删《诗》即此时矣。”讲下云：“曩读柱下书残缺失次，且不知《诗》之安始，遑问乐之何终，有司失其传久矣。时时从伶人瞽史者游，上下其议论，久之吾之《诗》定而乐亦定，盖会于艾陵之岁也。时鲁有挚者，方职太师，名能其官，则遂与肄焉，盖挚之习正乐始此。且合乐必先升诏厥属，如《仪礼》所云，又乐所资始也，谓之师挚之始可也。”结尾云：“夫子方有盈耳之叹，而挚乃竟去适齐，意者泱泱大风，有动其心者乎？厥后卒亦无所见，故夫子但念其在官之始欤?”此又一说也。次篇破、承题云：“圣人举乐于殷、周，皆其正者也。夫师挚之始，殷之正乐也；《关雎》之乱，周之正乐也，夫子殆从其朔而举之云。”自跋云：“十年前作此题，以《集注》师挚在官之始为未安，终未敢以师挚为非周人也。”按：马史《十二诸侯年表》太史公曰：“乌乎，师挚见之矣。”以挚与箕子同属纣时。班书《礼乐志》：“纣弃先祖作淫声，以悦妇人，乐官师瞽抱器而奔散，或适诸侯，或入河海。”又以挚入《古今人物表》。师古注引《论语》挚、干、缭、缺一章以诀人，皆属殷遗，而齐、楚、蔡、秦为周之记者，追系其地，且以《论语》注家属挚、干、缭、缺诸人于鲁哀公时为未允，足为典要矣。况鲁《论》挚、干、缭、缺章，第居《微子》篇中，与殷、周逸民类次，则可断为殷人，非周人也。若挚、干、缭、缺、方叔、武、阳、襄八人者，果与夫子同时，宁当不见他书？而今阙有间，则马、班之说，其理甚长矣。

周永年曰：太宰，注谓或吴或宋未可知也。故邓汝勤文亦兼用之，谓宋备其官，吴僭其号。又曰：“今日博稽两国之书，向带以后仅传，国父、泽父之暂所由歌也。而伯嚭为人又骄且吝，岂复有识越恒流、材媲元圣，深有当于圣人而为吾党所采录者？则志其官而隐其名，亦略之已耳。”按：阎百诗谓：“《檀弓》吴夫差侵陈，陈太宰嚭使于师。孔疏此陈太宰嚭与吴太宰嚭，名号同而人异。孔子先后两居陈，识防风氏之骨，辨肃慎氏之弩，与测桓僖之庙灾，当日所谓多闻而震惊之者，皆在陈时事。故陈太宰以为问，属吴尤不若属陈。"作此题者，自可以备一解焉。

《书香堂笔记》云：山左修符赴乾隆庚寅乡试，途次遇夫妇二人携幼子，哭甚哀，诘之。则贷富室金，将鬻子以偿者，修乃计其所需，倾囊与之。及入闱，题为"孔子于乡党"句，属思未就，梦老人告曰："此题若作两乡党必元。"惊觉，即以宋、鲁分股。出闱后，见一人泥首于地，视之，即鬻子人也，坚请过其家。甫入门，见壁悬绘像与梦中叟宛然无二，询之，为乃父遗像。后榜发，果首选。按：张惕庵先生曰：乡党自是昌平阙里，然《儒行》篇云"某少居鲁，衣逢掖之衣，长居宋，冠章甫之冠"，此即可为宋、鲁并称乡党之证。《曲礼》云："去国三世，爵禄有列于朝，出入有诏于国。若兄弟宗族犹存，冠、娶妻必反告于宗后。"孔子远祖弗父何，以有宋让厉公，孔父死于殇公之后，贵戚之卿，忠贞之后，其有列于朝可知。则谓孔子在宋即以宋为乡党，非无据也。

江慎修《趋进》题文起讲云："日者君有召命，以摈事重委吾子。若曰门外传辞，子承摈也，则循序以立；庙中相礼，子上摈也，则当事以趋。"按：夫子位大夫，应为承摈。讲家谓承摈方有左右手，若上摈右便是君，安得更揖右人。故多主承摈之说，即方朴山、王巳山、任钓台诸先生作皆然。然夫子实摄上摈见贾公彦《仪礼》疏，故此作两圆其说。后曹寅谷全章文亦本此意，起讲云："将币以前，全乎承摈；入庙以后，全乎上摈。"皆本慎修先生之说，与俗解不同。按：姚姬传鼐曰："江慎修先生以诸生说《论语·乡党》篇，尤多于古制不明，乃作《乡党图考》，又录前人《乡党》题文，颇辨论其是非。其有题而文无足录者，乃自撰之，合三百余篇。《乡党图考》昔已梓行。乾隆五十一年，朱石君侍郎典试江南，以‘过位　章’命题，士有达于江氏说者，乃裒录焉。独其《乡党》文存于里中，郁而未发。今其里吴君石湖乃雕板以传，用科举之体，达经学之原，士必有因是而兴者，余窃乐而望焉。”江慎修曰：““趋进，翼如也”，注疏皆不言在何时，以《仪礼》考之，庙中相礼时也。庙中相礼，上摈之事卿为之，夫子大夫也，而相礼摄相也。夹谷之会，孔子摄相，此亦重其知礼而使摄，故特记君召使摈。此趋进及宾退复命曰宾不顾，皆上摈相礼之事，一记其容，一记其辞也。凡发足向前为进，俗解不知趋进之义，谓入门时摈者趋入有事。君迎宾入门，与宾雁行，摈、介皆随后雁行，及庙上相先入，此时安得有趋？趋则在君前矣。且经传未有以入门为进门者，故必详言之以正其谬。”按：王巳山全章文云：“主拜辱延宾进，介者、摈者皆以相进，夫子亦进，弁行剡剡如鸟斯翼。”方朴山全章文云：“亡何，摈入，告纳宾，宾入门，左介皆左。当是时，夫子进，所与者亦进，夫子趋，所与者亦趋。”任钓台全章文云：“主导宾入，子于是乎趋。何趋尔？君行一，臣行二，从君敢不趋乎？”皆沿俗解。任作又云：“升堂，宾授玉，上摈进，夫子负塾立，无事焉。”不知《仪礼》“摈者进”三字，正是此章趋进之进，不言趋者，省文耳。既知引此礼文，而反以为夫子无事。王作又云：“及庙惟上相进，凡诸三揖至阶，三让升堂，主宾受币、享玉具有常仪，惜不获观吾子诏侑于其间也。”夫及庙正趋进时礼，而以为不得观夫子诏侑其间，皆缘误夫子为承摈故耳。

又曰：学必穷经为根柢，如朝聘礼仪，原有三《礼》甚详。时文家稍涉猎皮毛，犹不免疏谬，况未经寓目者乎？陈人文《宾退　一节》题文，原本云“尔时宾主相接，堂下让登，堂上让坐，道殷勤，抒款曲，君亦酬酢之不遑”云云，村俗可哂。行聘时，岂有坐堂饮酒谈心之事？亦惟私觌之前有主君醴宾之事，而无酬酢。后又有云：“宾在庙而君享之，则有命。”不知行礼日节文甚多，质明行事，日几旰而后礼成，非强有力者不能行，享食燕三礼皆别日行之，弗酌则以币致之，安得聘日有享宾之事？误亦不始此文，明文已先之矣，皆坐不肯观书故也。又云“君送宾于庙门之外”，不知宾若是君则送之大门外，宾若是臣则送之大门内，若庙门去大门尚远，非送宾之地也。又云：“再拜而别，主顾宾，宾亦顾主。”不知《聘礼》分明言宾不顾，注谓礼有终是也，安得有宾顾主之礼？且“顾”字之义，《说文》云：“还视也。”若主视宾在目前，非还视，且不得言顾。又云“君不遽进”，不知进者移步向前之谓，若入门只谓之入，经传未有以入门为进门者。以入为进，乃俗讲章解“趋进”之误耳。又此经言“必复命”者，其先原有君命上摈送宾出门也，《聘礼》郑注甚明。若君未有命，则“复命”二字无根，此亦从来讲章、时文所未知者。又此经趋进、复命皆上摈之事，夫子以下大夫摄上摈，《聘礼》注疏甚明，讲章、时文家皆不考。此文原本云：“其时周旋而左右者，非独夫子也，有上摈焉，不复命，有绍摈焉，不复命，而夫子必复命。”不知庙中相礼只有一摈，并无纷杂往来之事，若夫子非摄上摈，安得而搀越复命？按：此文今入《乡党文选》，已经慎修先生删改大半矣。又按：方朴山、王巳山全章题文，亦俱不知庙中相礼只一摈也。

阎百诗曰：汪武曹《入公门　全章》文，讲首节云：“尝考鲁有三门，曰路门，曰雉门，而其最外者曰库门，其制拟于天子之皋门者是也。凡库门与雉门、路门皆可曰公门，而此志夫子入朝之始，则所谓入公门者盖库门也。夫此门也，不惟远于治朝之堂，抑且未及外朝之位。”讲三节、四节云：“曰此公之外朝也云云，过此则为雉门，略而不书，何也？与入库门同也。入乎雉门，而君治朝之堂在焉。盖鲁有三门，亦有三朝，外朝在库门之内，治朝在雉门之内，燕朝在路门之内，而治朝者乃日所常朝之地也。其堂之高凡七尺，故其阶为七等。诸有位于朝者，其位列于中庭之左右，而有北面、东面、西面之别焉。夏官司士所为，正其位者也。夫子于此，两手抠衣历阶以升，密迩至尊在斯时也。彼其视过位之时，其森严固已有间，而况较之入门之始乎？"讲五节既毕，总收云："至若所谓燕朝者，盖君退自治朝则听政于斯，而群臣不能入焉；其在公族则常朝于斯，而异姓者不与焉，故其事不复书也。盖兹之所书者，人臣常朝之仪，故于治朝之事书之独详，而必先之以过位，又先之以入门，以其为常朝所必历之地，而连类以及之，所以见其处之各有其节而不敢苟也。"其自记云：古者天子、诸侯皆有三朝，以鲁制言之，库门之内为外朝，雉门之内为治朝，路门之内为燕朝。治朝与燕朝皆可谓之内朝，《文王世子》"公族朝于内朝"，谓燕朝也；《玉藻》"朝服以日视朝于内朝"，谓治朝也。然以治朝对燕朝言之则亦曰外朝，《文王世子》篇"外朝以官"是也。库门内之外朝，载于《周礼》，三公、孤卿以下设位于庭中，所谓"面三槐而左右九棘"者也。然非君所常御之朝，故曰君之虚位。惟国有非常之事，然后御于此，致万民而询谋之焉。而所谓燕朝者，《玉藻》则云"君日视朝退，适路寝听政，使人视大夫，大夫退，然后适小寝"，路寝即燕朝也，以此见群臣不从君入也。《周礼》："王视燕朝，则太仆正位，掌摈相。"注云："王图宗人之嘉事则燕朝。"疏云："君燕群臣则在寝。燕亦有朝，但因燕而朝，燕礼已有成文，故郑必以王图宗人嘉事为燕朝，以此合之公族朝于内朝之文。"益信异姓之臣不得常在燕朝也。盖群臣日所常朝之地，乃在治朝。此章记夫子在朝之容，则所谓"摄齐升堂"者，当必在此。《存疑》误以过位为治朝，而以升堂为路寝之内朝。《集注》："位，君之虚位。"若以此为治朝，则群臣方日朝于此，何缘人君乃在虚位，何缘不行朝礼而反过之。况《朱子语类》引《周礼》所谓外朝，不引《文王世子》所谓外朝，且言三公九卿以下有三槐九棘云云。此非最外之外朝而何？既知此为最外之外朝，庭有三槐九棘者，则过此所升之堂，虽先儒无明文，可以知为治朝无疑也。《存疑》惟误以《文王世子》所谓外朝即《周礼》外朝，而以治朝当之，故遂以堂为路寝之内朝，而不知其非耳。余按：成六年，韩献子将新中军，且为仆大夫，公揖而入，献子从公立于寝庭。此足见韩厥卿也，得从景公入至燕朝，以兼太仆故。按：侯康曰：武曹此文最舛谬，不知阎氏何故采之。《存疑》之以过位为治朝，以升堂为路寝之内朝，本自不误。君视毕退，适路寝听政，故位虚。治朝与外朝皆平地为庭，无堂阶，惟燕朝有堂阶，异姓之臣入燕朝，如《仪礼·士相见礼》"君在堂，升见无方阶"；《燕礼》"公升即席"，《檀弓》"杜蒉入寝，历阶而升"，皆可证。韩献子得入寝庭，不必因兼太仆如阎氏所云也。武曹泥"公族朝于内朝"之句，不得不移堂阶于治朝，移过位于外朝，遂致通篇皆误。慎修先生驳正语载《乡党文补编》，文繁不录，撮其大要如此。周永年《四书类编》中，此章题文所选凡三艺，一为蒋拭之全章，一为郑大进《过位　二节》，一为任启运《立不中门　三句》，皆沿汪氏之误。殆慎修先生所谓"此文出，此说行，举世靡然从之，鲜不纰缪者"欤？

朱文正师主江南丙午乡试，首艺"过位　二节"题，阮芸台师从江氏新说，中第八名。文正师有题解云：包注以过位为君之空位。按：天子、诸侯皆三朝，王之外朝在皋门之内、库门之外，朝士掌之，询众庶之朝也；王之治朝在路门之外，司士掌之，日视朝之位也；王之燕朝在路门之内，太仆掌之。诸侯三朝，外朝在雉门之外，江永以为亦在库门外，治朝在路门之外，燕朝在路门之内、路门以外皆廷而无堂，皆立而不坐。《曲礼》孔疏："天子外屏在路门之外，而近应门。"江永以为在应门外。孔疏："诸侯内屏在路门之内。"江据邢疏云在雉门内、路门外，伫位在其间，近路门而远屏。总之，人君伫立之位，不逾内屏、外屏，皆在路门外。《乡党》过位在此，君日视朝退，适路寝而虚其位也。《玉藻》天子皮弁以日视朝，诸侯朝服以日视朝于内朝，注："此内朝，路寝门外之朝也。"朝辨色始入，注："入应门也。"按：鲁谓之雉门。又曰君日出而视之，退适路寝听政，惟路寝有堂，《诗·桧风》"狐裘在堂"，疏谓正寝之堂，人君日出视朝，乃退适路寝，以听大夫所治之政。《檀弓》"朝不坐，燕不与"，注："朝燕于寝，大夫坐于上，士立于下。"疏："朝之与燕皆在于寝，若路门外之朝，则大夫以下皆立，若其燕朝在于路寝，如孔子摄齐升堂是也。"君在堂上当南面，或君有命，升西阶而造君前。《士相见礼》云"凡燕见于君，必辨君之南面，若不得，则正方，不疑君"，疏谓："君图事，并与宾友见之，燕义也。《论语·乡党》云孔子与君图事于廷，图事于堂。"《礼》又云"君在堂，升见无方阶，辨君所在"，注："谓君近东则升东阶，君近西则升西阶也。"朱子曰："路寝廷在路门之里，议政事则在此朝。"按：路寝有廷，《左传》献子从公立于寝廷是也；有堂，《桧风》所云在、《檀弓》所云坐、《乡党》所云升者者是也。如孔子对问政、对大昏礼、对儒行，悉数之，乃留更仆者在此堂矣。《儒行》注曰："仆，太仆也。君燕朝则正位，掌摈相。"又哀公命席，注曰："为孔子布席于堂与之坐也。"今解以位为外朝之虚位，以治朝廷立之处为有堂，误也。然习说相沿，不能虚拘一律，通场万卷，合此解者不啻百分之一，就其他文相称者甄录过半，于此见大江南北究心读书之士不乏也。

曩闻江南道光甲午乡试，首题“执圭鞠躬如也　一节”，有一卷荟萃众说，生面独开。闱中以与朱注不合，又不知其所据何书，将摈落之，后以次三艺璀璨陆离，知为积学之士，遂以散榜中式。久欲觅其文读之而不可得，近因寄居邗上，纂辑《文话》，适有与逢儿同登春榜之年家子陈句溪立来谒，并呈乡、会试朱卷，则是题闱墨适在其中，因狂喜而亟登之，以为汲古者劝。其文云：“尝思诸侯之邦，交久无事则聘焉。其时君图事，进使者，臣传命，达邻邦则有圭。君命迎宾于馆，宾袭奉圭于庙，则有执圭；入庙门行曲揖，及中庭行三揖，则有上而揖之节；君让升乃致命，君拜辞乃奠圭，则有趋而授之节。其大纲著于《聘礼》，其末节详于《鲁论》。说者谓吾夫子仕鲁，由中都宰为小司寇，其间绝无小聘往来之事，记者假圣人执圭揖授之度，以著人臣岁问殷聘之仪。然孔氏尝有聘辞矣，既有聘辞，安见无聘事乎？《春秋》于小聘例不书，何得以此而谓孔子无执圭之事也。圭者何？瑑圭也。其曰鞠躬如，如不胜者，盖在入门时，礼所谓入门鞠躬焉，如恐失之是也。古未有以鞠躬为曲躬者，鞠躬一曰鞠䠻，敬谨之意也。且如之云者，皆有所比象之辞。若躬既曲矣，则直谓之鞠躬可也，安得谓之如鞠躬乎？鞠躬如者，犹言踧踖如尔。若夫入庙之后，曲揖以进，及阶之始揖让而升接，立西塾而受圭于上介，升自西楹而授玉于邻君，其揖授之节，著于《礼经》者綦详，《鲁论》岂不一志之？然则上如揖者，上而揖，非子之上其手也；下如授者，趋而授，非子之下其手也。下读为趋，如读为而，古训固如是尔。不然，执国君之器则平衡，乌有所谓上下者？且揖之与授，显判低昂，乌有如揖如授而犹得曰平衡者？顾或疑上堂之后，更无揖让执玉之礼，又曰不趋，不知所谓上者谓由门而升阶，非谓升堂也，亦犹出降一等谓由堂而降庭，非谓出门也。执玉不敢疾趋而徐趋则有之，礼所谓将授志趋是也，又何疑于上揖趋授之节也哉？曷言乎趋有疾徐也？疾趋则欲发而手足毋移，徐趋则圈豚行不举足。授玉之法，宜用徐趋。夫子之趋而授也，其色则勃如战色，其足则蹜蹜如有循，如有循者，即圈豚之谓，圈之为言转也，豚之言若有所循也。顾《聘礼》一篇，言鞠躬，言揖授，而不言授玉时之色与足者何欤？礼曰及门正焉，则未及门时色必有异可知；又曰下阶再三举足，则未下阶时行不举足可知，特文不备尔，故《乡党》备书之以补《礼经》之缺云。"

江慎修曰：《足蹜蹜如有循　一句》题文，昔传为钱鹤滩作，工写生，精排场，无一不中程度，而其疏虞处，人则未之知也。夫执圭在庙，而文云"入公门"，岂未读《聘礼》耶？蹜蹜如车轮曳踵，是极徐之步，与执圭时同，比接武犹缓，接武半步得三尺，而此但踵趾相继，更不得三尺。文云酌疾徐之间为蹜蹜之步，则更有何时徐于此者耶？升阶之法，惟有急事，当栗阶、历阶不聚足，其余皆当拾级聚足连步以上，不止执圭时。而文以上阶分疏蹜蹜，考之亦不详矣。又《礼》所谓连步以上者，举足为步，左足、右足上一步，然后再上第二步，即聚足之义也。而文次比用连步以升，暗顶不徐一边，似谓左足上一级，右足又上一层，如此正是栗阶、历阶，并连步之义亦失之矣。至堂上授玉，当徐趋三退，负序时更却步，此二义不能补也固宜。只入手"入公门"三字，已知其未细读《仪礼》矣。文又有云："使疾以颠仆焉，吾何伤也，国之圭不可伤也。"属词亦太拙矣。

管韫山应乡试，曾五中副车，至乾隆甲午，主司以搜遗卷而得之。题为"享礼有容色"，韫山以享与礼对举，为本房某君所抑，因拨归他房，究因疏"礼"字与旧解稍别，不得以第一人位置。按：《仪礼》经文"宾裼，奉束帛加璧享"，"及享，发气焉盈容”，皆未尝加“礼”字。而享之后，私觌之前，尚有礼宾一节仪，视享、觌加详。经文“若君不见，使大夫授”，不礼不拜，至“礼”字，皆专指礼宾而言。至“小聘曰问，不享；主人不几筵，不礼”，则直以两事对举。以《论语》之享礼分属二节，正合经义，故韫山破题即云：“兼享与礼宾，以观圣人之色。”讲下提笔云：“自是宾致君之献于主人，则有享焉；主人既受宾之享，则有礼宾焉。”是科座主为富阳董文恭公、长沙刘文恪公。揭晓后，时论翕然，难为不读《仪礼》者道矣。

制义丛话卷之十四

江慎修《缁衣羔裘 三句》文后有自记云："三裘三衣，时文家既不明裼袭之制，又不详考所用之事，且忘裼衣外有朝祭上服。此上服又有天子诸侯之差及君臣同异之辨，辄向颜色黑白上穿凿解义，臆说流传，未有能辨正者，经义于是荒矣。素衣之兼视朔、聘享也，黄衣之为腊而非蜡也，近人亦有能据邢疏订前人之漏误者，而羔裘之兼朝、祭未知也。有知之者，亦不言上服是何服也。古者在朝，君臣同服，取义于臣从君，惟大带与韠制有异。前人谓缁衣象臣北面，然君南面亦缁衣，又何说乎？诸侯视朔皮弁服，是用天子日视朝之眼，聘享亦用皮弁服，是从冕服降一等，从朝服升一等，侯国待聘使相尊敬之道，而云取其白贲昭忠信，则天子以皮弁服视朝，诸侯以皮弁服视朔，何尝从白上起义乎？蜡祭取物老送终，用皮弁素服，息民取草木黄落，而云报土功，岂未见《郊特牲》郑注乎？又有作骑墙之说者，曰羔裘之在朝祭，吾不敢知，下二裘亦然。不知今日作文，原是代记者口气，当时记者亲见夫子行事，岂亦如今人之无定见，而曰我不敢知乎？愿与好古者商之。"按：慎修先生题文，中三段云："诸侯以天子之冠弁服视朝，其衣类玄端，其色缁则其裘以羔，而臣亦视之，所谓羔羊退食者也。大夫又服朝服以祭，夫子以当临祭也，则亦羔。夫朝宜裼也，祭宜袭也，皆必有衣也，虽羔裘而饰豹褎，其色同者犹裼缁，既犹是羔也，则缁衣以裼之。诸侯以天子之皮弁服视朔，其衣如素积，其色素则其裘以麑，而臣亦如之，所谓麑裘而韠者也。诸侯又以皮弁服受聘享，夫子如当出聘也，则亦麑。夫视朔宜裼也，执圭宜袭也，皆必有衣。惟麛裘而青豻，其色杂者宜裼绞，若犹是麑也，则素衣以裼之。若夫狐裘，有白、有青、有黄，衣狐白而裼锦衣者，诸侯也，夫子不敢也；衣狐青而裼元绡衣者，冕服裘也，夫子不必备也。惟若狐裘黄黄者，用之腊先祖五祀，以其上服用黄衣、黄冠故也。如其与蜡宾乎皮弁素服以祭，犹是素衣麑裘，若既蜡而息，岂可违乎黄冠草服之义，而别有他色以裼狐黄哉?”似此考据详晰，方于各经语皆通。何义门谓邢疏分属朝、聘、蜡，盖从其大言之，于礼皆有据，然究有疏漏。韩慕庐先生作最脍炙人口，其起讲云：“盖朝于君必裼也，而执玉则有藉，藉则必裼蜡索飨也。顺成之方，宜充其服则亦裼。”后三比云：“缁取象北，人臣之义也，谨北面之仪者先之；白以受采，忠信之质也，结两主之欢者尚之。黄者中也，元吉之义也，告万物之成者象之。”亦皆沿旧说，不可从。此与任钓台《黄衣狐裘》文谓“息，民如是，燕居之服亦如是”，不知燕居之狐裘但服深衣，不以黄衣为裼，慎修先生已辨之。名文之不讲考据类如是，不必徒震其名也。

林樾亭曰：余掌教汀州时，适文宗按临汀郡，以“素衣麑裘”命题，诸生多泥定聘服说。其实《集注》并无此说，即《礼经》亦无明文。惟《聘礼》行聘时，宾及主君皆皮弁，郑注皮弁，时或素衣其裘，同引此及《玉藻》为证，而其注《论语》，则以为视朔之服，盖视朔亦皮弁服也。又《聘礼》君使卿皮弁还玉于馆，则就聘言，亦兼有己国还玉之事，不专指出使为宾。至其裼衣之与《玉藻》不合，据郑注云或素衣，或者不定之词，是素与绞可并用，盖麑之色非正白，绞之苍黄亦近乎白。皇侃谓素为正，记礼者乱言绞，执《论语》以攻《礼记》，固未可信。而熊安生则谓君用素，臣用绞，则夫子何以僭君之服乎？因偶书所见，以广疏义。其文云："昔吾夫子相鲁，衮衣致诵于舆人，而其先以麛裘获谤。夫大夫无赐衮，衮衣固假借之词，而麛以为裘，则上下均之，《礼》之所谓皮弁服者也。然裘之质上下不嫌从同，而衣之色表里尤期如一，圣人因心作则，岂第羔裘之裼必缁衣已哉？今夫缁衣羔裘，君与卿大夫士视朝之服，而亦百尔君子祭于公者之所曳娄也。若君听朔于太庙，臣既从君，而或以君命故为宾，而致聘以睦邻，为主而还圭于宾馆，则其所为章身者，一皆以皮弁服从事。皮弁也者，鹿之皮而白之色也，自要以下，素积素韠，屦以魁柎，无非取其与首服相称焉，宁上体之衣而独可不衷乎哉？则衣之必与弁同色固也。然戒寒而御功，裘亦宜与弁同物，胡为乎以麑特闻？尝考《尔雅》，鹿之为类，牡麚牝麀绝有力，麛麑则其子，犹夫麋之有麇、麕之有麞也。夫呦呦、伎伎，本有取其善群，则其子尤能若乎天性，故裘资于此，此一说也。然鹿裘衡长袪裼之者，凶服既练则然也，施之于吉，岂遂无别？则舍鹿用麑，以吉别凶，亦贵羔贱羊意耳。独是裘之上有裼衣，裼之上有正服，裘与服既皆从弁，则裼亦宜莫不然，无足异者。其异之则以《礼》之《玉藻》有曰"麛裘青豻褎，绞衣以裼之"，绞者，色之间乎苍黄者也，而吾子乃特用素。遂有疑其为创者，谓视朔也，以著其洁齐相见之心，交聘也，以表其精朴相觌之义，象占白贲，借用白茅，胥此意也。审若是，则临朝奚贵乎幽阴，而乃咏缁衣之宜而且好乎？盖裘视乎弁者也，衣准乎裘者也，夫不见君之衣白裘也，亦用素锦以为裼乎？非诸侯虽不得用锦，而物之异者色何必殊，殊其色是自贰也，故其以十五升之布，与缁衣同，而縹缴直谢乎染人，淳渍无资于钟氏，皜皜乎与裘相表里，且与弁相辉映也。于以著其仪之一，而心之结，即为之诵白圭、振鹭可也。虽然，素之与绞所异者，亦浅深之间已耳。夫朝衣以七入之缁，而责于首者冠弁之色仅为六入，故玄衣、玄端统称朝服，以见其大同。则素固衣乎麑，而绞之介于苍黄之间者，当必与麑相近，非绝远乎素，故曰裼衣象裘色也，特礼俗可以从宜，吾子必纯素耳。或者不察，乃谓素为正、绞为非，而曲为之词者，又谓君用素、臣用绞，岂通论哉？

管韫山论《必有寝衣　一节》，谓错简之说为非，亦不必就谨齐说。“有半”之“有”如三分天下有其二之“有”，不必训，又犹今人之有短袄也。其文曰：“君子之必有寝衣也，欲其不见体也，是即袗絺绤表而出之之意也；其长一身有半也，欲其便于寝也，是即亵裘长短右袂之意也。”夫以是类记之也，语最简尽，意在尊经，不妨与注义别出。

何义门曰：汪钝翁有《不得其酱》文，起讲云：“尝读《周礼》，若浆人、醢人、醯人之属，莫不具列，而于酱独无专司。”后比云：“若以宴飨言，有淆烝则有形盐以为荐，而酱不预焉。意以此为调和之末节，故不获与形盐者同列折俎也乎？若以祭祀言有齐菹，则有醯物以为供，而酱又不与焉。意以此为烹剂之微需，故不获与醯物者同跻苾芬也乎？”按：《周礼》膳夫酱用百有二十瓮，郑云：“酱谓醯醢也，王举则醢人共醢六十瓮，醯人共齐菹醯物六十瓮。”醯人、醢人酱之专司，安得称其官而昧其所掌乎？古之所谓酱，祭于豆笾者也，凡山珍海错亦皆是，非即今人日用之食酱乎？作者自喜以盐与醯作衬为巧，而竟忘醯物之亦为酱乎？至云酱不预宴飨。按：《公食大夫礼》鼎俎既入，宰夫自东房授醯酱，公设之，为正馔之首，宾三饭以湆酱为正食，何所据而以为不同列折俎乎？又云不预祭祀，按醢人掌四豆之实，朝事之豆，其实韭菹、醯醢、昌本、麋臡、菁菹、鹿臡、茆菹、麇臡。郑氏谓菹醢皆以气味相成，亦犹燕食之鱼脍、芥酱之属，两两相配也。《少牢馈食礼》又有葵菹、蠃醢，虽不敢用亵味，如《公食大夫礼》之复以醯和酱，然凡酱皆在，则贵多品也，何所据而以为不同跻苾芬乎？

余与郭韶溪同在林畅园师馆中，会课日以“侍食于君，君祭先饭”命题，韶溪谓此题沿旧说，颇有未安，约余同作翻案文字，余心韪之而力不逮。韶溪竟奋笔为之，畅园师大加赏异，以为不可少此一篇，惜不与江慎修先生见之也。其词曰：“昔先王思以饮食道血气之和，于是乎食用六谷，膳用六牲，有人君燕食之礼焉，时则膳夫授祭，辨尝食于君前，礼也，而侍食者异是；昔先王思以醉饱接臣下之欢，于是乎左拥簠粱，右执湇饮，有公食大夫之礼焉，时则辨祭豆间，复修三饭于君侧，礼也，而侍食者又异是。盖燕食惟君有食，侍食者微臣亦肆其筵食，礼惟宾得祭，侍食者吾君俨为之主。然则侍食者将遂不祭乎？曰非也。君祭也，其继而命臣祭乎不可知也，继而不命臣祭乎不可知也。而当是时，俨若待臣以客若降等之例，而有举必先。然则君祭矣，亦有膳夫为之尝食乎？曰无之。臣先饭也，其待君之食然后食者犹然也，君未覆手不敢飱者犹然也。而当其时，俨若托其事于奉膳赞祭之为，而请为尝试。考之《士相见礼》，曰若君赐之食，则君祭先饭，古礼也，惟子之侍食于君亦然。”后比云：“则有谓侍食而君不之客者，非也。读《伐木》则君以朋友视其臣矣，读《鹿鸣》则君以嘉宾待其臣矣，兹之侍食，犹然朋友嘉宾也，安得以君之先祭遽疑其开脱略之端？则有谓先饭为子之加礼者，亦非也。观赐果于君前则怀其核矣，观赐桃于君前则雪以黍矣，兹之先饭，犹然怀之与雪也，安得以为君饭遂谓其有出于尽礼之外？若夫《玉藻》言君客之者，君祭之文不具也，侍食则君未有不先祭者，其言若有尝羞者，则俟君之食然后食，若有云者识其异也，侍食而不有尝羞者常也，然则吾子亦犹行古之道也。”以经证经，故不嫌其背注。

《乡党》中“子入太庙每事问”一节，已见前《八佾》篇，故《集注》以为重出，而皇疏云前是孔子对或人之问，此是录生平常行之事，故两出。江慎修谓此七字在《论语》为重出，在《乡党》为特记，不可无文，盖即据皇疏。惟江文更从“便便言”得间而入，尤征文心之巧。破、承题云：“记入太庙于《乡党》，即其在庙而便便者也。盖在庙便便，非多言也，每事问也，或讥不知礼者，即此入太庙时耳。”起讲云：“吾党记夫子言貌，首及乡党与庙、朝，乡党之恂恂即饮酒可见，朝廷之便便即侃侃、訚訚可知。独其在庙而便便，或者疑之，庙中奏格无言之地，何所容其言？子尝观禘而叹不欲观矣，使自以当默而语者，厕其间又岂可观者耶？非也，盖子入太庙而每事问也。”结尾云：“吾党谨识之以实，在庙之便便，若或者刺讥之文，置之可也。”按：自有此文，而此节之非重出可以定案。结处补笔，亦以见此节之止此七字也。

石琢堂曰：熊钟陵《先进于礼乐　一节》文，多就风俗变礼乐立论，鄙意窃以为不然。周德虽衰，玉步未改，为臣民者安得有变礼乐之事？所谓野人、君子，不过在仪度声容之末，题中两“于”字自有着落，不得错看也。因紧靠注中“先辈、后辈”四字，成一艺以正之，曰：“且夫先进、后进，非古与今之谓也，今人不及见古人，古人不及见今人，借曰世殊事异，孰从而观之，又孰从而辨论之？所云先进、后进者，大率相去在数十年之间，若子弟之于父兄、后生之于先进云尔。人生壮岁登朝，往往矜服采之荣、侈声容之盛，迨其后位与望重，爵与名尊，转觉纷华之可厌而朴遬之可嘉，此先进者戒华崇实之心，而后进者不知也，而论者亦不知也；人生少年鼓箧，往往习容观之美、极风雅之工，迨其后积学渐深，更事渐多，转觉虚文之无益而真意之无窸，此先进者黜伪存诚之意，而后进者不知也，而论者亦不知也。”王惕甫评以为浅举之而奥义呈，小言之而闳旨达，有功传注之文。

姜西溟宸英曰：圣人无字其门人者，“孝哉闵子骞”五字，即述人言也。张惕庵曰：“此章乃闵子门人所记，故称字，非以其孝特尊称之。”按：方朴山有此章题，文云：“忝一日之长乎尔，而《春秋》之法，氏不若名，名不若字，即变文以见例而何嫌；纵百行之备于身，而《春秋》之法，片言可贬，一字可褒，将博文以该情而亦赘，直曰孝哉闵子骞足矣。”自记云：“讲家谓无字其弟子之理，即指首句为人言。然孔子不尝曰‘以貌取人，失之子羽’乎？《史记·弟子列传》又载孔子曰：‘天下无行，仕于家臣，惟季次未尝仕。’季次者，公皙哀之字也。‘德行颜渊’节，本或别为一章，而冠以‘子曰’，余于何义门太史处见有高丽写本《论语》明有‘子曰’字。《史记》云孔子以为习于文学，其证也。则谓不字其弟子，特流俗人之言耳。”文以称字为褒之，亦是从而为之辞，然较有合处。

王惕甫尝谓“鲁人为长府”节讲章，诸说都未惬于心，乃属辞比事，辄成一艺。后二大比，实切鲁国之势，推勘鲁人之心，惊心动魄，得未曾有。其词曰：“闵、僖以下之君，更无修明遗绪之思。而壮观日加于在昔，功多不急，蛇渊与鹿囿交书，役起非时。延厩与炀宫并作，不难开莫大之规，以厚诬其宗祖，而宁肯于长府沮其志焉？夫国耗多，即帑藏之充盈亦伪。当是时，王有求金之使，玉帛非多，公怀悬磬之羞，兕犀有几。长府所藏大略亦无复余矣，而夸张有地，以涂饰自蔽其衰孱，遂以此役为不容已。是即其寖流寖下之形，无所可为，而乃以长府张其势也。费、成弗堕之成，万无争胜前人之举。而精神独聚于财，求履亩兴，居然暴敛而托之农政，丘甲作，又以科民而著之戎经。方且极无名之取，以自私其子孙，而况施诸长府犹有说焉？

夫国维懈，即阴阳之生息不蕃，当是时，汶阳之田未归，难征地力，射耦之臣不具，岂有人官，长府所入亦安能如其望哉！而嗜欲既深，则愿祝已先于物力，且虑此府为不能容，是即其患寡患贫之后，无所不为，而特于长府示其几也。”

郑注：“长府，藏名。藏货财曰府。”朱注即用其语。然《左传》昭公二十五年公居于长府，杜注：“长府，官府。”翟晴江灏曰：鲁人改作长府，因季氏恶昭公也。《左传》公居长府，伐季氏入之，孟孙、叔孙共逐公徒、公孙于齐。长府盖鲁君别馆，稍有蓄积，可以捍御。季氏恶公恃此伐己，故于已事后，率鲁人卑其闬闳，俾后此之为鲁君者不复有所凭恃也。按罗泌《路史》已有此说。此论极有根据，而时文家鲜有就此发挥者。惟苏州柳生兴宗一篇，从《左传》语得间而入，纵横兀奡，凌厉无前，遂为此题不可少文字，较渊雅堂作又胜一筹矣。其词曰：“圣人为当国者讳，士使之也。盖昭公曾居长府以伐季氏，昭公不复而季氏为之彰君恶也。闵子止之不斥长府，孔子许之，但曰夫人，皆为之讳耳。昔《春秋》之作，定、哀间多微词，凡为尊者讳也，乃有时不独为时君讳而并为先君讳，且不独为先君讳而并为先君之摄位者讳。盖至当国之用意愈微，圣贤持论之心益苦矣。不然，子曰‘夫人不言，言必有中’，骤而聆之，初不知为何人发也；闵子骞曰‘仍旧贯如之何，何必改作’，骤而聆之，亦不知为何事发也。记者微窥之，乃先经起义，大书特书曰鲁人为长府，或曰长府之为不书于《春秋》，盖因圣贤之言而止。不知可以已者则书曰将，将者，未然之词也；不可以已者则书曰为，为者，已然之词也。然则闵子之言赘乎？曰何赘也，即赘焉，亦有万不容已焉者也。何则？长府者昭公之迹寄焉，今夫爱人者爱其屋上之乌，不爱人者及其胥余，季氏之怨昭公而并及长府，有自来矣。方其出也，季氏未尝立君，盖犹示不忘旧君之义也，及丧，至而沟其墓，则显示外之之意焉，及因祷而立炀宫，又显示幸其不复之意焉，乃至处心积虑，引绳排根，而为及长府。长府者，先君之迹寄焉，长府为而先君之遗迹泯矣，闵子痛之，而曰仍旧贯如之何，讽以仍不忘旧君也，曰何必改作，早示以改步改玉之不可也，乃语意浑然，但与婉商其为，并不忍斥言长府，何其谈言微中，与此即是可忍孰不可忍之例云尔。独是夫子与之，乃不言损而日夫人者何？昔者邾子来朝，子贡论执玉之高卑，子曰赐不幸言而中，是使赐多言者也，迭呼赐，意专在赐也，盖褒贬之系乎一人者也。而于此役也浑曰夫人，意不专在闵子也，乃沉痛之关乎通国者也。记者亦见及此，首书鲁人，人之者讳之也，鲁云者见沉痛关乎通国，而非仅褒贬系乎一人也，曰夫人，见其婉而多风，乃尽人之所欲言者也。若第曰劳民伤财，此犹失之小耳，闵子即不言亦无不可也。”按：此文从紫阳书院课艺中录出，课艺凡数集，文多平正通达，似此生面别开者，不可多得也。

“季氏富于周公，而求也为之聚敛附益”，此节实不可解。以圣门政事之才，何至甘为权臣鹰犬，悍然不顾至此。然鲁《论》已明著其事，圣人实有鸣鼓而攻之语，则不得竟断为子虚。惟黄陶庵有此章文云：“夫晋之赵氏有杀身救民之臣，齐之田完用厚施窃国之术，使求也暗于大义而但知私家，则薄取之不暇，奈何其附益之。呜呼！鲁之弃民数世矣，四分公室以来，入私家者无征，入公家者倍征，则季氏之所以驱民而分已者，不可谓不深矣。内席文子、武子之功，外结淮夷、齐、楚之援，民复归心，势必篡上。求也念之，以为吾明与季左，而以季为鲁，此必不得之势也。阳为季用而离季于民，使其势稍杀、党稍弱，而谋不得成，或可以臣节终乎？是则聚敛之势，等于堕都也。”按：此亦是想当然语，尚于情事有合，非全以强词夺理。窃谓夫子鸣鼓之攻，亦安知非使之闻之之意，使季不生其疑，而求得以阴遂其计，似陶庵文亦尚未及此也。

阎百诗曰：有持辛未房书《宗庙之事如会同　四句》文见示者，称为汪钝翁弟子。钝翁评云：“玩一如字，宗庙、会同分对不得。向来习解，俱未了此。惟此文中段云：‘至于时聘以结同盟之好，殷頫以除邦国之慝，皆庙见而庙受之，如会如同，孰非有事于宗庙者哉？’如字方醒。”余曰：陈用之《礼书》明明言朝觐宗遇之礼行于庙朝，会同之礼行于国外。凡时见、殷见皆王为坛合诸侯，而命事、发政于宗庙无涉，即诸侯相见于郤地曰会，郤地，间隙之地也。如定公十年夏，公会齐侯于夹谷，何从有宗庙来？且“时聘以结诸侯之好”之语，乃大行人之职，文不切会同，切会同则上文“时会以发四方之禁，殷同以施天下之政”是。大抵时文讲典制，何啻捕风说梦，只惜其师多一番傅会耳。按：乾隆末，赵鹿泉先生来督闽学，课鳌峰书院诸生，以“宗庙之事如会同”命题，有吴生稚恭者，亦以“如会如同莫非于宗庙中行之”为说，大被赏识，擢冠其军。时余亦在试，窃服吴之精博，而钦督学之明，其时尚未获读《四书释地》也。

又曰：季彭山本《宗庙会同　四句》文云：“时至春秋，古礼尽废。人惟不见诸侯之朝天子而与祭也，则所见者惟诸侯之宗庙，而无复有相天子之宗庙者矣；人惟不见诸侯之从天子而合谋也，则所见者惟诸侯之会同，而无复有相天子之会同者矣。不知宗庙者天子之事也，天子之宗庙，则有序爵以辨贵，序事以辨贤，皆所以相也；会同者天子之事也，天子之会同，则有请禁于王都，请命于方岳，皆所以相也。则宗庙、会同之相，非诸侯而何哉？”艾南英评云：“须将《礼记》《周礼》《春秋左传》融会一片，乃知此文之确。”余案：相天子之宗庙，乃大宗伯之职，小宗伯佐之，详见《周礼》春官，于诸侯何与？天子之会同，上摈则大宗伯，承摈则肆师，小行人亦为承摈，又与诸侯何与乎？想彭山偶因《诗》“相维辟公”遂认相天子之宗伯为诸侯，不知此句与“肃离显相”“相予肆祀”皆谓助祭者，而非诏礼者之相也。邢昺《论语疏》：“《聘礼》云：‘卿为上摈，大夫为承摈，士为绍摈。’《玉藻》云：‘君入门，介拂闑，大夫中枨与闑之间，士介拂枨。’则卿为上介，大夫为次介，士为末介也。此云愿为小相者，谦不敢为上摈、上介之卿，愿为承摈、绍摈、次介、末介之大夫、士耳。”至祭祀之小相，则《左传》文二年夏父弗忌为宗伯，《鲁语》宗人夏父展，《祭统》大宗执璋瓒亚祼，其官一也。是诸侯上相则宗伯，小相必宗伯之属，若《鲁语》所称宗有司者，亦谦而愿为焉。证据皆画，然奈何舍之而别为解，复有高心空腹如艾南英者，从而和之耶？

翁覃溪师曰：吴香亭《非礼勿视　一节》文，恰得颜子身分，不隔铢黍。而篇法之一贯，因之此题合有此透彻玲珑，乃使上节“天下归仁”“为仁由己”一齐倒入影中，件件实际矣。所以吾友戴东原遂因而妙诂上节，为此文的实注脚也。按：讲下云：“夫己之为累多端，必克焉以制其胜，苟立乎动容周旋之准，而物各有则，斯方外本直内之功。而礼之所闲至密，必复之以杜其非，惟全乎强固精明之力，而慎厥身修，斯闲邪即存诚之地。夫视听言动，统夫己之大全而争胜于礼与非礼之界者也。自外入者虑其扰于中，则不特声色之交乘为非礼，即哲谋之未协亦非礼；由中出者恐其轶乎外，则不特尤悔之丛集为非礼，即律度之弗严亦非礼。盖视听言动，出一心以周乎万事，礼斯须而弗去，稍不精于礼则非礼矣。仁体事而咸在，勿蹈于非礼则仁矣。正己所以克己之尽，而审己即有以验由己之几，宜颜子起而直任斯语也。曰清其源于朋从未至之先者，仁道也，回虽无明睿之资，而不睹而戒，不闻而惧，不言而信，不动而敬，敢不烛之于隐，以峻其防；杜其弊于客感既形之后者，仁道也，回虽乏刚健之操，而视而思明，听而思聪，拟而后言，议而后动，敢不制之于微，以融其累。盖至请事不疑，始知践履之功非异，人任粹精之后乃见天心，庶几去非礼以复于礼，已无不克而天下归仁矣乎？君子曰子之善教，颜子之善学，于此见矣。”戴东原跋云：“透辟语超出旧解，乃与真解符契。上节克己解作胜私欲，一日天下解作效之甚速至大，一日而效遍于天下，恐不必为此虚大之辞。为仁由已解作在我无难，为勉其致力，岂语不惰之回而必增此赘语？此章《集注》疑其无是处。人之差谬，多已自蔽而妄，故与天下隔。礼是五官百骸，言语行事不易之则，非以己妄行而求合于不易之则，斯与天下不隔矣。其隔不隔，断于己，非自人断也。上‘己’字对天下言，下‘己’字对人言，题解如是，此文真辟入理奥，才是与颜氏子论仁”。

“司马牛忧曰”章，前后作者颇不得其解，惟王惕甫芑孙《渊雅堂制义》中一篇，以千古未有之笔，破千古未定之疑，语语从肺腑中流出，可谓立言不朽者矣。文云：“以敬恭平人伦之憾，可为忧者进也。夫牛以无兄弟忧，子夏以何患无兄弟进，亦谓敬恭可以化兄弟而复其常、平其憾而已。今大家庭之内，兄兄弟弟，一康乐祥和之境，非忧患之区也。然固有幸有不幸，必元恺之并生则一世无兄弟矣，必夷齐之同死则万古无兄弟矣。圣人不以元恺、夷齐之不数见于天下而易其道，恃吾有以化忧患而康乐和祥之而已。日者司马牛以无兄弟忧于子夏，牛固司马魋之弟也，魋方乐祸娱忧，牛也忧何益？牛若曰天乎、命乎！奚至斯乎！子夏曰君子不谓天也，不谓命也，子何异乎商所闻，子何不奉教于君子乎？盖忧有可为有不可为，不可为者，死生富贵是也，或死、或生、或富、或贵，咸有其必然之数，而倘来倏往，人不得参其去就之功，豪杰亦无所见其长，而油油然一切听之天、信之命，其可为者，敬而无失，恭而有礼是也。吾敬吾恭，吾无失吾有礼，原有其必致之诚，而顺受逆施，吾固得神其转移之术。圣贤务有以平其憾，而断断乎不肯归之命、诿之天，何也？忧患迫则人心自出，天属之穷以人心救之，敬恭，心之贯乎常变者也。傒洛之车不返而悲兴家巷，仲康奋起乎荒孱，捐阶之火弗焚而喜见床琴，有庳竟还其富贵，此其人特往古流传，而精神如在，尚感激于方来，则夫格奸有道，犹埙篪应也。向也无而今也有，由变而常，敬恭乃大著于角弓偏反之余。忧患真而学问有权，性情之否以学问通之敬恭，学之酌乎经权者也。王季未尝入荆蛮以见泰伯，而兄之则友，升清庙而歌之，周公且尝破斧斨以诛管蔡，而叔之不咸，登明堂而诰之，此其事皆本朝故实，而死丧有威，尚征怀于急难，则夫具迩何伤，犹华鄂韡也。事可无而理可有，由经达权，敬恭又别伸于原隰其哀之外。由是而诚无不动，化罔不孚，四海之内皆兄弟也，而况固兄弟乎？即不动不孚而恭敬在，即兄弟在，兄弟之有无，以敬恭为有无，而又何患无兄弟乎？子夏之言如此，说者曰四海皆兄弟所以广牛也，有命在天所以慰牛也。不肖如魋，子夏岂望其复为兄弟如初乎？非也。魋可弃，兄弟之道不可弃，至于委心任运，达士之风，结纳声华，侠人之节，子夏生平笃信谨守，其不为是言也决矣，而况闻之夫子哉？"

小题亦有小考据，如王惕甫《有荷蒉而过孔氏之门者》单句题云："昔孔子辙环老矣，反乎卫有晋之师，盖世子称兵境上之时也。"又云："孔子曷为磬？石声磬磬以立辨，吾故曰此当在聩、辄父子间也。"又云："顾区区卫五劳长者车矣，其间一主颜氏，再主蘧氏，安所得孔氏之门与？盖公养之仕在此时矣。"又云："夫卫之别馆，若新台上宫，所称高明爽垲、重门邃闼者，度未必以处我夫子，大约匡庐风雨庇身焉而已，以故磬声在室门外得闻之，固无足怪。”又云：“或曰蒉，器之不适用者也，不知足而为屦，知其不为蒉也，荷蒉所以志无用也，殆隐君子耶？或曰否否。蒉，蔬属，载在《尔雅》，卫滨河水草之麋往往有之，其人盖隐于圃云。”惕甫素不喜作考据文字，而此以别趣行之，一片灵机，洵足以开发后学思路。

阙党童子姓名不详，则作文者除从旁烘染，别无擅长之法。全榭山祖望此题文云：“盖尝考之孔门弟子，四方之士萃焉，疑其非老成名宿，不敢过而有所问。乃以七十二弟子之年计之，则其不远千里而来者颇多以稚龄英器，而豫之其后卒为大儒，则亦一奇也。子夏自卫来，其少孔子之岁四十有四，在陈之厄不过十九，而或传其前此夫子去司寇将之荆，先以子夏，虽其事未必核，然其及门之早，盖可知矣。子游自吴来，少孔子四十有五，其宰武城事在战夷之先，不过二十，而更追溯在陈之厄，已以文学与子夏并称，则其从游又先于此。曾子在圣门，少以鲁称，然其登堂也，年方十五。子张自陈来，少孔子四十有八，绝粮之日，问行书绅，计其年十四耳，而或传其学干禄又先乎此。子贱少孔子四十有九，孔子之卒不过二十有三，而其仕单父久有声。乃若最少者，莫如公孙子石，实自楚来，艾陵之役，子石谓行年方十五。是何圣门之多奇才也，又岂独叔仲会孔璇，足夸为簪笔之秀哉？”

孟瓶庵师曰：“众恶之必察焉”节，赵南星文最著，为其有担当世道之意。然所论不能无偏却，似“众恶之者必善、众好之者必不善”，与“子贡问乡人皆好”章义理颇有矛盾。惟梁蕉林先生清标文独出见解，于“众”字上看出此中必无正人。破、承题先重按“众”字，后幅独收众好，乃知圣人之言，先众恶而后众好，与平常言好恶原自不同也。文曰：“圣人慎于用众，故有必察之好恶也。夫众恶、众好，天下之势积矣，可不慎哉？慎之，故必察之也。且天下之人大抵多庸人耳，庸人有可恶之道，而未必其为世所绝也；天下之无可议者庶几圣人耳，圣人有可好之道，而未必不为时所嫉也。人之所操不能自决，势之所殊，不必尽同，故君子不以人情之不平为怪者，盖必举人情而平之，是乃大怪耳。今夫主天下之治乱者常在一二人，而兆天下之治乱者常在众人，积众之轻，足以成重，是以有心世道者，于众之所在必加意焉，诚慎之也。曾众恶而可不察哉？论者曰倜傥非常之士不尚小节，往往受乡曲之讥而遭负俗之累，苟未至于可弃则必有可原，若然，则众恶之人安必非天下之贤者乎？自吾断之，众恶者必非贤者乃大奸也，尝见名德简重者，或近之不合于同堂，而远之来慕于千里，且群情所属，甚有怨之于私，不能诋之于公者矣，岂能遂至于众恶哉？度其人性既寡谐，行复险戾，孤立无援之中，无复视听可凭，献替可入，盖天地不祥之事有几，而彼顾犯之，即其所党不能无猜，即其所亲不能无怨，是其不避众恶之意，欲何为乎？识者于此，知其有所大犯，必有所大伤也，不攻其所坚，不足以解怨毒之势，故必察也。曾众好而可不察哉？论者曰忠厚近俗之士不尚崖异，往往执谦退之礼而得长者之誉，苟不至于可疑则易于可信，若然，是众好之人安必非天下之大贤乎？自吾断之，众好者亦非大贤乃大奸也，尝见器量冲夷者，或诚信可格于异类，而失德致愆于里门，且大义所争，甚有以情则爱，以道则拂者矣，岂能遂至于众好哉？度其人志既卑污，情复濡忍，俯仰善人之下，常使愚者易惑，贱者易欺，盖天地间无望之福有几，而彼顾撄之，贱之所积将及于贵，愚之所积将及于智，是其不辞众好之意，欲何为乎？识者于此，知其有所深结，必有所深患也，不破其所恃，不足以解合汗之势，故必察也。嗟乎！从古害国之小人，未有不始于众人之推重爱慕，迨至一旦大任，其祸遂流于无穷，然而当其始事，必有人焉深知之、远虑之者，此夫子必察之论，足以为戒于后世也欤！”徐存庵评谓：“如此立解，有功于圣训，有功于世道，不虚也。”

《采芝堂集》云：陈涉江侍御曾有“曰安”二字，破云：“贤者自以为安，而人子之心始不敢安矣。”按：此意发于刘须溪《安斋记》，其略曰：“予也身游圣门，在言语之科，污不至薄其所厚，试使三尺童子率然而请，必不敢复以曰安对，而予也安之，岂独无人心哉？此小人之所不敢安也。然吾观世之君子，未尝不为宰予之所安也，予也乃独以其言为万世笑。嗟乎！此古人之所不隐也，其使后人无疑于三年之丧，则自宰予始也。此予意也，此其在言语之科也，后之为言语者则异于是矣。”须溪之言如此，涉江翁未尝见之，而所言乃暗符如此。

虞仲或以为仲雍，或以为周章弟，前人皆有成说，惟曹寅谷《虞仲》二字题文，断制明晰，足以补传注所未该。其词曰：“或谓虞仲即仲雍，然以夷齐并书例之，何不先泰伯次仲雍，而乃独书一虞仲？或曰泰伯本端委以君吴，仲雍乃断发以从俗，故仲雍可言逸，而泰伯不可言逸也。审是，则仲雍实继君吴国，安得逸，又安得民？盖虞仲非泰伯之弟，而周章之弟也，泰伯无子，仲雍继立，传至周章，是时武王克商，求泰伯、仲雍之后，得周章兄弟，而周章已君吴，因而封之，乃又封周章之弟中于河北，是为北吴，世谓之虞。则虞仲初本名中，而以其封虞始名虞仲，盖仲雍之孙，非仲雍也，然而仲亦封于虞者也，乌乎逸，亦乌乎民？不知周章继仲雍而君吴，尚待武王之求始得之，况其为周章之弟哉？逸以仲，不逸以虞也。称虞仲者，志始封也，犹之称夷齐不忘孤竹也，而或者顾即以仲雍当之。呜乎！仲雍辞国于古公寝疾之日，夷齐叩马于武王迁鼎之年，殷、周之际相去百有余岁，记者何不大书虞仲于夷齐之前，如后世之称太公、伯夷者，而反降从乎牵连得书之例耶？”

郑苏年师曰："三年之丧达乎天子"，下又云"父母之丧无贵贱"，朱注中未之详晰。钱鹤滩文云："三年之丧不独父母也，適孙为祖、为长子、为妻，天子达于庶人一也。周穆后崩、太子卒，叔向曰王一岁而有三年之丧二焉。"此足补章句所未及。

《见贤而不能举　一节》文，向以为陈勾山作无以复加矣，及读管韫山作，则又别开生面。其自记云："读命为慢，究不免屈经从传，玩上节语意明是以恶恶成其好善，此节似亦不当平对。以前段作开，以后段作合，则命字不烦改读，而白文往复循环之妙，亦倍有味外味也。"按：命读如字，王柳潭作已开其先，而持论精醇，行文茂密，则纶巾名士远过于横槊英雄矣。破题云："妨贤由于纵恶，则不得分其过于命矣。"大意已该。讲下云："仁人放流，媢嫉之臣所谓以能恶成其能爱也，然则人主求贤自辅，盍先于远恶加之意哉？且贤者之不得志于时，其所遭亦至不一矣。士固有安车就聘，思欲展其力而精已销，因自托于疏野阳狂，而超然于圭组之不及；君亦有前席称贤，特将老其才而任始畀，乃遽甚其忧伤憔悴，而觖然于怀抱之未伸。夫独非见贤而不能举，举而不能先者乎？乃朝无群枉之门，主希近习之蔽，君子幸得近清光邀顾问矣，而或年事已晚，或壮志早赍，竟不得施行于世，微特君不任咎，即起贤者于九原而问之，而亦当无遗憾也，诿之曰命，谁曰不然？若夫一君子见而众小人谣诼其后，必使之销声匿迹，老弃于泉石之间；一君子举而众小人媒孽其旁，必使之忍垢含尤，远斥于江湖之外。是见贤而不能举，即由于见不善而不能退之所致也；举贤而不能先，即由于退不善而不能远之所致也。夫古今治日少而乱日多，君子之去小人也恒难，而小人之沮君子也恒易，似亦有数存乎其间矣。虽然，此则安能为人主宽哉？贤不我即，是无如何矣。幸许相助为理，乃令此差池臭味者，得行其疏间之术乎？蛮疆蔡服，实斯人投畀之乡，孰任澄清，何亦既见之，犹惜一指挥之降也。虽谓之有心于假手，而恐无能辞也。贤不我待，是又无如何矣。俨然相得益彰，顾令此包藏祸心者，终遂其谗构之计乎？幽州崇山，正若辈伏辜之所，谁司命讨，何亦既退之，犹靳一赫怒之威也，虽律以见知之故纵，而当无以辨也。夫奸邪得志，事或验于先言；谗慝专君，理更难于曲解。未必非前定使然，而不得谓之命者，仁人能放流之，而彼尚不能退远之也，是谁之过欤？”

阎百诗曰：钟伯敬惺有《陈其宗器》文，中四比云：“或式贡以资用物，有手泽之存焉，或币余以供玩好，有耳目之寄焉，彼所谓列之东序、西序、东房、西房者，岂徒为不失旧物，想其仰观俯视之际，其器犹在，其人已非，有所惘然深悲者，而以此思哀，哀可知已；有共典谟而传者，天苞地符之所出焉，有同度数而列者，带砺山川之所镇焉，彼所为出之外府、内府、典玉、典瑞者，岂以为玩物丧志，想其卜年卜世之久，其人已往，其器犹新，有所穆然深思者，而以此思守，守可知已。当其时，繁弱以赐同姓，楛矢以赐异姓，桓圭、琮圭以礼天地百灵，而天球、宏璧之属，独不在分物荐币之数者，曰是官府之守器也，与牺牲黍稷岁享烝尝者也；当是时，琬玉以象德，大璋以聘女，执冒、执边以视朝巡守，而大贝、赤刀之类，独不列于服物采章之内者，曰是天府之守藏也，与朱干玉戚世供清庙者也。”掉尾云：“不然不腆先君之敝器，玉人、尚玺之属也，守府之为多，将焉用陈荐以彰贿哉？”何义门评其用经，亦所谓天吴紫凤颠倒短褐者耳。今试摘其数句论之。《周礼》大府凡式贡之余财以供玩好，今节去余财，又不曰玩好，而曰用物，则九式吊用孰非用物，而谓皆手泽之存乎？币余之赋以待赐予，此以九赋给九式之一事，赐予即好用之式，盖燕好所赐予臣下者，乃因好用好字讹为玩好乎？大宗伯“王执镇圭”，郑氏注：“镇，安也。”以四镇之山为瑑饰，盖象职方之山，镇以为饰，安得讹为山川之所镇，又以带砺二字妄加以涂泽乎？天府掌祖庙之守藏，凡国之玉镇，其用各异，于宗器何涉？又天官有玉府，冬官有玉人，典玉则一部《周礼》无此官，安得杜撰也。四圭有邸以祀天旅上帝，两圭有邸以祀地旅四望，今错记大宗伯“苍璧礼天、黄琮礼地”之文，而讹为桓圭、琮圭，不知桓圭乃公所执也。谷圭七寸，天子以聘女，琬圭九寸，而缫以象德，今改圭为玉，又误因下文诸侯聘女之文，讹谷圭为大璋，可乎？天子巡守，有事山川，大者用大璋以灌，中者用中璋，小者用边璋，以代圭瓒也。今三璋独截用边璋，且因执冒而例曰执边，言执则昧灌之义，举边则失璋之名，可乎？玉人攻玉者耳，《周官》有掌节，无尚玺，尚宝司明之官也，典玉、尚玺，其钟氏增定《周官》耶？且皆非守藏之人，而云“守府之为多”，何也？钟氏更有《荐其时食》文，其援据尤多讹，以此篇独为人所拾诵，故不可以不辨。

“陈其宗器”，《章句》指先世所藏之重器，本朝西河毛氏始驳之。嘉庆戊午吾闽乡试以此为次题，陈采屏据毛说，翻去常解，已为房考所批斥，幸两主司皆博雅君子，喜其辞义典赡，乃亟登之。其辞曰：“今夫祭必有器，宗器者祭器、乐器，非重宝之谓也。夫《尚书》所载天球、河图之属，其列于东西房序者，其典盖旷世一举，即大飨间亦陈之，然于时享则从略，故玉镇大宝镇之，藏于天府，惟曰若有大祭则出而陈之，而不及《春秋》，是其明验也。虽然，宗器之陈，亦奚可苟哉？其戒于前期者，则六官分任其事，省牲视濯，展器宿县，《周礼》所为备纪也，而在质明行事之始，郁人掌裸器爰和郁鬯以实彝，小胥辨乐声特正宫县而定位，下暨筐莒、锜釜、干戚、羽籥之细，其陈于堂上、堂下者，罔不若网之在纲焉。夫声诗半歌祀事，而颂传设业，雅纪奉璋，风人之所咏歌，不过略举数端，已足验声华之盛，若入庙而躬瞻法物，更不知所陈之富为何等矣。其彻于卒事者，则蒙瞽实掌其司，有来雝雝，至止肃肃，乐章所为特设也，若在祼献方行之候，路鼗、路鼓偕阴竹之管而俱传，鸡彝、鸟彝与朝践之尊而并列，外暨竿笙、篪管、鼎俎、旂常之类，其列于东阶、西阶者，罔不有条而不紊焉。夫鲁礼亦征王礼，而泰尊有纪，梡俎有文，《明堂位》之所铺扬，不过间存四代，已足验文物之宏，若适周而躬抚典型，更不知所陈之盛为何若矣。夫垂矢兑戈间登盟府，然皆远方所贡献，未必其为镐洛之遗，若以多材多艺之姿，而躬与考工之事，则一名一物，悉载以精微广大之心，而宏远之规模，乃远迈乎商瑚、夏琏；和钟、离磬亦备王官，然皆先世所留贻，未必其为成周之旧，若以致爱致悫之圣，而躬审有司之存，则大小精粗，悉足深祖父杯棬之慕，而显庸之创制，乃克配夫珩佩、龙旂。若夫伐国所获，如贯鼎、崇鼎之属，是为庸器，虽祭祀亦尝陈之，然非祭之所首重也，故必以祭器、乐器为主云。”

阎百诗曰：陈锡嘏《宗庙之礼所以序昭穆也》文自记云：“所云序者，不过别其班次耳。子姓祼将有宗祝，有司之事则各以其事序，其无事者列在阼阶之下，则序以昭穆而世次秩然。此以前后为班，非如祖考以左右为别也，先辈文多不深考。”按：王守溪此题文云：“太祖而下，有列北牖而南面者，其子孙之位亦因之以为南；有列南牖而北面者，其子孙之次亦因之而居北。”不知祭在室中，太祖之主东乡，九献之礼，王与后各四，诸侯为宾者一，而众兄弟不与焉；九献之后加爵者，长宾长兄弟，而群子姓不与焉。若子姓兄弟，主人之党则位在堂下阼阶之东，皆北面而立。《周礼》司士“凡祭祀及赐爵，呼昭穆而进之”，则又在两阶之间迭相酬酢。故凡在室行礼时，子姓之群昭群穆不入焉，何得如守溪所云因之以为南、因之以居北乎？艾东乡又曰：

“子姓昭穆，似当以西向太宗，祭者之左右为昭穆，否则子姓无向太祖者矣。”此亦不知子姓未尝入室也。夫室中之地有限，遍列群庙之尸主已恐不能容，况合一姓之子孙，昭皆在南，穆皆在北，杂遝欢哗，此成何礼乎？先王之制，天子之礼各有义例，岂如后世家人常祭，合族子姓一时其为拜起者耶？陶朴庵文又曰：“昭穆之次，将以治祖考也，而实所以治子孙。以其南面也，故谓之昭，使昭与昭齿而不混于穆；以其北面也，故谓之穆，使穆与穆齿而不混于昭。”则又合讲祖考子孙混而无别，皆未明此题之意者也。窃以《四书》中典制，因为时文坏尽者，岂过于此？故陈所作文，后半幅云：“凡以祖考有祖考之昭穆，子姓亦有子姓之昭穆而并存于宗庙之中，乃定子姓之昭穆无殊于定祖考之昭穆，而不出于宗庙之礼之外。由其礼以绎其意，非所以序昭穆而何？盖昭穆者，本从祖考以得名，在各庙则左昭而右穆，在本庙则南穆而北昭，幽明之义也。故附必以班，尸必以孙，而使昭不混穆、穆不混昭者，上下有常，固合一庙而咸秩。乃序昭穆者，更由子姓以起义，昭继以穆而穆之后更有昭，穆间以昭而昭之后又有穆，父子之伦也。故就列异其行，赐爵分其等，而使昭与昭齿、穆与穆齿者，尊卑不紊，尤因入庙而加严。武周于此见远近之别焉，见长幼之殊焉，见亲疏之杀焉。盖仰承者七庙之尊崇，旁列者天潢之跄济，而一以昭穆序之，则凡在昭穆者皆得与于祭，所为系姓缀食以联其情，且各为昭穆者无敢越其班，所为别嫌明微以定其分”云云。余谓定其分、联其情，亦即傅锦泉中“族繁则易乱，世远则易疏”之义耳。

制义丛话卷之十五

曹寅谷《孟子见梁惠王》题文，论魏之国势如指诸掌，实亦前人有言之者。阎百诗曰："苏子曰周之失计未有如东迁之甚也，余亦曰魏之失计未有如都大梁之甚也。去山河之险而就平衍四达之地，弃文侯、武侯两代之霸迹而为新造之邦。当是时，使早聘孟子，必为定不迁之计，如后世所谓天子守边者。君诚守边，则一国之人心系于此，一国之甲兵财赋聚于此，秦虽强，乌能以一口气吞安邑哉？惟安邑既去，后五十四年遂献安邑于秦，未几而秦兵至大梁矣。芮贾曰：'我能往，寇亦能往。'不信然乎？其始不过偷旦夕之安，卒不振以底于亡。我故于魏号为梁之日，即谓毕万之后已灭，不待征诸河水灌王假降之言矣。"按：曹文全用此段议论，而稍删节绮语，遂成绝人文章。

赵鹿泉曰：灵，善也。先汉《诗》《书》注皆然。《诗·小序》："民乐文王有灵德。"赵岐《孟子注》谓其台沼若神灵之所为，《正义》曰："言文王之德化行如神灵之所至。"是皆专指文德言，并非以不日成之为主。郑氏于"不日成之"笺云："不设期日而成之。"赵注亦云不与期日，则于勿亟意正合。自朱子《诗集传》始改为不终日，又云倏然而成，如神灵之所为，然于《孟子》此二句未尝正训。窃谓朱传不必泥，古说正不可废也。因作《谓其台曰灵台　二句》文云："灵台不止为游观之所，时而揆日测景，举夫璇玑玉衡备具其中，王者是以有钦若昊天之道焉，所谓观夫天文以察时变也。民之谓之，盖曰惟我周王，灵承于帝，视此台矣，视此沼矣。灵台更不止为机祥之符，因而考礼正乐，与凡明堂、辟雍统见其中，王者于是有节宣万物之权焉，所谓观乎人文以化成天下也。民之谓之，盖曰惟我周王，灵承于旅，台如之矣，沼如之矣。台以灵名而沼即因之，示无可易也。灵之训取诸善，德至于至善，即极可称之，美莫加乎是矣。民于文王，其有长言不足、咏叹不足之思乎？台、沼本成于民力而民顾灵之，明不敢居也。灵之义通乎神，德至于尽神，虽创非常之原，如行无事矣。民于文王，其有归之造物、归之太空之意乎？"此何必泥朱注，又何尝背朱注。古色古音，从来说经文字罕此巨丽，惜不令义门诸老见之。

阎百诗曰：董思白有《吾何修　十二句》文，其讲巡狩云："彼其五载而一观，有如此者。"其讲述职云："彼其三载而一观，有如此者。"其讲省耕、省敛云："彼其春秋而一观，有如此者。"愚谓五载而一观是已，三载而一观是何事？按：今文《尧典》"群后四朝"，乃五载之事。《王制》："诸侯之于天子也，五年一朝。"古文《周官》："六年五服一朝。"《周礼》大行人，六服有岁一见，以至六岁一见，中有三载一朝者，此不得借口。惟《左传》昭十三年，叔向言明王之制，间朝以讲礼，是三年一朝，然又是十二年一巡狩，所谓再会而盟，以显昭明，亦不得借口。且此非董氏所知，意不过见明制外官三年一朝觐，遂臆断古诸侯朝于天子亦如此也。

管韫山曰："有世臣之谓"，旧解似未是。世臣谓可留辅子孙之臣，若泛作勋旧解，则六卿三家足当其选矣。余作《非谓有乔木　二句》题文，发挥世臣处，勿疑其稍与注意不合也。后二比云："且夫臣以世名。其收效固非及身而已也。我子孙或席丰履厚，好大喜功，而是臣独陈以先业之艰难，惕以四方之咨怨，使深宫常有所警发，而土木甲兵之渐，遂无自而开，则老臣真有典型也，其足当隆栋之占矣；我国家即遗大投艰，委裘置腹，而是臣惟鞠躬尽瘁以持其变，不动声色以镇其常，使朝野咸有所禀承，而暗干窥伺之谋，遂因之而息，则天生实为社稷也，其足奠苞桑之业矣。"

任钧台曰："缠无夫里之布"，郑注："布，泉也。"夫之布是一项，里之布是一项。朱子曰："夫布之罚轻，是为小民游手好闲，不务稼穑；里布之罚重，是为世家为亭台池沼，占却民田。"其说甚明。今注前半存赵岐语，后半存孙奭疏，止据《周礼》载师而未及引闾师，或欲人举一反三耳。而时下误认夫字一项，里之布一项，且误认夫是力役之征，布是布缕之征，谬之谬矣，故据朱子之说而申明之。按：文云："昔先王虑游食之民不耕不商，惰其手足而不生生也，故闾师之法曰凡民无职者出夫布；又虑世禄之家为台为沼，夺民之业使无以生生也，故载师之法曰凡宅不毛者有里布。"又云："彼缠者何为者也？问其人，则牵车而来，负担方弛，岂有遗力而曰尔民无职欤？问其居，则湫隘之区，阛阓所接，岂有隙地而曰尔宅不毛乎？"此先将"缠"字还得分明，则下五字自不烦言而解，凡典实题须如此雪亮。

朱兰坡曰：曩在正谊书院，曾以"序者射也"命题，凡二百数十卷，其专注"射"字者，既于"序"字脱节，否则序、射两开不相属，或从射之节次说序，颇得文家钩勒法，然亦非以射训序之的解。时吴崧甫殿撰钟骏尚在院肄业，所作独能穿穴经旨，旁推交通，中并及豫、榭之与序通，亟取以冠其军。但制艺体裁本异经解，故序、射谐声之义，不应以训诂体行之。余因作《释义》一篇示诸生，略云：《孟子》"庠者养也，校者教也，序者射也"，三句一例，皆以声音为训诂。若只谓序为习射之所故名，则《王制》“耆老朝庠习射上功”，庠何尝不射？《文王世子》“始之养也适东序”，序何尝不养？《广雅·释言》：“序，射也。”盖本《孟子》，直是训序为射，与本章“彻者彻也，助者借也”同，助训为借亦声近得义。序与助、射与借，音韵恰协，知助之可训为借，则知序之可训为射矣。《诗》“叔善射忌”与御韵，“好尔无射”与誉韵。《大戴记·投壶》篇载《貍首》之诗，射与举、誉韵，孔巽轩谓射音序是也。考序与豫通，亦与榭通。《仪礼·乡射》记“豫则钩楹内”，今文“豫”为“序”，郑注：“豫读如成周宣谢灾之谢谢或从木者俗字也，《周礼》作序。”据此，知序即豫，亦即谢也。《尔雅·释诂》豫、射皆训厌。邵二云谓豫读为射，射与斁通。今之陌韵有射字，同斁，而射御之射亦有此音，后世乃转入祃韵耳。谢本从射得声，《尔雅·释鱼》“龟，仰者谢”，《释文》：“谢一作射。”郑注龟人，云：“地龟黄，仰者绎。”则《周官》作绎，《尔雅》作谢，古绎、谢声近而字通，故《射义》云射之为言者绎也。然则豫、谢既皆与射通，而序之为射何疑？且《说文》序从予声，叙从余声，叙即序，予即余。余从舍省声，《史记·律书》：“舍者，舒气也。”《诗·常武》毛传：“舒，序也。”《射义》又言或曰舍也，是射为舍义，而序亦与舍通也。再征诸序之为豫，《洪范》“曰豫”，伏生《五行传》作“荼”，左氏哀六年《传》齐君荼，《公羊》作“舍”，是豫与舍通也。更征诸序之为谢，《诗》“既入于谢”，《楚词注》引作“入于徐”，徐亦舒也，徐从余声，则亦舍省声，故《射义》“序点”，郑注或为徐点也。由斯以推，序者射也，以声得义，古音训固如是。不然，则庠、养、校、教皆谐声，何至序而独不类哉？

附录：吴崧甫文云：且礼有燕射、有宾射、有大射、有乡射。诸射皆在于国，而乡射独在于州，论者谓州属于乡，故云乡射礼也。故圣王泽宫选士，将胥一世之人而观其德，必先胥一乡之人而习其仪，显以垂比耦之经，实隐以惩匿武之失。迄今载绎其义，犹可见设序之微意焉。庠取养，校取教，而序之义则何如？或曰序所以次序王事也，此名序之一说也，顾此第言序之义，而于乡学名序之意犹未备。或又曰序者，序长幼也，古之民，冬则毕入于邑，余子在于序室，始知室家长幼之序，此名序之又一说也，而序之义犹未备。或又曰古者里有序而乡有庠，庠则行礼而序则明教，则序之义可通于校，而且国索鬼神则正齿位于序，似序之义又通于庠，而不知皆非也。夫序者射也，今夫射所以绎志，而其礼莫备于序。序者州之学，《周官》州长春秋以礼会民而射于州序是也。古者习射于州，乡大夫在焉，故名曰乡射。而其礼则皆州长主之，礼所谓元日习射士功者，盖就州序习射也，岂非州之序以射为主欤？而《乡射礼》曰豫则钩楹内，豫即序也。序之制堂而无室，故礼于席宾南面，不言户牖之间，此可知射之必在州序也。抑又闻之，序者榭也，州立榭下于乡庠也。凡屋无室曰榭，春秋时成周宣榭火，说者谓榭讲武屋，楚椒举曰榭不过讲军。实序之与榭其制同，其用同，而其取义于射又无不同，则序之宜为射也明甚。或曰党正以礼属民饮酒于序，则党亦名序。《诗》曰“跻彼公堂”，言党序也，而其地以上齿为主，意殆略于射者欤？然乡师之职曰党共射器，则射非无与于党序也。或又曰遂亦有序，古先王于遂中立学，教党学所升之士，所谓术有序也，而亦不言习射，其制当与六乡无殊。要之，州序之射即为乡射，言州则下可该党，外可兼遂也。《行苇》之章曰“四鍭既钧”，序宾以贤；又曰“四鍭如树”，序宾以不侮。维时搢三挟一之众，罔不志正体直持弓矢，审固君子所以观于乡，而知王道之易易也。

《潜丘札记》中载阎百诗与沈敬存书云：承属将陈大士《禹

疏九河》文一一驳正，今请驳之。提比云：“外国之人为患中国，外国之水亦为患中国。”最为奇妙，而艾南英批云：“纤。何也？中国之水，流常主合；外国之水，流或主分。”不知何以见得。且外国之水，必指河言。昔人云河不两行，真千古名言，此不说反乎？中比云：“至于积石，在今陕西河州卫西北七十里。”《水经注》云河水重源，又发于西塞之外，出于积石之山。此地距九河入河、入海处不啻数千里，何故分，又何以分得？真真说梦。至于王屋何以不分？王屋即太行山别支之名，在今河南济源县西八十里，此山安得有河？谓此山为济水之源则合矣。而至大陆乃分者，大陆在元邢、赵、深三州之地，俱今直隶界。孔安国《书传》河水分为九道，在此兖州界，平原以北，是若将“大陆”二字改为“平原”则合矣。至南英总批曰“中二比谙熟河势”，真真冤哉！又曰：“此九河入海故道，禹特疏之而已。”亦非。导河自积石以下，开天辟地直至禹始如此，岂禹之前有甚故道乎？几于见鬼矣。善乎元人子钦曰：“河至大陆趋海，势大土平，自播为九，禹因疏之，非禹凿之为九也”。夏允彝曰：“禹之导为九河也，何居？盖河不可分谓其上流耳，若入海之处，泄之愈速，则河愈通利，又何害哉？今九河之下即为逆河，殆谓自此而下，即海潮逆入矣。盖名虽为河，其实即海也。海水内吞，九河外灌，不惟借水力以刷沙，而海之潮汐亦借河力以涤之，禹之以水治水，所为不可及也。”又曰：“要以入海之所宜分疏之，使速泄下流，速泄则上流不壅，河之利也。若未及于海则流分，力弱无以刷沙，适壅之矣，故曰河不两行。两行且不可，况九河欤？”若将此等议论做《禹疏九河》文，真正古学，真正经术，可以为三百年制义之光，试问有谁能见及此乎？

又云：刘克猷《禹疏九河》文，读之甚佳，非一切时文所及，但有小小讹处，亦不可不指摘出。如“漳以汾、卫来矣”，汾发源管涔山，至平阳荣河县入河，不入漳。卫在《禹贡》出灵寿县东入滹沱河，亦不入漳。若今卫河乃源于苏门山者，又一卫水，然则当改作何语？曰“漳以清、浊来矣”。漳有清有浊，清漳入浊漳，然后入于河，至今漳自人海矣。又云“海虽远，可以徐达”，九河阔二百余里，长约四百里，在今平原县迤北至沧州，即逼近海，安得谓之远乎？又云“予决九川”，九州之川于九河不相涉也。中二比起云：“史谓禹之治河自龙门始者，不知此导河序次第之文也，而非其功之所始；又谓治河自冀州始者，不知《禹贡》尊京师之文也，而非其事之所始。”凿凿名言，真与经传相表里，可传无疑。此犹第二义，若将河何以名为九，却在此地说明水之性、地之势，则天地间第一义矣，岂经生所能及哉？河不两行，自古记之，潘司空季驯语也，实自《宋史·河渠志》苏辙疏“黄河之性，急则通，缓则污淀，既成东西皆急之势，安有两河并行之理”来。孰谓经纶大手，不从屈首受《书》出哉？

“迁于负夏”，《集注》无明文，自当以《史记·五帝本纪》为证。按：《纪》称“舜耕历山，渔雷泽，陶河滨，作什器于寿丘，就时于负夏”。《集解》郑氏曰：“负夏，卫地。”此用《礼·檀弓》注也。《索隐》：“就时犹逐时，若言乘时射利也。《尚书大传》曰“贩乎顿丘，就时负夏”，《孟子》曰“迁于负夏”是也。此注最明切。孙奭《疏》直云迁居，颇嫌率臆。朱子于耕稼陶渔注，既考信太史公，则此或记录偶遗，而诸家遂略之。惟赵鹿泉此题文，直以《虞书》“懋迁”二字为根据，而以《史记》之文经纬之，而又不袭《货殖传》一语，即以小品论，亦是空前绝后之文也。其辞曰：尝读《书》“懋迁有无化居”言商贾乘利，不恒厥止也，当禹、稷奏功，烝民乃粒，于是大难去而百货通，未尝不叹虞廷制治之大，本末不遗，使人交易各得其所如此。乃以予载考旧闻，舜之始，盖亦偶涉为之，岂特生于诸冯哉？大抵古史罕详细事，故记舜之始，居不过妫汭，耕不过历山，举其重而他可略也。后人好述异闻，故言舜之始，因于田推之陶渔，更因陶渔实以河滨雷泽，多其处而殊未已也，于是负夏之墟有舜迹矣，谓尝迁于是也。予以为事苟不背圣人之经，而可得其大意，虽君子往往及之，则亦舜事一证佐也。盖舜既不若生富贵之家，习处宫廷，故风尘之历常备；舜又不得生为圣贤之子，服从髦士，即贩竖之行无嫌。迁之义逐时而已，察之天道，度之物情，不必舜能也。殆舜以其余绪试之，迁之义随地而已，宜南而南，宜北而北，不必负夏可也，负夏亦就其一所概之耳。彼夫河、济之间，桑土之野，其地多流泉高丘，其人尚蚕织、便陶瓦，器用财贿之所聚也。是以“肇牵车牛”，《周书》明于沬土；“抱布贸丝”，《卫风》咏其顿丘。由今证昔，想见陶唐氏平秩盛时，往来熙熙。然而舜于其间，方服野人服，曰予未有室家，毋亦惟是远服贾用，孝养厥父母，与彼“氓之蚩蚩”称贩夫贩妇者，相溷迹负夏市不殊也。

楚之梼杌，《集注》但言恶兽名，方朴山文乃兼以凶言、以吉言两义，实可补注所未及。其词曰：“梼杌者何？盖以凶言之，则梼杌匹乎穷奇所为，居于四裔，以御魑魅者也，楚氛甚恶，其或借之以规，而为鬼中殇宫之执；以吉言之，则梼杌俦乎鸑鷟所为，次于丕山，以兆商兴者也，楚俗信巫，其或借之以颂，而启筚路蓝缕之祥。”按：《周语》：“夏之兴也，祝融降于崇山；其亡也，回禄信于聆遂。商之兴也，梼杌次于丕山；其亡也，夷羊在牧。周之兴也，鸑鷟鸣于岐山；其衰也，杜伯射王于鄗。”《宋书·符瑞志》：“梼杌之神，见于邳。”朴山文实本此。

曹寅谷《帝使其子九男二女》文云：“尧长子监明不禄，朱又不肖弗嗣，其有为十子之说者，若丹、房、传、铸，若唐、冀、随、郇、栎、函，或并以为尧后，率多荒远无可考，以予所知，九男而已。尧长女娥皇或曰盲，次女英亦曰莹，其有为三妃之说者，若癸比氏、若登比氏。登比氏不必并皆尧出，辄又荒诞不足信，以余所闻，二女而已。”按：监明及丹、房、传、铸等句，本《路史》；十子句，本《吕氏春秋》；或曰盲、曰莹句，亦本《路史》；癸比氏，本《帝王世纪》；登比氏，本《山海经》。此题九男二女，歧说最多，考据中不可无此活笔。文中又有“一朱已然，入庶当无不然”句，本赵岐注；“其君若此，其夫人亦若此”句，本韩昌黎文，皆非杜撰也。

崇祯末，有黄辛阳廷才者，作《尧以天下与舜　章》文。承题云：“夫舜之天下，自是尧与，但求其视听之者，则归之天耳，故舜则天所启也，尧则天所从也。”通篇就此立论，遂成一篇翻案文字。宋士木评云：“天与是孟子翻案，尧与又是辛阳翻案。一为子哙、子之辈言，一为操、懿辈言，各因其时以为救世之论。”可为知言矣。其文云：“尝观汤武之征诛，论者必曰应天顺人。故尧、舜之揖逊，论者亦必曰天与民归，此自儒者之常谈矣。自余观之，要不全付诸冥漠之数，以掩圣人公天下之心，亦不可全委为历数所归，以失为天下得人之意。何也？帝王之兴，自有天数，谓舜之受命非天所与，不可；若以天与之故而谓尧自失天下、舜自得天下，而尧无与焉，尤不可。夫舜以田野匹夫崛起侧陋，朝有鳏而夕贰室焉，盖其养之畎亩者，未尝见一行，施一事，而尧已物色之尘埃之中，是尧先天而识舜也。故谓之尧荐舜于天而天受之，不可谓之天荐舜于尧而尧受之。盖尧知神之必享、民之必安，故使之以显天之意。由是天歆之于主祭，牖之于治事，而各当于顺尧之心，乃知以天下与人，天能之，以天之天下与人，惟尧能之也。夫使天与之而尧不与之，则舜虽膺天之眷，而不能攘君之位，身将为南河之老臣、守臣，服以事尧之子。惟其尧与之而天亦与之，则终受于文祖，而宠锡于维皇，乃得为普天之共主，履帝位而莅尧之民。不然，彼朝觐讼狱讴歌之众，无尧命而轻归之于舜。夫舜也，亦无尧命而私受之，天岂二十八载之德泽有以及人，而七十载之神明不能永命，民之视听翕然而附舜，而尧遂与亡国者等乎？无是理矣。”此后尚有大结数语，谓：“恐后世莽、操之流窃其说，而以祥瑞为口实也，故表其说，以翼孟子之旨云。”

冯夔扬咏曰：“庶人在官者其禄以是为差”，旧仍作勤、惰解。夫在官而惰，直黜之而已，尚给以五六人之饩耶？《周礼》疏谓府食八人，吏食七人，胥食六人，徒食五人，说自可从，但遗却食九人一项，便与朱注“亦有此五等”句不合。惟郑荔乡先生文据贾疏，而浑融出之，雅善斟酌。文云：“谁辟除而出，曰惟府史才之优耶，事之巨耶？设去而治一夫之田，度所获必其上者也，不则亦其上次与中者也，吾即以食九人、食八人、食七人者禄之而已矣。谁执役而前，曰惟胥徒才之劣耶，事之细耶？倘退而受一夫之田，度所获必其下者也，不则亦仅次于中者也，吾即以食六人、食五人者禄之而已矣。禄之而或食浮于人乎？夫固居然力田之逢也，称是以给，而非意为之增。禄之而或人浮于食乎？其殆如彼卤莽之报也，准是以裁，而非意为之减。”

石琢堂有《我将见楚王　五句》题文，其自注云：“说经之文，不可使一字放空。此题中既有楚王不悦，必非虚设也。”文于此处虽近附会，却是汉、唐人说经之法。其文曰：“凡说之难，非能明吾意之难，能曲折以探彼意之难也。直以为戆也，顺以为谀也，逆其意则以为犯也。此皆不可以说人主，而况欲掉三寸之舌，摧秦、楚百万之师哉？今天下之强者莫如秦，而能抗秦者莫如楚，是故当世之士言纵则主楚，言衡则主秦，初未有非纵非衡，持一说而可以兼行于二国之间者，有之则自轻始。今夫秦天下之强国也，楚亦天下之强国也，秦一战胜楚，天下之贺战胜者必在秦，楚一战胜秦，天下之贺战胜者必在楚。然则秦、楚之兵，方构之不暇，而顾欲罢之乎？然吾闻百战而百胜者，非善战者也；不战而屈人之兵，此善之善也。曾不曰兵凶战危，我何为坐视而不救耶？顾我不之秦而先之楚者，何也？楚之甲兵孰与秦雄，楚之形势孰与秦胜，楚之守御孰与秦固，楚之攻伐孰与秦强，此不待智者而辨之也。楚虽胜秦，必不能入秦之国，如其不胜，山东诸侯必争事秦。山东诸侯争事秦而楚孤立矣，故宜罢者莫如楚兵，宜说者莫如楚王。然楚王之悦不悦，正未可知也。夫楚与秦争，不在得秦，而意在得天下之诸侯，将欲得天下之诸侯而惟恐失之，则其兵贪，贪则侥幸而不肯罢；将欲得天下之诸侯而惟恐失之，则其兵惧，惧则犹豫而不敢罢。然则楚王听吾言而悦，国之福也，民之庆也，即听吾言而不悦，亦人情之常，其无足怪。若夫秦则非与楚同论也，据关中之地，守淆函之险，砺山带河以为固，信臣精卒以为武。秦人欲战，则楚制以不得不战之权；秦人不欲战，楚不能叩关而与之敌。是故秦王战亦胜，不战亦胜也，胜亦强，不胜亦强也。惟其强不在胜，故可以无胜；惟其胜不在战，故可以无战。但使秦王悦我言，则秦兵罢矣，秦兵罢，则楚兵不得不罢矣。轻以区区之说，遨游二国之间，岂无一遇乎？我知此行之不虚也。”按：王惕甫评此文云：“为《战国策》之文者，往往剽迅，未免俊无留赏，此则固而存之，欲其重大有酝酿在。愚谓琢堂此文以白战胜，学之者易入于剽迅一途。”吾师林畅园先生有《我将言其不利也》题作，全以征实见长，又为战国文者辟一境界，则不当仅作时艺观矣。通篇只两大比云：“我告于楚王者奈何？则以今天下主为纵者，莫不佐楚而抑秦，王所以伐秦者，思削秦以强楚也。而吾谓楚不加兵于秦，则秦将德楚，楚不加兵于秦，天下将以秦构之故而并重楚。且秦非真为楚弱也，曩者六国之交，怀王为纵约长，终慑虎狼之余威而逡巡不敢进。今复重撄其怒，使秦奋长策之施，持远交近攻之计，循巴水而下，四日而至五渚，烧夷陵之险，再战而至郢矣。且吾未敢遽言楚败也，借令胜秦之后，势可以胁秦，而天下之畏楚者，恐秦抑而楚益横，又生心而谋挫楚。于是韩氏南逾陉而叶阳翟危，魏人起鸿沟以东而郾陁上蔡不安，齐人率燕赵之众以蹂躏江南泗上之间，是抑一秦以树众秦，贺战胜者不在楚而在天下矣，王何利而以伐秦之故，而为天下重困哉？吾意楚王闻之，必将投袂而色沮也。我告于秦王者奈何？则以天下主为横者，莫不雄秦而雌楚，王所以毒楚者，求吞楚以益秦也。而吾谓秦弗与楚为仇，则楚祸不生，秦弗与楚为仇，天下将以楚服之故，尽折而入秦。且楚非能为秦下也，曩者商於之欺，谋臣如张仪辈，尚狃狙诈之邪谋而实暗于远计，倘有献其胜算，使楚扫三户之众，率昭、屈、景之族，一军攻武关，则商雒以南扰，一军阻殽，关东诸侯之道不通矣。且吾未敢遽言秦屈也，借令胜楚之后，势可以举楚，而天下之怨秦者，谓楚灭而秦益强。方全力以待秦敝，于是聚河外之甲不足以塞二周，兴宜阳少曲之兵不足以待三晋，而云中、上郡间燕代之戎又复见告，是胜一楚复生众楚，享割地者不在秦而在天下矣，王何利而以伐楚之故，而为天下戎首哉？吾意秦王闻之，且将长跪而请教也。"

黄陶庵作《子产听郑国之政　全章》文云："子产者，非今世所称惠人耶？迹其抗大国、击强宗，猛毅则有之，姑息则未也。而不知者顾传其乘舆济人一事，若欲以此蔽子产者，孟子曰此非子产之事，信或有之，则吾谓其惠而不知为政。"又云："夷考子产之为政也，杀一人、刑三人而天下服，以至道有遗物而莫之敢拾也，桃李垂于街而莫之敢援也。斯其落落大者，乘舆济人之事于传无之，不可以不辨。"按：此文承题云："乘舆济人，在子产当自有说。”此语最为圆通。篇中直辨其无此事，虽觉雄快，究嫌背题。张惕庵曰：“此是借个题目指示政体，不是贬驳子产，乘舆济人亦仁心偶然流露，如禹之下车泣罪亦不过偶尔。若日日与罪人同泣，则梁武之不如矣。”此见解似比陶庵更高一层。

“外丙二年，仲壬四年”，《集注》兼存赵、程两说。明文如守溪主程说，新郑主赵说，亦皆随文解释，并无断制。惟近时曹寅谷文，独创为先太丁而卒之讼，而参程子之谓岁为年，于经无背，而于《孟子》亦可通。其词曰：“外丙、仲壬何以有天下而卒不有哉？于是有以二年、四年存代者，则开国只一传，越六祀而丧我两君，当时亦大损商家之气脉；于是有以二年、四年为岁者，则天伦以次及，舍仲氏而先书季子，后世亦终疑史册之传讹。以余观之，外丙、仲壬实先太丁而卒者也，不然，统观殷纪，何独外丙、仲壬之不传及哉？”

孙叔敖与芀艾猎是一是二，自杜注以后言人人殊。张惕庵不主艾猎即叔敖之说，阎百诗则谓艾猎之父芀贾于宣四年官司马，为子越椒所恶，因而杀之。意者子遂式微，窜处海滨，不七八年，楚庄知其贤，擢为令尹欤？但芀贾出自公族，自应为楚郢人，何得远在期思之鄙？意者叔敖子实不才，徒世守封土，莫显于朝，后人遂以其子孙之占籍，上系诸先人欤？曹寅谷有《孙叔敖》题文，两驳杜注云：“或谓孙叔敖即芀艾猎，盖以宣十一年令尹芀艾猎城沂，明年邲之战，有令尹孙叔敖不欲战，楚庄命之战事，两年相去不远，而只此一令尹，前后或为一人。不知庄王感优孟之言，封叔敖之子于寝丘，寝丘者，期思之故居也，故封之。若艾猎之子冯，且为大司马矣，曾何有于困？自食以至被褐而负薪也者，是艾猎之非叔敖，岂待问哉？或又以邲之战，随武子称芀敖为宰，择楚国之令典，谓此即叔敖也。无论叔敖既帅师又使典军制，势必不能，即楚之执政，令尹而下惟司马，又有莫敖，其下则左尹、右尹，左、右司马，而太宰为亚之，蔿敖其官宰也，宰之与令尹，尊卑悬绝。乌乎！可混为一者？且蔿氏楚公族也，则亦楚世卿也，是岂又以处士起家，而乃况而下之，至与堂阜之囚相提而并论哉？吾故曰孙叔敖期思之鄙人也。期思地属蓼，即《春秋》所论寝丘者是。”

金穀似居敬《傅说举于版筑之间》文云：“傅说者，高宗微时所识之贤人也。高宗旧劳于外，遁荒徂亳，厥终罔显。其后履帝位而不疚，当其困厄之时，非有异士阴左右之，必不至此。意者傅说其人也，而免丧之始，一旦更置大臣，即树所亲信之人，得毋有新间旧之嫌乎？则又不可而故为是。当言而弗言，以启群臣之问，而托之于梦，而形求之，而适得之，而骤贵之，而群臣卒无有疑之者，则以尚鬼之人心，威约之于其故也。而《书》且详列之，后之儒者，且以为恭默思道之心，鬼神通之，非偶然也。孰知梦中之人，为高宗意中之人；旁求之象，为高宗所素审之象哉？”按：罗泌《路史·发挥》云：“胥靡之贤武丁，岂不之知？而必曰梦赉者。武丁虽已知之，而天下未之知，天下未之知，故不得不托之梦。武丁之梦，武王之卜，是或一道也。”金文似即本此，虽当年未必尽然，亦可以备一解。

阎百诗尝语何义门曰：有虞氏刑官曰士，故《舜典》曰“汝作士”，《吕刑》曰“士制百姓于刑之中”。夏曰大理，周曰大司寇。若士师，特司寇之属下大夫耳，犹遂士、乡士、县士之属，在《周礼》所谓掌士之八成，凡四方之有治于士者造焉，是周之士师容或可称为士，而有虞氏之士断不可称为士师。奈何杨一清、王鏊、薛应旂、茅坤、邵圭洁、赵南星、李光缙、沈演、许獬、徐曰久、顾锡畴、艾南英、黄淳耀、姚应章文尽称士为士师耶？盖唐苏颋作授李乂刑部尚书制云“王命司寇，汝作士师”，其由来旧矣。

张惕庵曰：“若孔子则闻而知之，孔子本自言：‘文王既没，文不在兹乎?’不须更下注解，而为作时文计，则假年学《易》、执礼从周，却易成对偶。若如金穀似以赞《周易》、修《春秋》并举，《春秋》史例仿自周公，与文王殊不相涉矣。”侯康曰：“金正希先生文以必未丧之文、信天生之德，与周公见诸梦、文王见诸琴作对。周公句亦似与题无涉，然有文王句在，则此句带说亦无妨，微嫌信天德句稍落空耳。”

制义丛话卷之十六

吾乡近日论时文者，必首推孟瓶庵师。师由拔贡中副榜，旋中解元成进士，入词馆改部曹，典试粤西，督学四川，以乞养归，年甫四十遂不复出，凡士人荣进之阶无不周历。所作制义以风度胜，论者比之张京江。每榜前决闱艺中否，百不失一。其《事君敬其事而后其食》元墨，吾乡后辈几于家弦户诵。起比云："王者懔天工人代之思，论定后官，位定后禄，每准劳逸大小之分，以为诏糈之大典，故八柄必先驭富，原不惜天家升斗之奉，使贤才自奋于功名；君子矢受禄不诬之念，昼而考职，夕而计功，皆本严恭寅畏之意，以求寤寐之能安，故六法既知尚廉，亦不谓朝廷颁禄之恒，为夙昔一偿其愿望。"高华沉实，复能含毫，邈然似度越吴、田、马、李而上。后比云："夫报施之说，非所言于君父也久矣，儒者委质登朝，只此俨恪之念，可以不负吾君，苟宠利未忘，虽勋业烂如，而幽独转难以自问；且兼营之志，不足语于醇儒也明矣，君子先资拜献，惟此纯一之衷，庶几不负所学，倘私心偶动，虽指摘未及，而心术终觉其多亏。"刿目怵心，尤见真儒之学、纯臣之概。吾师又有"政事冉有、季路"二段文，末比云："所可念者，私门作宰，亦犹吾道之穷，覆醢兴悲，安望恶言不入，则存亡异路，谁能作太上之忘情？更足悲者，南国言旋，既非宾于蜡而游于观，西河设教，方且丧其子而丧其明，则南北殊踪，能无感百端之交集？"后吾师晚年连丧二子，终于鳌峰讲席，此文遂成语谶，亦可哀矣。

张惕庵先生枕经葄史，卓然儒宗，自天文、地理、乐律、兵法、水利、河防、农桑、方技之书，靡不周览。为文学大苏，汪洋浩瀚，如其意所欲出，其为制义亦然。所撰《四书翼注论文》及《国朝文范》，举业家皆奉为枕秘。世所最传诵者《此谓一言偾事　二句》文，有精力弥满、万象在旁之概，非浅学者所能窥也。中比云："谓今日所筹之事，不阅日而观成，天下实万无此理，然惟心至灵，千世百族即旦暮中之左契，而影响可以相求。今夫利害之相悬，亦尽人而知决择矣。乃生民休戚之原，何事不经于百虑，而缄縢不密，造次遂至于两伤，意见偶乖，颠倒竟无其一是，此岂有意而然？而尸居而龙见、渊默而雷声者，方皇皇惟敬而无所作为。而百官万民已拱手而受钧陶之赐，此亦不期然而然也，则不出户而知天下者，机中有自具之灵也。谓应念而起之缘，不转念而收效，天下亦焉有此人？然人力至锐，万轨殊途皆志气间之曲折，而始终无能自外。今夫祸福之倚伏，似不可以若是其几矣，乃求可求成之念，何人不切于中怀。而微词以匿所短，患已中于不及知，片语而流过激，势遂成于莫可挽，是岂逆知至此？而不殚属目而视已明、不殚倾耳而听已聪者，方穆穆洗心以内自循省，而阳开阴阖已不言而妙调剂之宜，是亦不期至而至也，则观我生以观民生者，机中有独辟之径也。"后比云："偾者不自知其偾，莠言自口，方洒洒而洋洋。定者不自知其定，皇极在躬，仍兢兢而业业，不闻不见之地，只一身所独往而独来，而各指其所之，其得失不待烦词而决。偾者不自以为偾，而欲扪尔舌，防口甚于防川。定者不自以为定，而毋贰尔心，驭民直如驭朽，旋至立应之神，与吾身若相酬而相报，而各求其自出，其间隙只堪意揣而知。"按：此先生闱墨，其座师崔蒲坂先生原评云："本领纯粹似董江都，气盛而近迂亦似之，非耳目前所有。”真知言也。

林畅园师课文不出搭截题，有以搭截文呈正者，亦多不中绳墨。尝曰：“今人作搭截题，但讲钓、渡、挽机局耳，即前辈名家亦不过一钩半剔，心灵手敏，并无他术。今闱中不能无此题，即不能尽废此体不讲。无已，则须举一二篇以为程式，总期有书有笔，无愧方家而已。”如张惕庵先生《人皆曰予知至人皆曰予知》文，不屑屑作两头关合钩勒之态，而独以昌言笃论行之。原评谓：“如奏金石，以破蟋蟀之鸣是也。”文曰：“且世无一人而可谓之智也，实由无人而甘自处于愚。冥行以就，既颠蹶之相寻；逞臆为奇，犹联翩而日起，此复何故矣？盖愚者安于愚，无荣而亦无辱；知者不能安于知，自误旋复自欺。小慧难行而庸流自是，可胜慨哉！夫四德皆本于乾，而知独主二，曰贞，曰固，明乎一知之不足为知也。一知既不足以为知，何世之人犹相率而易言知也？盖由定生静，由静生明，此理原蕴于精真，实非浮游可得；而积想成贪，积贪成妄，彼亦自成其慧命，实为患害之根。故夫人之皆曰予知者，我知之矣，千虑之一失，何足以议贤豪。乃只此一途，与为聚精而会神，而前有险而不见，后有伏而不知，犹若藏身之固。即当局之偶迷，亦何足以疵平日。乃孤悬一事，听其博咨而泛应，而不是其所非则非其所是，只与坎窞相遭。今夫前禽不诫，王者之宏也，而不左左、不右右者，偏率旷野而投于罗网；前民用以示趋避者，圣人之志也，而福轻莫载、祸重莫避者，偏出门庭而入于明夷。吾意天下自此无言知者矣。何也？蹈河而入火，世必谓之迷罔之民，今乃出于平日之牢笼万物独知自予者也，是足以关其口而夺之气也，而固不然也。盖天下机心机事之来，瞰高明而不瞰蒙昧。蒙昧者城府坦然，其中无以召之。凶、悔、吝之萌亦匿而不作，而知者之心，动而愈出，退而谋人，遂欲进而谋天，于是借危而能安，亡而能存之说，以自幸于一往，不知至人无心，故能入于机而出于机。若有心入之，则必入而不出，此人皆曰予知而纳诸罟擭陷阱之说也。而天下离理失术之事，又只足以警蒙昧而不足以警高明。蒙昧者识力俱靡，其外有以惕之。性、情、才之用皆可止而不行，而知者之思，独勤而无所，既以人鉴，遂不复以已鉴，偏欲当奔车之下，覆舟之上，以自表其矜奇，不知至人无我，故能哀前人不学前人。若有我存。何必今之非昔，此纳诸罟擭陷阱之中而仍有人皆曰予知之说也。夫世之倒行逆施而迷于避就者，皆自谓知者也，而今之予知又复振振有词也耶？故曰前识者，有道之华而愚之首也。”按：此亦先生闱墨，孙虚船评云：“杜诗韩碑，无一字无来历，以此夺标场屋，主司亦何减陆宣公、欧阳文忠公耶？”

朱梅崖先生以古文名家，其掌教鳌峰也，则以校阅时文为职志。余不及从先生游，欲亲闻先生之绪纶不可得。梅崖古文裒然成集，风行海内，而制义则未之见。忆少时，先资政公以《来百工也》一篇示章钜曰：“此梅崖先生时文遗稿也，其珍玩之。”文云：“百工居六职之一也，经又有以来之矣。盖国有六职，百工与居一焉，可不有以来之乎？且我《周官》司空于冬以帅百工也，是固赫然六十属之媲，讵得以其名后四民而易视耶？故子庶民外又有来之之经焉。今夫有隐其名而工也，有世其事而工也。隐工之名而工者，粤无镈、燕无函、秦无庐、胡无弓车，不建工无不工也，来不工之工。而彼第率其粤之习、燕之习、秦之习、胡之习，即我得其镈之工、函之工、庐之工、弓车之工矣。世工之事而工者，郑之刀、宋之斤、鲁之削、吴越之剑，谓之工非凡工也，来特工之工。而彼乐奏其刀之技、斤之技、削之技、剑之技，又我得其郑之工、宋之工、鲁之工、吴越之工矣。虽然，难哉！凡为天下国家者，无不庀工意壶矣，及讯诸肆卒，无操镕范以来止者，此其故有二焉。盖工有巧焉，又贵得地气，今夫橘逾淮而北为枳，工之良者迁乎其地知不为楛耶？良工不忍败名，奚其来？且夫慕君之意壹以来，而风尚又足以局之。昔者周人尚舆一器而工聚，夫邦有百器聚于一则不业者百，若是而来者一工，不来者百工，曰来百工也，奚可哉！奚可哉！此其所以难也，要非所论于先王也。先王知夫百工则百国也，来之道必裒百国以居于一国。夫郑之工、宋之工、鲁之工、吴越之工，稽其籍不一版矣，乃不第通其事于中原，而貊邦蜑地且考倨句焉。若是者来，不囿于山川而地气之说挠也。先王知夫百工则百器也，来之道必鸠百器而适如一器。夫镈之工、函之工、庐之工、弓车之工，化且饬不一材矣，乃不第世其民于筑冶，而陶旊抟埴且隶二工焉。若是者来，不囿于技巧而风尚之说又挠也。”原评云：“谁不读《考工记》？此独幻出凭虚之构，万怪惶惑，得不咄咄称奇。”

闽县魏耕蓝邑侯瑛从余先大父游最久，又尝肄业鳌峰，得朱梅崖先生指授。尝自言古文师朱先生，制义师梁先生，而获闻宋五子之绪余，则于两先生皆有得力处。今古文稿一字不存，余仅录得甲午闱艺一首，则汪洋恣肆，似不屑为理学家言，盖此一篇已足以传邑侯也。题为《振河海而不泄》，起比云：“华岳之质主于凝，凝故附于地而莫解。至于不主凝而主涣，而沸腾汹涌，实有溃而出之之形。此出焉者而若有以藏之，量不足以相周，不能容纳也。量仅足以相周，亦不能容纳也，则振之说也。华岳之性从夫止，故安其所而不迁。若夫不从止而从行，而驰骤纵横，将有离而去之之势。此去焉者而若有以留之，力不足以相当，不能统摄也。力仅足以相当，亦不能统摄也，则振之说也。”中比云：“凡物必有所泄而往，而后无尽之来豫有以待之。河海之来也，大矣，无论朝宗归海东注者千百川，而混混源泉，曾无昼夜之止息，此其来岂有尽焉？正惟其来之不尽若斯也，而莫测其泄之何所往，望海若者，遂有泻于尾闾之说而不知非也。夫尾闾以泄河海，更有何物以受尾闾者？观其一潮一汐，惟地自发之，亦惟地自收之，则知呼吸往来，莫非无疆之德所运转而不可已者也，而何泄焉？凡物必有所泄于中，而后下陷之处争得而入之。河海之陷也，深矣，无论渤海以东不知几亿万里，而茫茫大壑，实传无底于归墟，此其陷岂有极焉？人见其陷之无极如此也，而遂疑其泄之不可知，溯地维者，复有不满东南之说而不知非也。夫地所不满之处，即有河海以为之满焉。观其不涸不盈，惟地自虚之，亦惟地自实之，乃知弥漫浩瀚，一皆贞固之体所充塞而不可穷者也，而何泄焉？”末比云：“故由不贰之原论之，天下质之所流布，大抵皆精之所与足。夫河海一变迁之质耳，然而流光上运，星河悬水气之精，占验有常，弦魄应汐潮之大，盖其精之有至足者也。系于天者既然，振于地者岂不然哉！由不息之故推之，天下气之所谓弥纶，大抵皆理之所包孕。夫河海一浮动之气耳，然而至人在上，两大并受其平成。圣主当阳，百谷竞呈其清晏，此亦理之有可推也，人即不知至诚，夫独不知天地哉！”

林畅园师于天文、历法、乐律之书，靡不精究贯通发之，于时文实开三四百年来未升之境。然每成一篇，仍是曲折赴题，不支不漏，非同游骑无归也。如《星辰之远也　句》文云：“天体有其四隅，而苍龙、朱鸟、玄武、咸池，其名数固自可纪耳。然半见于天者实半隐于地，半运于昼者又半易于夜。一时不过七宿之周，而二十八星之广，非历一岁焉不能阅其全，则纲维所奠，棋布于东西朔南之分野者，其辽阔为何如也？天运回于四季，而星鸟、星火、星昴、星虚，其悬象固自可指耳。然《尧典》之中星已殊于《月令》，《月令》之中星又殊于后代。一年俱有微分之变，而三百六十之度，非历七十余岁焉无以验其差，则运行所推，直贯乎章蔀纪元之前后者，其悠邈为何如也？论玑衡之运、昏旦之星，每与人近，故夏正举织女，周令举建弧，固与赤道所届，同为翘首可瞻耳。不知中座外宫，主以紫垣，分以太微，隶以天市，其相为联络者，直骎骎遍于倚盖焉。甚至北极以下诸星，南望者患乎蒙气之隔，南极以下诸宿，航海者别有出地之占，欲借是考其疾迟、稽其进退，孰从而定之？论九重之势、天体之星，最与人隔，故纪日在天鼋，占晨在龙尾，揆以层域之判，诚为运行莫定耳。不知五纬伏逆，或一岁而周，或十二岁而周，或二十八岁而周，其游于四极者，更茫茫不得其根焉。甚至淫于玄枵，旅于颛顼，迟留已觉其不常，守乎帝座，凌乎天庭，经行尤觉其多舛，欲借是揆其升沉，窥其赢缩，又孰从而据之？地之去天，上下难穷其纪极，而偃矩以测高，觉一曜之大小者数万里，巨者亿万里，匪远之故，何以仰瞻者直小其规围？南之于北，两表甚觉其悬差，而立浑以察度，觉一日所躔起度于牵牛，周回于星纪，匪远之由，何以奔驰者转疑其弗动？”按：此六比统括浑盖三家之奥秘，会通中西测量之异同，旁推交通，无非为“远”字还出实际，方非空作一篇星辰考也。

郭韶溪曰：林畅园师文，无一句无来历。如《祭如在　二句》文云：“气之丽于吾身者，犹火之丽于木也，木虽烬而火之传者不熄，犹之代相禅而气之衍者无穷；理之遍于两间者，犹水之寓于土也，掘地得泉而水不拘于一处，犹之因名立祭而神不碍于一方。”又云：“自内出者，无匹不行，以同几联其气；自外至者，无主不止，以立坛为之依。重易以主，主易以尸，交际者弥有人道之近；腥进而焰，焰进而熟，荐馨者如有醉饱之逢。”贾、孔之礼学，邵、程之精理，盖兼而有之。

郑芸汀天祥曰：林畅园师最熟春秋、战国时事，尝撰《左传补注》，手画战国时舆地图表，皆足与亭林、复初之书相参证。有《吾恐季孙之忧　三句》题文，郑苏年师谓当与吕氏太圭、叶氏石林、吕氏东莱诸家议论相上下。其词曰："至于今，则谓季孙无忧者，非也。四分公室以来，凡伐莒取郓之谋，季以身试其衅；盟会帅师之地，季以君试其危；观望形势之余，季可谓晏然无患矣。乃观扈之役，君固在列，而执者季孙，盟者季孙，禄移政逮以来，大国知君为尸位矣，故鲁君无忧而忧在季孙也。中军既舍之后，季也自为一军，半也而实有其全；二子合为一军，全也而仅有其半；以力相制之下，固可沛然有余矣。然而清之战，敌迫国都，而二子畏从，公三刻无壮志，国亡臣辱之机，在朝以季为首难矣，故孟叔无忧而忧在季孙也。且向也舞佾歌雍，僭逾无等，而政在冢卿，其权犹统一耳。今也陪臣有效尤之想，窃威攘势，方借张公室以为名。臣叛其君，仆亦叛其主，茕茕季氏即兼有颛臾，非必如陈氏之于齐，赵魏之于晋，其势为不拔也，而谓可保世滋大乎？向也天生季氏以贰鲁侯，而虚位尚存，其势犹未盛耳。今也君虑覆亡之不暇，琐尾流离，势将乞强邻以为援。非君逐季，即季逐君，而区区一费即并以颛臾，固非若孙氏之戚、鱼石之彭城，足以抗大国也，而谓可高枕无忧乎？"

国朝吾闽之能为古文者，咸推朱梅崖先生，而吾郡龚海峰先生景瀚得其指授，且能以古文为时文。所自编《小积石山房四书文》，有方望溪之粹精，而更出以爽朗。中有别调数篇，尤足以开拓后学之心胸。如《公叔文子之臣大夫僎与文子同升诸公》题中间二大比云："盖尝综古今大势论之，商之用人最善。伊陟、巫咸固世族也，而傅说版筑，胶鬲鱼盐，骤进不以为嫌，立贤无方，所以臻于盛也。若周则异矣，立国之初，亲贤虽曰并建，势已有所偏重。其时伯叔甥舅之中实多明德，至其后则天之生才，有不必择地矣，乃沿其文而不知其变，反借祖宗成法以阻天下贤才。数百年来，草茅之不遇者可胜道哉！文子何其能去拘牵之见也，植党者恶其相形，安常者亦疑其可已矣。又尝综列国大势论之，异姓之国用人为善。高、国、斗、屈皆贵胄也，而由余戎狄，敬仲缧绁，兼采不厌其多，得士者昌，所以即于强也。若诸姬则异矣，执国之柄，公族互为盛衰，势已不能有所旁及。其中明习典故之才固多英哲，若其外特出之贤，有什伯于此者矣，乃知其一而不知其他，反谓新进纷更不如世家谙练。十余国中，下僚之沉郁者可胜数哉！文子何其能破庸人之论也，不知者以为沽名，而知者亦以为立异矣。”上下千年，纵横万里，寻行数墨家对此能无咋舌？

龚海峰先生授徒里中，时风气方以涂泽为工，竞尚尤、王派。先生雅不欲从游者为之，遂有私议先生固不屑学此体，亦实不能为此文。先生乃拈“子行三军则谁与至吾不与也”题，弄笔成一首，丽藻不减尤、王，而淋漓顿挫则过之，从游者始翕然信才人之笔无所不可也。兹录其全篇云：“今夫授斧钺以专征，总熊罴而出帅，此丈夫意气之雄也，然而圣人难言之。先王重师中之寄，丈人吉而弟子凶；后世隆阃外之权，《诗》《书》敦而礼乐说。盖国之大事惟戎，故明堂不登勇士；而子之所慎在战，故圣门不尚武夫也。子路，将帅才也，治赋之才优于千乘，知方之训比及三年，夫子亦尝许之。一日闻颜渊之见称，而意气勃然也，起而请曰，子行三军则谁与？盖志驰乎扬钲表貉之交，而心奋乎免胄超车之日矣。杨柳而兴师矣，共武服者奏肤公，饬戎车者匡王国，此非碌碌儒生所能胜任也。国家养士数百年，一旦封疆有警，而犹缓带雍容，徐商出处，岂非学士之羞乎？天下未尝乏才，怀利器者或郁郁而待时也。杕杜而劳还矣，方叔则克壮其猷，吉甫则万邦为宪，此非匆匆谋面所能鉴别也。朝廷侧席数十载，一旦强敌凭陵，而乃四顾徘徊，仓皇遣将，岂非宗社之辱乎？风尘如可物色，相需殷者或当前而即是也，则谁与乎？今夫与则与乎？暴虎冯河，死而无悔者矣。丧马者悲凉执手，使鹤者怅望乘轩，士气惫矣，其能有死之心乎？若而人者，我其攘臂，不咥者履尾之亨；我其褰裳，有孚者涉川之利，此其气大可用也。秦风侠烈，妇人有敌忾之思，齐俗轻儇，猎者皆并肩而揖，使授甲而前驱，当复无惭先烈耳。弃甲者皤腹而于思，失弓者鬑须而甚口，鼓音竭矣，其能视死如归乎？若而人者，岂曰五兵之用，将食其肉而寝其皮，何须一苇之杭。且深则厉而浅则揭，此其锋未易当也，挟辀以走，争名者拔蝥弧，桀石以投，贾勇者系桑本。苟选将以临戎，夫固舍此安归哉！然而夫子曰吾不与也，此何故哉？危事不可尝也，扫境内之旅以属将军，其得曰胜负有常，此行聊以试乎？策勋饮至，试万人之命而成一将之功，犹可言也。至于玄纁归国子之元，风雨葬二陵之骨，父老子弟迎马首而哭王帅，有不相对欷歔惭愤欲绝者乎？而后叹仡仡勇夫之死不塞责也。义烈非所矜也，起羁旅之中而登上将，其得曰明主深恩，一死足以报乎？矢亡援绝，堕平生之节而成竖子之名，犹可言也。至于天朝歌其板荡，宗社叹其陆沉，故老遗黎述旧闻而悲国事，有不追原祸首饮恨吞声者乎？而后叹硁硁匹夫之死有余辜也。其可与乎，其不可与乎？”

汉、晋诸儒议禘礼如聚讼，至朱子独宗赵伯循之说，后儒尚疑信参半，莫知所折衷。而用以入时文，则惝悦迷离，尤所不免。惟龚海峰先生《或问禘之说　一句》文，别白一尊而义理愈出，有功于传注不浅，不仅作制义观也。中四比云：“先王追远之意，必有所止，故追王及古公而亚圉以上不与焉，立庙及二祧而祖绀以上不与焉，非薄也，义以渐而杀也。乃立始祖之庙而又推之所自出，亲尽而即远，精神既泛不相孚，立主而无名，号位又虚无所寄，不亦迂远而不切乎？先王报功之典，必取其称，故公刘再造不得同于有部之始封，太王肇基不得同于文武之受命，非偏也，势有所独重也。乃禘始祖之所自出而以始祖为配，重始祖欤？不应至大祭而反夺常时之尊，重所自出欤？不应至五年而始伸斯须之敬，此亦进退之失据矣。盖尝观周之禘而求其说矣，后稷为帝喾嫡子，乃挚尧嗣统，而稷降在诸侯，诸侯不得祖天子，故周人不祖喾而祖稷也。然而天下未有无父之国，则不窋而下不可祖帝喾，而稷未尝不可父帝喾也。以稷之心为心而敬其所尊，必有不容已者矣，故帝喾不立庙而禘于后稷之庙。若曰吾为始祖祭其父也，非祖之也，是祭法也，是以群庙不合食也，而谓毁庙未毁庙之主，以次祔食者，失之矣。又尝观鲁之禘而求其说矣。周公为武王母弟，乃管蔡罹辟，则公实为别子，别子为祖继别为宗，故鲁人不祖文王而祖公也。然而宗其继别子之所自出，则曹、滕诸国不可祭文王。而鲁未尝不可祭文王也。以鲁之国为宗国而爱其所亲，必有不容已者矣，故文王不立庙而禘之周公之庙。若曰吾为别子祭其父也，非祖之也，是宗法也，是以他国不皆然也，而谓成王赐之，伯禽受之者，失之矣。”如此一片雪亮，自当著书，而唐以前诸家之名理，悉涵蕴其中，使朱子复生，有不引为同调乎？使方朴山有知，有不自愧其但弄机锋无关实际乎？方文见第八卷。

朱文正师负龙门重望，所拔识知名士不可数计。阅闱艺尤有具眼，自言能以望气得之，而于吾闽张孟词腾蛟倾倒尤至，赠句云：“三千闽士校雄雌，第一应推张孟词。万锦云霞天上笔，双清梅竹雪中姿。”孟词会试已中式，以文中用《公羊传》语，被磨勘停殿试，郁郁遂卒。师复哭以诗极哀，有“苍昊如求士，呼空首荐贤”之句相传。乾隆辛丑师督闽学时岁试汀州，孟词文已为幕客校阅者置劣等，师覆阅之，大加惊异，擢冠其军。翼日覆试，乃愈加赏识，而幕客已于前夜襆被去矣，汀州士大夫至今乐道其事。余尝至汀，索其原文读之，淳古渊隽，直是先正遗音，宜非时眼所能辨识。覆试文虽稍涉时蹊，然穿穴经义，细绎精思，亦非积学有得之士不能办。今全录二篇于左，以备文坛佳话焉。首场题《其尊德乐道不如是》文曰："道德有不容慢者，为反言以决其必然也。盖尊德乐道则不召其臣，礼亦宜之，不如是而能免于慢乎？晓景子曰吾言辅长莫如德。德者，得尧舜之道于心也。彼自居其至尊之势，以独乐而忘人之势，而又欲以在己者尊主而与民同乐也，则君之加礼于若人非过也。不然，彼拥万乘之尊，而降从匹夫之微者，岂徒为是优崇之异数以自文也哉？盖有为之君之于道德也，或尸之为乐祖，则以道德之泽远在成均；或位之以虎门，则以三德之条近在宿卫。凡以明有尊，且谓吾所乐者在是也。然使为臣者自以挟持有素，上答之不敢疑，上不答不敢谄，必寡君亲举玉趾，时过而授餐焉。将无贫贱骄人，如是而大君之隆礼者，至是亦不可以已乎而非也。今夫胥靡而相，垂钓而师，德在而爵已无论也。稽谋曰寿耇，典型曰老成，德在而齿亦统此也，虽欲不尊，夫安得而不尊？且至德即为道本，道所以适于治之路，而仁义其具也。德行必兼道艺，道而究极于帝之升，则尧舜其统也，虽欲不乐，夫安得而不乐？故其结于意之所钦，宛然迪知而忱恂，动于天之莫解，不觉丕式之维严。非姑市焉以博㧑谦之目也，所望于子之宏济艰难者，必如是而始称也。故其良贵在己，极崇高而不贬其真；分定于初，虽捧檄而不移其志。非故难焉以为要重之术也，所责于君之下交不渎者，不如是而已苟也。夫为道德而无臣之见存，故必如是而始称守吾道德，而恶所尊所乐之不属，故不如是而即苟。盖大君之降尊就卑，有宾臣者大飨三，重席而酢，三献之介则专席而酢是也；有优臣者已通羔雁，而犹成不事不臣之节，虽非更老，而如修亲馈亲酳之文是也。然则君之如是者可知已。斯世斯民托命于道德，而道德之士又深愿托于人主。尊乐之一心，不如是而名实不加之，伤岂在贤杰哉？不足有为，则臣之敬君也至矣。"覆试题"去丧无所不佩”，文曰：“详服制而及佩，无故不去也。夫佩，衷之旗也，带必有佩，惟丧否，去则无弗备矣。记者故因服制而类及之，盖尝观礼之谨于纪服也。《内则》一篇，首冠缨，终逼屦，而中必及佩；《玉藻》一册，上自冕弁，下讫带鞸，而中亦详佩。佩者丽于服以为章，犹夫玄黄黼黻、表里裼袭，长短丰杀之同为尽饰之道云尔。故《鲁论》详君子之服，而特记去丧无所不佩一事。其学也博，故其佩也衷，或垂或委，无贵乎金寒玦离，而取类称名未易遽数而终其物；其衣也纯，故其佩也度，或抑或扬，悉中乎徵、宫、角、羽，而杂物撰德若不下带而道已存。礼，居则结佩，齐则缙结，佩言结，则非不佩之谓也。古者冠缩缝，今衡缝，丧冠之反吉尚非古，在丧礼袒括发去饰也，有去饰之故而尽饰，其义何居？故君子不佩，惟在居丧，君子去丧则无所不佩。鲜民之抱痛也，早思鸣佩以适所，其奚可得也？鸡初鸣而沐稷醴粱，若纷帨、若刀砺、若燧觿、若玦捍管遰，亦几从父书不忍读，母器不忍饮之例，而特不欲弛其事，佩失古人小物克勤义也。且君子既不获就养无方矣，虽当赤黻幽衡之日，不殊栉纵笄总之初，此意岂徒在带綷间哉？尼山之攻错者，严思设佩以比德，其奚所取也？史进笏而揖让观光，若纯白、若山元、若水苍、若瓀玟瑜瑾，亦俨然出击黄钟而左五钟应，入击蕤宾而右五钟应之仪。夫宁得独弛其德，佩失古人贱瑶贵玉义也。虽君子固未尝尽在朝班耳，但当素冠素鞸之时，即循綦组象环之度，此事诚何忍斯须去哉？札之赠侨也以缟带，起之聘郑也求玉环，君子驱车不一国，《木瓜》《瓠叶》必有赋之将微情者，岂弃焉如遗，直弗等诸佩帨、茝兰之赐。妇人以杂佩致美，童子以觿佩兴刺，君子删《诗》至三百，名物象数皆有取之资考鉴者，即锵然布武，随在载其博依杂服之精。先正制礼不敢不及，居丧欲不废佩，是礼坏乐崩之说也，君子弗为也；先王制礼不敢少过，去丧犹不忍佩，则利用崇德之疏也，君子又弗为也。此君子之神明乎佩之用也。”

伊墨卿秉绶曰：“周有八士 节”，名作如林，加以乾隆顺天乡试魁墨，精华益发泄无余，实难再开生面，尝试以难张孟词，孟词曰：“欲语羞雷同，我且试为之。”越数日，遂以草稿相示，乃即就题中字劈分两大比，字字脚踏实地，壁垒一新。余为之俯首至地，信才人之笔之不可方物也。其词曰：“古者因生得姓，胙土受氏，故妘曹八国上溯祝融，元恺、八才犹沿顼、喾，而八士之族，并无以官、以邑、以谥、以字之可稽，盖无君卿大夫之显于前者也。顾其循伯、仲、叔、季之字，因而重之，如美玉之成珏。考《周礼》二十而加字，是其先世为士，得行始冠敬名之典也；周道五十始称字，是其历官显仕，同享艾年服政之荣也。仲与叔、季之递乎伯，是其生同母而其长同嫡也。伯、仲、叔、季之各得其侪，是不仅如择立者之称钧年，并不仅如名子者之称同日也。伯霜四子，序虽备而其数难重；伯奋八人，数虽重而其班非偶。我周自伯邑考季载而外，鲜度处武皆以叔称。而八士之齐于对待者，几难循国典以掩厥灵奇，济济乎其四美具而二难并也。盖自法四时取号以来，未有盛如斯时者也。且古者人传于事，迹著于官，故帝子作歌叙功八阕，文王询道备职八虞。而八士之贤，并无以德、以功、以久、以能之可数，盖非钟鼎旂常之耀于世者也。顾其系达、适、突、忽、夜、夏、随、騧之名，两相叶也，若保氏之谐声。考达与适之成名于辅佐者，已有周之南宫，可想其辉映一时也；突与忽之沿名于弟兄者，犹有郑之昭厉，足见其声施后世也。纪于夜而不以日，纪于夏而不以月，是其名之秉乎礼也；取于德而命曰随，取于物而命曰騧，是其名之制以义也。无郑寤生、晋成师之衅，岂徒均七子于鸣鸠；无接菑四、玃且六之分，宜其奏八能于鸣凤。我周若叔虞季友之祥，茅土宗祊早由天定，而八士之表于李生者，不必援手文以昭其神异，蔚蔚乎其二曜合而五纬连也。盖自举五类命名以来，未有与斯同类者也。”

乾隆间，吾乡之《三郑合稿》盛行于时，盖荔乡太守方坤偕其兄石幢邑侯方城、芥舟进士天锦之制义合刻，有陈见复祖范为之序。少闻先资政公言，制义不入文集，犹之试帖不入诗集也。文集中为制义而发者层见叠出，而诗集中涉入制义之语则绝未之闻。惟郑荔乡《蔗尾诗集》中有《寄长侄天锦论时文》七古一首，合前明及我朝诸名家体裁而抉其要领，可谓择之精而语之详者，足备制义家一故实，不可不读也。其诗曰：“时文之技本雕虫，创始乃自王荆公。明兴厥制渐展拓，收拾豪俊归牢笼。童而习之至白首，如矢人矢弓人弓。初盛中晚犹前志，更仆悉数吾能终。洪永开科迄泰顺，敷衍传注除雰霿。白沙陈献章廷益于谦有述作，太羹元酒将毋同。质有其文守溪老王鏊，元音入耳殊沨沨。殆于禅宗比葱岭，叶叶衣钵传无穷。唐顺之钱福瞿景淳薛应旂均正始，昆湖机法嫌圆融。儿孙踵事致纰缪，鼻祖那不讥弹丛。我思制科匪一格，论策诗赋齐巃嵸。依经立义愈尊贵，卑猥胡不为墉崇。天为此道张壁垒，太仆归有光名氏喧儿僮。浑浩流转注河汉，浓淡舒卷拖蜺虹。茅坤胡友信仅堪骖乘耳，极盛之下难为功。谁软陋语唱百和，元灯一盏趋痴聋。请看邓以赞孙矿暨冯梦祯李廷机，已自不振嘲疲癃。沿及汤宾尹许獬尤乱道，紫凤颠倒鹤氋氃。支离破碎吁可骇，阵脚一任偏师攻。其间石篑陶望龄独峻洁，森如竹箭翘葭蓬。华亭董其昌科名虽稍亚，澄之汰之河浺瀜。珠玉咳唾有玉茗汤显祖，孟旋方应祥侪鹤赵南星云霄翀。庆历作者略尔尔，耳食奚事惊霳霳。就中小品间可采，羹有螺蛤菜有菘。却恨棘门率儿戏，吾尤无取王遂东思任。吁嗟斯文历小劫，易穷则变变则通。嘉鱼金声拂袖兴也勃，韩豪柳洁纷䌌幪。追随震川恰两美，讵别安仁与太冲。是时豫章秀人士，斫冰积雪明而聪。临川一老陈际泰最奇横，千篇百赋书匆匆。章世纯罗万藻维节杨以任足羽翼，决起一一排崆峒。东乡艾南英无花明老眼，志在嘉惠后之侗。手编定待主朴老，云间陈子龙、夏允彝异派偏潺潨。论者不无抑选理，望气要自光熊熊。幽香冷艳数宜壑包尔庚，拟之娇颣缠花馥。陶庵黄淳耀先资有成谶，试帖卓尔事君忠。贾傅宣公信具体，经术更蔚曾南丰。同榜王郎自超亦吾癖，说诗何遽删卢仝。吉士钱禧思旷徐方广老不遇，视天未免嗟梦梦。精能神逸各妙理，主司头脑徒冬烘。时哉风气绝遒上，倏尔国步堕裿谾。我朝造士迈胜国，墨封乙夜翻重瞳。黄冈刘子壮应运冠多士，过都历块摇风鬃。钟陵熊伯龙并起诧沉博，大为江汉张雄风。辰闱唐德亮快戚藩险苦，下滩上溜双征篷。石台李来泰异采堪鼎足，俯视余子为鞠躬。榕村李光地理解人三昧，茧丝细细抽绝总。一时坛坫此最盛，百家六艺群折衷。别开生面韩宗伯菼，仙乎霓舞吹玲珑。又疑练江散霞绮，一扫苦雾昏戎戎。嗣后风流几歇绝，细者蚁虱庞然幪。金丈居敬沉郁号一变，桐城方舟、方苞妙手开鸿蒙。义门何焯匠门张大受出寒碧，文笔秀夺兰台宫。集虚方粲如新篇尤峭蒨，解颐匡鼎同惺忪。黄钟大镛推礼执储在文，难兄储大文手自挥丝桐。徐卿徐用锡勃窣称老宿，高语无上凌穹窿。二王汝骧、步青佳境接不暇，秾郁别有金溪冯咏。诸余散见小全稿，单句已重吴江枫。繄予束发抱铅椠，飞扬欲访丹砂洪。恃才一纵不持择，三品错杂金银铜。弱冠掇第等拾芥，意颇自命为文雄。衡阳段柱湖先生秀州陆儆岩先生两夫子，岿然地望恒华嵩。为言孺子似可教，导以宝筏疏奔泷。伐毛者三洗髓五，快若喝病浇醍酮。少作成帙付一炬，化为蝴蝶穿葵茙。千家百家恣评品，斗室兀坐垂帘栊。村塾面面环讲席，兔园一册求童蒙。倒提借点矜秘诀，雌黄妄拟张喉咙。导河注江南北派，吹葭截竹阴阳筩。改时易月定正朔，出车治赋输禾稷。以及禘祫冠冕制，百不一解怜悾悾。临文逼窘思獭祭，奚啻八井求芎䓖。岂知此事贵根柢，舍皆取诸其宫中。借书于手用我法，异香底用偷贾充。树根倘不勤封灌，几见枝叶青葱葱。昌黎含咀苏绚烂，夫岂饰说欺愚蒙。吾家阿咸富才思，挟策日日哦松棕。新文十首昨寄我，玉石大已加磨砻。胪列正宗别伪体，远道不惜邮书筒。所嗟羁宦不称意，旧业一半埋尘蓬。何时短檠对安节，坐听街鼓声逢逢。”

郑荔乡先生《禹疏九河》题中二比云：“河之水自塞外入，溯昆仑而缘积石，尚传有千里一曲之形。其势犹无妨于向迩，迨至兖而全力奔焉矣。夫大野卢维已为泽国，复益以千二渠之汇，欲束其放，亦奚由遽遏其冲也。一经流贯注之于中，八支流旋绕之于外，计所役者当不下数十万人手足。禹则以为劳在一时，功在万世，河乃因势而利导矣。河之水从天上来，越底柱而过孟津，乃始有出险就夷之乐。其势方一纵而难收，更至兖而尾闾泄焉矣。观降丘宅土仅有宁居，犹必俟十三载之同，则不强其枝，未易以弱其干也。自徒骇以南若干里，自鬲津以北若干里，计所弃者当不下数百万亩桑田。禹则以为欲创非常者，勿恤小利，河乃派别而支分矣。”鲍桼子曰：“自九河既道以后，无水患者七百七十余年，河流分而势平也。周定王五年，河徙砱砾，始改故道，九河之迹渐湮。至汉文决酸枣，孝武决瓠子，又决馆陶，泛郡十六，害及梁、楚，河流不分而势横也。逮宣房之筑屯氏之流，无水患者又八十年。汉成时屯氏河塞，又决馆陶，凡灌四郡三十二县，则河之分不分利害可睹矣。潘季驯河不两行之说，盖本之栾城谓其上流耳。入海之处泄之愈速则河愈通，疏之功所以大也。此文原原本本，明辨以晢，且复取材浩博，以坚老之气行之，直堪自作河渠一书”。

郑苏年师曰：郑荔乡先生《涕出而女于吴》题文，赋手骚情，感均顽艳，虽尤西堂、王农山复生无以过之，在艺苑中亦是风流一世之作也。中四比云："兵车衣裳之会，盟府间遗烈犹光。乃昔也存三亡国而有余，今也庇一弱女而不足，此其于盛衰之感何如？别转附朝儛以遄征，而齐子翱翔终远父母，能勿伤臭味之差池也。指寇仇为婚媾，景公其何以为情哉？纪甗玉磬之盟，靡笄役前车亦覆。乃昔也欲质其母而犹可背城，今也直翦为俘而居然告庙，此其于宗社之羞奚似？缔封豕长蛇以永好，而吴宫花草极目悲凉，能勿痛姬姜之憔悴也。系钟虡于鞶丝，景公其谁能遣此矣？且荼火而劫黄池，不过争两国之长，若女之以女，则非仅名号声称之恐喝已也。请为赋《燕羽》之诗，而远送于野，远送于南，不知者曰儿女之情长，知之者曰英雄之气短也。牛山挥泪之外，盖别有伤心者已。坛坫而征东鲁，亦止责百牢之供，若女之以女，则岂但牺牲玉帛之悉索已也，请为占《归妹》之《睽》。而刲羊无衁，承筐无贶，美其名谓结褵之好合，循其实即衔璧之求成也。持踵泣下之悲，盖不独母氏也已。"鲍桨子曰："此题吴江叶仲韶先生夙有名构，得此直坐之廊庑间，岂非快事？"按：叶文未之见，惟国初有唐海观游一篇颇传于时，而写生传神亦远不及此矣。又按：后世和亲之局实始于此，此文当令在汉帝、唐宗前慷慨诵之。

郑芥舟有《柳下惠不以三公易其介》题文七篇，自记云："愚闻之师，圣贤言语广大悉备，如万川月印，到处皆圆。学者须心地光明，细意熨贴，莫教一字放空，临文时自然头头是道。昨家君课士，拈是题命天锦偕作，追忆师训，自'柳下惠'至'介'字各得一首，非敢谓多多益善，正以义利之辨为学者第一关头，故谆于申之，不自知其过于辞费也。"今按：第一篇以柳下惠为主，全是无中生有，所谓辞征实而倍巧，意翻空而益奇也。如中二比云："古者公辅之升，率由文学，故赋诗赠答，争诩卿材。惠之蕴蓄，纵勿周知而取重搢绅，固在廷所推而让之者也。三策之书光于故府矣，以跻膴仕何惭焉？且臧孙虽名窃位，犹号知人，是以馆人之微，片语辄相投契。惠倘稍为屈节，安知其不转遏抑为荐扬也，而惠殊落落也。古者公卿之选，间取武功，故饮至策勋，辄膺上赏。惠之精微，纵难家喻而却师谈笑，则当时所震而矜之者也，一言之重喻于强邻矣，以据要津何有焉？况展氏虽近衰宗，夙称卿族，即此士师之职，屡蹶自可再兴。惠苟少与委蛇，安在其不脱穷愁为贵戚也，而惠自由由也。”次篇重扼“不”字，于壁立万仞中，具有海阔天空气象。如起讲云：“今夫学者守义，故有不为；圣人达权，斯无不可。善学圣人者，但当以我之不可学圣人之可，而无以圣人之无不为便我之为，盖至圣人而不可为之防已撤矣。及观其礼义自闲无少假借也，则又若扃之。”后比云：“然则惠于此固甚郑重而分明也，易与不易隔在毫芒，直待人参详其际。而意偶徇于所忽，节已败于所移，故不易之云，慎词也。取舍之几划然内定，必不设一或然或不然之境，以回惑于迷途。惠于此亦复径情而直遂也，介与三公断无中立，以听人容与于其间。而心苟利于两收，势必归于一败，故不易之云，决辞也。理欲之界截然中分，并不萌一可然可不然之情，以徘徊于歧路。”将“不”字缓读，一将“不”字急读，不易精义，细入无间，真如老吏断狱，如尊宿谈禅。第三篇着眼“以”字，讲下云：“介之易有以易之也，故论介者不观其所以，则不以之能不显，而不穷之三公，则所以之势不张。人当困顿无聊中，见人世震耀之途，辄群指而笑之曰将焉置此？要其意特深忿是物之不为吾用，而恋恋不舍之想，正自坐据其隐微，一旦而挟以要我者，竟极于三公也，以者本处于强，载以三公而声势弥烁则精神内悚，而吾身之气且为所旋转而不自持。人当淡泊寡营日，遇人世奔竞之境，或亦浑而忘之曰于我何关？要其时特偶值此事之未甚切身，而隐隐欲动之机，正自巧伺其便利，一旦而赫然逼人者，竟为其所以也，三公原不为薄，翼以以之者而身价倍增则耳目改观，而吾身之操且惟所提携而不自遂。”荔乡评云：“为“以”字作势，令殷深源、韩熙载一种人无着脚处。”又云：“以字一喷一醒，不以字即再接再厉，文更如星芒作作。”第四篇以三公为主，承题云“盖贵至三公尽矣，此而不易谁更易其介者，故极语以表柳下惠”云数语，已见大意。中二比云：“三代而后，事业不本诸性天，于是诡遇干时，竟唱为负鼎调羹之说。而君子以为建大功者决不遗细行，故常由粗入精，以充其类，则凡千驷万钟，皆为疏节而非道之分，务极于一介之必严。晚近以来，《中庸》最便于作伪，甚且蔑礼弃义，自托于不恭玩世之为。而君子以为裕宽德者必不堕严操，故常探微知显，以发其潜，则虽厄穷遗佚，终阐幽光而无闷之神，直信其三公之不易。”荔乡评云：“重发三公为扫门望尘人，针膏肓而起废疾，非泛泛作圣人论也。”第五篇以“易”字为主，为易字布通盘算，正为不易字下定盘针。中二比云：“苟为我之故物，而安心顺受，即当比于宝玉、大弓之义，而以得书若易，则不从其例也。取诸其怀，失之此者，收之彼矣。大功名之士致身通显，方且自诩为得时，而惠以为所得有限，遂至所丧不赀，特危之曰易。而三公虽荣，其勿使俏予美也，有舍旃，舍旃已耳。即或出于权宜，而乍去复还，亦当拟诸垂璧、屈乘之条，而以假令若易，则已定其交也。往而不返，以尔来者，以我迁矣。夫贪冒之夫涉足纷华，亦或托词于假借，而惠以为假于片时，必至误其千古，特正之曰易。而三公虽贵，其毋乃攘之揄也，有却之，却之已耳。”后二比云：“且多寡轻重之施，贵称情而评其直，乃三公无介则轩冕将辱泥涂，介不三公则被褐何妨怀璧，其贵贱亦太不平矣。天下断无此不平之取予也，而谓惠肯贸贸然来？缓急有无之道，贵备物以通其穷，乃人致三公而介何曾为用，我亡其介而三公究竟何加，是彼已归于两失矣。天下更无两失之懋迁也，而谓惠尚由由然与?”荔乡评云：“于‘易’字别诠妙解，似从龙断章看出。”第六篇以“其”字为主，破、承题云：“圣有其介，不为物易矣。甚矣，可易者之必非其介也，介固其介而何易焉？柳下惠所以薄三公者此耳。”起讲云：“且我生取舍之几，属于分定，而介以呈，是与我最亲而不相离者也。乃中道有违，忽然舍去，夫介何为去我哉？毋亦早自贰焉，而隐微寤寐中，先有去之惟恐不速者，然后物参乎其间，则以为疏间亲，而不知其为丧我也。”中比云：“方寸何神，其介即其神，神清则形不能溷，彼惠正不妨于溷之也。袒裼裸裎之属交错于人群，何必去之若浼哉？而即其不拒验其不撄，意中之介犁然也，筋骸骨理之内，皆有不磨之精气，为之脉络而灌输，则介镕形神，形神镕惠，直两相凝焉，何物三公，其赘之附矣。灵明何性，其介即其性，性定则情不能棼，彼惠亦姑任其棼之也。污君小官之遭相牵于世法，安能却以为高哉？而即其自拘征其不役，目前之介森如也，笑颦动作之间，总之无闷之天怀，为之斡旋而运量，则介根性情，性情根惠，直还为质焉，何有三公，其唾之余矣。”荔乡评云：“为‘其’字刻骨，形神性情直溯最上一层，乃异于我与我周旋，徒资谈柄也。”第七篇以“介”字为主，紧切注中“有分辨”三字，中二比云：“物混必分，介者分象也，尔来我往，久洽比于意中而曷为意中？自立一东西背驰之景，不知形骸隔尔我，性命隔公私。等隔也而内外殊焉，惠以为在外者崖岸可无生，在内者模棱断勿作也，提愿力以裁之，而公私混沌之境，划然两地之中分矣。情疑必辨，介者辨端也，此贤彼愚，久冥忘于度内而曷为度内？先构一阴阳交战之形，不知宇宙争贤愚，方寸争义利。等争也而己物判焉，惠以为在物者町畦可弗设，在己者泾渭必无淆也。出灵明以烛之，而义利交错之缘，朗然一心之早辨矣。如此方得柳下惠之真，方是和中之介，不许他人借用。”孙汝西总评云：“七篇中有仙，有佛，亦风流，亦道学，可才子，可英雄，造化生心，吾不知其所以然矣。”

游彤卣曰：郑芥舟先生制义，当时与陈星斋太仆并驾齐驱。余尤爱诵其《故旧无大故　句》文，前幅纯是经术，后幅参用史事。中山王闻乐之对、曹子建求通亲亲之表，低徊悲壮，得此文而三，不仅为制艺矩臬也。其词曰：“溯先朝栉风沐雨，以启山林，维故旧效股肱焉。所谓乔木世臣之谊也，乃祖乃父，功德尝在民间，而不能令其子若孙尽循矩矱，君子能勿自伤失教乎？而幸也，犹未至大越防闲也。小疵即或不免，而议过总出无心，我先王先公当亦默鉴之矣，曰庶勿开隙末于朕孙矣。念微时握手抚肌，同盟车笠，维故旧称心腹焉。所谓异姓骨肉之叹也，或哭或歌，悲喜维予与汝，而一旦使之宠而骄致滋愆咎，君子得毋自愧负人乎？而幸也，犹未至大干文网也。理固非甚睽违，法并可容矜恻，即群臣群吏应亦深怜之矣，曰尔其以实情而入谢矣。且夫大故之罹也，故旧亦何能自免哉？大凡建非常之烈者，每不能自修边幅，而谗人交构，遂欲指小失为巨奸，要其中怀堪共白也。当此群言纷起之秋，故旧何敢以勋庸相视，乃犹冀功大过小，得湔雪于圣朝。而内顾余发之皤皤，辄弗禁声泪俱下也，谓老臣多罪，惟主上察其无他肠耳。抑且负震主之嫌者，每不能善处危疑，而一族为非，遂概拟功臣多异志，然其贤否可徐分也。当此甘苦变心之日，故旧或恐以物望招嫌，乃姑借细故微瑕，期少污其素行。而一抚忧心之悄悄，终不胜芒刺于中也，指九天为正，何由命咎繇使听直乎？”

制义丛话卷之十七

乾隆癸卯科，吾闽主试为褚筠心廷璋、邱丹崖桂山二先生。褚为邱座主，邱年甫逾冠，褚心轻之，欲自专闱政。邱不稍让，至大龃龉，相持旬余日不能下，几废校阅之事。监临为徐两松先生嗣曾，谋于学政，欲令入解其闱。学政者，故太傅朱文正师也，褚、邱皆其门下士，遂毅然自任。七月间决科，所拔识知名士张腾蛟、游光绎、许作屏等十人，场后皆以闱卷呈送，公一一细为评骘，决其必售并定其等次。及入闱，皆暗识其文，代定前十卷即张腾蛟等十人，名次亦不少差，榜发士论翕然。题为“晏平仲善与人交”一句，第三名许作屏文尤脍炙人口，其中比云：“其前为崔杼、庆封之世，是二人者，合则同罹南史之书，离则顿生东郭之衅。盖其交始成以党，终夺以权，权之所归，遂相持而不相下。平仲既身与同朝，其诏之将类党贼之赵宣，其渎之将同被害之孔父，行欤归欤，此际之交难矣。而正立门外，肃肃然不忘社稷君民之重，则交之善也。且其后为栾、高、陈、鲍之世，是四族者，爱则惟同嗜酒之欢，恶则遽滋兴甲之变。盖其交不孚以道，只倾以势，势之所立，卒相制而不相能。平仲业仕与同官，其诏之将同失权之子家，其渎之将类射门之子罕，助彼欤助此欤，斯际之交难矣。而端委虎门，兢兢焉独守不犯不祥之素，则又交之善也。”原评云：“贯串内传，善于推波助澜，排奡翕张，具有石台、克猷两家气概。”即场后阅闱艺评语也。

游彤卣侍御，癸卯科亦在前十名，其卷已为校阅者抹斥，值文正师入闱，隐寻其文，乃得魁列。按：彤卣文不泛填《左传》故实，于众魁墨中别开生面，文笔傲岸，实非明眼人莫能辨识。缘文正师已于场后榜前细加评骘，胸有成竹，故不致为沧海遗珠。文正师亦尝面饬之曰：“此种笔路足征素蕴，而难必赏音，我学侣当敬慎出之。”真大宗匠裁成后进语也。今录其中后四比以见其概，盖近人于此调不弹久矣。文云：“崔、庆、栾、高之辈，其人不足交也，且惟是比肩事主，亦岂必有握手谈心之雅？夫交正以握手谈心者为最密耳，盖情势阔则相望无多，衅隙亦尚无从而启，惟夫晨夕聚首，欢好甚深，而偶以不善行之，有致歉其慕用之诚者矣。即幸能勉修前好，而眷怀阅历，抱愧悃忱，岂所谓兰臭同心者耶？而平仲乃慨然有以正其非。吴札、晋肸之俦，其人信足交矣，既幸而往来过从，自足成夫众贤相聚之美。夫交亦惟众贤相聚者转足危耳，盖品望卑则自待或薄，故律人亦尚可从其宽。惟夫夙夜倾心，才名相埒，而偶以不善行之，有不胜其相背之戾者矣。即不必遽形词色，而追念平生，时伤怀抱，岂必在谷风阴雨也耶？而平仲乃卓然有以端其范。惜二惠之弱以扶国是，同朝之乐附者必多，不善则昵比之余遂成朋党，不特其究抱无戎之叹，恐其始先蒙周比之名。观平仲之虎门端委，守正不阿，大抵不轻言结纳矣。而在所弃者薰莸不得同器，在所收者缟纻并足言情，而岂有留憾欤？膺三世之名以显诸侯，私室之趋承者必众，不善则容纳之下遂长浮浇，以彼去留第系乎盛衰，即附和亦何关雅谊。观平仲之爽垲不宅，节俭力行，固未尝好通宾客。而在所疏者华士不得接光仪，在所亲者累囚可引为上客，而岂有遗议哉？”原评谓：“纯于题前对面反含下文，钩勒本位一丝不走，此特言其作法耳。”而鄙意乃独赏其用笔之超绝也。

官志斋征君崇志节耿介，为诗文空所依傍，迥绝时蹊，尝以孝廉方正被征，辞不赴。登己亥乡荐，首题为“或问褅之说”。是科魁墨皆以数典擅长，而志斋文独淡古灭没，不著一字，为朱文正师所赏识，擢置高魁。其末段云：“夫周公成文武之德，制为周礼，以仁人孝子之心，作报本追远之举。初不必有说以明告天下，而亦不意于己之入庙而得褅也。迨至褅之礼，周行之、鲁行之，而褅之说。人亦置不讲矣。自或之问以习见乎褅之文，而必进详乎褅之说。此即先王、先公之灵爽所凭，使礼意不没于天下，而夫子亦乐与为发明者也。乃夫子为鲁讳，以不知答之，褅之说其终不明矣。然后之学者正可以不明明之。”通篇单行，此段即其结穴。评云：“炼气纯青，古文作手。”盖非文正师之巨眼，断乎难遇赏音。闻吾师差竣还朝，上索取闽墨遍阅之，既谕文正曰：“元魁首艺并佳，而第六名官崇文最好。”吾师尝述于先叔父太常公，外间稍有知者，始信吾师精鉴，上合宸衷。惜志斋文人命薄，不能以文字长承知遇也。

郑苏年师曰：余与张燮轩经邦同登己亥乡荐，《孟》艺《上士一位　三句》，余后路二小比颇自负，及读燮轩二小比，乃爽然自失。盖余文所谓翻空易巧，燮轩文所谓征实难工也。其词曰：“盖联之而见其肃然也，黼座垂裳之下，太宰、卿一人，小宰、宰夫、大夫二人若四人，上士八人，中士十六人，旅、下士三十有二人，罔不秩序常新，协力以匡其主；又分之而见其森然也，宸居拱极之余，乡大夫为卿，州长、党正为大夫，族师为上士，闾胥为中士，比长为下士，亦复班行各正，稽首以奉一人。”

张燮轩元墨首艺颇传诵于时，而尚少实际，惟中两小比有经籍之光。其词云：“谓其祭必五年，即以其不敢数者为尊尊之说，似也。然祫于宗庙，何以期止三年，享于南郊，何以岁仍一举，则不敢数非通例矣。谓其配惟始祖，即以其溯诸远者为亲亲之说，似也。然观汤孙之祭，何以云尔祖其从，诵太庙之诗，何以云文母亦右，则溯诸远亦非常经矣。"

乾隆乙卯，余初应会试，首题"民之所好好之 二句"，同寓郑在谦超文最佳，余私决其必售，而竟不验。同乡则应凤楼丹诏文最佳，余私决其必元，而亦不验。榜发，首次二名，则王宝华以铻、勿庵以衔兄弟，文平平，遂被指摘，使果以凤楼魁多士，必无此案矣。凤楼名在散榜，魁墨中亦未刻，而余至今犹能背诵。其后二比云："天下大利大害，其系于千世百年而不可以目前计者，非民之所能为，并非民之所能喻也，而君子已殷然及之。当其宵旰焦劳，民几不解其何故，以为此何利于我而求之惟恐不得，此何害于我而防之惟恐不周。迨夫事定功成，乃适投其所欲、去其所苦焉，则君子之计谋者远也，使必进斯民一一而询之，转有非所好与非所恶者矣。生人为趋为避，其介于委曲纤悉而不可以苟且参者，民知之而不敢言，即言之而不能尽也，而君子早恻然念之。当其朝夕图维，民更不解其何心，以为君岂有乐于此而趋之惟恐不及，君岂有苦于此而避之惟恐不早。至于殚精竭虑，直如自营其私、自治其疾焉，则君子之筹画者精也，使必待斯民一一而告之，将有不及好与不及恶者矣。"似此醇意高文，允堪式浮振靡，闱闱中亦有拟元之说，以闽卷而置之。

余于乙卯榜后留京，夏课主游彤卣、叶莲山二先生宅中，彤卣劝余读启、祯文，莲山则但劝余读墨卷，且曰："此敲门砖耳，但求火候纯熟，不论文之古今，俱堪命中，不必好高也。"余心感其言，一日莲山以《皆自明也》墨卷一篇示余，受而读之，不肯舍去。彤卣每从旁窃笑，余颇不以为然。因执所读文，逐加面质，彤卣仍匿笑不止。既固诘之，乃知即莲山闱墨，步步着实，语语透宗，有美必臻，无懈可击，近科墨选中所仅见也。文云："今夫论明德者，上溯陶唐，下讫姬周，帝王之学该于此矣。顾其书言德者二、言命者一，而言明之说则合焉。盖世与世相积，异代而同揆；圣与圣相传，异文而同旨。得往训而申之，而古帝王之精神若揭也。若文、若汤、若尧皆古之明明德于天下者，德者自天而授而不能自天而全。有生之后，天谢其责，人继其功，则有葆而存之之力，而三圣人不敢自恃也。德者尽付于人而未易尽完于人，继善之余，人各为人，己自为己，则有实而践之之功，而三圣人不敢自宽也。吾得合而断之曰皆自明也，谓授受别有不传之秘，则尧不能授之汤，汤不能授之文，不知宥密之基命，精神焉耳。精神既奋，虽气运递转之余，而皆足以懋昭乎大德。盖圣神文武之美名原非虚袭，作之君必以自明者尽君道，作之师必以自明者尽师道，常惺之主宰，固已亘千古而为昭矣。谓夐绝必无可企之途，则文于汤闻而知之，汤于尧闻而知之。不知德行之仔肩，诣力焉耳。诣力既深，虽性反各殊之质，而皆足以缉熙于光明。盖身心意知之分际只可默参，危微辨必自明于理欲之交，操舍分必自明于绝续之界。劼毖之隐衷，直可俟百世而不惑也。是故曰倦勤，曰不及，曰未见，三圣人各抱忧患焉，非得已也。都俞虽圣哲所必参，竞业非外廷所能与，得此意者，可以宗王，可以祖帝也，总以完其自明之体焉尔。曰光被，曰日跻，曰敬止，三圣人各无遗憾焉，非偶然也。聪明首出乎群伦，精勤百倍于修士，知其说者，贤可希圣，圣可希天也。只以全其自明之量焉尔，观于此，可以知《大学》之先明明德矣。”彤卣曰：“似此墨卷，虽前人名作不过如斯。”此莲山以身说法之厚意，不可负也。未几莲山即谢世，回忆良友相期之雅，不禁泫然。

余为浦城书院山长，浦士作文，率以清空相尚，而不甚讲究读书。自余以书卷倡导诸生，渐有信从者，文风为之一变。一日偶以“夫明堂者王者之堂也”命题，课文多铺叙明堂制度及《逸周书》《白虎通》语，自以为灿然可观。余正告之曰：“此刘舍人所谓浮响也。”诸生请其说，余曰：此题成文颇多，余不能记忆，有仅能为尔等背诵者，一为郑苏年先生文，曰：“先王虑天下之散而无统也，地广则难稽，势分则难理，故建明堂以莅之。若曰时迈其邦，昊天其子，我子孙其无暇逸焉，以明黜陟，以布恩威，天下始无敢有轻量朝廷之意。是明堂者，固王者所以明至尊也。先王虑惟命之不常而不可恃也，有德易以兴，无德易以亡，故立明堂以志之。若曰有天命者，任自为之，予一人其敢私焉，以此思安，以此思惧，后人庶无惭乎敷天裒对之怀。是明堂者，又王者所以明至公也。是故揆明堂之始，实为王者之堂，故赤帟爻闾千八百国，会同之君悉向两阶以听命。然循明堂之名，又凡为王者之堂，故玉检金泥七十二君，封禅之纪未尝一姓而独居。”一为余同年莫宝斋太史文，云：“稽《尔雅》之文，室西南为奥，室东南为窔，皆取诸幽深也。而兹独谓之明者，所以见明上赫下，圣人有向明而治天下之规。考《月令》之制，九庙以事神，九室以安身，各殊其方位也。而乃总号曰堂者，所以见廉远堂高，天子无下堂而见诸侯之义。”一为仁和赵鹿泉先生文，云：“受命之谓王，有王者之时而无其位，不足以与于斯。桓之霸也，伐山戎、上卑耳，而未敢比登封之烈。登斯堂也，可以息问鼎轻重之奸。众往之谓王，有王者之名而无其德，不足以与于斯。周之衰也，王所朝、河阳狩，而不克伸庆让之威。瞻斯堂也，是以思徂东会同之盛。”凡此数家，不必罗列规制，摭拾名物，而自然典实名贵，似高出尔等数层否？诸生为之翕然，而各私记之。

孟瓶庵师尝谓余曰：今人学刘黄冈文，只是形似而不能神似，惟近读尔师郑苏年《追王太王、王季》文云：“尝读《泰誓》之文，一则曰文考，再则曰文考，当其时文王尚未称王，而何有于太王、王季？盖大勋未集，即武王亦不敢妄称其父也。乃读《武成》之册，则已曰太王，则已曰王季，疑其时文王既已追王，即并及于太王、王季。然徽号虽加，而武王固未遑亲定其典也。周公曰：吾何可以不追王？惟我太王肇基王迹，周之式廓实始之。今日者易侯而王，独仍古公之号，是食德者昧前休、蒙安者忘创业也，其可乎？吾以王文考者，王之在天之灵其永慰矣。惟我王季其勤王家，周之受禄实始之。今日者告飨于庙，犹存公季之称，是但知自仁者率亲、不知自义者率祖也，其可乎？吾以文考欲王者，王之尊亲之典其愈昭矣。是故皇天大统，前人未尝有其志者，今日不妨有其名。王不于其身必于其子孙，所以明积功累仁之报。帝后尊称，穆考独受而不安者，宁王复欲加而未逮，吾上承吾兄而并承吾父，所以尽孝子悌弟之心。然则何以不并太王、王季以上而王之，曰义有所止也。世代远而功德难稽，不若祖祢亲而勤劳久著。然则何以不并太王、王季之谥而上之，曰功有所异也，启丕基者垂神明以绪，不若集大统者受天人之归。"贯串经术，铸为伟辞，以此嗣响黄冈，乃非虎贲貌似。

郑苏年师尝语人曰：文闱中有可尽力处，须不遗余力为之，大抵多尽一分力，即受一分之益。忆余己亥闱艺首题《或问禘之说》，朱石君师已定元，而程澄江师则意在张燮轩，相持数日未决。有房官某请以后场为衡，而燮轩策艺较余多数十字，遂置余第二名，石君师常以为歉也。按：是科张燮轩元墨典赡裔皇，固足弁冕多士，而吾师首艺元元本本，非学养兼到者不能。石君师谓当驾方朴山而上之，良非虚语。讲下提笔云："盖禘之可疑者，有其时焉，有其地焉，有其制之异同焉，有其义之是非焉。"似入手已较方朴山为显豁。后亦分六比，虽蹊径与朴山相仿，而临淮壁垒一新矣。文云："三年一祫，五年一禘，此其说无可疑，然循而行之至五禘，则五年而禘、祫并举矣。于是议者分三十月为一禘，禘行于夏，分三十月为一祫，祫行于冬，然仍无解于三年、五年之数，则其说何也？始祖所自出者东向，始祖南向，此其说亦无可疑，然禘之义为审，谛固所以审昭穆之分也。又况读《诗》而商禘长发，终曰‘实惟阿衡’，周禘来雝，终曰‘亦右文母’，似又不止群昭、群穆之配，则其说又何也？或谓礼有祫无禘，禘即祫也，此据《春秋》言禘不言祫之文，遂比而同之。然考《王制》所载，禘与祫固各异也，且无论有虞、夏、商各祖其祖，即我周禘喾而郊稷，祖文王而宗武王，其著之《祭法》者，未尝以禘为祫也，而犹谓禘即祫乎？至于以禘为郊之说，更不必辨矣。或谓祭禘小于祫，祫隆而禘杀也，此缘《礼经》酒齐与乐舞之数，遂臆而断之。然观《大传》所言，禘与祫固并重也，且无论至敬无文、繁简异数，即郊祀六变之乐以祀天，八变之乐以祀地，其载诸《周官》者，未尝以地尊于天也，何得谓禘小于祫乎？至于时禘非大禘之比，尤须深考矣。且鲁之禘，尤有难解者。礼，不王不禘，则天子有禘而诸侯无禘，鲁侯国也，而禘何以称焉？即曰康周公而赐重祭，亦周公宜禘耳，奈何遍禘于鲁公之庙乎？礼不大悖哉？礼，庙无虚主，则周公所禘宜上及文王，文无庙也，而主又何祔焉？即曰临周庙为文之庙，然以文之主禘于周公乎？抑以周公之主谛于文之庙乎？义不难安哉？”闻是科闱墨出，燮轩文实喧布士林，吾师文则惟好学深思者赏焉。后二十余年，余与程澄江先生同官仪曹，询以前事，程言：“此事我尚记得，张文谐时，郑文仿古，实无可轩轾，于其间惟较量策艺，则张三场卷较郑仅长一行，竟以此定元，当时闱友已有微言，群呼张为‘一行解元’，岂不可笑？”据此则吾师尽力之言，信有征矣。

吾乡读书社中诸老无不工制义者，而穷经之学则必推郑苏年、林畅园二师，及龚海峰、林樾亭乔荫二先生。己亥乡试，时海峰、樾亭并先生，场后相约为拟程，海峰文先出见上，樾亭适读苏年师闱艺几于阁笔，后为同人所督促，乃勉强作散行一篇，扼定说字，运实于虚，独往独来，自当著书不复知有帖括矣。文云："禘自有说，惜其问之非人也。夫禘之祭，作者圣而述者明，讵无说者，或何如人，乃轻问之乎？昔元公以达孝制礼、祠禴烝尝之外，别有追享之仪，所谓禘也。吾子后数百年，手定元公之书，于追王上祀则述之，于南郊配帝则论之，独未尝申禘之说，岂吾子之未及言，抑吾党之无善问者？然考其时，则固有或之问之矣，夫或之问胡然乎来哉？想吾子为大夫助鲁公禘，因之有周公其衰之叹，有吾不欲观之言，或殆窃闻之而心讶之欤？然禘之为礼大，其为仪文器数繁，或顾不问，独问其说，岂其他皆能喻之，特未解于其说欤？夫禘之说有二，或之问，问周之禘欤，抑问鲁之禘欤？周之禘喾也，说者曰姜嫄为喾元妃，稷为冢嗣，只以其生之异也弃之，然父虽弃其子，子不敢以忘其父也，是喾也者，自后稷以来祀之，然而《生民》之什固及高辛，司乐之文但崇先妣，何也？说者又曰禘者报本之祭也，夫祢者身之所自出，祖者祢之所自出，高曾者又祖祢之所自出，过此则服穷矣、庙迁矣、宗易矣，以最先者为太祖至矣，乃又推其所自出，是取荒远不可考之人而报之，毋乃使人疑乎，不以情居礼也乎哉？且人各有本，曷为其天子独也？而通其说者则曰礼不王不禘，犹之七庙五庙之差，德厚者流光，德薄者流卑，故禘之文从帝，黄帝帝也，帝喾亦帝也，信斯言也，则鲁之禘又何以说？于是有以成王之赐为说者矣，有以惠公之请为说者矣。然惠之请，闻王之使史角止之也，即成，追念周公亦以天子之礼祀周公可矣，而及文王是又何说，以为康周公也耶？乃为禘之说者又曰礼有之别子为祖，继别为宗，宗其继别子之所自出者，百世不迁者也，鲁祖周公为别子，以文为继别子所自出，故鲁有周庙称宗国焉。然又禘于庄、禘于武、禘于襄僖之宫，则又何说耶？况夫大禘、时禘、吉禘之异，其典四月、六月、七月之异，其时言审谛昭穆者既混于祫，主追祭感生者复淆于郊，此皆或所心疑而不得不问者也。然《礼经》所述，其理微，微则难言；《春秋》所书，其事僭，僭则当讳。或非其人不善问，故禘之说，夫子卒未明告于天下后世云。”闻石君师出闱，既喜苏年师之高捷，又快读海峰、樾亭二先生之文，乃大喜曰：“不负我十年苦心矣。”盖读书社之盛，实石君师发其端云。详后第十九卷。

樾亭先生之弟香海太史澍蕃夙慧绝人，十余岁所作歌诗，便有三谢、盛唐风格。登第后，九经、二十一史，锐志著述，而天下水其年。召赋玉楼，尚少长吉两岁，闽川名士因之减色。今仅存《明乎郊社之礼、禘尝之义》制义一首，为艺林传诵。中比云：“郊有迎气启蛰之分，而南郊特重。社有侯国州里之别，而大社为尊。王者以一身尸祭祀，而欲使皇天后土实式凭之，此其端必有自而谁则明之？禘近于祫，而推本之意，群庙及毁主不参。尝比于烝，而合食之仪，天子及诸侯不异。王者以一心敦孝敬，而欲使圣祖神宗实右序尔，此其道必有由而谁则明之？”后比云：“礼大者主乎二至，而五方之祀，法或取乎随时；义重者限以五年，而四序之迁，情又敦乎群祀。推之后稷而等诸祭社，严父而用以配天，究其原者，知不在俎豆牲牢内矣。降在内而享在右，来帝天之格何论夫人鬼物魆。僾若见而忾若闻，致祖考之灵可推之春祠、夏禴，乃至郊之与禘均存反本之思，社之与尝共此求阴之旨，辨其奥者，知不在仪文器数间矣。”按：香海先生古近体诗纯以灵气往来，识者以为不水年之象。其他撰作则殊不然，如在词馆中所拟“武成颂”，今借刻孔巽轩先生《仪郑堂稿》中。博奥沉雄，精力弥满，即如此文沉浸秾郁，亦毫无短促之征。而琼树易摧，玉搂遽召，不能不搔首问天矣。

香海先生无子，以伯兄樾亭先生之子永健后改名庆章为嗣，得孙寿夫比部彭年。比部聪颖，肖其祖父，弱冠即捷春官，而体气清癯，不久即赴修文之召，同辈惜之。余仅见其制义一篇，其题亦《明乎郊社之礼　二句》，树骨训典，选言宏富，有书有笔，竟欲度越前修。今录之以存其人，且以征樾亭、香海二先生之家学也。其词云："谓郊为五方之迎气，而或混于昊天上帝之称。谓社为五方之总神，而或复有昆仑神州之号。此其称名互异，于先王之礼意何关焉？谓禘但祀所生，而来雍胡亦右文母。谓尝但及亲庙，而閟宫胡亦祀姜嫄。此则引据堪征，于先王之大义何属焉？审是则礼与义顾易言明哉！就礼之不同者言之，郊用于王朝而其类有九，社通于侯国而其等有三，此礼之厘然难混者也。不明乎此，遂谓社小于郊，其礼不容以一视。不知社有以句龙为配者，则社与稷并称。社有以后稷为配者，则社与郊对举。仪皆用九，器皆用陶匏，煌煌乎大礼也谁则明之？就义之不同者言之，禘以审谛为名，昭穆因以递序，尝以尝新而设，祧毁不容并兼，此义之昭然各当者也。不明乎此，遂谓禘大于尝，其义不宜以并论。不知禘有行于五年者，则禘可与祫通，禘有举于四时者，则禘只与尝等。牲皆用骍刚，乐皆用万舞，亹亹乎精义也谁则明之？夫世有议礼太拘而卒至越礼太甚者，谓郊社为合祭是也。不知《昊天》虽有祀天地之歌，原分南郊、北郊而奏，《召诰》即有用二牲之礼，实兼帝牛、稷牛而言，合而同之，不几混淆无等乎？虽武成告祭，柴望固兼祀地之文。然告祭之礼简，简则必合，常祭之礼繁，繁则必分，明乎此而泰圻、泰坛之文可不辨。亦有执义太过而卒至蔑义更深者，谓禘尝可相通是也。不知《我将》为季秋祀帝之诗，尝也而混于禘。《月令》有孟夏尝麦之典，禘也而混于尝。强而通之，不亦穿凿已甚乎？虽禘则不尝，《王制》或阙一时之祭，然因朝王而其义偶屈，因报本而其义常伸，明乎此而祫禘、祫尝之名不必立。"闻比部作此文时，年甫十七，其家人有谓比部即香海先生后身者，似之。

吾郡刘心香邑侯士棻最喜读时文，每酒酣耳热，必拍案朗吟萨檀河玉衡丙午科闱墨一篇。闻其作宰东粤时，簿书余暇，犹以之对酒当歌也。按：吾闽乾隆丙午科首题为“子曰《关雎》”，典试者为李松云先生尧栋，闱墨多惊才绝艳，为近科之冠。第三名即檀河，中二比万丈光芒，上引星汉，同时之揣摩墨派者，无不背诵如流也。文云：“古来无歌咏宫闱之事，握登、附宝随循蜚、疏仡以俱湮。即中天文字初开，而尧母庆都遗事，缺如于稽古，降而涂山娶女，《书》传癸甲而无诗，有娀方将，《颂》附猗那而尚略，《关雎》固前此所未闻也。且是时受作新声，方妇言之是用，而有莘缵女独传荇菜之篇，则雀鼠化其兵刑，江汉守其礼义。靡音虽倦，不能越朝歌、沫土而来，未必非《关雎》之力振之，超前古而越来今，其本原大也。而《周官》《立政》之精在此矣。颂体无侈谈君后之文，烈考、文母入清庙、明堂而庄诵，即《大雅》生民肇祀，而元妃介祉敏歆，特志于郊禖。迨夫走马岐山，女子佐仁人之徒，思齐京室，徽音协克类之君，《关雎》固先世之流风也。且其后武称十乱，得内助于才难，而天妹定祥必溯河洲之句，故麟振只言公族，桃秾亦美王姬。尚父联姻，不得分《卷耳》《葛覃》之咏，未必非《关雎》之美掩之。燕皇天而昌厥后，其规模远也，而茀禄寿考之原在此矣。”又按：是榜解首为谢春洲汲元，闱作蕴藉深厚，实足以弁冕群英。然是元度非魁才，次名为洪晨芳，讲下提笔一句云：“古诗之言夫妇者多矣。”松云先生极为激赏，谓通场皆无题前语，惟此独得要领。起比云：“上世谣传帝子，时犹声律之难谐，未兴蚕织之功，难佐袗衣之化。虽璇宫夜静，不过与白云黄竹同为至圣所必删。中古歌起涂山，时亦平成之初奏，石开母而荒唐，野候人而幽怨。虽玉笈书传，亦第以绥尾庞狐聊补外史所未备。”

即申缴讲下一语。中比云：“以彼其时大邦天妹，方将亲迎于渭阳，乃徊翔洲曲，触绪缠绵，偏出自宫人之雅制，不知当日之感咏者何因也？流水鸣禽，参以琴瑟之音，而益韵至于今，谱其逸调，惟能审音者克领之。以彼其人良夜衾裯，未托幽怀于参昴，乃伏枕长吟，寄情彤管，先传女史之宫词，不知当日之托兴者何深也？钟调鼓静，出以窈窕之雅，而益和至于今，讽其遗篇，惟可道古者能玩之。”此作实足与萨檀河作抗衡，松云先生评云：“有王农山之藻丽而加典实，有周宿来之古秀而多疏宕，那得不叹为才子之文。”可谓知音矣。

谢春洲元墨首艺以风度胜，尚不如三艺之博丽，土地、人民、政事篇，古茂渊懿，蔚然经籍之光，人争诵之。惟余以为仍不及洪晨芳作，以缀珠编贝之词，运以骨重神寒之笔，尤为绝调。文云：“其一在土地，今者七雄争长，山东之国惟六，顾三晋析而河山之险失，夷陵走而江汉之势分，犹日惴惴焉为筑邑增陴之举，非策也。夫先王之世，申画郊圻，慎固封守，带砺之盟永垂祝册矣。诸侯思之，神鼎铸九牧之金，括地披河图之府，宜何如郑重也。宝之哉！不为蚕食之谋，宁效鹿音之择，茧丝保障，亦聊以固吾圉已。不然，翦鹑首而锡策，何以遂启西封；伏龙尾而成军，何以竟亡东略。盛衰之理，可尽诿诸天命哉？其一在人民，今者两周守府，职方之籍难稽，顾两河之齿繁而耗于岁，三齐之户众而耗于兵，犹日斤斤焉为料民出甲之谋，非计也。夫先王之世，幼有所长，壮有所养，版图之拜岁登天府矣，诸侯思之，九宗七族共璜弱而分颁，二女三男合瑶琨而考贡，宜何如珍贵也。宝之哉！惟鸠其集之，维鸿其宅之，蝌匡蚕绩，庶以抚柔此民也。不然，赐玦乘轩，何仅余庐漕之七百；济江投璧，何卒保甲楯之五千。胜败之机，岂不存诸人事哉？其一在政事，今者东帝、西帝，游说之说日繁，大约名家、法家用而内政裂，亦纵人、横人起而外患生，犹日沾沾焉为富国强兵之谋，非制也。夫先王之朝，六府升于歌，八政陈于范，令甲之垂永固皇图矣，诸侯思之，授时熙载，协七政于璇玑，考礼正刑，辑五瑞于舄芾，宜何如敬爱也。宝之哉！铭圣谟于彝鼎，懔大训于蓍龟，日至而登台，月朔而告庙，先王先公之灵实式凭之矣。不然，璧马入而之奇行，非无穆考访道之书；琼弁服而得臣败，犹有先君仆区之法。得全者昌，失全者亡，其不为保世滋大之图哉?”

荫檀河雄于诗，亦雄于文，顾所作多不自珍惜。犹记嘉庆庚午吾闽乡试，首题为“《诗》云其仪不忒　节”，场后所传观闱艺多不惬人意，因约万虞臣、赵谷士、郭韶溪及檀河数君共为拟墨。檀河文先成，诸君遂为阁笔。其文独据子夏《诗传》，美曹叔振铎善于为政，正与传者引《诗》之旨合，非杨铁崖竹枝以遁出别调为工也。其词曰：“传者谓《桃夭》文王之化也，《蓼萧》武王之治也，若夫以文王为之父，以武王为之兄，家法尚可及哉？周家一代太平之治，成于文、武，而文、武一代太平之基，端于孝友。其道迩，其流及远，不特风之南、音之雅也。夫《鸤鸠》则亦有然者也。《鸤鸠》美曹叔振铎而作也，曹于外藩为伯甸，犹是龙光誉处之休，济以东诸侯凡几，汶以南诸侯又凡几，耳目初不远也，则身范即朝常也；叔于王室为文昭，犹是麟趾慈祥之爱，讥《相鼠》者谓何，痛《芄兰》者又谓何，往事宜惩毖也，则家声即邦本也。《诗》云‘其仪不忒，正是四国’，其言仪乎，抑不仅言仪乎？后此者为蜉之羽，则昭公之仪也，何以‘心如结兮’转为‘心之忧矣’，楚楚衣裳，乃不引为《鸤鸠》之同调；后此者又为鹈之梁，则共公之仪也，何以咏彼淑人转而伤其季女，煌煌赤芾，乃反叹为《鸤鸠》之衰音。盖不独仪也，必有法焉，父子兄弟是也。前乎昭共者则桓庄，有忧而朝，当享而叹，父子之间，四国有议其失者矣；近乎昭共者则羁赤，国储在外，庶孽来归，兄弟之间，四国有议其非者矣。吾于是益知仪不忒之难言，而正四国之必有先务也。其地为尧、舜之旧游，菏泽、雷夏之区，先泽未泯，民风犹念古初，而有不足以惬一日之期，则裣袺衣冠，文貌不生其感。当日者九族以亲而睦，五典必慎其徽，其于父子兄弟之间，何如而遽曰时雍之变、风动之休也？读《虞书》而叹二典，文章为万古勋华之所自祖，不谓下国风人亦存此意也哉？其地与鲁、卫为交壤，姬公、康叔之治，观听既真，民间深为濡染，而有不足以餍一时之智，则丝骐带弁，风流不慊其心。当日者《康诰》念厥家人，《金縢》祝其丕子，其于父子兄弟之间，何如而徒曰迷民之和怿、东人之怀思也？读国史而叹子姓多才，知本朝世德之不可及，彼夫榛桑君子岂有异道也哉？不然，苞稂慨而下泉伤，民于是乎思郇伯也，然《曹风》亦遂终矣。”按：此文曾借刻他氏朱卷，今为正之。

余主浦城书院讲席，时邑之人士群奉朱清如广文秉鉴为祭酒，大有入主出奴之风，号曰“朱门”。清如专工时艺，墨守王墙东、张晓楼家法，不敢溢锱毫，于他学皆未暇宣究也。自余以通经学古提唱，诸生稍廓其藩篱，邑中多响往者。而朱学渐微，且有背而弃之者，余颇不平之，谓前之推崇者固过，而后之鄙夷者亦非也。清如时艺不过规模稍狭，缘其根柢未深，而理正词醇，尚不失先民矩矱。余最爱其《百有余岁》一句文中后四比，云：“岁有以历推者，常随帝王之运会而更。汤之继尧舜也，易夏为殷，以建丑之月为岁首矣：文王之继汤也，易殷而周，以建子之月为岁首矣。若孔子至今，犹其奉周之正朔也，计自敬传之元，元传之定，编周史者凡六代，而纪年统懔夫春王，倘以春秋二百四十有二之数较之，今固仅逾其半耳。岁有以齿计者，常就干支之周回而积。生于尧舜之时者，至于商，而子孙不知我祖宗几何岁矣；生于汤之时者，至于周，而子孙亦不知我祖宗几何岁矣。若夫孔子至今，犹可考汤孙之谱系也，计自鲤生夫伋，伋生夫白，登家乘者历三传，而问年悉详夫庚甲，倘以甲子四百四十有五之数推之，今固仅增其倍耳。惜也！予生不逮当时也。以予所闻，若损、若孺少孔子五十余岁，若参、若师少孔子四十余岁，若回、若赐咸少三十余岁，借令先诞数纪，获侪于将命童子之列，即老幼相悬或数十载，念厥由来，犹未隔夫百岁矣。惜也！孔子未享遐龄也。以予所闻，帝尧之年百十有八岁，帝舜之年百有十岁，若汤、若文年亦咸登百岁，借令慭遗一老，更逾乎耄耋期颐之寿，则前后相待只数十年，忆厥由来，犹未盈夫百岁矣。"似此征实翻空，为集中变格之作，而实为清如有数之文，允为有笔有书，未可轻视也。

清如之弟缄三孝廉秉铭，学品均在清如之右。清如家居颇招物议，而缄三则并无间于人言。惜中年失明，不获竟其所学。所存《雪龛制义》，门径亦略似清如。余最爱其《然后〈春秋〉作》题后二小比，云："然则孔子生襄公之时，何为不作《春秋》乎？《诗》之亡也，固在五霸迭兴之后也，而孔子则犹以为遽已。然则孔子作《春秋》在定、哀之时，又何为托始于隐乎？《诗》之亡也，固去平王东迁已远也，而孔子则以为其所由来者渐矣。"力为"然后"二字洗剔，而《春秋》之不轻作，大旨跃然，是有关系文字。评者但以为深古峭逸，非作者本心也。

乾隆己亥、癸卯、丙午、戊申数科，吾闽闱墨皆以奇才异藻震动一时。盖吾乡积承朱笥河及文正公、纪文达公、陆耳山、吉渭崖数先生教泽，人人奋于读书，又适遇典实之题，得以尽其发挥本领。而典试诸君子又实有衡鉴之明，故闱墨一出，无不震耀一时者。己酉以后，则渐衰矣。戊申题为"桓公九合诸侯　三句"，郑青墅大谟闱墨光焰烛天，如观陆浑山火，真张曲江所谓

“俊赡无敌，文阵雄师”也。文云：“且衰世易为忠臣而难为相臣，忠臣所全者一身，相臣所全者天下也。王泽微而霸业兴，得一忠臣，诚不如得一相臣。相臣以一身匡天下，日导其君以怀远招携，而霸业差近于王矣，而由顾沾沾以召忽律仲乎？由盍思管仲之力之所全者大乎？先王命大司马以九伐正邦国，振旅茇舍、治兵大阅之属，一一讲其事于为蒐、为苗、为狝、为狩之中，共武以匡王国，方叔所以壮元老之猷也；先王又命小行人以六币联邦交，赙补赒委、襘禬贺庆之仪，一一申其好于修德、修意、修文、修名之下，耀德而不观兵，祭公所以进穆王之谏也。然则合诸侯而以兵车，王者断不忍此，乃自霸业兴而亦难言之矣。盖诸侯之侈兵车也，自郑庄入许、无骇入极而后，时或戕亿万人之命而恬不为忧，甚至出奇制胜，羸师以张之，易行以诱之，三覆以待之，与夫无扞采樵，罪人属剑，多鼓钧声，长鬣奋呼，以及焚舟、曳柴、毁军之类，谁复念圣天子子惠黎元之意，而怵然为戒于争雄竞长之初；乃桓公之合诸侯也，自乾时既胜、谭人既灭以还，退而拥七万户之雄而无敢或逞，迨至列侯渐附，会鄄以服宋，会柽以迁邢，会北杏以平宋，与夫江黄归心，召陵修好，首止定嗣，盟洮奠王，以及阳谷、宁母、葵丘诸会，孰不懔先圣王勤修德礼之遗，而皇然自效于恤难救灾之日。桓公之不以兵车如此，桓公之力欤，抑管仲之力也？晋文、秦穆之局启则二帝三王之运终，桓公有功，桓公岂无罪，而以伯之盛扶王之衰，其功亦少可掩罪也。此即时行搂伐，而意不在于称兵，则好会直统以冠裳，正不必如读书泥古者，复为乘车、兵车之别。《牧民》《乘马》之书兴则井田、学校之意没，管仲治齐，管仲亦坏齐，而奉王之名成霸之烈，其治究何尝遽坏也。此即位亚国高，而才实迈于同列，则伟绩必归之仲父，更不必以知人善任者，徒侈桓公、鲍叔之猷，而由顾疑之也。”按：唐荆川《一匡天下　句》文云："虽曰借其名以遂其私也，而名之所以不亡者，亦其借之之功；虽曰假其义以文其奸也，而义之所以不泯者，亦其假之之力。"方望溪评为"判断切实，可作齐桓功罪论"。此文后二比意与相同，而词益警健，恐前贤当畏后生矣。

霞浦方定远镇举戊申乡荐，第三艺为《以笃周祜，以对于天下》题，闱墨古藻缤纷，几于点窜《清庙》《生民》，视南宋鸿词家摹古文字有过之无不及也。余不识定远，读其文愈企慕其人，恨不得一亲颜色。闻谢甸男言，定远博雅而狂，聚书万卷，自言实读五千卷，讲求字学，从正史中搜得字典未收之字凡三千余。家居傲睨，至担粪于市，未五十遽卒。今录其文以存其人云："且天人之顺应，匪作而致也，庸亦若或致之。古圣人将明威以致罚，诞保我有邦厥邻，敢曰自求多福，又敢曰天下其予我哉？而义问攸昭，协于上下，天其申命用休，惟动丕应徯志，其《诗》孔硕，臣请为王赓载歌也。《诗》言王怒密人，整师遏莒，惟王之怒，职密之故，王若曰昔商王嘉我先公成积，俾牧西陲，不恭是伐，越嗣职在予。王不以予不德，锡之弓矢，命视我师，以宁我友邦，蠢尔密人，敢作不靖。予职专征，而有佚罚，是怠弃王命，陨我先公之绪也。是用饬我戎行，遏兹寇虐云尔。允若时，厥或谓王于兴师将以对于天下，亦尚匪王猷念。厥或谓有秩周祜实笃于兹，王曷有厥志焉。乃惟时周祜亦既笃矣，天实右序有周。俾尔戬谷，厥配媲其徽柔，子姓振然仁厚，寖昌寖炽，遐福孔多，佥曰淇。惟王诞数文德，昭于上帝，帝乃厚集祜于厥躬，允若时，惟周之祜，厥惟王文德实惠笃之。乃《诗》若曰匪惟文德，惟我王有此武功。惟此武功，匪惟以笃周祜，实以对于天下云尔。天下仰我王如日月，望我王如云霓。自彼密人侵阮徂共，天下闻之佥勃然怒，谓彼密人肆其叨懫，彼叨懫者岂独彼密人哉？袭迹而动，我亦殆及于罹。谓彼阮人亦孔弱矣，密临其境，弱其可支。阮弱不支，我独何恃？谓尔阮人毋震毋恐，尔近大邦，曷不控诉。惟此大邦，我父我母。大邦其来，尔阮苏矣。大邦其来，彼密馘矣。彼人馘矣，阮人苏矣。实我大邦，惠然来苏。其来其苏，匪以控诉。蹈仁赴义，曾不掩时。惟此大邦，有强必锄。有瘠罔诏，靡不怀保。谓我父老，谓我妇子，自今以往，无或疾苦。我佃我宅，我宁干止。举欣欣而相告，咸慰怿于乃心。迓衡之庆，纯嘏之祈。率士同声，翕然若一。《诗》云以对于天下，亶其然乎，岂惟笃周祜已乎？”

赵谷士曰：郑六亭兼才每不喜作考订文字，遇典实题，亦必以浑括之笔运之。余最爱其《请野九一而助，国中什一使自赋》题后二小比，云：“故以野通之国，原无失乎殷之助，野之九，既显立以此疆彼界，国之什，可隐剂乎不足有余，举八口之田，悉受治于庙堂之上；而以赋成乎助，要只仍乎周之彻，助之一，民得借君田以图报，赋之一，民转得奉己粟以效忠，举六等之禄，悉待养于田野之间。”

余友林少穆则徐督部天怀敦笃，文笔敏赡，忆其童年与县试《仁亲以为宝》题文，缠绵恳挚，一往情深。其起中四比至今犹能背诵，云：“共世子亡灵已泯，藐诸孤残喘方延，十余年隐忍偷生，竟不获以终养之躯，稍赎逾垣之罪。吾君已老，寝食仅托诸姬人，揆子职于生前作孽尚何可逭也。二五耦之恃宠方骄，七公子之出奔殆尽，数百里终天抱痛，竟不获以奔丧之节。稍消妖梦之灾，逝者何追，遗命仅闻诸荀息，念幽魂于死后予辜更不容诛也。表里河山，天下有失而复得之国；墓门拱木，自古无死而复生之人。今而后知纷华势利，殆不足为亡人解其忧乎？一抔之土未干，引领河阳不免潸然涕出也。仁生亲者宝其所乐，仁死亲者更宝其所哀，既及黄泉尚难相见，我生之不辰何如也。以此心感乎幽冥，但觉自悔愆尤而已晚焉，夫亦永矢勿谖耳矣。君臣之合本人为，自古原无独私之国；父子之情本天性，天下更无可代之心。今而后百尔所思，殆不足为亡人偿其愿乎？九原之目未瞑，兴怀故绛不免黯然神伤也。仁逮事之亲者宝诸手泽口泽，仁暌离之亲者宝诸如见如闻，如可赎兮人百其身，罔极之昊天莫报也。以此心动乎明发，但觉少参他念而不能焉，夫亦长此终古耳矣。”纯是至性至情语，流溢于楮墨间，厥后以吏务谪戍西域，坦然就道，犹眷眷于天恩之高厚也。移孝作忠，所谓坐言起行者矣。

吾乡后起之秀，以时文著者，莫如刘闻石建韶。尝读其《宜兰室稿》，凡意有余者，每叠成数艺。尤爱其《周有大赉》两义，于题中“大”字完足，“有”字分明，思力沉雄，根柢深厚，一时罕有其匹。第一篇中四比云：“从来伐远之师，不并携夫辎重，故临城则刈其禾麦，入国则分彼廪囷。周王于迈，六师及之矣，而居有积仓、行有裹粮，犹奉公刘之家法。则士皆宿饱，供亿可无烦也。且倒戈者亿万人，谁非与朝之赤子乎？离心在平日，脂膏竭而膂力愆；感德在崇朝，筐篚迎而釜钟报，斯固如虎如貔、如熊如罴之众之所不敢争者矣。从来徂征之举，多假力于外夷，故势弱则仗其兵威，功成则酬以金币。周初建国，高山限之矣，而西有昆夷，北有玁狁，未闻我武之乞师。则会以不期，酬庸可无事也。且从征者八百国，孰非天子之一家乎？土地非所贪，为四国去逋逃之薮；货财非所利，为中邦苏饥渴之怀，斯又自西自东、自南自北之民之所不敢较者矣。然则何以不取诸富商？妹邦多服贾之民，则贿迁必厚，一旦按户籍而劝之称贷，亦可使穷民免庚癸之呼，而武王实有所不忍。若谓召仇敛怨以来车牛，肇牵久已难供洗腆矣。计惟以王宫之所积散之闾阎，贯虽朽，寒者得之易为衣，粟虽红，饥者得之易为食，故涂欢里忭而比户可以不惊。然则何以不取诸巨室？商臣半掊克在位，其囊橐必充，一旦执奸党而加以追呼，亦可为亿兆泄毒痛之痛，而武王又有所不安。若谓会朝清明而后廉来，首恶早已窜迹遐方矣。计惟以内府之所藏宏其赐予，患少而不患多，守吏无所容其吝惜，职出而不职入，计臣无所用其诛求，故解烦除苛而有众赖以不扰。以此言赉大乎否耶?”第二篇中后四比云：“召仇敛怨以来，其罹祸最深者，莫如王畿千里，赉之而按其口分，问其世业，悉取王宫之积贮以偿之。故泽普崇朝，而予取予求可勿禁。怀保惠鲜而后，其推恩未及者，尚有河朔三州，赉之而计其道里，考其土宜，复开近地之仓庾以继之。故惠周域外，而移民移粟可无劳。然则周之所有，犹是商之所有也。人情每眷旧君，当夫刻削方深，固恐其亡之不速。未几而目击夫追亡逐北，廪台一炬，所与其投灰烬者，惟衣服之在躬耳。外此扃钥缄縢如故也，而宛其死矣他人是愉，宛其死矣他人是保，此时怨毒已消，必有念列祖列宗而感泣者，亦我昭考之所不忍闻也。所以颂德歌功，后世侈以为大封之典，而当日反商由旧，初不夸其事，以告清庙明堂。人情每怀故物，当夫追呼方急，固叹其生之不辰。未几而躬逢乎杖钺麾旄，甲子之朝，所为未沐恩膏者，惟首阳之片土耳。究之河山井里依然也，而得与其祖共享太平者十无三二焉，得与其父共享太平者十无四五焉，此时邦家方复，必有抚一丝一粟而怆怀，亦我周王之所为心恻也。所以匪颁赐予，后日勒以为官礼之书。而当时破格施恩，初不限其量，以报壶浆筐篚。”按：文后自记谓：“任钓台以大赉为大封功臣，与上文帝臣、下文仁人一片蒙意，此是王政第一要着，即功臣皆为救民而来，何须独先富之？至末节兴灭继绝，才及封建之事，然皆于殷之故家遗民上着意，若当时便封从龙之士与亲王子弟，四方得不解体乎？前辈因胸中有许多书卷，欲借题发泄，故曲而为之辞，后人随声附和，何所取尔云云。故此两篇撇去常解，自铸伟辞。前辈惟陈句山先生足立两甄旗鼓。”按：吾邑长乐刘氏自则宗先生以制义名家，其子次北邑侯永标、荫苍孝廉永树由甲乙科发闻，继有传稿，而次北子借村建区、东圃建藩、西堂建庚及闻石先后举于乡，兄弟自相师友，克懋三传之业，时以比宜兴储氏六子、金坛王氏五子，有过之无不及也。

尝见陈恭甫以“谨权量”题课士，鲜能靠实发挥者。惟刘闻石中二比以中声、中气二义分疏，能探经史之精要，而发前人之所未发。其词云：“万事以黄钟为本，而其应也必以宫，宫之为言中也。先王察于天地之中声，以为权量之起数，权则起于黄钟之重。而絫黍百有二十为铢，量则起于黄钟之实，而絫黍千有二百为龠。由是积轻成重，积少为多，无非一中之所为，正其体也。谨之者，非犹是乐所自始之心也哉？四时以寒暑相推，而其分也必以仲，仲之为言中也。先王顺乎天地之中气，以观权量之推施。仲春钧衡石、正权概，概正则量无不正矣。仲秋平权衡，正钧石，衡平则权无不平矣。由是轻重不差，多寡不淆，无非一中之所为，善其用也。谨之者，其犹是敬授人时之意也哉？”考据已非浅学所能，而其紧抱执中远脉，尤为力大于身，心细如发，二百余卷中无有见及此者。

制义丛话卷之十八

余十岁，即随先资政公游学于泉州之厦门厅廨，继至仙游县之金石书院，旋里后，始肄业于鳌峰书院。时掌教者为孟瓶庵师，补弟子员，后复从游于郑苏年、林畅园二师之门，明师益友，受益孔多。诸师之绪论遗文，既于前卷略为甄录，而良友之作，有耿耿在心者，聊记忆其一二，以寓屋梁落月之感，于以起发后进亦不谓无裨云。

苏东坡尝谓，舜受尧之天下不自立庙，非也；郑康成据《礼纬》谓虞立五庙，亦非也。方文辀文以五庙、七庙平分二股。杭大宗知师说之骑墙，另作一文，以立七庙、奏九成作对，亦未见其的。惟余友万虞臣中翰世美作《宗庙飨之　二句》题文最惬余怀，其词云："为五帝一家之说者，谓唐虞揖让，以从祖而传之从孙，则舜之宗庙即尧之宗庙也。然观型厘降，其事虽在制礼之前，若祁姚同出轩辕，则渎姓乱宗，两圣均不得为人伦之至。且夫为人后者为之子，此从鞠育备至、名分早定者言之也。尧之禅未尝子舜，舜之立安得而父尧？受人天下而变置其宗祧，固非义之尽，利人天下而自忘其源本，讵可谓仁之至欤？惟舜则又以飨之，宗尧祖顼，所以明功德之所存，而报本隆于所生。则虽立庙京师不嫌于二统，所以巡守告归格于艺祖，总师有命受在神宗，迨作乐殷荐之年，来格惟云祖考，而丹朱且列于宾也。想其时筐篚来自遐方，既备山龙之采，橘柚充夫笾实，更罗水草之珍，奉尝而进，依然以天下养之心焉，非大孝孰能臻此哉？为帝王同祖之说者，谓虞夏相承，以旁支而入绍正统，则舜不传之子孙无异传之子孙也。然白马韩流，谱系不载禹谟之内，若妫姒其宗颛帝，则中兴光复，二姚且不得联天室之姻。且夫父圣明者子不肖，此自极盛难继，相形见绌者言之也。均之德继天下则不足，均之才守一国则有余，传诸子则天下受其病，固不可以私而害公。靳以国则先祀弗克延，将奚以笃近而举远乎？惟舜则有以保之，询谋枚卜，所以明天命之有归，而垂裕远及后昆，则且绵历殷周而征诸百世。所以象之傲也岳则陈之，朱之傲也禹则言之，观典乐命夔之日，论教先于胄子，则圣嗣何忧弗类也。迨其后凤飞将育于姜，既寖昌而寖炽，牛夺见侵于楚，且中蹶而复兴，保世滋大，聿观绳其祖武之休焉，非大孝奚以致此哉？”按：此文即余与虞臣同在芝社会课之作，故至今默诵之不忘。盖经经纬史，根柢槃深，而复准情酌理以出之，固当凌驾前修，非仅压倒流辈也。

吾闽嘉庆庚申乡试，首题“此之谓民之父母”，出场后，正同人评论闱艺之时。一日万虞臣过余，袖中出一纸曰：“此余莆田书院学徒闱作，君阅之何如？”余粗读一遍，惊服不已，乃袖以呈郑苏年师，亦击节叹赏，以为解元在此矣。令余诘问何人，虞臣固靳之。苏年师曰：“此文若不元，吾此后再不论文矣。”后数日，虞臣又袖一纸示余曰：“此亦莆田学徒之作，未知视前日所阅何如？”余读之又惊服，复以呈苏年师，师亦惊曰：“此魁才也，必隽无疑。日来阅文颇多，皆逊此两篇远甚。”既而曰：“岂有佳文而皆出莆田，又皆出万某之门之理？吾滋惑焉。”余亦有悟，乃固诘虞臣，始皆认为己作。今两艺皆已借刻他氏朱卷，恐久之不复知为虞臣文也，兹特正之。第一篇云：“天子作民父母，核其实而知其难焉。夫君天下者，父母乎天下，特以分言之耳。进求其实，舍此好恶同民者，其奚属哉？且王者耐以天下为一家，非徒抚有斯民之谓，谓其所以长民者有父之尊，有母之亲也。虽然，为一家之父母易，为斯民之父母难，为一国之民之父母易，为天下之民之父母尤难。盖所保愈众，所求愈精，而此心之诚愈不容于不尽，是在引分自责者之无所苟焉耳矣。君子之好恶同民若此。此其明人利而达人患者，息息与天下相感通，虽父母之曲体乎其子，不过如此也，而君子已若此矣；此其体之信而达之顺者，在在与天下相流贯，即人子之仰望于父母，尚不敢必其如此也，而君子已若此矣。然则《诗》所云民之父母，非此之谓欤？谓惟是势分相临，则力征经营，非不足以熙鸿号，顾大君也，而联以家人之谊，所恃仅在名乎？且夫谓之父母者，本非其父母者也，天合者虽寡恩，不患其离；人合者非大顺，不生其感。阳奉以父母之称，即阴挟一上实生我，毋或浚我以生者，以环起而相伺，以是知势分之不足言也。惟此设诚致行之忱，有以系属之而已矣。谓惟此私恩相结，则欢虞小补，非不足以袭荣名，顾被泽也，而同于怙恃之恩，相感讵专以术乎？且夫谓之父母者，其责望有深于父母者也。意在而权不属，亲可以谢其子；惠行而政弗举，君不得以谢其民。群奉以父母之亲，早预设一欲报之德，昊天罔极者，以相待于无穷。以是知私恩之不足用也，惟此大公无我之怀，有以怙冒之而已矣。是故道有升降，而同为上天之宗子，以司牧其民，非此即无以建极而保极，符两大而谓之帝，贯三才而谓之王，百代之旧章成宪，皆以传父母之精神，而通德类情，乃以履帝位而不疚；位隆首出，而共处一王之天下，以分理其民，非此即无以引养而引恬，以其可归向也而谓之卿，以其能扶达也而谓之大夫，百司之鞠育拊循，皆以宣父母之德意，而翼为明听，靡不分猷念以相从。盖不愧乎父母之名，而所谓邦家之基，保艾尔后者，基诸此矣。平天下者，盍以之自考乎?”郑苏年师评云:“通体正锋,讲下引机清真,竟可抡元。中后四比之谓三字,亦极有发挥,此学养兼到之文耳,目前不易遇也。”第二篇云:“即父母而核其实,见周之所以王焉。夫父母孰谓?谓成王也。成王曷以为民父母?能公好恶以絜矩也,是可告万世之平天下者。且民之尊其君也,曰林烝、曰天帝、曰皇王、曰后辟,所指虽同而推之各有其义,若夫君也而父母之,古未之闻也。惟天以周克肖其德,俾之奄四海而光宅,制六合以为家,不再传而颂声作焉。於虖休哉!非大顺大化孰能当此而无忝者哉?吾引《诗》而征之,好恶若此,此凡为父母者之所同也,而惟天子为能充之,以爱厥子者爱斯民,始克满乎其量;抑凡有天下者之所明也,而惟君子为能尽之,以子天下者君天下,庶不愧乎其名。吾于是而恍然于《诗》所谓民之父母者矣。昔惟君文武宣重光,丕克怙冒于天下,其在《周书·常训》之篇曰天有常性,人有常顺,顺在可变,性在不改,好恶之谓也;《度训》之篇曰明王无乐非人,无哀非人,公好恶之谓也;《本典》之篇曰生之乐之则母之礼也,政之教之则父之礼也,言人君能公好恶以为民父母也。洪惟冲人作,其即位不迷文武勤教,罔不夙夜祗惧永思,叹曰惟天惟祖宗全付予有家,所以付任予者,庶其在此,于时群公卿士亦皆明于好恶之向,罔不惟民之承。君子读《诗》至‘南山有台’之节,而知所谓民之父母者,责难之义,而非媚上之文也。周之开基也以农事,而受命也以武功,诵《七月》《破斧》诸篇,见当日之念民依、恤民隐者,莫非顺人情而利导之,而岂弟之恩统诸此矣;周之取天下也以兵戎,而安天下也以礼乐,考《周礼》《周官》之制,见当日之勅懋和、毕弃咎者,莫非因人情而节宣之,而尊亲之戴不外此矣。是故《汝坟》之所谓父母,为文王言之也;《洪范》之所谓父母,为武王言之也。而此诗与《泂酌》则皆作于成王之世,其言可互相发明焉。先之以《嘉鱼》者，见父母之道必本于至诚；继之以《由庚》者，言父母之心可周乎万物。说者以为邦家太平之基具在于是，故其时三叛求辛，殷忧启圣，卒能削平大难，永奠鸿基，谓非取舍审而父母斯民之道得哉?”郑苏年师评云：“此题追空易巧，征实难奇。此作据《诗》《世谱》另翻一新，足征根柢，其驰骋才华，灼然易见，然步步仍纳入题脉题位，故非同游骑无归也。”

余官江南，公余常与节相蒋砺堂先生谈艺。先生尝于乾隆戊申典吾闽乡试，间询以闱中情事，公言：“是科闱墨不少佳篇，我总以万生世美文为最佳，拟元者。数日后，以同事公议置第九名，至今歉然。”按：万虞臣中嘉庆辛酉会试亦第九名，闻初亦拟元。是科余先叔父太常公与陈绮石编修同充分校，时各总裁均以万卷可元，惟彭文勤公意未决。一日忽问先叔父与绮石曰：“二公皆闽人，本朝可有几个会元?”答曰：“无之。”按：顺治辛丑会元系吾闽陈常夏，太常公与绮石一时偶失记耳。公曰：“既闽人并未得元，则此闽卷亦无庸议。”同堂为之匿笑，绮石已怒形于色，先叔父目之而止，出闱后为余述之，犹有余恨。其实虞臣乡墨首艺，深穆之气、飒爽之姿，允在元墨之右，而会墨之远胜马有章辛酉会元尤为众目共见、众口同声者。乃同一拟元之卷，同不得元，又同改置第九名，得不归之于数乎？今备录乡、会两艺以质观者，庶不河汉吾言也。戊申乡试首艺《桓公九合诸侯　三句》文云：“以一人戢诸侯之兵，所以为天下才也。夫九合不以兵车，桓公所以安天下也，而非管仲之力不及此，可即其主而知其臣矣。且论人者，律以先所共事之人而议其节之疏，不若观于后所辅成之主而见其才之大。盖英明创霸之辟，威信取重于一时，试为溯厥从来，而后知禁攻寝兵非常人所克负荷也。汝疑管仲曷观桓公，夫桓公之时，一诸侯兵争之天下也。古者时会殷同，正以邦交之典而列服焉得有兵端，自时巡不举而参盟要质之事烦，苟能以一口弭数世之争，安在伟绩不光于史册；古者八征九伐，掌以司马之官而强藩无所为兵柄，自政典不修而远交近攻之事起，苟能以一国靖四方之气，安在长材不擅于《春秋》。乃今考桓之霸也，上自北杏，下迄葵丘，数十年之间，其制天下之诸侯而独揽其权者，所以修方伯连帅之职而非以佳兵黩武逞其心。其萃天下之诸侯而厚集其势者，所以明讲信修睦之文而非以战胜攻取张其伐，斯岂中主之资所能胜任而愉快哉？吾观于九合之不以兵车，而知非管仲之力莫能为矣。非有屈服天下之略，必不能降列邦之心志而使之平，夫包藏祸心而无能安靖，不堪任命而翦为仇雠，封建非圣人所得已，非以势处于必争哉，惟仲之柔实足以制天下之刚，故招携怀远，一本德礼以为经，而天下之桀然者皆下，数十国交争之困，弭以一身而晏如，夫惟所挟持者大也；非有雄视天下之才，必不能息当代之纷纭而使之静，夫好会方举或欲一矢以加遗，盟言甫成顿思衷甲以相袭，去兵为末俗所难言，非以人情不古若哉，惟仲之信实足以消天下之诈，故恤患分灾，常懔简书之遗意，而天下之狡焉者不欺，数百年就衰之泽，起诸一旦而有余，夫惟所运量者宏也。是以军令之寄，内政之修，以臣子轻变乎祖宗，而实本于养兵不试之意，渠弭有渚，环山有牢，在当日虽勤夫远略，而究非出于兴兵构怨之为，仲之力不可掩，而仲之仁于是不可及矣。”辛酉会试，首艺《尧舜帅天下以仁　二句》文云：“仁可定国，于古帝见之焉。夫国之定、民之从也，帅以仁而罔弗应，其即尧、舜所以成教于天下乎？今夫教之成也，斯民罔迪不适之谓也，然有其本焉，在所以先之者而已矣。古圣人之于民，非必家至而户见之，乃民一观感乎圣人所以成教于家，而疑者已明，怠者已奋，官师之董劝犹其后也。一人定国，吾于陶唐氏之天下得一人焉曰尧，更于有虞氏之天下得一人焉曰舜。古之天子，日月所照莫不祗厉，虽建邦设都而风化不殊焉，其视天下犹一国也；抑古之天下，万邦黎献其惟帝臣，凡意谕色授而六服已传焉，其治国已兼天下也。吾不知唐虞之天下何以定也，夫惟有尧、舜焉故；吾初不知唐虞之天下何以定于天子之一人也，夫惟帅以仁而民从焉故。教典之设，所为迪天下以为仁，顾民之服其教者，尧、舜以一人为之倡也，惇典庸礼，我安之民亦安之，天伦之乐，尧、舜久入其中而深知其故，其使天下共为之者，其先天下而为之耳，乃无何而百姓昭明矣，无何而四方风动矣，盖民之晓然于匡直劳来之非以强我也，固已久矣；刑官之命，所以警天下之不仁，顾民之畏其神者。尧、舜以一人为之坊也，不亲不逊，我伤之民亦伤之，天性之恩，尧、舜际乎其难而处之不失，其与天下共去之者，其先天下而去之者耳，乃无何而治期予治矣，无何而刑期无刑矣，盖民之晓然于明刑弼教之非以迫我也，非一朝矣。盖帝世多才，执简珥笔，其人类皆圣贤之徒，其于尧、舜所以帅民者，实能观其深而复征之于显，于危微精一而识仁道之精，于睦族惇典而识仁道之切，动其本也，化有原也，可以觇主极之醇也；古风尚朴，凿井耕田，无所资于更化之事，其时下民所以从欲者，方目动于天而不知谁之功，淡然无营而知识忘，浑然无迹而帝则顺，风自上也，流及下也，可以观大化之行也。盖有而后求，无而后非，三代所以长有天下，亦未有不由此者也。”

郑苏年师尝语余曰：“吾子谓万虞臣乡、会墨皆可抡元，固非阿好之论。然我以为虞臣乡墨虽佳，但与韩学秦作，实难为轩轾之分。其会墨则理醇词茂，实足式靡振浮，若杂之前明元灯中，几无以辨。”而余尤心折其第二艺《百姓足君孰与不足　四句》题文，紧切鲁国立论，能使数百年及当日情形了如指掌，非帖括家所能猝办。圣门告君大抵如此，此文所为可传也。其中后四比云："且夫用之不足也，其故有二，要皆起于民而君受之者也。禽父造邦之初，政役惟从夫天子，故三郊三遂，供一王之职贡而有余。迨葵丘官受方物以来，齐霸衰而属于晋，晋霸衰而朝于楚。且晋、楚之从交相见又数十年焉，用是会盟征伐，史不绝书，玉帛牺牲，岁难预计。我鲁既以悉索敝赋者，重困百姓，大国亦得以诛求无艺者，重困吾君。于是君徒蒙加赋之名，而曾不得输之内府也。史克作颂之日，赋法尚准乎《周官》。故公车公徒，资一国之捍卫而足恃。迨三子盟于僖闳而后，作军而公室判为三，舍军而公室分为四，而公臣之属于君者不备三耦焉。加以入私室者无征，入公家者倍征，隐民取食，君既听其流转而弃之如遗，马牛维娄，臣得加之噢咻而收以为利，是君徒设重敛之科，而惟日按夫空籍也。今君欲自为计，曷先为百姓计。彻法行而罢非时之役以开其源，省无名之费以节其流，制三十年之通以御其变，赢则俱赢，孰与君以不足者乎？且君纵不为百姓计，曷亦自为计。彻法废则田制淆而多寡不均，掊克兴而囊橐中饱，为不终日之计而无救于贫，绌则俱绌，孰与君以足者乎？然则厚下之经良，救时之急务也欤？"郭韶溪曰："此一篇名臣奏议也，抡元云乎哉。"

陈恭甫寿祺深于经义，作时文好用经语排纂，而不肯杂以他书。后因屡黜春闱，乃勉趋风气。忆己未场后告余曰："我今科必中，文中全用《汲冢逸书》及纬候中金镜玉椎等字，但恐榜后不免磨勘耳。"榜发，果中第十九名，闻朱文正师在闱中极赏此卷，而断无抡元之理，因告人曰："十八房中各有一房首，谓之房元，虽主考不能与争。惟十九名始为主考所专，亦与各房无与。此卷才气焕发，根柢槃深，出于总裁所定，名为总元可乎？"

陈恭甫与谢甸男以同年而并驰文誉，恭甫文喜组织经语，如涂涂附，甸男常规之。甸男文亦好隶事，而风骨较遒，余常戏以

“雉窜文囿，鸷集翰林”两语分赠二君，二君皆不受，其实皆文笔鸣凤也。恭甫乡墨《毋曲防，毋遏籴》文，最为时所传诵，而甸男文又胜之。今并录二作，以见二君才笔本相颉颃，特蹊径各别，要皆足为吾闽树赤帜也。恭甫文云：“请言桓公之五命，其一曰无曲防。凡天下之地势，两山之间必有川，大川之上必有涂，故防者池渠之所以为固也。宋之大水，天灾为病；鲁之淫雨，国史屡书，贵乎障堤之修利焉。且夫遂人之经野也，十夫有沟，百夫有洫，千夫有浍，上地毋敢侵界也；稻人之稼田也，以潴蓄水，以遂均水，以列舍水，下地毋或塞流也。乃不能祸福同心，专利而欲以邻为壑，迁害而俾其民为鱼，则曲防之为祸最烈。维齐当日，府海致蜃蛤之饶，守泽无舟鲛之禁，岂于防而私之。姑无论荆有颍湛，豫有波溠，冀有汾潞，而水潦之备豫，不巧于转移，斯数世赖之耳。不然者，周之衰也，谷洛流壅，谏于子晋矣；晋之迁也，郇瑕水浅，议于韩厥矣。旱干水溢，泽浸未通，而强则凿邗沟之流，虐则决晋阳之水，岂其道哉？其一曰无遏籴。凡国家之制用，无九年之蓄曰不足，无三年之蓄曰非国，故籴者缓急之所以相通也。雍渭泛舟，接于故绛；臧辰告籴，使以上卿，足见赈恤之厚施焉。且夫司仪所掌，积问有礼，饔饩有礼，赠贿有礼，其常罔弗待恩也；行人所掌，赙补有文，犒禬有文，赒委有文，其变罔弗受惠也。乃不能吉凶同患，乞粮闻庚癸之呼，贷粟少釜钟之授，则遏籴之为害滋深。维齐当日，公子以赈卫遗，仲孙以省鲁难，岂于籴而靳之？姑无论遗人备未荒，廪人备将荒，司徒备既荒，而饥馑之洊臻，不吝于馈助，斯四国惠之耳。不然者，晋不输秦，背施幸灾，西邻有衅矣；庸皆叛楚，兴师就食，东道谁供矣。挹斗簸箕，嗷鸣莫诉，而怒则刈琅琊之稻，怨则取成周之禾，岂其道哉？”原评云：“藻彩缤纷，声情激越，似读子山、孝穆之文。”甸男文云：“今夫邦交之替久矣。

自幽鄄好会而后，诸邦君俱以不谷之故，释憾于友邦，意良厚也。然贪利开怨之端，非独争地争城有之也，即防与籴亦当谨焉。天生五材水为首，资利普而成功多，故沟渎川渠，先王定其制于匠氏、遂人之职。而潄淫蓄泄更揆其势于稻人，而后树艺之宜，无忧旱涝。王有八政食居先，下养生而上足国，故稻粱黍稷，职方别其产于土宜、土物之中。而移粟通财更委其权于司救，而后邦国之用，不患凶荒。则是曲防也，遏籴也，固王命所戒也，寡人愿申之曰无曲防，无遏籴。盖尝统天下之大势而观之，而知中原之水防宜善也。夫三山为吴会之区，七泽为荆南之薮，地卑水聚，故无待乎疏决之劳，而富饶甲海内焉。若夫中原之地，沟洫之制既渐壤于戎车，河泲之流复日徙其故道，其为灌溉也难矣。虽秦有泾、渭，晋有汾、潞，周有河、洛，而土燥田高，待泽恒忧其未遍，使上流者复壅其隘以自丰。则地利既形其绌，邻封复便其私，苟袭是迹而动者纷纷也，果何如溥其润之为愈也哉？盖尝揽九州之地宜而考之，而知西北之区籴居多也。夫鱼盐擅泰、岱之饶，禾稻实青、徐之产，天地中和，故无事仰资于异国，而丰祥频见告焉。若夫西北之方，稷麦之种非可以久盖藏，高亢之隅且复时逢风旱，其为资借也宜矣。况齐有三男，卫有七族，晋有九宗，将户广人稠，取给更虞其莫逮，设托庇者且闭其藏以自足。则天时之不若方厪隐忧，强邻之幸灾更伤坐困，使效其尤而起者比比也，则何如普其惠之为得也哉？夫汪洋不竭，分之可借修和，陈积相因，聚之徒供朽蠹，天下之物愿与天下分享之，利不专而怨不长，兵革之气所以日消也。且沾濡者遍则邻丰，而我亦无出粟之烦。赒委者多将我歉，而邻且有泛舟之举。人我之迹愿与天下共忘之，患相恤而无相通，玉帛之交所以永固也。”原评云：“天下形势、古今水利了如指掌，而以健笔达之，足以推倒一时豪杰，开拓万古心胸。”郭韶溪于榜后议刻朱卷，而深以第三艺《不愆不忘率由旧章》文为不佳，属余大加修饰。余力为删润，意总不慊，乃转以属赵谷士。谷士曰："此原稿无可着笔，不如另作一篇。"时谷士方锐意举业，竭一夜之力，竟别成一艺，运用擘经如自己出。朱卷甫出，几于纸贵洛阳。后余选入《闽文典制钞》，仍题韶溪之名，一时皆未知其出自谷士也，今为正之。其提比云："夫《假乐》之诗，嘉成王而作也。冲龄负扆，恒多弗克经历之忧，遗大投艰，不印自恤矣。惟政事其爽侮，敢冀无穷之基，无穷之闻也。要以东西涧声灵未寂，缵承者责在文子、文孙，戡定厥功，讵得云诞无我责焉？多难兴邦，常深惩前毖后之惧，虫拚蜂螫，鸣鸟无闻矣。弗造哲迪民康，曷胜无疆惟休，无疆惟恤也。要以昭穆考方策犹新，敷遗者自多成烈、成式，丕克远省，讵得云乃是不蘉焉？"后比云："开基之主，前无所凭借而兴者，其诒谋或犹有弊。我周自有部即室以来，代生贤哲，则旧章所垂，与夫发愤为雄者异矣，嗣前人恭明德者，复何必多求也。惟王殚厥心而答扬先训，则率大卞焉。无别播敷，则率大忧焉。单文祖之德，知宁王若勤，将予就之，继犹泮涣耳。此之纲之纪所为，怨恶俱消也哉！创业之朝，前无所参酌而定者，其法纪或有未精。我周自藩臣继统以来，监于夏殷，则旧章所布，与夫事不师古者殊矣。嗣无疆大历服者，复何庸臆逞也。惟王宅丕后而保民有术，必求闻由焉，作罚有常，乃其速由焉。守文王敬忌，道宁王德延，在后之侗，莫敢昏逾耳。此宜君宜王所为，穆皇可式也哉！"按：二比中取经语分贴，"率由"二字孚甲新意，此是谷士之长技。忆余与谷士会课，作《新民》题文，谷士紧靠注中"鼓之舞之之谓"作句，将"鼓舞"二字分比发挥。出比末句有"鼛乎鼓之而已矣"，对比末句有"轩乎舞之而已矣"，惜不能记其上文，数向其家索阅此稿，亦不可得。

吾闽乡墨之可观，自乾隆己亥、癸卯、丙午、戊申诸科外，即数甲寅。是科三艺皆典实题，故所拔多积学怀才之士，文亦称之，而求其骨法典重可式浮嚣者，则以黄云冈琼文为最。题为《贤者识其大者　三句》，讲下入手云："今夫听远音者，闻其疾而不闻其舒；望远物者，察其貌而不察其形。立乎今日以指周初，周初之日远矣，识焉而已。然而识亦有辨，夫道不有其大者乎？昔君文武宣重光，体国经野以为民极，而其要在有猷有为。贤者继往开来，笔之经以立教。二《南》为王化所基，昭诸四始，八《诰》述王猷而作，列诸百篇，虽无老成，尚有典型，道之所以张四维也。道不又有其小者乎？昔君文武丕平富，创业垂统为万世规，而其治亦至纤至悉。不贤者一知半解，广其说以为传，近取远取之微，演之在图象，敬胜怠胜之辨，铭之在盘盂。先民有言，询于刍荛，道之所以勤小物也。"后比云："采名山石室之藏，上哲中材，亦若选士、造士、俊士之殊其目。然而居今之世志古之道以自证也，正使知者见知，仁者见仁，而未能尽识而遍观者，要各得其性之所近。溯鸣凤流乌之岁，风微人往，安必世道、世法、世则之汇其全。然而以天之道先王之灵不有宁也，正使疑以传疑，信以传信，而凡在博闻强识者，要不等于善之无征。"按：云冈孤贫苦学，中年得咯血疾，尚彻夜咿唔不休。乡荐时已逾知命之年，遂不复与计偕，逾年遽逝，无子，诗文稿皆散失。此文其吉光片羽，因亟录之，以慰亡友于地下云。

尤、王派之兴，莫盛于嘉庆初年。年少聪颖之徒，费数月之功，即能得其形似，埸屋中亦易以悦目，几成捷径。其实则但以字面涂泽，岂真有经籍之光哉？惟余友许荫坪德树以精心果力为之，不愧刘舍人所谓"树骨训典之区，选言宏富之路"者。盖字字从经义中出，非可以一蹴几也。如"《诗》曰妻子好合"一节文云："夫《常棣》，周公燕兄弟而作也。王与族人燕，则宗妇内宗属亦从后于房中，故其《诗》言兄弟兼言妻子。蠋宿于车，士多怨语，鹳鸣于垤，妇有叹声，破斧缺斨，妻子久兴契阔之感矣。今日者肆筵授几，幸得备言燕私焉，则门内肃雝，能勿念弋雁星明，听鸡月出？彻桑阴雨，四国哓音，拔木风雷，三年疐尾，管诛霍降，兄弟久深天显之悲矣。今日者坎鼓蹲舞，幸得共相献酬焉，则堂中聚处，能勿念茑萝松上，瓜瓞林间？《诗》故曰'妻子好合，如鼓瑟琴'，匪悼终风之暴，匪怀阴雨之悲，执簧执翿，睦之至也。又曰'兄弟既翕，和乐且耽'，匪猱而木也升，匪羊而景也践，吹壎吹篪，笃之至也。由是而门内之观感可知矣。继之曰'宜尔室家，乐尔妻帑'，猗欤盛哉！不禁因之而有感矣。我周之盛也，听洲中之钟鼓，薄浣我衣，吹堂上之笙簧，有頍者弁。圣王只本此刑于友于之事，以化被无穷，斯葑菲绝习习之风，杕杜少菁菁之叶矣。今即榛山苓隰，渺不可追，而自《诗》言想之，匪弓之翩，匪辐之脱，笑谈款洽，俨然睹宇宙之太和焉。是故马非元黄，草非蓝绿，偕老者凤凰于飞；河无葛藟，野无蓫樗，一本者脊令急难，夫何有兴嗟发笱、致叹阋墙也哉？我周之衰也，咏英英之云，有鹜有鹤，歌漂漂之雪，为马为驹。天子苟忘夫敌体同体之亲，以倡率于下，斯渭泾或慨于淇上，本根不庇于河漘矣。今即匪风下泉，降而愈下，而自《诗》言忆之，凫弋于林，莺迁于谷，至情沦浃，犹想见雍穆之休风也。是故鹊鸠以颂其德，岂曰比予于毒，以我为仇；牡狞以联其欢，谁不式好无犹，莫远具迩，夫何有御冬之苦、见晛之悲也哉？"吾乡郑苏年师评云："一部葩经，剪为碎锦，巧心密俪乃尔。郭景纯又有笔在作者处耶？"又《国家闲暇，及是时明其政刑》文云："时而加之以师旅也，羊牵于境，牛夺于田，摄大国之间，谁非角鹿？指可掬，终夜有声也；脑可盬，诘朝相见也。

疆吏来告曰某人伐我东鄙，某人伐我西鄙，则相加一旅，何能董治六官？时而因之以饥馑也，薪浸于泉，磬悬于室，问牧人之梦，谁卜多鱼？井有逃，嗟鱼之疾也；山有诺，思酒之盛也。太史特书曰某年某月大水，某年某月大旱，则罶有三星，何暇书悬浃日？有如一日者，野无三军之扰，人有二鬴之供，伊可怀也，不可恃也。时乎不再来，曷弗来旬来宣铎鸣其化，曷弗惟察惟法鼎铸其书。鹅与鹳金鼓无声，蛇乘龙坻京未乏，一则以喜也，一则以惧也。时哉弗可失，曷弗掌其治于太宰孚及豚鱼，曷弗诘其禁于秋官平乎雀鼠。及其时而明其政焉。政在于士，族师、党正握其权，政在于农，酂长、里宰掌其令。推之司关、掌节察于门，司虣、司稽巡于市，莫不有专司之任，即莫不有举错之宜。人主端其原，斯左右臣邻共励山裳、共敷雷雨矣。由是苌楚无忧，合正德、利用、厚生成三事，苕华莫叹，上和亲、康乐、安平为一书。夫何有伎足之鹿、墳首之羊哉？及是时而明其刑焉。郊野之刑，遂士察其情，都家之刑，方士听其狱。推之髡者使守积，刖者使守门，莫不有辟以止辟之心，即皆可臻刑期无刑之治。人主敦其化，斯箕风毕雨其惩束矢、其懔钧金矣。是故无牙无角，畴兴叹于穿墉，如荧如璊，亦畏威于异室。夫何有鱼网而鸿丽、兔罗而雉入哉？”又《以其数则过矣，以其时考之则可矣》文云：“运未际乎贞元，则板荡兴歌，亦空切斗箕之叹。若麓之榛化为禾黍，丰之芑废为苞稂，则屈指以期，何卜鼎已符而瞻乌未集？理非关乎剥复，则倒悬未困，何烦急弓乘之招，若狐莫赤戒切虚徐，鱼已赪悲深枚肄。则穷而必反，何凶犹率野而鸿未于垣？吾为计其数，白狼衔环去随刊者几何世。赤乌流火去旆钺者几何年。今何迟之又久，竟莫继丰镐之休乎？西方之美人不作，几令我搔首而思也过矣。吾又进考其时，草兮何处不元不黄，妇也终朝采蓝采绿，夫岂休风未泯，不必思釜鬵之溉乎？北门之贤者无忧，或者其弹冠而出也可矣，而吾之心乃迫矣。夫使前此数百年来，上有守文之主，下有佐理之臣。苌楚无忧，人佩姬公之舄，苕华莫叹，家封召伯之棠。则虽数过之余，予何妨忍与终古乎？今考其时，两国不和，斩首者数十万；三军远涉，下城者七十余，彼民何辜而发系于绳，指鞠于水也。望平原而凭吊，集泽者雁，率草者狐，知我如此，不如无生矣。榛一山，蒹一水，我何必食鲤食鲂，而天时人事之交乘，有不能恝然于怀者，乃可有为而竟不得有为也。此予之所以长太息也，而吾之志愈悲矣。夫使前此五百年时，得一拨乱之圣，得一佐命之贤。鼠之食黍，变为兔之在罝；鸨之集桑，变为鸿之遵渚。则虽数过之后，予何妨泯没无闻乎？今考其时，负游侠者，弹铗而咏无鱼；说纵衡者，挟矢而谈弹雀，彼民何赖而鼓瑟受相印、吹笙列侯门也。瞻朝野而伤心，罄悬于室，薪浸于泉，鲜民之生，不如死之久矣。檀坎诸，桑间诸，我亦甘泌水衡门，而悲天悯人之心事，有不能漠然置之者，乃若反手而竟不得藉手也，此予之所无可如何也。”合此三篇观之，虽使西堂、农山复生，当让一头地，何况余子，然则尤、王派顾易言哉？

制义丛话卷之十九

陈采屏广文廷焕与余同受业于林畅园师，采屏最工制义，每拈一题，辄作迥不犹人之想。嘉庆戊午吾闽乡试首题“唐虞之际”、次题“陈其宗器”、三题“周室班爵禄也如之何”，甫出场，即号于人曰：“我首艺专做“之”字，次艺专做“其”字，三艺专做“也”字，似可以偏锋取胜。”人皆怵其言，惟余稔采屏文必以征实见长，姑为此谩言欺人耳。是科果隽，则三艺皆兴高采烈之作。首艺云：“合二代以论才，甚重乎其际也。夫尧老舜摄之时，乃所谓际也，其时之才难分属，故以唐虞之际统之。今夫史臣之作史也，一代之事则必括于一代实录之中，若其事之无所专属，则又必于其中别之曰此某代之际月表也、此某代之际年表也。往者窃思著作之体宜然，乃今论才而及帝世，亦以为当用是例也。才难不其然乎？夫上古无才之名，而元凯始有才子之目，则世之传有此语，意者其在唐虞时乎？夫唐虞固才之薮也，然而有鳏未锡之先，巢由高蹈，孰是惠畴亮采之臣，共鲧备官，莫胜庸命总师之任，矧朱称不肖，又奚足以扬衢室之休，故帝尧七十载以前，无书可读而亦无才可纪也；文祖既格以后，雷泽非无七友而其去已远，谅难强屈以功名，伊耆尚有两兄而其齿既衰，岂能久资其佐理，虽益年独永，亦只幸其有一老之遗，故帝舜五十年以后，无史可编而亦无才可录也。若夫询事考言，处二十二人之上，宾门纳麓，历二十八载而遥，则诚所谓唐虞之际也。古皇各垂其记载，而《尧典》冠以虞书，则已合两代为一代矣，而于论才岂独否？盖廷臣之奋发，本关川岳之钟灵，倘谓尧所留贻，则分职命官实由妫汭，倘谓舜所结纳，则禹、皋、稷、契半属族家，唯浑而举之曰唐虞之际，则帝廷既无易姓之嫌，而诸臣自无故国之感。都俞吁咈，且将泯识知于浑噩之天，又讵论位号之殊也。古帝各私其气运，而唐虞统号中天，则已合两朝为一朝矣，而于论才岂独否？盖帝臣之肇兴，实萃扶舆之间气，倘只谓为尧之佐，则畴咨畴若何以罔命乎皋、夔。倘只谓为舜之邻，则平地成天皆以终尧之志事，惟统而言之曰唐虞之际，则两圣既无招罗时望之迹，而群臣自无比肩昆弟之心，拜手扬言，且将等揖让于世及之礼，是何如遇合之奇也。夫《尚书》所载，不过摄位数十年之事，非全史也。子论才而及其际，则由此以推，其纪月也，谓为唐虞之际之月表焉可耳，其纪年也，谓为唐虞之际之年表焉可耳。论者弗察于此，果何以见其盛于斯哉？”

采屏于乙丑成进士，榜后名公巨卿争欲识面，其会墨亦皆奇情郁起。首题为《老者安之　三句》，劈分三比，皆紧切夫子本事，现身说法。每比皆作数层铺叙，配搭精稳，极才人之能事，而得之风檐寸晷尤难，宜其名噪一时也。文云：“今夫感星而河洛授图，卜猎而熊罴叶梦，此自皇王之伟业，韦布不必然也，盖吾固自有吾之老者耳。读考父之铭，本国犹多尊属；溯抉门之烈，先人岂少同官，固当敬以事之矣。然而安之之志，不必随遇而迁也。访南国之丈人，尚荷三湘之苿，则伤其形之已劳也；拜东京之柱史，犹司六代之书，则恐其神之已惫也。外此，迷阳有曲通，既耄而逃名，为佞有讥亩，方衰而遁世。所以诱掖而变化者，欲求其心之所安，非徒博其身之所安也，此则所为有志未逮者耳。今夫渔雷泽而交灵甫，咏《兔罝》而接闳夭，此自帝王之大度，儒生不必然也。盖吾固自有吾之朋友耳。过旧馆而流连，脱骖以赠，望征途而晋接，倾盖而谈，良为白首如新矣。然而信之之志，不必因人而异也。婴为八载之交，而有尼溪之沮，反其仁而无所怨也。壤无一日之戚，而有貍首之歌，反其敬而不忍绝也。外此，苌宏已往，犹怀旷代之音，蘧使方通，更切他山之助。所以声应而气求者，固信在性天之际，非信在耳目之前也，此则所为心向往之者耳。今夫颛顼十二而扬于廷，蒲衣八龄而登于野，此自圣神之盛轨，师儒亦不必然也，盖吾固自有吾之少者耳。参年十五，而《诗》《书》之侧已闻一贯之传，偃年十六，而陈蔡之围已备文学之选，信为孺子可教矣。然而怀之之志，不必择人而施也。项橐之见虽偏，而达巷早传其绪论，则小子庶几有造也；孔璇之齿虽末，而阙党已见其周旋，则童子未必无知也。外此，鲤也学《诗》，当日固已懔过庭之训。伋也继序，异时亦当读先世之书。所以刻励而裁成者，固以率德迪教为怀，非徒以持携保抱为怀也，此则所为念兹在兹者耳。”按：武进程文恭公“少者怀之”文，同此征实作法，然彼是单句题，此则尤为其所难耳。程文见第七卷。次艺为“喜怒哀乐之未发谓之中”题，亦劈分四比，而于讲下总提数语云：“吾以为未发之时，其在《易》也则为方画之卦，其在《书》也则为未演之畴，其在世也则为太初之运，其在人也则为赤子之心。”闻内帘得此卷时，传观殆遍。而后比云：“运有升降，而邃初之世，无所谓降也，亦无所谓升。”为“中”字证佐确凿，更无人不拍案惊奇也。

阮云台师最笑近人之读时文者，谓之“唱文”。而福州人尤喜拍案豪吟，几有击碎唾壶之概。如苏年师喜诵汤文正公《见善如不及　章》后二比，孟瓶庵师喜诵方望溪《君子不器》中二比，龚海峰先生喜诵陈句山《见贤而不能举　节》中二比，刘心香喜诵萨檀河《子曰〈关雎〉》中二比，高声大叫，旁若无人，每遇觞政中有罚歌唱者，辄以此代之。一日心香语余曰："萨檀河文，余口沫已久，有似此声色并足者，子能为我更觅两比乎？"余曰："君素不喜短篇，必须长比方餍君意。"无已，则吾友陈采屏有《伯夷叔齐饿于首阳之下》后二比，其横恣不减檀河也。因录付之，其词曰："盖其心以为，率虎贲而辟国，寰中险阻所在难凭矣，而首阳则觊觎所未及者也。从来穷谷深山，道无升降。自兹以往，其有奉书乘传而来者，我敢托先帝之灵以却之，使知空山自存甲子。余两人愚衷所布，宁大变凿井耕田之局，岂忍习牵羊舆榇之风，且更幸肝脑所涂，长委兹蔓草寒烟，永绝檀车尘垢也。世运虽递迁乎，三千人推之不为多，一二人挽之不为少，而甘心杀伐者，风气难成矣。过名山而祭告，所在神祇其争媚之矣，而首阳则柴望所未及者也。从来僻壤奥区，俗无今古。自兹以往，其有拊心扼腕而前者，我敢启古皇之宇以庇之，使知末世亦有唐虞。余两人义色所形，完发肤以全父母之恩，留气运以报乾坤之德，且更幸薇蕨无余，不至使草木菁英，再沐兴朝雨露也。天智虽自焚乎，九州之区宇不为宽，一抔之版章不为隘，而戮力从戎者，汗颜无地矣。"心香得之大喜，然余自是与心香分手，不知其果然持诵如檀河文旧事否？今心香墓有宿草，而采屏亦别将三十年，亦不知其尚健文否也。

福清郭韶溪学正本蒜岭村农，性嗜书史，因试事至福州，常至旧书店翻书。有焦姓书贾与之善，引至苏年师馆中求附学，师一见即赏异之。韶溪贫而力学，善质问辨难，文笔迥不犹人，与余交最笃。尝私语人曰："他年福州城中，继吾师而主持文事者，必茝林也。"同人或以为狂。乾隆乙卯登乡魁，题为"乘殷之辂两句"，是科解元文系捉刀人所为，闱墨亦不慊众论，惟韶溪文独出冠时。后二比云："或谓夏有车正之司，周列《考工》之记，而殷无专官，则辂疑从其略，不知惟其略也而制乃尽善也。尝读《商颂》五篇，慨想夫车振八鸾，钦元王之桓拨，旂传十乘，矜白马之萋苴，准是而乘，固益信迁亳、迁相、迁嚣、迁耿、迁殷而不敝。或谓夏有毋追之制，殷传章甫之名，而周犹委貌，何冕独异其名，不知惟其异也而制为尤精也。试开《王会》之图，仰见夫冕无繁露，有赤芾、阴羽之临，冕有繁露，承唐公、虞公之制，称是而服，且得备为衮、为鷩、为毳、为希、为元而非奢。”林畅园师曰：“不必有深意，而风华典赡，定非穷措大所能为。”此榜前批语也。后韶溪联捷成进士，授国子监学正。旋乞归里，习陶朱计然之术，竟成富绅，制义之足觇人福泽如是。

韶溪尝与余同在瀛社，作《舜亦以命禹》题文。韶溪文为校阅者涂乙殆尽，批曰：“通篇无一是处。”余为之不平，重录一纸，送万虞臣校阅，批曰：“酝酿经腴，孚甲新意。”兹节录之，以谂观者。起讲云：“尝读《书》有曰‘文命敷于四海’，即继之曰‘祗承于帝’，明乎其有所受耳。然自受者言之则为承，自授之者言之则为命，非有异辞也。后圣之所传，一本前圣之所贻而已。”起比云：“尧、舜之书曰典，为君之事独详；大禹之篇名谟，为臣之事尤备。执君逸臣劳之说，则廿八年之摄政，已异于十三载之荒功，似舜之承于尧，非即禹之承于舜也。《禹谟》载虞史之中，志三圣相传之统；《禹贡》冠《夏书》之首，见一王受命之原。泥帝升王降之谈，财恭已之无为，迥异于随刊之任力，似尧之所以命舜，非舜之所以命禹也。”后比云：“中之说，一见于《皋陶》五流有宅，惟斯民之克协厥中，禹、皋所以同为见知之圣也。然命皋者用于民，舜庸自著其两端是执之道；命禹者承于帝，舜只自托于一词莫赞之为。且如舍义钧于弗嗣，禹之天下何一非舜之留贻，而受命告虔必于神宗之庙，亦谓数典不忘其祖焉耳。中之旨，一衍于《洪范》九畴攸叙，惟皇极以居中为常，夏道所以独为得天之数也。然天之命禹者其道远，一五行惟托于图；舜之命禹者其道迩，十六字亲承于帝。且如溯颛顼之宗祧，舜之本支方且于禹为至戚，而《书》成实录必从协帝之称，亦谓心法自有渊源焉耳。”后万虞臣知其事，曰：“此文亦太不讲声色，明珠暗投，是其自取也。”

吾乡乾隆乙卯一榜，以郭韶溪、叶次幔为巨擘，皆畅园师馆中高足也。场后吾师评骘闱艺，决韶溪后比与次幔起比为必中之技，果皆高标。韶溪文已见前，今录次幔两起比以贻观者，文云：“我武陈师坶野，檀车仅系于驷騵。且五等掌自巾车，尚留木辂，知朴属不徒前代也。特稽古必推尽善，而椎轮已邈，独懔然天乙之治严。胜朝崇祀鬼神，黼寻常昭于灌献。且昭代取其章甫，用配元端，知文物堪垂奕祀也。特踵事未免增华，而《玉藻》有经，尚恍乎西京之礼盛。”按：次幔此文中比，未尝不切响坚光，读之不能割爱，因并录之。文云：“昔殷先王因鸾钩而肇造，莱薛实赞其成焉。当日采文尚闳，而以浑坚永不匡之利，自异乎玉金朱象之伤华。故朝无典路之司而十乘歌于寝庙，国乏考工之职而一骈纪于稗官。且也一众志而破奇肱，其意不驰乎淫巧。乘之而白马备来宾之典，素车隆祷雨之仪，行地无疆，真可遵道而遵路矣。昔周天子命弁师而成式，贵贱咸昭其等焉。当日文明大启，黼藻聿新，而以采错崇元首之尊，大异乎章甫、毋追之近陋。故后则高而前则俯，藻火益耀其文章，笄以贯而衡以维，金玉务彰其追琢，且也会成周而垂繁露，其仪早著于爻间。服之而邃延增龙衮之光，织组尽笄衡之饰，作睹为昭，斯诚可畏而可象矣。”

《乡党》叙摈礼中有“趋进”一节，向皆误解为入门时。考注疏皆不言趋进在何时，惟江慎修先生据《聘礼》谓当在中庭相礼之时。凡发足向前为趋，当君迎宾入门，擯介皆随后雁行，及庙上相先入，此时安得有趋？趋则在君前矣。且经传未有以入门为进门者，故详考之。详先生所著《乡党图考》中。按：王梧凤有《趋进翼如也宾退》题文，中幅引《左氏传》公孙傁趋进事，恰好渡下。而余记得赵鹿泉先生初莅闽中，课鳌峰书院，以“趋进”为题。余友曾建堂秉文文中历引《左氏传》中，成三年齐侯朝于晋，将授玉，郤克趋进曰：“此行也，君为妇人之笑辱也。”襄七年卫孙文子来聘，公登亦登，叔孙穆子相，趋进曰：“诸侯之会，寡君未尝后卫君，今吾子不后寡君。寡君未知所过，吾子其少安。”襄九年同盟于戏，晋士庄为载书，郑公子騑趋进曰：“自今日既盟之后，郑国而不惟有礼与疆可以庇民是从，而敢有异志者，亦如之。”昭十二年晋侯以齐侯宴，投壶，公孙傁趋进曰：“日旰君勤，可以出矣。”定八年晋师盟卫侯于鄟泽，将歃，涉佗捘卫侯之手及捥，卫侯怒，王孙贾趋进曰：“盟以信礼也。有如卫君，其不惟礼是事而受此盟也。”凡五事为证。鹿泉先生擢冠其军，大加奖异，同时学侣亦无不惊建堂之博洽，而不知是时江氏《乡党图考》新出。此段全具其中，特同人见者尚希，而建堂独先记而用之。建堂雄于文，为林畅园师快婿，与余同受业，其知名于时，则此文肇之矣。

郭兰石编修尚先在词馆极有声行，楷书倾动一时，而诗赋次之，不知其时文工力之深，亦不愧为陈句山、管韫山之亚。盖兰石为万虞臣入室弟子，未领解以前，即在福州读书，每一课文出，虞臣必袖其稿以示余。惜其时不暇录副，间付逢儿钞存一二而已。迨余重入京华，兰石常到余寓斋谈艺，适家塾中魏和斋太史建中以“燕毛所以序齿也”题课儿辈。兰石曰：“记我曾作此题，惜此稿今不可得。”时逢儿在侧，对兰石背诵两比云：“序之于时享之时，入四亲之庙者，少长以次焉。夫膺茅土而分封，昆弟定君臣之义；继宗祧而立庙，支子无富贵之加，平日之不敢遽以齿序也明矣。而当西序殽烝，圣天子雍容揖逊，虽立宰夫以献酬，仍蔼然动曾孙维主之谊，犯尊而凌长也独何心乎？盖至苍颜白发，攸摄威仪，而后知尚德不尚年之说，先王之义正天下，则然而贤贤之例弗参于长长。序之于合祭之时，登大庙之廷者，尊卑以别焉。夫族食之降世一等，亲恩渐杀于缌麻，为酒之命合季冬，盛乐仅陈于大寝，平日之不能恒以齿序也审矣。而当钟师入奏，我祖宗后禄宠绥，虽立异姓以为宾，仍取诸天家近戚之班，合爱而明伦也斯为盛耳。盖至暮齿稚年，共敦礼让，而后知养老皆引年之道，先王之孝治天下，则然而老老之典可达于亲亲”。兰石大叫曰：“此正余旧作，一字不差，汝何以能记之?”逢儿谓：“此殆即万虞臣先生馆中课艺。”兰石曰：“非也，记得此是应鳌峰书院新任方伯官课所作。”逢儿曰：“然则此文必冠军无疑。”兰石大笑曰：“岂但冠军，乃榜末倒数第一名也。”惊问其故，则为对比“缌麻”二字被抹耳，合座亦为大笑。

郭兰石时文不矜才，不使气，但以蕴藉胜人，而气候自不可及。余最爱其《鲁一变至于道》题，提比云：“有谓太皞之墟，久相安于柔靡，则宜变之以强者。顾风俗为国家之元气，失之于文弱犹愈失之于矜夸，所当抚国势而念四维之重。有谓报政之始，早以卜其寖衰，则宜变乎其旧者。顾治法以淳薄为盛衰，可议在优游不当并议其忠厚，何不振积弱而追《九罭》之歌?”中比云：“礼制者，道所由昭，而鲁则积习不返焉。僭郊遂止史角，僭禘实始闵公，渎乱不经，《明堂位》之言何可信也？然而《易》象、《春秋》，列国且钦其秉礼，则知儒书之贻诮正无害方策之遵循。诚能奋发有为而急求变计，将丘赋不作甸乘即可足兵，税亩不讥什一已堪裕国，王道之易，直不难近取而即是矣。名分者，道所由立，而鲁则相忍为国焉。括戏兆兄弟之争，隐闵遘君臣之变，贤亲为务，先元公之命无复存也。然而豆、区、钟、釜，私室未敢以闇奸，则知乱世之奸雄尚屈于儒生之议论。诚令励精图治而幡然思变，将鲂鲔不歌于《敝笱》而化媲雎巢，鸲鹆不验于归禯而分严冠履。大道之行，初无俟舍新而图旧矣。”末比云：“夫作《柴誓》以征徐，其词若素精于兵法，何以因人纪铭钟之绩，恃命救悬磬之危。曾不闻一将功成，借口于敹甲敿干之盛，良以文教相仍，武功非其所习耳。因此意而振兴之弦歌之不辍也，岂王泽不胜于霸图哉？且制《周官》以致治，其法若特备于理财，何以孝公咨训于夷宫，僖公考牧于坰野。曾不闻忧贫患寡，旁及生金生粟之谋，良以礼义相深，富强非其所尚耳。本此意而转移之斧柯而可假也，岂东周仅形诸梦寐哉？”万虞臣不喜此文，嫌其毫无气势。余谓此种题易于粗豪而难于缜密，似此恬吟密咏，无非经籍之光，吾不能不为之心折也。郭韶溪评云：“釆缛骨坚，五花散作云满身，不比凡马空多肉。”似之矣。

曾禹门夺春与余为总角之交，日以时文相攻错，所存文稿多在余箧。自余计偕入都，并余窗稿俱为人窃去，不可复追，至今懊恨。记余在郑苏年师馆中作《三过其门而不入》题文，讲下以石纽、西羌两地分属其门，而以导某水过之云云，每地皆还他三过，颇为苏年师所许可。以稿示禹门，禹门曰：“前半考据虽亦附会成文，然风檐中得此，自可出色。后半则声调近哑，非所以逢时。”因就余原文别加锤炼，顿改旧观，自注云：“青出于蓝，未知能青于蓝否？”余为俯首讽诵不辍。今两原稿并失，仅能背诵其后二比之第一比，并录之以志当时劘切之殷情也。文云：“痛羽渊之远殛，黄熊就馁，不得依祖宗丘墓之乡，庐舍依然，入室只深衔恤耳。盖九载汨沉，几经劳瘁，惟继起有难宽之念。斯盖愆有子不留遗憾于先灵，干父之蛊方殷，即将母之歌奚诉也。故辙迹重经，亦有会逢其适，而万民昏垫，何以家为？盼予室之翘翘，不啻以凭轼当下车之泣。”选声配色，极似陈星斋“而致孝乎鬼神”后二比文情，惜对比不能举其一字矣。

禹门生有夙慧，诗文俪语，摇笔立就，无体不工。诗为上，时文次之，杂体又次之。十一岁游庠，十七岁举于乡，三试春官，并荐而不售，遂由大挑出为知县，治临安有慈父母之称。不三年，以劳卒于官，年甫三十。无子，以其弟霁峰刺史之子少坡编修元悔为嗣，亦方壮而夭折。禹门诗文遂至今无人收拾，亦足哀矣。余偶于儿辈书案见有《三家者至天子穆穆》题文，犹是禹门手迹，而余亦有评语在后。最爱其后二比云：“明洁本告虔之具，而莅玉莅鬯非其地，则庭阶皆觉无文，天子以一心崇昭假于先灵，即以一身会冠裳于百辟。《诗》若曰尔勿谓白旆龙旂，奔走王家者可以数数也，惟介时事于春秋，始得从而展谒焉，而不然则已亵也。鲁大夫而闻先哲王明德馨香若此乎？刲羊者备矣，系豕者劳矣，文子文孙均荷天宠，敬告瞽矇三复焉可也。声诗多祈福之文，而赞玉赞币非其人，则磬管徒成虚器。天子于将事时肃一身之僾忾，即于卒事日靖列服之心思。《诗》若曰尔试观和鸾鞗革，趋跄殿庑者若是彬彬也，苟合万国之欢心，则必因而襄事焉，而不然则已疏也。鲁大夫而闻先哲王祀事孔明若此乎？神听者和矣，歌诗者出矣，在天在庙无作神羞，勒在篇章核实焉可也。”自评云：“楼台倒影，气象万千，而按之题位，仍复一丝不溢。”余亦有加评云：“积素弸中，散采彪外，刘舍人所谓‘藻耀高翔，文笔鸣凤’也。”兹亟登之。

廖佩香英与余同在敏求堂会课，久困童子试而志节不衰，年三十六始获一衿，三十九遽卒。余与曾禹门及余兄曼云屡资其家，无子，余又资其立嗣，今未知其能成立否也。生平所作骈体文为最，古、近体诗次之，时文又次之，小赋尤工，历任学使者无不击赏之。作时文亦喜以赋笔行之，尝记其《入于海》题中后四比云：“间稽列史所载，有居北海之滨者，非伯夷耶？阳、襄殆慕其节而欲效其人，未可知也。乃彼也弟兄偕隐，犹传遗响于西山；此也僚友同心，莫嗣好音于东土。唱予和汝，盖怦怦然有黄、农、虞、夏之思矣。又有居东海之滨者，非太公耶？阳、襄或闻其风而思继其业，未可知也。乃彼也暮年佐命，鹰扬推尚父之风；此也与世相遗，鸿飞免弋人之慕。销声匿迹，盖悠悠然无龙、彪、熊、虎之占矣。抑又闻之，国有令主，遍为岩穴之求，则有举于海者矣，彼阳与襄胡为入而不返也？与其操土音于殊俗，而闻声感旧，只增忉怛于中心，身将隐矣，子其行乎？固不妨于烟波澒洞之乡，自结无聊俦侣。世莫予宗，间作沉沦之想，则有浮于海者矣，彼阳与襄胡竟入之必深也？与其流逸响于中州，而洗耳沉渊，莫挽江河之日下，归去来兮，印须我友，又何惮于林密山深以外，别成有伴巢由。”

余抚粤西，未下车，即默计吾乡同郡旧好在粤者只有两邑侯，皆夙著循声，一为陈紫澜肇波，一为游文石长龄。迨入桂林，始知两人皆早已褫职，且官欠累累，并有不能自全之势。余为之极力摒挡，经年而悉就绪，不但夙逋一洗，并可光复原官。两人皆素洽舆情者，阖属为之称快。时紫澜宦情已淡，余因延之署斋，课四、五两儿。紫澜本文中豪，初入馆，儿辈尚不知其根柢。一日以“由也千乘之国可使治其赋也”为课题，馆中作者四五人，皆知就“千乘”二字数典，似各自以为能，而皆不惬紫澜之意，儿辈颇疑之。余察知其情，乃集作者而告之曰：“此题是余四十年前与尔师同会课者，余文已不存，而尔师文我尚略能背诵之。无论前后幅，沉着高华，兼而有之，非浅学所能猝办。即中两比实还千乘处，典核详明，恐皆尔辈所未曾梦到也。”其文云：“以《王制》之令赋计之，小国二十五乘，次国四十九乘，必大国然后百乘，简稽固无难耳。若今之大国提封十万井也，为夫八十万人也，乃制为三军，仅用其十之一者。训练则人人知兵，不苦其多，调发则七家一兵，不嫌其少。又况卒旅伍两起自族党比闾，军将师帅选之大夫卿士，故兵无虚縻之费，将无专擅之权，其相统摄者微也，畴则能之。以《周官》之令赋计之，诸男一同百乘，诸子四同四百乘，即诸伯九同犹不足千乘，整齐亦尚易耳。至千乘之国甲士三千人也，步卒七万二千人也，乃致以下剂，待十四役而一周者。戎间益一兵即损一农，田野增一农即畜一兵。所以无事属之司徒，校其马牛车辇，有事征之司马，辨其铙镯旌旗。况四时但以田称，仪礼不以军与，此其用意者深也，谁则能之。”按：儿辈自得闻此文，始心悦诚服紫澜，而紫澜亦尽心教诱，师弟极相得。信乎为人师者不可以无本也。

余掌浦城讲席六年，高才生不下十许辈，而必以张暖云梦魁为巨擘。暖云才气发越，文如其人，不喜饾饤文字，而天分既高，观书辄有领悟，又能博文强识，故遇真典题亦复元元本本，如数家珍。尝会课《千岁之日至　二句》题文，记其末二比云：“顾常详而考之，凡日之行，至七十余年而少差，自周公五年至惠公三十八年壬申，朔旦日至凡七十六岁者五，定公七年己巳，朔旦日至凡七十六岁者三；至战国康公四年丁亥，朔旦日至凡七十六岁者二，则上计周兴之初，所谓千岁者非也。夫往者可鉴，即来者犹可追已。因而递而推之，凡历之积，至四千余年而得元，七闰为章，朔至之月非甲子，二十七章为会，朔至之日非甲子，三会为统，朔至之时非甲子，至于三统为元，不犹此千岁之积耶？夫后之视今，当亦如今之视昔云尔。”提要钩玄，如对李淳风、僧一行一流人物。

万虞臣之子云程孝廉能读父书，文笔得虞臣指授，取镕经义，纬以深情，卓然可以问世。惜厥年不永，后嗣凋零，并虞臣诸稿皆不能守，无论孝廉之文矣。余辑《闽文典制钞》，仅得录存其《耕者九一仕者世禄》一艺，真吉光片羽也。其词云："区九为井之制，肇自轩辕。降而尺度短长，子姒递因而损益，良法其不敝矣。顾岐山险阻，可井之地无多，则赋入原乏赢余之数。又况方伯之职新膺，土田之封如故，即因征缮之繁而加赋，亦事势之所无如何也，乃文王则有九一之法焉。念我周穑事开基，后稷降种于秬穈，农官世服于高亚，今日之主伯亚旅，何一非列祖所留贻而忍朘其生乎？是故助法本于商家，则以创为因，定一国之模，实以奉一王之宪；彻田传于庆节，则有基勿坏，准三单之旧，即以开百亩之先。迨至镐京大定以还，制因乡遂沟涂，定以十夫，地别肥垝田莱，权其三易，王者命司徒以治地。夫三为屋，步百为亩，且合一世而大其范围，以是知九一非初制之权宜也已。赏延于世之谟，陈于舜陛，降而盘庚作诰，世家亦致其丁宁，旧人其弗替矣。顾西土宅俊誉髦，簠簋之羞必饬，则田产宁为孙子之谋。而苟入学而德尚未成，论官而材方待用，第援匪颁之式以驭臣，将升斗之糈非所望也，乃文王则有世禄之制焉。念先臣小大从公，或赞契龟于豳邑，或襄走马于岐山。今日之社稷坛壝，何非赖群工之栉沐而忍靳其报乎？是故贤能登六计，云礽仰给于天家，则知廉吏之可为而盈庭胥劝；勋绩纪太常，阀阅不沦于皂隶，则待功臣者不薄而国体无亏。迨至武成大告之余，大而白茅载锡，河山延带砺之传。小而骍旄既盟，尹姞衍衣冠之泽。王者命司勋以纪绩，公田不鬻，庶子有官，且合百世而隆其崇报，以是知世禄实惠下之盛典也已。"郑苏年师评云："扬、班其采，富、韩其心。"亦足以传孝廉矣。

制义丛话卷之二十

余家自前明以来，巾卷相承不绝，直至先大父天池公，凡十四传，皆有声黉序间。故河间纪文达师视学吾闽，询知家世，特制“书香世业”扁旌吾门。天池公自弱冠入泮宫，即为鳌峰书院都讲，与孟瓶庵师并驰文誉，每月课两人辄互冠其军，乃独困于场屋五十余年。晚以得四叔父太常公封典，遂不复进取，授徒凡百十辈，皆能各自树立。所辑《策学汇编》为举业家枕秘，《书香堂笔记》尚未脱稿。所作制义极多，尽为门徒携弃。章钜少尝逮事，稍闻绪论，每以摆脱凡近，力争上流为主。后仅从先资政公乞得一稿，犹是昔年书院课艺，有韩城王文端公评语，盖是时公视学吾闽，天池公正出门下也，因亟登于编。题为“为人君止于仁　五段”，文云：“圣人之止，无非至善也。盖有善有不善，则所谓善者犹未至也，文王洵立极者哉！且所谓圣人者，岂必大异人哉？即其所居之位，得其所止之安，圣人之所以尽伦而立极者，如是而已。文王之敬止于何见之？尊亲物我之间有定则焉，而未慊其分，则皆行乎得半之途。伦类往来之际有精义焉，而未适其宜，遂有穷于所往之患。夫文王亦惟是君臣、父子、国人之环以相待而已，而何以各得其止乎？谓圣人之德显于难，则文王之君臣难矣，文王之父子、国人亦可谓之难乎？夫境有难易，而所止不以难易而分，难者辗转以赴之，易者亦从容以中之，则亦各有其至当不易者矣。谓圣人之遇际其盛，文王之父子盛矣，文王之君臣、国人亦可谓之盛乎？夫遇有盛衰，而所止不以盛衰而异，当其盛而道与之俱盛，当其衰而道不与之俱衰，则亦各有其粹然无弊者矣。然则以文王之止而推文王之心，其遂自以为无憾乎？顾心虽无尽而道则有方，觉如文王之为人君，为人臣，为人子，为人父，与国人交，已足以见精微之蕴。然则以人之遇而学文王之止，其果能无一之不协乎？顾圣不可期而理则可据，觉如文王之止于仁，止于敬，止于孝，止于慈，止于信，乃可以施推类之功，文王之止于至善如此。”王文端公评云：“题非总发，不能为五‘止’字现出顶上圆光，于约举指点神情亦多未协，局法之弛散犹后也。然识力不足以济之，恐空泛与蒙杂交讥，又不如分疏者之能踏实矣。此作举重若轻，理精思密，吐一切自包一切，数百卷中惟此作具有先正典型，若入《岭云编》《行远集》中，亦上乘文字也。”

先伯父叶所公讳上宝为天池公长子，亦困于诸生数十年，每入乡闱辄以抡元自命。尝谓吾邑长乐在前明解元、会元不绝书，而本朝尚未见继起之人，有志者不可不自奋。故所作文必削肤存液，炼气归神，不屑稍涉时蹊，虽屡蹶不少挫。朱梅崖先生尝告人曰：“梁生每科举辄不作第二人想，吾恐其以诸生终其身也。”公闻之，亦不以为意。生平精于《易》理，著有《易筮征》八卷，存于家。善讲论，家塾中子弟诗文书法，皆其所指授。制义多不留稿，余因辑《文话》，仅向遗箧中搜得一首，题为“所恶于右　四句”，文云：“极所恶于左右，亦慎所交而已。夫左右亦犹之上下前后云耳，故又必慎其所以交者，而其义始备。且自人之不能离物而独立也，于是乎与物相待之，故每屡变而不穷，而其所以相待之形，亦愈约而可守。如《大学》之继上下前后，而更征之左右是矣。盖上下者，分之于势者也，乃一言左右，觉在上有左右，在下亦有左右，而所恶之念乃以近而益多矣；前后者，分之于序者也，乃一言左右，觉前有前之左右，后亦有后之左右，而所恶之情乃愈迫而难制矣。有如所恶之在于右也，是在右者以所恶交于左也，我正恶其如是。而即如其所恶以施之，我纵不知左之心，亦岂不知我之心乎？夫我者右之左也，奈何以所恶于右者交于左也？有如所恶之在于左也，是在左者以所恶交于右也，我正恶其相加。而即移其所恶而用之，我纵不为右者计，亦岂不能自为计乎？夫我者左之右也，奈何以所恶于左者交于右也。毋之哉！密迩逼处之间，其尚行之以恕乎？夫庸情有以上而陵下者，亦有以下而援上者，而至于左右则已属至平之分。夫不平者尚有以平之，岂于本平者顾可或失其平欤？毋之哉！耦俱无猜之际，其尚通之以诚乎？夫庸情有重其前而遗其后者，亦有虑其后而轻其前者，而至于左右则本处至均之势。夫未均者尚有以均之，岂于已均者顾容不适其均欤？况夫上下以相悬为体，而左右则以相近为体，相近者不欲其相离，惟以所恶范所交于以知，欲近四旁莫如中央，而长短广狭之形如一。且前后以相次为象，而左右则以相别为象，相别者不欲其相渎，惟于所交谨所恶于以知，不别尔我乃迪其正，而均齐方正之量以周，此之谓絜矩之道。”

乾隆间，吾乡制义之工必推读书社。始大兴朱文正师以闽中粮储观察管理鳌峰书院，考拔时髦二十八人，令联为一会，授以读书作文之法。时吾家先资政公及三叔父岱岩公、四叔父九山公及龚海峰、林樾亭、香海兄弟、林畅园师诸老宿为之领袖，而读书社之名至今不衰。后数十年，继起者为瀛社，则赵谷士、郭韶溪、林翰云楚、研樵庆章、鉴塘春溥及余等凡十八人，取登瀛洲之义而社名，以立其声光，颇与读书社后先相匹。一日瀛社会课，余偶以他游事，灯时始至，欲即辞归，而同人故扃闭之，必使交卷，题为“周有大赉”二句。时已被酒，断不能构思，因记得先资政公有此题文，一字不遗，遂录稿付之。寥寥短篇，同人咸以为率易，姑不与辨。是会阅文者为林长川先生开琼，亦读书社中名手也，一见击节，批云："刊落铅华，独标伟论，语语有一中字在内，知非率尔操觚者。"既定为首选，复再三考究，后知为余文始默然。盖是文即先资政公在读书社会课之作，时长川先生亦在会，似尚记忆，遂不加深考耳。今谨录原文，以质观者，庶一洒率易之诮也。文云："反商政者，重善人而已。夫惟大赉而善人是富，斯其为反商之政也，此周之所以王欤？今夫一王之兴，岂必以市恩邀美名哉？圣人无总货宝之心，天子有大锡予之制，利在所因而典在所创，如是而已。吾兹继商而穆然于周之有天下也，盖受天下者必并受天下所有之物，拥于昔者复靳之于今，非有天下者之所以为体；受天下者必并受天下所有之人，困于前者复听之于后，尤非有天下者之所以为心。此周之赉所由来也，此周之大赉所为善人是富也。且夫大赉有从赏功见者，是即兴朝佐命之俦，所为其集厥勋者也而不但尔也。海内忠臣义士，于干戈大定之余克自振拔者，皆善人也。爵以驭贵，即为禄以驭富，而天下有以谅其无他矣。抑大赉有不从赏功见者，是即胜国放弃之遗，所为宜从优典者也而不徒然也。田间悯时望治，从会朝清明之日发其幽光者，皆善人也。以道得民，即俾以富得民，而天下有以识其所主矣。盖我周以忠厚开国，发先朝之藏，因以彰先朝之过，不忍也。取所藏而反用之，实取所藏而善用之，承十数传之泽，遂以收一朝博济之功，而其用心为已至。我周以积累肇基，希先朝之便，以速扬本朝之德，不敢也。因所便以厚其资，实因所便以神其用，俾数十载之供，适以备一王彰瘅之具，而其处物为已精，反商之政如此。"

先资政公登乾隆戊子乡荐榜名上洽，后与四叔父九山公同居京师，时阶平相公当国，引为同宗，承命易名，遂改今讳，其戊子魁墨选本尚仍初名也。首艺题“明日子路行以告至至则行矣”，公文春容大雅，闱中已拟元数日，揭晓前二日乃改置第五名，后蒙主司戈芥舟先生涛面谕曰：“君文有涵养，有福泽，本拟领解，缘与翁生比较，策艺稍短，故让元而得魁也。”今谨全录原文如左，云：“异其人者急于告，知其至者速于行焉。夫明日之告，在子路固不能自已也，然而反见之使，丈人则既行矣，此所以为隐者欤？从来幽人之意。每在若近若远之间，要惟贤者能识之，亦惟圣人乐引之，而遐心莫挽者若预知夫识之引之者之不惮其烦。故远引焉以早匿其迹，然后叹山林成性，其举动与人以可传者，其风期终不与人以复睹也。鸡黍具而二子见，意丈人将以丘园之趣味转圣贤历聘之心。其所以款而待之者，即欲引而亲之也乎？然而子路已心识之也久矣。执辔切追随之雅，而车烦马殆，每多含意之未申，然风尘既少知心，即萍水莫忘隆礼，纵相逢在偶尔，何弗以情亲事近，从容而陈永夕之欢；无方勤左右之文，而弟后师先，久矢怀疑之欲证，然折衷既畜其意，亦遭逢乐志其奇，况相遇在无端，讵能以事过境迁，缄默而忽前宵之雅。明日之告，微夫子言，即亦疑为隐者也。今夫隐者之意象，必恬若油油其可即；而隐者之性情，必矫自落落其难亲。耽素性于林泉，宁乐以邂逅殷勤予局外品评之目，乃不意一夕言欢之际，在丈人为无心之举止，在子路为有意之窥寻，即所告而乐招之，此子路之心，亦即夫子之心也；抱孤芳于畎亩，或不妨以烟霞痼疾任旁观指目之加，乃当乎悉数以陈之余，在子路则相遇之非疏，在夫子亦相须之甚切，即所告而还喻之，此夫子之心，特非丈人之心也。至则行矣，不虚此反见之使也哉？吾于是叹隐者遁世之坚，而并叹隐者见几之早。山深林密之怀，纵高蹈维殷，亦何必周旋之悉绝，乃悃忱所寄，偏具一匪石莫转之思，故欲以行与子还，行与子逝者，别订赏音于物外也，其室则迩，其人甚远，此固告者所念未到此耳；漱石枕流之素，纵时清有待，亦何妨情愫之相通，乃识见所周，偏具一不俟终日之意，故欲以独行踽踽，独行踽踽者，期永矢于勿谖也，行乎其庭，不见其人，此在使者亦情不及料耳。是知述其事而乐陈者，局中之缱绻，固犹是斯人吾与之心；而知其来而先遁者，世外之优游，无非此理乱不知之意。噫！此其所以适成为隐者欤?”《新科墨颖》注云：“位置安闲，配搭工整，得隆、万人三昧，复能踵事以增其华。”可为评骘允当矣。

先资政公乡荐后，五试春官不售，中间充咸安宫教习，住京者三年，与先三叔父岱岩公、四叔父九山公及龚海峰、陈秋坪、林春园其宴、樾亭、香海诸先生按旬会课，文成必归纪文达师批阅，以为常。盖文达师督学吾闽，公及诸先生并曾受业门下者。课题皆文达师所命，适有大吏因苞苴获谴之事，文达师拈“仁者以财发身　二句”为拟题，公文独冠其曹偶。文达师语人曰：“若闱中果遇此题，则梁某必捷矣。”文云：“今夫天地生是财，则必有主是财而经理之者。可知财固听命于吾身，断未有以吾身而听命于财者也。然而此中轻重之权惟人之所弃取，而得失利害之判相悬固已远矣。生财以大道而财足，知此者，其惟仁者乎?夫仁者但取足于道，而不求足于财，是生之也，非发之也。盖生则日流，日流则所被者周，而上下灌输无专拥一方之势。若夫擅赢余于在我，而彼此绝不相通，将气所独钟，遂有日起有功之象焉，所谓发也。生则不息，不息则力能持久，而绵延既远无一朝洋溢之形。若夫急封殖于目前，而朘削行于太迫，将势之骤长，遂有顷刻立聚之观焉，所谓发也。然而仁者之发，不在财而在身也。仁者之发其身，即以其财发之也。仁者以一身理万几之繁，则宵旰焦劳自有所不能已。然而得大道而操之，则仁者之一身即为食货、农桑所仰托焉。膏泽普而天下以其身为挹注之原，酌剂平而天下以其身为权衡之准。盖以亿万人而共赖仁者之财，即以仁者一身而统亿万人之命，彼货殖之殷盈，莫能盈于此矣。仁者以其身履朝廷之上，即厚自贬损亦有所不敢辞。然而举大道而行之，则仁者之一身已补天地生成之缺憾焉。嗜欲清而俯仰屈伸此身自协夫豫顺，和气浃而康强逢吉此身更应夫休征。觉天下可以一日无财，而不可一日无仁者之身，彼积聚之丰亨，莫能亨于此矣。夫仁者非为发身而后出此也，而即此观之，仁者之所得多矣，岂若不仁者之发财，直以其身殉之耶？将谓满则必倾，多藏者之卒为身累，此犹其后焉者也。夫灾祥祸福之机，与财数之消长存亡相为倚伏，而感召既速，则当其发之之顷患气已中其躬。况夫冒险阻以贪奇赢，聚怨毒以盈溪壑，识者知害有所伏。此孑然者已不可一朝，在旁观方群相侧目，而不知所还以相偿者即彼之身也。将谓聚而必散，逆取者之难以身保，此犹其浅焉者也。夫五行百产之精，与生人之英灵智巧相为屈伸，而凭借既深，则当其发之之时志气已为所夺。加之计较精而精神渐耗，骄侈积而体魄潜移，识者谓精气消亡。此块然者已不能终日，在其人方自夸得计，而不知所掷以相易者即彼之身也。此与以财发身者，相去远矣。盖事势之所必然，虽造物无以易其理。天自施其雨露，而群生倚庇，覆冒弥觉其尊；地虽秘其精奇，而攻取相寻，山川或戕其性。而况以人身之不仁行之，不尤显而易见者哉？呜乎！理财者可以知所从矣。”文达师批云：“称心而谈，浩如烟海，而波澜起伏，一出天然，此才真可绝尘而奔。”又云：“妙于以我驭题，仍是以题还题，故称佳构。”公在京所作时文最多，而皆随手散失，仅存此篇，乃手授章钜者。文达师手迹犹存，允宜奉为家宝矣。

先叔父太常公中乾隆乙未会试第四名，首艺为“苟日新，日日新，又日新”，文云：“商王日新之功，与日俱永焉。夫新不可间也，观汤之日新，日无穷而新不与之俱无穷哉！且圣人作而万物睹，谓其大德懋昭，足以与天下更新也。顾欲新天下，要必先自一己，为窥其宥密之所图，乃知深宫祓濯，固早有不息之全神运乎其际也，吾于汤之盘铭得新道焉。今夫新也者，自其去故而名焉者也。凡物最初者为故，而后起皆新，乃有时愈后起而愈失其为新者，皇降之衷一尘不滓，而或有所参于后，遂致有所污于前，则知葆厥灵明者，不必有加于心也，新焉而已；凡物骤见者为新，而习见则故，乃有时愈习见而愈不嫌其故者，经天之曜亘古为昭，惟其无所改于常，故能无所虞于变，则知勤其澡雪者，并不必有加于新也，日新而已。汤用是自勉也，曰苟日新，天下继起者不难而始事为难，苟于旦明内省之余，勃然奋发其志气，不以故习为可蹈而怠缓自安，不以微玷为无伤而因循弗去，此一日也，已往之污从此尽，未来之美从此基矣。然而因其所已有固易为功，而恃其所可安恐难为继，惟是机之启者引而长，绪之绝者联而属，新有异境而新之者无异心，斯神明与日俱永焉，曰日日新而犹惧其鲜终也；气阅久而易衰，功逾时而加奋，精神再振，末路毋荒，曰又日新则虽据成终之势，犹然操虑始之心矣，此其自新也，既合乎天，亦尽乎人。天道有常新之运，而有以为诚之通，更有以为诚之复，不有复则新何由生矣，日新又新，所为协刚健之天行而励其精也。夫体仁资始，乾元实足以统天，则设诚以懋其修，总使由亨而利而贞，皆本乎一元之贯注，而循环不已，汤固得乎天之常新者以为新尔。人性有本新之理，而一日之暴者其时少，十日之寒者其时多，至于多而新几乎息矣，日新又新，所为策日跻之圣敬而持其久也。夫增高继长，学问自有其改观，则随时以永其图，总使由少而壮而老，递完其生初之粹美，而昭质无亏，汤亦求乎人之本新者以为新尔。此自新之极，即新民之极也。”闻此卷闱中已拟元数日，公尝自言，风檐中覃精研思，精神全在两起比，闱中亦极赏此两比。榜后此艺之脍炙人口，乃过于元。后庚戌会试，首题为“皆自明也”，吴中石琢堂修撰仿其调作两起比，出比结句“自明而已”，次比结句“皆自明而已”，两比机调一同，亦拟元数日而改为魁，今两家闱墨举业者皆能诵之。

太常公在京，与读书社诸老友会课，作《心不在焉　节》文，最为纪文达师所激赏。其后二比云：“且所谓不在云者，非必背而相驰也，心之量具其全而散佚者仅留其半，已听其半之放荡而不自知，心之神守于一而驰骛者偏有所兼，将并所兼者亦浮游而不能入，虽曰在之数居其多，不在之数居其少，第使臭味形声稍有留余之奥蕴，即为视听食息尚多亏歉之官骸，可知在身之为蠢为灵，悉本在心之为盈为缩也，夫固有视其所自取而如分相偿者矣；抑所谓不在云者，非必流而不返也，心有所牵于前而不觉其时之代易，将方来者无主已失其因应之权，心有所豫于后而不知其象之尚赊，将当境者反忘已丧其灵明之宰，虽曰在之时处其常，不在之时处其偶，然而视听饮食不过偶投其间隙，而在耳目口体已为大失其故常，可知在心者偶有缺漏之时，即在身者弛其纲维之渐也，夫固有乘其不及检而弊窦丛生者矣。”文达师评云：“刊落浮词，精心独运，相其笔力，真欲入木三分。”时戈仙舟先生源适在座，同阅斯文，曰：“梁生此作，刻挚而出以明通，不但进士即日可得，其他年名位亦必显达，我以此文卜之矣。”

先叔父岱岩公讳上泰九岁能文，出笔辄惊其长老。十一岁出应童子试，时朱文正师以粮储观察兼摄福州府事，集十邑童生而扃试之。以“载华岳而不重”命题，公首先缴卷。中幅据《尔雅·释山》河南曰华、河西曰岳，及《周礼》职方氏豫州山镇曰华、雍州山镇曰岳，平分华、岳为二山。文正师大加称赏，擢冠其军。逾年为纪文达师试入县庠，十七岁遂登乙酉乡荐。文正师因命与郡城时髦二十八人联为读书社，不数年，社中人遂各有成立，各得官职以去，斯举肇之也。按：近人有疑《中庸》为长安人伪作者，故出口即举华山，犹孔、孟之信口即说泰山也。使早读吾叔文，当关其口矣。

岱岩公于乾隆乙酉中式，次题为“无恶于志”，后二比最为谢金圃先生所赏。公首艺本为房考批斥，金圃先生以“三农生九谷”试律拔其卷，因阅悉其四书文，以为能窥章、罗之秘也。其词云：“且所谓恶者，其端亦甚微耳，去就取舍之大闲审之有素，讵留吾心以隐憾之端，乃终食之顷偶杂一念之瑕疵，则恶之生也常伏于不觉耳。夫以恶之孔昭为可忍，此志不敢设；以恶之潜伏为可欺，此志更不敢设也，则内省之密无地可宽矣。抑所谓恶者，其来亦甚捷耳。视听言动之往来操之有方，固还吾志以光明之概，乃日用之间偶疏闲存于瞬息，则恶之萌也又猝不及防耳。夫姑留一几微之恶，此志不敢安；自谓无几微之恶，此志更不敢安也，而内省之严无时或息矣。”

先伯兄虚白公讳际昌为叶所公长子，余初入塾即师事焉。十四岁入县庠，历任学使者岁、科试必冠军。为鳌峰书院都讲，孟瓶庵师亦以第一人待之。乃潦倒二十余年始登秋榜，三上公车不得一第，两与大挑亦不得一当，所谓文章憎命达矣。犹记陆耳山师锡熊观风题“天之高也，星辰之远也，苟求其故　三句”，吾兄文最承赏识，特录之试牍中，以为多士矜式。其文云：“且世之逞其臆见者，将以高远之区为无可稽乎？将以已然之迹为不足凭乎？抑知高远可通于卑迩、未然必验于已然，虽其所以为高为远者，迥非耳目之所能及，而要不外乎已然之迹以施其推测之功而已矣。如禹之行所无事，岂非有故之可求，而无所庸其凿者哉？吾于是知天下之大智者，既俯可察于地理，亦仰可观于天文。苍苍者其正色耶？翘而企之，诚无纪极矣。三百六十度之间，翕辟阴阳，孰足窥其橐籥也。况乎苍冥昊上异其名，炎钧阳朱异其野，虽谈天之士各挟其井观管测，而究非拟议所能穷。历历者何其繁耶？遥而望之，诚难悉数矣。三垣十二次之中，参伍错综，孰克详其躔度也。况乎《尧典》星火中于午，《月令》火星中于未，虽占星之家群思乎历井扪参，而实非眉睫所能察。甚矣！天之高，星辰之远，夫人而知之矣。惟是物之卑近者，或可言求，而出于高远者，似未可以用吾求。不知既为高，则必有所以为高之故；既为远，则必有所以为远之故。盖高远者形也，有形斯有迹，即可步而占。高远者象也，有象斯有数，即可推而算。是天与星辰未尝不与人以可求之故，特患人不知所以求之耳。事之出于至变者甚难以其故求也，若天与星辰，则至变而有不变者存。试思九重各异其运行，而迟速疾徐必以宗动为准；七曜各殊其经纬，而交斜表里总以黄道为尊。往迹昭然，何弗于不变之中而精其占验欤？事之出于无定者又难以其故求也，若天与星辰，则无定而有一定者在。试思容成为占天之始，传及保章、冯相而愈得周详；浑天为考象之精，核之宣夜、周髀而乃无违失。成法具在，何弗于一定之内而费其参稽欤？”耳山师评云：“熟于《天官》诸书，故能言之凿凿。”覆试文题为“身修而后家齐　三句”，文云：“明德之用行，新民之事具矣。盖身修则德明，德明而后可明明德于天下也，又何疑于齐治平哉？意谓《大学》之序，由格致诚正而至于自修，斯亦明德新民之相际者哉！虽然，明德与新民相际者也，乃即新民之中亦未尝无相待之故焉，故曰序也。今将曰明德以身修为终，新民以家齐为始，是犹歧而二之也；今将曰明德之终即新民之始，身修之继即治平之全，是又混而一之也。则试即明新之际而更详《大学》之序，盖学至身修而无穷之望方自此起矣，由身而推之则家矣。斯世莫不为有家之人，而举世无敢信为家齐之人，习焉不察者多也。吾得正告之曰身修而后家齐。由家而推之则国矣。上下所同赴者治国之名，而古今所难副者国治之实，漫焉相试者众也。吾得正告之曰家齐而后国治，由国而推之则天下矣。可一言而括者平天下之理，不可一蹴而几者天下平之功，骛焉而寡效者惑也。吾得正告之曰国治而后天下平，盖古之欲明明德于天下者可证也。史之纪帝仪也，亦既揭克明峻德之实，而观之以睦族，申之以平章，极之于协和于变，其所为举而措之者，其序固如是也；《诗》之叙王业也，将欲溯予怀明德之原，而根之于则友，广之于克君，推之于奄有四方，其所为率而行之者，其序亦如是也。然则歧而二之者非序也，以言乎迩则静而正，以言乎远则不御，以言乎天地之间则备，此明新之理所为一以贯之者也；然则混而一之者尤非序也，由一身以正朝廷，由朝廷以正百官，由百官以正万民，曾是大人之学而有不各致其功者哉？”耳山师评云：“龙门之桐，高百尺而无枝。此嘉、隆正轨，近人鲜能诣此。”然必谓知音易遇，则非吾之所敢言也。盖伯兄承叶所公庭训，所作制义亦托体甚高。入学宗师为吉渭崖先生梦熊，时训勉以少涉时趋以便进取，此乾隆丁酉年事。越十余年而先生复视闽学，时以“故君子名之必可言也，言之必可行也　二句”题试士，伯兄文云：“观君子所以为言与行地者，益知正名之为重矣。盖名之必言，言之必行，所难者必可言、可行耳。君子可不先正名哉？若曰由今者知名不正之弊矣，亦知正名之所裨匪浅乎？夫先王所以立名，固本处于无弊者也，则不必复言名正也。第实揭其所为名之者，而为政之君子固已操无所不正之原矣。今夫物有本末，事有终始，正名之说行，则本末咸举而终始相成焉。何也？名正而受正者，固不仅在名之中，且名正而各正者，又悉赴乎名之实，是以君子尚之也。君子知非名不可以为政，乃名而不言犹无名矣，夫德音之布、文告之颁，我以为言，皆闻其言者所熟计，其为名者也，则安得不以名正言也？君子知非言不足以定名，乃言而不行犹无言矣，夫措之国中、施之境外，我以为行，皆奉而行者所切指，其为言者也，则安得不以言正行也？盖名之端，肇于己而其理同乎人，夫存乎己者此名，期乎人者亦此名，则固有言之而不怍者矣；言之出，发乎迩而其声及乎远，夫守诸迩者此名，准诸远者亦此名，则固有行之而无阻者矣。夫世有不可言、不可行而欲言之、行之者矣，然不揣其本而齐其末，人之称斯言也其谓之何，人之称斯行也其谓之何，侥幸者终不可守，君子所以审至当之经也；世有必不可言、必不可行而竟言之、行之者矣，然不端于始必窒于终，如是其言也不如不言之愈也，如是其行也不如不行之愈也，矫诬者无以自明，君子所以操不易之理也。虽然，君子岂有不知正名者哉？夫言以命名而行以成之，观君于之不苟于言，其亦无疑于君子之必正名。”夫伯兄于当堂呈卷，先生阅之怫然，曰：“吾初以汝为不忘吾语，今观此文，殆以前言为戏乎？此文出笔甚轻，而着题甚重，淳古淡泊，若在二百年前必遇赏音，今日而必以此文为敲门砖，吾恐其以却走而求及前人无是事矣。”自是伯兄为文始稍降格，又数年，甲寅始与余同登乡荐云。

同堂第三兄曼云编修，初名雷春，榜捷后始改名运昌。性孤介，落落寡合，与人交，一语不相投即拂衣起，其视贵宦富翁蔑如也。喜通艺事，于医卜、星相、堪舆之学靡不宣究。又兼精篆隶，旁及绘画、镌刻，日无暇晷。而于举业诗文，转不过以余力为之，故场屋之文率多用散体。先资政公常饬之曰：“散体不妨，要须寓整于散，乃为利器耳。”吾兄于嘉庆己未会试，首场卷已摈落，朱文正师搜遗卷，阅吾兄《是故君子有大道 节》首艺，前路无所可否，直至后幅一段云：“由是观之，一得一失，运若循环；非得即失，机无中立。徒觇之民心之向背，则察著而忘微，徒验之天命之去留，亦骛远而遗近。《书》言丕应徯志，必审几于惟动；《诗》咏基命宥密，必探本于厥心。然则下鉴舆情，上通帝谓，必返而商主术、正君心矣。”批云：“寓单行于排偶，发醇意为高文，想见风檐寸晷中，手挥目送之概。”遂定入中额，榜后接见犹述及之。

同堂第四兄泽卿孝廉云铣，为九山公长子，与余同受业于郑苏年、林畅园二师，登乾隆乙卯科乡荐。是科首艺为“乘殷之辂二句”题，同举者率多组织辂冕故实。吾兄文独顾定为邦章旨，靠实颜子身分，不失先正法程，极为本房师王南陔先生绍兰所赏异。其后二比云：“盖礼制不相沿袭，为邦者道在有以承之。时巡有大典，则鸾辂应乎四时，作睹有隆仪，则冕弁彰乎元首。回从克复归仁之日，以想先圣王经纬天地之精，则因性以为节文，辂与冕其不易也。制显庸于至当，自足餍后来考礼之心。转移随乎运会，为邦者道在有以持之，检身惟崇朴素。广其戒于峻宇雕墙，朝庙乐乎文章，增其华于山龙藻火，回从礼文博约以还，直探先圣王兢业执中之治，则称时以为损益，辂与冕其举例也。揆文质之至宜，自足立百世率由之准。”评云：“此等题非难于藻采，而难于精实。似此惨淡经营，自是天下鸾笙，非复人间宫羽。”后吾兄公车至京，以朱卷呈纪文达师，师尝举以告人曰：“今日外省之同考官能荐此文，亦难能可贵者矣。”既知本房为王南陔先生，乃憬然曰：“良匠眼力固自不同。”

泽卿兄熟于三《礼》，自九龄已能背诵《周礼》全部，稍长即喜作考订文字，复能以明快之笔出之。其乡闱第三题为“缠无夫里之布”，兄文如分水犀，直可当注疏读。其词曰：“缠与田并授，遂人所掌，夫一缠田百亩是也。而量其输将，固视近郊、远郊、甸稍之分，同征其税入。缠与园并赋，载师所职，园缠二十而一是也。而准其贡赋，实与纨布、总布、质布之入，并隶于正供。是盖有缠布焉，古之制也。而今之治缠则不然矣，意以古者民有常业，今则转徙无常而巧于避税，故力役之征，于田取之不如于缠取之，于是乎有夫布；古者受地有制，今则豪强兼并而难以考稽，故丝枲之贡，于民计之不若于田计之，于是乎有里布，而岂知夫布、里布，先王固非责之缠也哉？原夫冢宰以九职任万民，而各司其职者本贡赋之有经，独至转移执事，但岁食其租之入，而未输其亩之赋，于是先王取之以夫布，盖以有田者则赋其粟，无田而食其田之入者则赋其泉，所以示大公也，乃今不责之于不受缠之人，而责之于受缠之人，是以一缠而当二税也，而缠者病矣；司徒以疆予任庶甿，而计口而授者固井牧之有制，若夫世家豪侈，坐拥夫沃衍膏腴之地，复斥为陂池台榭之观，于是先王罚之以里布，盖使任地而地无遗利，而后居民而民无旷土，所以重本计也，乃今不责之不毛之缠，而责之无可毛之缠，是以一缠而赋兼缠也，而缠者愈困矣。为今之计，宜下一令曰尔民自缠布以外，其免尔夫布，即令有之，亦出自不受缠之人，闾师掌之，不于缠人掌之也，而宅尔宅者悉与以手足之宽，又下一令曰尔民自缠布以外，其捐尔里布，即令有之，亦赋自有缠而弃其缠者，载师职之，不以缠人职之也，而奠尔居者何至来杼轴之怨。吾意自此以往。国之内布不加少，而民且加多也。”王南陔先生评云：“贯串《礼经》，而复以精妙之词达之，直使任钧台先生作不得专美于前。”

同堂第十弟兰笙广文云镛诗文、书法并工，实足以腾声翰苑。而潦倒司铎，至今不得以进士出身，良为可惜。何文安公凌汉于嘉庆己卯典闽试，最赏兰笙闱艺，于第三题《天子之卿受地视侯　三句》文，尤称不容口。其后二比云：“或谓外服地多世守，斯授禄可定为常经。若王朝黜陟靡常，岂能使分土维三一拘成法乎？不知惟受地之有常，而后恩施无虞偏倚也。故即其地规之，视侯者得田三万二千亩。视伯者得田二万四千亩，视子男者得田一万六千亩。俾其荣叨天庾，偕河山带砺以长存，而恺泽宏敷乃得普臣工，而拜诏德诏功之赐。或谓列国责重屏藩，斯受禄当从其优渥。若内臣赞襄朝夕，岂容使大都耦国逼处近畿乎？不知惟受地之相等，而后法制始足相维也。故即所受计之，卿之禄可食二千八百八十人，大夫之禄可食二千一百六十人，元士之禄可食一千四百四十人。俾其翊卫神京，与敌忾勤王而并重，而法宫高拱乃以统中外，而观使臂使指之联。”评云：“五经纷纶，名通博丽，所谓不朽盛事，润色鸿业，于斯可见。”

制义丛话卷之二十一

副宪陆耳山先生锡熊督闽学，时余年方舞勺。一日天甫黎明，伯兄虚白公敲门来促余起，曰："可速料理往考，书院昨已为汝买卷矣。"余尚不知考试为何事，禀于先资政公，匆匆橐笔出门。至学署，适点余名。是日生童合有千人，先生见余年幼，饬令在堂上公案旁侍坐。公案高与余肩平，先生换高椅，衬以椅垫三重，手授题纸为"尧舜帅天下以仁"，余中比起处云："且夫帅天下以仁，与帅天下为仁不同。"对比云："且夫帅天下以仁，与以仁帅天下又不同。"先生阅之颇喜，且加奖励。逾日招覆，凡童生与覆者十人，余亦与焉。是日均在后堂列坐，题为"乐以忘忧"，余文末二比云："夫综平生之阅历，忧岂尽出于无端？乃有乐以为之主，第觉乐中之旨趣，方且相引于无穷，相寻之不暇，则非无忧而实可以忘忧也。且与斯世相周旋，忧岂即因以断绝？乃无忧所不敢言，第觉乐能握其机，权使之爽然而若遗，淡然而自远，则非乐而忘忧而实乐以忘忧也。"先生阅而笑曰："似此笔路，可保前艺非出倩代矣。"翼日，遂以第五名送入鳌峰书院，余之受知于耳山先生实自此始。掌教孟瓶庵师语余曰："我入书院年亦十三，考题亦系'尧舜帅天下以仁 一句'，可谓小衣钵矣。"时先资政公索阅前后两稿，略为首肯，既乃复诫之曰："此等笔路固于小考为宜，然实我所不喜。我谓文字须博大昌明，而进境要浑涵蕴藉，若但学一挑半剔以爽利为工，吾恐其走入项水心一派耳。”余谨服膺斯训，至今不敢忘。

余以十五岁出应长乐县试，县大夫汉军王古原先生佑郊以第二名送府，府以八百名外送院被黜，次年科考复应县试。余世居会垣，赴县必趁海潮，往返百里始达。适闻信已迟，又为风潮阻滞，至县城正值第三次招覆，叩门求补考。古原先生颇怒其迟，至当堂斥之曰：“我前次以第二名送省，何负于汝，乃闻以枯淡之文被黜。夫稚龄而好为枯淡之文，举业而不谙揣摩之术，赴试而又蹈后至之愆，不如其已矣。今姑试汝以本场之题，若再以枯淡之文进，我必立扣汝名，断不送府也。”题为“子适卫 一节”，时晷已加申，同考者皆为余惴惴。余默揣曰：“不过多买胭脂画牡丹耳。”提笔一挥，迨誊清尚未逾酉刻。古原先生阅之大喜，曰：“我固知君之能办此也。”时交卷者已十之八九，即将定榜次矣，先生独留余晚餐，饬观写榜，并问礼房书吏曰：“去年第一、二名并不利，可速查历届县试前十名以何名为利？”吏对曰：“历届第六名无不入泮者。”先生遂饬将余名置第六送府，府亦以第六送院，是年遂以第一名入县庠，学使者为故通政使吉渭崖师梦熊也。后先资政公知其事，索前稿阅之，曰：“此文一笔扫成，颇伤粗犷。然在童子试中，却是一段佳话，仍应存此文于家塾，俾后人知举业文不厌趋时，且志县大夫裁成之雅意也。”今将原稿附录于此，文云：“昔我夫子周流列邦，独三至卫。顾其初至在定公之十四年，其再至、三至在襄公之三年、六年。《鲁论》所纪，前后不可考。若乃情怀以晤对而深，气象以骤观而喜，则尝即卫灵公三十八年之初，而观师若弟一车两马之际，其为夫子之初适卫乎？今夫卫固何如国哉？即卫之疆域而论，其在西境与晋接者为南阳，其在东境与齐接者为莘，羊角以北极于幽燕，楚丘以南错乎曹、宋。且也谈扼塞则澶渊当大河之脊，侈形势则马陵为津要之区，幅员广则生聚易谋，斯固圣贤所乐为借手者也。即卫之国势而论，七传至顷王而变风作，十五传至懿公而故土捐，敛盂与楚则悉率其赋，郇泽背晋则屡动于兵。且也林父出君而君臣之义亏，出公拒父而父子之恩绝，纲纪隳则苞桑难系，此又圣贤所愸然伤心者也。今夫采风而御輶轩，按籍而稽户口，此王者之政、当官之责也。使以夫子而得行其志，则冉有亦得试其才，三年足民之略，百乘为宰之猷，举而措之而已。胡为乎鞭策方殷而辙环终老，仅以庶哉一叹毕乃事哉？以民数之靡常也，其衰也宜扶，其盛也尤宜保。慨自庐漕避狄以来，残于锋镝者半，疲于徭役者又半，流离琐尾，欲请命而无从，将有不胜下车之泣者矣，兹何幸熙熙攘攘者犹如此其殷盛也。五男三女，既擅冀北之饶，三女二男，更合兖东之盛，斯固康叔、武公留遗之泽未尽沦亡者也，宜何如康乂也哉？以民生之易匮也，其寡也可患，其多也尤可危。慨自曹濮构师而后，中牟之败去其一，河内之侵又去其一，凋瘵疮痍，痛河清之难俟，将有不胜揽辔之伤者矣，兹何幸林林总总者犹如此其丰昌也。广司书之录，不数遗民七百三十人，策天府之登，岂仅革车三百三十乘，斯固通商劝学再造之功不容尽泯者也，宜何如珍护也哉？"

余应童子试凡三次，第一次题"硁硁然以贪"，用《孟子》释文"悻悻"字，为校阅者所抹。第二次题"朱张"，又以用释文"侏张"字被摈，先资政公屡训诫之。第三次题"管氏有三归"，题纸甫下，是日监场广文为王恪亭先生孙恭，余戚也，私来告余曰："顷闻宗师言此题旧说极多，不知场中有能举其一二者否？子其勉之。"适余于此句先已考究，遂略加剪裁，成一短艺以进，揭晓乃冠其军。乾隆间吾乡风气，凡大小试冠军之作必刻试草，以贻观者，如乡、会试朱卷之例。余文已梓行，坊间并有刻入试牍者。今倏忽数十年，不但梨枣无存，即欲索旧时片纸不可得，惟中间四小比尚略可记忆，因亟录之。文云："夫三归之名何以称也？尝闻齐人之言曰管仲筑三归之台以自伤于民，然则三归之为台名也审矣。惟是三归之义又何所取也？尝考齐国之书曰桓公赏管氏以三归俾泽及子孙，然则台名之本于地名也又审矣。乃或者曰三归者言算术也，测高深于少广，不难为九仞之宗，仿爽垲于公家，岂但容五衢之众，管氏盖本骈邑之雄心，以力为经营之计，工毕而名即随之，未可知也；或者又曰三归者娶三姓也，如卫宣之娶齐女而先筑新台，比鲁庄之娶孟任而先临党氏，管氏盖逞女闾之私智，以广为声色之娱，事成而名若揭之，未可知也。”吉渭崖师批曰：“第一比本《说苑》，第二比本《晏子春秋》，第三比本仁山金氏说，第四比本包氏注，不料风檐寸晷中，乃得此极有根据之文。”

乾隆甲寅，吾闽乡试首题“贤者识其大者　三句”、次题“郊社之礼”、三题“禹疏九河瀹济漯而注诸海”。余甫出场，先资政公即向索文稿，余以首艺进。公曰：“平平。”复索次艺，余瑟缩不敢呈，固索之，乃以实对曰：“场中力实不支，次艺竟以两扇格塞责，缘公先有科举文字不宜作两大扇之谕也。”公笑曰：“此真所谓胶柱鼓瑟矣。吾所谓不宜用两扇者，专指首艺言之，恐衡校者不喜此格，即并其余摈之耳。若次艺、三艺即不在此禁，况单句题而能以两扇格行之，尤见力量乎！”因以次、三艺稿并进，公乃喜曰：“此皆远胜首艺，甚可望中榜。”后谒程兰翘昌期、关晋轩槐二师，极承奖励，并奉程师谕曰：“君次艺、三艺皆是可传之作，非学有根柢者不能办，惜首艺稍平，故不入魁选。然吾尝与晋轩同年言：‘读此生次艺，他年可望登著作之庭；读此生三艺，他年必当管宣防之任。’君其勉之乎！”余唯唯受之，不知所措也。后由词馆改仪曹，入直枢机，出为行水观察，回忆数十年前过庭之训词，师门之期许，不禁泫然。兹从儿辈搜得旧时朱卷，附录次、三两艺于左。虽敲门之砖，乃吾家故实也。《郊社之礼》题云："今夫凡人之孝及于父祖而止者，其礼为有所限耳。王者以父天母地之身而不能推前人之心，使制作通于上下，则其量为已狭，而其典固弗备，乃观于我周，其礼固有缘达孝而推之者，则如郊社是。郊之说也，因行于郊而谓之郊，顾周之初何尝有郊也？丰程作邑之岁，所祭者不过境内名山耳，即云武成大告，柴望肇行，其礼犹未备也。武周念之矣，吾非昊天之子而妄议及于郊，非礼也；吾既为昊天之子而弗议及于郊，亦非礼也。顾窃有疑焉者，一岁之祀为数举，而龙见而雩，启蛰而祈，何独限之以其候？天神之尊为一类，而王宫祭日，夜明祭月，何独判之以其区？此可知类于郊者虽附于郊，不得与斯礼为一例也，且郊必有配，而诵《思文》之诗知配以稷，然重在郊不重在稷，考明堂之典知配以文，然重在郊不重在文者，非无故也。夫东迁以来，郊之礼何尝不举于列国？顾晋之郊也，尸以董伯而近僭，秦之郊也，立以五畤而近诬，而岂若武周之郊，其礼为无憾者哉！社之说也，神地之道故名以社，顾周之初何足言社也。西岐侯服之年，所立者不过邑中冢土耳，他若洛邑新营，社于新邑，其礼为偶举也。武周权之矣，吾未享有九州之奉而遽议及于社，非礼也；吾既享有九州之奉而弗议及于社，亦非礼也。顾窃有疑焉者，地祇之祀当一例，而祭于坎坛，旅于四望，不共在夏至之时。古今之祭有异宜，而配以有郈，配以句龙，何别以神州之号？此可知类于社者虽附于社，不得与斯礼为统同也，且社以云报，而南北不必合祭，方泽自有其位，是谓天别乎地，无成于以代终，先妣不必议配，是谓阴统于阳者，非无故也。夫论群姓之制，社之立何尝不遍于上下？顾齐之社也，观民因以弃典，鲁之社也，伐鼓至于失常，而岂知武周之社，其意有独深者哉？"本房师吴虚谷先生濬原评云："体大思精，而大力盘旋，全为吸起下句，是谓藻不妄抒，言皆有要。"《禹疏九河瀹济漯而注诸海》题云："今夫后世之大人治人，上古之大人治天地。尧之时，天地之害莫大于洪水，而洪水之害莫切于帝都。有大人出，相其所先，权其所急，西北之水平，天下之害已减其半。伟哉禹之治水乎！水之源起于西北，西北不一水而河为大，附河者亦不一水而济、漯为大，无以顺河与济、漯之流，而水不治，顺河与济、漯之流而无以为归宿之区，而水犹不治。间尝统水之大势观之，而知河之不易治也。河自昆仑积石以下千里一曲，其来远矣，然有高山以束之，势虽强而未肆，即至逾底柱而过孟津，而嵩、华诸山东南罗列，亦不至决而四溃也。迨越中州而东，则汇三门七津之流，悉以青齐一区承其敝，合塞外中华之水，独以大陆一面当其冲，兼以千里坦夷，地脉疏衍，复无大泽巨浸以蓄其流，则全兖之区民几何不为鱼鳖也。禹即河而疏之，举徒骇以南、鬲津以北，其川盖有九焉，其多为分派也，先以杀其汹涌之威，其统以逆河也，益以收其刷涤之效，盖自是而河治矣。虽然，河治而不尚有附河以为患者矣。夫河之经于王屋也，中流而已与济交；其酾为二渠也，支分而复与漯会，济、漯不治则河仍不治也。盖济之源始出自沇而继溢为荥，其性之清而劲者，每贯河而独行，禹惟瀹之，荷泽以为导，溢出者悉还其顺下之情，大野以为潴，劲疾者转挽为潆洄之势，而三伏三见，始安其故道而无虞。漯之源出自武阳而历乎千乘，其性之骤而溢者，每距河以相争，禹惟瀹之，由宿胥而与河会，实偕浊河以俱流，经高唐而与济通，不等济源之或绝，而为合为分，胥见其贴然而不乱。盖自是而河与济、漯不皆注海乎？夫海之量，百川竞赴而茹纳有余，自有禹之治，而溟墟之浩荡，河由碣石以入，济则会汶以入，漯则随河以入，而强干弱支，胥安流于川后；冀之境，三面距河而怀襄最警，自有禹之治，而九州之输纳，沿淮可以入济，浮济可以至漯，由漯可以达河，而梯航筐篚，悉上贡乎神京。此禹之劳心也，然而未已也。”本房师原评云：“纲领既挈而复脉络分明，博通淹雅，兼有桑经、郦注之长。”

嘉庆初，吾乡士人尚沿乾隆中叶风气，作字必用馆阁体，以方整浓厚为贵。作时文亦争求兴高采烈，不拘拘于理法之间，维时有“处处颜多宝，家家李石台”之谚。其临池家摹欧阳信本，举业家学方望溪，实自余唱其端，风气为之一变。迨后数年，余亦辗转趋时，渐失故步，不但字体屡更，几于每况愈下，而昔日时文稿亦渐散失，旧调不能复弹矣。道光初，陈臬山左，适故人林翰云同年以公车报罢过济南，余款留之署斋，偶与絮谈旧事。翰云出文稿一本示余，且曰：“足下从前学方望溪文字，具在此中。”余于无意中忽逢故物，为之惊喜，急付儿辈录副存之。自维学望溪并不能得其形似，然尔时才力心思所注，颇为师友所许可，亦不忍竟付之飘风也。因择抄数篇，附刻于此。如《诗可以兴　四句》题云：“且夫《诗》之益人固无所不至哉！而其本则在于正性情而已。顾其间相感之端，有使人一览而自得者，有使人历久而后化者，初不必日取斯人之性情而正之也。盖第蓄其至足之理，而贶人以历试之方，而其益人固已多矣。小子而可以不学《诗》乎？夫《诗》之理非一端所能竟，而其益人于性情间者，则可为小子正告焉。凡人之材之相远也，或蔽于所拘而智勇不足以自发，或困于所溺而志气不能以自强，则有顽然而不能兴者，乃观之《诗》而若或启之矣，其所流连慨叹，不啻迫我以所顺而阻我以所逆，夫我心之顺逆，岂能尽与是非相准？乃一自学《诗》以后，觉在在皆自激而有余，则惟《诗》之实有以激之也。夫人无论贤否，其心知皆为理义所不遗，而况持相感之原者，其道固有不爽者哉！盖可以兴如是也。凡人之识之难齐也，或昧于所施而浮沉鲜据，或暗于所守而去就未精，则有茫然而无所用其观者，乃观之《诗》而若或导之矣，其所雍容揄扬，不啻饷我以所得而警我以所失，夫我身之得失，岂必尽与载籍相符？乃一自学《诗》之余，觉在在皆内证而不谬，则惟《诗》之实有以相证也。夫人不必圣贤，其识见每由阅历而愈定，而况备旷观之本者，其理固已无遗者哉！盖可以观又如是也。若夫凡人之身其不能离物而独处也，则有群焉，乃或意气过矜而德不足以养性，和易太甚而礼不足以尊身，则当其群也已失其所以群之道矣，及求之《诗》而若贻其则焉，其所咏叹淫泆者，悠然其可思，而复肃然其可守，则不以文义牵其举止者，即不以和乐弛其精明。夫物我往来之地，动违其则而理为之虚，乃自学《诗》而觉《诗》之与我相范者，固早神其用也，盖可以群又如是也。凡人之境不能所遭之皆顺也，则有怨焉，乃或过于自信而理不足以平心，急于自明而志不足以守气，则当其怨也已漓其所以怨之本矣，及求之《诗》而若锡之极焉，其所缠绵悱恻者，本不忍言之隐，而发为不容已之诚，则于悲愤而犹留忠厚之思者，即以温柔而掩其径直之气。夫性真流露之余，少过其分而理为之纵，乃自学《诗》而觉《诗》之与我相检者，固早裕其原也，盖可以怨又如是也。”又《由也好勇过我　二句》题云：“且圣人者，以行道为心者也，顾其所以行道者，则固有义存焉。道行而义明，即道不行而亦未尝无义以处之，要不失其行道之心而已。有如浮海从我一叹而子路喜之，子路殆亦未知圣人之心者也，且子路之喜殆亦未适于圣人之义者也，故夫子正之曰：由也，亦尝即己之所有余，以审己之所不足哉？凡人之情之不能相忍也，其始每迫于无如何，而后乃拂然而不顾，故夫去之而不待再计决者，皆其熟筹之而乃毅然自断者也；凡人之情之极而忽变也，其先皆缘于不得已，而后乃以激而愈坚，故夫一往而无复有余情者，乃其深苦之而乃忍而自割者也。若是者，不可谓之非勇也。今以我之心而度由之心，由之好勇则过我矣。虽然，天下事理之所在，有可以善用其勇而不至过激者，不甚赖乎人之知所取材哉？盖天下相待之故，虽不可以骤致，而其理则不容以终虚，所谓取材者，惟权以理者也，两间无可逃之责，不能逃之于昔，岂能逃之于今？即至险阻艰难之际，无所用其补救之方，人或谓此念之可捐，而不知其事之靡有底者，皆其理之有可待者也，使其无所取材，而又何能以相待耶？民物相属之原，其理固尽人而皆知，而其事则非其人而莫举，所谓取材者，又不遗乎事者也，斯世不容缓之图，始以为不可缓，今岂以为可缓？即至事穷势极之余，未息其鞠躬之瘁，人几疑其用情之已过，而不知其极乎事之量者，乃适以得乎理之中者也，使其无所取材，而又焉得此适中耶？然则学者出处之机，由盖未之审也。夫洁身之举，岂真吾党之所甘，乃自由观之，一若舍此而别无快心之境也，断然者直行其志，而恝然者不顾其安，由其何以为心哉？且君子精义之学，由更未之知也。夫肥遁之风，原非圣贤之所尚，乃自由观之，一若即此而足为归宿之区也，刚断可以振凡庸，而经权不足以合常变，由其尚知所进哉？夫子之以义正子路也如此，虽然，圣贤之心岂得已哉？”记得郑苏年师批语云：“此等文字，理精气醇，于桐城二方甚有得力处。”林翰云曰：“前作得望溪之理，后作得望溪之神，自足下通籍后，吾乡士大夫于此调不弹久矣。”

嘉庆丙辰，余由公车报罢回里，值钱质夫太守观风吾郡，以“端章甫”命题，余既为亲友中生童各成一艺，但取典赡风华，取悦时眼而已。继思此乃真典题而合郡无一讲考据者，岂不减色？因自拈一艺，归举人卷缴进。数日后揭榜，则生童两首名皆余所代作者。太守以举人卷郑重，特属王南陔先生绍兰覆阅，时外间已探知余文为前校阅者以“纠缠不清”四字批斥，先生姑重复取视，乃大惊曰：“近时研经难其人，读《仪礼》者尤少，此文撷三《礼》之精义如数家珍，何得草草阅过？”乃拔冠其军。榜出，知好多来索观原稿，尚咎誉参半也。今姑存其文，以见当日用功之概。文云："且吾儒泽躬尔雅，则凡附在吾身者，皆知而慎之，诚有非先王之法服不敢服者，而况朝庙之间、礼乐之地，尤非可苟焉已也。兹乃因宗庙会同而计及之矣。尝考之《礼》，天子元端而朝日，诸侯元端以祭，此元端之名所自始也。而司服所掌诸侯视朝之服，与《士冠礼》所谓朝服，说者又以元端当之，然则君臣之间将均此朝服乎？且考襚礼于阶堂，朝眼与元端异受；纪燕居于朝夕，元端又与深衣同称，似又别有所谓端。而于礼为稍杀者则何也？或者遂谓衣不嫌同而冠实彰别，冠莫贵于冕，故惟元端而冕者专于尊，所谓武王端冕而受丹书、魏侯端冕而听古乐者可按也。若夫元端而章甫，则考之古，若《士冠礼》之摈者、赞者类皆用之，盖同此端而所以配夫端者各异，故贵贱有等也，审是则章甫固元冠也。而《司服》之文既以元端为齐服，《玉藻》所纪又以齐冠为元冠，且士与诸侯共之，是则元端之冠服皆同而上下依然无别也，又何以故？乃考《礼》者又曰：凡五冕之色皆以元，而章服之幅皆用正，故古有以冕服而亦称元端，至于元衣、元冠谓之元端，所谓端委者是也。不知言端委可概以元端，言端章甫则不得竟当以端委。试观《士冠礼》所载，惟主人端而委貌，使非有别于端而章甫者，何以经云主人元端，又云摈者元端，不曰如主人服乎？何以经云宾如主人服，又云赞者元端，不曰如宾服乎？若夫《司服》之齐服、《玉藻》之齐冠，则所谓衣同而别之以冠，冠同而别之以缨者，固无妨乎端章甫之各有所称云尔。抑又闻之，端者正也，布之幅二尺二寸，而端如之，所谓直正而方义也，而章者明也，又所以表明丈夫也，君子耻有其服而无其容，其说近是。乃或以缁衣为端，缁布冠为章甫，无论七入为缁、六入为元，固不可以强同，而彼用之始冠、既冠而敝之者，要岂章甫之谓哉？夫朝庙文明之象，半于衣冠之际留之，礼乐庄敬之心，每于服物之间懔之。偃不敏，小相之班亦求其称而已，而岂曰能之也乎?”郭韶溪曰：“中间只是考究制度，毫未黏着本身，故摈、赞等语不为侵下也。”

嘉庆丁巳、戊午间，余与齐北瀛、郑芸汀、许荫坪同在郑苏年师馆中课文，苏年师见余《端章甫》文而喜曰：“吾不料汝尚能留心经学，此后当守此毋倦也。”以此每课多出典实题，时北瀛专讲机法，芸汀喜骋议论，荫坪则爱学尤、王派，惟余因吾师奖励之语，极力以数典为事，其实亦不过饾饤之功也。一日，作《俎豆之事》题，中二比云：“昔先王以隆礼洽幽明，而俎之陈也必谨。殷之横距同于夏，而其足则与三代异，周之下跗异于古，而其足则与虞夏同，夫亦极创制之显庸矣。顾读《礼经》而犹有疑焉者，主妇、主人各专横缩，司马、司士同列羊湆，衡以以奇应阳之说，似其义亦错出而难通，然列而陈之则必协其宜，散而用之则不妨互异，诚使严恭之意有贯于全烝半体之中者，而凡殽不荐于神尸，膉不升于吉祭，其不敢少有紊乱者，皆可推也。昔先王以多品将孝享，而豆之为用益详，或荐菹醢而或盛大羹，登亦有瓦豆之号，或宜湿物而或宜干物，笾亦得竹豆之称，夫亦极名物之昭晰矣。顾读《礼经》而亦有疑焉者，礼器所载天子之豆二十有六，掌客所载侯伯之豆三十有二，准以以多为贵之文，似其礼或游移而鲜据，然用数陈数各殊其例，则或增或减互见其文，诚使爱敬之忱有余于朝事馈食之际者，而凡有加数以示优尊，有奇数以隆尚齿，其更锡类于燕享者，又可推也。”又一日，作《邦畿千里　两句》题，中二比云：“无论砥石未安，商丘又徙，上世迁居靡定，几莫安侯服之常，顾读朕哉自亳之文，而西亳、北亳屡徙而仅存其名，读于今五邦之文，而迁庇、迁奄合计而益增其数，六七王以上，已不胜荡析离居，而卒也有众之绥，不闻舍此而他适焉，所以九有之封疆详于《尔雅》，而燕曰幽、齐曰营，上可参乎《禹贡》，青入徐、并入冀，下可证乎《职方》，盖邦畿既定，而所止即与邦畿为附丽，有如是矣；无论四都河北，三都河南，当年国步多艰，几莫指乐郊之适，顾由谷熟而偃师，而帝喾之墟可通于《书》之厘沃，历耿嚣而殷邑，而北蒙之境可通于《诗》之景山，数百里之间，亦几费经营创造，而卒也有截其所，不闻背此而分驰焉，所以四方之献令颁自阿衡，而二百余年之纪贡，托始于氐羌，七十六国之咸宾，中兴于太戊，盖邦畿无定，而所止即随邦畿为转移，有如斯矣。”苏年师每私语馆中学侣曰：“茝林此等文必有兔园册子为蓝本，汝等何不诘之?”余笑曰：“不过日来读秦氏《五礼通考》略有所得耳。”师为輾然，告学侣曰：“似此蓝本，吾愿汝等皆引以为法也。”

嘉庆初，余与万虞臣同在芝社会课，每课文出，必令他手代书，请里中老宿批阅。虞臣每首选而余次之，如是者年余。惟有两课，一为“《太甲》曰　两句”题、一为“晋之《乘》　三句”题，则余首选而虞臣次之，同人亦翕然无异词。当课文初成时，余默有俯视虞臣之意，虞臣亦私语同人曰：“此课文出，茝林断不居吾后也。”古人言“得失寸心知”，信有之乎！今备录两文，以存当日情事，非敢与虞臣抗衡也。《太甲曰顾諟天之明命》题云：“传若曰古之欲明明德于天下者，亦惟此心之常存而已。心不可见，实之于象而其分始亲；象无所凭，极之所尊而其理愈近。古人固又明明告我矣，不可读《太甲》而得之乎?《太甲》一书多致儆之词，顾人之相儆，不如己之自儆，举少纵即逝之境，引而课之于一身，则人不知而己独喻也；《太甲》三篇为言诚之始，顾诚者天之道，思诚者人之道，举真实无妄之原，亦既判然为赋畀，则天无权而人有权也。其曰顾諟天之明命，良足述也。凡物必先有取之者，而后与者之名以立，秉彝之懿授者无靳，而受者反落寞而不亲，是名为天命，而彼固未尝以为命也，由天而引之为命，觉声臭之俱泯者，惟汤实以顾而生其情，日有所触而恍遇其新，时与为习而如逢其故，盖天之命本公，而汤若或私之矣；凡物必灼见其当取也，而后与者之意不虚，於穆之精在天昭然，而在人反浮游而无据，是名为天之明命，而彼固未见其为明也，由命而揭之曰明，将形迹所不居者，惟汤实以顾而定其处，操之于心而常惺不昧，体之于事而得主不迷，盖天之命甚尊，而汤若或亲之矣。是知汤之德不可形，而汤之顾则可据，《书》若曰人之所不顾者而汤独顾之，即圣狂由此分途矣；且汤之顾不可见，而天之命则常新，《书》若曰人之所当其顾者而汤先顾之，知性反不妨殊致矣。然而古之明明德者，固不但已也。”游彤卣先生评云：“昔吾有先正，其言明且清，以此阐发经传，洵足式浮振靡。”又《晋之〈乘〉　三句》题云：“且尝旷观乎得失之林、治乱之故，而知纪载之不可以已也。虽然，执一国之书以系天下之治乱则难，合天下之书以纪一时之得失则备。圣人终为其所难，故要其成而传世别有专家，列邦各存其所备，故原其始而立名不必相袭。盖著作之故，固亦有开而必先者也。《春秋》者，继《诗》以存王迹者也，考之古者，纪载通称《春秋》，《春秋》之作，夫岂无所昉哉？其为列国之散见欤？观羊舌肸之所习，则晋有《春秋》，观申叔时之所教，则楚有《春秋》，固不但夏商《春秋》、百国《春秋》之信而有征也。其为我鲁之旧制欤？读经解之所陈，《春秋》已著属词之教，考韩宣之来聘，《春秋》且与《易》象同观，又不待未修《春秋》，已修《春秋》之明而后辨也。然则居今日而论《春秋》，则《春秋》诚万世之书原；昔日而言《春秋》，则晋、楚与鲁皆得同有《春秋》之实。乃或曰《乘》，或曰《梼杌》，一若《春秋》之名独私之鲁者，抑又何哉？今夫读其书者，必先论其世也；览其迹者，必博稽其变也。慨自东迁而后，天下之大势在晋，晋之国不分则秦之关不开，秦之关不开则周之衰可守，盖至文侯诰诫之语，上继乎《书》，君子有以窥其微矣，抚斯《乘》也，不谓之王迹所关不可也；且陵夷以来，天下之大患又在楚，一楚之力足以疲群诸侯，而合群诸侯之兵不足以当一楚，试观天王谥号之尊，攘为已有，君子有以诛其心矣，抚斯《梼杌》也，不谓之王迹所关亦不可也。然则王迹其将在鲁乎？鲁之势似可以存王迹，而其力则难支；鲁之患在于不能存王迹，而其道则可据。然而隐、桓以下，知有盟主而不知有天王矣；襄、昭以下，且知有强邦而不知有盟主矣。周礼虽在，国政已非，《春秋》依然也，而于王迹则何补乎？今日者，《乘》与《梼杌》固已在疑信参半之列，而当夫珥笔伊始，何莫非金匮石室，合而成百二十国之宝书；即鲁之《春秋》亦更在闻见异辞之间，而当夫勒实之初，固俨然青简丹书，直上补十有二公之阙典。借非孔子，则《乘》也，《梼杌》也，《春秋》也，不终莫能相胜也哉？”吴清夫先生贤湘评云：“前半灵心妙腕，三段议论纵横，顾定王迹，尤征老手。”

余五上公车，惟辛酉科以回避未入场，前三科皆荐而不售。第一科为乾隆乙卯，房考胡果泉师克家批曰：“文笔清矫。”第二科为嘉庆丙辰，李石农师銮宣批曰：“格老气清。”第三科为己未，吴寿庭师树萱批曰：“词义清醇。”每次领回落卷，必呈先资政公。公一日合而阅之，笑曰：“功令以‘清真雅正’四字宣示艺林，而汝文只得头一字，毋怪其三战而三北也。”余不觉爽然若失。迨壬戌科，立意欲以词藻见工，又闻纪文达师为总裁，最恨短篇假古文字，故于首艺竭力降格为之。中二比云：“古未有为君而见疑于人者，而艰贞蒙难，至文王始际其难。夫受命改元之迹，后世可断其必无，而阴行善政之疑，当日几无以自解。则子民将嫌于震主，怀保且指为阴谋，尽君之心而不克释臣之憾，斯固时事之未可轻言者也。古未闻外臣而见忌于内者，而毁谤丛生，至文王始极其变。夫崇侯之谗，犹以小人而中君子，而祖伊之告，竟以忠臣而忌忠臣。将加之罪固无补于圣明，即不加之罪亦何减于忧患，竭臣之力而只以彰君之非，斯又圣人所不忍当此者也。”后二比云：“畔援歆羡之悉泯，无私乃为博爱之原。盖仁所从生，文王实身入其中而深知其故，其统斯民而被之者，其先斯民而全之者耳，视如伤者仁心，不敢侮者仁政，想当年勤劬多端，惟此祥和无已之心，虽至难皆有以相赴，所以洛西除刑之献，以累臣而感动天朝。雍宫肃庙之交修，主一实为靖共之本。推敬所由立，文王独精于其体而妙于所施，其臣节之无少亏者，皆其圣功之无或间者也，翼翼者敬之原，祗祗者敬之实，想当日危疑交迫，惟此旦明不渝之志，历万变而不离其宗，所以汝墳惘乱之词，虽邦君而不忘王室。”本房韩湘帆师抡衡批云：“酣畅流丽，典雅之章却无清字，始悟闱中风气果在此而不在彼也。”

余抚粤西时，尝三次监临乡闱，其前后两科首题皆有拟作，闱中同事欲付梓于闱墨之前，余亟止之。自念数十年不作制义，偶动见猎之喜，且当博弈之用心，亦如作古近体诗之随事口占，遇物寄兴而已，岂当遽以问世？而儿辈读而喜之，谓固不必悬之国门，亦当藏之家塾。乃复录附于此，聊以志一时之心力云尔。丁酉科题为“子贡方人　一章”，余拟作云：“务于人者恐疏于己，贤之所以不如圣也。盖非贤且暇，何以方人？圣人之抑子贡，即所以进之也。且夫人己之间有先后焉，非必封己而遗人也。古之学者为己，故与人不求备，检身若不及，今之学者盖反此矣，是圣人之所虑也，说在《鲁论》之记子贡方人。夫以子贡在圣门，固不愧为贤者也，然圣者且不自圣矣，贤者庸可自贤乎？躬行有莫殚之功，若之何其以方人为事也。且以贤者而方人，不得谓非暇者也，夫圣者且当希天矣，贤者不当希圣乎？尔室有无穷之业，若之何其以暇自居也，然而子贡初何尝以方人自命也，汝与回之孰愈，师与商之孰贤，质证方殷，何莫非圣心所默契，则但行其亿中之素，以益致其穷理之精，其事虽存乎人，其功仍归诸己矣，而旁观者熟睹之，则以为子贡方人也云尔；然而夫子亦未尝直斥其方人也，所造者非我之所期，所行者转形我之所绌，教学相长，乃不觉瞠乎其后尘，是弟子不必不如师，师不必贤于弟子，其辞虽若褒之，其实乃深警之矣，而记者微窥之，则谓为子贡方人发也云尔。故曰赐也贤乎哉，以责人为能也；曰夫我则不暇，以责己为急也。圣人词不迫切，而二者之缓急显然，赐亦可以返矣。且由赐之贤推之，其弊恐终于丧己；由子之不暇推之，其究亦可以成物。圣人学无偏倚，而二者之得失判然，赐亦可以悟矣。要之，赐之贤特微辞也，而子之不暇则实境也，未得则发愤忘食，既得则乐以忘忧，赐不知子，子亦岂不自知乎？暇于何有哉？且赐之贤或非赐所敢居也，而赐之暇则未必非赐所不居也，学不厌则学之不暇，诲不倦则诲之不暇，子且如是，赐不当亦如是乎？方人云乎哉？呜呼！此贤之所以不如圣欤？”花晓亭方伯杰评云：“着墨无多而复笔笔清析，尽有一部新闱墨中所未见到语，此谓涵盖群言。”自记云：“此一则题解耳，而于题中实理、题外虚神，颇能兼顾，尚异于率尔操觚者。”庚子科题为“仁者必有勇　两句”，余拟作云：“以仁决勇，知圣人之不尚勇也。盖仁而无勇即不得谓之仁，勇而无仁则往往然矣，观仁者可以思矣，自修者当知所从事矣。且天下亦惟恃有仁者耳，仁之为道，周天下而无间；仁之为器，即举天下而有余。此其中有本末焉，执其末以为本即在是，则并其本而亦非矣。有如仁者之名，斯世之所贵也，乃或谓重远之任，非强有力者弗能胜，世安得有仁与勇兼者，而后民物得以托命焉。呜呼！此非惟不知仁也，亦并不知勇矣。盖惟仁者无欲，无欲则刚，而无物足以屈之，而仁者初不自知其莫屈也，克复之缘方战胜于隐微之内，吾以为非礼弗履之象，非大壮不足以当之矣；抑惟仁者至公，至公则溥，而无事足以御之，而仁者初不自信为莫御也，施济犹病方兢惕于立达之难，吾以为吉凶同患之情，非神武其孰与于此矣。古之至仁者莫如尧、舜，而神武之谟不先于恭让，宽柔之德乃殿以刚强，古史臣勒为实录，必有以探其本矣，仁之足以赅勇，此其证也；古之至仁者莫如汤、文，而敷奏之威已卜之优优之政，赫斯之怒早蕴之翼翼之心，古诗人善言德行，必有以窥其微矣，仁之足以生勇，此又其证也。若世之所称为勇者则不然矣，姑无论善射荡舟之不足尚也，其材足以屈群力而自雄，而其功不能跻斯民于仁寿，树立非不宏达，论世者断为假之也，而匹夫之徒能疾视，更不必言矣；姑无论暴虎冯河之不足与也，其力足以平两间之大难，而其道不足以俟百世之圣人，声施非不烂然，论治者惜其无本也，而吾党之无所取材，又其末者矣。盖仁者体也，勇者用也，体可藏用，用不能藏体，故虽同秉彝之好，而刚毅只可为近仁；仁者全也，勇者偏也，全可为偏，偏不能为全，故虽共达德之名，而体仁必尊为元善。观人者可以思矣，自修者可以知所从事矣。”卞雅堂观察斌评云：“词义醇备，笔力坚凝，视前代金正希单句题文，当又过之。”自记云：“丁自庵学使论此题应以书卷佐之，儿辈疑其说，因附会经言史迹成此以示之，未知有合否耳。”

道光乙酉科，大儿逢辰登本省乡荐第二名，首题“上好礼则民易使也”，次题“义者宜也，尊贤为大”，三题“达不离道，故民不失望焉，古之人得志泽加于民”。时余在淮海观察任内，闻报之日，孙寄圃节相以不得元为惜。余曰：“余籍长乐，自前明逮我朝，并无人领解者。乾隆戊子科先资政公已拟元，两日而改作《礼记》经魁。戊申科先伯父叶所公亦曾拟元，而以后场违式摈落。此或长乐县运使然，抑亦家运所关，无足怪也。”既而阅福建魁墨，乃知解元林岵瞻扬祖文实足以冠其军。逢儿文首艺墨选已登，虽有高华之象，而沉实尚逊之。惟其三艺则称心而谈，言皆有物，实非率尔操觚者所能办。兹全录之存诸家塾，以见高标亦尚非幸致也。文云：“今以众所属望之躬，一出焉而人不利赖者，亦何贵此一出哉！治术弗原于性术，其被之也必不光；逢时未足以济时，其持之也为无本。则虽骤登通显，而欲协和众志，以媲美古人，盖难言之矣。达不离道，道者民之所由也，曾是不离道者，有不能兴道以致治者乎？夫兴道致治，民之悬是望也固已久矣。己溺己饥，时虑一夫之不获，而事权未属无如何也，一旦名实既加，则恃源以往，当不至以迂疏鲜效者误此苍生；为国为民，早已经纶之在抱，虽衡茅伏处未尝忘也，一旦天人交迫，而借手有权，更何难以抱负宏深者慰兹众志。民不失望，为士者至此不谓之得志矣乎？虽然，不失者有所得之谓也，士之所得在志，于民何与焉。间尝观今之遭时遇主者，其初未尝无抱道之量、行道之心，乃或严法以驱民，显背乎道者有矣，或泥古以病民，隐戾乎道者有矣，即不然以中庸自处，以不扰处民，于道有未尽，即于民无所加。吾之所志谓何？民之所望何事？待泽者众而惬望者稀，而尚曰吾不离道也，是亦古之人之所窃笑矣。所自慊者，求志之实学，断不为得志之厚期，而当其时至事生，则适如其分所应有。夫文章可以华国而无补于痌瘝，权谋可以霸国而无关于康济，古之人知民者国之所由存，乘时者惟所设施，而待治者毫无裨益，负国乎？实负吾学耳。泽在教，性命于以各正，泽在富，礼义亦所由生，泽之所沦浃，无非道之所充周，在古人不过取怀而予，彼民也则以为有所加而已矣。所可信者，尚志之初心，必不缘得志而有异，而方其谏行言听，则遂若相与之甚深。夫不出而图吾君不仁而不可为，轻出而图吾君不智又胡可蹈，古之人知民者君之所与立，当路者无所挠其权，而承流者无所增于旧，负君乎？实负此心耳。泽可大，而庶类咸荷生成，泽可久，而奕祀犹沾乐利，泽之所弥纶，无非志之所推暨，彼民也亦不过如愿而偿，而古人则居然有所加而已矣。”同年朱咏斋曰：“此后两比置之《紫竹山房集》中，几无以辨也”。

逢儿为余述，戊戌会试第一场在号舍中，忽梦人语之曰：“君必隽矣。此科题中又有‘礼’字，君不记乡试中式题系‘上好礼’乎？”逢儿初不之信，笑应曰：“未必有此依样壶卢。”其人咈然曰：“我言必信，行必果，诳君何为？题纸下，自知之耳。”既而题纸至，则“言必信　二句”也。逢儿大喜，以为佳兆，果思如泉涌，不移晷而首艺已成。中后四比尤为惬意，其词云：“盖尝目击夫言伪而辨、行伪而坚之足以动众也，即语之出身加民之本，发迩见远之原，几不知为何物。苟非深持乎素志，游移两可，其心将日放焉而不自知。惟本此独见之明，断不使当为之信果稍邻于迁就，觉言行或有因时而异，信果不必择地而施。即此一言之信也，吾将奉以终身矣，即此一行之果也，吾将通于万事矣。又尝旷览夫言为世法、行为世则之莫之或知也，而惟此尔诈我虞之风、怠惰偷安之习，几相视为固然。苟非力挽乎颓波，相率效尤，其势将日加焉而不能已。惟率此所持之定，断不使吾身之言行与世为委蛇，觉有一日不值言行之时，必无一日不存信果之意。世莫予知，吾固守此言行而不悔矣，世或予知，吾将出此言行以相证矣。此言必信、行必果者之心也，苟其本谨愿之深心以维持乎风化，其信固可以绝欺而戒妄，其果亦可以起懦而廉顽，转移其有权乎，安见三代以下之人心不可与几乎道？或能破拘牵之习见以广大其规模，信以立其是非之准而义可通，果以奋其振作之机而德可育，变化其甚捷耳，安在中人以下之气质不可以进于中?”甫出场，即以稿质之林岵瞻，果亦击赏，以为中两比全在言行本人身上，极力发挥两“必”字，而于题分仍毫不溢下，风檐中具此手眼，已是必隽之机，况又加之以梦兆乎? 及榜发寂然，卷亦未荐。岵瞻曰：“此文不售，奇矣! 此梦无端，不更奇乎?”后逢儿以辛丑科中式，题为“约我以礼”，回忆前梦，乃不验而验，又一奇矣。

制义丛话卷之二十二

命题试士，汉时即有之，《汉书·晁错传》云文帝亲策贤良能直言极谏者，对策者百余人是也。然是试以时务，非试以文辞。《唐书·杨绾传》云进士科起于隋大业中，《通鉴纲目》遂据之以为文辞试士之始。至命题之制，则永明策秀才之题见于《昭明文选》，诗赋之题备载于《文苑英华》。惟今人所标“题目”二字则于古无据，《陔余丛考》谓始见《北史·念贤传》。魏孝武作行殿初成，未有题目，诏侍臣各名之，念贤拟以圆极，帝曰：“正与朕意同。”此指题榜之字，非今人所谓题目。惟孔颖达《尚书·大禹谟》正义云：“史将录禹之事，故为题目之词。”正今人“题目”二字所自仿，特非指试士之题耳。若北齐文宣帝令辛术选百官，时参选者二三千人，术题目士子，人无怨讟。此则品题之称，又与今试场所谓题目无涉也。

以经书命题者，盖始于宋。《宋史》宁宗庆元四年，以经义多用套类，父子兄弟相授，致天下士子不务实学，遂命有司六经出题，各于本经摘出两段文意相类者合为一题，以杜挟册售伪之计。按：明太祖洪武三年，开科以《大学》“古之欲明明德于天下者　二节”、《孟子》“道在迩而求诸远　一节”合为一题，问二书所言平天下大指同异，此即沿宋时之法。又《春秋》经有脱母题，至我朝顺治九年始禁不用。又有合题，至乾隆元年亦停止，并详见《学政全书》及《科场条例》中。

前明洪武二十年丁卯科应天乡试，首场首题为“老者安之 三句”、次题为“兴于诗 三句”、三题为“克己复礼为仁 三句”，皆出《论语》，彼时原无定式也。至我朝顺治二年，始定四书题，第一题用《论语》、第二题用《中庸》、第三题用《孟子》，如第一题用《大学》，则第二题用《论语》，第三题仍用《孟子》。按：此令载《科场条例》中，奉行已久，乃近阅邸抄中有一案云：道光庚子，山西乡试首题为“德润身心广体胖”、次题为“体群臣也，子庶民也”，两题并用《大学》《中庸》而无《论语》题，实与《科场条例》不符。旋经主考检举，监临奏参，部议照违制律拟革职留任，亦可谓宽典矣。

康熙五十二年奉上谕：“四书五经皆圣人讲理明道之书，贯始彻终，无非精意。近见乡、会试俱择取冠冕吉祥语出题，每多宿构幸获，致读书通经之士渐少。今后闱中题目应不拘忌讳，庶难预作揣摩，实学自出。钦此。”又部议覆准主考、房官系中式年久之人，于本身中式题目多不记忆，且人数既多，应回避之题亦复不少，徒为纷纭。嗣后主考、房官本身中式经书题目，均毋庸回避。又乾隆三年议准，考试命题固取发明义理，而亦以展才思，遇有人文最盛之区，若命题专取冠冕，士子蹈常袭故，或无从浚发巧思。间出截搭题，则旁见侧出，亦足觇文心之变化。第必须意义联属，血脉贯通，若上下绝不相蒙，恣意穿凿，割裂语气，殊属伤雅。嗣后学政出题，宜以明白正大为主，即间出长搭题，亦必求文义之关通，毋蹈割裂之陋习。则既不诡于义理而亦不阏其性灵，庶文章之能事曲尽而课士之法亦周详矣。又乾隆四十年议准，程景伊奏称覆勘各省试卷，见试题渐趋佻巧割裂，其最甚者如四川头场试题“又日新《康诰》曰”六字，连上牵下，全无义理，既不足以见学问书卷，而稍知机法者便可侥幸获售，请饬部禁止。从之。又乾隆五十二年议准，覆勘大臣奏称经书重句命题，依本文次序，在前者不必加注，在后者题明某章某节，则士子不难遵守，而经文不嫌偏废，应如所奏，将原例内雷同句法不得命题一条删除。敬维训谕周至，功令严明，乃掌文衡者流仍不免有偭规错矩之事，抑独何欤？

《日知录》云：天启四年应天乡试题“今夫弈之为数　一节”，以魏忠贤始用事也。浙江乡试题“君之视臣如手足则臣视君如腹心”，以杖杀工部郎万燝也。七年江西乡试题“皜皜乎不可尚已”，其年监生请以忠贤建祠国学也。崇祯三年应天乡试题“举直错诸枉能使枉者直”，以媚奄诸臣初定逆案也。此皆可以开帝聪而持国是者。时当季叶，而沔水鹤鸣之义犹存于士大夫，可以想见先朝之遗化。若崇祯九年应天乡试《春秋》题“宋公入曹，以曹伯阳归”，以公孙疆比陈启新，是以曹伯阳比皇上，非所宜言，大不敬。天启七年顺天乡试《书》经题“我二人共贞”，以周公比魏忠贤，则又无将之渐亦见之弹文者也。

《制义科琐记》云：万历二十三年乙未会试前一日，有举子梦试题系“晋元帝恭默思道”七字，而题纸为易水生夺去，后试题乃“司马牛问仁　章”。盖晋姓司马，而元帝为牛金子，合之则司马牛也。其“恭默思道”又合讱言意，是科会元汤宾尹，则固易水生也，亦奇而巧矣。

《坚瓠集》云：万历壬子，苏郡守鄞县赵世禄录科试题出“《康诰》曰如保赤子　节”，一书吏某禀曰：“今日录科题有不中字，请易之。”遂易“夫人不言，言必有中　二句”。秋榜发，郡士得隽者三十二人，周忠介顺昌、姚文毅希孟、王遵义仲圣、沈应明、陆康稷、熊秉鉴皆是科所取士，明三百年得士之盛，未有如此科者也。

又云：天启中，崔、魏用事，争传其有不轨之志。北直学使者考校宛平童子，题出“忠矣至清矣”，牌已书，命教官传谕，一教官请曰："此题还求大宗师更易。"学使者声色俱厉曰："尔以是题为不佳乎?"教官从容对曰："题甚佳，但其中包崔子弑齐君一段，不见高启愚以'舜亦以命禹'为南台抨击乎?"学使者改容谢之。

撰叙《隙光亭杂记》云：本朝江南乡试不以《大学》命题，以明崇祯壬午科题为"定而后能静　三句"，明南京乡科尽于此也。闻广东乡试亦然，如命《大学》题则贡院被火，或主试者有祸患，而尤忌圣经一章云。

《履园丛话》云：余尝论考试题目低两格，写文则顶格，皆习焉不察。题目是圣经贤传，时文乃发明圣贤经义者，何以反高两格?试看《十三经注疏》岂有注高于经、疏高于注者乎?即本纪、列传、志、表，题目亦无有低两格者，不知当时何人定此式样也。按：钱梅溪此言甚辨，而不知注疏是经，纪传是史，诗文是集，各自为例，不必相蒙。集莫古于《昭明文选》，其每篇题目即低两格，即古来各子部中每篇题目亦无不低二格者，四书文式样即沿其例，又何疑焉。

《词林典故》云：顺治二年定前场题目，将经书分段书签，公同拈掣。如《论语》分为十段，主考掣至某书某段，即令房官于本段内各拟一题，仍书签候掣出者用之。又康熙七年题准，考试官将本身取中《四书》《五经》题目拟出者，降四级调用。又康熙十八年议准，场内拟题《四书》掣定几章，每题每人各拟一道，《五经》掣定几章，每题每人各拟十道，俱送正副考官，写八筒，当堂拈掣。按：此例今久不行，亦可想见立法之初严密如此。

《坚瓠集》云：顺治庚寅吴中郡守王光晋府试，时同知石映星摄长邑事，与之同试，出题首题乃"雍也可使南面，仲弓问子桑伯子"，命吏书牌呈验。王见不写注字，曰："这许多何不竟写一行？”石曰：“此是搭题。”王曰：“石老爷考童子，竟出蛮子家题目罢了，何必要出嗒题？”众为匿笑。

陆次云《北墅奇书》云：顺治中，山左有李神仙者，游行京邸。庚子北直乡试，有两生密询试题者，李笑曰：“君等皆道德仁义中人也，奚以卜为？”题出，乃“志于道　全章”，后二人皆中式。辛丑会试，又有以试题问者，李曰：“五后四可。”后首题乃“知止而后有定　全节”、二题“夫子之文章　全节”、三题“易其田畴　二节”。

《熙朝新语》云：顺治丁酉江南乡试，得人最盛，如张玉书、马世俊、陆灿、赵炳皆一时名士。题为“子贡曰贫而无谄　全章”，外间下第者横加诽语，有《黄莺儿》词一首，以讥讽场务，云：“命意在题中，轻贫士，重富翁。诗云子曰全无用，切磋欠工，往来要通，其斯之谓方能中。告诸公，方人子贡，原是货殖家风。”其事上闻，遂兴大狱，两主考及十八房官皆置重典，举人除伏诛外，尚革去二十余人。道光乙未顺天乡试钦命题为“未若贫而乐　两句”，亦革去数人，不到覆试者几数十人。不知此章内出题，何以必有事端，抑适逢其会耶？

《制义科琐记》云：康熙二年癸卯顺天乡试以经题讹错，吏科给事中杨鼎疏曰：“凡闱中试题，例皆本经同考官所拟。今《春秋》经题，则同考官罗继谟拟进者也，乃《春秋》第四题，经系郑子而题讹郑人。夫以《春秋》本经阅春秋房而题有讹错，其人固已疏矣。且此第四题即己亥会试之第二题也，己亥是题亦曾以郑子讹郑人。经知贡举与监试诸官题参，考试官亦自检举，请将试录改正。因将同考官范廷魁、孙承恩议处在案，此人人共知者。己亥至今相隔只一科，不宜遗忘，而罗继谟者又己亥春秋房中式士也。以已中式之题而拟以试士，既属可怪，况已经讹错之题而重为讹错。在前此之误，犹因坊本相沿偶失检点，故范、孙之参，罚可从轻拟。今已经更正，敕改试录，煌煌然载于功令，而乃以是科中式之人题即是题，错复再错，是前为过误，今且怙终，前固违经，今复悖敕，此其所系匪细故也。然且前时举子哄堂而争，则内帘受过，凡题写郗子者概使录入。今之诸生亦哄堂而争，而内帘反不受过，凡题写郗子者皆贴斥不录，遵经士子转受黜落，去取尽乖，屈抑谁赎？毋怪乎叩阙者之哓哓矣。”疏上，奉旨从重处分。

陈琬《旷园杂志》云：康熙己酉乡试，山阴袁显襄以闱题问乩，批云：“不可语。”再叩曰：“岂终无一言耶？”批曰：“题目即在不可语上。”又乞明示，批一“署”字。及入闱，乃“知之者　一章”，题有四“者”字，且在“中人以上　一章”，用不可语之句也。袁晤，遂中式。按：余德水金《熙朝新语》以此为祈梦于忠肃祠事。

法时帆《梧门诗话》云：襄城刘太乙先生青藜，康熙丙戌翰林。乡举前一年，梦人持一简，题云：“太昊陵边思故乡，儿女织锦千丈长，那解刀尺作衣裳。”谓先生曰：“此明年科场题也。”先生熟思久之曰：“其‘子在陈’章乎？”已而果然，乃为诗以纪焉。

《藤阴杂记》云：范浣浦咸雍正癸卯联捷入翰林，先是，梦得泥金贺帖有“齐第五”三字，乡试首题为“子华使于齐　一节”，会试首题为“道之以德　一节”，第五字皆“齐”字也。

纪文达师《滦阳消夏录》云：乾隆壬申乡试，一南士斋沐祷于关庙，乞示试题，得签云：“阴里相看怪尔曹，舟中敌国笑中刀。藩篱剖破浑无事，一种天生惜羽毛。”是科《孟子》题为“交闻文王　三句”，应首句也；《论语》题为“夫子莞尔而笑曰割鸡焉用牛刀”，应第二句也；《中庸》题为“故天之生物，必因其材而笃焉”，应第四句也，是真不可测矣。嘉庆丁卯浙江乡试，有人以闱题叩乩仙者，批云："内一大，外一大，解元文章四百字。"及出题，乃"天何言哉　三句"，王大者天也，内外者题内题外也，四百字者明指"四时行，百物生"也，隐语亦可谓巧矣。又某科有以闱题问乩者，批云："不知。"问："既为乩仙，那得不知?"又批云："不知。"问："既问乩仙，终求告我。"又批云："不知。"及出题，乃"不知命　全章"也。

《熙朝新语》云：总宪金公德瑛视学江西，考吉安府童生，五鼓点名毕，灯下见红衣妇人从考棚趋出，冉冉腾空而去，问之仆隶皆见。公心恶之，即以《中庸》"必有妖孽"四字命题。正午，诸生方握管构思，忽考棚倾倒，压死三十六人。金公据实奏闻，上怜之，俱赐作生员。按：于光华惺笔录中亦载此事，云金公点名时，见有人持一牌，上写一题云"天之将丧斯文也"。公心恶之，即以"天之未丧斯文也"命题，及正午大雨如注，震雷一声，考棚倾倒，压毙三十六人，与前所载小异。

《秋行斋随笔》云：康熙庚子科，晏斯盛发解，冯咏第二。冯于未入场先请乩问今科是何题，乩判云："首题好似主考样，二题不在《四书》上，三题尔晓得也好，尔不晓得也好。"初不能解。是科两主考乃李之望、鄂尔奇，首题"礼云礼云，玉帛云乎哉，乐云乐云，钟鼓云乎哉"，盖礼、乐与李、鄂音相似，故云"好似主考样"也。次题"在彼无恶　四句"，乃诗词，故云"不在《四书》上"。三题"人知之亦嚣嚣，人不知亦嚣嚣"，即所谓"尔晓得也好，尔不晓得也好"。神语影射之妙如此。又广昌何人龙发解，未放榜前，入问乩仙解元是何姓名，乩笔判云："欲知解元是何人，龙虎榜头仔细寻。"则"何人龙"三字固明明说出矣，不谓之仙笔不可也。按：何人龙为康熙辛卯科江西省元。

戴蔗塘《石鼓斋杂录》云：雍正丙午查嗣庭、俞鸿图典江西试，查为主考，以“君子不以言举人　二句”及“山径之蹊间　一节”命题。其时方行保举，或劾其有意讥刺，“茅塞子心”更不知何所指。因搜其笔札诗草，语多悖逆，遂伏诛，并兄慎行、嗣瑮遣戍有差，因停浙人丁未会试。俞鸿图以副考自辨系出日省月试题，得免罪，旋出学差，以不知检束亦论死。又云：乾隆壬申胡蛟龄、徐堂典山东试，以“民之于仁也，甚于水火”及“山径之蹊间　一节”命题，既而念下文有“蹈而死”字面，怏怏不乐，胡因是成心疾。回京忆巡城时有听情求贼事，即自行检举，逮讯以风宪官加等论罪，瘐死狱中。徐由大考四等改知县。嗣是相戒不用“山径之蹊间”题，而山东戊申复以“君子不以言举人”句试士，岂未之闻耶？

汤大奎《炙砚琐谈》云：某科会试，场前同人请乩问题，先以四书第一题请乩，批云：“中人以上章。”问次题，又批云：“中人以上章。”问三题，亦如之。后首题为“知之者　一节”，次题为“故天之生物必因其材而笃焉”，见中人章外注，三题为“五谷者　一节”，见知之者章外注，亦可谓奇而巧。

《书香堂笔记》云：闻乾隆初长乐有江雯者，八股文最著，又能顷刻成篇。值学使岁考，江到已在扃门之后，乃挝门求进，学使闻其名，开门纳之，谕曰：“汝到迟，已有罪，须多做数艺以自赎。”乃当堂另挥题纸与之，云：“一至一，二至二，三圣人，四孔子。”通场皆为茫然。江挥笔如飞，自午至未，四篇已就。首题为“一朝而获十禽至终日不获一”，次题为“二者皆法尧舜至道二”，三题为“闻君行圣人之政　三句”，四题为“阳货欲见孔子　四句”，学使奇赏之，而名益噪矣。

王槭《秋灯丛话》云：海宁陈孝廉遇尧，乾隆壬申恩科赴礼闱，梦二友造访，乃浙江壬子及江南甲子两孝廉也。方欣然道故，忽喧传寇至，陈仓卒欲逾垣而走，甫举足即腾身霄汉间而坠失一屦。忽悟友故已久，何至此，叱之而醒。以告同人，咸不解，而陈每疑为不祥。场事甫毕，董曲江闻其事，谓人曰："陈子捷矣。"或诘之，云："今科首题'君子有三畏'节，即浙江壬子乡试所已出者，次题'果能此道矣'节，又与江南同题。闻寇失屦，非三题业屦弗得之意耶？至腾身云路，当为飞骞之兆。但与泉下人相周旋，恐享年不永耳。"榜发果隽，不逾岁，竟赴玉楼之约。

《槐厅载笔》云：乾隆甲寅恩科，绵竹邹生某入闱，与同邑黄生多益同号。邹至黄号闲谈，忽见号板上写"乐道人之善　二句"题，邹问何为写此，黄曰："今科题也。"邹曰："何以知之?"黄曰："余初应童子试，即梦四川甲寅题系此，余得中元，心疑甲寅非乡试之年，何以有科？醒后因取多益二字为名，以俟后验。今甲寅果有科题，亦当不差也。汝何不早为揣摩耶?"邹笑曰："君一梦尚未醒耶?"略不介意，及题纸下，果出前题，榜发黄果中元。

英煦斋师《恩福堂笔记》云：人言直省乡试不宜出《大学》题，出则闱中必有火灾。吴健庵先生于嘉庆戊午典广东试事，题为"此之谓絜矩之道"，是科誊录所遭回禄。赵鹿泉先生戊申试江西，出"十目所视　二句"，至为文祭告乃发刻，是科竟尔无恙，此又何理耶？

又云：吴于嘉庆辛酉典试江南，已事回京，上谕曰："江南试题，首为'卑宫室而尽力乎沟洫'，是纪本年直隶水患。《孟子》题'放勋曰至如此'，与顺天题同。汝应出有末句，即此可见同心同德。"睿庙披阅章奏，过目不忘如此，惟有叩头感服而已。

缪莲仙曰：彭文勤公视学浙省，时试题多触景生情，机趣横溢。乾隆戊戌冬案临处州，初场府尊不到，委同知点名，至次场来谒，公曰："太尊今日才来。"对曰："方从省垣归。前不获已，故委同知来。"公曰："来与不来，应听太尊自便。但尚有童生正场，太尊能来，益昭慎重耳。"曰："敢不如命。"是日七学出题，自一字至七字止，一曰"来"，二曰"医来"，三曰"远者来"，四曰"送往迎来"，五曰"厚往而薄来"，六曰"不远千里而来"，七曰"而未尝有显者来"。经题《易》为"七日来复"，《书》为"凤凰来仪"，《诗》为"贻我来牟"，《春秋》为"郯子来朝"，《礼》为"礼闻来学"，以是日问答中多"来"字故也。及试童生，闻郡中适有重案，遂以五刑命题，一为"以杖"，二为"其徒"，三为"若流"，四为"则绞"，五为"而斩"。再次场而府尊又奉檄进省，仍委同知点名，公笑谓教职曰："太尊今日又不获来矣。"出题一为"又其次也"，二为"委而去之"，三为"同其好恶"，四为"知其所止"，五为"来者不拒"，合之为"又委同知来"五字也。及次年科试其地，点名毕，所留监场教职有二人，禀今日某乡宦治丧，卑职与有旧，不能不往，公笑而许之。俄顷出题，一为"伯牛有疾"，二为"康子馈药"，三为"子路请祷"，四为"充虞路问"，五为"右师往吊"。覆试日有一文生、二武生补考，文题"且一人之身"，武题"夫二子之勇"。迨试金华，凡九学同场。将命题，一教职偶禀他事，语杂仲四先生。公问仲四何人，曰武义岁贡设帐郡斋者，遂连书九题，一为"武王是也"，二为"义然后取"，三为"岁不我与"，四为"进不隐贤"，五为"士志于道"，六为"仲尼之徒"，七为"四体不勤"，八为"先行其言"，九为"生之者众"，合之为"武义岁进士仲四先生"九字也。童生初场题亦分出四仲字，一为"微仲"，二为"虞仲"，三为"管仲"，四为"牧仲"。及次场各教职耳语曰："今日恐不能再切仲四矣。"公微闻之，即书四题，一为"太王"，二为"尊贤"，三为"西子”，四为“席也”，仍补足前日设帐郡斋之语，覆试总题则“仲王四年”也。后仲四闻之，谓太守曰：“宗师前后试题，胜于为我作传也。”

又云：保定某令系翰林改授者，邑试出“虽有镃基”题，镃作“滋”，童生有黠者诣案前问曰：“滋基是何物？”令曰：“田器，汝不读注耶？”童曰：“田器亦不一，此莫非桔槔乎？”曰：“既从金旁，当是钱镈之属。”继觉其言有异，取视题牌，果写水旁，乃笑曰：“本县一时笔误，幸有尔诘问，业已说明金旁，否则成笑柄矣。”遂改正焉。江苏某宗师岁试某府，题为“昔者窃闻之　一节”，失写子张，诸生哗然，教官慰之云：“此书吏遗写之过。”众以目击宗师手书，如何诿诸书吏？一士戏占曰：“祭酒声名久播扬，《四书》语句顿遗忘。想因文学推游夏，失却堂堂一子张。”又浙江某宗师岁试杭州，题出“礼大夫有赐于士　三句”，诸生疑而未决，有云：“‘大夫’三句，是礼文，非引《礼》为说，若将‘礼’字截断，则上‘而恶无’三字不成文也，抑另有别解耶？”时宗师见有出号纷纷耳语者，急取《四书》阅之，见朱点于“礼”字旁略高，书吏因之误写，过朱时未经详审耳。因就题牌用朱笔圈去“礼”字。又近时浙江乡试，二场《易经》题有出“离为日为电”五字者，与某科第一场首题“利与命与仁”恰好成对。

学使者出题之巧，莫过于彭文勤公在江南时科试七属题为“岁辛丑二月再来”，每属一字，盖年月恰值副此巧思，一时传为佳话。又考某属亲书三个“洋洋乎”付监场教官，传云一系“鬼神之为德　章”，一系“大哉圣人之道　章”，一系“《关雎》之乱　章”。教官禀称今日试四属，尚少一题，公笑曰：“少则洋洋焉。”因补书之，其敏给如此。又相传公在浙江时，岁试金华四属老生，府学题为“今有受人之牛羊而为之牧之者”，金华题为“今有同室之人斗者”，兰溪题为“今有人日攘其邻之鸡者”，东阳题为“今有御人于国门之外者”。值此四学诸生不驯，公于考之次日罚令向文庙拔除宿草，诸生作诗揭于通衢云：“府学牧牛羊，金华闹一场。兰溪犹小窃，大盗起东阳。”公闻急释之。

鲍双梧侍郎桂星督学中州，出题过于割裂，士子啧有烦言。有刻薄子至逐题作诗嘲之，盛传于时。按：丘琼山《大学衍义补》云：“国初时所试题目，皆摘取经书中大道理、大制度，关系人伦治道者，然后出以为题。当时题目无甚多，故士子专用心于其大且要者。又得以其余力，旁及他经及诸子史，主司亦易于考校，非三场匀称者不取。近年以来，典文者设心欲窘举子，以所不知用显己能。其初场出经书题，往往深求隐僻，强截句读，破碎经文，于所不当连而连，不当断而断，遂使学者无所依据，施功于所不必施之地，顾其纲领体要处反忽略焉。以此科场题目数倍于前，学者竭精神、穷日力有所不能给，故于第三场策问，所谓古今制度，前代治绩，当世要务，有不暇致力焉者。甚至名登前列，亦或有不知史册名目，朝代前后，字书偏旁者。第以科额有定数，不得不取以足之。然此又不但科试为然，而提学宪臣之小试，所至出题尤为琐碎。用是经书题目愈多，学者资禀有限，工夫不能遍及，此实学所以几废，而科举所得罕博古通今之士也。”据此，则前明风气即已如是。鲍双梧系通儒，不应作此狡狯，虽谑至伤虐，亦自贻伊戚也。兹节录其诗以示戒焉。“顾鸿”云：“礼贤全不在胸中，扭转头来只看鸿。一目如何能四顾，本来《孟子》说难通。”“驱虎”云：“世间何物最为凶，第一伤人是大虫。能使当先驱得去，其余慢慢设牢笼。”“及其广大草”云：“广大何容一物胶，满肠文字乱蓬茅。生童拍手呵呵笑，渠是鱼包变草包。”“见牛”云：“屠刀放下可齐休，只是当年但见牛。莫谓庞然成大物，看他觳觫觉生愁。”侍郎又字觉生也。“礼云玉”云：“礼云再说亦徒然，实在须将宝物先。匹帛有无何足道，算来不值几文钱。”“十尺汤”云：“古来惨刻算殷商，炮烙非刑事可伤。不见周文身一丈，也教落去试油汤”。“七十里子”云：“没头没脚信难题，七十提封一望迷。阿伯不知何处去，剩将一子独孤凄。”“谷与鱼”云：“秋成到处谷盈堆，又见鱼人撒网回。不是池中无别物，恐防现出本身来。”“下袭水”云：“真成一片白茫茫，无土水于何处藏？侮圣人言何道理，要他跌落海中央。”“宝珠”云：“拣取明珠玉任沉，依然一半是贪心。旁人不晓题何处，多向《红楼梦》里寻。”

莆田林岵瞻扬祖为道光乙酉科吾闽解元，自言是年春间，梦其舅氏翁某招其陪主考饮，渠辞以应试，诸生不宜先与考官来往。翁某笑曰：“汝已不在中列，侍饮何妨？”岵瞻诘其故，翁某曰：“今科首题是说礼，汝文中用‘嘉会’二字，已遭抹矣。次题系说生知学知，三题系说学校，诗题系说春草。”岵瞻笑曰：“秋闱何以出春草题？必无是事。”既是科首题为“上好礼则民易使也”，次、三题并不合，诗题乃“春草秋更绿”。岵瞻惊异，乃记前梦不用“嘉会”字，竟领解。至己丑会试，次题为“或生而知之　两句”，三题为“夏曰校　三句”，诗题为“春色先从草际归”，遂于是科成进士。前后梦兆巧合如此，而又错互其说，殊不可解。按：王渔洋《香祖笔记》云：顺治八年辛卯，予年十八，一日读书倦而假寐，梦神人告曰：“汝知今科闱中题乎？乃‘子曰惟仁者能好人能恶人’也，《诗经》题乃‘维清缉熙，文王之典’。”叩其余，则不应。及入闱，首题果符所梦，颂题则“圣敬日跻”。及明年壬辰会试，颂题乃“维清缉熙　二句”。予中是科乡试第二，旋改第六。壬辰下第，而先兄吏部登进士，神所告乃予兄弟乡、会试首尾二题也。此亦梦兆巧合，而复前后错互，与岵瞻事颇相似。

颜崇规《乐圃闲述》云：顺天万维岳嵩自谓平生与复圣有缘，其入学题乃“夫子循循然善诱人”，食饩则“博我以文，约我以礼”，丁酉领解则“颜渊喟然叹　章”，明年御试题则“克已复礼为仁”。惟庚戌会试三题皆非颜子事，及揭晓得隽，本房师乃先考功，亦非偶然矣。按：考功名光敏，字修来，为复圣裔孙。

《怀秋集》云：寿州叶甲丁酉中式第七，后缘事改名滢，入学补廪。康熙戊午金陵乡试，语同寓休宁戴锡蕃曰：吾梦场中首题是“点尔何如　一节”，并嘱其从游王宅三、王鉴各作一艺。戴以旧题熟拟，未必出，置之。是科首题“抑为之不厌　三句”，梦弗验也。越三年辛酉，二王复科举，戴又与同寓，因问其师，叶则去年七月作古矣。是科首题果“点尔何如　一节”，出场时，二王相告以为异，是科戴中副车。

《五山志林》云：简公天章中式康熙辛丑进士，揭榜日忽黄沙蔽日，辟易人马。上谕恐所中者或有未公，令加覆试，黜退者十六人，简公与焉。未几，所黜者仍次第捷去，天章再中雍正庚戌科进士。而辛丑《论语》题为“据于德　三句”，《孟子》题为“自生民以来　二句”；庚戌《论语》题为“志于道　三句”，《孟子》题则“子贡曰见其礼　全节”，题目遥遥相合，岂非有定数存乎？

顾复初栋高《震沧集》云：无锡蒋遵路，国初诸生，病耳聋。一日就试题为“吾学殷礼”句，同号生误认作《论语》，遵路乃朗诵“有宋存焉”。其人致谢而犹诵不已，学使者遂摄二人俱罚令跽。遵路曰：“此无与邻号生事，乃某文得意不禁高声耳。”学使者阅其草稿，大声曰：“做完后领责。”及案出，遵路竟冠其军。

吴兰雪嵩梁曰：李小松侍郎钧简督学江右时，出题最为工巧，儿与彭文勤公齐名。尝按试吉安两县，首题一为“富之”、一为“器之”，次题一为“使有菽粟如水火”、一为“犹以杞柳为桮棬”，一气相生，亦天然对仗也。

黄霁青安涛曰：乾隆间，会试、乡试题多用搭截及小题，盖避士子揣摩熟题也。庚子会试，首题则“众物之表里精粗无不到”一句，则出朱子所补格物章。余同邑范刺史宝瑔入闱之夕，于号舍中梦其父告曰：“汝欲中式，题目须不在四子语中。”醒而异之，题纸下始恍然，文思泉涌，遂成进士。乙酉顺天乡试，首题“孰谓微生高直或乞醯焉　二句”，题中暗藏“乙酉”二字，则又天纵聪明，非凡近所能窥测矣。

萨香三廷沛曰：吾乡郑某少孤，其母知书，督课綦严。一日，某由塾晚归，失所抱书，惧归受责，徬徨路歧。其母寻之久，见其状诃诘之，某以实对，怒拾道旁树枝将加笞焉，某走避茆亭中。一破衲僧白发垂耳，方席地结跏坐。母踵至，仓卒间问和尚见所遗书耶？僧微笑曰：“方外人不考文，焉知子曰书云，不过‘知之为知之，不知为不知，是知也’。”母默而小立，复手捽某，某环僧而跳。僧叱曰：“而戏抛所业，慈训又安逃耶？”某且走且詈：“贼秃何与人事！”母恚甚，口语“必死此忤逆儿”。僧摇手止之，遥指亭树丫间：“此非渠书乎？”母往取良是，某戟手骂曰：“此必贼秃所藏。”母批頬称谢，僧语之曰：“夫人自是贤明，顾郎君恶口，出乎尔者反乎尔也，他日恐终以此为清门之累，可善教之，毋忘老僧言也。”母喝子礼拜，出亭行数武，僧已无踪影矣，心异而识其语。后某入泮，首题为“子曰书云”四字，次则“不考文”三字，以“出乎尔者　二句”补廪，以“知之为知之　三句”中乡举，大挑得河南某县令。因听讼怒詈诸生，致责斃获谴。僧言悉验，亦异矣。

黄霁青曰：永安南岭为文丞相驻师处，有丞相祠堂。前明万历间，温君太和为诸生时，清明上冢南岭，醉卧溪边，梦二鬼舁之下水。忽见朝衣冠人诃二鬼曰："此天秩天叙、人纲人纪举子也。"鬼遽舍之去。恍然而寤，后于万历壬子科入闱，题为"故君子名之必可言也 二句"，中股即用"天秩天叙"、"人纲人纪"分柱中式。因感神相之阴祐，遂于其地建祠，至今香火甚盛。

浙中岁试，历任皆先考宁波，义取安宁，以谚有"下马考杭州，不死便丁忧"语。有宗师某案临独先取齐首郡，前一日悬牌，云首题出《论语》、次题出《孟子》，及试日封门后，竟与教官闲谈。交巳牌，诸生上堂禀请出题，曰："昨已牌示矣。"众有知有不知，知者会意退，不知者教官代谕，各归号去。有一生独留曰："敢问次题是'万章节'否？"某曰："《孟子》中有二出乎？"生曰："语人曰上文，岂衍文耶？"某久之乃曰："君子居是邦，不非其大夫，孟子客卿也，以臣非君，不可以训多士。"生曰："孟子在齐为客卿，于梁则宾师，襄王慢士，非之是也。夫'谟盖都君''使治朕栖'，乱伦蔑礼之词，独可以训多士欤？"某语塞，勃然色变，有教官大声斥之曰："襄王章'出'与'出而哇之'皆连下三字读，诸人皆领会而退，尔独剌剌不休，意欲何为？"此生气馁，不复置辩而退。

国初，嘉应州有诸生李文固者，善谐谑。考试日，宗师以"古之人古之人"六字命题，并未注明何章，李乃揖而进曰："《孟子》中有两处'古之人古之人'，不知宗师所出者是上句'古之人古之人'，抑是下句'古之人古之人'。若是上句'古之人古之人'，生员好做上句'古之人古之人'，若是下句'古之人古之人'，生员好做下句'古之人古之人'。倘是上句'古之人古之人'做了下句'古之人古之人'，或是下句'古之人古之人'做了上句'古之人古之人'，便将宗师所出'古之人古之人'题目做错了，敢请。"数语皆一气说下，闻者无不失笑。宗师急麾之曰："任你去做。"一日又遇考试题是"割不正不食"，李已完卷，收处又添一段云："噫！予生也晚，未能与孔子同时一食，其所剩零头碎角之肉，岂不惜哉！"宗师阅其文甚佳，及见结处不觉为之喷饭，竟置四等。

林蓼怀曰：名士出题不复详审，往往传为笑柄。如刘金门侍郎凤诰督学浙江时，牌示两题，一为"男子生"，一为"女子生"，诸生为之哗然。又那绎堂祭酒彦成成均课题，手书"十目之所视，十手之所指"二句，六堂几至罢课。刘与那皆宿学，徒以轻率，遂成巨谬，可不慎哉！

菇古香尚书棻编次《吟花课艺》，所列题目皆工俪可喜，今节录如左云：色难、才难，亦足以发、未之能行，八佾、三军，管仲之器、冉求之艺，参乎吾道、回也其心，子谓南容、子见南子，乘桴、自牖，束带、拖绅，三仕、三黜，屏气、曲肱，我欲仁、子欲善，短右袂、长一身，非帷裳、非祭肉，必有明衣、必有寝衣，割不正、席不正，不语寝、不拜寝，如用之、虽得之，一日克己、三年有成，夫子之说、夫子之云，子路率尔而对曰、夫子莞尔而笑曰，齐景公问政于孔子孔子、卫灵公问陈于孔子孔子，奚其正子曰野哉、浅则揭子曰果哉，阳货欲见孔子孔子、孺悲欲见孔子孔子，孔子行齐人、孔子行楚狂，非敢后也马、质犹文也虎，伯夷叔齐旧恶章、伯夷叔齐卫君章、伯夷叔齐齐景公章、伯夷叔齐逸民章，与仁若圣章、与仁罕言章，明日卫灵章、明日子路章，子夏之门人问交章、子夏之门人子游章，子曰舜大知章、子曰舜大孝章，七八月之间梁襄王章、七八月之间原泉章，有人于此彭更章、有人于此存心章、有人于此小弁章、有人于此曹交章，六七作、十一征，无违夫子、讪其良人，二嫂、二女，其三人、其一人，堂高数仞、食前方丈，小人学射于尹公之他尹公之他、先生以利说秦楚之王秦楚之王。

制义丛话卷之二十三

顾亭林曰：制义发端二句谓之破题，大抵对句为多，此宋人相传之格。下申其意，作四五句，谓之承题。然后提出圣贤为何而发此言，谓之原起。至万历中，破止二句，承止三句，不用原起。篇末敷演圣贤言毕，自陈所见，或数十字，或百余字，谓之大结。后功令益密，恐有借以自炫者，则但许言前代，不及本朝，至有大结止用三四句者矣。

又曰：坊刻有伪作罗伦《致知在格物》一篇，其破题曰："良知者，廓于学者也。"按：罗文毅中成化二年进士，当时士无异学，使果有此文，则良知之说始于彝正，不始于伯安矣。况前人作破亦无此体，以其为先朝名臣而借之耳。按：俞长城《百二十名家》中尚载此文。

赵瓯北翼《陔余丛考》云：破题不始于八股。李肇《国史补》载李程日《五色赋》，既出闱，杨于陵见其破题云："德动天鉴，祥开日华。"许以必擢状元。是唐人于作赋起处已曰破题。又刘贡父《诗话》载闽士作《清明象天赋》，破题云："天道如何？仰之弥高。"又《萤雪杂苑》载俞陶作《天之历数在舜躬赋》，破题云："神圣相授，天人会同，何讴歌不之尧子，盖历数在于舜躬。"陈元裕主文衡，出"大椿八千岁为春秋赋"题，满场破题皆阁笔，遂自作云："物数有极，椿龄独长，以岁历八千之久，成春秋二序之常。"蔡曼卿作《君人成天地之化赋》，破题云："物产于地，形钟于天，赖君人之有作，成化工之未全。"陈尹作《汉文帝前席贾生赋》，破题云："汉文好问，贾生力陈，忘其势而前席，重所言之过人。"陈季陆出《皇极统三德与五事赋》题，魁者破题云："极有所会，理无或遗，统三德与五事，贯一串与百为"。张亢门客作《坤厚载物赋》，或诵其破题于亢曰："粤有大德，其名曰坤。"亢应曰："续两句可赠和尚，曰'非讲经之座主，乃传法之沙门'。"又范蜀公赋《长啸却敌骑》，破题云："制动以静，善胜不争。"宋景文破题云："月满边塞，人登戍楼。"是皆赋之破题也。诗亦有破题。《六一诗话》谓梅圣俞《河豚》诗，开首"春洲生荻芽，春岸飞杨花"，只此破题已道尽河豚好处。《萤雪杂说》载汤黄中《试秋燕已如客》诗，破题云："近人方贺厦，如客已惊秋。"《石林诗话》亦谓骆宾王《灵隐寺》诗，惟破题"鹫岭郁岧峣，龙宫隐寂寥"是宋之问所作，下皆宾王作，此又诗之破题也。《夷坚志》载程觉改习《易经》，谒老儒张师韩传《易》义，张教以预拟题目，如"圣人作，万物睹"之类，仍教以破题及主意，于是遂捷。此则经义之破题也。

《科场旧例》载顺治二年定初场破题，禁用七也、七焉、七矣；承题禁用七夫、七盖、七甚矣、七乎、七欤；起讲禁用七意谓、七若曰、七以为；小结禁用七盖；大结禁用七大抵、七抑、七嗟夫之类。又载乾隆四十二年奉上谕：昨检阅内廷旧存折奏，内有康熙五十六年詹事王奕清密奏，于考官入闱后，即谕誊录官，凡七艺中破、承、开讲等处字概不誊写，以防关节等语。上曰：王奕清所奏，自属防弊之法。但将破、承、起讲等字概不誊写，于文理既不明顺，且篇幅不完，体制尤多未协。朕思与其暗防弊窦，不若明示章程。嗣后令顺天及各省主考官，于刊发题目时，即酌定三篇内承题、起讲应用虚字，明白开列，另行刊印一纸，分给举子。如此科首篇承题用“夫”字，次篇用“盖”字，三篇用“甚矣”；起讲首篇用“今夫”，次篇用“且夫”，三篇用“尝思”之类。下科即将此等虚字错综更换，总听主考临时酌定，俾通场一体遵用。违者贴出，如此于不齐之中寓以齐，则虽欲暗藏关节，应无所施其伎俩。而以主考官酌定，不出房官之手，则士子无从摹拟，不致别生弊窦，于防弊更为周密。会试亦着照此例行，并刊入《科场条例》。至嘉庆四年复奉上谕云：“乡、会试头场文字，承题、小讲限用‘夫、盖、甚矣’及‘今夫、且夫、尝思’等字，亦皆起自近年。其实此等虚字，即不限用，亦属无关弊窦，真正关节原不在此，此例并着停止。钦此。”大哉王言，颂声匝于庠序矣。

梁素冶《学文第一传》云：凡作破题，最要扼题之旨，肖题之神，期于浑括清醒，精确不移。其法不可侵上，不可犯下，不可漏题，不可骂题。语涉上文谓之侵上，语犯下文谓之犯下。将本题意思未经破全或有遗漏，谓之漏题。将本题字眼全然写出，不能浑融，是谓骂题。其两句之中有明破、暗破。明破者，就本题字明明破出，如孝弟字即还他孝弟，道德字即还他道德是也。暗破者，将题目字暗暗点换，如孝弟类以伦字代之，如道德类以理字代之是也。有顺破、逆破。顺破者，照题面字，自上而下，如“学而时习之”，先破学，次破时习是也。逆破者，将题目字，自下而上，如“其为人也孝弟”，先破孝弟，次破为人是也。有正破、反破。正破者，题之正面以正语破之，或反面题或侧面题不便措语，亦以正意破之，俱名正破。反破者，反题意而破之，盖以我解题之法也。又有上句领章旨，下句讲本题者。有上句讲本题，下句承章旨者。有上句讲本题，下句或推开、或吸下、或直断、或虚足者。有两句分破题面者。有两句如门扇对峙者，如“不亦君子乎”搭至“其为人也孝弟”，破云“君子为学之终，孝弟为人之始”是也。有两句分用也字、焉字者，如“问人于他邦”题，破云“交之不可疏也，有因问以通其意者焉”。此皆常格也，至有用三句者，则变格也。长题之破贵简括，搭题之破贵浑融，大题之破贵冠冕，小题之破贵灵巧，则又须因题而制者也。

徐儆弦先正《文钞撮要》云：破题之后为承题。承者，接也，因破义尚浑融，故又将破中紧要字样承接下来，或正破则反承，或反破则正承，顺破则逆承，逆破则顺承，余以类推。总要明快斩截，亦不宜使破自破而承自承也。

梁素冶曰：如遇长题不能逐句承出，则宜择关切重大者笼括之。承题最忌者平头、并脚。平头者，领头数字与破题领头数字相同，如破题领头用圣人，承题领头亦用圣人是也；并脚者，煞尾数字与破题煞尾数字相同，如破题煞尾用而已字，承题煞尾亦用而已字是也。起头用夫字者，承破意而指点之辞也；甚矣字者，承破意而恳切言之也。破题于圣贤帝王诸人须用代字，不可直指其名，承题则直言之，如尧、舜则直称尧、舜，孔子则直称孔子，其余诸人仿此，无复避忌也。

唐翼修曰：承题之理，其小节处，梁素冶言之已详。兹取其大者言之，则莫如原题一款。明文多于承题之末，领承上文，此体最为美善。何也？未顺口气之前承领上文，则上文在上，本题在下，体裁顺矣；既顺口气而始领上文，则本题在上，上文在下，义理倒矣。苟布置得宜，犹或不背于义，布置一失其宜，则体裁乖舛甚矣。故成、弘以前之文，多于承末原题者，为此故也。今将其式附后。王鏊《见贤焉然后用之》承题云：“甚矣！知人之难也，不亲见其贤而遂用之，岂能慎之至哉？昔孟子告齐王进贤如不得已之意及此。”唐顺之《匹夫而有天下者　二节》承题云：“盖圣人之有天下，不独以其德，亦以天子之荐与继世之不贤耳。不然，其如德何哉？此孟子历举群圣之事，以证禹之非德衰也。”茅坤《何哉君所为轻身至君无见焉》承题云：“夫君之欲就见贤者，固其好善而忘势，而鲁臣卒沮之，岂非吾道之将废也欤？此臧仓所为谗孟子于鲁平公而为之言也。”王守仁《怒哀乐至谓之和》承题云：“盖情之未发，性也，故谓之中；发而不失其性，情之正也，故谓之和。《中庸》明道不可离之意如此，其旨深矣。”熊伯龙《管氏亦有反坫》承题云：“夫反坫何物，而管氏亦有之也哉？则其比于僭也，又不独一塞门矣。”李东阳《有德此有人　四句》承题云：“盖德者，平天下之本也。平天下者而有德焉，则凡天下之利，有不期而自至者矣。《大学》传治国平天下，而论及君子之先慎乎德。”萧凤鸣《唐虞之际　二句》承题云：“夫得人之盛，自古为难也，非唐虞迭兴之时，岂复有盛于周哉？昔夫子论周室人才之盛，而有感于人才之难。”许道中《畜马乘至聚敛之臣》承题云：“夫家虽不同而食君之禄则同，畜鸡、豚、牛、羊与畜聚敛之臣不一，而以利为利则一。欲尽治平之道者，可不以是为戒哉？昔曾子引孟献子之言如此。”徐常吉《壹戎衣而有天下》承题云：“夫天下非小物也，壹戎衣而有之，是何其取之之易哉！于此见武王之能缵绪也已。”以上皆承末原题式也。或曰：似此承末原题，与今时大不相类，安可施之今日？余曰：前辈起讲过于简短，则不宜学。承题长而条畅，何必不学？况于三、四句之下，即原题亦不嫌其过长也。

孟瓶庵师曰：前明何仲默景明少能文，见者疑之。以“梁惠王章句上”六字命破题，即应声曰：“以一国僭窃之主，冠七篇仁义之书。”又有浙江陈木叔炜者作《入云则入，坐云则坐，食云则食　三句》，破题云：“三命滋益恭，二簋可用享。”用二成语皆切当。

郑苏年师曰：金正希初应童试，题为“岂不曰以位”。终日构思，不能成篇。时交卷者将尽，学使令人察其卷，止成一破题，将扶出矣，取破题阅之，则云：“君所挟以傲士者，固士所筹及者也。”大加击赏，给烛令终篇，遂入泮。

阎百诗曰：金正希七岁随父商嘉鱼，父为诸生所讼，将受责，泣曰：“有一子颇能文，愿以此自免。”令异其言，召正希试，以“学而第一”、“为政第二”为题，即作破曰：“学而后为政，未闻以政学者也。”令大惊曰：“子他日必以文章名世，岂终为商人之子哉！”按：嘉鱼令为滇人葛中选，亦奇人。当时即招金入署教之，其兵法、禅学皆传自葛也。闻陈大士少时读书作文，即高视阔步，不读朱子《集注》。初应童试，题为“君子易事而难说　全节”，构思竟日，不完卷而出。其友诘之，则曰：“我只得一破题，甚得意。自谓他手所不能，竟至以下不能再着一语。”其友曰：“试述之。”大士曰：“君子之心公而恕，小人之心私而刻。”友笑曰：“此《集注》语，君何掩为己有耶？”大士爽然自失，自是始读朱注。余按：陈大士《赐也尔爱其羊　一节》文，中比“陈宝赤刀所为珍秘，剥果蒙泉所为发生”，两意于实理、虚神推阐曲尽，却只是就注中“犹得以识之”、“而可复焉”两语分晰出来，然则大士乃深于《集注》者矣。

《明良记》云：李尚书旻以省元入监，时丘琼山为大司成，李自通曰：“浙江解元李旻见。”丘公怒其浅陋，令即用其语作一破题，李应声曰：“以一省之名元，谒天下之宗主。”丘公曰：“虚誉虽隆而实德则病者，此人之谓也。”

《坚瓠集》云：平凉赵公时春年九岁应童子试，文佳甚。学使者疑其代作，面试之，以“子曰”二字命题。公应声曰：“匹夫而为百世师，一言而为天下法。”复命自赋其姓名，公亦应声曰：“姓冠百家之首，名居四序之先。”又商丘安世凤冲太守前导，守指路旁“此屋出卖”四字令作破题。安应声曰：“旷安宅而弗居，求善价而沽诸。”又云间莫如忠六岁应试，主司讶其小，面试一破，以“为政、八佾、里仁、公冶长”为题，莫应声曰：“化隆于上而有僭非其礼者，俗美于下而有犯非其罪者。”主司叹赏，遂入泮。

又云：成化丙戌，陈公甫宪章、庄孔旸昶、章德懋懋应试南宫，主试者相戒曰：“场中有此三人，不可草率。”及填榜，章、庄高列，独不见陈卷，亟觅之，题为“老者安之　三句”，陈破云：“人各有其等，圣人等其等。”同考者业批其旁云：“若要中进士，还须等一等。”见者哄堂。又南直宗师岁考其县诸生，题为“斯民也，三代之所以直道而行也”，一生文中有“一代一代又一代”句，宗师批云：“二等二等再二等。”遂置之六等云。

《遣愁集》云：明时一友才甚高，或戏曰：“君能作四五字破否？”乃以“君命召　二句”为题。应曰：“王请度之。”一座称善。或云：“能复作一字破乎？”适见一髑髅过，即指为题。应曰：“鞹。”众不解，友曰：“皮去毛者也。”相与绝倒。

又云：有一业医而仍应童试者，学使素识其人，题为“人而无信　两句”。医者成一破云：“圣人以厚朴防风，人生当归于信矣。”学使为之解颐。

缪莲仙曰：湖北某宗师考某郡，见一白发老童，问其年七十矣，问曾考几次，则以初次观场对。宗师怪而问其详，对曰：“考者，考真才实学耳。必摩厉以须，功夫做到极尽处，出而问世，方于国计民生有赖。若稍稍涉猎，读几篇烂时文辄逐队应试，即侥幸得一科第，究与学问、经济何补？某惟忘食忘寝，以期此心之无愧，而不觉老之将至矣。”宗师笑曰：“然则试作一破题，果佳，请入场，否则仍不得与考也。”因取四子书各首句并作一题曰“大学之道，天命之谓性，学而时习之，孟子见梁惠王”，老童即应声曰：“道本乎天，家修而庭献也。”宗师首肯者再，曰：“请入学。”

郑芸汀曰：有自矜能以减字为破题者，作“鲁人猎较，孔子亦猎较”破云：“鲁俗颓，圣人雷。”或曰：“此未免太简促，能作一充畅破题否?”因以“虽使五尺之童适市，莫之或欺”为题，其人应声曰：“以最易欺之人而适最易欺之地而卒莫之或欺者，此以见天理之常存而人心之不死也。”又有作“御人以口给二句”长短破云：“圣人憎御人之人，恶其以善为恶，以恶为善，以是为非，以非为是，以贤为不肖，以不肖为贤者也。”承云：“夫口给适取人憎耳，屡憎矣，何御为。”

前明弘治中，一直指观风泰州，题为“非帷裳必杀之”，一生破云：“服有违乎王制者，王法所必诛也。”直指首录之云：“异日必登八座。”拆卷乃沈凤冈，后果历官部院。又豫章丁此吕岁试，题为“征商自此贱丈夫始矣”，破云：“以臣伐君，武王非圣人也。”遂入劣等，其后卒成进士。

陈眉公继儒《见闻录》云：方司徒公纯以竿牍通者，辄峻却之。或有献者曰：“此书一帙耳。”公曰：“余自入仕所习，惟一《大明律》耳，何暇读他书。”先为华亭令考童生，先期语人：“我须出一极长题。”各童生皆私阅长题文，既乃“今交九尺四寸以长”也，陆平翁考第二，破题云：“时人自名其名而自形其形也。”公极赏之。

林畅园师曰：康熙乙卯科浙江解元陈介眉锡嘏，本名下士，司文柄者必欲以第一人处之，因于闱前预授关节，令于破题中安“一匡天下”四字，及题纸出，则“子谓子产　一节”也。榜发，陈果领解，其元墨破题云：“学可匡时，思一人以风天下也。”有台谏闻其事，遽列弹章。上以其文艺本工，不之究，而物议亦息。按：此篇拈出学字，实具识力。其结尾云：“人谓子产才足称也，子谓子产学有获也，使为大臣而不学，求一事之几于道，岂可得乎？”大言炎炎，岂得仅以制艺目之乎？

余友郑六亭广文积学工文，嘉庆戊午，余同年莫宝斋侍郎典闽试，六亭自京中回，以六月杪到福州。六亭与宝斋本相善，盖同在成均肄业，时称莫逆交，遂有喧传其已通关节者。学使者陈春溆先生，录遗竟扣其卷不送。初八日下午，始为监临汪稼门中丞呼令入闱，遂领解首。题为“唐虞之际”四字，六亭破云：“才兼二代，圣人郑重于其际焉。”多事者以为隐藏其姓名“郑兼才”三字，将讦之有司，以素有文誉，得寝其事。此与康熙间陈锡嘏事相类，其果涉关节与否皆无定论，恐不足据。按：前明朱国桢于万历戊辰主会试，得一卷甚佳，以犯“国桢”二字弃去。陈如冈房一卷，亦以“如冈”、“如陵”见摈。顺治会试，赵吉士卷已中，以文中“而不与人以可托”句犯房官于可托名见摈。及已酉赵分校山右，首题为“先有司　三句”，有“吉士汇征”语，因用赵名，主司疑之，赵曰：“果通关节，何以名为？”因力争得中。后其人联捷去，为文水阎调鼎也。郑六亭事亦作是观可矣。相传河间纪文达师少负神童之誉，而务泛览博涉，不主故常，四子书读一过即弃去。应岁试时，题为“名之必可言也　二句”，师破题云：“君子于其言无所苟而已矣。”遂置劣等。自是专攻经义，逾年竟领解。

乾隆间，有新选知府某谢恩蒙召见者，上询其出身，对曰：“由监生捐纳。”问：“既是监生，曾应科举否？”对曰：“曾经乡试两次。”问：“既曾乡试，自然能作文字，可当面作来。”对曰：“恭请御题。”上曰：“只要汝作一破题，题为‘周有八士，伯达、伯适、仲突、仲忽、叔夜、叔夏、季随’，朕已成一句曰‘纪周士而得其七，’尚欠一句，可续之。”某随口对曰：“皆兄也。”上大喜，不逾月遂擢监司。此玉研农师为余所述如此，当时尚闻其人姓名，今忘心之矣。

乾隆间，有一县令作时文，以古拗为尚，邑中揣摩风气，每效为之。邑试时，有童生自命必当首选，“如保赤子”题，穷日之力，只作一破题云：“以子子者子众子，孩民孩子合尚焉。”邑令阅之大喜，令给烛终卷，竟冠其军。

缪莲仙曰：尝闻诸城刘文清相国，其侄在京为相国买宅，久而虚置。人问之，则曰：“吾叔父意所不惬也。”纪文达为集《四书》句作破、承题云：“旷安宅而弗居，敬叔父也。甚矣！地之相去也千有余里，恶在其敬叔父也？噫！为其为相欤？”又曰：吾杭张某好叶子戏，生四子皆有父风。其妻故儒家女，尝集《孟子》句成一破题讽其夫，曰：“子好游乎？夫有所受之也。”“乎”字借音，俗语斗纸牌谓之“游湖”，“子”字坐实讲，“夫”读如字，“受”与授同，亦可谓锦心绣口矣。

詹太守学云曰：喻孝廉世钦为诸生时，应试得截搭题，乃是“可以人而不如鸟乎，《诗》云穆穆文王”，隔舍生作承题云：“夫人不如鸟，则真可耻矣。”因转不到下截，将此二句再三吟之，喻闻而生憎，曰：“耻矣，耻矣！如耻之，莫若师文王。”隔舍遂寂然，盖已录之矣。主司阅其文平庸，惟承题为通场之冠，因获售。乃访喻所居，执弟子礼焉。

陈厚甫曰：有师训其徒曰：“作文之法，破题要正做，承题必须先反后正，然后得势。”其徒颇似领会。一日，师以“未有学养子而后嫁者也”命题。其徒做承题先反两句云：“夫养子而后嫁，人之常情也。”见者无不匿笑。

王兰陔中丞作闽县令时，因巡夜执一童生，面试“遇诸涂”一句破题，童应声曰：“圣人之遇权臣，圣人之不幸也。”王为失色，遂遣之。按：鄞县全祖谦，谢山太史祖望之兄也，四龄即通诸经。因戏翦纸伤指，感风病笃，临危于几上大书“鲤也死”

三字，而附一破曰："圣人不得有子，圣人之不幸也。"逾日遂卒，时止六岁。闽童殆袭其语耳。

陈桂舫鏶曰：一学使衡文草率，每阅一破题便定去取，以下不肯多阅一字。一日，以"不为酒困"命题，有童子窘甚，不能落笔，旁一叟戏之曰："孔子饮酒不过一钟，汝未之闻乎?"童子即顺口成破题云："圣人之于酒，一中焉已耳。"盖"钟"字又误作"中"字，学使但阅破题，以为用中字立意，遽取入庠，而其下文理之荒谬则并未寓目也。

沈桐威起凤《谐铎》云：娄东陈岳生筑莲桥别业，工甫竣，家人哗言有鬼，陈疑其妄，移榻居焉。至夜，见青衿者四辈结队而来，一老者年约五十，一四十许，其两人则十八九少年也。老者曰："昨为风雨败兴，今夕月色甚佳，盍拈题一角优劣?"众皆诺，老者袖中出纸团数枚，命少年拈其一，展视之则"视其所以　全章"题也，四人闭目攒眉，摇头搔首，约两时许，老者曰："今日文机钝塞，只得一佳破，奈何?"四十许者曰："仆亦与翁相等。"老者索视其破，云："视所以而观所由，察所安而人焉廋。"老者曰："首句可谓英雄所见略同，特次句尚欠包括。"因出已作示众曰："视所以而观所由，察所安而人焉廋廋。"四十许者大叹服。老者曰："作文一道，毫厘千里，君所以长居五等，而仆俨然附四等末者，实以题无剩义耳。"言罢意颇自负，而两少年竟搁笔不能成一字。

缪莲仙曰：传闻某省有小邑，赴童子试者仅敷学额，故能作一破或一承便可获售。宗师阅是邑卷，皆不过至承题而止。其中惟一卷于承题后大书"且夫"二字，因批云："大有作起讲之意。"遂拔置榜首。

林少穆则徐曰：相传吾乡有某巨公将司文柄，其知交数辈从之乞关节。某公斥之曰："一班孙猴子好大胆。"众皆未喻其意。

是科题为“巍巍乎惟天为大𡗗无能名焉”，中一人顿悟前语，因于破题用“大圣齐天”四字，果入彀。按：《谐史》中有戏作“巍巍乎惟天为大𡗗无能名焉”，破题云：“齐天大圣，极天下之无状焉。”盖同此故实也。

徐儆弦曰：昔人谓起讲为发凡，盖以全篇之文由此讲起而发其大凡也。夫既谓之发凡，则宜虚而不宜实，宜简而不宜详，宜开门见山而不可蒙头盖面，宜提纲挈领而不可笼侗宽松。解此以为合式，则入手便知含蓄养局，紧醒擒题，以后由浅入深，自然井井不紊，可免头下安头、屋上架屋之病。

唐翼修曰：起讲有题前宽说法，王思任《他日其母杀是鹅》题文是也。有题前补衬法，章枫山《从我于陈蔡者》题文是也。有就题虚起法，汪苕文《或谓寡人勿取》题文是也。有虚取题神法，金正希文每多有此。有开合法，有借宾陪主法，有借主定宾法，有援古证今法，有引经断事法，有推原来历法，有故作疑案法，钱槚《出》一字题文是也。有反题说法，瞿季楫《父母其顺矣乎》题文是也。有急擒题字法，有讲首先虚笼下意、后转入本题法，有反挑法，王沛《恂见其二子焉》题文是也。有双起侧落法，有两路顺衬题情法，有两路反衬题情法，许誉卿《如有复我者》题文是也。有两路相商折出题情法，程梦兰《如得其情》题文是也。有巧衬法，有暗比题正讲法，有口气题正做法，此皆无上文做法也。其有上文者，有从上文褪入本题法，有即上文别出本题法，俞以除《怀诸侯则天下畏之》题文是也。有将上文黏合本题法，韩元少《狂者进取》题文是也。有将上文陪讲作一家宾主法，张为焕《予无乐乎为君》题文是也。有暗顶上文不露字眼法，熊次侯《四方之政行焉》题文是也。有讲首顶远脉、讲末顶近脉法，许虬《二》一字题文是也。有专顶远脉或专顶近脉，即借势点出题面或带出题字法，有单顶上文竟全不及本题法，周钟汤《执中　三节》题文是也。其要则全在安顿上文有法，不至令书义颠倒，又须能留余地，不至将题义说完。又必不可过长，以七八句为正，至长亦不过九、十句，再长即是一篇小文，非起讲矣。

梁应来绍壬《秋雨庵随笔》云：前明某省某科题为“子在川上曰　一节”，解元文起讲云：“今夫天地之化，往者过，来者续，无一息之停，乃道体之本然也。然其可指而易见者，莫如川流，故夫子于此发之。”全钞朱注，一字不易，不知当时未行朱注耶，抑主司忘之耶？然以此注作讲，实属超妙，亦可谓“文章本天成，妙手偶得之”矣。

王东溆曰：孙状元辰东，原名曙故，字扶桑，为诸生时，好以骈体为制义。时吴中有文社曰同声，孙为之领袖，同社多效其体，风气为之一变。所选丁亥房书名曰《了闲》，悉六朝丽语，风行海内。满洲大臣刚公弹驳文体，乃与进士胥廷清、缪慧远、史树骏，举人毛重倬同时被逮，扶桑至褫其衿。予见《了闲》首艺为《学而时习之　全章》，起手云：“且自芸吹缃古之香，杜陨求声之草，桂残招隐之花。”以此三句括三节，通篇皆类是。此篇虽刻他氏，实扶桑自作，闻即一起讲而构思一日夜云。

袁简斋曰：皖江程叔才，名忌恭，学问博雅，注陈检讨四六得名。以平时好古，不喜时文，其师唐赤子太史责之曰：“科名进身非此不可，今岁入场之年，汝宜留意。”因强之诵读金、陈诸大家文。程唯唯，终非所好，《四书体注》等书，临场并不翻阅。康熙戊戌科，江南首题“举贤才曰焉知贤才而举之”、次题“大哉圣人之道”，程三场毕，自言首篇颇得意。唐太史读之，喜谓可望魁。程偶取案头《中庸》一看，愕然丧气，喑曰：“不中用了，我只道‘大哉圣人之道’，在‘礼仪三百，威仪三千’之下，故领题、出题俱承接此二句，今方知是开首第一句，则通身犯下矣，其不中尚复何言！”唐亦为之悼叹。已而榜发竟中第五名。唐不解所以得售之故，往见主试将探问之。主试某，故唐公同年，一见笑曰：“今年科场中有笑话，兄知否？”唐问故，曰：“朝廷有密旨，谓诸生关节都放在破承、领题、出题三处，今岁将此三处尽行弥封，故有程某文字领题、出题全行犯下，将来磨勘定受参罚，奈何！”唐笑而不言，后叔才果被吏部磨勘罚停一科。

制义丛话卷之二十四

陈寿朋登龙《秋坪随笔》云：侯官赵二今晋能文而狂，里居日尝结知名士十人为文社。余宗丞正健者，名与赵埒，而赵心轻之。每集课得题，赵辄预成一篇，将稿封压砚匣之下，曰："此余某文也。"及夜余文出，乃拆稿相质，竟如出一手，同人皆异之，余不之较。是科乡试，社中人十隽其九，而余为解首，赵乃为之屈，然气不能平也。及会试，又以榜次稍低，与同列哄争。事闻于朝，乃集一榜人于殿廷覆试，题为"伯夷隘"三字。赵欲以杰作压服流辈，研思殚虑，至过午不能成一字。遥望见方望溪先生亦正露旁皇之状，呼语之曰："君亦为此题所窘乎？"方答曰："我思以天地二义迫出'隘'字，而措语辄不惬，奈何？"赵闻言顿悟，遂提笔一挥而就，其中二比有云："甲子以前有天，甲子以后无天，谓天盖高，不敢不局；首阳以内有地，首阳以外无地，谓地盖厚，不敢不蹐。"后竟以此数语冠其军，闻阅卷者为韩慕庐先生云。按：二今制义今不概见，余曾觅得赵榜眼真稿残本，体多纤仄，未足以副其名也。

孟瓶庵师曰：余按试四川时，一日以"伯夷隘"命题，有一卷云："隘莫隘于弃君臣之义，故君既所弗事，不妨居北海之滨，新主岂真不仁，何又作西山之隐？则高天厚地几无以自容。隘又莫隘于绝兄弟之伦，中子既已承祧，何以不还奏埙篪之雅，弱弟早偕出遁，何以不同甘薇蕨以终？则父命天伦亦两无可据。"

余阅其卷而奇之，乃提作者究其说，则对曰："春秋时，人皆相传夷、齐偕隐首阳，至战国时，乃知只伯夷孤行，而叔齐半途而返矣。"余问此出何书，对曰："想当然耳。"余欲以杜撰扑责之，其人急呼曰："凡《论诰》中皆夷、齐对举，至《孟子》中则单言伯夷，无一连及叔齐者，愿宗师明以告我。"余无以折之，遂置不问。

林少穆曰：吾乡郑芥舟先生天锦年十三应童子试。"颜渊后"题，日未旰而先生文已脱稿，只少两比，适见两廊有二题牌，系先期补岁考者，一"冉子退朝，子曰何晏也"、一"非敢后也"二句，先生顿悟，用作二小比云："来乎奚暮，非同冉子之朝；劳也如何，颇类右师之殿。"遂以此冠其军。

《四勿斋随笔》云：乾隆壬子，江南张元位《舜有臣五人二节》墨卷，破题云："帝王赖臣以治天下，可即《洪范》以征其数焉。"末段云："天下知《洪范》之言五也，而不知《洪范》之尽言十也。夫戴与履合而十生焉，以三比七而十生焉，以八比二、以六比四而十又生焉，故不言十而前后左右无不寓乎十之理也。若徒观于锡畴之迹，则鲜不谓终于戴九而已矣。"评者谓以《洪范》诠题，奇才浚发，且于帝臣之所以为臣、王佐之所以为佐，都有发挥，力大思深，得未曾有云云。然究非题中应有之意，即以文论亦未见弹丸脱手之妙，不敢人云亦云也。

吾闽乾隆丙午科魁墨无美不备，首题《子曰〈关雎〉》文，尤多惊才绝艳之作。闻逢儿言，曾见一汀州孝廉朱卷，专就鸟名生发，极为灿烂，惜不能举其全文，仅记其两大比，入手云："有关雎而后有凤凰。"对比云："有关雎不妨有鸱鸮。"奇情郁起，对仗浑成，可想见其全豹矣。

廖佩香曰：朱伯乐者，楚之贫士也。弱冠后补弟子员，数踬场屋，家益窘，一日于友人案头得《贫而无怨难》时艺一篇，爱其沉郁痛快，因录存之，无聊时辄朗诵一遍，以舒愤懑。诵至末段云“冬暖而儿号寒，年丰而妻啼饥，我纵安之若素，其如室家之交谪何；更有父不以之为子，兄不以之为弟，虽曰命之不犹，其如形神之交瘁何？贫不能不多所取，贫之所以伤廉也；贫不能复有所与，贫之所以伤惠也；贫不复讲酬酢之节文，贫之所以忍耻而废礼也”等句，拍案叫绝，曰：“似此文甚于戚友之慰藉多矣，以之作馈贫粮不亦可乎！”

郑苏年师曰：《颜氏家训》有云：“读天下书未遍，不得妄下雌黄。”夫书中雌黄，未必遽于人有损也，若司文柄者以妄行批抹屈抑真才，则直是草菅人命矣。记《遣愁集》中载，徐存斋年未三十督学浙江，一士子文中用“颜苦孔卓”语，徐勒之批云：“杜撰，抑置四等。”及发落，士子将领责，执卷进曰：“大宗师见教诚当，但此语出扬子《法言》，实非生员杜撰也。”徐起立曰：“本道侥幸太早，未尝学问，今承教多矣。”改置一等。又一生作“文莫吾犹人也”题，解“文莫”为勉强，亦被一学政呵斥，将以杜撰置劣等，生执卷争曰：“《晋书》栾肇《论语驳》曰：燕、齐谓勉强为文莫，非生员所能杜撰也。”学政亦拱手谢之。此两段公案，不特司文柄者当知之，即乡塾中评阅课文者亦不可不留意矣。

嘉庆甲子科江南乡试，长洲蒋广文景曾于关帝庙祈得一签，有“自南自北自西东”句，及入场，首题为“谨权量𠤎四方之政行焉”，文后比即用此句，下股对“无党无偏无反侧”，主考戴可亭师以用经语浑成，密圈批中。

袁简斋曰：《越绝书》称舜兄狂弟傲，《尸子》称舜事亲养兄为天下法，是舜有兄也，惜妹名嫘首而兄名无考。夏醴谷为湖北学政，试秀才“象日以杀舜为事”题，一生中比云：“象不特杀之于水于火，而且于酒也。”阅卷者哗然，以为妄。夏公曰：

“勿怪虑，有出处，且观对比若何。”其对云：“舜虽不得于其父其母，而幸得于其妹也。”夏曰：“舜妹名嫘首，吾曾见之祖君彦檄炀帝文，然则杀舜于酒亦必有典，不可抹也。”后方知出《列女传》。

余与同堂第四兄泽卿公同在陈茂真先生士炜馆中课文，时两人皆十四岁。一日，以“攻乎异端”命题，泽卿兄中二比起句云：“有不知其为异端而攻之者，有明知其为异端而攻之者。”茂真师极赏之，以为语能简括。后值鳌峰书院官课亦出此题，泽卿兄即录前作，校阅者便批其出比首句云：“何消汝说!”继批其对比云：“岂有此理!”时传为笑资也。

“文胜质则史”，包注“史者文多而质少”，朱注“史掌文书”，亦并未实指何项人。宋人辅广始以大史、小史释之。汪文端公廷珍不喜其说，值督学试士，首题以“则史”命题，迟两时许始出次题，亦系“则史”二字，其意明以前史与后史不同，而又不欲遽宣其意。有一童生悟其故，而首艺已誊清半篇，系就史官说，乃急缀一语云：“此其说非也，以后皆以史为府史胥徒。”遂以首名入泮。按：吾乡传有应童试者素能文，题为“臧文仲居蔡”，通篇俱以“蔡”为陈蔡之蔡，已誊完全卷。有邻号一童素相善，阅其文大惊曰：“汝文大误，朱注云‘蔡，大龟也’，何竟忘之乎?”本人乃如梦初觉，急提笔续其末行云：“或曰‘蔡，大龟也’，是说也，吾不之信。”学使赏其文，亦得入泮，颇与前事略同。

陈海霞标曰：相传某省闱中，有某生初入号舍即假寐，梦题为“巧言令色鲜矣仁”，偶与邻生言之，邻生曰：“我月前曾作是艺，颇得意。”旋为某生述之。某生随听随记，即暗能背诵。次日果出此题，因将所记者誊于卷，以示邻生。邻生大惊愕，然已无如之何，只得另撰一篇，懊恨中不觉自抒胸臆，作两大股，一为可惜也，一为可叹也，约略比附题义，完卷而出。乃榜发而邻生高标，某生竟无名。向使邻生直录旧作，转不得隽矣。

先叔父太常公曰：乙未同年沈吉堂丙于会试场前，梦有人提一灯笼照其行，上书“三善堂”三字，醒后不解其义，试毕成进士。是科首题为“苟日新　三句”，文内讲下、出题、提笔、顿笔及末段收笔，有“先天下而善图厥新”三叠句。及阅会墨，始悟三善之梦，因即署其厅额曰“三善堂”。

有浙江顾孝廉者，因自刻其会试落卷，后跋涉及考官，大有谤讪之语，为言官所劾，革去举人。后改名，乡试复中式，丙申科会试与逢儿同号舍。是科首题为“小人闲居为不善　六句”，逢儿因素耳其文名，欲就阅其卷，而同号中已喧传其一小讲甚奇，文云：“今夫君子之面目一而已矣，而小人有二，有尔室之面目焉，有大廷之面目焉。以大廷之面目为尔室之面目，小人不能；以尔室之面目为大廷之面目，小人不敢。”惜未详以下如何作法，大抵仍不能掩其桀骜之气耳。

嘉庆中叶文体诡异，士子往往挦扯僻书字句以炫新奇，而不顾理法。甲戌闱后，辛筠谷侍郎从益为磨勘官，遂疏称各省乡试取中之闱墨，如《隐居以求其志　三句》题文中用“乘麟以理”“驾龙而游”及“金策书圣”“银策书贤”“玉策书功”等语，于题义殊为廓落。又如《冉有曰既庶矣　两节》题文抄用《鬻子》“东门曰虚，西门曰墺，南门曰庑，北门曰侧”，又用《汉书·郡国志》注“夏禹之时，民千三百五十五万三千九百有二十三，成周之时，民千三百七十一万四千九百有七十三”等语，虽出古书，究于本题富、教之义不切，文体亦属支离。又如《使天下之人齐明盛服　三句》题文云：“昔武王克殷，使闳夭进招华之桂于太庙，使伯邑考进阳术之姜于群庙，使南宫适进九江之菌于祧庙。”按之题义俱为漫溢，且此数语未见所出，惟近人所刻《典制文琳》注释中有之，称系出《尚书大传》，而查《尚书大传》并无此语。至于编造词句如“山佩几宫、水佩几羽，详《深衣》之度”，按公侯佩山玄玉、大夫佩水苍玉，见于《玉藻》，皆非《深衣》所有。且左徵角、右宫羽，凡佩玉皆然，不分山佩、水佩。又有“哲相涤山裳”语，按哲相涤裳，古无此事。古者山龙绘于衣，并不在裳。若此之类不胜枚举，此臣所见刻行闱墨也。又如《易经》《垂衣裳而天下治》题文，用《文选·东都赋》“盛三雍之上仪”一段，查三雍宫立自汉朝，黄帝、尧舜时无之，且原赋云：“盛三雍之上仪，修衮龙之法服。铺鸿藻，申景铄，扬世庙，正雅乐。”而原卷抄用，因《文选》注本释“服”字下有“音匐”二字，遂误认为正文，平写作“韶”字，分作“韶铺鸿藻，信景铄扬”各四字为句，而将“世庙正雅乐”五字截去。又如《礼》“韭曰丰本”题，抄用“多识于鸟兽草木之名”题成文，俱经臣签出，此臣磨勘分卷所见之文也。又近来士子争效尤侗、王广心之文，谓之尤、王体。查尤、王文体最为浮靡，其运用故实往往换字缩脚，几于唐人鷗阖虬户之涩体，费人猜想。究其义，实为肤浅，是以钦定本朝《四书文》概不收录。今乃复取而诵习摹仿之，科名既掇，效尤滋多，遂成风尚。现届会试之期，天下人才萃于京师，应请预饬典试、分校各官，严裁伪体，务归清真雅正。其穿贯经史书卷纷纶者，固宜取中，亦必求其文从字顺，于题义实有发明，庶真才出而文体正，士习端矣。奏入，上是之。按：侍郎时为台谏，屡与磨勘之役，京中呼之为“磨王”，然其所指摘则不为过也。

道光中，时文家揣摩之法愈出而愈奇。近有所谓“且夫调”者，每于提比之后或末比之前，突用“且夫”二字以振其势，并不必关顾前后语脉。乡、会场中率多用此为秘诀，而司校阅者亦往往入其彀中，竟有以此抡元者。如壬辰科会试“君使臣以礼”题，会元文中段云：“且夫君公至贵也，臣下至贱也，天泽至严也，而堂廉又至远也。臣以为必出于礼，何哉?”又己亥顺天乡试“货悖而入者　二句”题，解元文中段云：“且夫盈虚消长，天理也，欲恶取予，人情也。而多寡乘除，则尤理有固然而势有必至者也。”此外用此调获隽者，尚层见叠出，展转相承，未见其已也。按：前明王寖大有《道之以德　一节》文，后两比起处各用“且夫”字，此调似托始于此，然彼是靠实发挥，此则纯衍虚机而已。

徐存庵曰：子路言何必读书，而夫子以佞斥之，诚恐后世焚书坑儒，将假仲氏之言为口实，故责之曰“是故恶乎佞者”。佞者取给于口，非心中实有此解也，此圣人切责仲氏之言，而实曲揣仲氏之心处。乃项水心作《何必读书　句》文，逞其毒笔，横肆发挥，几使仲夫子承受不起。得罪先贤，莫此为甚矣。其文云：“由之言曰夫子而谓由贼羔也，必欲羔读书也；夫子而欲羔读书也，必谓民社中无书也。不知读书而无与于民社也者，何必读书？读书而不外于民社也者，何必读书？吾而不以民社当读书也者，何必读书？吾而既以民社当读书也者，何必读书？如以为必读书也，意者读书而遂足为益也欤哉？则经生岂不满前，而名世无一二见。如以为必读书也，意者不读书而遂足为损也欤哉？则皋、夔亦仅读三皇之书，而上古又且读谁氏之书？且自俗之淳而浇也，而民人盖屡变矣。以书之所以治民者，治民惑其民者也。且自礼之质而文也，而社稷亦非昔矣。以书之所以事神者，事神慢其神者也。由特不能尽书而焚之耳，朴者读之而诈，驯者读之而横，并使豪者读之而腐，其为苍生祸也大矣；由特不能尽读书之辈而除之耳，猥人则以干禄，假人则以盗名，而险人则复以乱政，其为宇宙害也甚矣。即今之靡书不读者，孰有如夫子哉！乃竟一筹莫展，毫无益于成败之数。而吾党之束书不读者，宜莫如由矣。窃敢三年报绩，聊自试于盘错之交，然则书之无效亦可知矣。书乎，书乎！其可以消岁月而不可以资经纶者乎？其可以诱不才之子弟而不可以束用世之英雄者乎？何必读书。”按：此等狡狯不当以文论，故聊附之杂缀中。

乾隆戊申江南乡试，一生虔祷于韦左司庙中，梦见一黑衣真人来谒韦公曰：“不可以为道。”醒后不解其故。是科领荐后，被磨勘罚停二科，以次艺《日月星辰系焉》文有“於穆”二字犯下，《孟》艺《孔子登东山　一节》文有“道”字犯下故耳。旋以礼闱尚远，就幕淮安。暇日过关庙，见悬牌书“神机详梦”四字，生以前梦请详，其人掀髯笑曰：“是何难解，黑衣真人，乌木道士也。曰‘不可以为道’，吸后语‘伐柯伐柯’是也。君殆有美中不足乎？”生始悟黑衣为于穆，道下为伐柯，即罚科之转声，韦公示意玄妙乃尔。

近年科举场中有两大案，一为乾隆癸卯科广西乡试，首题“语之而不惰者”、次题“譬如行远　四句”、三题“如其自视欿然　二句”，诗题“香满一轮中”。第一名岑照，土田州人，为土司岑文栋之子，富于资，榜发之日物议沸腾。闱中向学政查映山先生莹索取录遗卷，学政以卷宣示众人，则《夫子为卫君乎》文“卫君”并误作“衙君”，盖并不由学政录送，而营缘别途以入闱者。监临孙补山先生士毅遂于揭晓之次日，由四百里驿递参奏。提到岑照，讯供仅称首艺系业师卜永祺所改窗稿，次艺系用旧作《为高必因丘陵》文改成，三艺系用旧作《附之以韩魏之家》文改成，排律系用旧作《月中桂》诗改成。及起其家中书籍，则并无此窗稿。提到卜永祺，亦供称并未代改此题文字。因加以刑讯，始据供出系办内供给官、永安州知州叶道和听从该生贿嘱，代倩幕友湖北举人曹文藻入场代作文字，审实均立正典刑。余至广西觅得是科闱墨读之，则元墨仍是岑照之名，三篇文笔皆清矫，实足以领袖群才。检阅旧案，主司亦有“文极老气”之批。正主考为吴泰交寿昌、副主考为孙寄圃玉庭二先生也。一为嘉庆戊午科湖南乡试，承办科场书吏樊顺城，商令应试诸生傅晋贤出银，勾串吏役多人通同舞弊，私雕假印，抽得内帘取中之彭莪试卷，割换为傅晋贤，取中榜首。先是，彭莪于出闱后，即录首艺呈之岳麓书院山长罗慎斋先生典亲加评点，许以必元。至是刊布元墨，罗见之大骇，遂以所评彭莪原稿示监临，亦即日具奏，审出割换情弊，将傅晋贤置之重典，而赏还彭莪举人。是科首题为“文之以礼乐”，正主考为钱云岩福胙、副主考为伊墨卿秉绶二先生。今有编选元墨者，是题文仍署傅晋贤之名，文字亦不过时调，未见佳致。后二比以“有虞分礼乐为二职，我周合礼乐为一官”分起，似可以取镕经义，自铸伟词，而接语平平。末以“穆然想古帝之文明，焕乎见昭代之文章”两句分结，不能兜住题义。但紧拈两“文”字，最为时墨陋习，不知罗、钱、伊三君何以赏为必元也。然当时不抡元，则此案未必破。闻是年闱前，长沙有扶乩者谓本科是张桓侯主场，必生事端。盖此弊相沿已久，至是科而始发也。

《淡墨录》云：武进庄方耕存与阁学，乾隆乙丑榜眼，累司文柄，酷好短篇，所取闱墨不过三百字，即间有至四百字者，而元文必短。士子揣摩风气，率以假成、弘规模应之，所谓卖假古董也。其中亦有美才，故以千寻之材缩为咫尺之短而入彀者。然要之以皮毛弋获者居多，而莫甚于二十一年浙江乡闱。所取解元高毓龙者，乌程监生也，本不读书，随其父某在任所办事。是科阁学偕山东鞠恺典试浙中，高毓龙方从任所归，人言本科主考好短篇，只消随笔写数行，即可望中。高自发蒙成篇后，即出外奔驰，空疏久矣，闻之心喜，亦随众观场。首艺题为“颜渊曰愿无伐善，无施劳。子路曰愿闻子之志”，高不知文法，直作两比，寥寥数语，首尾俱无起结。庄搜落卷，已为《诗》五房考官朱濬所抹，庄得之大喜，定以为元。朱力争此文稚气未除，浙江文献之区，若以领解，恐招讥讪。庄素刚愎，坚不肯从，既定元，以为必名宿也。鞠畏其势，不敢开口。榜发知系监生，又素无文誉，乃大悔之。高二、三艺尤潦草，皆庄为之改作发刻，今尚有庄所改高原稿本，人皆见之。房魁为仁和王学濂，亦素无名望，与高同皆主考搜落卷而得之者。浙人集唐句嘲之云："庄梦至今犹未醒，菊花从此不须开。"

前明吾乡长乐林总宪廷选主某科会试，先一日，招同乡公车亲昵者数人饮，众皆知其必司文柄，而难于自媒。公但与纵饮尽欢，将撤席，乃亲执壶遍酌众宾曰："尽此壶。"众皆唯唯而散。翼日，公果入闱，诸公车于首艺末段各用"尽此乎"三字，榜发皆得隽，惟其婿不能悟意，独落孙山。后有以蜚语举发者，公曰："若果有此关节，何以吾婿独不与闻?"事因得寝。

施愚山先生督学山左时，有名士入场作《宝藏兴焉》文，误为水一节，录毕始悟，料无不黜之理，作词于文后曰："宝藏在山间，误认却在水边。山头盖起水晶殿。珊长峰尖，珠结树巅，这一回崖中直跌撑船汉。告苍天，留点蒂儿好与友朋看。"愚山阅文至此，和之曰："宝藏将山夸，忽然间在水涯。樵夫慢说渔翁话。题目虽差，文字却佳，怎肯放在他人下?常见得登高怕险，那曾见会水淹杀。"仍录附榜末。

《文行集》云：弘治六举乡、会，文章称盛。其初年己酉顺天乡试，申明约禁，文内不许用"空"、"定"、"慧"三字，以涉禅语也。或仿郑五歇后体以自箴曰："回也其庶乎屡，此下一字真可除。君不见，今之所禁则国虚，当年夫子犯了，鄙夫问于我如。"又云："少之时血气未，此下一字只合涂。君不见，今之所禁天下恶乎，当年曾子犯了，一人偾事一人国叶孤。"又云：

“言不及义好行小，此下一字浑不是。君不见，今之所禁虽有智，当年孟子犯了，德术智。”

尤展成《西堂杂俎》中有《怎当他临去秋波那一转》制义云：“想双文之目成，情以转而通焉。盖秋波非能转，情转之也。然则双文虽去，其犹有未去者存哉？张生若曰世之好色者，吾知之矣，来相怜，去相捐也。此无他，情动而来，情静而去耳。钟情者正于将尽之时，露其微动之色，故足致人思焉，有如双文者乎？最可念者，啭莺声于花外，半晌方言，而今余音歇矣，乃口不能传者，目若传之；更可恋者，衬玉趾于残红，一步渐远，而今香尘灭矣，乃足不能停者，目若停之。惟见盈盈者波也，脉脉者秋波也，乍离乍合者，秋波之一转也，吾向未之见也，不意于临去时遇之。吾不知未去之前，秋波何属？或者垂眺于庭轩，纵观于花柳，不过良辰美景偶尔相遭耳，犹是庭轩已隔，花柳方移，而婉兮清扬忽徘徊，其如送者奚为乎？所云含睇宜笑转，正有转于笑之中者，虽使靓修眆于觌面，不若此际之销魂矣。吾不知既去之后，秋波何往？意者凝眸于清院，掩泪于珠帘，不过怨粉愁香凄其独对耳，惟是深院将归，珠帘半闭，而嫣然美盼似恍惚，其欲接者奚为乎？所云渺渺愁余转，正有转于愁之中者，虽便关羞目于灯前，不若此时之心荡矣。此一转也，以为情多耶？吾惜其止此一转也。以为情少耶？吾又恨其余此一转也。彼知为秋波一转，而不知吾之魂梦有与为千万转者。吾即欲闭目不窥，其如一转之不可却何？噫嘻！招楚客于三年，似曾相识；倾汉宫于一顾，无可奈何。有双文之秋波一转，宜小生之眼花撩乱也哉！抑老僧四壁画西厢，而悟禅恰在个中。盖一转者，情禅也，参学人试于此下一转语。”按：《西堂全集》卷端有恭载弘觉国师奏御语录一则，云：“上一日慨叹，场屋中士子多有学寡而成名、才高而掩抑者，如新状元徐元文业师尤侗极善作文字，竟以乡贡选推官，在九王摄政时复缘事降调，岂非时命大谬之故耶？师云：'臣闻之，君相能造命，士之有才，患皇上不知耳。既知之，何难擢之高位。'上曰：'朕亦有此念。'因命侍臣取其文集来，内有《临去秋波那一转》时艺，上与师阅至篇末云'参学人试于此下一转语'，上忽掩卷曰：'请老和尚下。'师曰：'不是山僧境界。'时升首座在席，上曰：'天岸何如？'升曰：'不风流处也风流。'上为大笑。"

乾隆末，吾闽学使者邹念桥侍郎奕孝第三子弃儒就释，削发入山。其妻乃滇南尹楚珍先生壮图之女，敦诗悦礼，因感痛之深，集《四书》语成制义一篇，一时传诵殆遍。闻此文已传播宫闱中，仰承嘉奖，亦足以慰其志矣。文云："攻乎异端，我丈夫也。夫良人者，所仰望而终身也，今若此，吾末如之何也已。尹士语人曰君子不出家而成教于国，三子者，出非其道也。索隐行怪，吾弗为之矣，今女安则为之。父母俱存，兄弟无故，一乐也，避兄离母，何为其然也；宜尔室家，乐尔妻孥，二乐也，出妻屏子，是诚何心哉？为人子止于孝，今之孝者，不顾父母之养，曾是以为孝乎？父母在，不远游，子好游乎？舍正路而弗由，是焉得为大丈夫乎？父作之，子述之，为可继也，望望然去之，孰谓邹人之子知礼乎？父为大夫，子为士，盖有之矣，欲洁其身而乱大伦，而谓贤者为之乎？男子生而愿为之有室，古之道也，夫非尽人之子与？女子生而愿为之有家，物之情也，吾何为独不然？摄齐升堂，恶衣服吾不欲观之矣；摩顶放踵，拔一毛吾鲜能久矣。呜呼！远送之门，哭泣之哀，而良人未之知也。交得见于邹君，夕死可矣。往者不可谏，来者犹可追。已而已而，盍归乎来！"

庐州有某生屡困童子试，偶于考前连夜梦其亡父属之云："此番入场不必作文，但通卷写数百'之'字方能获隽，否则又无益也。”及入场出题后，竟不能构思，因忆梦中语，不得已止写数百“之”字投卷而出。宗师阅至此卷大诧异，遂藏置靴桶中，先将入彀诸卷看定叠好，俟次日填榜招覆。是日适逢端午，集幕中众宾宴会，乃出一令曰：“今有一试卷，诸君但见一字而笑者，罚酒一杯。”于是从靴桶中取出前卷，以手按其余字，仅露破题第一字示诸宾，宾见破题首一字便用“之”字，皆不觉失笑。宗师连示二三等字，见皆写“之”字，无不笑者。及至终篇，见无一不是“之”字，竟大笑不休。于是罚酒无算，极醉而散，卷在几上亦忘收。仆从不知，误以此卷置诸入彀各卷之上。次日命书吏按卷填图，即将此卷坐号填在案首。填毕查数忽多卷一本，宗师不信，从头翻阅各卷，见第一本即写“之”字者，方知昨日之误，意不能决，乃传教官密书此卷坐号，令查本童姓名并询文行优劣。少顷禀覆，系邑中宿学某也。宗师即命取图招覆，覆卷果佳，即以案首补弟子员。至入谒时，询明写“之”字之故，始信功名自有定数，得失竟有不系文章者矣。

缪莲仙曰：有塾师因其徒他出，以“牛何之”三字命题构文，其徒于篇终作一大结云：“夫《孟子》一书，言何之者二，一则曰牛何之，一则曰先生将何之。先者，牛之踢飞脚者也；生者，牛之坐板凳者也。然则牛也，先生也，一而二，二而一者也。”又有作《不撤姜食不多食　二句》题文，其渡下云：“神明不可不通而亦不可太通，秽恶不可不去而亦不可尽去。”皆可发一粲也。按：“不多食”即指姜食言，宋郑汝谐《论语意》原有此说，则此文亦未可厚非耳。罗镜泉以智曰：按《事文类聚·姜》“不多食”连文，引之陶宏景《本草经注》，故《论语》云每食不撤姜，言可常食，但不可多食耳。则连文本系旧说。阎氏百诗谓正与“惟酒无量不及乱”一例。

郭兰石由四川督学报政回京，有录存告示文稿一本，中有

"虎言蝶叹"之语，阅者求其说。兰石笑曰："我曾按试一属，有一卷赋'春日迟迟'句云'蛱蝶叹春风'。蝶叹已属奇闻，又试一属以'虎负嵎'命题，有一卷于讲下分三段，全为虎之口气，第一段云：'虎若曰我所积畏者妇也，今尔众其奈我何?'第二段云：'虎若曰我所甚惧者搏也，今徒逐其奈我何?'第三段：'虎若曰我所失势者野也，今在嵎其奈我何?'余拟以劣等薄惩之。"幕中客曰："设想虽奇，文法尚好，抑之三等末可矣。"又一客曰："此生亦太可怜，其生平必惧内，否则何以云'积畏者妇'乎?"合坐大笑而罢。

陈秋坪曰：有士人患其子不务正业，游手放闲，因取章日炌《父母惟其疾之忧》题文，诵其后股出比以警之，曰："罔极之深恩未报，而又徒留不肖之肢体，贻父母以半生莫殚之愁。"子不敢出声。一日适其父狎妓归，子侦知之，遂朗诵前文对比云："百年之岁月几何，而忍吾亲以有限之精神，更消磨于生我劬劳之后。"父乃默然。予谓对比三语尤妙，在意余言外也。

又曰：有武生进内场，钞录夹带文字，中有"昔贤"二字笔画稍长，"贤"字又小写作"𡗗"，遂误作"廿一日上天"五字，主司批云："尔既于廿一日上天去，本院亦不留尔。"又一武生于卷中录"盖人君之于天下"句，误作"羊血仓三打天下"七字，至今以为笑柄。

近日盲试官到处皆是，令人愤闷。余所目击者，如用"一器而工聚焉者车为多"，为房考全句涂抹，而不知其出《考工记》。用"郭邻"字，为主考所抹，批云："如此僻典，何必引用。"而不知其出《蔡仲之命》。近闻有用"佛时"者，学政批云："佛时是西土经文，不宜入孔门口气。"又有用"贞观"字者，房考批云："贞观乃汉朝年号，不宜用于三代之时。"有轻薄者，合此二事撰为对语云："佛时是西土经文，宣圣低眉弥勒笑；贞观乃东京年号，唐宗失色汉皇疑。”

近时好出割截题，欲以杜钞录成文之弊，其作法全在钓、渡、挽上见工夫，而于圣贤立言之本旨则未暇顾也。然此风似不始于今日，明人说部中有《以杖叩其胫阙党童子》题，或作中段渡势云：“一杖而原壤痛，再杖而原壤仆，三杖而原壤死矣。三魂渺渺，七魄沉沉，一阵清风化为阙党童子。”此虽戏言，亦可见前明即尚此巧法矣。又有戏作《王如好色至有托其妻子于其友》题者，其渡下云：“夫王之好色，不与王之臣同之而与百姓同之者，以王之臣自有妻子故也。”其挽上云：“夫王之臣，不托其妻子于王而托于其友者，以王好色故也。”善谑而近虐，实足解颐。

余四叔父太常公视学陪京，恭逢嘉庆十年东巡大典，先一月奉天岁试，诸生童佥言学臣应带领新进文童接驾。适有八十岁老童，皓首厖眉，人甚轻健，公于点名顷目之，拟即取进以为诸生领袖。是日试题为“周公谓鲁公曰”，公当堂收阅老童卷，讲下云：“不观周公乎，不观鲁公乎？不观周公谓鲁公乎，不观周公谓鲁公曰乎？”公笑曰：“如此出落，宜其为诸童领袖矣。”后竟取殿奉庠云。

张船山太守在登州府试，以“伯夷叔齐”命题，有作八股文者，则伯二比，夷二比，叔二比，齐二比也。太守题俳语于卷上云：“孤竹君哭声悲，叫一声我的儿呵，我只道你在首阳山下做了饿死鬼，谁知道被一个混帐的东西，做成了一味吃不得的大碟八块。”可为喷饭。

陈午桥参议鸿戏作《举子下第》时文，传播于时，可以破涕为笑，盖全套金正希《德行　一节》文中二比调也。其词云：“榜大莫能容，所不得者进士，而于举人无恙也。设诸公非为进士，故挟其文章经义、试帖楷法，以博取人间馆与幕，与一切眷录教习，固自易易，何困厄若斯也？而诸公不愿也。文人无厄地，所自信者学问，而命运则不敢必也。设诸公以不中进士，故当其袍褂靴帽、服饰铺盖，以博相公之一笑。且下及夫清厂鱼池，岂不甚乐，何忧闷若斯也？而诸公不敢也。”

常熟顾仲恭作《敬十八房书说》，游戏之笔，故《炳烛斋集》中不载，而黄太冲独称之。盖国初时，风气已如此，今则又甚焉，虽谑而虐，不为过也。其略云：“今世之为天吏者有三，庸医也、低风水也、盲考官也。何以言之？使医而能辨六脉，则天之所以生死人者，人得而夺之矣；使风水而能辨龙穴，则天之所以祸福人者，人得而夺之矣；使考官而能辨文章，则天之所以贵贱人者，人得而夺之矣。故吾谓此三人者皆天吏也，敢弗敬欤？凡物之确然自信者人为政，而冥然罔觉者天为政。古者圣人举事必用蓍龟，夫枯草朽甲何灵之有？惟其无灵而天下之至灵者出焉。考官者，亦文章之蓍龟也，从之则吉，逆之则凶，敢弗敬欤？”

《韵鹤轩杂著》云：有一秀才，日喜看盲词，适届岁考，场中命题系“子曰赤之适齐也至与之粟九百辞”，遂援笔立就，其文曰：“圣人当下开言说，你今在此听分明。公西此日山东去，裘马翩翩好送行。自古道，雪中送炭为君子，锦上添花是小人。豪华公子休提起，再表为官受禄身。为官非是别一个，堂堂县令姓原人。得了俸米九百石，坚辞不要半毫分。”案出以不遵功令，遂置劣等。然就文而论，则题中纤悉俱到矣。故知文无精义，而惟以平铺直叙见长者，其源皆出于盲词也。

梁应来曰：四书文中有所谓墨派者，庸恶陋劣，无出其右。有即以“墨卷”为题，仿其调作两股以嘲之者，曰：“天地乃宇宙之乾坤，吾心实中怀之在抱，久矣夫，千百年来已非一日矣，溯往事以追维，曷勿考记载而诵《诗》《书》之典要；元后即帝王之天子，苍生乃百姓之黎元，庶矣哉，亿兆民中已非一人矣，思入时而用世，曷弗瞻黼座而登廊庙之朝廷。”叠床架屋，今之所谓音调铿锵者，何以胜此。

袁简斋曰：余弱冠在都，即闻吴江布衣徐灵胎有权奇倜傥之名，终不得一见。庚寅七月，患臂痛，乃买舟访之，一见欢然。年将八十矣，犹谈论风生，留余小饮，赠以良药。门邻太湖，七十二峰招之可到。有佳句云：“一生那有真闲日，百岁仍多未了缘。”自题墓门云：“满山灵草仙人药，一径松风处士坟。”灵胎有戒赌戒酒劝世道情，语虽俚恰有意义。刺时文云：“读书人，最不济，烂时文，烂如泥。国家本为求才计，谁知道变做了欺人技。三句承题，两句破题，摆尾摇头，便道是圣门高弟。可知道三通、四史是何等文章，汉祖、唐宗是那一朝皇帝？案头放高头讲章，店里买新科利器，读得来肩臂高低、口角嘘唏。甘蔗渣儿嚼了又嚼，有何滋味？辜负光阴，白白昏迷一世，就教他骗得高官也，是百姓、朝廷的晦气。”

题　名

宋嘉祐间

王安石　字介甫，又字半山，临川人。庆历二年进士，左仆射、观文殿大学士，谥文，追舒王。《宋史》有传。

苏辙　字子由，又字颍滨，眉山人。嘉祐丁酉进士，端明殿学士，谥文定。《宋史》有传。

绍兴间

杨万里　字廷秀，又字诚斋，吉水人。绍兴甲戌进士，宝谟阁学士，谥文节。《宋史》入《儒林传》。

乾道间

陆九渊　字子静，又字象山，金溪人。乾道辛巳进士，知荆门军，谥文安。《宋史》入《儒林传》。

淳熙间

陈傅良　字君举，又字止斋，瑞安人。乾道辛巳进士，宝谟阁待制，谥文节。《宋史》入《儒林传》。

淳祐间

汪立信　字诚甫，又字紫源，六安人。淳祐丙午进士，端明殿学士、江淮招讨使，赠太傅。《宋史》有传。

文天祥　字履善，又字宋瑞，吉水人。淳祐丙辰进士，右丞相兼枢密使，加少保、信国公。《宋史》有传。

明洪武间

刘基　字伯温，青田人。元进士，入明官御史中丞，封诚意伯，谥文成。《明史》有传。

黄子澄　初名湜，以字行，更字伯渊，分宜人。洪武乙丑会元，官太常寺卿兼翰林学士。《明史》有传。

刘三吾　初名湜，字坦甫，茶陵人。元末提举靖江学，洪武中用荐官左赞善，擢学士。《明史》有传。

建文间

杨溥　字弘济，石首人。建文庚辰进士，武英殿大学士，谥文定。《明史》有传。

杨荣　字勉仁，建安人。建文庚辰进士，谨身殿大学士，谥文敏。《明史》有传。

永乐间

姚广孝　初为僧，名道衍，字斯道，长洲人。永乐初复姓，赐今名。封荣国公，谥恭靖。《明史》有传。

于谦　字廷益，钱塘人。永乐辛丑进士，官兵部尚书，加少保，谥忠肃。《明史》有传。

景泰间

丘濬　字仲深，琼山人。景泰甲戌进士，武英殿大学士，谥文庄。

正统间

商辂　字弘载，淳安人。正统乙卯解元，乙丑会元、状元，谨身殿大学士，谥文毅。《明史》有传。

成化间

林瀚　字亨大，闽县人。成化丙戌进士，南京吏部尚书，谥文安。《明史》有传。

吴宽　字原博，又字匏庵，长洲人。成化壬辰会元、状元，礼部尚书，谥文定。《明史》有传。

王鏊　字济之，又字守溪，吴县人。成化甲午解元，乙未会元、探花，武英殿大学士，谥文恪。《明史》有传。有《王守溪文稿》。

蔡清　字介夫，晋江人。成化丁酉解元，甲辰进士，南京国子监祭酒，赠礼部侍郎，谥文庄，从祀文庙。《明史》入《儒林传》。

邵宝　字国贤，又字二泉，无锡人。成化甲辰进士，南京礼部尚书，谥文庄。《明史》入《儒林传》。

弘治间

钱福　字子谦，又字鹤滩，华亭人。弘治庚戌会元、状元，翰林修撰。有《钱鹤滩稿》。

顾清　字士廉，华亭人。弘治壬子解元，癸丑进士，南京礼部尚书。《明史》有传。

唐寅　字伯虎，又字子畏，吴县人。弘治戊午解元。

伦文叙　字伯畴，南海人。弘治己未会元、状元。

林庭棉　字利胆，闽县人，瀚子。弘治己未进士，工部尚书，谥康懿。《明史》附《林瀚传》。

王守仁　字伯守，又字阳明，余姚人。弘治己未进士，兵部尚书，封新建伯，谥文成。《明史》有传。

正德间

邵锐　字士仰，仁和人。正德戊辰会元，太仆寺卿，谥康僖。

唐皋　字心庵，又字守之，歙县人。正德癸酉举人，甲戌进士、状元，侍讲学士。

汪应轸　字子宿，又字青湖，山阴人。正德丁丑进士，江西提学佥事。《明史》有传。

季本　字明德，又字彭山，山阴人。正德丁丑进士，长沙知府。

张经　寄姓蔡，字廷彝，侯官人。正德丁丑进士，以兵部尚书兼都御史，总制南直隶、湖广、江西、闽、浙、山东、两广七省，为赵文华所诬论死，谥襄愍。《明史》有传。

嘉靖间

海瑞　字汝贤，又字刚峰，琼山人。嘉靖举人，南京右都御史，谥忠介。《明史》有传。

王慎中　字道思，又字遵岩，晋江人。嘉靖丙戌进士，河南参政。《明史》入《文苑传》。

罗洪先　字达夫，又字念庵，吉水人。嘉靖己丑进士、状元，春坊左赞善，谥文庄。《明史》入《儒林传》。

唐顺之　字应德，又字义修，又称荆川，武进人。嘉靖己丑会元，佥都御史巡抚淮扬，谥文襄。《明史》有传。

梁怀仁　字宅之，晋江人。嘉靖己丑进士。

郑晋　字□□，南安人。嘉靖辛卯举人，壬辰进士。

林春　字子仁，□□人，寄籍泰州。嘉靖壬辰进士、状元。

吕本　字汝立，又字南渠，余姚人。嘉靖壬辰进士。

王樵　字明逸，金坛人。嘉靖丁未进士，南京右都御史。

许谷　字仲贻，上元人。嘉靖乙未进士，江西提学佥事、南尚宝卿。

薛应旂　字仲常，又字方山，武进人。嘉靖甲午举人，乙未会元，陕西提学副使。

诸燮　字理斋，□□人。嘉靖甲午举人，乙未进士。

嵇世臣　字□□，□□人。嘉靖乙未进士。

茅坤　字顺甫，又字鹿门，归安人。嘉靖戊戌进士，大名兵备副使。《明史》列《文苑传》，有《茅鹿门稿》。

叶经　字东园。

归有光　字熙甫，又字震川，昆山人，徙居嘉定。嘉靖庚子举人，乙丑进士，太仆寺丞。《明史》入《文苑传》，有《归震川稿》。

高拱　字肃卿，新郑人。嘉靖辛丑进士，大学士，谥文襄。《明史》有传。

瞿景淳　字师道，又字昆湖，常熟人。嘉靖癸卯举人，甲辰会元，南京吏部侍郎，谥文懿。《明史》有传。

王世贞　字元美，又字弇州，太仓人。嘉靖丁未进士，刑部尚书。《明史》入《文苑传》。

张居正　字太岳，江陵人。嘉靖丁未进士，太师、吏部尚书，中极殿大学士，谥文忠。《明史》有传。

胡正蒙　字目门，又字正甫，余姚人。嘉靖丁未会元、探花，国子祭酒。

林燫　字贞恒，又字对山，闽县人。嘉靖丁未进士，南京礼部尚书，谥文恪。《明史》附见《林瀚传》。

王任用　字汝钦，太仓人。嘉靖丁未进士。

杨继盛　字仲芳，又字椒山，容城人。嘉靖丁未进七，兵部员外郎，谥忠愍。《明史》有传。

胡友信　字思泉，德清人。嘉靖己酉举人，隆庆戊辰进士，有《胡思泉稿》。

邵圭洁　字伯如，一字茂斋，又称北虔，常熟人。嘉靖己酉举人。

傅夏器　字廷璜，又字锦泉，南安人。嘉靖庚戌会元，郎中。

孙溥　字□□，丰城人。嘉靖壬子解元。

王锡爵　字元驭，又字荆石，太仓人。嘉靖壬戌会元、榜眼，大学士，谥文肃。《明史》有传。

许孚远　字孟中，又字敬庵，德清人。嘉靖壬戌进士，南京兵部侍郎，谥恭简。《明史》入《儒林传》。

章礼　字约之，会稽人。嘉靖甲子解元，戊辰进士，通政司参议。

陈栋　字隆之，南昌人。嘉靖乙丑会元、探花。

胡定　字二溪，□□人。

隆庆间

黄洪宪　字懋中，又字葵阳，秀水人。隆庆丁卯举人，辛未进士，少詹事。

田一俊　字德万，大田人。隆庆戊辰进士，礼部侍郎。《明史》有传。

杨起元　字贞复，归善人。隆庆丁卯举人，万历丁丑进士，吏部侍兼翰林院侍讲学士，谥文毅。

李廷机　字尔张，又字九我，晋江人。隆庆庚午北直解元，万历癸未会元、榜眼，东阁大学士，谥文节。有《李九我稿》。

邓以赞　字汝德，又字定宇，新建人。隆庆辛未会元、探花，吏部侍郎，赠礼部尚书，谥文洁。《明史》入《儒林传》。

方大美

万历间

苏濬　字君禹，又字紫溪，晋江人。万历癸酉解元，丁丑进士，广西参政。

孙矿　字文融，又字月峰，余姚人。万历甲戌进士，南京兵部尚书。

赵南星　字梦白，又字侪鹤，高邑人。万历甲戌进士，吏部尚书，谥忠毅。《明史》有传。

顾宪成　字叔时，又字泾阳，无锡人。万历丙子解元，庚辰进士，吏部文选郎中，赠吏部右侍郎，谥端文。《明史》有传，有《顾泾阳稿》。

刘廷兰　字国征，又字纫华，漳浦人。万历丙子解元，庚辰进士。

万国钦　字二愚，江西人。隆庆庚午举人，万历癸未进士，南京刑部郎中。有《万二愚稿》，《明史》有传。

魏允中　字懋权，南乐人。万历庚辰进士，吏部主事。

钱槚　万历庚辰进士。

邹德溥　字汝光，又字泗山，安福人。司经局洗马。《明史》附《儒林传》，有《邹泗山制义》。

汤显祖　字若士，又字义仍，临川人。万历癸未进士，礼部主事，谪徐闻典史，稍迁遂昌知县。《明史》有传，有《玉茗堂稿》。

叶修　字永溪，南昌人。万历癸未进士。

吴道明　万历丙戌进士。

陶望龄　字周望，又字石篑，会稽人。万历乙酉举人，己丑会元、探花，国子祭酒，谥文简。

王衡　太仓人，锡爵子，字辰玉，又字缑山。万历戊子解元，辛丑进士、榜眼，翰林编修。《明史》附《王锡爵传》。

董其昌　字元宰，又字思白，华亭人。万历己丑进士，南京礼部尚书，谥文敏。《明史》入《文苑传》。

吴化　字敬之，黄安人。万历戊子解元、乙未进士。

郝敬　字楚望，又字仲与，京山人。万历己丑进士，礼科给事中。《明史》附《文苑》李维桢传。

吴默　字因之，又字无障，吴县人。万历壬辰会元。有《吴会元真稿》。

黄汝亨　字贞父，仁和人。万历辛卯举人，戊戌进士，江西参议。

魏光国　字士为，□□人。万历庚戌进士。有《魏合虚先生稿》。

汤宾尹　字嘉宾，宣城人。万历甲午举人，乙未会元、榜眼，南京国子祭酒。

孙慎行　字闻斯，又字淇澳，武进人。万历乙未进士、探花，南京礼部尚书，谥文介。《明史》有传。

曹学佺　字能始，又字石仓，侯官人。万历乙未进士，四川按察使，唐王时授太常卿，迁礼部侍郎，加尚书。《明史》入《文苑传》。赐谥文节。

王畿　字翼邑，又字慕蓼，晋江人。万历戊戌进士，浙江布政使。

骆日升　字台晋，晋江人。万历辛卯举人，乙未进士，四川参政，赠光禄卿。

许獬　字子逊，又字钟斗，同安人。万历辛丑会元，翰林编修。有《许钟斗稿》。

张以诚　字君一，青浦人。万历辛丑会元，春坊论德。

刘宗周　字起东，又字念台，山阴人。万历辛丑进士，左都御史，赐谥忠介。《明史》有传。

王纳谏　字圣俞，江都人。万历癸卯解元，丁未进士。

李光元　字□□，□□人。万历庚子应天举人，丁未进士。

韩敬　字求仲，归安人。万历庚戌会元、状元，翰林修撰。有《韩求仲稿》《程墨文室》。

钟惺　字伯敬，天门人。万历庚戌进士，福建提学佥事。《明史》附《文苑》袁宏道传。

张寿朋　字冲和，南城人。万历癸未进士，庐州通判。

钱士鳌　字季梁。

王士骕　字房仲。

方应祥　字孟旋，归安人。万历丙午举人，丙辰会元。

袁黄　字了凡，嘉善人。万历丙辰进士，兵部主事。

黄道周　字幼元，一字螭若，又字石斋，漳浦人。万历戊午举人，天启壬戌进士，少詹事，后为唐王礼部尚书、武英殿大学士。《明史》有传。赐谥忠端，从祀文庙，有《骈枝集》。

姜曰广　字居之，又字燕及，新建人。万历乙卯举人，己未进士，吏部左侍郎，左迁南京太常卿，福王时为礼部尚书、东阁大学士。《明史》有传。

顾锡畴　字九畴，又字瑞屏，昆山人。万历己未进士，南京礼部左侍郎，弘光中进尚书。《明史》有传。

李若愚　字愚公，汉阳人。万历己未进士。

天启间

文震孟　字文起，又字湛持，长洲人。天启壬戌进士、状元，东阁大学士，谥文肃。《明史》有传。

章世纯　字大力，临川人。天启辛酉举人，柳州知府。《明史》附《文苑》艾南英传，有《章大力稿》。

金声　字正希，嘉鱼人，休宁籍。天启甲子顺天举人，崇祯戊辰进士，山东佥事，唐王时以右都御史总督诸道军，谥文毅。《明史》有传，有《金正希稿》。

何楷　字元子，漳州镇海卫人。天启甲子举人，乙丑进士，吏科给事中，唐王时为礼部尚书。《明史》有传。

左懋第　字萝石。

叶绍袁　字仲韶，吴江人。天启乙丑进士，工部主事。

项煜　字仲昭，又字水心，吴县人。天启甲子举人，乙丑进士。有《东野堂稿》。

华琪芳　字未斋，无锡人。天启乙丑会元、榜眼。

凌义渠　字峻甫，又字茗柯，乌程人。天启甲子举人，乙丑进士，大理寺卿，赠刑部尚书，谥忠清，本朝赐谥忠介。《明史》有传，有《凌茗柯稿》。

艾南英　字千子，东乡人。天启甲子举人，唐王时授兵部主事，改御史。《明史》入《文苑传》，有《艾子著书文定、文待》。

黄文焕　字维章，永福人。天启甲子举人，乙丑进士，翰林，由知县擢编修。

熊开元　子鱼山，嘉鱼人。天启乙丑进士，吏科给事中，甲申后为僧。

罗万藻　字文止，临川人。天启丁卯举人，崇祯戊辰进士。有《罗文止稿》。

谭元春　字友夏，天门人。天启丁卯举人。

章淳

沈几　字去疑，长洲人。天启丁卯解元，崇祯辛未进士。

夏曰瑚　字涂山，山阳人。天启丁卯举人，崇祯辛未进士、探花。

黎元宽　字□□，□□人。天启丁卯举人，崇祯戊辰进士。

崇祯间

曹勋　字允大，又字峨雪，嘉善人。崇祯戊辰会元。有《曹允大稿》。

杨廷枢　字维斗，长洲人。崇祯庚午解元，福王时兵科给事中。有《杨维斗自订稿》，与钱吉士合选《同文录》。

刘侗　字同人，麻城人。崇祯甲戌进士，吴江知县。

陈际泰　字大士，临川人。崇祯庚午举人，甲戌进士，行人司行人。《明史》入《文苑传》，有《太乙山房稿》《已吾集》。

陈孝威　际泰子。有《痴山集》。

陈孝逸　际泰子。有《壶山集》。

陈子龙　字大樽，又字卧子，华亭人。崇祯庚午举人，丁丑进士，兵科给事中。《明史》有传，有《陈卧子稿》《程墨隆运集》。

吴伟业　字骏公，又字梅村，太仓人。崇祯辛未会元、榜眼，国子祭酒。有《式靡编》。

杨以任　字维节，瑞金人。崇祯辛未进士，国子监博士。有《杨维节稿》。

马世奇　字君常，无锡人。天启甲子举人，崇祯辛未进士，翰林侍读，本朝赐谥文肃。《明史》有传，有《马君常稿》。

陈名夏　字百史，溧阳人。崇祯癸酉举人，癸未会元、探花，入本朝为秘书院大学士，缘事伏法。有自订制义、《明文六十家选》。

章日炌

林垐　字子野，福清人。崇祯癸酉举人，癸未进士，海宁知县。

李青　字太青，又字竹君，金坛人。崇祯甲戌会元。有《李太青稿》。

孙淡一　字自一，□□人。崇祯庚辰进士。

黄廷才　字辛阳。

黄淳耀　初名金耀，字松崖，又字蕴生，以读书陶庵中，又号陶庵，嘉定人。崇祯癸未进士，未受职，归殉节死，本朝赐谥忠节。《明史》入《儒林传》，有《黄陶庵稿》。

王毓耆　字元趾，会稽人，其门人私谥正义先生。《明史》附《刘宗周传》。

徐方广　字思旷，太仓人。崇祯间诸生。有《徐思旷稿》。

钱禧　字吉士，□□人。有《钱吉士稿》。

包尔庚　字长明，□□人。崇祯丙子举人，丁丑进士。有《包长明稿》《直木居稿》。

彭宾　字燕又，又字穆如，华亭人。崇祯庚午举人。

王自超　字茂远，又字柳潭，□□人。崇祯壬午举人，癸未进士。有《王柳潭稿》。

史可法　字宪之，又字道邻，祥符人。崇祯戊辰进士，南京兵部尚书，弘光时为督师、武英殿大学士。

李腾芳　字湘洲。

方以智　字密之，桐城人。崇祯庚辰进士，翰林院检讨，甲申后为僧。

徐麟高

周钟　字介生，金沙人。崇祯癸未进士，翰林院编修。有手授全稿、未刻全稿。

丘义　字明大，宁化人。崇祯末诸生。

国朝顺治间

顾炎武　初名绛，字宁人，又字亭林，昆山人。顺治初诸生。

梁清标　字玉立，又字蕉林，正定人。前明进士，入本朝官保和殿大学士。

章金牧　字云李，德清人。由贡生官柏乡知县。有《章云李稿》。

贺应旌　字□□，大兴人。顺治乙酉举人。有《采芝堂文稿》。

赵吉士　字恒夫，又字渐岸，又称寄园，休宁人。顺治辛卯举人，户科给事中。

程定鼎　字扶埜。

杨雍建　字以斋，海宁人。顺治间拔贡生，兵部左侍郎。有《弗过轩制义》。

刘思敬　字觉岸。

魏裔介　字贞白，又字石生，柏乡人。顺治丙戌进士，保和殿大学士，谥文毅。

郜炳元　字飞虹，长垣人。顺治乙酉解元，丁亥进士，提学道。

范承谟　字觐公，又字螺山，沈阳人。顺治壬辰进士，福建总督，谥忠贞。

徐越　字山琢，又字存庵，山阳人。顺治壬辰进士，监察御史。有《岭云编》。

李之芳　字邺园，武定人。顺治丁亥进士，文华殿大学士，谥文襄。

伊辟　字卢源，又字翕庵，新城人。顺治戊子举人，乙未进士，湖南巡抚。

刘子壮　字克猷，黄冈人。顺治己丑进士、状元，翰林修撰。有《刘克猷稿》。

熊伯龙　字次侯，又字钟陵，汉阳人。顺治己丑进士、榜眼，翰林侍读学士。有《熊钟陵稿》。

施闰章　字尚白，又字愚山，宣城人。顺治丙戌举人，己丑进士，康熙己未词科，翰林侍讲。有《施愚山稿》。

王庭　字言远，又字迈人，嘉兴人。前明举人，顺治己丑进士，山西布政使。有《王迈人稿》。

王广心　字伊人，又字农山，华亭人。顺治己丑进士。有《兰雪堂制义》。

张永祺　字尔成，大兴人。顺治壬辰进士。

李来泰　字仲章，又字石台，临川人。顺治壬辰进士，康熙己未词科，翰林院侍讲。有《李石台稿》。

汤斌　字孔伯，又字潜庵，又字荆岘，睢州人。顺治壬辰进士，康熙己未词科，工部尚书，从祀文庙，谥文正。

宋德宜　字右之，长洲人。顺治乙未进士，文华殿大学士，谥文恪。

汪琬　字钝翁，又字尧峰，长洲人。顺治乙未进士，康熙己未词科，翰林编修。有《明文弋》。

王士祯　字贻上，又字阮亭，新城人。顺治乙未进士，刑部尚书，谥文简。

陆灿　本姓钱，字湘灵，又字圆沙，常熟人。顺治丁酉举人。有《钱湘灵稿》。

熊赐履　字敬存，又字青岳，孝感人。顺治戊戌进士，东阁大学士，谥文端。

陈廷敬　字说岩，又字子端，又称午亭，泽州人。顺治戊戌进士，文渊阁大学士，谥文贞。

蒋德峻　字公逊，□□人。顺治戊戌进士。

叶方蔼　字子吉，昆山人。顺治己亥进士、探花，礼部侍郎，赠尚书，谥文敏。

张玉书　字素存，丹徒人。顺治辛丑进士，文华殿大学士，谥文贞。有《张京江文稿》。

马世俊　字章民，又字甸臣，溧阳人。顺治庚子进士、状元，翰林侍读。有《马章民稿》。

康熙间

颜光敏　字逊甫，又字修来，又字学仙，曲阜人。康熙丁未进士，吏部郎中。有《颜修来稿》。

张英　字敦复，桐城人。康熙癸卯举人，丁未进士，文华殿大学士，赠太傅，谥文端。

廖腾煃　字占五，又字莲山，将乐人。康熙己酉举人，户部侍郎。有《廖莲山稿》。

牛奎渚　字沧洲，高邮人。康熙己酉解元。

李光地　字晋卿，又字厚庵，又称榕村，安溪人。康熙庚戌进士，文渊阁大学士，谥文贞。有《榕村制义》。

赵申乔　字慎旃，又字伍松，武进人。康熙庚戌进士，户部尚书，谥恭肃。

陆陇其　初名龙其，字稼书，平湖人。康熙庚戌进士，监察御史，赠内阁学士、礼部侍郎，从祀文庙，谥清献。有《陆稼书稿》。

韩菼　字元少，又字慕庐，长洲人。康熙壬子顺天举人，癸丑会元、状元，礼部尚书，谥文懿。有《有怀堂制义》。

陈锡嘏　字介眉，又字怡庭，鄞县人。康熙乙卯解元，丙辰进士，翰林编修。

彭定求　字访廉，又字南畇，长洲人。康熙丙辰会元、状元，翰林侍讲。有《南畇文稿》。

翁叔元　字宝林，又字铁庵，常熟人。康熙丙辰进士、探花，刑部尚书。有《翁宝林稿》。

朱彝尊　字锡鬯，又字竹垞，秀水人。康熙己未词科，翰林检讨。

尤侗　字展成，又字海庵，又称艮斋，又称西堂，长洲人。康熙己未词科，翰林侍讲。有《尤西堂传稿》。

金德嘉　字会公，又字蔚斋，广济人。康熙壬戌会元，翰林检讨。

许汝霖　字时庵，海宁人。康熙壬戌进士，礼部尚书。

张伯行　字孝先，仪封人。康熙乙丑进士，礼部尚书，谥清恪。有《鳌峰拔萃集》。

杨名时　字宾实，江阴人。康熙辛未进士，礼部尚书，谥文定。

陈鹏年　字北溟，又字沧洲，湘潭人。康熙辛未进士，河道总督，谥恪勤。

杨中讷　字晚研，海宁人，雍建子。康熙辛未进士。

朱轼　字可亭，高安人。康熙甲戌进士，文华殿大学士，赠太傅，谥文端。

赵晋　字书三，又字二今，侯官人。康熙癸未进士、榜眼。有《赵榜眼存稿》。

汪份　字武曹，长洲人。康熙癸未进士。有《汪武曹时文》《明文必自集》。

何焯　字屺胆，又字义门，长洲人。康熙癸未进士，庶吉士，赠侍讲学士。有《何屺胆稿》《行远集》。

方椝如　字文輈，又字朴山，淳安人。康熙乙酉举人，丙戌进士，永济知县。有《集虚斋自订全稿》。

何世璂　字桐叔，新城人。康熙甲子举人，己丑进士，吏部侍郎、直隶总督，谥端简。

张照　字得天，又字天瓶，娄县人。康熙己丑进士，刑部尚书，谥文敏。

徐用锡　字昼堂，又字坛长，宿迁人。康熙己丑进士，翰林侍讲。有《徐坛长稿》。

方舟　字百川，桐城人。康熙初诸生。有《自知集》。

方苞　字灵皋，又字望溪，桐城人，舟弟。康熙己卯解元，丙戌进士，内阁学士兼礼部侍郎。有《抗希堂稿》。

李承祺　字鹦君，桐城人。

蔡世远　字闻之，又字梁村，漳浦人。康熙己丑进士，礼部侍郎，赠尚书，谥文勤。有《梁村制义》。

张廷玉　字衡臣，又字研斋，桐城人，英子。康熙庚辰进士，保和殿大学士，封勤宣伯，谥文和。

刘捷　字月三，桐城人。康熙辛卯解元。

任兰枝　字香谷，又字随斋，溧阳人。康熙癸巳进士、榜眼，刑部尚书。有《任香谷稿》。

谢道承　字又绍，又字古梅，侯官人。康熙庚子解元，辛丑进士，内阁学士兼礼部侍郎。

储在文　字六雅，一字礼执，又称中子，宜兴人。康熙戊子举人，辛丑会元。有《经畬堂自订全稿》《课孙稿》。

雍正间

王步青　字巳山，又字汉阶，又称罕皆，金坛人。康熙甲午举人，雍正癸卯进士，翰林检讨。有《敦复堂稿》《制义所见集》《程墨所见集》《考卷所见集》《八法集》。

王汝骧　字云衢，又称耘渠，金坛人。由贡生官通江知县。有《橐申集》《虚牝集》《墙东集》《明文治》。

张江　字百川，又字晓楼，南城人。雍正癸卯进士，翰林编修。有《张大史时文》三集。

周学健　字勿逸，又字力堂，新建人。雍正癸卯进士，江南河道总督。有《周勿逸稿》《向若编》。

任启运　字翼圣，又字钓台，宜兴人。雍正癸卯举人，癸丑进士，翰林编修。有《任翼圣稿》。

杨炳　字郢川，又字蔚友，钟祥人。雍正癸卯会元、状元，翰林院学士。

王安国　字书臣，高邮人。雍正甲辰会元、榜眼，礼部尚书，谥文肃。

陈弘谋　字汝咨，又字榕门，桂林人。雍正癸卯解元，甲辰进士，东阁大学士，谥文恭。有《横塘陈氏一门朱卷》。

郑方坤　字则厚，又字荔乡，建安人。雍正丁酉举人，癸卯进士，兖州知府。有《郑荔乡稿》《三郑合稿》。

胡天游　字稚威，山阴人。雍正己酉副榜，乾隆丙寅词科。

陈兆仑　字句山，又字星斋，仁和人。雍正庚戌进士，太仆寺卿。有《紫竹山房制义》。

乾隆间

赵青藜　字然乙，泾县人。乾隆丙辰会元，监察御史。

秦蕙田　字味经，金匮人。乾隆丙辰进士、探花，刑部尚书，谥文恭。

吴銮　字玉坡，江南人。乾隆丙辰举人。

杭世骏　字大宗，又字堇浦，仁和人。乾隆丙辰词科，翰林院编修。有《镂冰集》。

于敏中　字重棠，金坛人。乾隆丁巳进士、状元，文华殿大学士，谥文襄。

程景伊　字□□，武进人。乾隆己未进士，文渊阁大学士，谥文恭。

袁枚　字子才，又字简斋，钱塘人。乾隆己未进士，江宁知县。有《袁太史稿》。

朱佩莲　字东江，海盐人。乾隆壬戌进士，翰林编修。

朱士琇　字斐胆，又字梅崖，建宁人。乾隆甲子解元，戊辰进士，官知县，改福宁府教授。有《朱梅崖制义》。

王炳文　字在中，昆山人。乾隆初诸生。

张甄陶　字惕庵，闽县人。乾隆甲子举人，乙丑进士，高要知县。有《四书翼注论文》《国朝文范》。

蒋元益　字希元，长洲人。乾隆乙丑会元。

周振采　字白民，淮安人。乾隆初诸生。有《周白民藏稿》。

喻世钦　字□□，长沙人。乾隆初诸生。

林人櫆　字□□，侯官人。乾隆丁卯举人。

吴鸿　字颉云，钱塘人。乾隆丁卯解元，辛未进士、状元。有《吴状元稿》。

翁方纲　字正三，又字覃溪，又称苏斋，大兴人。乾隆壬申进士，内阁学士兼礼部侍郎。有《复初斋时文》。

郑忬　字艺民，靖江人。乾隆戊辰会元，礼部郎中。

朱珪　字石君，大兴人。乾隆戊辰进士，体仁阁大学士，谥文正。有《槃陀老人制义》。

马国果　字□□，无锡人。乾隆庚午解元。

吉梦熊　字渭崖，丹阳人。乾隆壬申进士，通政使。有《吉毅阳时文》。

郑天锦　字芥舟，建安人，方坤从子。乾隆壬申进士，连山知县。有《郑芥舟稿》。

赵佑　字鹿泉，仁和人。乾隆壬申进士。有《清献堂稿》。

田玉　字蔚田，无锡人。乾隆壬申解元，甲戌进士。

陆锡熊　字健男，又字耳山，上海人。乾隆辛巳进士，副都御史。

纪昀　字晓岚，献县人。乾隆丁卯解元，甲戌进士，协办大学士、礼部尚书，谥文达。有《房行书精华》。

周春　字松霭，海宁人。乾隆甲戌进士，岑溪知县。

吴玉纶　字香亭，光州人。乾隆辛巳进士，兵部侍郎。有《吴香亭稿》。

孟超然　字朝举，又字瓶庵，闽县人。乾隆乙卯解元，庚辰进士，吏部郎中。

曹文埴　字荠原，歙县人。乾隆庚辰进士，户部尚书，谥文敏。

吴珏　字井山，歙县人。乾隆壬午解元，癸未进士，内阁中书。

江筠　字震沧，江苏人。乾隆壬午举人。

林乔荫　字樾亭，侯官人。乾隆乙酉举人，江津知县。

林树蕃　字香海，侯官人，乔荫弟。乾隆乙酉举人，辛卯进士，翰林院编修。

邵晋涵　字二云，余姚人。乾隆乙酉举人，辛卯会元。

胡应魁　字鹤清，丹阳人。乾隆辛卯举人，甲辰进士。

龚景瀚　字海峰，闽县人。乾隆戊子举人，辛卯进士，兰州知府。有《积石山房四书文》。

管世铭　字韫山，又字缄若，阳湖人。乾隆甲午举人，戊戌进士。有《管韫山制义》。

吴锡麒　字圣征，又字谷人，钱塘人。乾隆甲午举人，乙未进士，国子监祭酒。有《有正味斋稿》。

张经邦　字佑贤，又字燮轩，闽县人。乾隆己亥解元，己酉进士，溧阳知县。

郑光策　字宪光，又字苏年，闽县人。乾隆己亥举人，庚子进士。有《西霞制义剩稿》。

汪如洋　字润民，又字云壑，秀水人。乾隆丁酉举人，庚子会元、状元。

刘青照　字乙资，阳湖人。乾隆庚子进士。

卢荫溥　字霖生，又字南石，德州人。乾隆辛丑进士，体仁阁大学士，谥文肃。

曹振镛　字俪笙，歙县人，文埴子。乾隆辛丑进士，武英殿大学士，谥文正。

陈锦　字□□，钱塘人。乾隆癸卯解元。

张腾蛟　字孟词，宁化人。乾隆癸卯解元，癸丑贡士。有

《思庭应试文》。

许作屏　字画山，侯官人。乾隆癸卯举人，庚戌进士。有《青阳堂制艺》。

章世绳　字□□，江苏人。乾隆癸卯举人。

阮元　字伯元，又字芸台，仪征人。乾隆丙午举人，己酉进士，体仁阁大学士。

游光绎　字彤卣，霞浦人。乾隆癸卯举人，己酉进士，监察御史。

侯健融　字翀庵，归安人。乾隆甲辰会元。

谢淑元　字春洲，晋江人。乾隆丙午解元，癸丑进士，翰林院编修。有《瑞芝草堂文稿》。

萨玉衡　字葱如，又字檀河，闽县人。乾隆丙午举人，陕西知县。

洪晨芳　字京植，晋江人。乾隆丙午举人。

林茂春　字崇达，又字畅园，侯官人。乾隆丙午举人，龙溪教论。有《近文大观》。

曾奋春　字禹门，侯官人。乾隆丙午举人，临安知县。

朱秉鉴　字清如，浦城人。乾隆丙午举人，丁未进士，福宁府教授。有《茹古堂文稿》。

郑大谟　字青墅，侯官人。乾隆戊申举人，庚戌进士，河南知州。

张师诚　字兰渚，归安人。乾隆庚戌进士，江苏巡抚。

万世美　字济其，又字虞臣，瓯宁人。乾隆戊申举人，嘉庆辛酉进士，内阁中书。

方镇　字定远，霞浦人。乾隆戊申举人。

汪廷珍　字瑟庵，山阳人。乾隆己酉进士，协办大学士、礼部尚书，谥文端。

陈寿祺　字梅修，又字恭甫，闽县人。乾隆己酉举人，嘉庆己未进士，翰林院编修。

谢震　字位东，又字甸男，侯官人。乾隆己酉举人，顺昌教论。

钱楷　字裴山，嘉兴人。乾隆己酉会元，安徽巡抚。

朱文翰　字沧湄，歙县人。乾隆庚戌会元，浙江温处道。

石韫玉　字琢堂，吴县人。乾隆庚戌进士、状元，山东按察使。有《石执如制义》。

叶大观　字莲山，罗源人。乾隆庚戌进士，翰林院编修。

吴贻咏　字惠莲，桐城人。乾隆癸丑会元。

英和　字树琴，又字煦斋，满洲人。乾隆壬子举人，癸丑进士，协办大学士、户部尚书。有《恩庆堂制艺》。

杨惠元　字蓉峰，闽县人。乾隆甲寅举人，嘉庆辛酉进士，泰安知府。

黄琼　字云冈，侯官人。乾隆甲寅举人。

莫晋　字锡三，又字宝斋，会稽人。乾隆甲寅举人，乙卯进士、榜眼，仓场侍郎。有《来雨轩时文稿》。

王昙　字仲瞿，钱塘人。乾隆甲寅举人。

陈钟麟　字厚甫，元和人。乾隆甲寅举人，嘉庆己未进士，杭嘉湖道。有《就正草》《听雨轩前后集》。

赵在田　字谷士，侯官人。乾隆乙卯举人，嘉庆己未进士，翰林院编修。

郭龙光　字则征，又字韶溪，福清人。乾隆乙卯举人，嘉庆丙辰进士，国子监学正。

叶申蔼　字次幔，侯官人。乾隆乙卯举人，无锡知县。

应丹诏　字凤楼，又字铭石，延平人。乾隆丙午举人，乙卯进士。

廖英　字佩香，侯官人。乾隆末诸生。

王芑孙　字惕甫，又字铁夫，长洲人。乾隆甲辰召试举人，华亭教论。有《渊雅堂制义》。

嘉庆间

姚学塽　字晋堂，归安人。嘉庆丙辰进士，内阁中书。有《晋堂时文》。

郑兼才　字六亭，大田人。嘉庆戊午解元，台湾教论。

陈廷焕　字采屏，侯官人。嘉庆戊午举人，乙丑进士，兴化教授。有《百尺楼文稿》。

叶申菜　字莘畇，侯官人，申藹兄。嘉庆戊午举人，壬戌进士。

余本敦　字朗山，西安人。嘉庆己未进士，监察御史。

马有章　字倬亭，通州人。嘉庆辛酉会元，内阁中书。

吴廷琛　字棣华，元和人。嘉庆壬子举人，壬戌会元、状元，云南按察使。

朱士彦　字咏斋，宝应人。嘉庆壬戌进士、探花，吏部尚书，谥文定。

顾莼　字吴羹，又字南雅，吴县人。嘉度壬戌进士，翰林院侍读学士。

张翘　字陟庵，浦城人。嘉庆辛酉解元。

朱秉铭　字绒三，浦城人，秉鉴弟。嘉庆辛酉举人。有《雪龛制义》。

许德树　字荫坪，闽县人。嘉庆辛酉举人，道光丙戌进士。

郭尚先　字兰石，莆田人。嘉庆丁卯解元，己巳进士，大理寺卿。

林则徐　字少穆，侯官人。嘉庆辛未进士，云贵总督。

张梦魁　字维北，又字暖云，浦城人。嘉庆丁卯举人。

陈肇波　字研畲，又字子澜，连江人。嘉庆戊辰举人，来宾知县。

万云程　字芝林，瓯宁人，世美子。嘉庆戊辰举人。

曾秉文　字建堂，侯官人。嘉庆举人。

陈继昌　初名守叡，字莲史，临桂人。嘉庆癸酉解元，庚辰会元、状元，现官直隶布政使。

道光间

吴钟骏　字崧甫，吴县人。道光壬午举人，壬辰进士、状元，现官国子监祭酒。

林彭年　字寿夫，侯官人，士蓄子。道光癸未进士，刑部主事。

刘建韶　字闻石，长乐人。道光乙酉举人，乙未进士，现官陕西知县。有《宜兰室制义》。

汤鹏　字海秋，益阳人。道光癸未进士，现官户部郎中。有《海秋制义》。

附家集

先大父天池公　讳剑华，字执莹，又字天池。乾隆间诸生。有《书香堂笔记》。

先伯父叶所公　讳上宝，字斯震，又字叶所。乾隆间诸生。

先资政公　榜名上治，改讳赞图，字斯志，又字翼斋。乾隆戊子举人，事化教论。有《四勿斋随笔》。

先三叔父余庆公　讳上泰，字斯明，又字岱岩。乾隆乙酉举人，余庆知县。

先四叔父太常公　讳上国，字斯仪，又字九山。乾隆戊子举人，乙未进士，太常寺卿。有《芝音阁杂笔》。

先伯兄虚白公　榜名功，改讳际昌。字用中，又字虚白。乾隆甲寅举人。

先三兄编修公　榜名雷，改讳运昌，字曼云，又字江田。乾隆甲寅举人，嘉庆己未进士，翰林院编修。

先四兄孝廉公　讳云铣，字刚中，又字泽卿。乾隆乙卯举人。

十弟兰笙广文　名云镛，字大中，又字兰笙。嘉庆己卯举人，南安教谕。

大儿吉甫兵部　名逢辰，字聿磐，又字吉甫。道光乙酉举人，辛丑进士，兵部员外郎。

后　序

国家承前代之旧，以四书文取士。自春秋两闱，内而成均，外而学使及郡县诸试，咸以四书文定取舍，名曰制艺。盖朝廷之功令，士林之趋向系焉。顾学者不察，徒以弋取科名，而于制义之盛衰正变茫昧而莫识其由来，则以近代无有如挚虞、刘勰其人者，深明流别，究极利病，纂成一书，俾学者探厥指归也。

长乐梁氏，吾闽望族，累世以科目起家。茝林先生少禀庭训，即致力于制义，自通籍以迄出持节钺，政事文章、经史著述，卓然当代伟人，而于制义亦无一日弃置。尝于暇时辑《制艺丛话》一书，自北宋逮于今兹，按其时代各成卷帙，兼以考证旧闻，网罗琐事，翼传注之遗阙，极风气之变迁，读者得由此以知人论世。虽七百余年之远，其盛衰正变，一一可辩夫升降，洵为自有制义以来不可少之书也。

吾闽向称文薮，前明如蔡介夫、周莱峰、田钟台、傅锦泉、李九我、许钟斗、吴青岳、苏紫溪诸家，名重艺林，先生曩辑《闽文复古编》已备采之。兹《丛话》之作，则遍及宇内，搜择无遗，较之宋人诗话中阮阅、胡仔诸书，世称取材富而考义详者，殆有过之无不及矣。则徐少鲜学问，功力极浅，年未三十即幸获科名，虽屡奉使衡文，自问实未能深造。洎膺疆圻之任，簿书鞅掌，戎马倥偬，文字因缘益疏。先生尝命作序，久无以应，顷闻先生方游浙东，而则徐远官滇徼，相去万里，合并何时？因就管见所及，书此以报，非敢云序也。

道光己酉春三月，馆侍侯官林则徐序。

古今闳瑰博达之士，蓄其聪明才力，以其全者施于政事，以其余者散为著述。而著述之中，或钻研经史，或缉缀掌故，或发为诗文，或琐述闻见，各视其聪明才力学焉而得其性之所近，而能兼此数长者，古今卒不多觏。至于举子帖括之业，锁闱应试之作，则又文章之一端，而为高明亢爽者不屑措意，自非聪明才力绰乎有裕，必不能以余事及之而精且详如此也。

长乐梁茝林先生，博极群书，大而能贯，弱冠即倡为实学，以诗古文辞雄视坛坫，嚄唶宿儒闻而敛手。通籍后，扬历中外垂三十年，莅事通敏，䶢乎如断，故所任皆剧要，而神明暇豫不废稽古综述。所著于经史则有《夏小正经传通释》《论孟三国志旁证》，于小学则有《仓颉篇校证》，于选学则有《文选旁证》，其纂言纪事也则有《国朝臣工言行记》《南省公余录》《枢垣纪略》，其征文考献也则有《闽诗文钞》《三管诗钞》《东南峤外诗文钞》《书画录》，至于诗话、楹联、称谓、占验参稽雅俗，题跋随笔、琐记丛谈杂缀见闻，旁罗采获，靡有所遗。尤以制义为功令所重，学者所当究心，荟萃旧闻，创为《丛话》若干卷。於虖！搜辑之勤，可谓至矣。

尝考古来著述之富，南渡之季深宁称首，若升庵、若弇州则胜国之杰也。我朝新城尚书以著作擅名一时，而萧山毛氏、嘉定钱氏皆著书数十万言。之数子者足不履枢要，身不膺疆寄，优游论撰，絚以年岁，或钻研经史，或缉缀掌故，或发为诗文，或琐述闻见，优于彼者或绌于此，志乎古者或遗乎今，专一长以著美，罕兼综以集成，未若先生网罗百氏，上下千古，提槧铅于簿书之暇，劬笔削于戎马之间，其著述则合众人之长以成一家之学，而是编则又创前人所未有，独成一家之言也，信所谓仕学兼优者已。

先生著述刊布已不下五十种，庚戌春，敬叔太守校刊是编，工竣乞序于予。予于敬叔辱有一日之长，尝接闻先生绪论，稔知先生之于著述寝焉馈焉，直五十年如一日，故为推阐其致力之勤与夫撰述之富以谂来者。至是书于制义之源流正变、风会升降，皆备言之无遗，洵乎有裨举业，宜家置一编，奉为圭臬矣。是为序。

咸丰纪元七夕，后学年家子吴钟骏拜撰。